팡리즈 자서전

AUTOBIOGRAPHY
FANG LI-ZHI

方勵之自傳

Copyright © 2013 by Fang Lizhi
All rights reserved
Korean copyright © 2016 by SAMHWA PUBLISHING CO., LTD.
Korean language edition arranged with Li Shu-xian and Global Views-Commonwealth
Publishing Co., Ltd., Taiwan, through Eric Yang Agency Inc.
이 책의 한국어판 저작권은 에릭양에이전시와 Li Shu-xian and Global Views-Commonwealth Publishing Co., Ltd., Taiwan를 통한 도서출판 삼화와의 독점출판계약으로 도서출판 삼화에 있습니다. 저작권법에 의하여 한국 내에서 보호를 받는 저작물이므로 무단전재와 복제를 금합니다.

팡리즈 자서전

AUTOBIOGRAPHY
FANG LI-ZHI

팡리즈 지음
권중달·이건일 옮김

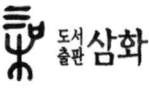

옮긴이 서문

순수함에서 나온 최고 권력자와 대결했던 용기

 2013년 5월 13일 자 우리나라 신문에 '중국 반체제 물리학자인 팡리즈(方勵之)의 사후 자서전이 지난 3일 홍콩에서 출간됐다고 사우스차이나모닝포스트가 5일 보도했다.'는 아주 짤막한 기사가 실렸다. 그것도 책이 출간된 지 10일이 지난 다음에 말이다. 그만큼 우리나라에서는 언론의 주목을 받지 못한 것이고, 그 밑바탕에는 팡리즈가 우리와 별 관계가 없는 사람이라는 생각 때문일 터이다. 그런데 역자는 이 기사를 보자 바로 이 책을 보아야겠고, 뿐만 아니라 이 책은 우리나라에 꼭 소개해야 될 것으로 생각하였다.
 역자는 이미 1987년에 팡리즈의 연설문집《우리는 지금 역사를 쓰고 있다》가 타이완에서 출간되었을 때에 읽을 기회를 가졌는데, 이 연설집이 우리나라에서도 출간되었으면 좋겠다는 생각을 했다.
 그때는 우리나라에도 한참 민주화의 열풍이 불고 있었고, 드디어 우리는 시민의 힘으로 6·29를 끌어내는 우리 역사에 최초로 대중의 힘으로 권력자를 굴복시킨 그 시기였다. 그렇기에 팡리즈의 연설문은 바로 우리 사회에 적용하여도 틀림없을 것이었기 때문이었다. 당시에 여건이 맞지 않아서 《우리는 지금 역사를 쓰고 있다》를 소개할 기회가 없었는데, 그의 자서전이 나왔으니까 이번에는 기회를 놓치면 안 될 것이라고 생각했다. 그래서 무슨 일이 있어도 판권을 확보하고 번역하여 소개하려는 결심을 굳혔다.

왜 팡리즈에게 그리 열망하는가? 그는 순수한 학자다. 그러기 때문에 학문적 연구의 욕구가 누구보다 강했다. 그런데, 정치적 사회적 이유로 제약을 받게 되자 중학교 때 이미 공산당 조직에 가담하였던 그가 오히려 공산당의 정책에 반대하게 된다. 공산당 조직에 가담한 것도 대중이 잘 살 수 있는 길을 찾으려는 생각에서 출발한 것이고, 공산당의 정책에 반대한 것도 대중의 잘 살 수 있는 길이 무엇인지를 고민한 결과이다. 결과적으로 그는 중국 현대사에서 지식인들이 끊임없이 제기하였던 '과학과 민주주의'라는 두 개의 가치를 이은 사람이 된 것이다.

중국 현대사에서 '덕(德, 데모크라시) 선생과 새(賽, 사이언스) 선생'의 문제는 중국의 현대화 과정을 이해하는데, 필수적인 문제의 하나이다. 그런데, 그 계승자가 바로 팡리즈였으니, 그를 빼놓고 중국 현대사를 이해할 수 없는 것임은 자명하다. 그 외에도 우리가 이러한 중국 현대사에 관심을 가져야 하는 이유는 우리가 중국과 이웃하고 있는 나라라는데 더욱 절실한 것이다.

우리는 이웃하고 있는 나라에 독재자가 나타났을 때에 엄청난 고통을 겪었던 것을 기억하고 있다. 가까운 일본에 도요토미가 일본열도를 통일하고 권력을 장악하였을 때나, 도조 정부가 독재 권력을 장악했을 때에 이웃인 우리를 침략했다. 중국에서는 한 무제가 독재권을 장악하자 흉노 정벌과 고조선 침략이 있었고, 수나라가 중국을 400년 만에 통일하고 그 여력은 고구려 침략으로 나타났으며, 당 태종의 경우도 마찬가지였다.

이들 이웃나라 독재자의 행동은 결과적으로 실패하였지만, 그들이 실패했다고 하여 우리가 입은 손해가 보상되지는 않았다. 오히려 그들 스스로는 실패한 원인을 검토하면서 독재 시스템에서 찾고 있었다. 오늘 21세기에도 여전히 과거 그 시절처럼 우리는 우리가 주도적으로 이웃을 통제하는데 기여하기보다는 이웃의 상황에 깊은 영향을 받고 있는 점을 고려한다면, 이웃에 대한 관심과 연구는 우리의 생명과 관계된 일이다.

그래서 역자는 이웃에서 정책 결정의 시스템이 독재적으로 결정되지 않았으면 하는 간절한 바람을 가질 수밖에 없다. 보통 팡리즈는 소련의 반체제 작가 사하로프에 비견되기는 하지만, 팡리즈에 대하여 더 깊이 관심을 가져야 되는 이유는 그가 우리의 가까운 이웃인 중국 사람이라는 것이다. 사실 너무도 가까이 있는 나라 중국의 민주화 여부는 우리의 사활과 관계가 있는데, 그렇다면 민주와 자유 운동의 계승자라면 그것이 바로 우리의 문제가 주목해야 할 인물인 것이다. 이것이 내가 이 책을 내야 한다고 생각한 이유이다.

그러나 팡리즈에게 붙여진 이름을 보면 그의 전기는 당연히 심각하고, 비장할 것이라고 짐작되지만, 이 책을 읽다 보니, 그의 일생 자체가 너무 극적인 요소를 많이 갖기 때문인지 전체적으로는 한편의 파란만장한 대하소설을 보는 느낌이었다.

중국이라는 관료체계 속에 있는 사회에서 일개 교수가 완리 부총리라는 최고 권력자와 대중 앞에서 토론을 벌이는 장면이 그렇고, 시청 앞에서 밤늦게까지 연좌데모를 하는 학생들을 교정으로 돌려보내야 하는 상황의 전개와 반전도 그러하다. 최고의 권력자 덩샤오핑과 맞서며 민주와 자유를 쟁취하려는 장면이 또 그렇다.

뿐만 아니다. 그는 늘 너무도 심각한 상황을 만나야 했다. 그런데 이러한 상황을 서술하면서 심각한 문장으로 이어지는 것이 아니라 마치 아무 일도 아니란 듯이 미소 짓게 하는 위트로 넘어가고 있다. 우선 13개월여를 미국대사관으로 피난생활을 끝내고 중국을 떠나는 긴장된 순간을 "12시 40분 우리는 순조롭게 비행기에 올랐다. …… 중국정부는 미국 전용기에 중국 최대의 범죄자를 태워 보냈다. 황당한 일이라고? 세상은 본래 황당한 것이다."라고 담담하게 써나갔다. 너무 시니컬하다.

또 그가 미국대사관에 있었던 기록을 하면서 "384일 10시간 30분"이라고 분까지 기록했다. 그가 과학자여서 정확한 것을 생명으로 했기 때문이기도 했지만 그 말이 역자에게는 유머러스한 표현으로 다가왔다.

또 정치가가 우중(愚衆)을 이용하는 모습을 염두에 두었는지 프랑스 대성당을 보면서 '데마고기'를 떠올린다. 그렇지만 그에게는 아무리 우중이라도 지도자를 뽑을 수 있는 권리를 주어야 한다고 믿고 있다. 비록 우중이 잘못 선택한다손 치더라고 그 시행착오를 거치면서 우중은 점점 더 깨달아 갈 수 있다고 믿기 때문일 것이다.

우리는 민주주의의 실현을 부르짖은 사람 가운데 상당한 많은 사람이 정치 일선에 뛰어들어 서 있는 것을 많이 보아왔다. 그 후 그들의 정치행태를 통하여 전에 부르짖은 함성은 그냥 자기의 입지를 강화하려는 정치적 행위는 아니었던가 하는 의심을 갖게 했다. 그러기에 설혹 정의나 민주를 순수하게 부르짖는 사람이 있다고 하여도 그것은 자기 입지와 이익을 위한 정치적 행위로 보게 만들었다. 순수하지 못한 사람들 때문에 사회가 순수하지 못하게 된 것이다.

이러한 비(非) 순수 사회 속에 살고 있기 때문에 팡리즈같이 순수한 학자이고, 순수한 민주·자유 운동가를 접하면 저절로 존경하는 마음이 난다. 미국 대통령의 손님으로 미국대사관에 가서 13개월을 산 사람이었지만 미국 대통령을 이용하여 특권을 누리려고 한 적이 없었다. 미국에서 교수가 되어서도 손수 이삿짐을 날라야 했던 사람이었다. 팡리즈는 자신의 책 한 권을 무단으로 가져가서 돌려주지 않았으며, 말도 안 되는 소리로 자기를 비난하였던, 류샤오보의 중국 노벨평화상 시상식에 참석한 순수한 사람이었다.

또 팡리즈는 끝까지 최고 권력자 덩샤오핑과 대결한다. 덩샤오핑이 죽고 나서 에즈라 보겔이 쓴《덩샤오핑의 고친 중국》이라는 덩샤오핑의 평전을 보고 그는 덩샤오핑의 성과라는 것 뒤에 숨겨진 비밀을 서평으로 발표함으로써 죽은 자와 대결하기도 한다. 그는 여기에서 보겔이 남(인민)의 공로를 가로채다가 권력자(덩샤오핑)에게 주는 전기 기록에 동의하지 않는다.

지금은 팡리즈를 자기 통치의 방향에 방해가 된다고 파문했던 덩샤오핑도, 파문을 당하면서도 한 발도 물러서지 않고 잘못 된 것이라고 지적한 팡리즈, 두 사람은 이미 역사적 인물이 되었다. 이만한 지식인과 이만한 대결구도도 두고두고 흥밋거리이며 연구의 가치가 있지 않을까?

    우리 출판계의 상황에서 본다면 이 책을 출판하는 것은 쉽지 않은 결정이지만, 그래도 우리 사회나 학계에 필요하다면 내야한다는 생각이고, 아무리 어려워도 꼭 필요하다면 출판해야 한다는 생각이다. 이러한 사정을 알고 격려해 주는 독자들이 있다는 것에 힘을 얻는다. 따라서 이 책《팡리즈 자서전》의 출판은 바로 그분들의 공로이다.

    삼가 독자 여러분의 질정을 기다립니다.

2016년 8월 8일

역자를 대표하여
권 중 달 삼가 씀

목차

옮긴이 서문 … 4

출판자의 글 위대한 지식인 팡리즈를 추모하다 | 가오시쥔 … 14

서문 자유 지식인의 선구자 | 쉬량잉 … 25

나의 아버지 중국·미국의 기억 | 팡커 … 28

출판에 붙여쓰다 20여 년간 먼지 속에 있던 유고 | 리수셴 … 36

엮은이 설명 … 77

제1권 자서전(1936~1990)

머리말 지명수배령에 대한 주해 … 84

제1부 시대의 거대한 수레바퀴

이끄는 말 … 94

1. 나의 조상 … 97

2. 베이징의 집 … 117

3. 점령 지역에 있던 초등학교 … 138

4. 제1차적 추진 시기 … 159

5. 베이징대학교 교정에서 … 182

제2부 베이징대학교에서 벌어진 일들

    6. 밑바닥으로 떨어진 첫 사건 … 206

    7. 들판에서 생활하다 … 228

    8. 중국과학기술대학교로 가다 … 251

    9. 군주제 하의 세월 … 274

    10. 빠꿍산 밑에서의 재교육 … 298

    11. 허페이에 오다 … 320

    12. 천체물리학으로 바꾸다 … 344

    13. 70년대 말의 현대화 … 366

제3부 중국을 벗어나다

    14. 중국을 벗어나다 … 390

    15. 개혁의 물결 속에서 … 413

    16. 과기대학의 운영 … 435

    17. 자본계급의 자유화 … 457

    18. 다른 정치적 견해를 가진 사람 … 480

    19. 1989년의 봄과 여름 … 502

    20. 13개월 … 523

    21. 내가 겪은 그 1년간의 중·미 교섭 … 546

제2권 자서전 이후(1991~2012)

제4부 과학적 인생

22. 나의 첫 번째 '전면적인 서구화' … 574

23. 안테나 이야기 … 583

24. 뉴턴의 '물통 실험' … 594

25. 나라의 문호를 여는 시대 … 607

26. 하늘은 왜 파란색일까? … 618

27. '공자가 본 아이들의 말싸움'과 그 속편 … 623

28. 후쿠시마 사건에서부터 핵(核) 반응을 논함 … 633

29. 지구 온난화의 물리와 비물리 … 637

제5부 몸은 비록 미국에 있지만

30. 타이완 을미년의 '제1공화국'과 외조부의 일화 … 646

31. 민주주의는 어느 때 실현될 수 있을까? … 664

32. 대성당과 '폭도에 대한 공포' … 670

33. 이화원 치경각에서 더위를 식히던 날들 … 682

34. 중국의 더(德) 선생과 싸이(賽) 선생이신 쉬량잉 … 688

35. 쉬량잉, 류빈옌, 그리고 내가 공동으로 서명한 편지 … 695

36. 옌지츠 선생을 그리워하다 … 702

37. 진실의 덩샤오핑 ··· 714

38. 노벨물리학상으로 본 천체물리학 ··· 731

39. 오슬로에서의 4일간의 기록 ··· 740

40. 류샤오보, 노벨평화상에 도전하다 ··· 748

41. 몸소 겪은 애리조나의 계곡열 ··· 752

42. 애리조나의 100년 ··· 759

후기 1 중국 우주과학의 선구자 팡리즈 | 천피셴 ··· 769
후기 2 선인장이 자라는 곳 | 천지엔 ··· 775
부록 팡리즈의 일대기 ··· 798

출판자의 글

위대한 지식인 팡리즈를 추모하다

가오시쥔*

이 글은 베이징대학교 출신으로 국제적인 천체물리학자 겸 민주주의 계몽운동 지도자인 팡리즈 교수(1936~2012)를 기념하기 위해 쓴 것이다. 팡리즈가 살아있을 당시 과학과 민주주의는 그 시대를 움직인 힘이었다.

《팡리즈 자서전》은 그의 부인 리수셴의 말처럼, 중국 근대사의 명맥과 이어져 있지만 그동안 먼지에 뒤덮여 있었다. 이 유고는 팡리즈와 리수셴이 몸소 겪은 역사를 친필로 충실하게 기록한 것이다. 대부분의 내용이 20년 전에 쓰였고 아직 출판되지 않았다. 이렇게 그의 유고는 시대를 뛰어 넘어 현재까지 이어져 내려왔다.

---

* 가오시쥔(高希均, Charles Kao) 중국 남경출신으로 미국경제학자로 위스콘신대학 교수를 역임했다. 그 후 타이완의 《원견잡지(遠見雜誌)》·《30잡지》와 천하문화출판사(天下文化出版公司)를 설립했다. 1994년부터 미국 100인회의 회원이며 2000년부터는 여러 재단의 이사를 맡고 있다.

"우리들이 몸소 겪은 일들은 전형적이기도 하고 다소 희극적 성격을 띠기도 한다. 그래서 이 책이 세상에 나오기 전에는 우리들과 관련된 거짓이나 의도적으로 왜곡된 '이상한 이야기'가 떠돌아 다녔다. 그러니 사실의 진상을 알고자 한다면 이 책을 기본으로 삼길 바란다. 책 속에서 팡리즈는 시종일관 담백하고 심오하면서도 익살스러운 필치로 자신의 생각과 이상, 행한 일들을 분석했다."

이 자서전은 우리 눈앞에 '중국의 꿈'을 제시한 베이징의 새로운 지도자가 중국이 나아갈 방향을 구상하는데 도움을 줄 수 있을지도 모른다.

1. 16세에 베이징대학교에 들어가다

왕리싱과 장줘진, 그리고 나 이렇게 세 사람이 1986년 《위안젠(遠見)》을 창간한 목적은 타이완 독자들로 하여금 《위안젠》의 보도와 분석을 통해 변하고 있는 중국대륙을 객관적으로 이해할 수 있도록 하기 위해서였다. 중국에 개혁과 개방이 막 시작되고, 중국의 과학과 민주주의가 많은 양분을 필요로 하고 있을 때 별빛처럼 찬란한 젊은이가 나타났다. 바로 과학자인 동시에 민주주의 개혁을 앞장서서 이끌고 있던 팡리즈다.

그는 천재라 불릴만한 인물이었다. 16세에 베이징대학교 물리학과에 들어갔고, 매우 우수한 학생으로 인정받았다. 졸업 후에는 중국과학원 근대물리연구소에서 일했으며, 후일 중국과학원의 가장 나이 어린 원사(院士) 중 한 사람이 되었다.

대학을 졸업한 후부터 1984년 말까지 팡리즈는 총 130여 편의 학술논문을 발표했다. 그는 천체물리 영역에서의 두드러진 업적으로 인해 점차 국제학술계의 주목을 받기 시작했으며, 중국 과기대학교의 부총장직도 맡게 되었다. 1980년대 초부터 그는 저장대학교, 베이징대학교, 과기대학교 등을 다니며 강연을 했다. 사실 그것은 그의 본업 이외의 강연이었다. 그는 정치개혁과 교육개혁에 대해 논하고 마르크스 사상이 이미 시대에 뒤쳐졌다는 발언까지 함으로써 교정을 뒤흔들어 놓았다. 당국이 이러한 그의 행보 때문에 고민하였음은 물론이다.

먼저 천하문화 출판사가 그의 첫 번째 책을 출판하게 된 경위부터 말하고자 한다.

2. 팡리즈의 첫 번째 책을 출판하다

1987년 6월 하순 타이베이에서 알지 못하는 외국인의 전화를 받았다. 그는 난데없이 이렇게 말했다.

"매우 중요한 원고를 가지고 있습니다. 당신들이 큰 흥미를 느낄만한 것입니다. 아마 출판을 하게 될 지도 모르죠. 지금 만나 얘기를 나누고 싶습니다."

30분 뒤 점잖고 예의 바르며 열성적으로 보이는 중년의 미국인이 팡리즈의 진귀한 원고를 가지고 왔다. 나는 눈앞의 사실이 좀처럼 믿기지 않았다. 그때를 기점으로 나와 팡 교수의 25년에 걸친 왕래가 시작되었다.

나는 사실 그 원고가 진짜 팡리즈의 것인지 확신할 수 없었다. 그래서 출판에 앞서 그 자신이 친필로 나의 질문에 대답해줄 것을 요청했다. 팡리즈는 선뜻 응했고, 그 내용은 다음과 같다.

문: 왜 지금 이 책을 출간하려고 하는가?
답: 현실적인 필요에 따라 가치 있는 역사를 반영하려고 하기 때문이다.

문: 이 책의 일관된 사상은 무엇인가?
답: 과학과 민주가 핵심적인 사상이다. 과학과 민주는 이 사회의 발전에 꼭 필요한 것이므로 앞으로 더욱 중요해질 것이다.

문: 만약 미국의 대학에서 당신을 초청해 연구를 하게 하거나 강연을 요청하면 이를 수락할 것인가? 강연을 한다면 무엇을 주제로 삼을 것인가?
답: 나는 이미 미국에서 연구와 강연을 해달라는 요청을 받았고, 앞으로도 계속 그런 요청을 받게 되지 않을까 생각한다. 강연의 주제는 내 전공에 관한 것이 될 것이다.

문: 당신은 중국인의 미래를 낙관적으로 보고 있는가?
답: 장기적인 시각에서 본다면 낙관적이다.

문 : 21세기의 중국인은 세계에서 어떤 역할을 해야 하는가?
답 : 전체 세계 속의 평등한 일원이 되는 것이다.

문 : 중국대륙 밖의 중국인, 홍콩, 싱가포르, 타이완의 정치와 경제, 학문 등에 대해서도 관심을 가지고 있는가?
답 : 관심은 크지만 알고 있는 것은 많지 않다. 특히 싱가포르와 타이완에 대해서는 거의 알지 못한다.

문 : 중국대륙의 청년들이 이상을 가지고 있다고 생각하는가?
답 : 전체적으로 볼 때 이상을 가지고 있다고 생각한다. 최근 2년 동안의 사태가 이를 증명하고 있다.

문 : 앞으로 당신의 시간을 어떻게 안배할 계획인가? 민주화 운동에 보다 많이 참여할 것인가? 아니면 학문연구에 종사할 생각인가?
답 : 나는 물리학자이기 때문에 다른 지식인들처럼 연구 활동을 계속할 것이지만, 내가 할 수 있는 모든 사회적 책임을 다하려고 한다.

같은 해인 1987년 9월《우리는 지금 역사를 쓰고 있다》가 타이베이에서 출간되었고 즉각 국내외 독자들의 주목을 받았다.

3. 베이징에서 만나다

그 다음 해(1988) 6월 2일, 우리는 마침내 베이징에 있는 그의 집에서 처음 만나게 되었다. 악수를 나눴을 때 그가 오래전부터 알고 지낸 친구처럼 느껴졌다. 그의 예리하고 빈틈없는 글을 나는 익히 읽었다. 그가 낭랑한 목소리로 녹음한 테이프를 이미 들었다. 또 검은 안경테를 쓴 명랑한 얼굴은 사진을 통해 보아 알고 있었다. 단지 그동안 만나지 못했을 뿐이다.

팡리즈의 첫 마디는 "베이징대학교에 강연을 하러 오셨다면요?"였다. 그 말에 나는 대답했다. "당신을 만나기 위해 온 것이기도 합니다."

나는 나의 저서 《인간은 진실을 말할 수 있는 권리를 가지고 있다》를 그에게 주었다. 책 속에는 팡리즈가 쓴 글 〈아름다운 중국의 마음 : 팡리즈〉가 실려 있었다. 그는 책 제목이 마음에 든다고 말했다.

베이징을 떠나기 전 그의 부인 리수셴이 한밤중에 나를 쫓아나왔다. 그리고 한편의 중요한 글인 〈비바람 속의 리즈와 나〉의 원고를 내밀면서 말했다.

"팡리즈는 처음부터 끝까지 위기에 처해 있었습니다. 하지만 그의 마음에는 거리낌이 없으며 정정당당합니다. 저는 그의 강연과 관련 원고들을 충실하고 진지하게 편집하고 출판하는 일에 관련된 모든 이들이 유익한 일을 했다고 생각하고 있습니다."

그녀는 또한 "가오시췐 교수가 베이징대학교와 칭화대학교에서 강연을 하실 때 일부러 우리집 손님으로 오셔서 일련의 과정을 사실대로 써서 일부 와전되는 것을 피할 수 있도록 해주신 점 깊이 감사드립니다."라고 했다. 이러한 그녀의 말 덕분에 우리들은 팡리즈의 선집을 출판하기로 마음먹은 것이 참 잘한 일이었음을 다시 한 번 깨달았다.

　1년 후 톈안먼 사태가 일어났다. 팡씨 부부는 베이징 주재 미국대사관으로 피신하여 13개월 정도 머물렀다.

4. 케임브리지에서 대학교를 세우겠다는 포부를 말하다

　두 번째 만남은 1990년 여름 영국 케임브리지에서 이루어졌다. 당시 팡리즈 부부는 덩샤오핑이 머리를 끄떡이지 않으면 대륙을 떠날 수 없었다. 덩샤오핑은 예민한 촉수로 그의 개혁을 가로막는 장애 요인이 무엇인지 가늠하고 있었다. 그러나 만약 그가 중국 역사의 한 국면을 만회하고자 한다면 지식인들을 내쫓는 대신 도움을 받았어야 했다.

　8월 말의 케임브리지는 관광객들로 붐볐다. 이곳은 경제학자 케인즈의 사조가 시작된 곳이다. 그런 곳에서 나는 천체물리학자인 팡리즈를 찾아 나섰다. 해질 무렵 그의 연구실에서 그와 만날 수 있었다.

　다음날 아침 그와 부인이 자전거를 타고 내가 묵고 있는 여관으로 와서 함께 아침을 먹었다. 활짝 피어난 꽃과 푸르른 들판 앞에서 여유를 만끽하는 관광객들 속에 있던 팡씨 부부. 함께 한 시간보다 떨어져 지낸 시간이 더 많았던 이 부부가 공산당에 대항하며 함께 고난을 겪은 일들을 그 누가 알 수 있을까. 또 그들은 얼마나 많은 사람들의 기대를 한 몸에 지고 있었던가.

그들은 중국의 앞날, 미국대사관에서 1년 동안 있으면서 겪었던 일, 타이완의 역할과 앞으로의 계획을 이야기했다. 그러다 갑자기 약속이나 한 듯, 한 목소리로 말했다.

"우리는 언젠가 독립적이고 자유로운 대학교를 세우기를 갈망합니다."

그런 포부를 듣는 것은 그때가 처음이었다. 내내 교직에 몸담고 있던 나로서는 그들의 '꿈'이 놀라움과 기쁨으로 다가왔다. 만약 팡리즈가 타이완에서 대학교를 설립한다면, 이는 중국정부가 타이완의 거물급 사업가 왕융칭(王永慶)을 위한 석유화학 투자구역을 하이창(海滄)구에 설치한 사건을 능가하지 않겠는가? 왕융칭이 자신의 경영방식으로 시장경제의 우월성을 증명할 수 있다면, 팡리즈는 그가 세운 대학을 통해 자유와 독립의 우월성을 증명할 수 있다.

사실 팡리즈는 학교 운영에 능숙한 편이라 할 수 있다. 그는 일찍이 1984년 4월부터 1987년 1월까지 중국 과기대학교의 제1부총장직을 맡았었다. 그는 "과기대학교에서 나는 과학, 민주, 독립, 창조를 중심으로 학사를 운영했다."라고 말했다.

팡씨 부부는 국제적 성격의 대학교를 운영하려면 남다른 포부와 돈, 사람이 있어야 하며 각종 제약이 심한 중국정부의 허락을 받는 일 역시 중요한 과제임을 잘 알고 있었다.

그렇다면 대체 어떤 대학교를 운영하려고 하는 것일까? 내 질문에 그는 대략적인 구상을 단숨에 이야기했다.

- 학교 규모는 중요하지 않다. 대신 학생의 자질과 정교함, 독립적 사고를 존중하고, 학술연구를 중시해야 할 것이다.
- 국제적이며 개방적인 대학이어야 한다. 각국의 학자와 학생들이 와서 연수하는 것을 환영하며, 대학에서 각종 사상과 학설을 강의하는 것이 허용된다.
- 해외에서 깊이 연구한 대륙의 우수한 유학생들도 이 학교로 불러 들여 대륙을 위한 인재로 양성할 수 있도록 한다. 만약 대륙이 허가한다면 중국에 분교를 설립할 수도 있다. 물론 이 대학의 근본 취지는 마땅히 과학, 민주, 문화이어야 한다. 여기서 길러 낸 학생들은 진리를 탐구하는 과학정신, 활발한 민주정신, 그리고 심오한 문화소양을 갖추게 될 것이다.

그는 케임브리지에서 법률을 공부한 싱가포르의 리콴유(李光耀) 총리를 예로 들었다. 그는 싱가포르를 위해 인재를 끌어들이는 일에 많은 힘을 쏟은 인물이다.

이에 나는 케임브리지에서 물리학을 공부한 타이완의 리궈딩(李國鼎) 선생을 거론했다. 그 역시 20여 년 전 타이완이 심각한 인재 유출 위기에 직면했을 때 각 분야의 인재들이 되돌아오도록 다양한 대책을 강구했다.

팡리즈는 고개를 끄덕이며 다소 격앙된 목소리로 말했다.

"중국을 위해 인재를 기르는 것은 중국의 미래에 희망의 불씨를 하나 보태는 것과 같습니다."

그동안 팡리즈가 대중운동의 지도자를 맡아달라는 거대한 압력을 완곡하게 거절한 것은 그의 이러한 사고방식에 기인한 것이다. 리수셴의 말을 빌리면, "팡리즈는 평생을 오직 과학을 위해 자신의 모든 생명을 바쳤다."

5. 《자서전》은 리수셴의 가장 진지한 공헌이다

　　1989년의 6·4사건과 미국대사관으로의 피신은 그의 인생에 있어서 가장 큰 고난이었다. 이 자서전은 팡 교수가 미국대사관에 머물렀던 13개월 동안(1989년 6월 6일~1990년 6월 25일) 쓴 기록이다. 1990년 6월 베이징은 팡씨 부부의 출국에 동의했다. 그들은 먼저 단기 방문으로 영국 케임브리지로 갔다. 그리고 최종적으로 미국에서 교직을 맡기로 결정했다. 학생들을 가르칠 수 있는 완전히 새로운 인생이 그들 앞에 펼쳐졌다.

　　그는 미국 애리조나주 투손에 위치한 애리조나대학교에 정착했고, 20여 년의 연구 활동을 통해 국제물리학계에서 매우 높은 위치에 오를 수 있었다. 2011년 11월 팡리즈는 큰 병에 걸렸다 완쾌되었을 때 감격적인 어조로 부인에게 말했다. "지난 20년 동안의 생명은 가치 있는 것이었소."

　　팡리즈와 리수셴이 베이징대학교 동기동창생으로서 부부의 인연을 맺고 서로 사랑해온 지도 50년이 흘렀다. 약 18년을 떨어져 지내면서도 그들처럼 서로 믿고 의지하며 살아온 부부는 흔치 않다. 두 사람 모두 젊었을 때 혁명을 해야겠다는 타오르는 이상을 가지고 있었다. 또 중년이 된 이후엔 학술 연구를 하면서도 민주주의를 위해 무언가 해야 한다는 막연한 압력 속에 불안한 1980년대를 보냈다.

리수셴 역시 베이징대학교 물리학과의 뛰어난 교수였다. 그녀는 교수이자 남편의 안위를 걱정하는 아내, 두 아들을 가르치고 키우는 엄마로 자신의 청춘을 바쳤다. 또한 위기와 전환기 때마다 그녀가 보여준 날카롭고 명석한 사유와 과감한 결정은 다사다난한 20세기 중국을 대표하는 하나의 '여성 용사의 초상화'였다.

22년 전 6월, 베이징 미국대사관을 떠나 대서양을 향해 날아오른 팡씨 부부를 맞이한 것은 끝없는 푸른 하늘이었다. 다시는 돌아갈 수 없을지도 모를 조국 땅을 떠나는 순간, 팡리즈는 뼈아픈 고통을 평생 짊어지고 살아야함을 직감했을 것이다.

어느 날 나는 팡리즈가 묻힌 East Lawn Palms 묘지를 찾아갔다. 그는 그곳에서 편안히 쉬고 있었다. 나는 그를 추모하며 하고 싶었던 말을 전했다.

"당신은 한 명의 지식인이 짊어지기엔 너무나 많은 책임을 짊어졌고, 중국 사회에 많은 공헌을 했습니다. 또 굳세고 의연하며, 총명하고 지혜로운 아내까지 당신을 평생 따랐으니 무슨 한이 남아 있겠습니까. 당신은 참 멋진 인생을 살았습니다."

2013년 3월 19일

서문

자유 지식인의 선구자

쉬량잉*

팡리즈는 80년대 자유지식인의 선구자다. 그는 재능이 뛰어나고 에너지 넘치는 인물이다. 다재다능하여 여러 분야에 관심을 가졌고, 세상을 보는 시야가 넓었다. 그는 천체물리학 분야에서 국제적인 인정을 받는 업적들을 이룩했다. 그는 언제나 부지런히 과학적 진리를 탐구했으며 좀처럼 싫증을 내지 않았다. 또 민족과 인류의 운명에 매우 열정적인 관심을 가졌다. 그는 사회에 대해 강렬한 정의감과 책임감을 가지고 있었다.

그는 물리학 선배인 쳰린자오(錢臨照) 선생의 눈에 들어 80년대 초 중국 과기대학교 부총장으로 부임했다. 그가 대학의 민주적인 개혁과 학사관리를 솔선하여 수행한 일은 《인민일보》에 5일 연속 보도된 바 있다. 1985년 그는 저장대학교에서 강연을 함으로써 개혁에 대한 자

---

* 쉬량잉(許良英)은 중국의 저명한 과학사학자이며 중국대륙에서 첫 번째로《아인슈타인 문집》을 번역했다. 그는 2013년 1월 28일 베이징에서 병을 얻어 세상을 떠났다.

신의 경험을 총결산하였는데, 그가 한 말은 곧 세상에 널리 퍼져나갔다.

그는 기본문제로부터 착수하는데 능숙하고, 사리가 밝고 판단력이 분명했다. 그는 "누가 누구를 먹여 살리는 것인가?"라고 캐물었다. 납세자, 즉 인민이 당·정 간부를 먹여 살리는 것인가, 아니면 당·정 간부가 인민을 먹여 살리는 것인지를 분명히 해야 한다는 것이었다.

그는 민주주의는 위에서 아래로 베풀어주는 은혜가 아니며, 우리 자신이 쟁취해야 하는 것이라고 호소했다. 그는 중국의 민주화 진행을 촉진시키기 위해 1986년 11월 쉬량잉(許良英), 류빈옌(劉賓雁)과 공동으로 '반우운동의 역사학술토론회' 개최를 추진했다. 그러나 이 회의는 첸웨이창(錢偉長)의 악의적인 밀고로 무산되었으며, 팡리즈, 류빈옌, 그리고 무고한 왕뤄왕(王若望)은 비판을 받고 당적을 제명당했다.(당국은 나를 왕뤄왕으로 오인한 것 같았다!) 이와 함께 중국공산당중앙 총서기인 후야오방(胡耀邦)은 '반자본계급자유화'에 최선을 다하지 않았다는 이유로 자신을 '제2세대의 핵심 인물'로 책봉했던 덩샤오핑에 의해 면직되었다.

1989년 4월, 후야오방은 억울한 죄를 뒤집어쓰고 세상을 떠났다. 이어 학생운동이 일어나자 덩샤오핑은 수십 만 군대로 베이징을 포위하고 팡리즈와 리수셴 부부가 이 운동을 선동한 배후의 '검은 마수'라는 유언비어를 퍼뜨렸다. '6·4' 대학살이 일어난 지 이틀째 되던 날 미중문화교류위원회의 책임자인 페리(Perry Link)는 팡리즈 부부를 미국대사관으로 피신시켰다. 아니나 다를까, 당국은 곧바로 팡씨 부부의 지명수배령을 내렸다. 두 사람은 신변의 안전을 위해 미국대사관에서 1년 이상 머물렀다.

   그 후 팡씨 부부는 외교협상을 통해 중국을 떠나게 되었다. 더 이상 중국에서 살 수 없었던 그들은 미국 서남부 투손 지역에 뿌리를 내렸다. 팡리즈는 애리조나대학교에서 일하며 그 대학이 천체물리 분야에서 국제적 명성을 얻도록 이끌었다. 끝이 보이지 않는 사막, 오염되지 않은 깨끗한 하늘은 팡리즈 연구에 있어 최적의 조건이었다. 그곳에서 팡리즈는 물 만난 고기처럼 연구 활동에 빠져 들었다.

   그러나 팡리즈는 조국을 떠난 후에도 여전히 조국의 민주주의와 인권상황에 관심을 가지고 미국 내 중국인권이사회 회장직을 맡기도 했다. 그러나 간절한 마음과 달리 실질적인 영향력을 행사하긴 어려웠다.

   중국에서 개혁과 개방이 시작되었던 시기, 자유지식인의 선구자라 할 수 있는 팡리즈의 영향력과 역할은 헤아릴 수 없이 깊고 크다. 그의 강하고 힘 있는 목소리는 여전히 사람들의 마음속에 메아리치고 있으며, 수천만의 후계자들이 그의 깊은 발자국을 뒤쫓고 있다.

2012년 10월 7일

나의 아버지

중국·미국의 기억

팡 커(方克)

아버지에 대한 나의 가장 오래된 기억은 1986년 우리 가족이 베이징대학교의 16호 건물에서 살았을 때다. 우리 세 식구는 3층 북향의 쪽방에 머물렀다. 당시 남동생은 아직 태어나지 않았고, 나는 막 유치원에 들어갔다. 방 안에 가장 많았던 것은 중국어와 러시아어, 영어로 된 부모님의 책들이었다. 아버지는 저녁 식사 후에 늘 책을 읽고 뭔가 복잡한 계산을 하셨다.

주말이 되면 부모님은 나를 자전거에 태워 교외로 데리고 가 놀아 주고 함께 사진도 찍었다. 이화원(頤和園) 공원, 청조 황실 정원인 위안밍위안, 샹산, 워퍼스, 비윈스와 샹산 식물원 등에는 당시 우리 가족의 발자국이 남겨져 있다.

수려하고 그윽하지만 조금은 황량한 베이징 교외의 풍경을 한가로이 거닐며 나는 도시에서는 느낄 수 없는 특별한 감정에 사로 잡혔다. 부모님이 사진 찍을 배경을 고르던 모습이 떠오른다. 어떤 정자와 누각, 담장, 경치를 배경으로 사진 찍을 지를 두고 서로 설왕설래하던 모습은 지금도 내게 몽롱하고 신비로운 기억으로 남아 있다. …… 그러나 애석하게도 이런 시기는 길지 않았다.

문화대혁명의 맹렬한 불길이 우리가 살던 곳까지 번져왔기 때문이다. 결국 그 해 초여름 우리 가족은 베이징대학교를 나와 할머니 댁으로 들어갔다. 그리고 부모님은 죄인으로 낙인 찍혔다. 모든 일이 갑자기 일어났다. 두 분은 각각 안후이(安徽)와 장시(江西)로 배치되어서 노동일을 하게 되었다. 이때부터 우리 가족은 뿔뿔이 흩어졌고 다시는 정상적인 가족처럼 모여 살 수 없었다.

이후 아버지에 대한 나의 기억은 끊어졌다 이어졌다 한다. 분명한 것은 아버지가 여름이나 겨울방학 때만 베이징으로 돌아올 수 있었다는 것이다. 《신화자전(新華字典)》은 내가 2학년으로 올라갈 때 아버지가 사준 첫 번째 책이었다. 이후 《10만개의 왜(十萬個爲什麽)》, 《소년곤충애호가(少年昆蟲愛好者)》, 《소년기상애호가(少年氣象愛好者)》와 같은 책들도 사주셨다.

어머니는 오래지 않아 베이징으로 돌아오셨다. 장시에서 노동을 하던 중 심각한 폐결핵을 얻어 집으로 돌아가는 것을 허락받았기 때문이다. 어머니는 베이징대학교 아파트 중에서 가장 작은 방을 얻어 들어갔다. 그러나 폐결핵이 전염될 것을 염려하여 오랫동안 나와 동생을 오지 못하게 했다. 어머니 병세가 호전된 후에야 나와 동생은 어머니와 함께 여름방학을 보낼 수 있었다. 마침 아버지도 가족 방문 차 베이징으로 오셨다. 오랜만에 가족이 함께 모일 수 있었던 시간이다.

그때도 아버지는 늘 도서관이나 서점에서 책을 읽고 복잡한 계산을 하느라 바빴다. 그러나 더위가 절정인 오후에는 항상 가족을 데리고 이화원 공원에 있는 수영장으로 데려가 함께 물놀이를 했다. 어머니는 노느라 기진맥진해진 우리들에게 맛있는 음식을 차려 주셨다. 우리 가족은 모두 이러한 여름날의 활동을 사랑했다. 그것은 우리가 누릴 수 있는 가장 사치스러운 행복이었다.

그 여름철의 어느 날 나는 베토벤 제3번, 제5번 교향악을 처음으로 들었다. 부모님이 친구에게 크고 둥근 레코드판을 빌려 오셔서 증폭기로 개조한 낡은 라디오를 축음기에 연결시켰다. 그러자 비록 잡음이 섞였지만 여태껏 들어본 적 없는 음악이 흘러 나왔다. 그 음악은 즉각 나의 귀와 마음을 사로잡고 뒤흔들어 놓았다. 이후 나는 고전음악의 팬이 되었다.

나는 후일 부친의 자서전을 읽고 난 뒤에야 그가 당시에 우주학을 연구하기 시작했을 뿐만 아니라, 1972년 중국 최초의 우주학 연구논문을 발표했다는 것을 알게 되었다. 나는 아버지가 물리학 용어사전을 편집하는 것을 본 적 있는데 그는 나에게 '블랙홀(black hole)'을 중국어로 '헤이통(黑洞)'이라고 번역할 것이라고 말했다. 아버지는 의심의 여지없이 천체물리를 연구하는 것에서 삶의 즐거움을 찾았다. 나는 언젠가 아버지가 즐거운 낯빛으로 과거를 회상하며 자신이 젊었을 때부터 수학, 물리, 천문 모두에 흥미를 느꼈고, 천체물리는 그로 하여금 그 3개의 영역 모두에 발을 들여 놓도록 만들었다고 말씀하신 것을 기억하고 있다.

내가 어느 정도 자랐을 때 아버지는 종종 옛날 자신이 공부했던 이야기를 들려주셨다. 처음엔 성적이 보통이었는데 초등학교 2학년 때 평면기하를 독학한 이후 갑자기 머리가 깨어 학업에 정진하게 된 과정들은 어린 마음에도 무척 흥미로웠다. 나는 아버지의 격려를 받으며 라디오수신기를 가지고 놀았고 1976년 여름이 끝나갈 무렵 광석 라디오를 만들었다. 라디오를 만드는데 성공했던 순간, 그것을 통해 들을 수 있었던 모든 방송은 슬픈 추도곡을 내보내고 있었다. 하지만 나는 흥분과 기쁨에 휩싸였다. 그리고 앞으로 이공 분야를 공부하기로 다짐하며 의지를 불태웠다.

80년대로 들어서면서 아버지는 완전히 떠오른 태양처럼 전성기를 맞았다. 어머니는 아버지에게 베이징으로 돌아오라고 재촉했지만 그는 듣지 않았다. 아버지가 돌아올 수 없었던 가장 큰 이유는 그 자신의 주도로 세운 과기대학교의 천체물리그룹을 떠나는 것을 원치 않았기 때문이다. 당시 아버지는 자주 집에 오셨지만 대부분 일 때문이었다.

우리집엔 늘 아버지의 방문객이 많았다. 우리 가족이 베이징대학교 웨이슈위안(蔚秀園)의 새로운 집으로 들어갔을 때는 손님이 오실 때마다 무척 불편했다. 어머니는 아버지가 집을 사무실이나 여관쯤으로 여기는 것 같다며 원망 섞인 푸념을 하곤 하셨다.

아버지는 점점 커가고 있는 나와 남동생에게 독립성을 가지고 매사에 최선을 다하라고 훈계하셨다. 그러나 나와 동생은 아버지가 집에 안 계신 것이 습관이 되어 있었으므로 그가 없으면 평소의 생활태도로 돌아왔다.

아버지는 1969년 과기대학이 있는 허페이(合肥)로 이사를 한 뒤로부터 18년만인 1987년 1월에 다시 베이징으로 돌아오셨다. 신분이 강등되었기 때문이다. 오랜만에 온 가족이 모이게 되었지만 나는

1986년 가을 이미 집을 떠나 미국에서 유학하고 있었다.

　1992년 5월 나는 미국 서남부 투손으로 갔다. 중국을 떠나 애리조나대학교 물리학과의 종신교수직을 받아들인 부모님을 만나기 위해서다. 그곳으로 온 지 얼마 안 된 두 분은 임시로 정해진 아파트에서 살고 계셨다. 그곳은 베이징에서 우리가 살았던 방 두 개짜리 아파트와 거의 비슷했다. 5월임에도 무더운 날씨 탓에 아버지는 비 오듯 흘러내리는 땀을 닦아내며 책상에 앉아 무엇인가 쓰고 계셨다. 모든 것이 과거로 돌아간 듯 한 풍경이었다.

　2012년 10월, 나는 애리조나대학이 아버지를 기념하기 위해 연 학술토론회(Exploring the Dark Universe: Frontier of Cosmology and Astrophysics in the 21st Century)에 참가했다. 그곳에서 그의 가르침을 받았던 학생들, 물리학계에서 함께 일했던 연구자들, 그리고 그의 오랜 친구들을 만났다. 그들 중 어떤 이의 이름은 익히 들어 알고 있었다. 나의 부모님은 학생의 재능을 사랑하는 스승이어서 종종 집에서도 마음에 드는 학생을 칭찬하시곤 했기 때문이다.

　아버지와 초창기부터 함께 일했던 동료들은 당시의 고생스러웠고 황당했던 일들은 홍분된 얼굴로 회상했다. 많은 해외 동료들은 아버지와 자신들이 함께 협력해 이루어 낸 학문적 업적들을 회고하면서 찬사와 감사를 아끼지 않았다.

　아버지는 평생 360여 편의 논문을 발표했다. 애리조나대학에서 열린 이틀간의 회의를 통해 나는 아버지의 천체물리 연구가 일찍이 알려진 우주학, 블랙홀, 초신성, 암물질(dark substance), 대척도(大尺度) 시공(時空)의 위상수학(topology)과 기원 등에서부터 고-적색편이(highredshift), 제1서광(曙光)을 거쳐 '이온화와 21센티미터 우주학' 등 새로운 과제로 확대되었으며, 최근에는 그가 이미 80년대에 제기한 천체물리 연구의 통계방법이 다시 주목받고 있다는 것을 알게 되었다.

아버지는 미국으로 떠나기 전 28년 동안 중국과학기술대학에 근무하며 중국현대우주학 연구를 이끈 최초의 인물이다. 또 세계적 수준의 연구 활동을 함으로써 '유성체의 적색편이(Red shift) 분포'에 대한 논문으로 1985년도 국제인력연구기금회가 수여하는 1등상을 획득했다. 아버지는 애리조나대학에서 20년 동안 재직하며 유성체의 특성을 이용해 우주의 대척도 기하구조를 연구하는데 집중했고, 소파연산법(小波演算法)을 통해 우주에 존재하는 암물질의 분포를 연구했다. 또 매년 적어도 6~7편의 글을 발표했으며, 2010년에는 미국물리학회 임원으로 뽑히기도 했다.

재직 당시 아버지는 20명에 달하는 박사와 박사후 과정 학생을 길러냈다. 그 중에는 그가 과거 중국에서 가르친 학생도 다수 포함되어 있었다. 언젠가 어머니는 내게 그곳에서의 생활을 얘기하며 아버지가 늘 새벽 5시 무렵 일어나서 스카이프를 이용해 중국에 있는 학생을 지도하고 동료들과 토론을 한다고 일러 주셨다.

아버지의 연구는 이론에만 국한되어 있지 않았다. 그는 선진적인 천문관측 시설을 이용해 베이징, 애리조나, 타이베이와 코네티컷 주에서 우주관측을 하려는 계획을 내놓고 관련 그룹을 조직했다. 중국의 천체물리 연구를 위해 기회를 창출하고 인재를 양성하는 일도 게을리 하지 않았다. 또한 그는 이탈리아에 본부를 둔 국제상대론천체물리센터를 수립하고 확장하는 것에 참여했으며, 그 센터가 운영하는 중국과 이탈리아 양국의 천체물리 연차 총회를 여러 차례 주최하고 참가했다.

아버지는 의심의 여지없이 물리를 열렬히 사랑하신 분이다. 또한 물리 연구를 통해 깨달은 자유와 독립 사상을 생명과 생활의 진리로 보았다. 그는 중국이 자유와 민주주의의 계몽을 필요로 하고 있음을 뼈저리게 느꼈기에 많은 희생과 공헌을 했다. 비록 이러한 것들이 그의 생명 속에서 과학의 '보편적 가치'를 따지는 또 다른 활동의 한 부분이었을지라도 이로 인해 그는 결국 가장 사랑했던 가정으로 돌아갈 수 없었다.

아버지는 평생 너무나 많은 일을 겪고, 또 너무나 많은 것을 짊어지셨다. 그는 자신의 책임을 다하기 위해 노력함으로써 적지 않은 업적과 성과를 거두었다. 하지만 그의 죽음은 내 생각보다 빨리 또 갑작스럽게 찾아왔다.

어머니는 병세가 호전되는 듯 했던 아버지가 갑자기 세상을 떠난 것을 쉽게 받아들이지 못하셨다. 그리고 최후의 순간까지 일에 열중하다 세상을 떠나신 것을 몹시 안타까워 하셨다.

나는 지나간 우리들의 행복했던 시절을 그리워하고 있다. 내 아내와 자식, 그리고 부모님과 함께 다시 베이징의 서산(西山)에 놀러 가거나 아드리아 해변을 한가롭게 거닐 수 있다면 얼마나 좋을까. 또한 물리나 시사에 대한 아버지의 훌륭한 논술을 다시 한 번 들을 수 있기를, 그의 해학적인 글 한 편을 다시 읽을 수 있기를 간절히 바라고 있다.

그러나 어쩌면 아버지는 그리 멀리 가지 않으셨을지도 모른다. 그가 생전에 제기한 몇 가지 중요한 문제에 대해 역사는 아직 대답하지 않았기 때문이다. 그러나 나는 이제 믿는다. 우리의 역사가 영원히 어둠 속에 있진 않을 것이며, 그렇게 되어서도 안 된다는 것을.

출판에 붙여 쓰다

20여 년간 먼지 속에 있던 유고

리수셴*

 이 한편의 유고는 중국 근대사의 명맥과 이어져 있지만 그동안 먼지에 뒤덮여 있었다. 이 유고는 팡리즈와 내가 몸소 겪은 역사를 친필로 충실하게 기록한 것이다. 대부분의 내용이 20년 전에 쓰였고 아직 출판되지 않았다.

 우리는 이 유고 원본을 출판할 수 있으리라고 기대하지 않았다. 전제 독재의 직접적인 통제를 벗어나긴 했지만 그 공포가 여전히 그림자처럼 우릴 뒤쫓았고, 그로 인해 자신의 입으로 진실 된 역사를 말할 수 없었던 것이다. 그러나 팡리즈가 갑자기 세상을 떠나면서 나는 그의 유품을 정리하다 이 유고를 찾아냈으며, 이것을 출판해 영원히 기념하기로 결심했다.

 우리들이 몸소 겪은 일들은 전형적이기도 하고 다소 희극적 성격

---

* 리수셴(李淑嫻)은 베이징대학 부교수이며 팡리즈의 부인이다. 1987년 5월 최고의 표를 얻어 베이징대학을 포함하는 베이징시 하이디엔구 '인민대표'로 당선되었다.

을 띠기도 한다. 그래서 이 책이 세상에 나오기 전에는 우리들과 관련된 거짓이나 의도적으로 왜곡된 '이상한 이야기'가 떠돌았다. 그러니 사실의 진상을 알고자 한다면 이 책을 기본으로 삼길 바란다. 책 속에서 팡리즈는 시종일관 담백하고 심오하면서도 익살스러운 필치로 자신의 생각과 이상, 행한 일들을 분석했다. 때문에 원고를 읽고 있노라면 마치 그와 직접 이야기를 나누는 듯 한 착각에 빠진다. 그는 날카롭게 주제를 향해 돌진하기도, 능청스럽게 흉금을 털어 놓기도 한다. 그럴 때면 사람을 사로잡는 그 특유의 풍부하고 낭랑한 웃음소리가 들리는 것 같았다.

팡리즈는 평생 동안 과학을 생명의 근본으로 삼았으며, 그가 쓴 역사적 사실은 이미 비밀이 풀렸거나 앞으로 풀리게 될 권위 있는 사료와 비교할 수 있다.

우리 부부는 모두가 힘들고 어려웠지만 그럼에도 많은 것을 가졌다고 여겨지는 어린 시절을 보냈다. 항일전쟁의 요동을 겪고, 내전을 거친 후엔 또 다른 거대한 변화를 겪었다. 늘 물자가 모자라고 사회는 혼란스러웠다. 이러한 환경은 어린아이를 너무 일찍 깨어나게 했다. 전란으로 인해 불안정한 사회에서 인재들은 모두 뿔뿔이 흩어졌다. 그러나 그 덕에 우리는 도리어 어린 시절 우수한 선생님들의 가르침을 받을 수 있었다.

어린 시절에 받은 교육은 잊을 수가 없는 것으로, 한 사람의 마음에 밑거름이 되고 그 영혼에 어떤 싹을 심어 놓는다. 우리는 아직 어려서 역사적 사실에 대해 말하거나 '이상'과 같은 명사를 사용하진 못했지만 무언가 추구하고 노력해야 한다는 사실은 어렴풋이 알고 있었다.

그래서 늘 글을 썼다. 어렸을 때는 나 자신에 대해, 그 후엔 부모님이나 선생님에 대해, 자라난 후엔 우리들이 걸어 온 인생에 대해…….

우리는 자신의 마음속에서 우러나오는 소리들을 적어 내려갔다. 그것은 일기 형식이기도 하고 편지 형식이기도 했다. 그리고 그것을 소중하게 여기며 한 곳에 모아두었지만 제대로 보관할 능력이 없었다. 왜냐하면 우리의 삶은 중국의 근대사와 뒤엉켜 있었기 때문이다. 비록 중국의 평화로운 시기에 살고 있었지만 삶의 기복은 우리들을 흔들었고 차츰 집안이 무너지면서 모든 것을 잃었는데, 우리가 아끼고 사랑하는 기록들도 같은 처지였다.

반면 이 유고는 20여 년 간 먼지 속에 파묻혀 있었음에도 그것들과 달리 보존될 수 있었다.

팡리즈와 나는 1952년 함께 베이징대학교에 입학했다. 베이징대학교가 있는 곳은 원래 옌징대학교가 있던 자리다. 명나라, 청나라 때는 멋지게 조성된 숲과 황족의 저택이 있었던 자리이기도 하다. 그 중 '사오위안(勺園)'은 옌징대학교 설립자인 스튜어트가 기획하고 설계해 재건한 것이다.

중국대륙의 주인이 바뀐 뒤인 1952년, 베이징대학은 소련을 모델로 삼아 단과대학과 학과를 조정했다. 이로 인해 기존의 대학구조가 혼란에 빠졌지만 전통은 그대로 남았다. 조국을 건설하겠다는 의지가 가득한 열정적인 해외 유학파 학자들이 우리들의 스승이 되기 위해 귀국했다. 그들은 세계적인 수준의 과학지식과 함께 서구의 자유로운 분위기도 가져왔다.

베이징대학의 학생들은 이러한 토양 속에서 길러졌으며, 당시가 우리 과학과 인생의 계몽기라고 할 만하다. 우리는 근대 중국 역사상 가장 좋은 교육기회를 얻고, 가장 훌륭한 스승을 만날 수 있었다. 나와 팡리즈는 자유로운 분위기가 충만한 교정에서 서로를 알아가고 마침내 사랑하게 됐다.

그는 총명하고 지혜로운 한편 어린아이처럼 진실하고 투명한 마음을 가지고 있었다. 마치 이슬에 씻긴 듯 윤기가 나던 대학시절의 팡리즈를 나는 똑똑히 기억한다. 당시 지식에 대한 갈망과 추구, 충만한 패기, 이상을 향한 어리석고 멍청한 기대는 우리들의 대학시절을 마치 한 곡의 목가(牧歌)와 같게 했다.

아직은 맑고 깨끗했던 우리는 매사 명랑했고 착실한 자세로 분발했다. 우리의 이상은 발밑에 있고, 아름다운 광경이 눈앞에 펼쳐지는 것 같은 시절이었다. 베이징대학교 시절 우리들 인생의 형태가 완성됐으며, 이상과 영혼의 형태도 완성되었다.

그러나 인생에 대한 이해는 삶을 통해 다시 이루어지고, 계속되는 정치운동 속에서 우리는 넘어졌다. 넘어진 후 우리는 인생에 대해 다시 깊이 생각했다. 그러나 넘어질 때마다 우리들이 소중한 보물로 생각해 온 생명의 기록을 잃어버렸다.

1957년 반우(反右)운동이 일어났고 나는 우파로 몰리게 됐다. 부득불 헤어질 수밖에 없었던 우리는 3일 동안 밤낮으로 우리들의 사랑을 영원히 지키겠다는 약속을 했다.

이별하기 전 우리는 각자의 일기장 위에 번호를 적고 언젠가 서로의 일기장을 교환하며 속마음을 털어놓을 수 있기를 기대했다. 겨울이 가면 봄이 오고 마침내 꽃이 피는 것처럼 말이다.

그는 내게 작별의 인사를 남겼다. 깔끔한 글씨로 적힌 20여 페이지에 달하는 편지였다. 편지에는 그날의 헤어짐이 영원한 이별이 될까 봐 걱정하는 그의 절절한 마음이 담겨 있었다. 나는 그가 침통한 얼굴로 격분하면서도 여전히 희망을 잃지 않은 어조로 한 말을 영원히 잊을 수 없다.

"…… 나는 당신에게 가장 사적인 비밀에 속하는 사상을 포함한 모든 것을 당에 설명하라고 권한 적이 있다. 우리가 가장 신뢰하는 조직을 속이는 것은 바람직하지 않다. 우리들의 입당은 다른 무엇을 위해서도 아닌 오직 우리 자신을 바치기 위함이기 때문이다. 우리는 모든 것을 희생할 수 있지만 우리가 추구하는 숭고한 공산주의 사업을 버릴 수는 없다.

…… 우리에겐 비록 그대가 가진 문제의 성격을 변화시킬 힘이 없지만 나아가서 바꾸도록 해야 할 것이다. …… 심장을 쥐어짜는 듯 한 고통이 우리 마음을 통째로 삼켜 버렸지만, 회초리를 맞은 곳의 아픔이 점차 무뎌지듯 우리의 고통도 시간이 덮어줄지 모른다. 그러나 우리의 감각이 마비되는 것만은 막아야 한다.

우리는 이상을 추구하는 것을 결코 포기할 수 없다. …… 개인의 역사는 스스로 쓰는 것이며, 우린 아직 젊기에 미래의 새로운 장을 열 수 있다. 사람의 됨됨이가 착실하고 정직하면 역사는 그에게 공정할 것이다……."

이별 후 나는 그의 '정치생명'과 '앞날'이 보존될 것이라고 믿었는데 뜻밖에 그는 '엄중한 우경(右傾)분자'로 지목되었고, 내부적으로는

'운 좋게 법망을 벗어난 우파'로 분류되었다. 그때 우린 생각했다. 어차피 둘 다 천민과 같은 처지인 우파로 분류된 바에야 서로 만나지 못해 고통스럽게 마음을 달랠 필요가 없다고. 그래서 뒷일 걱정은 제쳐둔 채 다시 편지를 주고받았고, 편지마다 번호를 매겨 함께 지난날을 회고할 수 있는 날이 오기를 고대했다.

그 시절을 겪지 않은 사람은 반우운동 이후의 사회상황을 알 리 없다. 일단 우파로 낙인찍히면 그것은 평생 씻어버릴 수도, 덮을 수도, 숨길 수도 없는 '불결한' 흔적으로 남는다. 그 낙인은 평생 그 사람을 따라 다니며 삶을 자신의 의지대로 선택할 수 없게 한다. 또 각종 정치운동에서 꼬투리가 잡혀 끌려 나오거나 어딘가에 임용되더라도 우롱을 당하고 명예를 더럽히게 된다. 영원히 우파라는 낙인에서 해방되지 못하는 것이다.

이러한 상황에서도 우리는 사랑을 배반하지 않았으며, 주변인들의 따돌림에도 굴하지 않고 작은 가정을 꾸렸다. 팡리즈와 나는 서로를 진정으로 이해하고 사랑했고, 따뜻한 밥을 먹을 수 있다는 것만으로 만족했다. 아이가 생기자 기쁨은 더욱 커졌다.

그러나 '문화대혁명'이란 예상치 못한 사건은 우리 마음의 보호소였던 안락한 가정을 때려 부쉈다.

1968년, 팡리즈는 다시 한 번 '심사'를 받게 되었고 우리들의 '반동언론'이 압수되었다. 당국은 우리가 주고받았던 서신과 일기 속 한 구절에 대해 악의적인 트집을 잡아 죄를 물었다. 그래서 그동안 소중히 간직했던 일기장과 번호가 매겨진 편지들을 팡리즈의 부모님 집 뒤뜰에 있는 오래된 참죽나무 아래서 모두 불살라 버렸다. 나로선 어찌

할 도리가 없는 일이었다. 이제 그 집도 참죽나무도 모두 사라져 버렸지만 만약 나무에게 혼이 있다면 당시 내가 흘린 뜨거운 눈물을 기억할 것이다.

팡리즈는 '격리된 채 심사를 받기 위해' 집을 떠나기 전 막 태어난 작은 아들을 안아 보았다. 그리고 나를 물끄러미 보며 말했다. "나는 언제 돌아올 수 있을지 모르니 이제 당신이 주인이 되어 아이들과 집안일 등 모든 것을 책임지고 결정해 주길 바라오."

그런 다음 다시 죄송한 얼굴로 부모님을 향해 말했다.

"아버님, 어머님, 샤오리(小勵, 집에서 팡리즈를 부르는 애칭)는 이제 떠납니다. 제 처와 자식들을 부모님께 맡기고 가니 부디 잘 보살펴 주십시오."

그렇게 우리 네 식구는 헤어지고 말았다. 그때의 생이별은 1957년의 헤어짐과는 달랐다. 서로를 향한 우리의 마음은 더 이상 풋풋한 연정이 아니었다. 10년이란 시간 동안 인생의 희로애락을 함께 경험하며 서로를 더 깊이 알고 사랑하게 된 것이다. 그 일은 우리에게 서로의 소중함을 일깨워 주었다. 또 우리가 추구해야 할 가장 숭고한 사업과 이상이 무엇인지 냉정하고 깊이 있게 생각하도록 만들었다.

그는 이제껏 자신의 운명을 한탄하지도, 남을 원망하지도 않았다. 그러나 그 당시엔 분하고 슬픈 마음을 금치 못하며 다음과 같이 썼다.

"나는 지금까지 살아오며 내게 많은 것을 달라고 욕심을 부리지 않았으며 오히려 어떻게 하면 더 효과적으로 나의 삶을 봉헌할 수 있을지 만을 생각했다. 그런데 현실은 왜 이토록 나에게 불공평한 것인가! 왜 내가 아내와 아이들을 떠나야 하고 우리 가족이 흩어져 살아야만 한단 말인가!"

그 후 우리는 강압에 의해 18년 동안 떨어져 살았다. 처음 내가 보내진 곳은 장시성 포양호(鄱陽湖)를 간척한 노동개조농장이다. 디스토마 전염병 유행지이기도 했던 그곳에서 나는 노동을 했다. 그는 화이난의 탄광으로 보내져 갱도로 내려가 지하 심층부의 석탄을 캐내는 노동을 했다. 포근하고 온화한 가정으로부터 강제로 떼어내진 우리들은 만나지 못하는 서로에게 하고 싶은 말들이 셀 수 없이 많았기에 비밀리에 서신을 주고받았다.

그와 주고받은 서신들은 번호를 매기고 잘 묶어서 숨겼다. 그러나 영문을 알 수 없이 분실되는 일도 있어서 끝까지 보관한 것은 지극히 적은 양이다.

언젠가 나는 주변 사람에게 사진 인화를 부탁한 적이 있는데 결국 상납되고 말았다. 그리고 그것은 부정적 선전의 '반면교재'로 활용되었고, 전 농장에 방송되어 비판을 받았다. 나의 사진은 '자본계급 분위기'가 물들어 있는 것으로 낙인찍혔다. 이러한 분위기는 '문화대혁명' 후기까지 이어졌으며 문화대혁명의 완전히 끝나고 나서야 비로소 청산되었다.

우리가 서로 떨어져 있는 기간 동안 주고받은 편지에는 인생의 가치를 논하고 부단히 심화되고 있는 철학적 인식을 기록한 것이 많았다. 그는 다음과 같이 썼다.

"무엇보다도 중요한 것은 이 아름다운 사업에 자신을 기꺼이 봉헌하고자 하는 마음을 지속적으로 유지하는 것이오. 역사를 촉진시키는 노동과 창조는 모든 생명력을 바칠 가치가 있소."

"노동과 창조란 무엇인가? 또 인간이란 무엇인가? 가장 신성한 것은 노동과 창조인가, 아니면 인간이 인간으로서 존재하는 것일까? 모든 고정적인 법률은 반드시 새롭게 검증되어야 하며, 우리가 익히 잘 알고 있는 것들 역시 새롭게 인식되어야 하오. 어쩌면 우리의 정신세계는 '갱년기'에 직면해 있는지도 모른다오."

"20년의 세월은 나로 하여금 당신이란 존재의 의미를 깊이 이해하도록 했소. 몇 번인가, 당신에 비해 깊고 풍부하며 논리적이라 여겨온 인생에 대한 내 철학적 이치는 종종 깊은 사랑을 담은 당신의 짧은 몇 마디 일격을 당해낼 수 없었소. 당신의 논리는 엄밀한 체계에서 볼 때 유치하고 단순하게 보였지만 또한 보다 높은 경지에 올라 있었소. 지금이 바로 그런 순간인 것 같소. 나 자신조차 마음속에 실재한 고통에 대한 지각을 이미 상실하여 나의 괴롭고 슬픈 마음을 의식하지 못했는데 당신의 마음속에서 내 진정한 마음이 맑게 비치고 있었소.

…… 최근 한 시기가 지나고 나니 우리들은 마치 50년대의 아직 정치가 깨끗하고 투명했던 시기로 돌아간 것 같소. 비록 천진함은 이미 존재하지 않는다 하더라도 순진한 아름다움은 도리어 그때와 아주 비슷한 것 같소……"

학교로 돌아와 과학연구와 교육활동을 하면서도 여전히 강압에 의해 서로 분리된 생활을 하였지만, 삶은 전보다 훨씬 감개무량한 것으로 다가왔다. 그는 다음과 같이 썼다.

"지금 나는 활짝 핀 꽃, 부드러운 바람, 화창한 햇볕, 높은 산, 흐르는 물의 아름다움과 마음껏 즐거워함에 대해 알게 되었을 뿐만 아니라 썩어 문드러진 시체, 사형집행인, 그리고 가장 사악한 지옥도 알게 되었소. 그러나 전자는 나를 깊이 빠져들거나 감정을 잊으며 깨끗하고 맑은 눈이 현혹되도록 할 수 없었으며, 후자 역시 나를 두렵거나 전율을 느끼도록 하여 쉴 수 없는 마음이 갈 곳을 잃게 만들지는 않았소."

"무엇이 영생인가? 육체의 영생은 존재하지 않으니 그것에 지나친 욕심을 부릴 필요가 없소. 반면 정신의 영생은 거의 근접하거나 도달할 수 있소. 우리는 우리의 사상을 세상 전체에 퍼뜨릴 수는 없을뿐더러 사실 그것은 후세에 달린 일이오. 그러나 이 세상에서 정신의 대동세계(大同世界)로 걸어 들어갈 수는 있소. 세속적인 환락과 죄악을 뒤로 던져버리고, 한 걸음씩 정신이 주조한 꼭대기를 향해 오르다 보면 그것이 비록 세계의 끝은 아닐지라도 진리의 서광을 눈앞에 보게 될 것이오. 내가 나로 하여금 억지로 쉬지 않고 일하도록 하는 이유는 단순하오. 고생스럽더라도 노력을 통해 정신적 영생에 도달하고자 하기 때문이오."

"스피노자는 교회에서 축출될 때 '과거 종교라는 칼로 종교를 이해했던 것과 같이 현재는 정치의 올가미를 통해 정치를 이해한다'는 생각을 품었소. 일반적인 관점에서 스피노자의 일생은 매우 불행했소. 그러나 누가 부끄러움을 모르고 누가 떳떳한 것인지는 일찍이 역사가 평가하지 않았던가?"

"과학, 자유, 민주, 세계의 대동, …… 이러한 이상들은 인류가 끊임없이 추구해온 것이지만 세계 어느 곳에서도 결코 실현된 적 없소. 그러나 이러한 이상주의는 오히려 개인에게 강력하게 체현될 수 있소. 사람들의 존경을 받는 이들은 모두 어떤 의미에서 이상주의의 화신이라고 할 수 있소. 서양의 성인인 그리스도부터 현대과학의 대가인 아인슈타인에 이르기까지 그들은 뭔가를 구현하려고 한 일종의 이상주의자들이오."

가족과 생이별을 하고 온갖 모욕을 당하며 고독하게 지내던 우리가 서로의 속내를 털어 놓을 방법은 서신뿐이었다. 그러나 그것을 모두 보존할 방도가 없어서 현재 남아 있는 것은 전체의 극히 일부일 뿐이다.

그는 괴롭힘을 당할지라도 불굴의 정신으로 끝까지 맞섰다. 또 강인한 의지를 가지고 쉬지 않고 연구에 몰두함으로써 외국 과학계의 주목을 받기 시작했다. 수업성적 역시 특출했다. 마침내 한 '인간'으로서 다시 일어서게 된 것이다. 그 후 많은 사람들이 그에게 자서전을 써보라고 권했다. 그러나 그는 그런 말들을 일언지하에 거절했다. 자신은 그럴만한 자격이 없다는 것이 이유였다.

그는 오직 앞만 보고 달렸으며 자신의 정력을 창조와 봉사에 쏟아부었다. 솔직하고 현실적인 태도로 인생을 직시했으며 뛰어난 효율성을 발휘해 일을 처리했다. 때문에 그와 교류가 있었던 사람이라면 누구나 "팡리즈는 3가지 일을 동시에, 그것도 일사불란하고 이치에 들어맞게 처리했는데 거기엔 작은 결점도 없었다."라고 말했으며 이는 진정 사실이다. 그는 학생시절의 생활 습관을 죽는 날까지 유지했다. 이 자서전은 그가 베이징 주재 미국대사관에 머물던 때 쓴 것이다.

1989년 6월 5일, 톈안먼 학살 이후 우리 부부는 친구 린페이루이(林培瑞)의 도움으로 어느 기자가 출장을 가느라 비워둔 호텔방에 머물 수 있었다. 불안한 밤을 보내고 있을 때 외교관인 부르크하르트(Raymond F. Burghardt)가 전화를 걸어 와 우리에게 잠을 자지 말라면서 곧 여기로 오겠다고 했다.

얼마 후 부르크하르트와 참사관인 러셀이 도착했다. 그들은 말했다. "우리와 함께 가시죠. 부시 대통령의 손님으로 미국대사관에 머물고 싶은 만큼 머물 수 있습니다."

그렇게 우리들은 '부시 대통령의 손님'이 되어 베이징 주재 미국대사관에 진입했는데, 그때가 6월 6일 새벽녘이었다.

대사관 관저 뒤뜰에는 가로로 배열된 단층집이 있었다. 그것은 간이 가옥이었고, 밑에 전시 대비용 지하갱도가 있었지만 아직 완전하진 않았다. 새로운 대사 릴리(James Lilley)는 아직 정식으로 업무를 인계받지 않은 상태였고, 대사관 관저도 수리 중이었다.

우리는 대사관 관저 내의 방에 잠시 머무른 후 그 단층집에 들어가 살았다. 대사관의 의무실이기도 한 그 집은 우리들의 안전을 위해 밖을 향한 모든 창에는 안에서 두꺼운 널빤지를 대고 움직이지 않도록 단단히 못질을 한 다음 두터운 커튼을 쳐 놓았다. 덕분에 햇빛을 볼 순 없었지만 불을 켜놓고 책을 읽고 글을 쓸 수 있었다.

부르크하르트를 따라 호텔을 벗어나기 전 팡리즈는 말했다.

"우리가 미국대사관으로 간 것은 반드시 비밀에 부쳐야 할 것입니다. 톈안먼 학생들의 안전에 영향을 미칠 가능성이 있기 때문입니다." 이에 부르크하르트는 그러겠다고 약속했다.

그러나 우리가 대사관에 들어간 후 백악관 대변인인 피츠워터 (Marlin Fitzwater)는 CNN을 통해 전 세계에 "팡리즈 가족이 이미 미국 대사관으로 들어왔다"고 말했다. 우리는 그들이 약속을 지키지 않은 것에 분개했다. 팡리즈는 자신이 어떠한 위법적인 일도 하지 않았다고 생각했으며 집으로 돌아가기 위해 부르크하르트가 남겨 둔 전화번호로 여러 번 연락했으나 아무 성과가 없었다.

…… 나는 지나치게 순진한 그의 생각에 동의하지 않았다. 그래서 깊이 생각한 끝에 말했다.

"우리가 이곳에 들어오기 전과 들어 온 후의 상황은 이미 달라졌어요. 정부는 사람들을 죽이고 있어요. 무기 없이 맨주먹뿐인 학생과 사람들까지 말입니다. 나는 그런 정부의 합법성을 더 이상 인정하지 않아요. 우리가 왜 이런 정부를 상대로 모든 두려움을 이기고 정의를 위해 희생해야 하죠?"

며칠 동안의 논쟁, 적응, 기다림을 거치던 중 우린 결코 원치 않았던 소식을 들었다. 1989년 6월 12일 중국정부가 우리 부부에 대해 정식 체포령을 내린 것이다. 이로 인해 팡리즈는 미국대사관을 나오고

자 했던 생각을 접었다. 대신 그는《피신 당시의 진술》초안을 작성했다. 그런 다음 내가 원고 교정을 보고 출력하여 적당한 때 공포할 준비를 하고 있었다. 1989년 6월 21일의 일이다. 그 진술에는 아래와 같은 내용이 포함되어 있었다.

① 우리들의 기본적인 정치관점
② 우리와 톈안먼 학생운동
③ 왜 피신을 했는가?
④ 우리는 미래를 믿고 있다.

그는 마지막 부분에서 다음과 같이 분석했다.

1. 이번 학생운동은 총체적으로 말해서 민주주의를 쟁취하기 위한 매우 순수하고 이성적인 운동이었다. 이 운동은 국내 각계각층의 인민들뿐 아니라 해외 거주 중국인들의 마음에 충격을 주었다. 또한 중국인은 민주주의를 잘 알지도, 요구하지도 않는다고 여기고 있던 전 세계에도 충격을 주었다.
현재 중국인은 온갖 어려움 속에서 중국이 발전적이고 민주적인 길을 걸어가도록 하기 위해 노력하고 있다. 민주주의 추구는 이미 전 세계적인 조류다. 비사회주의 국가뿐 아니라 소련과 동유럽 등 사회주의국가도 이를 따른다. 물론 개개인은 이런 조류 밖에 있을 수 있고, 중국 역시 잠시 그럴 수 있다. 그러나 오랫동안 세계적인 조류 밖에 있을 수는 없는 노릇이다.

2. 만약 우리가 이번 운동에 어떤 공헌을 했다고 말한다면, 그것은 어쩌면 근년에 이르러 우리들이 발표한 일부 의견이 공감과 일체감을 얻었기 때문인지도 모른다. 사실상 내 의견은 완전히, 혹은 많은 부분 정확하지 않으며 또한 얄팍한 것이다.

그러나 사람들은 강제적으로 전파하거나 '주입하는' 이론에 대해서는 동의하지 않은 반면, 체계적으로 자세히 논술하지 않은 데다 거칠고 투박한 내 생각에 대해서는 공감을 표시하였다는데 큰 의미가 있다고 본다.

이는 독립적인 사고와 독립적인 판단이 이미 우리들 사이에서 이뤄지고 있음을 반증하기 때문이다. 이런 현상은 전체 사회에 거부할 수 없는 사상적 힘을 가져다 줄 것이다. 사람이 일단 진리를 확실히 인식하게 되면 그 어떠한 방법에 의해서라도 다시 우매한 상태로 돌아가지 않는다.

3. 우리는 줄곧 과학과 교육에 몰두해 왔다. 팡리즈는 1987년 초 베이징 천문대로 옮겨 온 후 2년 동안 매년 발표한 과학논문의 수량 및 그 논문이 국제적으로 관련 분야 종사자들에 의해 인용된 횟수 부문에서 줄곧 1위를 차지했다.

후야오방이 사망한 4월 중순 이후에도 팡리즈는 두 편의 논문을 썼다. 우리가 정치적인 견해를 발표하게 된 가장 큰 이유는 개인의 관점에서 공개적이고 성실하게 사회에 반응하기 위함이었다. 이는 우리의 본업 이외의 또 다른 생활이라고 할 수 있다.

이는 과학에 종사하는 사람이라면 마땅히 가져야 하는 권리인데, 오늘날 우리 사회는 지극히 일반적인 이런 권리마저 받아들이지 않고 있다. 더 이상 은폐할 수 없는 생각들을 말하기 시작한 일 때문에 우리는 불편한 일에 휘말리거나 시달렸지만 후회하지 않는다. 과학이 우리에게 가르쳐 준 것은 진실 앞에 거리낌 없이 솔직해야 한다는 것이다.

현재 우리는 곤경을 넘어 위험한 지경에 처해 있다. 우리는 언젠가 사랑해 마지않는 과학연구와 교육활동에 다시 종사할 수 있는 날이 오기를 희망하고 있다. 우리는 우리들의 미래에 대해서는 크게 염려하지 않는다. 중국 사회가 우리들이 기대하는 미래의 모습을 향해 발전하리라고 굳게 믿을 뿐이다.

후일 팡리즈는 1세대 애플 컴퓨터를, 난 스퉁(四通) 컴퓨터를 얻었다. 그리하여 우리는 컴퓨터로 글을 쓰기 시작했다. 팡리즈는 이 케케묵은 컴퓨터를 토대로 별도의 기능을 개발하여 그가 가장 좋아하는 과학연구에 활용했으며, 여러 편의 학술논문을 발표했다.

팡리즈는 그때의 일을 일기에 다음과 같이 적었다.

"자유는 진정 고귀한 것이다. 또 자유인으로 사는 건 가장 만족스러운 삶이다!"(1989년 6월 7일)

"체포령이라니. 가소롭기 그지없다. 비폭력적인 방법으로 민주주의와 인권을 호소한 것이 그 무슨 죄가 된단 말인가?"(1989년 6월 12일)

"중국에는 아직 민주주의를 위해 희생한 자연과학자가 없다. 그러니 나부터 시작하겠다. 브르노, 갈릴레오와 같은 과학자가 되기 위해 다음의 준비를 해야 한다.
① 민주주의를 위해 몸과 목숨을 바친다.
② 장기간 감금될 것에 대비한다.
③ 대사관에 오랜 기간 머문다."(1989년 6월 12일)

"나는 이미 중·미 외교관계에 난감한 문제가 되고 있다. 상황이 또다시 돌변했지만 이는 시대가 그렇게 만든 것이다. 중국의 개혁은 한 차례 지나갔으며, 이제 다음 기회를 기다리고 있다. 가을이 오면 낙엽이 지듯이 시간이 흘러감에 따라 모든 것은 변한다."(1989년 6월 13일)

만일에 대비해 그는 1989년 일기장 속표지에 영문으로 된 쪽지 한 장을 붙여 놓았다.

Dear Friends
Please bring this diary to the U.S. and send it to my son
Ke Fang. His address is Mr. Ke Fang
Department of Physics and Astron.
Wayne State University
Detroit, MI 48202
Tel (O) 313-577-2745, (H) 313-831-6530

체포령이 내려진 뒤 매일 전 세계로부터 엄청난 양의 위문전보와 편지가 대사관에 도착했다. 또 정식 초청장을 보내겠다거나 영구 직위를 제공하겠다는 소식도 끊임없이 이어졌다. 그 제의들을 모두 기록할 순 없지만 그 중 몇 가지를 소개하겠다.

- 미국 버클리대학
- 미국 매켈러스터대학의 종신교수직
- 타이완 밍더(明德)재단 초청
- 노르웨이 오슬로대학 영구 직위
- 이탈리아 로마대학 정교수 직위
- 벨기에 자유대학 명예박사
- 미국 뉴욕과학원 종신 원사에 피선됨

이때 그는 깊이 생각하기 시작했다.

"새로운 생활을 창조할 때가 왔다. 나는 내가 걸어 온 길에 대해 100퍼센트는 아니지만 상당히 만족스럽게 여기고 있다. 최근 10년 동안 우리가 중국 역사에서 행한 역할을 자세히 살펴볼 때 그렇다. 그러니 이제 다시 시작하자, 다시 창조하자.
이미 개척한 것, 이미 창조한 것은 역사에 남겨두자. '유는 무에서 생겨난다(有生於無)'는 우주의 신조이자 인생의 신조다."

그는 새로운 길을 찾아 앞을 향해 나아가는 용감한 사람이지만 그 마음속에 슬픔과 아픔, 탄식을 품고 있었다.

"중국은 왜 세대를 거듭하며 비슷한 고통을 당해야 하는가? 역사는 순환하고 있지만 발전하지는 않고 있다. 우리는 자신도 모르게 이런 사회에 이용당하고 있는 것이 아닐까? 나의 비극은 엄격하고 치밀한 과학적 이성과 지혜를 가진 동시에 열렬하고 간절한 시인의 감정도 가지고 있음에서 비롯된다."

그는 마틴 루터 킹의 묘비에 새겨진 글도 적어 넣었다.

"단호하고 결연한 믿음으로 불합리한 고통을 이겨내는 것은 일종의 속죄다. 이는 인류 전체를 위해 속죄하는 것이다."

이때 미국의 '더블데이(DOUBLE DAY)' 출판사가 팡리즈를 초청해 자서전을 쓰는 것이 어떠냐고 물었고, 사람을 보내 취재를 한 뒤 대필할 수 있기를 바란다는 의사를 전해왔다. 그는 "내 자서전은 반드시 스스로 쓸 계획이다. 대신 번역한 영문판은 그쪽에서 출판해도 좋다."라고 말했다. 그렇게 팡리즈는 '더블데이'에 그의 자서전을 출판할 수 있는 권한을 주었다. 그의 친구인 중국계 물리학자가 팡리즈의 자서전 번역을 책임지겠다고 나섰다.

그는 1989년 10월에 글을 쓰기 시작했다. '더블데이'는 우리들의 뉴스가 주관심사로 떠오르고 있을 때 가급적 빨리 책을 출판하기를 바랐다. 그러나 제임스 릴리 미국대사는 난색을 표했다. 현재 가장 시급한 일은 우리가 하루 빨리 출국할 수 있게 되는 것인데, 그 책이 나오면 중국정부를 자극하게 되어 출국에 문제가 생길 수도 있다는 것이다. 우리는 그의 의견에 동의했고, 책을 빨리 내자는 출판사의 요구를 거절했다.

1990년 6월 25일 오전 10시, 우리는 미국대사관을 걸어 나갔다. 384일 동안 손님으로 기거하였던 대사관저를 마침내 떠나게 된 것이다. 제임스 릴리 대사와 경호원을 대동한 채 약 1년 전 우리들이 타고 들어왔던 차를 타고 대사관을 빠져 나와 곧바로 베이징의 난위안(南苑) 군용비행장으로 향했다. 경찰차 한 대가 우리들이 탄 차를 앞에서 에스코트했고, 두 대가 뒤를 따랐다. 주변 경비가 삼엄했고, 100미터 간격으로 경찰이 서 있었다.

난위안 비행장에 도착한 후 중국 경찰의 안배 하에 작은아들 팡저(方哲)와 통화했다.(우리들은 그가 경찰의 협박을 받아왔고, 경찰이 지정한 위안팡여관에 감금되어 있는 것을 알지 못했다.) 탑승 수속을 밟는 곳에 우리 부부를 위한 별도의 세관이 설치되었으며, 우리에게 유효기간이 5년인 중국 여권을 발급해 주었다. 그리고 정오에 미국의 전용기에 올라 베이징을 떠나게 됐다. 팡리즈는 이때 20장(章)으로 구성된 자서전 대부분을 써놓은 상태였다. 영국 케임브리지에 도착한 뒤 그는 그것을 빠르게 마무리했다. 번역을 해 줄 친구도 곧 도착했다.

1991년 1월 1일, 그는 케임브리지를 떠나 독일로 가서 자신을 초청해 준 친구에게 감사를 전하고 학술보고를 했다. 그 뒤엔 미국 프린스턴으로 갔다. 프린스턴에서 지낸 1년 동안 팡리즈는 대학과 고등연구소에 각각 소속되었다. 강의와 연구 활동이 없을 때는 미국 각 주를 돌아다녔는데, 이는 우리 부부가 곤경에 처했을 때 지지해주고 학술 교류도 했던 각지의 친구들에게 고마움을 표하기 위해서였다.

이때 '더블데이'는 그의 자서전 번역이 그들이 요구한 것에 부합되지 않는다고 불만을 표시했다. 그래서 우리의 또 다른 친구가 원고를 다시 번역하고 수정하기로 했다. 그러나 '더블데이'는 그 일을 자신들이 맡겠다고 고집하면서 우리가 사는 투손까지 번역자를 보내겠다는 말로 시간을 끌었지만 결국 그 쪽에서 먼저 출판을 포기했다. 팡리즈는 그들이 포기한 진짜 이유는 그가 더 이상 핫이슈가 아니며 최적의 상업적 기회가 지나가버렸다는데 있음을 알게 되었다.

1992년 1월, 우리들은 투손에 도착했고 팡리즈는 애리조나대학교의 종신교수 직위를 받았다.

팡리즈는 또 다른 출판사가 적극적으로 자서전 출간을 권하고 있다고 내게 말했다. 그러나 당시는 완전히 새로운 환경 속에서 난생 처음 비모국어로 강의를 시작한 때라 성실한 준비가 필요했다. 원고를 수정할 시간이 없었던 그는 자서전을 그대로 발송했다. 그리고 얼마 뒤 원고가 반송되어 왔다.

듣자 하니 유명한 중국계 물리학자가 원고를 심의했는데, 원고 내용이 중국 당국의 미움을 살 수 있으니 이 원고를 출판할 수 없다고 판정했다는 것이다. 이와 관련해 팡리즈는 "자서전을 출판하지 않아도 좋다. 나는 그것 말고도 해야 할 일이 많다."라고 말했다. 우리는 자서전 출판을 그쯤에서 그만두었다.

그로부터 20여 년이 지나 마침내 이 책은 출판되었다. 난 이 책을 펴낸 출판사가 마음에 든다. 출판사의 이름인 위앤지앤(遠見)처럼 그들은 선견지명을 가지고 있었다.

중국은 큰 나라이고 수많은 중국인이 세계에 널리 퍼져 있다. 중국의 근대사 연구는 지식인을 포함한 중국인들의 심리가 어떻게 변화했는지 기술하는 일을 피할 수 없을 것이다.

팡리즈는 최근 세상을 떠났다. 하지만 그는 글을 남겼을 뿐만 아니라 또한 생명을 가진 걸음걸음의 발자취가 이렇게 깨끗하게 살아 있는 역사 속에 남아 있으며, 그의 음성과 웃는 모습도 있고, 중국 사회에 미치는 영향력도 여전히 우리 역사 속에 남아 있다.

그는 사물의 근원을 탐구하는데 몰두했다. 그래서 무한한 우주를 연구하기로 결심했다. 그는 비록 고난에 가득 찼지만 자신을 낳고 길러준 고향을 열렬히 사랑했기에 후세를 양성하는 교육활동에 열중했다. 그는 "훌륭한 교육을 하는 것은 미래를 위한 길을 닦는 것이다."라고 말했다.

중국을 떠난 후 20년 동안 팡리즈는 교육활동과 과학연구 이외에 각종 국제협력을 추진했으며, 특히 과기대학교와 자신이 가르쳤던 학생에 많은 관심을 보였다. 팡리즈는 과기대학교의 부총장으로 있을 당시 '면직'되었는데, 이는 그의 잘못이 아니었으며 과기대학교 사람들의 잘못도 아니었다. 그는 자신이 몸담았던 학교를 사무치게 그리워했다.

그 해 그가 과기대학교에서 세우고자 한 핵심 가치는 '과학, 민주, 독립, 창조'였다. 물론 당국이 좋아할 리 없었지만 한 번 해볼 만한 것이었다. 그는 그것이 가능할지도 모른다고 생각했고, 그래서 기회만 생기면 그 틈새를 비집고 들어가 이 땅에 희망의 씨앗을 남기려고 했다. 언젠가 그것이 싹을 틔우리란 희망을 품고서 말이다.

그는 면직되었으나 관직을 잃은 것에 개의치 않았다. 청춘의 열정을 바친 곳과 차마 헤어질 수 없었던 것이다. '다시 학교로 돌아가는 것'을 금지시켜서 개인의 물품을 직접 정리하는 것조차 허락되지 않았지만, 과기대학교를 그리워하는 마음만큼은 누구도 막을 수 없었다.

그는 늘 중국의 상대론천체물리와 우주학의 발전에 관심을 가지고 있었다. 그것은 그가 중국의 특수하고 어려운 환경 속에서도 서로 뜻이 맞고 생각이 일치하는 사람들과 함께 개척한 것이며 세계를 향해 걸어가는 통로였다.

현재 그 분야에 종사하는 이들 중 상당수는 과거 그가 가르쳤던 학생들이거나 절친했던 벗이고 파트너다. 팡리즈는 자신과 함께 했던 이들이 인재로 인정받고 성공한 것을 진심으로 기뻐했다. 중국을 떠난 뒤 그는 친구들에게 종종 이런 질문을 받았다. 만약 스스로 선택할 수 있다면 무엇이 가장 하고 싶은가? 그럴 때마다 그는 "자유롭고 독립적인 학교를 세우는 것이다."라고 대답했다. 팡리즈는 과기대학교 부총장으로 재임하던 때와 다를 바 없는 열정을 가지고 있었다.

그는 일을 함에 있어 언제나 열정적인 자세로 몰두했고, 앞으로 나아가길 멈추지 않았다. 또 지는 것을 싫어하며 운명 앞에 고개 숙이지도 않았다. 삶의 전환점에서 그는 항상 적극적으로 새로운 길을 찾아 나섰으며, 결코 뒷걸음질 치거나 위축되지 않고 전진했다.

강의는 그가 가장 잘하는 것 중 하나였다. 애리조나대학교에 부임한 뒤에는 완전히 생소한 환경에서 비모국어로 강의하는 어려움을 극복해야했지만 그는 도리어 익살스럽게 말했다.

"이것은 우리의 두 번째 삶이다. 보통 사람들은 인생을 한 번 살지만 우리는 두 번 살아야 하며 그 삶이 이제 막 시작됐다!"

그는 한 평생 강압에 의해 끊임없이 장소와 직위를 바꾸며 살았으나 주어진 상황에 빨리 적응하고 자신의 역할에 몰입했으며 성과를 올렸다. 그런 뒤 또 다시 떠나게 될 때는 대범하고 시원스럽게 일어섰다. 그가 이룩한 것을 계승할 사람이 있으면 좋은 것이고, 그 업적을 후세에 남기는 것은 그에게도 기쁘고 즐거운 일이기 때문이다. 사람은 떠나갔지만 무수히 많은 업적과 오랫동안 켜켜이 쌓인 그리움이 남았다. 또 많은 것이 변했지만 변하지 않는 것은 이상을 위해 기꺼이 헌신하고자 한 그의 마음이었다.

그는 대학교를 졸업하자마자 핵폭탄과 관련된 핵물리 사업 분야에 배속되어 작업했다. 비록 그것은 그가 좋아하는 분야가 아니었고 그것에 대해 평소 다른 생각을 가지고 있었지만 그는 자신이 맡은 일에 책임을 다했다. 50년이 지난 후 그가 지난날을 회고하며 쓴 글 속에는 그가 겪은 역사적인 각각의 일들에 대해 자신만의 독특한 견해를 가지고 있었다.

핵물리에 관한 작업에서 벗어나 과기대학교에서 강의를 하다가 부총장에 임명되기까지 그는 아무리 어려운 일도 포기하지 않고 해낸 것으로 유명하다. 과기대학교 사람들은 지금까지도 그의 강의를 그리워하고 있으며, 그가 남긴 교과서는, 비록 당국이 복제를 불허하고 있지만 학생들 사이에서 대대로 전해지고 있다.

그가 앞장서서 부르짖고 이끌며 만들었던 천체물리연구는 그룹에서 연구실을 거쳐 현재는 연구센터로 발전했다. 온갖 탄압을 받는 상태에서 국제적으로 이름을 알리는 단계로까지 발전했다. 그는 면직된 이후에도 변함없이 과기대학의 천체물리연구와 성과에 깊은 관심을 가졌다. 생의 마지막 무렵에도 그가 가장 긴밀히 협력한 이들은 여전히 당시 그룹을 함께 했던 구성원들이었고, 그중에서 적지 않은 사람들이 중국 내에서 해당 학술분야의 대표자가 되었다.

중국을 떠난 후 그는 베이징-타이베이-미국의 공동천체물리탐사연구소를 세워 성과를 올리고 인재들을 양성했다. 또 얼마 전에 타이완대학이 새롭게 세운 우주학입자천문물리센터와 좋은 관계를 수립했고 팡리즈가 세상을 떠난 후에도 양국은 상호 교류협력 확대를 추진하고 있다.

팡리즈가 과기대학 부총장으로 있던 시절 정치적인 간섭으로 인해 세우지 못했던 국제교류협력기구 '마테오 리치(Matteo Ricci)센터'는 그가 중국을 떠난 뒤 다방면의 노력한 끝에 이탈리아 동부의 아름다운 작은 도시 페스카라에 본부를 두게 됐다. 또 그는 ICRAnet를 구축하여 세계 여러 나라 지부와 연결시켰고, 1년에 한 번 중국과 학술교류도 진행했다. 그에게 중국으로 돌아가는 것은 허락되지 않았지만 중국과 관련된 많은 활동을 익명으로 손수 책임지고 처리했다.

강압에 의해 중국을 떠난 뒤에도 그는 항상 고향을 그리워했다. 고향의 풍경과 친지, 친구들을 잊을 수 없었던 것이다. 우리는 중국을 떠나기 전 그의 부모님을 위해 고향 항저우에 묘소를 마련해 두었으며, 1983년 그의 어머니와 함께 가서 부친을 정성껏 모셨다. 묘소는 위황산(玉皇山)을 뒤에 두고 첸탕강(錢塘江)을 마주 보고 있었다. 그는 아버지를 기리며 작은 목소리로 말했다.

"아버지, 당신은 한평생을 철도 일을 하셨는데 이제야 매일 기차가 으르렁거리는 소리를 들을 수 있게 되었습니다. 첸탕강이 만조가 되고 다시 간조가 되는 풍경을 보며 부디 편안히 잠드세요!"

하지만 고국을 떠난 뒤에는 어머니가 돌아가셨을 때도 찾아뵐 수가 없었다.

2011년은 그의 부모 두 분이 100세가 되는 해일뿐 아니라 그가 조직한 '쉬광치(徐光啓)―갈릴레오 상대론천체물리국제회의'가 중국에서 개최될 차례였다. 그리하여 그는 다양한 경로로 국제회의를 주재하면서 돌아가신 부모님께 제사를 올리기 위해 중국으로 돌아가려고 애썼다.(팡리즈는 잠시라도 귀국하기 위해 형 팡푸즈에게 편지를 보냈고, 우리 부부가 귀국하면 지킬 조건을 써서 형을 통해 당국에 제출했다.)* 그러나 그의 요청에 대한 대답은 함흥차사였고, 회의에 참가하는 것조차 허락되지 않았다.

계곡열(Valley fever)은 애리조나의 건조한 사막지대에서 발생하는 풍토병으로 투손에서 특히 심하다고 한다. 하지만 우리 부부로선 들어본 적도 없는 희귀한 병이었다. 팡리즈는 건장하다고는 할 수 없지만 매우 강인한 체격을 가지고 있었고, 스스로도 이를 자랑스럽게 생각하며 자서전에 "70년 동안 병원에 가지 않았다."고 썼다. 그런데 갑자기 계곡열에 걸리자 그는 "설마 내가 무너지겠는가?"라며 개탄했

---

* 이 책의 71~73쪽에서 자세한 내용을 확인할 수 있다.

다.

그는 운명에 머리를 숙여 굴복하는 사람이 아니었으므로 목숨이 붙어있는 한 계속 전진했다. 병세가 조금이라도 호전되면 그 틈을 이용해 연구하고 글을 썼으며 자신의 삶을 되돌아보았다.

2011년 7월 그는 요양원에서 다음과 같이 말했다.

"**첫째**, 강의는 나의 특기이며, 나도 강의하기를 좋아한다. 미국에서 타향살이하며 영어로 강의해야 하는 고충이 있었지만 내 강의에 대한 나의 평가는 5점 만점에 4.5점이었다. 다음 학기 광의상대론 강좌는 나대신 강의할 사람을 찾기 어려워 8월에 개강하면 강의를 하기로 마음을 굳혔다. 여름휴가를 이용해 하루빨리 건강을 되찾으려 하고 있다.

둘째, 나의 교육과 사회봉사 활동에 대한 평가는 4점 만점에 3.5점 정도다.

셋째, 과학연구 활동에 있어서 나는 줄곧 선두에 있었다. 나는 나이가 들었지만 내 논문은 양과 질적인 면에서 오히려 더 발전하여 지금이야말로 내 절정기라고 생각한다. 내겐 아직도 잠재된 능력이 남아 있다. 작년에는 미국물리학회 펠로우로 선출됐다. 낯선 나라의 학술계에 진입한다는 것은 시간이 많이 필요한 일이다. 하물며 50대의 나이로 미국 학술계의 인정을 받는 것은 사실 쉽지 않은 일이었다. 이는 일종의 허락을 상징하는 것이다. 앞으로 나는 더 많은 일을 하고 훌륭하게 능력을 발휘할 수 있을 것이다."

2011년 11월 중환자실에 있던 팡리즈는 생사의 경계선을 넘나들었다. 그러나 추수감사절 무렵 병세가 크게 호전되었다. 나는 투손에 있는 절친한 친구들을 초청해 자리를 함께 했다. 사람들과 시간을 보낼 때 그는 내 손을 끌어당기며 말했다.

"한 평생 우리들의 이 작은 가정에 중대한 문제가 생길 때면 당신이 결정을 내리고 실행했는데 그것은 결국 모두 옳은 선택이었다. 반면 당신의 결정에 따르지 않은 일은 우리 가정에 엄중한 결과를 가져왔다.
1. 1957년 반우파운동이 전개되었을 때 나는 당신에게 '무한한 충성심을 가지고' 당에 해명하라고 힘써 권유했다. 그러나 결과적으로 그 일로 인해 전도유망했던 당신은 많은 기회를 잃게 됐다.
2. 당신은 부총장직을 맡지 말라고 권했으나 나는 그 말을 듣지 않았다. 그 결과 우리들의 이 작은 가정은 흐트러지고 불안한 마음으로 도처를 떠돌게 되었다. 어쨌거나 나는 부총장직을 받아들였고 내 소신에 따라 행동했다. 그 선택으로 우리 가정은 고통의 시간을 보냈지만 내가 과기대학교를 위해 한 일만큼은 결코 후회하지 않고 있다.
3. 미국대사관에 들어 간 뒤 당신은 그곳을 벗어나려고 했던 나를 막아섰고, 나는 결국 당신의 말을 들었다. 그 결과로 나는 20년의 시간을 얻을 수 있었다. 그 시간동안 나는 실로 많은 일들을 했다. 여러 명의 박사를 배출했고, 200여 편의 학술논문을 썼

으며, 다양한 국제협력기구를 조직하고 설립했다. 이 20년의 삶은 내게 큰 가치가 있는 것이다. 당신의 결정 덕에 나는 또 한 번의 생을 얻고 의미 있는 삶을 살 수 있었다.

4. 당신은 두 아이가 어릴 때부터 성장하여 대학에 가기까지 모든 것을 책임지고 돌봐주었다. 나는 아비로서의 책임을 다하지 못했다."

그가 투병 중에 자신의 삶을 냉정하게 돌아보고 정리하는 것을 지켜보는 내 가슴은 찢어질 듯 아팠다. 나는 그에게 시간은 얼마든지 있으니 먼저 몸의 회복에만 집중하라고 부탁했다.

그는 평생 일관되게 진리, 아름다움, 사랑을 추구했다. 2011년 요양원에서 투병중일 때 나는 매일 쇠약해진 그를 데리고 산책에 나섰다. 그 역시 개강을 하면 학교에서 강의를 하기로 마음먹은 터라 조금이라도 더 걸으려고 했다. 다정하게 산책하는 우리를 보며 사람들이 "A beautiful couple!"이라고 칭찬했다. 그 말에 팡리즈는 과거 ICRA 본부가 있는 페스카라에 중국에서 가르치던 많은 학생과 파트너들이 그가 주관하는 회의에 참석하기 위해 왔던 때를 회상했다.

당시 그와 나는 어깨를 나란히 하고 아드리아 해변을 산책했는데 우리들의 곡절 많은 인생역정에 감동한 이들이 작은 목소리로 말했다. "최고로 잘 어울리는 한 쌍이다!" 팡리즈는 그때를 떠올리며 감정에 북받쳐 다음과 같이 말했다.

"우리에겐 함께 한 수많은 경험, 함께 나눈 사상과 감정이 있다.

우리들이 함께 한 시간은 삶의 기이하고 환상적인 이야기(傳奇)와 같다. 우리들의 생명과 시이자 그림이었다. 올해는 우리가 결혼한 지 50년이 되는 해다.

나는 사랑 앞에 붙는 번드르르한 형용사들을 그다지 좋아하지 않는다. 내게 사랑은 그저 아름다움의 추구일 뿐이다. 간소하지만 정다웠던 우리들의 결혼식이 떠오른다. 그 날 불려진 '마음은 노래를 부르고 있다'라는 곡은 우리들의 애정관을 대변한 것이었다. 우리의 밀월은 신혼이 아닌 고난 속에서도 즐거움을 만든 황산여행, 낭만적인 이탈리아, 카프리로 가는 선상에서 보냈다. …… 이렇듯 우리들의 밀월은 한 평생 지속된 것이었다. 사랑은 의식의 우아함, 순수함, 깨끗함, 한결같음이며, 평생 동안 아름다움 추구하는 것이다. 나의 그녀, 당신은 내게 진정한 아름다움이다……."

나는 그가 투병 중에 이와 같이 감정을 억제하지 못하고 흥분하는 것을 차마 볼 수가 없어서 그를 어루만지며 "너무 많은 생각을 하지 말고 회복에 집중해야 해요. 당신은 반드시 나을 거고 꼭 그래야 합니다."라고 말해주었다. 나는 가슴 속에 품은 그런 희망이 물거품이 되리라곤 예상하지 못했다. 그가 병을 앓는 동안 써 내려간 〈금혼(金婚)에 즈음하여 친구에게 보낸 글〉이 그가 살아생전 나에게 주는 마지막 글이었는데, 그것 역시 사랑에 관한 노래였다.

그는 몸이 점점 회복되었다가 4월 6일 갑작스럽게 죽음을 맞이했다. 미처 어찌해볼 도리도 없이 일어난 일이었다. 컴퓨터 앞에 앉은 팡리즈의 왼손엔 파일이 들려 있고, 오른손은 마우스에 놓여 있었다.

스카이프는 여전히 열려 있었으며, 안경은 그대로 얼굴에 걸려 있었다. 단지 고개를 뒤로 젖히고 있었는데 그것이 좀 불편해 보였을 뿐이다.

그는 너무 갑자기 떠났기 때문에 어떤 말도 남기지 못했다……. 나는 그가 정말로 영원히 떠나버렸다는 것을 믿을 수가 없었다. 방금 전까지도 평상시와 다름없는 얼굴로 다음 주 월요일 학생들에게 보충수업을 한다는 말까지 했으니 말이다.

그가 왼손에 들고 있던 자료 폴더 속에는 그가 가르치는 학생들의 중국국가자연과학기금 신청서와 7월 스톡홀름에서 개최될 제13회 그로스만(Grossman)회의에 관한 자료가 들어 있었다. 그는 그 회의를 조직한 사람 중 한 명이었다. 7월 5일에는 대중을 대상으로 연설을 하기로 예정되어 있었다. …… 불과 몇 분전만 해도 학생들에게 관심을 가지고, 또 자신이 앞으로 할 일을 준비하고 있던 그가 더 이상 이 세상 사람이 아니라는 사실이 비현실적으로 느껴질 뿐이었다.

그는 떠났다. 돌연히, 그리고 깨끗하게. 그는 진정 내게 아무 말도 남기지 않고 떠났단 말인가? 생전에 팡리즈는 매우 밝고 순수하며, 조금의 거리낌이나 숨김도 없는 사람이었다. 그는 인생의 조건이 좋을 때에도 나쁠 때에도 일희일비하지 않았다. 그의 지혜는 줄곧 '삶'에 대해 깊이 생각하고, 가장 가치가 있는 '삶'의 의의를 찾는데 집중되었다.

죽음에 대해서도 그는 익살스러우면서도 용감하고 차분한 태도를 유지했다. 그가 죽기 전날 밤 나는 그에게 병가를 얻거나 강의를 다른 사람에게 맡기라고 강력히 권했지만, 그는 절반은 나를 위로하고 절반은 자신감을 드러내며 미소와 함께 "그렇다고 죽는 것도 아니지 않은가? 나는 한 평생 많은 일을 겪었고, 너무나 멋진 생활도 했으며, 다른 사람이 인생을 두 번 살아도 얻을 수 없는 것들을 가졌으니, 밑지는 장사는 아니다!"라고 말했다.

나는 그가 일단 책임을 맡으면 철저하고 확실하게 처리하는 사람이라 중간에 물러서길 원치 않는다는 걸 알고 있었다. 그는 자신의 질병 저항력을 높게 평가하고 병의 공격을 넉넉히 이겨낼 수 있다고 생각했다. 그보다 더 심각한 원인은 돌팔이 의사의 진료 지연, 마지막 오진, 그리고 약물로 인한 복합적인 부작용에 있었다. 그 탓에 너무나도 이르게, 그것도 갑자기 그의 강인한 생명력이 끊어져 버렸다.

마지막 순간 그는 "밑지는 장사는 아니다!"라고 했지만 그것은 사실 자신을 위로하고 독려하며 더욱 더 자신 있게 운명에 맞서겠다는 의지의 다른 표현이었을 뿐이다. 삶 속에서 수많은 장애와 고난은 결국 모두 그의 발밑에 무릎 꿇었다. 또 타향에서의 20년 동안 그는 스스로 채찍질하길 멈추지 않음으로써 사람들의 인정을 받았다. 그의 학생, 친구, 파트너들은 관련 과학영역에서 훌륭한 업적을 이루었다.

그는 과거 함께 했던 동료들을 다시 모으고, 새로운 이들도 충원해 보다 높은 과학의 최고봉을 향해 돌진할 준비를 하고 있었다. 1957년 '반우파운동'을 회상하면서 조직한 우리 '반당 소집단'의 주요한 활동은 청년, 소년, 유년 세 시절을 동경하는 것이었다. 우리는 중국에서 장차 세계와 어깨를 나란히 하는 과학 학파를 이룩할 수 있기를 바랐으며, 그는 이와 같은 희망을 가슴 깊이 아로 새겼다. 지금은 당시보다 보다 자유롭고, 성숙하고 우호적인 팀이 있으며, 그리하여 원하던 일들이 실현되리란 희망을 가질 수 있게 되었는데 그는 이미 가버렸다!

이 책의 후반부는 그가 중국을 떠난 이후 겪은 일들을 쓴 산문 가운데 일부분을 뽑아서 구성했다. 그는 어려서부터 광범위한 분야에 흥미를 가졌고, 사물에 대한 반응도 매우 민감했다. 산문에서 그는 인문과 과학 두 영역을 종횡무진 한다. 또 하늘에서부터 인간에 이르기까지, 세밀한 것에서부터 무한히 넓은 것에 이르기까지, 그리고 따뜻한 마음으로부터 논쟁에 이르기까지, 그 모든 것을 훌륭하게 아우른다.

이는 그가 자신의 일기에서 "나의 비극은 엄격하고 치밀한 과학적 이성과 지혜를 가진 동시에 열렬하고 간절한 시인의 감정도 가지고 있음에서 비롯된다."라고 말한 것과 같다. 그의 유품 중에는 그가 이미 써놓고 각각 2012년 4월과 5월에 발표할 준비를 하고 있던 두 편의 산문인 〈애리조나의 100년〉과 〈이화원 치경각에서 더위를 식히던 날들〉이 있었다.

2012년은 애리조나가 미연방에 가입한지 꼭 100년이 되는 해다. 나는 이와 관련하여 쓴 그의 산문이 무의미해지지 않도록 그를 대신해 원고를 발송했다. 그리고 고향을 그리워하는 그의 짙은 마음이 생동감 있게 묘사된 제2편도 이 책에 봉헌해 집어넣었다.

"여보 리즈! 당신이 갑자기 떠나고 난 뒤 나는 피 흘리는 심정으로 당신을 두 손에 꼭 움켜쥐고 놓지 못했어요. 당신이 남겨둔 사소한 것까지 챙기면서 말입니다.

마지막으로 당신이 일했던 학교 탁자 위에는 잘 정돈된 이번 학기에 강의할 내용들, 문제풀이 답안지, 그리고 학생의 성적이 놓여 있었습니다. 또 다음 학기에 당신과 함께 연구하기 위해 중국에서 오게 될 3명의 학생과 파트너의 자료와 관련 경비를 얻어내기 위해 주고받은 서류도 있었지요.

뿐만 아니라 과학 연구를 위한 새로운 구상들도 나는 보았습니다. …… 당신이 금방이라도 문을 열고 돌아올 것 같은 풍경이었어요. 사무실 한 쪽 벽에는 칠판이 걸려 있고, 거기엔 강의나 토론할 때 필요한 여러 가지 공식이 적혀 있었습니다. 그 중 'But Fire burned beneath the Ashes'란 문장에 눈에 띄었습니다. 지워지지 않고 그대로 남아 있었군요. 당신이 쓴 것입니까? 적어도 당신이 남겨 놓은 것이겠지요.

그 문장은 '땔감이 다 타면 불길은 다른 땔감에 옮겨 붙고, 그래서 불은 영원히 꺼지지 않는다.' 혹은 '잿더미 속에서도 불길은 여전히 타오른다.'로 해석할 수 있을 것입니다. 즉 스승의 지혜와 성과가 대대로 제자들에게 이어진다는 의미지요. 그것은 당신이 평생 동안 그려 오던 모습이 아닙니까?"

팡리즈가 평생 동안 추구한 것은 삶의 의의, 생활의 가치, 끝없는 자기 헌신이었다. 인생의 마지막 1년 동안 그가 전력을 다해 짊어졌던 것은 병고뿐만이 아니었다. 그는 자신이 맡은 책임에도 온 힘을 다했다. 그는 광명으로 통하고 대동으로 열리는 길, 즉 과학적, 문화적, 사회적 길이 열리기를 희망했다. 그는 다음과 같이 말했다.

"무엇이 영생인가? 육체의 영생은 존재하지 않으니 그것에 지나친 욕심을 부릴 필요가 없다. 반면 정신의 영생은 거의 근접하거나 도달할 수 있다."

나의 리즈! 내 마음 속에서 그는 아득히 먼 하늘 끝의 별이다. 그는 장난스럽게 웃으며 반짝반짝 빛나고 있다. 그는 웃음으로, 초연하게 고난과 마주했다. 그리고 자신의 빛으로 암흑을 밝게 비추었다.

중국에서 청명절 이후의 첫째 날은 예수 수난절(4월 6일)이기도 하다. 그 날 그도 초연하게 떠나갔으며, 한 줌의 재로 변했다. 아니다. 그는 날아올랐다. 높이 날아올라 그의 하늘로 돌아갔다. 그가 생명으로 붙인 불꽃은 재속에서도 여전히 타고 있으며, 그의 후계자와 진정으로 사랑한 벗들에게 옮겨 갔다. 그 생명의 불꽃 속에서 그의 영혼과 마음은 지금도 밝게 타오르고 있다.

나는 이 책으로 나의 리즈를 영원히 기억하고자 한다. 또한 겸허한 마음으로 세상 사람들에게 봉헌한다.

편지 1

팡푸즈에게 전해주세요

팡과 리(方李, 팡리즈와 리수셴)의 조건

1. 중국 당국은 팡과 리에 대한 체포령을 확실하게 취소한다.
2. 중공 당국을 대표하는 자와 '차를 마시거나', '등가(等價)활동'을 하지 않는다.
3. 대륙 내에서 현재의 역사정치 문제에 대한 공개적인 평론을 발표하는 것을 거부한다.
4. 대륙 내에서 어떠한 기자의 방문도 받아들이는 것을 거부한다.
5. 이전에 알지 못했던 사람들과는 만나지 않는다.

팡과 리(方李)의 활동

1. 조상에게 제사를 지내고 친척을 방문한다. 고인이 된 팡의 모친(1911년 생)과 부친(1912년 생)의 100세가 되는 해를 기념해 팡과 리는 저장 항저우에 가서 성묘를 하고자 한다. 리의 부모님을 모신 안후이

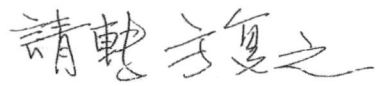

方李的条件:

1. 中国有关当局明确撤销对方李的通缉令;
2. 不与代表中共当局者"喝茶",或等价活动。
3. 拒在大陆境内公开发表对当今和历史政治问题的评论。
4. 拒在大陆境内接受任何记者的访问。
5. 不接见以前不认识的人。

方李的活动:

1. 祭祖访亲。方母(1911生)父(1912生),均值100冥寿。方李将去浙江杭州参加家族扫墓。李的父母葬于安徽明光,亦须参加家族扫墓。参加两家族的团聚活动,包括同辈的,晚辈的(上辈亲戚均已过世)。
2. 会友。造访相交25-65年而又21年来未谋面的诸老友。
3. 学术活动。方现与以下单位的学者或研究生有天体物理合作研究:北京天文台,紫金山天文台,中国科技大学,上海天文台,北京师范大学等。方将访问这些机构,进行学术交流,包括学术讨论,学术报告(专业的,及普及的)。
4. 国际会议。第三届伽利略-徐光启国际天体物理学术会议将于2011年举行。方是会议共同主席之一。方将通过国际组织委员会,安排该会于2011年5月在北京(或南京,上海)举行。

의 밍광(明光)에도 성묘를 하러 갈 예정이다. 또한 동년배, 후배(웃어른 세대는 모두 사망했음)를 포함하여 양가의 모임에 참여하고자 한다.

2. 친구를 만난다. 25~65년이나 사귀었으나 21년 동안 만날 기회가 없었던 옛 친구들을 찾아 만나본다.

3. 학술활동. 팡은 현재 베이징 천문대, 쯔진산(紫金山) 천문대, 중국 과기대학교, 상하이 천문대, 베이징사범대학교 등의 학자나 연구생들과 천체물리 공동연구를 하고 있다. 이들 기구를 방문해 학술토론, 학술보고(전문적, 일반적)를 포함한 학술교류를 진행하고자 한다.

4. 국제회의인 제3회 쉬광치-갈릴레오 국제천체물리학술회의가 2011년 개최될 예정이다. 팡은 회의의 공동의장의 한 사람이다. 팡은 국제조직위원회를 통해 이 회의가 2011년 5월 베이징(또는 난징이나 상하이)에서 개최되도록 안배하려 하고 있다.

팡리즈

THE UNIVERSITY OF
ARIZONA.
TUCSON ARIZONA

Department of Physics
College of Science

1118 E. Fourth Street
Tucson, Arizona 85721
(520) 621-6820

北京航空航天大学，方复之先生收

大哥：

　　小克已回美，知你们一切好，甚慰。我们亦如前，上课，做研究，带学生，出（美）国讲学，一乐也。下月将去挪威奥斯陆大学物理系访问。

　　得知你们正在筹划明年父母百岁冥诞祭祖活动。如有可能，我和淑娴当然要参加。父母墓碑背面刻着的敬立者名字，第一个是你，第二个就是我。1985年倍母亲去杭州看墓地的情景，依然常常浮现眼前。很想再有机会向父母的墓鞠躬三次，酒洒三盅。

　　我和淑娴现都持美国护照。此信的目的是，正式委托你，或方氏家族其他人，向中国有关当局办理有关淑娴和我进入中国国境，杭州祭祖，北京探亲，访友等一切有关事宜。

　　前几个月，有一位与中国极顶层有关的人士，问起我和淑娴再入中国国境事。我们写给他的短信中，讲到我们的意见，现附后。其中"方李的条件"和"方李的活动"，可供你们参考。其实，二十年来，时不时有有关人士问起我和淑娴再入中国国境事，我们的回答大都如"方李的条件"。可是，这些回答皆如泥牛入海，不见任何回音。可叹也。

　　祝身体好！

弟　　励之
2010, 11, 2。

베이징항공항천대학, 팡푸즈 선생에게

큰형님.

소생은 이미 미국으로 돌아왔습니다. 형님 가족도 잘 계시다는 소식을 들으니 안심이 됩니다. 저희들도 예전과 다름없이 강의와 연구를 하고 때론 해외에도 나가며 즐겁게 지내고 있습니다. 다음 달에는 노르웨이 오슬로대학교 물리학과를 방문하려고 합니다.

형님께서 내년 고인이 되신 부모의 백세를 기리며 제사를 준비하고 계신다는 걸 알게 되었습니다. 저와 수센도 반드시 참석하려고 합니다. 만약 그것이 가능해진다면 말입니다. 부모님의 묘비 뒷면에는 모시는 이의 이름이 새겨져 있는데, 그 첫 번째가 형님이고 두 번째는 저입니다. 1985년 모친을 모시고 항저우에 가서 묘소를 보러갔을 때가 떠오릅니다. 부모님의 묘를 향해 허리를 세 번 굽혀 절하고 술 석 잔을 뿌릴 기회가 있기를 간절히 바라고 있습니다.

저와 수셴은 모두 미국 여권을 가지고 있습니다. 저는 이 편지를 형님이나 우리 가족 중 누군가가 중국 관련 당국에 정식으로 의뢰하여 수셴과 제가 입국하여 조상에게 제사를 올리고, 가족과 친척, 친구들을 방문하는 것과 관련된 모든 일들을 처리할 수 있도록 하기 위해 쓰고 있습니다.

수개월 전 중국의 고위층 인사 한 분이 나와 수셴이 중국에 재입국하는 일에 관해 물었습니다. 우리는 짧은 편지를 써서 의견을 말했고, '팡과 리의 조건'과 '팡과 리의 활동'을 참고용으로 덧붙였습니다. 지난 20여 년 동안 관련 인사들은 늘 나와 수셴에게 중국에 재입국하는 것에 대해 물었고, 우리의 대답은 대체로 '팡과 리의 조건' 같은 것이었습니다. 그러나 그 뒤에는 어떠한 회신도 받지 못했으니 정말로 한탄할 노릇입니다.

건투를 빕니다.

아우 리즈 올림

2010. 11. 2.

엮은이의 설명

2012년 7월, 부군을 잃은 미망인 리수셴이 비통함에 잠겨 있을 즈음 나는 서로 알고 지낸 지 30년이 되는 타이베이의《천하문화》발기인인 가오시쥔 교수와 연락이 닿았다. 그리고 팡 교수의 자서전 유고를 그에게 넘겨 처리하도록 하기로 결정했다.

6·4사건 이후 팡리즈는 '민주투사'라는 강한 인상 때문에 그의 과학적 업적이 가려졌다. 극소수의 사람들만이 그가 사회주의 중국체제에서 천체물리 논문을 발표한 최초의 학자로서 국제학술계에서 활약했음을 알고 있었다. 그가 오랜 세월 '국제상대론천체물리중심'의 학술의장직을 맡았을 뿐만 아니라 베이징-타이베이-미국 3자 간의 천체물리연구기구를 적극적으로 통합하고 중국인 인재를 양성하였다는 것 역시 잘 알려지지 않았다.

그가 이룬 과학적 업적은 민주주의에 대한 그의 공헌과 대등하거나 오히려 그것을 뛰어 넘는 것이다. 리수셴 여사는《천하문화》가 이 유작을 출판하여 "지금 우리는 역사를 쓰고 있다"라고 한 팡리즈 교수의 삶 마지막 장을 남겨주기를 바라고 있다.

우리들 모두는 마치 강물처럼 한 줄기의 거대한 생명의 흐름을 가지고 있다. 팡리즈의 생명은 미국의 서부 사막에서 사라졌지만, 그의 유고인 《팡리즈 자서전》은 그의 생명의 또 다른 거대한 흐름이 되어 세계를 향해 흘러가고 있다.

작년 8월 하순 편집부는 리수셴이 보내 온 자서전 유고를 받았다. 첫 페이지를 펼치자 팡리즈 교수가 눈앞에 나타난 것 같았다. 그의 글을 읽고 있노라면 마치 강연을 듣는 것 같았다. 그의 해학적이고 의미심장한 웃음 속에는 늘 지혜가 담겨 있었다. 유튜브에는 지금도 그의 많은 강연 동영상들이 올라와 있다. 동영상 속의 그는 예의 그 즐거운 표정으로 강연을 하는데 그러한 매체를 통해 그는 오늘도 우리 곁에 살아 숨 쉬게 되었다.

이 책이 만들어 지는 동안에 이루어진 리수셴 여사의 협조와 각종 자료를 수집해 준 팡리즈의 친구 및 중국 과기대 학생들에게 감사드린다. 리수셴, 그녀가 팡리즈를 대신해 이 책을 완성했다.

《팡리즈 자서전》은 총 두 권으로 구성되어 있으며, 글과 그림, 사진 등은 리수셴이 제공하고 교정한 것이다.

제1권

《자서전》의 초고는 1990년 미국대사관 안에서 썼으며, 그 해 영국으로 건너가 케임브리지에서 강의할 때 쯤 최종적으로 완성했다. 1권의 마지막 장은 2010년 팡리즈와 관련된 기밀이 해제된 이후 미국과 일본의 외교자료, 외교관의 회고록에 의거하여 보충한 것이다. 1권은 1989년 베이징 미국대사관에서 384일 10시간 30분 동안 있었던 역사적 일들을 고스란히 담고 있다.

제2권

《자서전 이후》는 1990년부터 2012년까지 팡리즈가 꾸준히 발표해온 글들, 그리고 《자서전》을 끝낸 후 팡리즈가 온 가족과 함께 미국에서 지내던 때의 생활과 활동들을 골라서 수록했다. 그 중에서도 그의 산문 〈이화원 치경각에서 더위를 식히던 날들〉이 처음으로 발표되었다.

후기

미국에 있는 팡리즈의 학생 천지엔(晨劍)이 스승과 함께 했던 20년의 세월을 그리워하는 글 〈선인장이 자라는 곳〉, 그리고 타이완대학교 물리학과 천피선(陳丕燊) 교수가 팡리즈의 과학업적에 대해 쓴 〈중국 우주과학의 선구자 팡리즈〉를 골라 수록했다. 이 두 사람의 글은 관찰자 시점에서 자서전엔 언급되지 않은 부분을 보충하는 역할을 한다.

부록

그의 삶에 근거하여 〈팡리즈의 일대기〉를 엮었다.

필자는 작년 12월 하순 멀리 투손에 있는 팡리즈의 집, 그의 애리조나대학교 연구실, 그리고 그가 묻힌 East Lawn Palms 공원묘지를 두루 돌아보면서 근대중국에 영향을 미친 '다른 정치적 견해를 가지고 있었던 한 인물'을 추모했다. 그곳에 며칠을 머물렀을 때 리수셴은 필자에게 다음과 같은 이야기를 해주었다.

"우리 부부가 성공적으로 중국을 떠난 뒤 제임스 릴리 대사는 팡리즈에게 중국정부와의 협상은 대단히 성공적이었다고 말했습니다. 그리고 그에게 물리를 하지 말고 정치를 하라, 시카고대학교에 가도록 소개해 줄 테니 그곳에서 미국정부와 관련된 그룹에 들어가라고 농담조로 말했지요.
팡리즈는 중국정부와의 협상에 성공한 것은 우연이고 자신이 관심을 가진 것은 물리뿐이며 정치엔 재능도 흥미도 없다고 웃으며 대답했습니다. 진정 팡리즈는 과학에 푹 빠져 있었습니다. 때로 가정을 돌보지 못할 만큼 사로잡혀 있었어요. 투병 중 그는 가족에게 미안해했습니다. 가족이 자신을 의지하며 살아가지 못한 것에 대해……. 차마 말을 더 잇지 못했지만 나는 그의 마음을 알고 있습니다."

이 책은 혼란스러웠던 시대 과학을 굳게 믿었던 한 인물의 삶에 대한 이야기다. 팡리즈가 자신의 운명을 중국의 미래와 연결시킬 생각을 가지고 있었는지 여부와는 상관없이 그의 용감하고 확고부동한 이상은 투손시 자신의 집 문 앞에 가져다 둔 대형 선인장 한 그루와 같이 뜨거운 낮이나 컴컴한 밤에도 두려워하지 않고 사막에 홀로 우뚝 서 있었다.

팡리즈의 삶의 거대한 흐름을 자세히 읽어 내려가면, 그의 자서전에 중국의 남방에서 북방까지, 그리고 유럽과 미국에 이르기까지 시대의 공통된 기억이 한데 모아졌음을 알 수 있다. 또한 시대사조의 유적과 같이 인류 역사 속에 과학과 자유의 '보편적 가치'가 아로 새겨져 있다. 인류 문명의 발원지인 황하처럼 팡리즈의 정신은 시원하게 중국인의 마음에 흘러 우리들을 대대손손 윤택하게 할 것이다.

2013년 4월 20일
천하문화편집부 우패이잉(吳佩潁)

제1권

자서전
(1936~1990)

머리말

지명수배령에 대한 주해

    1991년 봄, 미국 캘리포니아 주에서 강연을 한 후의 일이다. 베이징 말을 하는 중국인 몇몇이 농담 반 진담 반으로 내게 말했다.
    "팡 선생, 우리는 당신 때문에 재수 없는 일을 당했어요. 한바탕 일을 치르고 난 뒤엔 누구도 감히 가슴을 펴고 머리를 들고서 길을 걸어가지 못하고 있습니다."
    순간 말문이 막혔다. 그들이 길을 걷는 자세와 내가 대체 무슨 관련이 있다는 것인가!
    역시 1991년 봄 뉴욕의 콜롬비아대학교에서 개최된 '중국인권토론회'에 참가했을 때의 일이다. 회의 중간의 휴식시간에 미국에서 활동하고 있는 화교 한 분이 나를 꽉 붙잡고 사진을 찍었다. 그리고 "팡 선생, 그런데 내가 당신 때문에 재수 없는 일을 당했습니다. 1989년 겨울 광저우 비행장 세관에서 몇 시간이나 구금되었으니까요."라고 했다. 나는 또 다시 어리둥절해졌다. 이 사람이 나를 찾아와 사진을 찍은 목적이 무엇인 지 알 수 없었다.

알고 보니 이 두 가지 일은 모두 한 장의 지명수배령에서 비롯된 것이었다.

1989년 6월 4일 중국공산당 당국은 수십 만 야전군을 동원해 베이징 톈안먼의 평화적 시위를 진압했다. 그 뒤 나와 리수셴은 당국에 의해 전국 제1호와 제2호로 공개 수배된 도주범이 되었다. 6월 12일 전국의 TV 뉴스로 우리를 지명수배 한다는 명령이 내려졌으며, 6월 13일 《인민일보》도 제1면에 지명수배령을 게재했다. 그 전문은 아래와 같았다.

베이징시 공안국 지명수배령

팡리즈와 리수셴은 반혁명 선전선동죄를 범하고 중화인민공화국 형법 제102조를 위반했다. 이와 같은 이유로 베이징시 인민검찰원 분원에 체포를 비준해줄 것을 요청했다. 리수셴에 대한 체포 비준은 이미 베이징시 하이디엔구 인민대표대회 상임위위원회의 허가를 받았다.

팡리즈 남, 1936년 12월 12일 생, 저장성 항저우시 출신, 중국과학원 베이징 천문대 연구원, 키 172센티미터 정도, 체형은 조금 비대한 편임, 한쪽으로 머리카락을 길게 기름, 네모난 얼굴형, 근시안경을 쓰고 있음, 가슴을 펴고 머리를 들고 길을 걸음.

리수셴 여, 1935년 1월 28일 생, 안후이성 쟈산현(嘉山縣) 출신, 베이징대학교 물리학과 부교수, 키 160센티미터, 체형은 조금 마른 편임, 짧게 파마머리를 함, 길고 둥근 얼굴형, 주근깨가 많음, 걸음걸이가 비교적 빠름.

팡과 리 이 두 명의 범인은 죄를 저지르고 처벌이 두려워 잠적했으며, 현재 지명수배령이 내려진 상태다. 각 구와 현 공안기관은 이 지명수배령을 접수하는 즉시 인력을 동원하여 체포하기 바란다. 뿐만 아니라 각 성과 자치구 및 직할시 공안기관과 수사협조를 요청하며, 팡과 리를 발견하는 즉시 구류하고 즉각 베이징시 공안국에 보고하기 바란다.

베이징시 공안국
1989년 6월 11일

나와 사진을 찍은 화교 남자분이 자신이 당했던 일을 들려주었다. 그는 수배령에 적힌 팡리즈의 인상착의처럼 네모난 얼굴형에 체형도 조금 뚱뚱하고 긴 머리카락을 한쪽으로 길렀다. 그리하여 광저우 비행장 공안요원의 의심을 사서 붙잡혔고, 그가 외국여권을 가지고 있음에도 출국을 허락하지 않았다. 베이징 쪽에서 그가 팡리즈가 아니라는 사실을 확인해 주고 나서야 풀려날 수 있었다.

그가 나를 붙잡고 사진을 찍은 것은 진짜 팡리즈를 자세히 관찰하고, 정말 자신과 닮았는지를 확인해보려는 것이었다. 그 화교 분과의 우연한 만남은 나 때문에 재수 없는 일을 당했다고 한 베이징 사람들의 말이 농담이 아니었음을 알려주는 것이었다. 왜냐하면 지명수배령이 전국 각 성, 자치구, 직할시 공안청과 국, 그리고 철도, 교통, 민항의 공안부서까지 하달되었기 때문이다. 전국 각 열차, 항만과 부두 및 비행장의 세관까지 물샐틈없는 수사망이 펼쳐져 있었다.

수배령에 간단히 적힌 팡리즈와 리수셴의 특징과 비슷한 겉모습의 중국인을 붙잡는 것은 그리 어렵지 않은 일이었을 것이다. 중국 인구 수는 대단히 많기 때문이다. 그래서 팡과 리에 대한 검거 활동은 모든 도주범에게 공포감을 주기 위함은 아니었을까 하는 상상도 해보았다.

결국, 그러나 당연히 도주범은 잡히지 않았고, 몇몇 겉모습이 유사한 자들만 공안요원에게 걸려들어 취조를 받거나 엉뚱한 사람이 잘못 붙잡히기도 했다. 그로 인한 소란을 모면하기 위해서는 지명수배령에 적혀 있는 팡리즈의 특징처럼 '가슴을 펴고 머리를 들고 걸음을 걷는' 행동을 절대 해서는 안 되었다.

사실상 지명수배령에 묘사된 팡리즈와 리수셴의 모습으로 검문한다면 우리는 붙잡히지 않았을 수도 있다. 지명수배령의 내용이 실제 우리 모습과 조금 달랐기 때문이다.

1. 나의 생년월일은 1936년 2월 12일인데, 1936년 12월 12일로 잘못 적혀있었다.
2. 리수셴의 생년월일은 1935년 4월 20일인데, 1935년 1월 28일로 잘못 적혀있었다.

3. 나의 키는 170센티미터인데 2센티미터가 큰 172센티미터로 잘못 적혀 있었다.
4. 리수셴의 키는 161센티미터인데 1센티미터가 작은 160센티미터로 잘못 적혀 있었다.
5. 나는 지금껏 머리를 양쪽으로 가른 적이 없을 뿐만 아니라 긴 편에 속하지도 않았다.
6. 리수셴은 파마머리가 아니라 늘 긴 머리를 하고 있었다.

나와 리수셴이 중국당국의 지명수배령에 대해 들은 것은 미국대사관으로 피신한지 6일 째 되는 날이었다. 매우 긴장된 상황이 전개되고 있었다. 중·미 행정당국은 거의 매일 우리의 피신사건을 두고 공방전을 벌였다. 중국당국이 지명수배령을 내린 것은 사건의 중대성을 격상시키려는 의도가 깔린 것이었다.

그러나 우리들이 이해하기 어려웠던 것은 왜 300자도 채 되지 않는 지명수배령에 여섯 군데 이상의 착오가 있었느냐는 하는 점이었다. 우리들에 대한 정보는 관련 서류에 정확하게 기재되어 있을 터였다. 그것을 잘못 보았단 말인가? 분명 정상적인 상황은 아니다. 의도적으로 잘못된 정보를 넣어 혼란을 만든 것이 아닌가 하는 의심마저 들었다.

특히 지명수배령 속의 사진은 일부러 모호하게 보이도록 처리한 같았다. 나를 잘 아는 친구조차 그것이 나라는 사실을 단번에 알아보지 못했다. 일이 벌어진 후 TV 화면에서 지명 수배된 우리들의 사진을 본 어떤 친구는 그런 사진이라면 우리들을 알아보기 어려울 것이

기에 오히려 안심이 되었다고 말했다.

잘못된 내용을 고치고 나라는 개인에 대한 비교적 정확한 정보를 제공해야겠다는 것, 이 점은 내가 자서전을 쓰게 된 동기 중의 하나다.

1987년 나는 일찍이 덩샤오핑 선생에 의해 지명되어 중국공산당 당적에서 제명되었다. 그 뒤 어떤 사람이 나에게 나 자서전을 쓰라고 부추겼다. 그러나 나는 받아들이지 않았다. 첫째는 너무 바쁘고 시간이 없었기 때문이고, 둘째는 나 스스로가 자서전을 쓸 자격이 부족하다고 느꼈기 때문이다.

중국에서 전기(傳記)를 쓰는 것은 비석에 사적을 새기는 것과 같이 중요한 의미를 갖는 것이었다. 모든 사람이 비석에 사적을 새기거나 전기를 쓸 자격을 가지고 있는 것은 아니다. 일반적으로 오직 두 부류의 사람만이 전기를 쓸 자격이 있다. 그 명성이 영원히 전해져야 하는 매우 훌륭한 사람과 영원히 악명을 남겨야 하는 매우 나쁜 사람이 그렇다. 공산주의혁명 이후의 중국에서도 이러한 규범은 바뀌지 않았다.

40년 동안 대체로 오직 두 부류(한 부류로 칠 수도 있는)의 사람들이 살아 있을 때 전기를 출판할 자격을 가졌는데, 마오쩌둥과 같이 가장 위대한 혁명영수와 지도자가 그 한 부류고, 청 왕조의 마지막 황제, 공산당에 투항한 국민당의 거물 비밀요원이 또 다른 한 부류이다.

두 부류이든 한 부류이든 상관없이 분명한 것은 나는 둘 중 어떤 부류에도 해당되지 않고 또 그러기를 바라지도 않는다는 것이었다. 그래서 나는 자서전을 결코 쓸 수 없었다.

1989년 초 또 누군가로부터 자서전을 써달라는 제의를 받았다. 중국문화를 잘 알지 못하는 몇몇 친구들이 나를 깨우쳐 주기 위해 일부러 찾아왔다. 그들은 자서전을 쓰는 일이 그리 대단한 것이라고 할 수 없다고 말했다.

다른 나라의 문화로 보면 자서전은 단지 자신의 경험을 다른 사람들에게 말해주기 위한 목적으로 쓰인 것에 지나지 않는 것이다. 그러므로 자기 경험을 다른 사람에게 알리거나 공유할 필요가 있는 사람이라면 누구나 쓸 수 있다는 것이다.

그것을 쓰는 이가 마지막 황제, 비밀요원, 위대한 영수가 아니더라도 말이다. 나는 그들의 생각을 받아들였고, 내 자신의 경험을 써내려갈 준비를 했다. 그러나 1989년 봄에 일어난 사건으로 자서전 쓰는 일을 미룰 수밖에 없었으며, 결국 지명수배령이 떨어진 이후까지 미뤄지게 됐다.

1989년 가을, 미국대사관으로 피신한 뒤 우리들의 생활이 어느 정도 안정되자 나는 비로소 글을 쓰기 시작했다.

피신해 있는 기간 동안 자서전의 4분의 3 가량을 썼고, 나머지는 1990년 가을 영국의 케임브리지에 머무는 동안 완성했다.

인생을 살아오며 나는 기이한 경험들도 했는데 지명수배령이 그 중 하나라고 할 수 있다. 나의 수많은 동료, 친구들이 나와 비슷한 경험을 가지고 있다. 그리고 지명수배령에 적힌 팡리즈의 외모에 관한 데이터는 중국인들 외모의 가장 잦은 값이다. 물리학 용어로 말해 최확치(most probable value)인 것이다. 지명수배령에 열거된 팡리즈의 죄상 역시 많은 중국의 지식인들이 공유하고 있거나 인정하는 것이었다.

나의 가장 친한 친구 중 하나인 쉬량잉 교수는 두 번이나 노골적으로 나의 '죄상'에 동의했다. 첫 번째는 1986년 말 덩샤오핑이 류빈옌, 왕뤄왕 그리고 나를 지명해 우리들이 '자본계급 자유화분자'라는 이유로 당적을 박탈했을 때다. 쉬량잉 교수는 자신도 '자유화'에 대해 이야기 했는데 왜 당국이 그를 제명하는 것은 잊었느냐고 말했다.

두 번째는 1990년이었다. 나와 리수셴이 중국을 떠나 영국에 도착했을 때 쉬량잉으로부터 편지 한 통이 도착했다. 그 편지에는 나를 비난한 두 편의 글이 동봉되어 있었다. 한 편은 공안부 부부장인 꾸린팡(顧林坊)이 서명한 글이었고, 또 하나는 중앙선전부 이론국의 글이었다.

그 글의 목적은 민주와 자유를 요구하는 자들에 대한 지명수배와 단속이 정당하다는 것을 논증하기 위한 것이었다. 여기서 흥미로운 점은 그 글의 비판 대상은 지명수배범인 팡리즈이므로 당연히 내 이름이 언급된 횟수가 가장 많을 것이라 예상되었지만, 오히려 글 속에서 가장 가혹하게 비판한 '반동적인' 의견 중 하나로 쉬량잉이 했던 말이 인용되었던 것이다.

적지 않은 내 친구들도 쉬량잉 교수와 유사한 태도를 보이며 나의 '반혁명 죄상'에 동의했다. 지금은 그들의 이름을 하나하나 나열할 수가 없으며 또 그렇게 해서도 안 된다고 본다. 그들 대부분이 지금도 여전히 공포 속에서 생활하고 있기 때문이다.(이 점을 특히 고려하여 자서전의 본문 속에서 일부 이름은 밝히지 않았다.) 지명 수배된 자의 '죄상'에 동의한 이는 어쩌면 지명 수배된 자의 외형과 비슷한 사람의 숫자만큼 많았을 런지도 모른다.

애석하게도 내 죄상에 동의한 사람의 숫자가 너무나 많았기 때문에 당국은 그들 모두에게 지명수배령을 내리지 않았다. 나만이 지명수배령을 받는 행운을 차지하게 되었는데, 내가 했던 독특한 경험들이 그 이유가 되었을 지도 모르겠다. 그래서 지명수배령 속의 '팡리즈'는 전적으로 나 자신을 가리키는 것이라기보다는 차라리 나와 같은 생각을 하고 있는 한 집단의 평균치라고 말하는 편이 나을 것이다.

그 집단의 주요한 특징은 그들 모두가 한때 공산주의의 신봉자, 충실한 공산당원, 무산계급 영수가 의심할 수 없이 신임하는 자였다는 것이다. 그러나 민주와 과학에 대한 열망으로 인해 점차 기존의 신앙, 충성, 신임을 경멸하게 되었고, 그리하여 공산주의 독재정권의 '지명수배범'이 되거나 지명 수배범과 같은 대우를 받게 되었다.

나는 이 자서전을 통해 과학과 민주가 도대체 어떻게 하여 나와 나의 동조자들로 하여금 지명수배자가 되어 돌아올 수 없는 길을 걷도록 인도했는지 분명하게 말할 수 있기를 바라고 있다.

제1부

시대의 거대한 수레바퀴

AUTOBIOGRAPHY
FANG
LI-ZHI

이끄는 말

오늘은 1989년 10월 27일이며, 나는 내가 몸소 경험한 것들을 조금씩 쓰기 시작했다.

나는 지금 위험한 상황에 처해 있기는 하나 상당히 안전한 편이다.

계속 쫓기고 있고 범인으로 고발된 상태지만 도리어 새롭고 큰 영예를 얻고 있다.

나와 나의 처 리수셴은 바로 '반혁명 선전선동'을 했다는 죄명으로 지금 중국 당국에 의해 지명 수배되어 있다. 각급 선전부의 관원들은 지금 전국 각지에서 선전을 통해 우리 부부를 톈안먼 '동란'과 '폭란'의 주요 '배후조종자'로 몰아가고 있었다.

이와 동시에 우리들은 국내외로부터 계속해서 편지를 받고 있다. 학생과 학자들은 물론 모르는 사람들도 있었다. 제일 많이 보이는 말은 "당신을 지지한다.", "당신은 외롭지 않을 것이다."였다.

6월, 나는 덴마크와 스웨덴의 'Politiken-Dagens Nyheter'*로부터 평화상을 받았다.

9월, 로버트 케네디 인권상을 받았다.

10월, 이탈리아 로마대학은 내게 명예박사학위를 수여하기로 결정했다.

11월, 벨지움 자유대학은 내게 명예박사 학위를 수여했다.

12월, 나는 뉴욕 과학원의 종신 명예원사로 임명됐다.

나는 지금 아주 비밀스러운 곳에 몸을 의탁하고 글을 써내려가고 있다. 임시 은신처이긴 하지만 누추하지 않다. 안정된 상태로 조용히 머물 수 있는 서재도 있다. 비록 나무와 하늘같은 아름다운 풍경은 볼 수 없지만 이따금 새들이 지저귀는 소리를 들을 수가 있었다.

내가 글을 쓰는 탁자는 원래 책상이 아니었지만 굉장히 크고 넓다. 종이, 연필, 탁상용 스탠드, 타자기, 컴퓨터도 있다. 글을 쓰다가 피곤해지면 정신을 차리게 해 주는 커피와 차도 있다. 카페인이 있는 커피와 없는 커피, 홍차나 우롱차 등을 마음대로 골라 마실 수 있다.

그러나 이곳은 유유자적할 곳이 못된다.

우리는 위험 지대에서 멀리 벗어나지 못했다.

현재 내가 앉아 있는 자리로부터 10미터도 되지 않는 곳엔 우리를 체포하려는 사람이 있다. 나는 비록 그들을 직접 볼 수 없지만 매일 24시간 동안 총을 든 사람이 이 공간 밖에서 나를 기다리고 있다는

---

* 편집자 주: 덴마크의 《정치보(政治報)》와 스웨덴의 《매일보(每日報)》를 가리킨다.

것을 분명히 알고 있었다. 그들은 아마 자신이 체포하려는 목표물들이 지척에 있다는 사실을 몰랐겠지만, 그들의 총부리는 보이지 않는 우리를 겨냥하고 있었다.

때문에 우린 내일이나 모레, 아니면 몇 시간 뒤에 어떤 돌발 상황이 발생할지……, 또 어디에서 어떤 일이 터질지 예측하기 어려운 상황이었다.

나를 겨눈 총구는 위에 있는가, 아래에 있는가, 아니면 앞일까 뒤일까, 우리의 계획은 성공할까 실패할까, 오늘 이 순간이 비통한 것이 될 것인가 아니면 그 반대일까.

한치 앞도 가늠할 수 없는 상황에서 내가 알 수 있었던 건, 내 인생 궤적이 마치 어느 시간과 공간의 기이한 점에 다가서고 있었다는 점이다. 그것은 마치 나의 과거나 미래를 이해하기 위해, 혹은 그 둘 다의 필요에 의해 나의 인생궤적을 살피는 것 같았다.

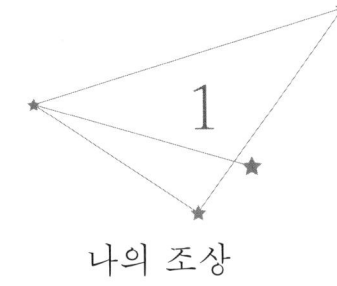

1

나의 조상

나는 베이징에서 1936년 2월 12일에 태어났다. 음력으로는 병자(丙子)년 정월 20일이다.

나의 출생지는 늘 내게 작은 번거로움을 주었다. 새로운 여권을 발급할 때마다 담당자는 출생지 란에 항상 저장(浙江) 항저우(杭州)로 잘못 기재했다. 중국정부가 오랫동안 사용해 왔던 인사자료 속에는 일반적으로 출생지 항목이 없으며, 원적, 즉 부모나 조상의 고향을 기재하는 란만 있었기 때문이다.

원적과 출생지는 본래 아주 다른 개념이다. 그럼에도 당국의 인사관리부처는 여권 속 출생지 란에 원적을 써넣었다. 나의 원적은 항저우다. 그래서 여권 속의 출생지도 항저우로 쓰인 것이다. 헛소문이 꼬리를 물고 번져가면서《후즈후》(who's who, 세계적인 현존 인물에 관한 인명사전) 조차 나의 출생지를 항저우로 기재했다.

아마도 1백 년 이전의 중국은 원적과 출생지에 별 차이가 없었을 것이다. 그 당시에는 극소수만이 자신의 태어난 고향땅을 떠났으며, 대부분 태어나 죽을 때까지 한 곳에서 살았다. 과거 중국인의 삶은 그들이 경작하는 토지에 국한된 것이 일반적이었다. 소작농은 말할 필요도 없을 것이다. 관리가 되기 위해 수도로 상경한 지식인들이라도 보통 가솔들은 고향에 남겨두었다. 은퇴한 뒤 금의환향하는 것이 그들에게는 영광스러운 일이기 때문이다.

그런 것을 중요하지 않게 여기는 사람이라도 결국에는 고향으로 돌아간다. 만약 타향에서 죽게 되면 귀신이 되어서도 떠돌아다니고, 저 세상에 가서도 편안하게 눈을 감고 지내기가 어렵다고 믿었기 때문이다. 한 일가가 번성했느냐 그렇지 않느냐의 여부는 그 가족 조상묘의 풍수에 달려 있었다. 요컨대 그 땅을 지키며 사는 것이 지극히 당연한 윤리였다. 오직 범인만이 다른 지역으로 유배되어 영원히 돌아올 수 없게 됨으로써 진정한 이민을 이루고 개척자가 되었다.

그러나 현대 문명의 압박으로 땅을 지키며 사는 문화가 해체되기 시작했다. 점점 더 많은 중국인들이 자신의 고향을 떠나는 '범인의 길'을 걸어갔다. 만약 대도시를 대상으로 조사를 한다면 대다수 사람들의 출생지가 원적과 다르다는 사실을 발견하게 될지 모른다.

40여 년 동안 집권한 공산당이 가장 만족스럽게 생각하는 역사는 정권을 빼앗기 전의 장정(長征)이다. 어쩔 수 없이 모두가 고향을 등지고 떠난 사건이었다. 이상한 점은 장정에 참가했던 사람들은 정권을 빼앗은 후에도 여전히 출생지와 원적을 하나로 생각고 있다는 것이다. 중국인들이 자기 조상의 땅을 떠난 것을 얼마나 자랑스럽지 못한 일로 여기고, 문서 속에서 만이라도 조상의 땅에 머물 수 있기를 바라고 있음을 알 수 있는 대목이다.

내 조상의 땅은 사실 항저우가 아니라 후이저우(徽州)다. 장강(長江) 이남에 위치하며 인근의 황산(黃山)과 함께 수려한 풍경을 자랑하는 곳이다. 후이저우는 중국의 팡씨 일족이 모여 사는 최대 집성촌이다. 팡씨는 중국에서도 흔한 성이 아니지만, 쉐셴(歙縣) 부근 마을 전체에는 팡씨 성을 가진 사람들만 살았다.

1986년 허페이 중국과학기술대학교 부총장직을 맡고 있을 때 후이저우 지방 당위원회 간부는 내가 이듬해 후이저우를 방문해 친척을 찾아볼 수 있는 기회를 마련해 주겠다고 했다. 그들의 고증에 의하면 나의 성씨가 그곳 출신이었기 때문이다. 나 역시 조상과 종친을 찾아 뵐 의무가 있다고 생각했다.

그 간부는 내심 학자이자 대학 총장인 나의 신분이 그 지역을 영예롭게 할 수 있다고 여기는 것 같아 보였다. 그것이 허황된 영광에 불과한 것임에도 말이다. 그런데 공교롭게도 1987년 초 나는 당적을 박탈당했으며, 부총장 직에서도 해임되어 베이징으로 좌천되었다. 때문에 그 해 나의 방문을 추진하겠다던 후이저우 지방당 간부의 허황된 명예심을 채워줄 수 없게 되었다. 나는 그들로부터 더 이상 친지를 방문해 달라는 요청을 받지 못했다. 한 사람의 친척과 조상은 얼마나 되는 것일까. 그것은 결코 정수가 아니며, 그가 운이 좋은지 나쁜지에 따라 결정되는 것이었다.

종친의 요청이 없었음에도 나는 1987년 후이저우에 갔다. 그 해 3개의 학술회의가 모두 후이저우에서 열렸으며, 모두 나와 관련이 있는 것이었기 때문이다. 회의의 상세한 내용은 뒤에서 다시 언급하기로 하고, 여기서는 일단 나의 후이저우 조상에 대해 말하겠다.

그 간부가 고증할 필요도 없이 나의 가족은 확실히 후이저우로부터 왔다. 내 일가는 나의 조부 대에 후이저우를 떠났으니, 아직 1백 년도 되지 않았다. 그러나 지금 후이저우에는 내가 알아볼 만한 어떤 친척도 살고 있지 않았다. 나는 부모님이 조부께서 7~8세가 되던 때 단신으로 쉐셴의 고향집을 떠났다고 말씀하시는 것을 들었던 적이 있다.

그때까지도 쉐셴에는 현대적인 건물이 별로 없었다. 성문과 거리는 골동품이나 화석처럼 보였다. 너무나 맑아서 그 바닥까지 들여다 보이는 후이수이(徽水)가 성을 끼고 흐르고 있었다. 현대화로 인한 오염을 찾을 수 없는 깨끗한 물이었다. 후이수이를 가로 지르는 돌다리는 1백여 년 전 돈 많은 과부의 기부금으로 만들어진 모습 그대로였다. 다리 위로 이따금 자동차가 지나가는 것이 보였다. 대부분의 길은 아직도 아스팔트가 아닌 돌조각으로 포장되어 있었다. 거리에서 가장 눈에 뜨이는 것은 이미 거무스름해진 돌로 지어진 패방이었다. 그 패방에는 장원이나 한림을 배출하기도 한 시서(詩書) 가문을 기리는 기록이 남아 있었다.

후이저우 일대는 확실히 적지 않은 문인들을 배출했다. 중국의 문인들이 반드시 갖추어야 하는 4개의 도구는 종이, 붓, 먹, 벼루다. 후이저우와 그 일대는 종이, 붓, 먹으로 유명했다. 선지(宣紙), 휘묵(徽墨), 그리고 호필(湖筆)이 바로 그것이다.

그러나 후이저우의 팡씨 종친 중에는 특별히 저명한 문인이 나오지 않은 것 같았다. (어쩌면 나의 조사가 미진하여 조상을 모독하는 것인지도 모른다.) 나는 어느 정도 책을 읽는다고 할 만한 사람이지만 후이저우 조상으로부터 물려받은 유전인자 때문은 아니라고 본다.

중국의 전통에 따르면 '유전인자'는 '옛날부터 있었던 것(古已有之)'이라고 보아야 한다. 어떠한 일에 대해서도 그것과 대응될 수 있는 '옛날에 있었던 것'을 찾기만 하면 사리에 맞는 해석을 찾았다고 할 수 있었다. 이는 중국의 전통적인 인과론 철학이다.

그러나 이러한 인과론은 내가 왜 천체물리를 연구하게 되었는지를 충분히 해석해 주지 못한다. 그러나 어떤 사람은 내가 1987년에 당적을 박탈당하고 해직된 까닭은 이미 '옛날부터 있었던' 어떤 일 때문이라고 말한다. 서기 1120년 경 모반을 했다가 피살된 방랍(方臘, 팡라)의 존재를 현재의 나와 대응했기 때문이다.

방랍은 후이저우의 팡씨 역사상 가장 유명한 사람이었다. 그의 모반은 후이저우에서 시작되었고, 세력이 가장 컸을 때 장(江, 장난), 저(浙, 저장), 완(皖, 안후이), 간(贛, 장시) 4개 성까지 의병들이 진출했다. 그러나 병력을 지탱할 수 없어 다시 후이저우로 패퇴했으며, 결국 송(宋)나라 군대에 사로잡혀 죽임을 당했다.

이러한 조상의 역사 때문에 한 친구는 일종의 가설을 제기했다. 팡리즈가 현 정권에 대해 항상 비판적인 태도를 취하고 있는 것은 어쩌면 방랍의 유전인자를 받아 '반골' 성향을 지니고 있었기 때문이라는 것이었다. 이러한 가설을 고찰해보기 위해 1987년의 회의기간 동안 일부러 여행 일정을 따로 잡았다. 목적지는 이시앤(黟縣) 치윈산(齊雲山) 부근의 팡라통(方臘洞)이었다.

전해지는 말에 의하면, 그곳에 있던 동굴은 방랍의 마지막 사령부였다. 산에 자리한 동굴은 그다지 크지 않았지만 오르기가 매우 어려운 낭떠러지 위에 자리 잡고 있었다. 확실히 공격하기는 어렵고 방어하기는 쉬운 산채였다. 피의 흔적은 이미 사라지고 없었었으며, 남아 있는 것이라곤 방랍과 그의 부하들이 사용했던 취사용 아궁이가 있었던 자리라고 추정되는 검댕뿐이었다.

지금도 팡라통으로 가려면 꼭 지나야 하는 산길에 아름답지는 않지만 크고 튼튼한 방랍의 기념비가 있다. 기념비에 새겨진 글자체는 조잡해서 보기가 좋지 않았다. 이것은 전체 후이저우 지역에서 팡씨 종친을 기념하는 가장 큰 기념비다. 방랍이 설사 진짜 산적이더라도 내가 그의 후손일 수도 있다는 심정으로 비석의 앞과 뒤에서 몇 장의 사진을 찍었다. 하지만 여행을 끝내면서 그가 나의 조상인지 아닌지 고증할 마음이 더 이상 지속되지 않았다.

나의 조부는 후이저우에서 많이 배출한 문인도, 방랍과 같은 모반자도 아닌 상인이었다. 말하자면 상당히 신기한 일이다.

후이저우는 산길이 험난해 교통이 매우 불편한 곳이었고, 1987년에 이르러서야 겨우 완행열차가 다니는 철로가 개통되었다. 그러나 후이저우 사람은 비교적 일찍 상업의식을 가지고 있었다. 후이저우는 중국에서 가장 일찍 상업 활동을 중요하게 여긴 지역 중 하나였다. 명(明)과 청(淸) 이후 장강 중하류에서는 장사를 하는 후이저우 사람이 매우 많았으며, 이로 인해 '후이상(徽商)'이라는 역사적인 상인집단이 만들어졌다. 이렇듯 후이저우 사람은 상업을 중시하기 시작하면서 점차 타향으로 거처를 옮겨 갔다.

상업을 중시하는 이러한 분위기 속에서 나의 조부는 후이저우에서 항저우로 옮겨 왔다. 조부는 내가 태어나기 몇 년 전에 돌아가셔서 나는 그를 본 적이 없다. 나는 조부를 어정쩡하게 알았고, 그가 마치 머나먼 옛날이야기 속 인물처럼 느껴졌다. 하지만 부모님이나 아버지뻘의 친척들이 조부의 일생을 말할 때 내가 듣게 된 것은 모두가 칭찬 일색이었다.

그들은 조부께서 어린 나이에 쉐셴을 떠나 후이저우 사람들이 운영하는 항저우의 어느 상회에서 도제가 되었다고 말했다. 그는 총명할 뿐만 아니라 고생을 마다하지 않고 남을 돕기도 좋아했기 때문에 사업이 매우 빠른 속도로 발전했으며, 말년에는 가게를 여럿 가진 업주가 되었다. 계급분석적인 관점에서 볼 때 나의 조부는 초기 자본계급이었다.

내가 조부의 계급을 분명하게 기억할 수 있었던 이유는 후일 내가 공산당 조직에 가입했을 때 그의 이러한 계급과 역사로 인해 내가 실제로 호된 욕을 한 차례 퍼부었기 때문이었다.

비록 내가 태어났을 때 조부는 이미 세상을 떠나셨고, 그가 사망한 뒤엔 친구들이 그의 재물을 곧바로 탕진했으며, 그 덕에 그가 남겨준 그 어떤 혜택도 향유하지 않았지만 나는 어쨌든 혈연적으로는 안후이 상인의 자손이었다.

마르크스주의에 의하면 상인은 착취자로서 마땅히 비판을 받아야 한다. 특히 조부가 경영하던 사업체의 하나는 전당포였는데, 그것은 중국의 마르크스주의자들에 의해 제일 먼저 타도되어야 하는 업종이었다.(사실 그 기능으로 말하면 전당포는 대체적으로 오늘날 은행이 저당을 잡고 대출을 해주는 영업방식의 원시적 형태였다.) 공산당에 가입할 때 하는 비판은 이러한 계급의 유전인자와 결별하는 것인데, 설령 그런 유전인자가 나에게 영향을 미쳤다 하더라도 방랍에 비하면 적은 수준인 것으로 보인다.

어쨌든 조부는 내게 전설과 같은 인상을 남기셨다. 나의 아버지 역시 조부 곁을 떠나 항저우에서 베이징으로 가셨으니 말이다. 아버지 팡청푸(方承樸, 또는 팡싱쑨 '方杏蓀')는 1912년, 청 왕조가 멸망한 지 1년이 되는 해인 민국(民國) 원년에 태어나셨다. 중국의 낡은 문화가 빠른 속도로 해체되고 있었던 시기다. 부친은 조부를 좇아 장사의 길로 들어서는 대신 공부하기로 작정하고 항저우로부터 멀리 떨어진 베이징의 학교를 선택했다.

아버지가 베이징에서 공부하기로 결심한 동기가 무엇이었는지 나는 지금도 분명히 알지 못한다. 내가 1936년에 태어나고 아버지가 1983년에 돌아가시기까지 47년 동안 나는 장기간 그를 떠난 적이 없었다. 그러나 그는 우리들에게 자신의 과거, 특히 젊은 시절의 사상에 대해 거의 말해주지 않았다. 때문에 나는 그가 젊은 시절 고향을 떠난 것이 낡은 베이징을 동경해서 인지 아니면 새로운 베이징을 열망해서 인지 단언할 수가 없다.

20년대의 베이징은 가장 낡은 것과 가장 새로운 것, 가장 보수적인 것과 가장 급진적인 것이 한데 뒤엉킨 곳이었다. 또한 7백 년 왕조의 수도가 쌓아 놓은 낡은 문화를 보존하고 있는 곳인 한편 중국 학술의 중심이자 각종 새로운 사조의 발원지였다. 나로서는 부친이 전자에 매료된 것인지 후자에 매료된 것인지, 아니면 양쪽 모두에 매료된 것인지를 추론하기 어려웠다.

세상 돌아가는 일을 알게 될 정도로 성장한 뒤에도 나는 부친이 보수적인 의견을 가지거나 급진적인 언사를 쓰는 것을 본 적이 없었다. 어떤 것에도 관심을 가지지 않고, 개입하지도 않으며 감동한 표정을 짓지도 않은 것이 그만의 처세철학이었는지도 모른다.

어쨌든 나의 부친은 16세가 되던 해 단신으로 베이징으로 가서 학문을 탐구했다. 나의 가족 전체를 보면 크게 대담한 행동이라고는 할 수는 없지만 적어도 매우 특수한 행동이긴 했다. 나의 아버지뻘 되는 친척들은 거의 모두가 예외 없이 조부가 항저우에 세워놓은 대(大)가정에서 멀리 떠났다. 그러나 천리 밖의 베이징에서 내가 태어나 자란 소(小)가정을 창출한 이는 오직 내 아버지뿐이었다.

아버지는 결혼 후에도 베이징에서 머물며 공부에 몰두했다. 나의 어머니 스페이지(史佩濟)는 남편을 따라가지 않고 항저우 조부의 대가정 속에 머물렀다. 나의 두 형제인 팡니엔즈(方念之)와 팡푸즈(方復之)는 모두 항저우에 있는 조부의 고향집에서 태어났다. 후일 조부께서 돌아가시자 가세가 기울기 시작했다. 고향집으로부터의 경제적 지원을 잃게 된 부친은 계속해서 대학을 다닐 수가 없게 되었다.

결국 아버지는 1934년 학업을 그만두고 베이징 철도부서에 자리를 얻어 혼자 힘으로 생활하기 시작했다. 그리고 어머니와 나의 두 형제를 베이징으로 불러들여 가정을 꾸렸다. 나는 바로 그 베이징에 꾸려진 소가정에서 태어난 첫 번째 아들이었다.

중국의 전통적인 대가정 생활은 내게 희미하게 남아 있다. 내가 자란 베이징의 집은 매우 작았고 주변에 육친 하나 없었으며, 가족 간의 왕래도 전혀 없었다. 그러나 항저우에 가면서부터 비로소 대가정이라는 것이 존재했다는 걸 느꼈다.

우리 팡씨 일가가 시작된 후이저우와는 달리 나의 조부가 둥지를 튼 항저우와 자후(嘉湖) 평원 일대에는 여전히 그 숫자를 헤아리기 어려운 많은 친척들이 살고 있다. 부계 쪽으로는 조부와 관련된 여러 대의 친척이 있고, 조모와 관련된 친척도 있다. 모계로는 외조부와 외조모와 관련된 여러 대의 친척이 있다. 그리고 대대로 내려온 이 관계들은 각 세대 간에 복잡한 관계로 얽혔다.

때문에 나의 친척들이 나와 어떻게 연결되어 있는지 확실히 알 수 없으며, 그들을 정확히 어떻게 호칭해야하는지 알지 못하는 경우도 있었다. 작은 가정에서 자란 나로서는 확실히 중국의 큰 가정 혈연 네트워크가 복잡하고 장악할 수 없는 과제처럼 여겨졌다. 바로 이러한 이유로 나 역시 대학에 들어갈 때까지 중국의 고전 명작인《홍루몽(紅樓夢)》을 좋아하지 않았으며, 여러 차례나 손에 들고 보았지만 몇 페이지 읽지 못하고 내려놓곤 했다. 그처럼 고도로 비선형(非線型)적인 가족관계와 네트워크는 내가 생활을 통해 직접 경험하고 이해할 수 없었기 때문에 매우 무미건조하다고 느꼈다.

나는 중국의 종교관, 도덕관, 그리고 윤리관이 주로 그러한 종류의 비선형적인 네트워크에 의존해 유지되고 있는 지 여부를 알지 못한다. 또 그와 같은 인류의 네트워크 체계가 중국 전통문화의 정수인지 아닌지도 분명하게 알 수 없다.

그러나 나는 내가 베이징에서 태어나 생활하고 부모와 형제자매라는 지극히 간단한 혈연관계만을 알고 있게 된 점에 대해 부모님께 감사드리려고 한다.

물론 나는 항저우를 사랑하고 있다. 내가 일한 적이 있는 도시를 제외하면 항저우는 내가 가장 많이 다녀간 도시였다. 어릴 적부터 부모님은 우리 형제들을 데리고 조모와 외조부 및 외조모를 뵈러 갔다. 후일 우리는 연로하신 어머니가 친척 분들을 뵈러 항저우로 돌아가실 때 배웅하기도 했다. 항저우의 기차역은 내가 가장 잘 아는 역 중의 하나이며, 나의 부모님은 기차역 바로 옆에 있는 여관에서 혼례를 올렸다.

그 당시의 관례에 따라 부모님의 혼례는 양가의 결정에 의한 것이었다. 이른바 천명을 따르는 완전한 구식 혼인이었다. 그러나 결혼사진 속 어머니의 옷차림새는 전통혼례를 할 때 입는 치마저고리가 아닌 표준적인 서양의 흰색 웨딩드레스였다.

나의 어머니는 분명 아버지에 비해 시대의 조류에 잘 적응했고, 더 적극적으로 사회에 뛰어들었다. 어머니는 아버지보다 한 살이 더 많은 1911년생이었다. 어머니는 중학교를 다녔고, 당시로선 생각이 상당히 깨어 있는 여성이었다. 어머니는 1926년 북벌시기 일부 여학생들과 함께 가두행진을 하면서 "열강을 타도하고 군벌을 제거하자!"는 구호를 외치며 시위를 했다고 말씀해 주셨다.

아버지가 불변하는 것을 신봉하는 사람이었다면 어머니는 변화하는 환경에 적극적으로 대응하는 사람이었다. 수십 년 동안 나는 아버지의 생활방식이 조금이라도 바뀐 것을 본 적이 없고, 아무리 큰일 생겨도 논평을 하지 않거나 개입하지 않았다. 간혹 술 생각이 나서 안절

부절 못하는 것 외에는 모든 일에 담담했으며 화를 내지도 않으셨다.

이와 반대로 어머니의 삶은 시기에 따라 매우 대조적인 모습을 보여주셨다. 어떤 때는 평범한 가정주부였고, 또 어떤 때는 갑자기 닥쳐온 곤경의 핵심을 파악하고 돌파하는 해결사였다. 50년대에는 단번에 전국 아동교육 노동영웅 및 전국여성연합회 대표가 되기도 하셨다. 우리 가족 모두 크게 놀랐음은 물론이다. 그러다 모친은 또 갑작스럽게 그 모든 것을 깨끗이 포기하고 퇴직연령이 되기도 전에 다시 가정으로 돌아왔다. 그리고 3대를 돌보는 인자한 할머니가 되었다. 가장 많았을 때는 우리 형제자매의 열 명의 아이들을 돌보았다.

왜 어머니가 그러한 인생철학을 가지게 되었는지는 나는 잘 알 수 없다. 어머니의 집안은 아버지 쪽에 비하면 우여곡절이 많은 편이었으며, 그래서 완전히 이해하기가 더 어려웠다. 나의 외조부 원적은 후저우(湖州)로, 그곳은 호필(湖筆: 후저우에서 생산되는 붓)의 산지이기도 하다. 외조부모 두 분의 말씨는 순수한 저장의 것이 아니었다. 분명 광동(廣東) 억양이 섞여 있었다. 그래서 나의 외조모가 항저우가 아니라 광동에서 자랐다고 단언할 수 있다. 어머니도 자신이 항저우가 아니라 스촨(四川)에서 자랐다고 말씀해주신 적이 있다.

나의 외조부모는 아마 관리이거나 혹은 아전 출신이었던 것 같다. 장기간 외부로 파견되어 생활했기 때문에 남북 각지의 방언이 섞인 말투를 쓰게 된 것이다. 외조부의 성인 스(史)씨 일가는 명나라 말기 양저우(楊州)에 군대를 주둔시켜 지켰던 사가법(史可法)과 동족이며, 권세 있는 사람에게 빌붙어 살았을 수도 있다. 이런 점으로 미루어 보아 외가 쪽이 관리 혈통을 가지고 있음을 알 수 있다고 어머니께서 말씀해 주셨다.

　외조부는 민국(民國) 초년 여러 번 관리로 임명되셨다. 어머니의 기억에 근거해 기록하자면, 외조부의 관리 등급은 낮게는 현의 관리부터 높게는 성의 관리였다. 우리 형제들이 어렸을 때 어머니는 외조부의 눈동자가 남색이며, 그가 관아에서 노발대발할 때면 사람들은 그의 남색 눈동자를 보면서 두려움에 부들부들 떨었다는 얘기를 해주셨다. 훗날 나는 실제로 외조부를 만나 뵈었는데 그분은 정말 짙은 남색의 빛나는 눈을 가지고 계셨다. 어머니의 기억이 대부분 맞는 것을 보면 외조부는 관아의 현령이 되신 적도 있었다.

　어린 시절의 어머니는 장시와 스촨으로 파견되어 관리생활을 한 외조부와 함께 살았다. 외조부는 적어도 이 두 곳에서 현관(縣官) 혹은 성관(省官)으로 있었던 것으로 보인다. 나의 어머니는 매운 음식을 좋아하시고 나도 그렇다. 이런 식성은 아마도 외조부가 스촨에서 관리 노릇을 했던 흔적일 것이다.

　어린 시절에 나는 항저우에 갈 때마다 외조부 집에 머물렀는데, 위풍당당함을 느꼈던 것 외에는 외조부에 대한 별다른 인상이 남아 있지 않다. 외조부의 존함은 사구룡(史九龍)이며, 사람들은 그로부터 관리의 위엄을 느꼈다. 외조부는 기차에서 넘어져 다리를 조금 절뚝거리셨다. 그러나 걸을 때는 매우 활기 찬 모습이었다.

　외조부와 외조모는 따로 떨어져 사셨는데, 아마도 외조부가 아주 일찍부터 기녀를 양성하는 일을 하셨기 때문일 것이다. 만년에 외조부와 같이 살았던 분은 바로 그가 맨 마지막으로 기른 기녀였고, 나의 어머니는 그녀를 새 작은어머니라고 불렀으며, 우리들은 작은 외할머니라고 불렀다. 작은 외할머니에게서는 자녀가 없었다는 것 외에 나는 그분의 신상에 대해 전혀 아는 바가 없다.

어쨌거나 어릴 적 내 마음속의 항저우 고향집은 어렴풋하고 신비로운 이미지였다. 그곳은 내 형님이 태어나신 곳이니 실상 나와 아주 가까운 고향집이었다. 그러나 내가 살던 베이징으로부터 너무나 멀리 떨어져 있었고, 그 저택과 외조부모 두 분은 내가 헤아릴 수 없이 크고, 깊고, 아득하게 느껴졌다.

조부모와 외조부모의 집은 모두 항저우 시내의 골목에 있었다. 1백여 년 전 항저우는 태평군(太平軍)과 청군(淸軍)이 치열하게 다툰 격전장이었으며, 전쟁 중 성안의 가옥 대부분이 타버렸다. 시내 골목의 민가는 태평천국(太平天國)이 실패한 이후 다시 세워진 것으로 그 후 더 이상 큰 변화는 없었다. 때문에 그 일대의 가옥들은 대부분 1백여 년의 역사를 가지고 있었다.

나무와 같이 단단한 성질의 문설주, 서까래와 도리, 격자창 등 옛 가옥을 구성하고 있던 것들은 모두 새까맣게 변색되고 썩었으며, 담장도 이미 기울어져 있었다. 낡은 채광 방식 때문에 집안은 늘 어두컴컴했고, 천정은 너무 좁고, 정원은 구불구불했다. 어린 시절 작은 집에서 홀로 지내는 것에 익숙해진 나는 집구조가 복잡한 외가에 올 때마다 내심 당황하곤 했다.

모친은 미신을 믿지 않았다. 베이징에서 생활할 때도 귀신같은 것이 있다는 것을 절대로 믿지 않았다. 그러나 우리 형제들은 너나할 것 없이 항저우의 외갓집에서 귀신을 보았다고 주장했다. 나 역시 백 년이나 된 어둡고, 깊숙하고, 구불구불한데다 기울어진 그 집에 있을 때면 정말 귀신이 나올 것 같은 느낌을 받았다.

나는 부모님께서 귀신과 도깨비가 출몰해도 전혀 이상하지 않을 것 같은 그 집에서 나를 낳지 않은 것에 감사드린다. 나는 다행히도 그런 걱정이 없는 베이징에서 태어나 자랐다.

1983년 3월, 나의 아버지가 베이징에서 돌아가셨다. 그의 유골은 베이징 서쪽 교외에 있는 바바오산(八寶山) 부근의 공동묘지에 안치되었다. 그로부터 한 달이나 지났을까. 나는 알 수 없는 불안과 죄책감을 느꼈다. 아버지의 유골을 아무 연고도 없는 베이징의 빈소에 안치한 것이 그분을 외롭게 하는 처사라고 느껴졌기 때문이다. 그래서 나는 아버지의 유골을 다시 항저우로 보내기로 결심하고 어머니와 상의했다.

나는 그때서야 비로소 부지불식간에 항저우는 내 마음의 고향이 되어 있었다는 사실을 깨달았다. 어머니는 당연히 동의하셨다. 그래서 5월에 항저우대학교가 나와 리수셴에게 학술강연을 요청해 온 기회를 틈타 어머니를 모시고 항저우로 가서 아버지 유골을 머나먼 천리 길 너머 그의 고향으로 보내드렸다.

내가 직접 결정한 아버지의 묘소는 항저우 서남쪽의 난산(南山)의 중턱 소나무 그늘 아래 있다. 묘비는 위황산(玉皇山)을 등지고 있었다. 위황산을 넘어가면 바로 시후(西湖)다. 묘비 앞 쪽으로 넓디넓은 첸탕강이 흐르고, 강 둘레로 난 철길을 따라 절(浙, 저장)-간(贛, 장시) 열차가 지나갔다. 산중턱의 시원하고 선선한 바람, 멀리서 반짝거리는 강물,

이따금 정적을 깨트리는 열차 소리에 나의 죄책감과 불안도 사라졌다. 고향의 바람과 물, 열차의 기적소리에 깨끗이 씻겨 버린 것이다. 아버지는 나를 베이징에서 낳아주셨고, 나는 그의 영혼을 고향으로 돌려보내 드렸다.

이번에 우리들은 고택에 머물지 않고 신식 여관에 들었다. 나의 조모와 외조부모 역시 오래 전에 돌아가셨다. 고택이 없어진 항저우, 조부모와 외조부모가 안 계신 항저우는 도리어 나로 하여금 보다 강한 친밀감을 느끼게 하는 듯 했다. 어쩌면 어린 시절 반드시 지켜야 하는 조상에 대한 예절로부터 벗어나 아무런 구속도 받지 않고 부모님 고향의 아름다움을 감상할 수 있었기 때문이었을런지 모른다.

물론 항저우는 원래 아름다운 곳이다.

나는 이곳의 아름다움에 대해 잘 알고 있다. 문득 여기가 정말 나 자신의 고향인 것처럼 느껴졌다. 어렸을 때 어머니가 우리들을 데리고 호숫가로 놀러왔던 일이 떠올랐다. 베이징에 있는 왕의 기운이 넘쳐흐르는 이화원보다 이곳 호숫가가 더 아름다웠다. 넓은 호수의 수면 위로 멀리 산과 탑의 그림자가 비추고 그 위에 유람선이 떠 있는 모습은 정말 더 이상 여유로울 수 없을 정도로 여유롭게 보였다.

호숫가의 한 쪽은 오색찬란한 상점이 일렬로 늘어서 있었다. 그곳엔 정교하고 아름다운 작은 공예품이 가득 진열되어 있었고, 정말로 더 이상 빛날 수 없을 정도로 반짝반짝 빛났다. 열 살도 되지 않았을 때 사촌들과 함께 시후에서 배를 젓고, 마름을 땄었는데 그때는 호수 속에 마름이 정말로 많았다.

나는 난생 처음 청황산(城隍山)에 올라 청황 사당을 거닐었다. 가장 인상 깊었던 것은 바이우창(白無常)과 헤이우창(黑無常)이라는 무섭기도 하고 익살맞기도 한 두 귀신이었다. 흰색 방죽이 남아있지 않은 구산(孤山)은 항저우의 문인들이 즐겨 찾는 곳이었다. 나는 아버지의 초연함이 마치 팡허땅(放鶴亭)의 음운과 같다고 느꼈다. 아버지는 나를 데리고 구산 위에 있는 유명한 문인클럽인 시렁인서(西冷印社)에 간 적이 있었다. 그는 이곳에 오는 것을 좋아하셨다.

왜냐하면 아버지는 금석(金石)을 좋아하셔서 스스로 많은 도장을 새기셨다. 아버지의 영향으로 나도 오래 전에 돌 도장 새기는 것을 배웠다. 물론 시렁파(西冷派, 청나라 초기 항저우 시후에 있던 시(詩)를 읊조리던 모임)라고 할 정도는 못 되었지만, 만약에 그 근원을 찾아 추적할 것 같으면 구산시렁(孤山西冷)의 보살핌으로 그렇게 된 것이 분명했다.

항저우에는 내가 잘 알지 못하는 곳도 있었다. 항저우대학교의 친구는 강의를 하고 남은 시간에 우리를 왕장(汪莊)으로 데려 갔다. 그곳은 마오쩌둥의 항저우 별장 또는 별궁이었다. 그 별장은 은폐된 호숫가에 위치해 있었다. 주위가 대나무 숲으로 둘러싸여 있는 굉장히 넓은 곳이었다. 서로 어울려 자라난 대나무 숲을 지나면 호수 전체를 볼 수 있었다.

별장의 집들은 매우 컸다. 들리는 말에 의하면 언젠가 마오쩌둥이 이곳에 도착해 차에서 내리자마자 한 마디 했다고 한다. "이곳은 바람이 정말 세군." 그저 별 다른 뜻 없이 한 말이었는데 즉시 집들의 크기가 두 배로 확장됐다. 자동차를 몰고 직접 방으로 갈 수 있도록 하기 위해서다. 마오쩌둥은 항저우에 두 군데 별장을 가지고 있었다. 그가 죽은 뒤에도 별장은 아직 완전히 개방되지 않고 있으며, 우리들은 특별한 관계를 통해 그 금지구역에 들어갈 수가 있었다.

당시 마오쩌둥의 위병이 머물던 곁채는 이미 개조되어 일반인들도 머물 수 있는 여관으로 바뀌었다. 왕장에서 먼 곳을 바라보면 호수 건너편에 또 다른 별장인 류장(劉莊)을 어렴풋하게 볼 수 있는데, 그곳은 한때 중국국민당 주석을 지냈던 장제스(蔣介石)의 행궁이다.

시후의 바람에 연꽃, 마름, 부평초의 맑은 향기가 스며들어 있었다. 왕장에서는 수많은 대나무들의 향기를 맡을 수 있다. 그러나 시후 밑바닥의 진흙에선 악취가 났다. 아무리 향기가 맑은 연꽃과 마름이라 하더라도 시간이 지나면 시들고 썩어 문드러지게 마련이다. 그러나 시든 연꽃과 마름이 호수 밑바닥에 고요하게 가라앉으면 그것은 양분이 되어 다음 세대의 연꽃과 마름을 촉촉하게 적셔줄 뿐 아니라 호수 수면의 향기도 어지럽히지 않는다.

나이든 것은 가라앉고 새로운 것이 자라는 것이 자연계의 공평한 순환이다. 이것이야말로 자연계가 영원히 그 자신을 유지하는 이치라고 할 수 있다. 만약에 시후의 그 어떤 연꽃과 마름도 호수 바닥에 가라앉기를 원치 않았다면, 지금 이곳은 어떤 풍경이 되었을까 상상해 본다.

오늘날 중국의 풍경도 이와 같다. 중국의 역사는 참으로 길며, 조상들도 많다. 그 조상들 가운데 모두를 탄복시키는, 헤아릴 수 없이 많은 업적을 이룩한 영웅들도 있었다. 서글픈 것은 그들이 사망한 이후에 역사라는 호수 밑바닥으로 가라앉기를 원치 않았거나 가라앉을 수 없었다는 것이다.

오늘의 중국사회의 수면 위에는 여전히 4천여 년 동안 사라지지 않은 찬란한 빛이 어려 있다. "공자 왈"부터 "마오 주석이 우리들을 이끌어 말씀하시기를"까지 여러 가지가 가라앉지 않고 버티고 있다. 그렇다면 새로 태어난 수초에게 남겨 줄 공간이 너무 작지 않은가? 생전에 연꽃 같은 맑은 향기를 내뿜었던 왕장과 류장의 주인들이라고 할지라도 이제 마땅히 호수 밑바닥으로 가라앉아 진흙이 되어야 할 때다.

만약 어느 날 중국이 자유선거를 실시한다면, 그런데 역대 조상과 영웅호걸들이 감히 조용히 있으려 하지 않고 모두 나서서 투표와 표결에 참가하려 한다면, 과연 어떻게 될까? 그것은 여전히 귀신이 출몰하는 흉가와 같은 모습이 아닐까?

나는 역대 조상들을 우러러 보며 또 존경하고 있다. 그러나 이미 지쳐버린 그들은 이제 마땅히 역사의 호수 밑바닥에 가라앉아 조용히 안식을 취할 때다.

왕장 부근에 있던 레이펑* 탑(雷峰塔)이 무너지고 벌써 몇 십 년이 흘렀다. 그 탑은 벼락이 떨어져 난 화재에 의해 쓰러졌다. 혹자는 이 위대한 자연의 벼락이 교활한 것이자 공평한 것이라고 한다. 벼락은 목표물을 일격에 병든 나무나 말라 죽은 나뭇가지처럼 녹다운시킨다. 하지만 벼락 맞은 나무는 새로 태어날 것들을 위해 공간을 만들어 주고 영양분도 주게 된다.

---

* 역자 주: 레이펑(雷鋒, 1940~1962)은 중국공산당에 의해 '모범영웅'으로 선발되었다. 사후 마오쩌둥은 그를 기념하기 위해 "레이펑 동지를 배우자"는 글을 썼으며, 그로부터 레이펑은 중국공산당이 높이 추켜세우는 '전형(典型)'이 되었고, 이를 계기로 대륙의 청년들이 그를 위해 목숨을 바쳐 일하도록 혹사시켰다.

우리는 대자연의 공정한 안배에 순응해야 한다. 과거 얼마나 찬란한 업적을 남겼는지 여부에 관계없이 무너져야 할 것은 무너지게 해야 하고, 썩어야 할 것은 썩도록 둬야 하며, 죽어야 할 것과 해체되어야 할 것도 그렇게 되도록 두어야 한다. 그래야만 새로 태어난 자들의 숨 쉴 수 있는 공간을 확보할 수 있다.

진정으로 바라든 바라지 않던, 역대 조상들의 중국은 이미 해체되고 있다.

나는 그래도 행운아라고 할 수 있다. 나는 후이저우와 항저우가 해체되고 나서 베이징에서 태어났다. 나의 역대 조상들이 산을 차지하고 왕이 된 방랍이든, 정통파 장수 사가법이든, 아니면 장사를 하면서 도의를 지킨 조부나 벼슬길에 올라 뜻을 이룬 외조부이든 관계없이 그들은 호수 밑바닥으로 가라앉아야 마땅하다. 그들 중 누구도 내가 태어나 자란 공간에서는 그들이 당시에 이룬 휘황찬란한 업적을 뽐낼 수 없다.

2 베이징의 집

태어나서 16세까지, 즉 1936년부터 1952년까지 나는 부모님과 함께 베이징의 집에서 생활했다.

우리 가족 구성원은 부모님과 나, 형님 한 분, 세 명의 아우들이다. 내겐 원래 형님이 두 분 계셨다. 그러나 큰 형님은 오래 전 어렸을 때 돌아가셔서 나는 그를 전혀 기억하지 못한다. 그래서 형님 팡푸즈(方復之)와 후일 잇따라 태어난 3명의 누이동생 팡잉즈(方瑛之), 팡윈즈(方蕓之), 팡핀즈(方蘋之), 그리고 부모님이 우리 가족의 고정 구성원이다. 고정적이지 않은 구성원도 있었다. 40년대 초에는 할머니와 몇 년 동안 함께 살았으며, 과부로 수절을 하고 있는 고모 한 분이 한동안 베이징에 와 계시기도 했다.

만약 한 가정의 역사적 가치를 다소 희극적인 사건으로 저울질한다면 베이징의 우리 가정은 자격 미달일 것이다. 왜냐하면 우리 가족이 함께 한 16년은 드라마틱한 사건이 없는 매우 평범한 것이었기 때문이다. 적어도 나의 기억 속에는 그 어떤 특별히 선명한 즐거움이나 슬픔이 남아있지 않았다. 모든 것이 표준적이고 평범하며 일상적이었다.

태어나고 자라 학교에 다닐 때는 아침에 일어나 엄마가 준비해 놓은 아침밥을 먹고, 점심밥을 싸가지고 학교에 가고, 수업을 마치고 다시 집에 돌아와서는 또 저녁밥을 먹는 것이 전부였다. 단조로운 생활을 반복하는 동안 같은 속도로 한 해가 가고 또 한 해가 갔다. 나는 이렇게 16년을 보냈다.

그러나 나의 생활과는 별개로 중국 사회는 불안과 전란의 시기였다. 1937년부터 1945년까지는 항일전쟁과 제2차 세계대전이 있었고, 1946년부터 1949년까지는 내전이, 그리고 1950년에는 한국전쟁이 일어났다. 이 모든 일이 10년 동안 발생한 것이다.

베이징의 통치자는 세 번이나 바뀌었다. 1937년부터 1945년까지는 일본에게 점령당했고, 1946년부터 1948년까지는 국민당 정권의 화베이(華北) 공비소탕 총사령부의 주둔지였으며, 핑진 대전(平津大戰) 이후에는 공산당의 근거지가 되면서 당시 전쟁의 위협을 받지 않는 중국의 보통가정은 거의 없었다고 할 수 있다.

수많은 가정, 특히 대도시의 가정들이 정도의 차이는 있지만 대부분 불행을 겪었다. 학업을 중단하고, 직장을 잃고, 떠돌아다니고, 피난을 가고, 생이별을 하고, 때로 가족을 잃었다. 우리 역시 그 고통의 시기를 살아갔지만 불안과 위협 속에서도 생존을 추구할 수 있었다.

내 유년기와 소년기에 불행한 일을 겪지 않은 것은 어쩌면 아주 작은 '기적'이라고 할 수도 있었다. 그 16년 동안 나는 하루도 학업을 중단하지 않았고, 피난도 가지 않았으며, 내 눈으로 죽은 사람을 본 적도 없었다. 그러나 후일 내가 전쟁이 없는 시대에 살면서도 도리어 위협에 시달리고 어려움을 당한 것을 보면 정말로 하느님이 나의 일생을 어떻게 안배하였는지 모르겠다.

지극히 혼란스럽고 불안한 시대에 어찌하여 내 생활은 단조롭고 조용하기만 했는가? 하늘이 보우하고 땅과 사람이 보우한 덕분에 그 시절의 나는 노아의 방주 같이 안정된 환경 속에서 지낼 수 있었던 것일까?

나를 돕고 지켜준 것은 베이징이라는 오래된 도시와 부모님이었는지도 모른다.

베이징은 헤아릴 수 없이 많은 전란과 침략을 겪은 도시다. 그러나 이중으로 쌓은 베이징의 내성(內城)은 전쟁으로 인한 피해를 많이 보지 않았다. 베이징 서남쪽 교외에 위치한 루거우교(蘆溝橋)에서 항일전쟁이 발발했을 때도 8년이란 전쟁기간 동안 베이징 시내는 총과 대포의 피해를 입지 않았다. 내전시기에도 한 차례 베이징 시내에 대포가 걸렸지만 몇 발 쏘지도 않고 전쟁이 끝났다. 역사적으로 베이징 내성은 지금껏 적에게 점령되어 주민이 학살되거나 폭격을 당하지도 않았다.

이와 같이 베이징이 종종 크고 작은 전쟁으로 몰아치는 폭풍의 중심이라 하더라도, 또 이 도시가 왕왕 전쟁으로 몰아치는 태풍의 눈에 처했다고 하더라도 그곳은 그리 많이 파괴되지 않았다. 베이징 내성에는 전란의 흔적이 매우 적었다. 나와 같은 시대에 베이징에서 어린 시절을 지낸 사람으로 말한다면, 우리들이 알고 있는 전란의 유일한 흔적은 시화문(西華門) 문설주의 액자에 남아 있는 부러진 화살 한 개였다. 전해지는 말로는 그 화살은 1644년 명나라 말 농민 반란 지도자 이자성(李自成)이 베이징으로 쳐들어 왔을 때 쏜 것이라고 한다.

베이징은 확실히 남들을 두려워 떨게 하는 어떤 거대한 힘을 가지고 있는 것 같다. 처음 자금성(紫禁城)에 들어와 이 세계 최대의 황성 궁궐을 마주한 사람은 한결같이 자신이 미미하고 보잘것없는 존재라고 느끼며 겁을 집어 먹는다. 큰 전쟁이든 작은 전쟁이든 그것이 몰고 온 재앙은 일단 베이징에 도착하면 녹아서 약해져 버리고 결국 베이징 자체에 피해를 주지 못한다.

이는 아마도 7백 년 황제 도시의 문화를 가진 오래된 도시 위엄에 두려움을 느꼈기 때문일 것이며, 호전적인 사람들 역시 가히 경솔하게 이곳을 전쟁터로 만들려고 하지 않았기 때문이었을 것이다.(1989년의 톈안먼 대학살은 보기 드문 예외다.)*

그렇기에 베이징 사람은, 특히 그곳에서 나고 자란 본토박이들은 본능적으로 이 땅을 지키려는 매우 강렬한 관념을 가지고 있었다. 또 재앙을 없애고 복을 주며, 살기도 좋은 베이징을 절대로 떠나지 않는다. 게다가 북쪽 지방의 민간풍속은 보수적인 편이라 본토박이 베이

---

* 편집자 주: 1989년 6월 4일 발생한 '6·4사건'을 가리킨다. 서방세계는 '6·4 민주화운동' 또는 '6·4 톈안먼 사건'이라고 부른다.

징 사람들은 다른 도시 사람들과 비교하면 7백 년 된 그들의 도시처럼 완고한 기질이 있었다. 그들은 스스로 만족하고, 좀처럼 변하지 않으며 쉽게 마음을 움직이지도 않는다. 전란 역시 그들의 이러한 성향을 쉽게 바꾸기 어려웠다.

나의 부모님은 남쪽 사람이라 베이징 사람처럼 자신의 땅을 지키려는 관념을 가지고 있지 않았다. 그러나 전쟁이 임박했을 당시 우리 가족은 도리어 현지 태생의 베이징 사람처럼 변화하는 모든 것에 굴하지 않고 이 자리를 지켰다.

1937년 일본인들이 베이징을 침략했을 때 왜 부모님이 피난을 가지 않으셨는지 나는 확실히 알지 못한다. 당시 나는 한 살에 불과했다. 1948년 내전이 베이징에 가까워지고 있을 때는 주위에 적지 않은 가정이 베이징을 떠난 것을 기억하고 있다.

돈이 있는 집안이 가장 먼저 베이징을 빠져 나갔다. 경제적으로 넉넉하지 못한 집들도 베이징이 포위된 후 불어 닥칠 아수라장과 생활고를 두려워해 어쩔 수 없이 외지로 흩어졌다. 부모님의 친구들이 모두 저장 일대에 계셔서 일시적인 전화(戰禍)를 피해 그곳으로 갈 수도 있었지만 그러나 우리집은 토박이 베이징 사람들보다 더한 고집으로 피난도 이사도 가지 않고 오직 베이징이라는 성스러운 땅을 사수했다. 나는 이렇게 내 유년기와 소년기를 줄곧 요동치는 시대에 움직이지 않는 지점에서 보냈다.

우리 가족은 전후를 합쳐 3개 주소가 있었다. 첫 번째 주소는 내가 태어난 베이징 서성(西城)의 리루(禮路) 골목에 있던 집이다. 그러나 나는 그곳을 전혀 기억을 하지 못한다. 내가 기억하는 최초의 주소는 서성의 바오즈(報子) 골목이며, 그곳은 바로 우리가 살던 두 번째 주소다. 중국이 항일전쟁에 승리한 이후에는 세 번째 주소인 둥청(東城)의 리부잉(利溥營)으로 이사했으며, 그 이후로는 옮기지 않았다.

베이징 사람들은 자신의 주소를 중요하게 여긴다. 700년 전 성을 쌓기 시작한 이후 줄곧 베이징은 제국의 수도였다. 베이징 도시는 전반적으로 황제와 황권을 위해 기능할 수 있도록 한다는 단일한 목적하에서 짜여졌다. 과거엔 각각의 거주지엔 서로 다른 등급의 주민이 엄격하게 예속되어 있었다.

베이징은 크게 내성, 외성, 근교로 나뉘어 있다. 근교에는 일반 백성의 거주지와 많은 수의 병영(兵營), 수도경비부대(衛戍京畿)가 있었다. 외성은 도시 하층민의 주거지역이었다. 기예로 생계를 꾸려가는 유랑연예인, 소리꾼, 노점상 등 별의별 직업을 가진 사람들이 살았으며, 홍등가와 죄인을 처단하는 사형 집행장도 있었다.

그리고 내성은 엄격한 등급의 위계제도가 유지되는 행정관청이었다. 내성은 정사각형 모양으로 가로와 세로 각각 5킬로미터다. 거리는 직각의 좌표 방식으로 되어 있으며, 자금성의 태화전(太和殿), 즉 황제가 사는 곳이 좌표의 원점이다. 자금성과 황성(皇城)은 남과 북을 잇는 가운데 축이며, 내성을 동과 서의 대칭, 즉 둥청(東城)과 시청(西城)으로 양분하는 중심축이 된다.

내성의 주소, 즉 베이징의 큰 관청에 있는 좌표는 왕왕 그 등급과 직위를 대표하고 있었다. 평균적으로 말해서 거리상으로 원점과 가까우면 가까울수록 지위가 더 높고, 맡고 있는 직책도 더 높았다. 둥청의 지위는 시청보다 약간 높은 편이며, 베이징 거리 명칭의 대부분은 원래 해당 지역에 거주하던 신하의 직책과 등급을 그대로 사용한 것이었다.

내가 태어났을 때는 황제제도가 무너진 지 이미 30년이 되었음에도 불구하고 '주소가 그 사람의 지위를 대표하는' 경향이 베이징에서 완전히 사라지지 않았다. 우리가 이사를 다니면서 바뀐 3개의 집 주소는 분명히 우리들의 사회적 '등급'에 부합했다. 첫 번째 주소는 리루(禮路) 골목이었는데, 리루는 예의범절을 의미하므로 황실의 예의범절을 위해 봉사하는 노복의 거주지였을지도 모른다.

두 번째 주소는 바오즈 골목이었다. 바오즈는 누군가 승진하거나 상을 받거나 또는 시험에 합격하였을 때 축하의 말을 전하는 사람이다. 그는 당사자한테 가서 통보해 주고 상금도 전달하는 일을 했다. 당시 4대 경극 배우로 명성이 높았던 청옌츄(程硯秋) 역시 바오즈 골목에 살았으며, 우리집과는 두 개 대문을 사이에 두고 있었다. 배우가 바오즈 부류에 속하는 것은 전혀 이상한 일이 아니었다. 황실 천하에서 배우의 원래 기능은 나라의 경사와 생신을 축하하는 것이었기 때문이다.

세 번째 주소인 리부잉은 그 의미가 불명확하다. 그 좁은 골목은 특수임무를 수행하는 파견부대인 특무대가 주둔하던 곳 같았다. 리부잉과 인접한 곳이 티에스즈(鐵獅子, 철사자) 골목이었는데 그곳은 뭔가 심상치 않은 거리였다. 청 왕조 때 그곳은 경기위수사령부 자리였다. 청 왕조가 멸망한 뒤 베이징에 온 쑨중산(孫中山)은 그곳에 머물렀다. 후일에는 돤치루이(段祺瑞) 집정부의 소재지가 되었다.

1926년의 3·18 참사 사건도 그곳에서 발생했고, 일본이 점령하던 시기에는 일본군의 헌병사령부가 주둔했다. 1946년에는 미국, 국민당, 공산당 3자의 군사 조정 집행부의 소재지이기도 했다. 이로 미루어 보아 리부잉의 '잉(營)'은 위수(衛戍) 임무를 담당한 특수조직의 소재지를 가리키는 것으로 보인다.

요컨대 우리집의 3개 주소는 모두 황권체계에 속하는 기층 노복의 거주지였으며, 그 지위는 중하층 이상이었다.

우리집의 경제상황은 줄곧 중하층 사이를 오락가락했다. 아버지는 한 평생을 철도의 재무회계 부서에서 일반직원으로 근무했고, 과장 내지는 같은 급의 주임으로 올라간 것이 최고였다. 우리는 아버지의 임금으로 생활했다. 30년대 그의 월급은 80따양(大洋 : 옛날에 사용되던 은화)이었는데, 대학교수 월급의 5분의 1에 해당되는 액수였다. 내가 고증한 바로는 그 당시 우리 가정은 비록 부유하지는 못했지만, 크게 부족한 편도 아니었다. 내가 지금까지 살아있다는 것도 그 중요한 증거의 하나다.

어머니가 늘 말씀하신 대로 나는 3살이 될 때까지 시도 때도 없이 병에 시달렸다. 백일해, 이질, 폐결핵, 늑막염 등으로 고생했다.

한때 나는 상태가 몹시 심각하게 나빠져서 어머니가 거의 손을 놓고 포기한 적도 있었다고 했다. 당시 중국의 아동 사망률은 매우 높았으며, 나와 같이 '회생이 불가능한' 사례가 다반사였다. 어려서 자식을 잃지 않은 가정이 거의 없을 정도였다. 그러나 나는 회복했으니 행운아라고 할 수 있었다.

당시 나의 어머니는 어쩌면 나를 완전히 포기하지 않으셨는지도 모른다. 사실 어머니는 늘 아픈 나를 안고 시에허(協和)병원에 가서 진찰을 받았다. 대학교에 들어간 후에도 시에허병원의 의사와 간호사들이 나를 기억하고 있었다. 내 병력기록부가 유난히 두텁다는 것을 내가 기억하고 있는 지 물어봐 달라고 어머니께 말했을 정도다.

시에허는 일반시민이 치료를 받을 수 있는 가장 좋은 병원이었다. 당연히 가격도 비쌌다. 당시 우리집은 그럭저럭 먹고사는 수준이었지만 나를 그곳에서 치료할 정도는 되었기에 나는 일찍 죽어가는 어린 아이의 대열에 들어가지 않게 되었다. 후일 어머니는 우리집 생활이 내 병원비로 돈을 많이 쓴 탓에 점점 더 어려워졌다고 자주 말씀하셨다.

나의 병이 집안 경제상황을 기울게 한 주요한 원인이라니. 어쩌면 그것은 내 일생에서 첫 번째로 '억울하게 누명을 쓴 사건' 일지도 모른다. 나는 4살 무렵부턴 몸이 약하긴 했지만 더 이상 병에 걸리지 않았다. 다른 동년배에 비교해 쉽게 유행병에 걸리지도 않았다. 그러나 우리 가정의 경제 형편은 계속 기울었다.

가난의 원인은 당연히 전쟁이었다. 1944년부터 1948년까지 5년 동안, 즉 제2차 세계대전 말기와 내전 시기의 생활이 가장 고통스러웠다. 뚜렷하게 기억하는 것은 항상 개학 전날 밤이면 우리들의 학비를 마련하기 위해 어머니께서 의복과 기타 생활용품을 저당 잡히거나 또는 다른 방법으로 돈을 빌릴 생각을 했던 것이다. 매번 모두 어렵게, 그리고 간신히 개학의 관문을 통과했지만 그럼에도 학업을 중단하지는 않았다.

바오즈 골목에서 살 때는 온 가족이 9평 남짓한 거실 두 칸을 사용했다. 그때 내 형제자매는 이미 4명이었고, 조모와 고모도 함께 기거했다. 그 협소한 공간에서 대식구가 함께 지내자니 우리의 생활은 마치 전쟁난민과 같았다.

당시 나와 형제들은 아이들이어서 우리집 사정이 얼마나 어려웠는지 제대로 알 수 없었다. 어머니는 걱정스러운 일에 대해선 일체 말하지 않으셨기 때문이다. 어머니는 혹시 우리들이 집안 사정을 신경 쓰느라 공부에 몰두할 수 없게 될까봐 염려하셨다.

때로 모친이 불안한 안색으로 서둘러 밖으로 나가는 것을 볼 땐 좀 긴장된 분위기를 느낄 수 있었다. 그러나 결국 자세한 사정은 모른 채 긴장감이 곧 사라졌다. 그렇게 모친은 모든 긴장을 혼자 힘으로 지탱하면서 우리들에게 마음 편하고 안전한 작은 세계를 만들어 주었다.

1948년 가을 베이징이 내전의 영향권에 들어가면서 도시가 포위되고 물가가 하루에도 몇 번씩 들썩였다. 사람들은 앞 다투어 물건을 사려고 덤볐고 민심은 흉흉해졌다. 집에서는 여전히 어머니가 긴장감 없는 안전한 세계를 만들어 주셨지만 그 모든 나쁜 소식을 봉쇄하고 나를 외부세계로부터 완전히 격리시킬 순 없었다. 열두 살 무렵의 나는 외부세계의 위기를 너무나도 분명하게 알고 있었다.

당시 나의 동창생과 또래들 중 많은 숫자가 학교를 다니면서도 가족들과 함께 돈을 버는 일에 힘을 보탰다. 다른 집에 일손을 도우러 가거나 행상을 하고, 옛날에 유통되던 은화를 시장에서 재판매를 하기도 했다. 이런 분위기에 영향을 받아 나도 마땅히 가정의 부담을 나눠야 한다고 느꼈다. 그래서 11월의 어느 날 신문을 하루 팔아보기로 결정했다.

그 날 오전 4시 쯤 나는 먼저 《중국만보(中國晚報)》 발매처에 가서

도매가격으로 신문 50매를 샀다. 그런 후 다른 신문팔이 아이들이 하는 모습을 유심히 본 다음 둥스 거리(東四大街)를 따라 북쪽으로 걸어갔다. "신문입니다! 중국만보예요! 중요한 전쟁 소식이 나 있으니 빨리 보세요!"라고 큰 소리로 외쳤다.

나의 목청은 선천적으로 컸고, 전쟁에 대한 관심도 컸기 때문에 내 신문은 빠른 속도로 팔렸다. 베이신교(北新橋) 쪽으로 가서 자오다오커우(交道口)로 돌아 나올 때엔 이미 49매가 팔려나갔다. 나머지 한 부는 남겨서 집에 돌아가 보기로 결심했다.

두 시간 가량을 일해서 번 돈은 나의 식사비 정도 되었다. 게다가 신문 한 부도 별도로 갖게 된 것이다. 내 일생 처음으로 돈을 벌었다. 나는 그 돈을 어머니께 드렸지만 나보고 다시 신문을 팔라고 말씀하진 않으셨다. 내 일생에서 단 한 번 신문팔이 소년 팡리즈가 되었던 때의 일이다.

나를 알고 있던 사람들은 어릴 적 몸이 매우 허약하고 말수가 적었던 내가 어떻게 감히 거리에서 큰 소리로 신문을 보라고 소리칠 배짱이 생겼는지 알 수 없다고 말했다. 그 작은 사건은 오랫동안 내 기억에 묻혀 있었다. 그러다 몇 십 년이 지난 후 내가 "대중을 선동했다."라고 지적당하면서 비로소 그때 신문을 판 것이 어쩌면 내가 '대중을 선동한' 시작이라고 할 수 있을지 모른다는 생각이 들기 시작했다.

내가 어릴 때 받은 가정교육은 '대중을 선동하는' 것과는 관련이 없었다. 정치에 대한 아버지의 태도는 그 어떤 정당에 대해서도 일정한 거리를 두는 것이었다. 만약 아버지가 '국시(國是)를 논하지 않는' 겁쟁이가 아니라면, 그는 개인의 무사 안일함을 추구하는 명석한 보신주의자였다. 우리들을 대하는 아버지의 태도 역시 그가 '국시'를 대할 때처럼 아무것도 묻지 않고 평론하지도 않았다.

그는 우리 형제자매의 학업과 품성, 정치성향에 대해 거의 아무 의견도 말하지 않았다. 사실상 완전히 방임했다고 할 수 있다. 아버지는 정당에 가입하는 것을 하찮게 여겼을지도 모른다. 하지만 우리 형제들이 잇달아 정치조직에 가입한 일에도 신경을 쓰지 않았으며, 밖에서 사회활동을 하는 것에 대해서도 관심을 두지 않았다. 때문에 우리 형제들은 인생 역정에서 아버지로부터 그 어떠한 직접적인 지지도 받지 못했으며, 동시에 그 어떠한 제약도 받지 않았다.

'많은 것은 적은 것만 못하다'는 것이 아버지가 인생을 살아가는 태도라 할 수 있었다. 친구들에 의해 그는 '명리를 좇지 않는 사람'으로 지칭되었지만 어머니는 그것을 일종의 게으름으로 보았다. 논법은 달랐지만 그 본질은 같은 것일지도 몰랐다. '명리를 좇지 않는 것'과 '자신만을 고결하다 여기며 아무것도 하지 않는 것'은 게으름이나 어려움을 겁내는 것과 거의 비슷하기 때문이다.

반면 어머니는 세상일에 적극적으로 뛰어 들었다. 하지만 부모님 두 분의 극명히 다른 성향이 우리 가정의 독특함을 반증하진 않는다.

여유롭지 않은 가정에서 뜻을 분명히 하거나 분명히 하지 않기 위해 명리를 좇지 않는다는 것은 사실상 불가능한 것이다. 가족의 한 사람이라도 현실적인 어려움을 해결하기 위해 사회에 뛰어들지 않는다면 그 가정은 유지될 수 없기 때문이다. 우리집의 경우 어머니 덕분에 아버지가 욕심 없는 삶을 살 수 있었다. 즉 아버지가 명리를 좇지 않고 뜻을 분명히 하는 삶을 살고자 하셨기에 반대로 어머니는 적극적으로 삶에 참여하셨던 것이다.

　어머니는 인간관계의 문제를 처리하는 능력이 확실히 아버지보다 뛰어났다. 그래서 우리집의 '바깥 일'은 주로 어머니가 나서서 조정했다. 어머니의 언어능력은 우리 가족 중 가장 훌륭했다. 우리 형제들과는 베이징 말을 했고, 부친과는 항저우 말을 했다. 그밖에 상하이 말, 스촨 말 등 방언도 할 줄 아셨다.

　또 어머니는 풍금을 조금 칠 줄 아는, 우리집에서 유일하게 악기를 다룰 줄 아는 사람이었다. 어머니 외엔 모두 악기에 문외한이었다. 어머니는 사회의 동향을 세심하게 살피고 새로운 조류에 적응하는 분이었다. 그리고 누구보다 빠르게 각종 유행어를 듣고 사용하셨다. 후일 내가 사회·정치적 재난에 봉착하였을 때 비록 자세히 말하지 않더라도 어머니는 특유의 예민함으로 즉각 냄새를 맡곤 하셨다.

　어머니는 우리를 교육시키고 단속했다. 그러나 그 통제와 교화는 두렵지 않았다. 우리 형제들은 어머니가 단순히 우리의 성적이 좋기를 바라고 계신다는 걸 잘 알고 있었기 때문이다. 우리들의 시험성적이 좋으면 모친은 꼭 칭찬해주고 기뻐하셨다. 사실 우리에게 무난한 시험성적을 올리는 일은 그다지 어렵지 않았다.

　우리들은 취미가 서로 달랐고, 그래서 좋아하는 물건을 놓고 다투는 일도 별로 없었다. 누이동생 셋은 나이가 비슷하여 늘 함께 놀았고, 나는 그들 사이에 끼어들지 않았다. 형은 나보다 몸집도 크고 활동범위도 넓었다. 그래서 나와 내 친구들과는 어울리지 않고 형의 친구들하고만 놀았다.

　우리 형제들은 10년 동안 같은 학교에 다녔지만 같이 어울려 다니는 일이 극히 드물었다. 서로 방해하지 않았으며 특별히 친밀하지도 않았다. 어머니는 다섯 자녀 중 누구 하나를 유달리 편애하지도 않으셨다. 우리는 꾸중과 체벌을 거의 받지 않고 자랐다.

　적어도 나의 경우는 어머니께 매를 맞은 기억이 없다. 1945년으로 기억하는데 형과 내가 함께 영화를 보러 가서는 캄캄한 밤이 되어서야 집으로 돌아왔다. 그리고 어머니로부터 벽을 마주하고 서서 움직이지 않는 벌을 딱 한 번 받았다. 당시 어머니는 우리가 영화 보는 것을 허락하지 않았고, 밤늦게 다니다 사고가 날 것을 염려하셨다.

　당시 베이징의 어두운 밤은 분명 안전한 편은 아니었다. 외진 곳에 등불 몇 개만 있었을 뿐 대부분의 골목에 가로등이 없었다. 심야의 치안은 딱따기를 두드리는 야경꾼에 의존하고 있었다. 당시엔 어린이를 유괴해 인신매매를 일삼는 유괴범이 있었다. 어린 학생들은 모두 그 사실을 알고 있었고, 그들을 '달콤한 말로 아이를 꾀어내는 유괴범'이라고 불렀다.

　사람들 말에 의하면 유괴에는 약물이 사용되었다 한다. 약을 써서 어린아이의 머리를 치면 그 아이는 곧바로 정신이 흐려져 유괴범을 따라 간다는 것이었다. 초등학교에 다닐 때는 유괴범이란 말만 들어도 곧장 공포감을 느꼈다. 당시 나 혼자 거리에 나갈 때면 여기저기 옮겨 다니며 고물을 매입하는 행상들 근처에는 절대 가지 않았다. 들리는 바로는 그들 중에 유괴범이 있다고 했다.

　그 시절 밤에 어두운 골목을 걸어갈 때는 많은 사람들이 경극이나 다른 노랫가락을 큰소리로 불렀다. 그것은 만일 강도가 나타나서 강도짓을 한다면 노랫소리가 중단될 것이고, 그러면 길가의 주민들이 사고가 발생한 것을 알고 쫓아와 자신을 구해줄 것이라는 기대로부터 나온 행동이었다. 그래서 그때는 저녁만 되면 사람들이 예술을 좋아해서가 아닌 담을 키우기 위해 걸으면서 노래를 부르는 것이 들을 수 있었다.

하지만 나는 그 방법을 사용한 적이 없었다. 대신 다른 방법을 고안했다. 바로 밤에 컴컴한 골목길을 걸을 때는 한가운데나 빛이 보이는 곳이 아닌 가급적 담벼락을 기대어 걸어가는 것이다. 나의 이론으로는 밤에 나쁜 짓을 하는 강도들은 대부분 담벼락의 어두운 곳에 숨어 있었다.(베이징 사람들은 그들을 '담장 밑의 아이들'이라고 불렀다.) 이렇게 하면 강도에게 발견되더라도 나 역시 강도로 여겨질 것이고, 일반적으로 강도는 강도를 무서워하기 때문에 습격을 당할 리도 없게 된다. 현재도 나는 자전거를 타거나 걸어갈 때를 막론하고 무의식적으로 담장 밑을 따라 간다. 어렸을 때 고안한 나만의 방법이 습관처럼 여전히 남아 있는 것이다.

30~40년대의 베이징은 밤이 되면 쥐 죽은 듯 고요했다. 도시에 살더라도 중산층 이하의 시민은 시골티를 벗어나지 못했다. 당시 베이징 인구는 이미 백만에 육박했으나 생활방식은 종합적으로 볼 때 매우 원시적이었다. 대부분의 골목이 흙길이었고 "바람이 불지 않으면 흙이 석 자였고, 비가 오면 거리가 진흙탕이었다.(無風三尺土, 有雨一街

泥.)" 우리가 서성에 살 때는 황궁과의 거리가 직선으로 3킬로미터도 안 되었지만, 전체 지역이 상하수도가 없었다. 그래서 식수는 매일 새벽에 물장수가 목제 급수차를 끌고 와서 파는 맑은 물로 해결했고, 한 달에 한 번씩 돈을 지불했다.

집집마다 큰 물독을 비치해 물을 담아 두었다. 근처 우물에서 물을 길어오기도 했다. 물을 얻는 방식이 시골과 다를 바 없었다. 그나마 내가 위로를 얻을 수 있는 것은 황궁에도 수돗물이 없고, 황제가 마시는 물도 급수차가 성으로 보내 온 물이었다는 점이다. 다만 황제의 물은 베이징 서북쪽의 위취안산(玉泉山)에서 가져왔다. 그곳에는 황족의 음용수를 공급하는 샘물이 있었다. 황족이 무너진 이후에도 그곳의 물은 역대 최고통치자에게만 공급되었다.

하수도도 없었다. 바오즈 골목에 살 때 구정물은 모조리 집 밖의 큰 나무 밑에 부어버렸다. 그 오수는 나무가 잎을 틔우고 그것이 무성하게 자라나는데 이용되었다. 하지만 겨울이 되면 나무의 활동도 정지되었고, 여러 빛깔의 구정물은 층층이 쌓인 커다란 얼음덩어리가 되었다. 후일 혜성이 구정물로 구성된 것이라고 말하는 문헌을 볼 때면 나는 본능적으로 바오즈 골목 앞의 그 얼음덩어리를 떠올렸고, 아름다운 혜성의 꼬리에서도 악취가 날 것이라고 생각하게 되었다.

겨울에는 석탄으로 인한 오염이 있었다. 당시 겨울철에 조개탄을 태워 난방을 했기 때문에 타고 남은 대량의 잿더미가 생겼고, 그 대부분을 골목 거리에 내다 버렸다. 때문에 석탄재 무더기는 날로 높이 쌓여 갔다. 계속해서 거리에 석탄재를 부어 버리자 건너편 골목의 지반보다 훨씬 높은 곳도 있었다. 석탄재는 미세하고 가벼워서 차가 한번 지나가면 높이 날아가 좀처럼 떨어지지 않았다. 눈처럼 흩날리는 석탄재. 당시 베이징의 흔한 풍경이었다.

석탄재의 성분은 대부분 이산화규소다. 그런 의미에서 베이징은 명실상부한 실리콘벨리였다. 부모님은 남방 지역에서 결혼했고, 준비한 가구는 모두 흰색이었다. 그러나 부모님이 우리들을 위해 준비한 작은 침상을 비롯한 탁자, 의자, 침대는 베이징의 이산화규소 세례를 견뎌내지 못했다. 그리하여 우리가 그 침상에서 잠을 잘 무렵, 침상은 이미 표준적인 베이징의 휘황찬란함*으로 변해 있었다.

이처럼 우리집은 조금씩 변해갔고 그 자격이 충분한 베이징 사람으로 동화되어 갔다. 나와 같이 남만(南蠻)에서 북적(北狄)으로 온 제1세대는 이미 완전히 베이징 사람이 되었다. 당연히 구석기 시대의 동굴 유적인 저우커우뎬(周口店)에서 발굴한 인류의 화석인 '베이징인(北京人)'을 말하는 것은 아니었다. 내가 토박이 베이징 사람과 다른 점은 어렸을 때 베이징을 떠난 적이 있다는 것 정도다.

전형적인 베이징의 민속은 성실히 자신의 본분을 지키고 베이징을 떠나지 않는 것이다. 심지어는 베이징 내에서도 서로 왕래하길 원하지 않았다. 우리가 서성에 살고 있을 때 서성 주민들은 동성엔 잘 가지 않았고, 동성 사람들도 그러했다. 이는 아마도 위에서 모반이나 정변을 예방하기 위해 서로 다른 주거지의 노복이 연계되는 것을 장기간 엄격히 금했던 전례에 따라 형성된 습관과 민속인 듯 했다.

---

* 역자 주: 노란 잿빛이라는 '灰黃(회황)'과 발음이 같은 '輝煌(휘황)'으로 묘사하여 노란 잿빛이 된 침상을 휘황찬란하다고 한 것이다.

동성과 서성은 황성과 자금성을 사이에 두고 있었고, 평균거리는 2킬로미터에 불과했다. 그러나 당시 한 서성 주민이 "나는 동성에 가려고 한다."고 말했다면 그 의미는 오늘날 한 사람이 "나는 먼 길을 떠나려고 한다."고 말하는 것과 같은 의미를 가졌다.

당시 동성과 서성 간의 교통수단은 궤도전차였다. 내가 초등학교에 다닐 때 한 학생은 전차를 타본 적이 없었다. 내성에 거주하는 사람은 외성에 가본 적이 없으며, 성벽 안에 사는 사람은 성 밖에 간 적이 없었다. 외성이나 성 밖은 마치 또 다른 세계에 속해있는 것 같았다.

아버지는 당신이 움직이는 것을 좋아하지 않으셨지만 이론이나 원칙상으로는 '먼 길을 간다.(行萬里路)'는 교육원칙을 찬성하고 지지했다. 40년 전의 전란시대에는 관광업이 없었다. 전쟁으로 야기된 교통혼란으로 사람들은 여행을 두려워했다. 경제적 조건이 중간 이하인 가정은 여행 갈 능력이 없었다. 어쩔 수 없이 피난 가는 것이 아니라면 먼 길을 떠나는 경우가 드물었다.

우리집의 경제소득도 자식이 먼 길을 떠나는 것을 지지할 만한 수준은 전혀 되지 않았다. 다행스러운 것은 철도부문 종사자들과 그 가족들은 기차를 무료로 탈 수 있었다는 점이다. 이러한 조건을 활용해 아직 철도가 전쟁으로 파괴되어 중단되지 않은 시대에는 여름방학마다 우리 형제들은 번갈아 가면서 남쪽의 고향에 가서 놀았다. 처음에는 부모님이 우리들을 데리고 갔지만 나중에는 우리들끼리만 갔다. 모친은 우리들이 베이징 시내를 밤늦게 걸어 다니는 일은 허락하지 않았지만 혼자서 천 리 밖의 남방에 가는 것은 허락했다.

베이징에서 상하이와 항저우 간의 1천여 킬로미터에 달하는 길은 세계가 이처럼 작아진 오늘날에는 이미 장거리라고 할 수도 없을 것이다. 그러나 40여 년 전 전쟁 시기에 1천 킬로미터란 1만 킬로미터처럼 먼 여정이었다. 베이징에서 출발한 기차를 타고 길을 떠난 내가 받은 인상은 어린 시절의 다른 어떤 경험으로도 대체할 수 없는 것이었다.

내가 기억하는 첫 번째 여행은 1941년 무렵이다. 나는 어머니를 따라 난징, 상하이, 항저우 등 몇 개 도시에 들러 남쪽으로 갔다. 큰 정거장에서는 중간에 기차에서 내려 음식을 먹을 수도 있었다. 당시엔 정거장에 정차하는 시간이 매우 길었기 때문이다. 가장 기억에 남는 것은 어떤 사람을 보았다거나 어떤 것을 먹었다는 것이 아니라 도시가 제각각 다른 냄새를 풍기고 있었다는 점이었다.

항저우는 항저우의 냄새가 났고, 수저우(蘇州)는 수저우의 냄새가 났으며, 창장(長江)에도 창장의 냄새가 있었다. 어린아이의 후각은 어른에 비해 동물적이라 냄새를 잘 구별하고 기억했는지도 모르겠다.

그때는 베이징에서 상하이까지 기차로 이틀이나 걸렸다. 가는 도중 전쟁을 만나게 되면 수시로 정차하는 일이 다반사였다. 1949년 7월 천진에서 상하이로 가는 기차가 개통되어 형과 나는 상하이로 내려갔다. 전쟁이 완전히 끝나지 않았기 때문에 기차는 매우 느리게 운행했고 꼬박 이틀 낮과 밤을 자고 나서야 푸커우(浦口)에 도착했다. 기차가 배로 운반되어 강을 건너는 동안 날이 환하게 밝았다.

당시 국민당의 항공기가 베이징과 상하이 일대를 폭격했다. 열차가 폭격 당하는 걸 막기 위해 우리가 탄 열차가 시샤산(棲霞山) 부근의 작은 역에서 한 나절을 정차했던 일이 있다. 7월의 난징은 견디기가 힘들 정도로 더웠는데, 열차 속은 내려쬐는 햇볕으로 찜통이 되고 있었다. 열차에 탄 승객들은 대부분 공무나 사업을 위해 나선 사람들이었다. 때문에 어린이 승객인 형과 나는 주위 사람들의 호기심을 불러일으킬 수밖에 없었다.

안전을 위해, 그리고 다른 사람의 의심을 사는 것을 피하기 위해 우리들은 여행 목적이 단순히 놀러가는 것임을 드러내 놓지 않았다. 당시는 내전이 한창 치열할 시기라 사람들은 조금만 이상해도 서로를 의심했다. 때문에 누군가 여행 목적을 물어오면 나보다 임기응변 능력이 좋은 형이 먼저 나서서 얼렁뚱땅 둘러댔다. 형이 어떻게 대처했는지는 기억나지 않는다. 난징에서 야간열차를 타고 떠나 무사히 상하이에 도착한 것만으로도 큰 다행이었다.

일은 오히려 상하이를 떠날 때 터졌다. 상하이에 사시는 여덟째 이모 집에서 며칠을 머무른 뒤 우리는 할머니를 뵈러 다시 항저우로 갈 참이었다. 물론 우리를 바래다주는 사람은 없었다. 우리들이 상하이 북쪽 역으로 들어가 플랫폼의 열차를 보았을 때 갑작스럽게 질서가 무너지고 큰 혼란이 벌어졌다. 사람들이 미친 듯이 뛰었다. 처음엔 그 까닭을 몰랐는데 잠시 후 누군가가 "기관총을 쏘고 있다!"라고 큰소리로 외치는 것을 들었다. 그 말이 끝나기가 무섭게 기관총 소리가 크게 들려왔다.

우리 역시 죽기 살기로 뛰었다. 역을 단숨에 빠져 나와 바오산로(寶山路)의 집 모퉁이에 도착해서야 멈췄다. 그때까지도 총소리가 들렸다. 어떤 것은 아주 가까운 곳에서 들려왔다. 하지만 몇 분이 지나자 잠잠해졌다. 저우산(舟山) 군도에서 이륙한 국민당 전투기들이 상하이 역을 향해 기관총을 쏘아 벌어진 소동이었다. 가깝게 들리던 총성은 역 부근 옥상에 있는 고속기관총이 전투기에 맞대응하느라 난 소리였다. 이는 중국에서 벌어진 전투에 내가 가장 가깝게 있었던 사건이었다.

  베이징으로 돌아와 상하이 역에서 겪은 일을 어머니에게 상세히 말씀드렸다. 그것은 과거에 형과 둘이 영화를 보러 갔던 일과는 비교할 수 없이 위험한 사건이었지만 어머니는 우리들이 이미 다 자랐다고 생각하셨는지 벽을 보고 서 있는 벌을 내리지 않으셨다.

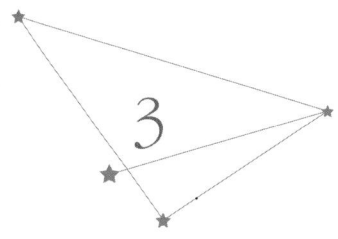

3

점령 지역에 있던
초등학교

나는 1941년 초 초등학교에 들어갔다. 베이징사범부속 초등학교였고 1946년에 졸업했다. 초등학교에서 공부한 5년 반의 시간 중 4년 반은 중국이 일본에 점령당한 시기였다.

나는 1학년 2학기에 학교에 들어갔다. 당시 나는 4살이었고, 같은 학년 학생들의 평균연령보다 두 살이나 적었다. 어머니는 나를 그처럼 일찍 학교에 입학시키셨다. 내가 신동이기 때문에 그런 건 아니었다. 누이동생이 태어나자 어머니는 정신과 체력에 한계를 느끼셨던 것 같다. 당시 베이징에는 유치원이 대중적이지 않았기 때문에 나를 유치원에 보낼 수도 없었다.

베이징의 일반 가정이 어린아이를 양육하는 방식은 돈이 있는 집은 전문적인 보모를 고용해 돌보고, 돈이 없는 사람은 양을 방목하듯이 어린아이가 제멋대로 놀도록 내버려 두었다. 우리집은 그 중간쯤에 끼어 있었다. 보모를 고용할 정도로 충분한 수입은 없었지만 양처럼 방목하는 것 또한 용납하지 않았다. 때문에 어머니는 아쉬운 대로 나를 우선 초등학교에 보낼 수밖에 없었다.

그래도 어머니가 나를 안심하고 초등학교에 보낼 수 있었던 데는 두 가지 이유가 있었다. 하나는 당시 내가 병들을 앓고 난 뒤라 야위고 허약하여 학교에서 제멋대로 굴거나 사고를 칠 리가 없다는 것이었고, 또 하나는 초등학교가 우리집에서 매우 가깝다는 점이었다.

학교는 바오즈 골목에 있었고, 교문에서 우리집까지의 거리는 단지 20여 미터여서 위험하지 않았다. 사실 어머니는 내가 같은 반 학생들을 좇아가리라고는 기대하지 않았고, 유급을 하더라도 상관없다고 생각하고 계셨다. 나이가 어리니 설사 두 번의 유급을 하더라도 실패했다고는 볼 수 없었기 때문이다.

하지만 나의 학업 성적은 어머니의 예상을 벗어났다. 어릴 적 위독했을 때 모두 내가 회복되리란 기대를 하지 않았지만 결국 살아난 것처럼 말이다. 다른 애들보다 훨씬 어린 나이임에도 뜻밖에 잘 적응하는 아들의 모습에 어머니는 어쩌면 어리둥절하셨을 지도 모르겠다.

초등학교 1·2학년은 확실히 얼떨떨하게 보냈다. 선생님이 수업시간에 하신 말씀 중에 별로 기억에 남는 것은 없다. 인상에 남아 있는 것은 선생님이 나의 바지 끈을 묶어준 것이었다. 그때는 학교 화장실이 한군데에 모여 있었고, 겨울에 화장실에 가는 것은 정말로 주눅이 드는 일이었다.

겨울의 화장실 안은 매우 추웠다. 어떤 때는 손가락이 순식간에 꽁꽁 얼어붙어 움직일 수가 없었고, 그래서 허리띠와 멜빵을 제대로 추스를 수 없었다. 수업을 알리는 종이 울리면 더욱 긴장해 손이 마음대로 움직이지 않았고, 결국 묶지 못한 바지를 움켜잡고 그대로 교실로 뛰어들어 왔다.

당시 나는 반에서 키가 가장 작아 첫 번째 줄에 앉았다. 바지춤을 제대로 추스르지 못해 난처한 표정을 지은 얼굴이 된 나는 선생님의 눈에 쉽게 띄었다. 1학년 담임인 화(華)씨 성을 가진 여선생님은 내가 바지 끈을 제대로 묶도록 도와주셨다. 그녀는 이후에도 몇 번이나 나를 도와주셨다. 내 어머니와 나이가 비슷했던 선생님의 웃는 얼굴과 목소리가 떠오른다.

보통의 지능을 가진 아이에게 당시 초등학교 과정은 바지의 허리띠를 묶는 것에 비하면 그리 어려운 게 아니었다. 1·2학년의 계몽교육은 주로 천여 개의 한자를 배워 익히는 것이었다. 한자 속에는 중국 문화의 정수가 담겨 있다. 엄숙하게 한자를 연구하는 역사학자부터 거리에서 좌판을 깔고서 글자로 점을 치는 사람까지 모두가 한자의 구조 속에서 중국의 철학, 중국의 윤리 또는 한 사람의 중국인의 미래를 이해할 수 있었다.

예를 들면 '家(가=집)'자는 '가옥=宀'과 '돼지=豕=豬'와 같이 두 가지 의미로 구성되어 있다. 어떤 사람은 이것에 근거해 옛날 중국에서는 집집마다 반드시 돼지를 길러야 했는데, 돼지가 있는 집이어야만 하나의 가정을 이룰 수 있었던 것이라고 추론한다. 같은 이치로 '牢(뢰=우리)'자는 '가옥'과 '소'라는 두 부분으로 구성되었으며, 이는 감옥에 간다는 의미인 '좌뢰(坐牢)'라고 할 수 있다. 이렇듯 같은 '宀' 밑에 쓰여 있는 가(家)와 뢰(牢)는 각각 돼지와 소와 합쳐졌을 뿐인데도 그 의미는 아주 달랐다.

그러나 초등학교에서 막 기초를 배울 때는 돼지와 소 사이의 이와 같이 오묘한 차이를 완전히 깨달을 수 없었다. 적어도 나의 초등학교 선생님은 이러한 이치를 말한 적이 없다. 혹은 말을 했지만 내가 알아듣지 못했을 수도 있다. 어찌 되었든 나는 역시 다른 학생들과 마찬가지로 돼지고기와 소고기를 먹을 때 그 맛이 철학적으로나 윤리적으로 서로 다르다는 것을 분간하지 못했다.

한자 계몽의 핵심은 한자를 무조건 외우도록 하는 것이었다. 그래서 꼭 이해시키려고 할 필요가 없었다. 어린아이가 그렇게 많고 복잡한 한자를 외우는 것은 언뜻 보기엔 매우 어려운 일처럼 보인다. 그러나 사실 그렇지 않다. 기억을 하는 기능은 지혜라는 체계에서 볼 때 가장 낮은 단계의 기능으로, 그 어떠한 논리적 과정도 필요로 하지 않는다. 그러므로 외우는 것은 어린 학생들에게 결코 대단한 일이 아니었다.

나의 동급생 중에서 한자를 외우지 못해 유급되는 사람은 극소수였다. 1·2학년 때 나의 학업성적은 결코 좋다고 할 수 없었다. 겨우 낙제를 면할 정도였다. 그런 나도 유급을 하지 않았으니 정말 유급을 한 아이는 거의 없었다고 할 수 있다. 3학년이 된 뒤에 나는 사전 찾는 법을 배웠고, 글자 익히기 시험에서도 확실하게 통과했으며, 더 많은 글자를 배우는 걸 두려워하지 않게 됐다.

비록 나의 학업성적이 보통이었지만 많은 선생님들이 나를 예뻐하셨다. 적어도 나는 그렇게 느꼈다. 2학년 담임이었던 여선생님도 그 중 한 분이다. 약골인 어린아이가 성실한 태도로 선생님 말씀도 잘 들었기 때문에 호감을 얻게 되었는지도 모르겠다.

하지만 한 가지 일에서만큼은 선생님 말씀을 따를 수 없었던 것으로 기억한다. 바로 자획을 쓰는 순서였다. 한자를 쓸 때는 매우 엄격하게 자획의 순서를 지켜야 했다. 반드시 '위에서 아래로, 왼쪽에서 오른쪽으로 쓴다.'는 규칙을 준수했다. 그렇지 않으면 지적을 당하고 점수가 깎였다. 그런데 내 성인 '方'자를 쓸 때마다 마지막 두 개의 자획 순서가 바뀌었다. 나도 모르게 왼쪽이 아닌 오른쪽 먼저 써내려갔다.

그것은 아버지가 가르쳐 준 '작은 비밀' 때문이었다. 내가 학교에 들어갈 때 아버지께서는 '方'자를 쓰는 법을 가르쳐주었을 뿐만 아니라 '方'자를 보기 좋게 쓰고 싶다면 마지막 두 자획은 반드시 오른쪽을 먼저 쓰고 왼쪽을 나중에 써야한다고 말씀하셨다. 나는 아버지의 방식이 선생님이 가르쳐 주는 서법보다 훨씬 일리가 있는 것이라고 믿었다. 그래서 나는 오늘에 이르기까지도 어딘가에 서명할 일이 있으면 조상대대로 전해 내려오는 비밀의 서법으로 '方'자를 쓰고 있다.

3학년부터는 학업성적이 올라가기 시작해서 줄곧 갑(甲) 등급의 끝(末)이나 을(乙) 등급의 앞(前) 수준을 유지했다.

1·2학년의 교육은 매주 토요일 아침 조회에 참석하는 것을 빼고는 점령 지역다운 색채가 없었다. 조회는 전교생이 운동장에 집합해 일본 일왕 미치노미야 히로히토(迪宮裕仁)가 대동아전쟁과 태평양전쟁을 위해 내린 조서(詔書)를 경청하는 것이었다. 하지만 그것은 의미 없

는 예식에 불과했다. 조서를 수십 번 듣는다 한들 1·2학년 학생들 중 누가 중국어로 발음하기도 어려운 일왕 히로히토에게 관심을 가졌겠는가.

3학년 때부터 일본어 과목이 있었다. 내가 다닌 초등학교는 초등학교 교사를 전문적으로 양성하는 베이징사범학교에 속해 있어서 학교의 질적 수준이 비교적 양호한 베이징에서도 지명도가 있는 곳이었다. 때문에 일본 점령군 당국은 우리 학교를 보다 주의 깊게 보았고, 일본인을 학교로 파견해 일본어를 가르치면서 교내 업무를 감시하도록 했다.

초등학교 3학년이었던 나는 무슨 민족주의니, 대의니 하는 것을 전혀 알지 못했고, 항일사상에 대해서도 아는 바가 없었다. 그럼에도 당시 학생들 대부분은 일본어 배우기를 싫어했다. 일본어를 1년이나 배웠지만 가나(假名) 50개도 제대로 기억하지 못했다. 대부분의 학생이 나와 비슷한 수준이었다.

몇 천 개의 한자를 기억하는 학생들이 한자의 일부를 빌어 구성한 50개에 지나지 않는 히라가나와 가타가나를 기억하지 못한다는 것은 분명 비정상적인 일이었다.

일본어 수업시간에 하는 첫 마디는 "sensei, ohaio gozaimasu!(先生, おはようございます, 선생님, 안녕하세요!)"였다. 일본어 수업을 시작할 때마다 모두 선생님을 향해 일어서서 인사를 하면서 큰소리로 그렇게 말했다.

어느 총명한 학생이 발견했는지는 모르지만 언제부턴가 우리들은 'sensei'로 시작하는 그 일본어 문장과 발음이 비슷한 중국어로 인사하기 시작했다. "孫仔(sunzai), 我哈腰(wohayo), 給仔一毛錢(geizaiyimaoqian)!(개새끼야, 허리 굽혀 인사하고, 개새끼에게 한 푼 보태주어라!)"

이 새로운 발견은 모든 학생들에게 빠른 속도로 전파되었다. 그 이후부터 일본 교관이 듣는 경례 소리는 "sensei(先生, 선생님)"가 아니라 "sunzai(孫仔, 개새끼)"였다. 이것은 지극히 농후한 아큐(阿Q)*적인 색채를 띠고 있었지만 어쩌면 내가 처음으로 참여한 정치활동, 즉 반일(反日)이었는지 모른다.

아큐보다 다소 강한 첫 반일행동은 왜놈을 타도하는 것이었다. 학교 부근에는 중하급 일본장교가 살고 있었다. 그에게는 어린아이 한 명이 있었고, 큰 개도 한 마리 기르고 있었다. 그런데 그 개는 주인의 힘을 믿고 사납게 굴었고 자신의 위용을 과시하는 꼴이 주인보다 더 지독해 학생들은 위협을 느꼈다. 그래서 키가 조금 큰 급우들이 그 개를 때리기로 결정했다.

나는 키가 너무 작아서 그 무리에 끼진 못했지만 그들을 응원하러 갔다. 아무리 크고 무서운 개라도 총명함으로 볼 때 초등학생을 따르지 못한다. 우리는 개 주인에게 발각될 것을 대비해 먼저 개를 은밀한 담 모퉁이로 유인했다. 그리고 대여섯 명의 아이들이 재빠르게 개의 한 쪽 다리를 후려쳤다. 그런 후 쏜살같이 흩어졌다. 그 일은 누구에게도 들키지 않았고 절름발이가 된 개는 우리를 위협하던 사나움이

---

* 역자 주: 아큐는 중국의 작가 루신(魯迅)이 1921년에 쓴 《아큐정전(阿Q正傳)》의 주인공이다. 청나라를 망하게 한 신해혁명이 소설의 무대. 어리석지만 자존심이 강한 실업자 아큐는 혁명의 꿈에 들떠서 자기의 선전을 많이 했을 뿐 실제로는 아무 일도 하지 않았지만, 혁명군의 한 사람으로 약탈한 죄를 쓰고 사형당하고 만다. 혁명에 대한 지식도 또는 사상도 갖지 않은 경박한 실업자 근성의 본보기로서 묘사되고 있다.

크게 줄어들었다. 이 일은 내가 참여한 최초이자 유일한 폭력행동이었다.

그 행동이 민족의 독립과 같은 정의 원칙을 우리들이 알고 있었음을 증명하는 것은 아니다. 그건 우리의 지적 능력 밖의 문제였다. 비폭력 원칙이 있다는 것은 더 더욱 알지 못하고 있었다. 개를 때린 것은 어쩌면 중국 고전 속의 협객이 노상에서 억울함을 당하는 사람을 보면 서슴없이 칼을 뽑아 도와주는 의협심을 모방하고자 하는 심리로부터 나온 것일 지도 모른다. 단지 우리를 위협하는 개에게 보복을 하고자 했을 뿐이다.

3학년 학생들 중에는 협객을 숭배하기 시작한 아이들도 있었다는 것을 기억하고 있다. 그것은 아마도 3학년 학생들은 이미 간단한 소설은 볼 수 있었고, 당시에 찾아 볼 수 있었던 소설은 거의 대부분이 무협소설이어서 협객이 우리들 마음속의 첫 번째 영웅으로 자리 잡고 있었기 때문인 것으로 생각된다. 당시 유행하던 놀이는 협객으로 분장하는 것이었다. 수업 사이의 휴식시간이면 우리들은 겉옷을 머리 위에 걸치고 상상 속 협객의 엄숙한 용모와 호기로운 태도, 뛰어난 무예를 그대로 흉내 내며 서로를 치고 때렸다.

일본 점령자들은 초등학교를 관리하기 위해 주로 회유정책을 채택했다. 당시 집에서, 또 초등학생들의 세계에서는 일본이 중국인을 압박하는 것과 관련된 적지 않은 못된 행적이 널리 퍼져있었다. 나의 아저씨 한분은 일본인이 놓은 불에 타서 죽었다고 부모님이 늘 말씀하시는 것을 들었다. 그러나 내가 초등학교에 다니는 동안에는 일본장교의 개가 학생들을 위협한 것을 제외하곤 그러한 일이 발생하지 않앉다.

나는 한 번 일본군 병사와 직접 마주친 적이 있었던 것을 기억한다. 한 차례의 돌발적인 계엄 사태를 만났을 때의 일이다. 당시 나는 시쓰(西四) 거리에 있었는데 때마침 일본군 차량행렬이 통과하고 있었다. 그 중에는 일본군 대좌(大佐)가 있었던 듯하다. 거리는 즉각 통행이 금지되었고, 완전무장한 일본군 병사들이 대단한 적을 맞을 준비를 하는 것처럼 신속하게 도로의 양쪽으로 정렬했다.

나도 길 입구에서 움직이지 못하도록 저지당했다. 대검을 차고 총을 든 일본군 병사들은 바로 나를 향해 서있었으며, 나는 그 점령자들의 눈빛을 기억하고 있다. 당시 학교에서 만큼은 일본군을 볼 수 없었다. 오히려 늘 '일중제휴(日中提携)', '일중친선(日中親善)'과 같은 것을 들을 수 있었다.

내가 휘말린 '제휴'나 '친선' 활동은 서예교류였다. 일본의 국민교육에서 중국의 서예는 매우 중요한 것이었다. 그래서 서법은 일본 초등학생들의 필수과목이었다. 언젠가 일본 당국은 우리 초등학생들 중 10세 이하 아동의 서예를 선택해 일본에 보내 전시회를 개최함으로써 일본 학생들이 감상하고 비교하게 할 뿐만 아니라 이를 통해 일본과 중국 아이들이 서로 연락을 유지할 수 있기를 바랐다. 그것은 글자로서 친구를 사귀는 중국의 방식이라고 할 수 있었다.

나의 서법은 급우들 중에서 중간 정도였다. 아버지께서는 일찍부터 내게 당나라의 서예가 안진경(顔眞卿)의 대자 비첩(碑帖)을 모사하는 것을 가르쳐 주셨다. 안진경 서체의 운치를 특별히 좋아하셨기 때문이었다. 내가 쓴 큰 글자도 선택되어 일본에 보내졌다. 하지만 나의 가짜 안진경 서법을 어떻게 감상했는지 얘기해 준 일본의 또래 학생이 있었는지는 기억하지 못한다.

사실 답장이 왔더라도 무슨 말이 적혀 있는지 알 리가 없었다. 일본 당국의 서예교류의 목적 중 하나는 우리들이 일본어를 잘 배우도록 격려하는 것이기에 그때 설사 일본 학생의 회신이 있었다 하더라도 반드시 일본어를 사용했을 것이다. 다행히 나의 일본어 수준은 뭔가 읽고 쓰기엔 많이 부족했다. 만약에 당시 정말로 어떤 일본 초등학생과 연락을 취한 적이 있다면 후일 1968년 문화대혁명 당시 한 가지 '죄명', 즉 적국과 내통을 했다는 죄가 하나 더 추가되어 청산 대상의 계급에 포함되었을 것이다.

근 40년 후인 1981년 나는 일본의 교토(京都)대학을 방문했다. 그 기간 중에 한 일본 친구가 나를 초청해 다도(茶道)에 한 번 참가했다. 다도 주인은 중국 서법의 애호가였으며, 그녀는 기념으로 남기고 싶으니 글을 몇 자 써달라고 고집을 부렸다. 나는 초등학생 때 일본으로 보냈던 내 글자가 생각나서 당시에 연마한 기초 서법을 떠올려 가며 아쉬운 대로 친구의 요청에 성의를 다했다.

전쟁 말기, 일본의 통제는 현저하게 약화되었다. 4·5학년 때는 학교에 한 명의 일본인만 남았다. 다른 일본인들은 모두 군인으로 뽑혀 간 것 같았다. 홀로 남아 초등학교에 머물던 그 일본인은 어떤 역할도 하는 것 같아 보이지는 않았다.

일본 점령자 특유의 잘난 체하고 의기양양해 하는 모습은 전혀 없었다. 일본이 투항한 후 그는 한마디 말도 없이 조용히 가버렸다. 그가 떠난 뒤에야 우리는 그에 대해 알게 됐다. 그는 전쟁 혐오자였다.

그래서 일본 당국은 전쟁기간 중 그가 작전부대에 참가하는 것은 허용하지 않았고, 초등학교에서 일본어를 가르치는 것만 허용했다.

4학년 때 나는 '공리'나 '정의'와 같이 비교적 추상적인 명사의 표면적인 함의를 이해하기 시작했다. 또 '황군이 승리하면서 전진한다.(皇軍勝利轉進)', '전체 장병이 정의를 위해 죽는다.(將兵全體玉碎)'와 같이 신문에 쓰인 난해한 말의 참된 의미도 조금씩 터득할 수 있었다. 그러나 당시의 나는 아직 사회의식이나 정치의식을 갖추지 못했고, 생각이 트여 있지도 않았다. 나보다 총명하고 조숙한 많은 다른 급우들과 비교한다면 차이가 나도 크게 났다.

내가 4학년이었을 때 형은 같은 학교 6학년이었다. 당시 우리 형제는 별명을 가지고 있었는데, 형은 '큰 콩(大方豆兒)'이고 나는 '작은 콩(小方豆兒)'이였다. 비슷한 별명과 달리 우리 형제의 세계는 완전히 달랐다. 형과 그의 친구들은 활동적이었으며, 손수 슬라이드를 만들어 돌리거나, 부정기적으로 손으로 쓴 신문을 발행했다. 그것은 자유로운 분위기의 활동이었다. 신문에 사회·정치적 논제는 없었지만 조회에서 조서를 듣는 것과는 달리 내용이 초등학생이 흥미를 가질만한 것이었다.

그 학생들 중에서 후일 사회활동 능력이 왕성한 사람들이 많이 나왔다. 중국정부의 문화부 부장을 지낸 사람도 있었고, 영화와 텔레비전 부문의 부부장을 지낸 사람도 있었으며, 국장급 책임자나 당위원회 서기가 된 사람도 꽤 많았다. 지금 회상해보니 그때 이미 조짐이 있었다는 생각이 든다. 그들은 초등학교 때 나보다 훨씬 생각이 트여 있었다. 형의 친구들은 잇달아 정부의 부장, 대학 총장, 서기가 되었으며, 그들은 지금도 초등학교 시절에 맺은 관계를 이어가며 항상 함께 어울린다.

내겐 형의 친구들과 같은 친구는 없지만 초등학교 시절 두 명의 절친한 친구를 사귄 적이 있다. 그들의 이름은 바이다취안(白大全)과 꾸베이(谷北)다. 굳이 "사귄 적이 있다."고 말한 것은 현재까지 그들의 이름은 기억하고 있지만 졸업 후 연락이 두절되어 행방을 모르기 때문이다. 나와 바이, 꾸가 함께 한 옛날이야기를 하자면 우리들은 당시 매우 친했을 뿐만 아니라 남몰래 의형제를 맺고 결의형제가 되었다.

결의형제를 맺는 것은 그 시대에 드문 일이 아니었다. 결의형제는 본래 중국에서 성행한 일종의 민간결사 문화다. 그러나 베이징은 줄곧 황권의 직접적이고 엄격한 통제 하에 있었기 때문에 막강한 세력의 민간결사는 존재하지 않았다. 베이징에는 상하이의 칭방(靑幇)이나 홍방(紅幇), 쓰촨의 꺼라오후이(哥老會) 같은 민간결사가 없었다. 물론 의화단(義和團)의 형제자매들이 베이징에서 명성을 떨친 적은 있지만, 그것은 청조 황권의 직접적인 지원을 받는 민간결사였다.

어쨌거나 형제의 결의나 자매의 결의를 맺는 것은 베이징에서도 크게 유행했다. 초등학생들 사이에서도 흔히 있는 일이었다. 당시 결의형제는 녹림호걸(綠林豪傑)의 암흑가뿐만 아니라 관료사회에서도 유행했다. 예를 들면 당시 중국 최고의 지도자 장제스 위원장도 부총사령관인 펑위샹(馮玉祥) 장군과 서로 란보(蘭譜, 의형제를 맺을 때 주고받는, 각자의 가계를 적은 책자)를 교환하고 의형제가 되었다.

공산당의 홍군이 장정 도중 묘족(苗族) 지역에 도착했을 때 홍군의 전적총지휘관(前敵總指揮)인 류보청(劉伯承) 역시 그곳의 수장*인 샤오예단(小葉丹)과 희생의 피를 나누어 마시고 의형제를 맺었다. 의형제를 맺는 것은 당시 중국의 각양각색의 사람들, 즉 노예와 수령, 공산주의자들에 이르기까지 모두가 받아들이고 적용하던 삶의 방식이었던 것이다. 그래서 초등학생들도 그것을 배우고 나름대로 활용했다.

바이, 꾸, 나 세 사람은 어느 봄날 오후 베이징 허우하이(後海)의 이름 모를 사당에 가서 비밀리에 의형제를 맺기 위한 절차를 진행했다. 사당 안의 어느 신에게 공양해야하는지는 그리 중요하지 않았다. 신의 역할은 오직 의형제를 맺는 증인이 되어 주는 것이기에 우린 그런 힘을 가진 신이라면 누구라도 상관없었다.

의형제를 맺는 절차는 이렇다. 먼저 각자의 생년월일을 적은 종이쪽지를 넣은 사주단자를 감실에 놓는다. 그런 후 신상(神像)을 향해 머리를 조아려 절을 하고, "같은 해, 같은 달, 같은 날에 태어날 수는 없었지만 같은 해, 같은 달, 같은 날에 죽기를 원한다.(不能同年同月同日生, 但願同年同月同日死.)"는 말로 서로 굳게 맹세하면 의형제가 된다.

향을 피웠는지는 기억나지 않는다. 의식이 끝난 후 우리들은 이제 우리가 삼국시대의 유비, 관우, 장비와 같이 도원의 결의를 한 것이라는 얘길 나누었다. 사실 그때 나는 《삼국연의(三國演義)》를 본 적도 없었으며, 삼국에 대한 모든 고사는 그저 얻어들은 것이었다.

4학년이 되었을 때 아버지는 느닷없이 중고 오프셋 인쇄판을 집으

---

* 편집자 주: 옛날 일부 소수민족은 수령을 두인(頭人)이라고 불렀다.

로 가져 오셨다. 당시는 복사기가 없었으며, 소량의 복사는 오프셋 인쇄판을 사용했다. 사용방법은 매우 간단했다. 먼저 특별한 잉크를 이용하여 복제하고자 하는 문건을 쓴 다음 잉크가 있는 면을 오프셋 인쇄판 위에 올려놓고 달라붙게 한 뒤 약 반시간을 두면 오프셋 인쇄판이 잉크를 흡수하여 마더보드, 즉 모판(母版)을 형성하게 된다. 그렇게 하나의 마더보드로 대략 10여 개의 복제본을 인쇄할 있었다. 나의 부친은 재무회계 일을 보면서 항상 보고서 양식을 복사했다. 일을 하며 못 쓰게 된 오프셋 인쇄판이 꽤 많았는데, 그것들 중엔 종종 쓸 만한 것들도 있었다.

오프셋 인쇄판 복제방법에 마음이 끌린 나는 그것을 장난감처럼 생각하고 반복해서 시험하고 복사의 질적 수준을 비교했다. 그러다 오프셋 인쇄판을 이용하면 타블로이드 신문을 인쇄할 수 있고, 그렇게 되면 6학년들이 손으로 쓴 신문이나 복사지신문에 비해 훨씬 보기도 좋고 보다 공식적인 것이 될 것이라는 생각이 문뜩 떠올랐다.

그래서 나는 스스로 주필을 맡아 원고를 쓰고 4학년 신문을 출간했다. 신문 이름은 《공리전승(公理戰勝)》이라고 짓고, "공리는 반드시 승리한다."는 글을 톱기사로 실었다. 공식적인 대형 신문과 같이 판권란도 만들어 '주필 팡리즈'라고 적어 놓기도 했다. 신문 지면은 대략 A4 용지 두 장의 크기였다.

인쇄까지 마친 후 나는 내가 발행한 신문이라는 긍지를 가지고 득의양양하게 몇몇 친한 급우들에게 나누어 주었다. 흡족한 마음으로 창간호를 낸 나의 신문은 의형제들과 함께 한 '도원의 삼 결의'와 마찬가지로 일회성 사건이 되었다.

의형제를 맺는 것과 신문을 발간하는 것은 모두 어린아이가 사회를 모방한 것이라고 할 수 있었다. '도원의 삼 결의'가 서기 3세기를 모방한 것이라면 타블로이드 신문 발간은 20세기 문화를 모방한 것이었다.

훗날 나는 뜻도 제대로 모르고 '공리전승'이란 이름을 사용한 것은 잘못이었음을 알게 되었다. 공리전승이란 본래 일본의 침략을 돕기 위한 이데올로기 구호였다. 당시 일본이 가장 많이 선전했던 구호는 '대동아공영권(大東亞共榮圈)'이었는데 아무리 '공영'이라는 단어로 침략을 은폐하려고 해도 그 의도가 너무나 명백했다. 그래서 침략전쟁의 본질을 보다 효율적으로 은폐하기 위해 일본에 투항한 몇몇 중국인들이 '공리전승'이라는 구호를 만들어냈다.

4학년이었던 나는 이데올로기를 판별할 수 있는 능력을 전혀 갖추지 못하여 그 구호에 내포된 저의를 이해하지 못하고 계략에 빠져들고 말았다. 당시 우리들은 언제나 중산공원(中山公園)에 가서 놀았는데 큰 돌비석 위에 순중산이 쓴 그 명성이 자자한 '천하위공(天下爲公)'이라는 네 글자를 보곤 했다. 어차피 '천하위공(天下爲公)'과 '공리전승(公理戰勝)'은 모두 같은 '공(公)'자를 쓴 것인데 '공리전승'이 교묘하게 사람을 속이는 짓거리를 하는 것을 알아챌 수 없었던 것이다.

중국에서 '공(公)'자를 가지고 사기를 친 것은 '공리전승'뿐만이 아니었다. 50년대에는 '일대이공(一大二公)'*에 대해, 80년대에는 '공유제

---

* 역자 주: 중국공산당중앙이 사회주의건설 총노선의 지도하에 1958년 대약진운동이 최고조에 달했을 때 전개한 인민공사화운동의 2가지 특징을 가리키는 것인데, 첫째는 인민공사의 규모가 커야 하고, 둘째는 인민공사의 공유화 수준이 높아야 한다는 것이었다.

를 견지하라(堅持公有制)'에 대하여 들은 적이 있었다. 중국어에는 '公' 자가 어찌 그리 많은가. 많은 사람들은 내가 초등학교 4학년이었을 때처럼 사기를 당했다.

그것은 모두 중국어에 정통하지 않기 때문에 생긴 일이었다. 중국어 속에서 '公'자는 공평(公平), 공인(公認), 공중(公衆, 대중)으로 해석될 수 있고, 왕공(王公), 공후(公侯)로도 해석될 수 있으며, 또 남성을 표시할 수도 있다. 때문에 이른바 '공리(公理)'는 '공인(公認)된 도리'로 해석될 수도 있고, '왕공(王公)의 도리'로도 해석될 수 있는 것이다. 같은 이치로 '공유제(公有制)'는 '공중소유제(公衆所有制)'로도 '왕공소유제(王公所有制)'로 해석될 수 있다.

구호를 발명한 사람은 언제나 그 안에 어떤 함의를 담은 것인지 명확하게 밝히지 않는다. 그러니 사기를 당한 사람은 구호를 발명한 이의 본래 뜻을 잘못 이해한 것이다. 그러므로 중국에서 생존하거나 중국 사회를 이해할 수 있으려면, 글자는 같은데 뜻이 다른 오묘한 용법을 판별하는 법을 반드시 알아야 한다.

초등학생이 그런 수완을 습득하는 것은 수천 개의 한자를 기억하는 것보다 어려운 일일 것이다. 그것은 단순히 기억이나 논리적 연산에 국한되는 기능이 아니며, 개의 후각보다 수천 배나 예민하게 그 안에 담긴 진정한 함의를 식별하는 능력을 필요로 하기 때문이다.

때문에 지각없이 '공리전승'이란 말을 사용한 어린 시절의 잘못은 마땅히 용서받을 수 있는 것이라고 생각한다.

'공리'는 결국 실패했다.

1945년 8월 15일, 일본이 투항하고 전쟁이 끝났다는 소식을 들었다. 당시는 마침 여름방학 때라 저녁 8시 무렵 나이가 엇비슷한 한 무리의 남자 아이들은 가로등 밑에서 스스로 발명한 놀이를 즐기고 있었다. 그때 갑자기 누군가 "일본이 투항했다!"라고 큰 소리로 외쳐댔다. 그 시각 일본 일왕의 투항 성명이 방송되고 있었고, 소식을 들은 사람이 거리로 나와 외친 것 같았다.

나는 베이징에서 군중이 모여 항일전쟁 승리를 축하한 일이 있었는지 기억하지 못한다. 아마도 그런 일은 없었던 것 같았다. 만약에 그러한 장면이 있었다면 떠들썩한 판에 끼어들기 좋아하는 우리 초등학생들이 절대 놓칠 리가 없었기 때문이다. 우리들은 일본이 투항했다는 함성을 들은 후에도 특별한 행동을 하지 않았다. 단지 놀이를 잠시 중지하고 '투항'의 의미가 뭔지 이해한 다음 곧바로 놀이를 계속했다.

하지만 일본군에 점령당하지 않은 후방지역에서 성장한 나의 동년배들은 승리 소식을 들은 순간 자신들이 영원히 잊지 못할 격동적인 순간을 경험했다고 말했다. 나 역시 훗날 많은 기록영화에서 승리에 열광하는 장면을 보았다. 그러한 기록과 당시의 추억에 대하여 들을 때면 나는 그러한 경험이 없는 나 자신이 몹시 부끄러웠다.

분하게도 당시 베이징 사람들은 패기가 없고 나약했다. 왜 승리했을 때조차 거리 나와 큰소리로 기뻐할 수 없었는가? 우리 스스로 인정하길 원하든 그렇지 않든 간에 장기간 일본에 점령당했던 베이징은 이미 부분적으로 노예화되어 있었다.

원래 베이징 인구 중에서 노예가 차지하는 비율은 전국에서 가장 높았다. 청조 황궁의 높고 낮은 내시들(太監), 그리고 황족 저택의 종과 심부름꾼들은 내가 대학교에 들어갈 때까지도 굉장히 많았다. 베이징의 통속적인 말로 한다면 이런 유형의 사람들은 "주먹으로 세 번 맞아도 답답함을 참아가며 방귀를 뀌지 않는다.(三拳打不出一個悶屁來)"는 것이었다. 히로시마와 나가사키에 투하된 원자탄을 그들의 머리 위로 던진다 해도 기껏해야 "하늘의 뜻이 이러하다."는 한 마디를 짜낼 뿐이라는 것이다.

일본에 승리한 지 오래지 않아 베이징의 하늘 위에는 한 무리의 항공기들이 출현했다. 어떤 때는 P-51과 B-29 등 수백 대의 전투기와 폭격기가 쌩하고 지나갔던 것을 나는 기억하고 있다. 어떤 사람은 그것이 베이징에 겨울이 오면 항상 볼 수 있는 수백 쌍의 까마귀들이 온 하늘 가득히 지나가는 장면과 비슷하다고 말했는데, 그것이야말로 전형적인 '답답한 방귀'였다.

중국 역사상 크고 작은 혼란들은 모두 베이징에서 시작되었다. 하지만 베이징에서 나고 자라난 우리들은 그 모든 불안정이 베이징 사회에서 발생한 것이 아니라 외지에서 사람들에 의해 벌어진 것임을 알고 있었다.

캉유웨이(康有爲)와 량치차오(梁啓超)의 변법 사상부터 탄스퉁(譚嗣同)의 참수, 그리고 5·4를 거쳐 3·18 학살사건에 이르기까지, 감옥에 가거나 죽고 때로 도망간 사람들은 거의 외지에서 온 이들이었다. 베이징엔 두 개의 사회권이 있었다. 하나는 외지에서 온 학생과 학자들이 중심이 된 것이고, 다른 하나는 원래의 노복이 중심이 된 것이다. 이들 양자 간에는 어떠한 연결고리도 없었고, 그래서 서로 교류하지도 않았다.

활동장소도 달랐다. 전자는 대학 구역에, 후자는 옛 황성권(皇城圈) 일대에 있었다. 전쟁에 승리했음에도 베이징에서 어떠한 감격적인 활동도 일어나지 않은 까닭은 당시 베이징 소재의 대학과 학생, 학자들의 사회권이 베이징의 후방에 있었기 때문이다. 나는 초등학교에서 대학교에 이르기까지 죽 베이징에서 살았다. 그리고 나의 삶이 하나의 문화권에서 또 다른 문화권으로 넘어가는 것을 아주 분명하게 느꼈다. 항일전쟁의 승리는 이 과도기의 시작이었다.

1945년 가을, 개학을 하면서 나는 6학년이 되었다. 그리고 우리들이 지난 5년 동안 받은 것은 모두 노예화교육이었음을 알게 되었다. 이제 해방으로 나라를 되찾으니 과거와는 다른 새로운 광복의 교육을 받아야 했다. 그 새로운 기운으로 충만한 광복교육은 후방지역에서 돌아온 학생과 학자들이 가지고 온 것이었다.

새로운 분위기 속에서 시작된 교육 중 내가 가장 인상 깊게 기억하고 있는 것은 음악 과목이다. 음악은 원래 내가 가장 싫어하는 과목이다. 그동안의 시간표에도 음악 과목이 있었지만 나는 흥미가 없었다. 가정에서도 음악에 대한 별다른 교육을 받지 않았다. 아버지는 때로 항저우 방언을 쓰면서 옛날 가락인 "시절이 어수선함을 한탄하니 꽃이 나의 눈물을 뿌리게 하고, 이별을 슬퍼하니 새가 나의 마음을 놀라게 하는 구나.(感時花濺淚, 恨別鳥驚心.)"라는 시를 읊조렸다. 시를 읊조리는 동안 머리가 규칙적으로 좌우로 흔들렸고 그 태도도 매우 진지했지만 남들을 감동시키지는 못했다.

어머니는 5·4 이후의 새로운 노래들을 조금 부를 줄 알았지만, 일본에 점령되었던 시기엔 금지곡이 되어 버려 감히 부르지 못하셨다.

학교에서 배우는 노래도 대부분 일본식 가곡이었다. 나는 늘 일본식 창법이 부친이 시를 읊조리는 가락과 비슷하다고 느꼈다. 반음도 선율도 없고 단지 가사만 읽으며 박자에 맞춰 머리를 흔드는 것뿐이었다. 그런 내 느낌이 틀리지 않았다는 것이 후일 입증되었다.

그로부터 40년 후 일본에서 노극(能劇)을 들을 기회가 있었다. 그리고 그 창법이 중국 당나라 때 시를 읊조리던 것이 일본으로 전해진 것임을 알게 되었다. 노극을 부를 때는 머리를 좌우로 흔들어야 하는데, 아버지가 하시던 것과 비교하면 흔들리는 각도 약간 다를 뿐이었다. 1천여 년을 전해 내려오면서 그 각도가 조금 변한 것은 이해할 수 있는 일이었다.

중국에서 듣기 좋은 음악은 그 아름다움으로 인해 고기를 먹을 때 그 맛을 느끼지 못하게 할 정도라는 옛말이 있다.(공자가 제나라에서 소(韶)를 듣고 석 달 동안 고기 맛을 몰랐다.) 그러나 나는 줄곧 그것이 지나치게 과장된 묘사이거나 고기를 너무 많이 먹은 후에 나타나는 현상이라고 생각했다.

승전 이후 음악 과목은 나에게 새로운 세계를 열어주었다. 비록 그 세계가 고기의 맛을 대체할 순 없다 하더라도 고기의 맛도 그 세계를 대체할 수는 없었다. 해방이 되고 충칭(重慶)에서 음악 선생님이 오셨다. 그는 콧소리가 매우 심해서 항상 코맹맹이 소리를 냈고, 수업을 할 때도 종종 코를 만지작거렸다. 그러나 노래를 매우 잘 했다.

당나라 창법이 귀에 익어 있던 내게 그가 이탈리아 오페라에서 사용하는 벨칸토 창법으로 들려준 노래는 경이로움 그 자체였다. 인간이 어찌 저런 목소리를 낼 수 있단 말인가!

선생님의 수업은 매우 엄격했다. 그는 학생 모두에게 독창을 하도록 했고, 음 하나 하나를 반복하도록 함으로써 세밀하게 잘못된 부분을 바로 잡아 주었다.

나는 이때 노래 부르는 법을 배우게 되었다. 나는 노래에 타고난 소질은 없었지만 이때부터 노래를 듣는 것을 매우 좋아하게 되었다. 그리고 '나쁜 버릇'도 하나 생겼다. 중국과 외국 천문학계에서 함께 일하는 많은 사람들은 내가 잠을 잘 때 종종 노래를 부르는 나쁜 버릇이 있다는 것을 알고 있었다. 이 버릇은 코 먹은 소리로 노래하시던 선생님이 심어 놓은 것이었다.

그가 우리들에게 가르쳐 준 첫 번째 노래는 〈타이싱산 위에서(太行山上)〉였다. 노래의 시작은 이렇다.

붉은 해가 동녘을 두루 비치고(紅日照遍了東方)
자유의 신은 마음껏 노래하네(自由之神在縱情歌唱……)

노랫소리는 나를 환상의 경계로 데려다주었을 뿐 아니라 한 가지 비밀을 알려주었다. 이 세상에는 내가 도원의 삼 결의를 맺기 위해 찾았던 사당의 신들과 달리, 공양을 전혀 받지 못하는 신 하나가 있다는 사실이다. 그 신은 바로 자유의 신인데, 그는 젊은 남녀가 머리를 조아려 절하는 것을 필요로 하지 않았고, 제물을 봉헌하는 것도 필요로 하지 않았…….

나의 영혼은 그 꿈같은 음악 속에서 깨끗하게 씻겨 내려갔다.

4

제1차적
추진 시기

1987년 9월 마지막 일요일은 베이징4중학교의 개교 80주년이 되는 날이었다. 이 특별한 개교기념일에 많은 졸업생들이 학교를 찾았다.

베이징4중학교는 1905년 중국에서 과거제도가 폐지된 후 첫 번째로 세워진 중학교 중 하나다. 이 학교의 원래 이름은 순티엔(順天)중학교다. 순티엔부(順天府)가 관할하는 24개 현(縣)의 자제들만 입학이 허용되었기 때문이다. 신해혁명 이후 현재의 이름으로 바뀌었다. 이곳은 베이징에서도 손꼽히는 훌륭하게 운영되는 학교이며, 학생들도 매우 활동적이었다. 그래서 80주년 기념행사도 유달리 시끌벅적했다.

그 날 오전 9시가 조금 지나자 운동장에는 이미 2천~3천명의 역대 졸업생들과 재학생들이 떼를 지어 모여들었다. 이미 졸업한지 한참 지난 60~70세의 졸업생까지 있었다.

가을 뙤약볕의 위력이 아직 남아 있던 때라 한곳에 꼼짝 않고 모여

든 늙고 젊은 교우들은 햇볕에 얼굴이 붉어지고 머리에서는 땀방울이 흘렀다. 비좁게 붐비는 곳에서 땀범벅이 된 이들은 일시적으로나마 나이와 직업적 차별을 잊어버린 듯 했으며 모두가 어울려서 중학생 시절로 되돌아 와 한 학교의 동창이 되었다.

기장 적극적으로 동창들 앞에 나선 이들은 당시 학교에서 말썽을 부리기로 유명하였던 학생들이었다. 그들의 '못된 행적'은 오늘날 가장 많이 남들의 주목을 받는 '빛나는 영광'으로 변했다. 어떤 못된 짓을 했는지를 회상하는 것은 가장 흡인력이 풍부한 화제였기 때문이었다. '못된 짓을 한' 이야기는 한바탕 거리낌 없는 폭소를 자아냈다.

사람들은 일생에서 가장 구속을 받지 않았던 세월을 생각하며 웃었고, 말을 듣지 않고 소란을 피웠던, 이미 지나가 버린 세월을 생각하며 웃었다. 그렇다! 중학교는 본래 '말썽을 부리는 것'으로써 자신의 지혜를 보여주는 세월이다. '못된 행적'들이 없다면 그 무엇을 회상할 가치가 있단 말인가?

이런 의미에서 보면 나의 전체 중학교 시절은 자랑할 만한 것이 없었다. 1946년 여름 초등학교를 졸업한 후 나는 먼저 베이징 평민(平民)중학교에 들어갔다. 그 학교의 수준은 좋지 않았다. 반년 후 4중학교로 전학했으며, 1952년 이 학교를 졸업할 때까지 더 이상 학교를 바꾸지 않았다. 5년 반의 중학교 생활 동안 나는 한 번도 말썽을 피운 적이 없었고 오히려 규칙을 잘 지키는 학생이었다.

내가 유감스러울 만큼 규칙을 잘 지켰던 중학교 생활을 회상하고 있을 때 대형 악재가 무르익고 있었다.

열시 반 무렵 개교기념일을 축하하는 대회가 운동장에서 시작되었다. 역대 각 회의 졸업생 대표들이 연단에 올라가 간단히 축사를 했다. 축하말 속엔 간간히 블랙유머가 섞였고, 그때마다 참석자들은 떠들썩하게 웃어댔다. 그러나 회의를 주재하는 의장이 학생들의 가장(家長)으로부터 대표 연설이 있다고 선포하자 연단 위로 올라온 사람은 왕전(王震)이었다.

모두 속이 메스꺼워져 토할 것 같은 심정이 되었다. 이 왕 선생이란 분은 당시 매우 유명했는데, 그것은 그가 중화인민공화국의 부주석직을 맡게 될 것이기 때문이 아니라, 그가 '살인'을 주장했기 때문이었다.

그가 살인을 주장하던 해의 정치적 이슈는 자본계급의 자유화를 반대하는 것이었으며, 이 토비(土匪) 출신의 '공산주의자'는 자본계급 자유화의 지식인들을 진압하기 위해 "그들 몇 십만을 죽이라!"고 공개적으로 주장했다. 그런 그를 바라보며 있던 내 동창들은 답답함을 금치 못하며 "그가 어찌하여 우리들의 가장이란 말이냐?"라고 했다.

만약에 그가 토비가 되었을 당시 어떻게 백성의 집을 때려 부수고 재물을 마구 빼앗았는지를 말한다면 모든 사람들의 흥미를 자아낼지도 모른다. 그런데 이분은 정말로 눈치가 없다. '대가장' 노릇을 하면서 거드름을 피우려고 했지만 도리어 그의 말이 비논리적이고 문법에도 맞지 않음을 청중들에게 알려주는 꼴이 되었다. 참으로 안타까운 일이었다.

그는 가장은커녕 4중학교의 학생이 될 자격도 없었다. 그러한 인간은 골탕 먹이기 딱 좋은 대상이었다. 이때 골탕을 먹이지 않으면 또 언제 먹이겠는가. 그를 골탕 먹여라!

그가 연단에서 스스로 흡족함을 느끼고 있을 때 나는 젊은 학생들이 내 주위를 둘러싸고 나를 손으로 찔러대고 있는 것을 알아차렸다. 젊은 교우들은 내가 악역을 맡아줄 것을 주문하며 나를 거의 떠밀다시피 했다. 왜냐하면 그 해 초 내가 자본계급 자유화로 인해 공산당 당적을 박탈당했기 때문이었다. 나를 제명한 사건은 며칠 동안 전국 TV의 톱뉴스가 되었다. 그래서 나는 또 자유화의 중심을 향해 떠밀려 들어가는 것을 피할 수 없다고 생각했다.

내 주위에 있던 사람들은 더 이상 연단 위에 있는 '대가장'을 거들떠보지도 않고 내게 사인을 해달라고 요청했다. 처음에는 하나둘씩 산발적으로 왔지만 곧 무리를 지어 다가왔다. 회의장이 동요하기 시작했다. 회의장의 질서 유지를 책임지고 있는 학생들이 일어섰다. 하지만 그들은 소동을 제지하는 대신 내게 사인을 요청했으며, 이로 인해 더 많은 사람들이 몰려들기 시작했다. 내가 있는 회의장의 한 모퉁이는 그야말로 난장판이었다.

이때 단상에서 회의를 진행하던 4중학교의 당총지(黨總支) 서기와 부교장은 상황이 이상하게 돌아가는 것을 목격하고 곧바로 난장판이 된 모퉁이로 내려왔다.(당총지는 중·고등학교 때 나와 같은 반이었고, 부교장은 그 시절 나보다 2학년 낮았다.) 그들 두 사람은 오랜 동창이었는데, 무례하게도 경찰처럼 좌우에서 나를 붙잡고 끌고 갔다. 그들은 그 혼란이 가라앉도록 내가 잠시 회의장을 떠나도록 하려고 했다. 그러나 그들의 행동이 더 큰 주목을 끌게 되었다.

커다랗게 무리지은 동창들이 마치 사전에 모의한 시위를 하는 것처럼 우리들 주위를 가득 메웠을 뿐만 아니라 우리들을 따라 함께 회의장을 떠났다. 나를 둘러싼 동창들이 점점 더 많아졌기 때문에 내 시선은 완전히 가로막혀 그 후에 발생한 일들을 직접 볼 수가 없었다. 하지만 다른 동창들이 나에게 말한 바에 의하면, 우리들의 이번 '소란'으로 그 '살인마 대가장'의 위풍이 확실하게 줄어들었다고 했다.

얼마 후 나는 4중학교 교장 집무실에서 동창들에게 겹겹이 포위되어 그들에게 사인을 해주었으며, 오후 2시가 되어서야 비로소 자유를 얻었다. 나는 잊을 수 없는 중학교 생활의 자취가 남겨진 교정을 떠나며 규칙을 지키던 시절, 나의 일생에서 가장 기본적인 두 가지 선택을 했음을 저절로 알게 되었다.

이 두 가지는 표면상으로는 서로 상관없으며, 본질적으로도 완전히 화합하지 않아 공존할 수 없는 것이었다. 그리고 졸업 후 수십 년 동안 그 차이의 정도가 더 심해졌다. 그리고 '규칙을 잘 지키던' 나를 압박하여 한 걸음 한 걸음씩 오늘의 '말썽꾸러기'의 길로 걸어가도록 만들었다.

이 두 가지 선택은 제1차적 추진*과 같아서 나의 인생 전체의 동력학(動力學)을 지배하고 있었다. 그 첫째가 물리이고 둘째는 공산주의다. 물리는 모든 다른 과학과 같이 의심을 품는 것, 즉 회의(懷疑)를 일종의 미덕으로 보며, 공산주의, 다시 말해 우리가 눈으로 직접 보는 공산주의는 모든 토템숭배(totemism)와 마찬가지로 절대적 신앙이 그

---

* 편집자 주: 제1차적 추진이라는 명사가 최초로 사용된 것은 뉴턴이 자신의 운동법칙을 해석할 때였다. 사람들은 "천체가 줄곧 운동을 하고 있는 것은 어떻게 하여 시작된 것인가?"라는 질문을 던졌다. 그는 대답할 방도가 없었으며, 그래서 하느님의 제1차적 추진이라고 했다. 그 후 과학계는 어떤 현상의 가장 원초적인 현상을 '제1차적 추진'이라고 불렀다. ……리수셴(李淑嫻)은 이를 '第1因(first cause)'으로 번역했다.

것의 철혈 계율이다.

　40년대의 마지막 3년, 즉 내가 초급 중학교를 다니던 3년간은 공산주의 신앙이 원자탄의 폭발처럼 강력하게 중국을 휩쓸었다. 전장에서는 중장비가 없는 공산당의 인민해방군이 장갑차와 전차를 앞세운 국민당의 국부군을 쓰레기 청소하듯 가볍게 대했고, 국민당 정부군은 투항하거나 도주하기에 바빴다.
　이데올로기 영역에서는 전장에서보다 오래 전에 일방적인 우세가 형성되었는데, 거의 모든 문화인과 대학생들은 마르크스와 엥겔스, 헤겔 또는 포이어바흐의 원작을 본 사람이 거의 없음에도 불구하고 그들은 하나같이 공산당을 동정하거나 지지하거나 숭배하게 되었다. 그 원인을 탐구한다면, 그것은 일종의 진리에 대한 인정이라고 말하기보다는 정권에 대한 혐오라고 말하는 것만 못하다.
　항일전쟁을 승리로 이끈 후 집정당인 국민당과 그 영수인 장제스는 호감을 얻었으며, 명망도 높아서 마오쩌둥조차 대중 앞에서 "장 위원장 만세!"라고 크게 외치지 않을 수 없었다. 그러나 무능과 부패, 독재로 인해 국민당 정권은 매우 빠르게 민심으로부터 완전히 외면을 당하기 시작했다. 화폐가치가 떨어지고 물가가 폭등하면서 상점에 표시된 물건의 가격은 하루에 세 번이나 급등했다. 국민당 정부가 발행한 쓸모없는 지폐를 버리는 풍경도 흔히 볼 수 있었다. 결국 국민당 정권은 버림받게 되었다.
　처음에 나는 단지 이와 같이 드높은 기세를 구경만 하고 있었다. 첫 번째의 관망은 1947년 5월 22일 오후였다.

그날은 베이징의 전형적인 초여름 날씨여서 바람이 불지 않고 약간 더운 것이 소프트볼을 하기에 좋았다. 수업이 끝난 후 나는 곧바로 집에 가지 않았다. 나와 친구들을 비롯한 몇몇 중학교 2학년 학생들은 개교기념일 축하행사가 있는 운동장에서 소프트볼을 하며 놀았다. 2회를 채 마치지 않았을 때 어떤 사람이 다급하게 달려 와서 "경찰이 학교를 포위했다!"라고 말했다.

그 말에 우리는 방망이를 던져버리고 곧장 학교를 향해 뛰어갔다. 학교 강당 주위에는 이미 사람들이 모여 있었다. 모두가 학생들이었는데, 본교 학생도 있었고 타교 학생도 있었다. 경찰은 이미 보이지 않았다. 대신 경찰에게 흠씬 두들겨 맞은 상급생 몇 명이 있었으며, 어떤 학생은 온 얼굴이 피로 물들어 있었다.

사건의 자초지종은 이러했다. 5월 20일 난징에서 한 차례의 학생운동이 발생했다. 국민당 중앙정부의 문 앞에서 억울함을 청원하던 학생이 군경에게 구타를 당한 일이 있었는데, 후일 이를 '5·20사건'이라고 했다. 난징의 학생을 성원하기 위해 5월 22일 베이징, 청화(淸華), 옌징(燕京), 베이양(北洋)의 일부 학생들이 4중학교에 와서 회의를 개최하고 난징 5·20사건의 진상을 보고했다.

베이핑(北平)의 국민당 당국은 이 회의를 해산시키기 위해 경찰을 파견해 4중학교를 포위하도록 했으며, 연설을 하던 학생들이 결박을 당하고 몇몇 학생은 총검에 찔려 상처가 나기도 했다. 당시 나의 정치 의식은 완전히 눈을 뜨지 못했으며, 그 사건의 정치적 함의에 대해서도 제대로 이해하지 못했다. 그러나 학생의 머리에서 흘러나오는 피는 나로 하여금 동정심을 갖게 했고, 완전히 학생운동 쪽으로 기울도록 만들었다.

그렇다고 나는 바로 정치에 말려들어가지 않았다. 당시 내 생활을 차지하고 있었던 것은 소프트볼과 이름이 잘 알려지지 않은 《소년의 전기기구 제작》이라는 한 권의 책이었다. 이 책은 대략 3백 페이지에 달했으며, 아주 간단한 전등과 초인종의 설치부터 시작해 비교적 어려운 변압기와 소형 전동기, 그리고 가장 난이도가 높은 라디오의 조립에 이르기까지 다양한 내용으로 구성되었다.

나의 관심은 책 속의 제작법에 따라 뭔가 하나하나 완성하는데 쏠려 있었다. 이 책은 전기와 관련된 기본적인 원리를 알려주었다. 내가 가지고 있었던 약간의 전기공학 지식은 이 책으로부터 온 것이었다.

내가 기억하기로 내가 터득한 최초의 전기 지식은 피복이 벗겨진 220볼트의 전선을 맨손으로 만지는 것만 주의하면 전기는 안전하다는 것이었다. 이러한 지식을 가지고 나는 내 주위의 또래들이나 나이가 어린 아이들을 '정복'할 수가 있었다. 마음 내키는 대로, 물론 실제로는 그렇게 제멋대로 할 수 없었지만, 내가 전기를 두려워하지 않는다는 것을 보여주기 위해 전선을 만질 때마다 나의 어린 관중들은 감탄하며 나를 보았다. 그렇다. 나는 전기를 통하게 할 수 있었다. 아이들의 경이에 찬 눈빛이 그것을 확인해 주었다.

심지어 일부 어른들조차도 나를 전기 전문가로 대해 주었고, 전기기구가 부서지면 수리하기 위해 늘 나를 찾아왔다. 이는 어쩌면 당시 선전하던 전기의 위험성 때문에 진짜 전문가를 제외하곤 전기를 지나치게 두려워하는 심리가 있었기 때문인지도 몰랐다. 그래서 내가 가진 기초적인 지식과 간단한 조작도 사람들 눈엔 대단한 것처럼 보였을 것이다.

전기기구를 제작하고 수리하는데 있어서 가장 어려운 것은 부속품을 찾는 일이었다. 새 것을 사러 간다는 것은 경제적으로 불가능한 일이었다. 한 가지 방법은 집이나 이웃의 쓰지 않는 전기기구를 분해하고, 때론 사용하고 있는 전기기구 속에서 대체할 수 있는 부속품을 찾아 쓰는 것이었다. 그래서 우리집이나 몇몇 이웃의 전기기구는 나만이 그 선로를 알고 있었다. 왜냐하면 많은 전기기구들이 내가 부속품을 떼어 내어 사용하느라 선로가 바뀌었기 때문이었다.

또 다른 방법은 중고품을 사는 것이었다. 당시 베이징의 중고품 노점상들은 전문적으로 라디오 부속품을 팔고 있었으며, 그 대부분은 일본군이나 미군이 폐기처분한 군용물자를 해체하여 얻은 것들이었다. 이러한 노점시장의 물건은 크고 작은 것, 값비싼 것과 싼 것을 막론하고 모두 땅 위에 널려져 있었다. 한눈에 보면 온통 쓰레기 같아 보이지만, 눈을 크게 뜨고 잘 고르면 뜻밖의 횡재를 하거나 질이 괜찮은 것들을 건질 수 있었다. 내가 그때 노점에서 산 몇 개의 대형 용기는 대학교를 졸업한 후에도 쓸모가 있었다.

중·고등학교 다닐 때 나는 학교에서 점심을 먹었고, 매일 어머니는 점심 사먹을 돈을 주셨다. 하지만 어떤 때는 점심을 먹지 않고 돈을 절약해서 부속품을 샀다. 나의 첫 번째 라디오는 점심 값을 절약해서 산 부속품으로 조립한 것이었다. 어머니는 내 라디오를 본 후에야 내가 항상 점심을 먹지 않거나 거르고 있었다는 사실을 알게 되셨다.

어머니는 나를 호되게 꾸중하셨다. 그건 내가 늘 점심을 잘 먹었다고 거짓말했기 때문이 아니라 수없이 밥을 걸렀다는 사실에 마음이 아프셨기 때문이었다. 하지만 나는 정말 괜찮았다. 점심을 걸렀을 뿐 음식을 아예 못 먹은 건 아니었으니 말이다. 점심을 걸러야할 때면 반드시 아침을 많이 먹거나 저녁밥을 많이 먹어서 그 날 하루 필요한 열량을 보충했다. 나는 아침, 점심, 저녁이란 끼니에는 마음을 두지 않고 에너지 보존법칙의 총량을 생각했다. 그 덕분에 나는 아주 유용한 재주를 하나 얻었다. 한 끼의 양을 초과해서 많이 먹으면 두 끼를 먹지 않고도 버틸 수 있게 된 것이다.

당시 내가 제작할 수 있는 최고 수준의 기구는 고감도 수신 장치 라디오였다. 사실 여기서 한걸음 더 나아가 무선통신송신기를 만들 수도 있었다. 하지만 그것은 매우 위험한 것이었다. 국공내전으로 말미암아 모든 무선통신송신기는 아마추어 주파수대에서 운영되는 발사기라 하더라도 모두가 공산당을 위해 소식을 전하는 무선통신송신기로 의심받을 수 있었다. 이것은 나의 완전히 비정치적인 취미가 정치적 제약을 받게 된 최초의 경험이었다.

라디오를 가지고 놀았던 시기엔 학업성적이 좋지 않았다. 중학교 1·2학년은 나의 성적이 가장 나빴던 때다. 국어나 수학 성적은 합격이었으나 평균은 하위에 속했다. 중학교 2학년 때의 대수 기말시험은 60점을 받았고, 이로 인해 거의 유급될 처지에 놓였다. 상황이 급반전된 것은 중학 2학년과 3학년 사이의 여름방학 내내 수학을 붙들고 지낸 덕이었다. 그 여름방학에 무슨 동기로 그랬는지는 모르지만 나는 중학 3학년의 수학교과서에 나오는 3S 평면기하를 공부하며 더위를 이겨냈다.

평면기하의 아름다운 논리는 단번에 나를 매료시켰다. 여름방학 한 달 동안 나는 책을 샅샅이 읽고 연습문제도 하나도 빼놓지 않고 다 풀었다. 이때부터 나의 학업성적에는 비약적인 변화가 나타났다. 중학 3학년 이후로는 수학에서 만점을 받지 않은 적이 거의 없었다.

평면기하로 인해 수학에 푹 빠지면서 나의 국어성적은 별 변화가 없었다. 당시 나는 소설을 읽지 않았다. 일부 중학생들은 무협소설에 정신이 팔려 있었으며, 《칠협오의(七俠五義)》, 《촉산검협(蜀山劍俠)》이 특히 인기가 있었다. 어떤 학생들은 소설 속의 무술이 뛰어난 협객을 실존인물로 굳게 믿기도 했으며, 무공을 전수받기 위해 무예가 특출한 이를 찾아 깊은 산으로 올라갔다. 그러나 나는 그런 무협소설엔 아무 관심이 없었다.

당시에는 5·4운동 이후 쓰인 일부 신소설이 유행하고 있었다. 예를 들면 바진(巴金)의 3부작인 《집(家)》, 《봄(春)》, 《가을(秋)》 등이다. 그러나 열두 살이었던 내게 《홍루몽》과 같이 무슨 사촌형이다, 사촌여동생이다, 도련님이다, 계집종이다 하면서 주고받는 로맨틱한 정서의 이야기는 사실 지루하게 느껴질 뿐이었다.

국어과목 수업시간에 그나마 흥미가 있었던 것은 중국 고대의 시였다. 시의 자수가 적어 암송하기 쉬웠기 때문이었다. 중학 3학년 국어 선생님은 서당 출신이었고 학생들에게 모든 문장을 줄줄 외우도록 하고 암기하지 못하면 손바닥을 때렸다. 비록 아프지는 않았지만 일종의 모욕감을 느끼도록 하는 행위였다.

하지만 나는 손바닥을 맞지 않았다. 나만의 암기 비밀이 있었기 때문이다. 그 비결은 시를 암송할 땐 절대 중간에 끊지 않고, 시 자체의 함의를 생각하지 말아야 하며, 오직 음률과 박자에 맞추어 빠르게 글자를 뱉어내며 시와 혼연일체가 되는 것이었다. "바람에 나부끼는 것이 무엇과 같을까? 하늘과 땅 사이로 한 마리의 도요새가 보이네(飄飄何所似, 天地一沙鷗)"와 같으면 절대 잘못될 리가 없으며, 손바닥을 맞는 것은 면할 수가 있었다.

설사 그렇다고 하여도 간혹 매를 맞는 것은 피할 수 없었지만 어쨌든 나는 모범생 대열에 드는 학생이었다.

중학 3학년부터 물리 과목이 있었다. 당시 물리 선생님은 진링(金陵)대학교 물리학과를 갓 졸업한 젊은 여선생님이었다. 황(黃)씨 성을 가진 그 선생님은 학생들을 완전히 장악하지 못했다. 당시 우리 학교는 남학생들만 받았고, 학생들은 선생님을 무서워하지도 않았다.

이 물리 선생님이 한 번은 기체압력을 강의했는데, 자전거 바퀴를 실례로 들어 설명해 주셨다. 그러나 선생님이 칠판에 그린 바퀴의 밸브를 구성하는 그림은 증기기관의 실린더와 같았고, 우리들은 그것을 보고 한바탕 큰 소리로 비웃었다. 당시 나는 다른 학생들과 마찬가지로 자전거를 타고 학교에 갔으며, 우리들의 자전거는 대부분 매우 낡았기 때문에 자전거 바퀴에 바람이 빠지는 것과 같은 고장은 늘 대비해야 했다. 그래서 모두 어느 정도 자전거를 손볼 줄 알았다. 그런 우리들이었기에 자전거 바퀴 밸브의 구조 정도는 이미 충분히 알고 있는 것이었다.

그 여선생님이 그린 자전거 바퀴는 어디 가면 살 수 있을까. 어쩌면 그녀는 자전거를 탈 줄도 모르고, 여태껏 자전거 바퀴의 구조를 본 적도 없었기 때문에 완전히 자신의 상상에 의존해 설명했을 수도 있다.

그녀는 내가 만난 첫 번째 물리 선생님이셨다. 그 후 나는 자전거 바퀴를 수리할 때마다 그녀와 그녀의 밸브 구성도가 생각났다.

1948년 말 강압에 의해 휴교령이 내려졌다. 당시에 베이핑(北平)이라고 불리던 베이징시는 인민해방군에 의해 겹겹이 둘러싸였고, 화베이 공비소탕총사령관인 푸줘이(傅作義) 장군은 4중학교 교정을 강제로 점령하고 포병진지를 구축했다. 앞에서 말한 바로 그 운동장에는 구경 100밀리미터 캐넌포 10여 문을 걸어놓아 북쪽 근교의 공산군 진지를 바로 쏠 수 있었다. 교실에도 병사가 머물고 있었다. 우리들은 학교에 들어갈 수 있었지만 수업은 할 수 없었으며, 운동장의 포병진지에 들어가는 것은 허락되지 않았다. 소프트볼도 물론 할 수 없었다.

약 한 달 간 수업을 하지 못하는 동안 나는 비밀리에 공산당의 외곽조직인 민주청년연맹에 가입했다.

당시 국민당 지역에는 공산당 지하조직이 있었지만 공개적인 활동을 할 수 없었고, 공산당원이라는 것이 발견되면 즉각 감옥에 들어가거나 사형당할 위험이 있었다. 청년과 학생들 중에서 활동분자들을 흡수하기 위해 공산당은 두 개의 지하 외곽조직을 세웠는데, 하나는 '민련(民聯)'이라고 약칭하는 민주청년연맹이고, 또 하나는 '민청(民靑)'이라고 약칭하는 민주청년동맹이었다. 이들 조직은 주로 대학생을 대상으로 회원을 확보하려고 했다.

4중학교는 비록 대학은 아니었지만, 왕진(王震)도 가장이 되고 싶어 할 만큼의 유명세에다 베이징대학교 의과대학 부근에 위치하고 있다는 이유로 인해 진작부터 학생운동의 영향을 받았다. 4중학교 학생 중에는 일찍이 지하 공산당원과 지하 민주청년연맹 지부 회원이 있었으며, 5·22활동은 그들이 계획한 것이었다.

  1949년 초의 어느 날 나이가 나보다 4~5세는 많은 학생 하나가 우연히 나와 같은 화장실에 들어갔다. 매우 외지고 으슥한 노천 화장실이었다. 주위에 다른 학생들이 없을 때 그는 갑자기 나에게 물었다.

"너 조직에 가입하고 싶지 않니?"

"무슨 조직이요?" 나는 물었다.

"학생 스스로가 혁명하는 조직."

"조직에 가입하면 무슨 일을 하는데요?" 나는 재차 물었다.

"특별한 일은 없고, 그저 좀 일을 많이 배울 수 있어."

"집을 떠나야 하나요? 그러고 싶진 않은데."

"집을 떠날 필요는 없어."

나는 화장실을 나오면서 대답했다.

"그럼 좋아요."

  이틀 후 그 학생은 베이징대학교 의과대학으로 나를 데리고 갔다. 이미 10여 명의 4중학교 학생들이 기다리고 있었는데, 대부분 상급생들이었다. 이곳이 4중학교의 비밀 민련 지부였다. 나는 그곳에 있는 모든 사람들에게 "여기는 새로운 동지로서 중학 3학년 정반의 팡리즈다."라고 소개되었다.

  사실을 말해서 국민당을 반대하는 것 이외에 나는 당시 민련의 혁명 목적에 대해서 아는 바가 거의 없었으며, 그들 자체의 장정(章程)이 있었는지도 기억하지 못한다. 나는 조직에 가입하는 것이 위험한 것인지도 몰랐으며, 단지 비밀활동이 매우 신비감 있다고 생각했다.

  어쨌든 원칙적으로 볼 때 나는 13세가 되지도 않았을 때 혁명에 참가했다. 그래서 중국공산당의 인사규정에 따르면 나는 '노혁명 간부'라고 할 수 있었다. 즉 나 역시 중화인민공화국이 수립되기 이전에 혁명조직에 가입했다는 것이다.

후일 노혁명가들이 회고록을 쓰는 것을 보게 될 때마다 그들이 얼마나 어린 나이에 혁명에 참가하였는지를 알게 되면 경건한 마음과 함께 그들 모두 혁명의 신동이라는 생각이 들게 되었다. 그들은 12~13세 때 공산주의의 선지선각자가 되었다.

내가 민련에 참가할 때의 나이는 그들 선지선각자가 혁명에 참가한 나이에 비하면 많지 않았다. 부끄러운 것은 내가 남보다 앞서 생각하는 능력이 없었다는 점이다. 또한 그러한 선지선각자들이 그 당시 독일의 이데올로기 색채가 충만한 공산주의를 어떻게 이해하였는지도 알 수 없었다.

민련에 가입한 후 나는 확실히 이 조직을 매우 좋아했다. 그 조직은 나로 하여금 많은 새로운 지식들을 배우도록 했다. 내가 성실하게 완독한 첫 번째 소설은 민련이 나에게 소개해 준 《강철은 어떻게 제련되는가?》였다. 저자는 소련의 10월 혁명 시기의 홍군이었으며, 책 속에는 그가 홍군이 되기 전후의 생활이 담겨 있었다. 내게는 완전히 새로운 이야기였다. 마르크스와 엥겔스의 《공산당선언》 역시 민련에서 처음으로 읽게 되었다.

물론 그 책을 모두 이해할 수는 없었다. 가장 마음에 들었던 구절은 "무산계급이 혁명에서 잃어버리는 것은 오직 몸에 묶인 쇠사슬이며, 얻는 것은 전체 세계이다."라는 것이었다. 나는 쇠사슬에 묶여있지 않았지만 전체 세계에 대해 생각했다! 나는 점점 이 정치사상을 전면적으로 받아들였다. 그 이전에 나는 그 어떤 다른 정치 관념도 가진 적이 없었다. 공산주의 관념이 나의 정치의식을 개화시켰다고 말할 수 있었다.

1949년 1월 31일 베이징의 내전이 평화적으로 끝났다. 푸줘이 장군이 투항한 것이 아니라 평화적으로 무장을 해제하고, 공산당의 개편안을 받아들였으며, 인민해방군이 입성해 정권을 접수했다. 그리고 2~3주가 지난 후 민련 조직도 지하로부터 지상으로 나왔으며, 학교 내에서 우리들의 신분을 공개했다. 민련과 민청 두 개 조직이 폐지되었고, 5월 15일 중국신민주주의 청년단으로 정식 설립되었다. 민련과 민청의 모든 회원들은 청년단원으로 전환되었다.

청년단의 창립대회가 베이징 공과대학 강당에서 거행되었으며, 베이징 소재 회원 약 5천여 명이 집합해 다함께 입단을 선서했다. 이들이 바로 중국의 첫 번째 신민주주의청년단 단원이었다. 나도 그 중의 하나였다. 단의 장정(團章)에 따르면 14세 이상부터 청년단에 가입할 수 있었지만 나는 13세였다. 그러므로 설립 첫날부터 청년단은 나라는 존재로 인해 약간 규칙을 위반하고 있었다.

1949년 7월 1일은 중국공산당 창립 28주년이었다. 당시 공산당의 전면적 승리가 임박해 있었다. 마오쩌둥 역시 베이징에 도착했기 때문에 6월 30일 저녁 베이징의 셴농탄(先農壇) 운동장에서 성대한 축하행사가 열렸다.

베이징시의 모든 공산당원과 청년단원들도 그곳으로 갔다. 그때는 우기여서 비가 내리다 그치기를 반복했다. 우리들은 오후 7시에 경축식장에 도착했고, 순식간에 비가 온몸으로 스며들었다. 하지만 그건 아무래도 상관없었다. 우리는 마오쩌둥이 온다는 사실에 매우 흥분해 있었다.

비록 그가 신과 같은 최상의 예우와 대우를 받지는 않았더라도 내전의 승리로 인해 우리들은 장차 '전체 세계를 얻을 것'이기 때문에 그는 이미 우리들 마음속의 영웅이고 위인이었다. 쏟아지는 비는 오히려 우리들의 열정을 불러일으켰다. 아예 춤을 추면서 비로 인한 한기를 몰아내고 우리들의 흥분된 심경을 표출하기도 했다.

자정이 지나 마침내 7월 1일이 되었다. 마오쩌둥, 류사오치(劉少奇), 저우언라이(周恩來) 등이 식장에 도착했다. 그 무렵 비는 점점 더 심하게 내렸고, 그들은 각자 짤막한 연설을 하고 황급히 내려갔다. 이때가 내가 마오쩌둥과 중국공산당의 다른 고위지도자들을 처음 만난 날이었다. 다음 날 모든 신문 제1면에 마오쩌둥의 글 〈인민민주독재를 논함〉이 게재되었다. 전날 밤의 열정과 흥분의 영향으로 나는 마오쩌둥의 글에 매우 깊은 인상을 받았다.

그러나 당시로선 셴농탄에서 마오쩌둥을 위해 춤을 추었던 나를 포함한 그 많은 추종자들이 그 날로부터 10년도 지나지 않아 그의 인민민주독재로 수난을 겪게 될 줄은 상상도 하지 못했다. 맹세코 생각지도 못한 일이었다. 그날 밤 마오쩌둥 옆에 서 있었고, 후일 국가주석이 된 류사오치는 20년도 되지 않아 그의 독재 하에 비참하게 죽었다.

나 역시 1949년 10월 1일 중화인민공화국의 수립을 경축하는 성대한 의식에 참가했다. 이 대사건은 문헌기록 영화필름으로 찾아볼 수 있기 때문에 자세히 서술하지 않겠다. 타이완으로 도망간 장제스 등 몇몇을 제외하고 당시 활동하고 있었을 뿐만 아니라 훗날 중국역사의 큰 인물이 된 사람들이 화려하고 장중한 옷차림으로 톈안먼에 올랐다. 톈안먼 아래에 약 10만 명의 군중이 모였다. 이날 모인 군중은 영화 필름 속에서는 그다지 선명하게 보이지 않았다.

나 역시 그 군중 속에 있었다. 비록 화려하진 않지만 깨끗한 옷차림을 하고 있었다. 의식의 순서는 그리 길지 않았으며 한 시간 정도였다. 분위기가 최고조에 이른 것은 마오쩌둥이 연설할 때였다. 당시 "중국인민은 지금 이 순간 일어섰다!"는 그의 한 마디는 그 후 수백만 번이나 인용된 역사적 명언이 되었다. 톈안먼은 오래 전부터 유서 깊은 명승지였지만 그렇게 큰 대회장으로 쓰인 것은 그때가 처음이었다.

기술적 각도로 보면 대회장의 음향효과는 좋지 않았다. 문헌기록 영화를 보면 마오쩌둥이 자신의 그 역사적 명언을 말할 때 무대 밑 10여 만 군중의 환호와 기뻐 날뛰는 모습을 보지 않고 오직 톈안먼 단상의 수뇌와 귀빈만을 바라보고 있다. 그가 왜 그랬는지 궁금해 하는 사람들이 있다. 현장에서 그 장면을 목격한 사람으로서 나는 그 원인이 매우 간단하다고 본다. 당시 톈안먼에 고음 스피커가 없었기 때문이다. 그래서 군중들은 단상 위에서 무슨 말을 하고 있는지 제대로 듣지 못했다.

당시 톈안먼 주변 거리는 그리 넓지 않아서 큰 제전이 끝난 후 군중들이 자리를 떠나는 속도가 매우 느렸다. 학교 급우들과 나는 3시간 가량이나 기다렸고 하늘이 어둑해질 무렵에야 흩어질 수 있었다.

그 날 마오쩌둥의 흥취는 최고조에 달했으며 제전이 끝난 뒤에도 자리를 떠나지 않고 계속 톈안먼 위에 머물러 있었다. 그는 모든 군중들이 퇴장할 때까지 기다렸다. 우리 학교의 행렬이 저녁 8시를 전후하여 톈안먼을 걸어 나와 퇴장했을 때 그는 큰소리로 외쳤다.

"4중학교 만세!"

그것은 경축행사장에서 내가 가장 또렷하게 들은 한마디였다.

'만세'를 부른 후 3년 동안의 중학교 생활은 대체로 평온했다. 매년 10월 1일은 관례에 따라 톈안먼에 가서 행진에 참가했다. 개국 축하의식 때와 다른 점은 마오쩌둥이 톈안먼 단상에 머무는 시간이 해마다 짧아지고 있었다는 것이다.

당시는 사회적으로 완전히 안정되지 않은 시기였다. 농촌에서는 계급투쟁이 이미 시작되었지만 도시의 중학교로까지 확산되지는 않았다.

그밖에도 1950년에 한국전쟁이 발발했다. 그 해 말 중국인민지원군이 한국에 진입하여 직접 미국 등에 대항하면서 항미원조(抗美援朝 : 미국에 대항하고 조선, 즉 북한을 지원)를 시작했다. 이 전쟁은 비록 국제관계, 특히 동아시아 구도에 매우 중요한 영향을 미쳤지만 중국 내륙의 생활에는 그렇게 큰 충격을 주지 않았다. 그것은 아마도 한국전쟁의 규모가 어느 정도이든 간에, 항일전쟁과 국공내전과는 비교할 수 없는 것이었기 때문인지도 몰랐다.

대규모의 전쟁을 겪어 온 사람들에게 한국에서의 국지 전쟁은 그렇게 큰 심리적 변화를 야기하지 못했다. 중국은 이미 백 년 동안 외국의 침략자들과 전쟁을 해왔다. 영국, 프랑스, 일본 등과 싸웠으며 이제 미국과 맞닥뜨렸다. 피할 수 없는 차례가 돌아온 것이므로 이상할 것도 없었다.

항미원조 전쟁은 중국에 두 가지 영향을 미쳤다. 첫째, 나와 같은 학년의 학생 20여 명이 군대에 들어갔다. 그들 대부분은 포병과 항공병과 같은 기술병종에 근무했다. 둘째, 영어가 보편적으로 환영받지 못하는 과목이 되었다. 우리가 초등학교 때 일본어를 배우기를 거부했던 것처럼, 중학교 때 영어 배우기를 거부한 이유는 그것이 적국 미국의 언어였기 때문이었다.

고급 중학교 3학년 때 내 성적은 전반적으로 올라가기 시작했다. 그때 내가 철이 들기 시작할 무렵인데다 매우 훌륭한 선생님의 도움을 받았기에 가능한 일이었다고 생각된다.

내가 가장 두려워하던 작문과목 조차 이전보다 좋아졌다. 고등학교 2학년 이전 나의 작문은 5백 자를 넘은 적이 없었고, 표준 원고지 한 장을 넘기지 못했다. 때문에 한 번도 좋은 평을 받지 못했다. 나는 줄곧 왜 작문을 충분히 길게 작성하지 못하는지, 그리고 왜 좋은 평을 받지 못하는지 이해하지 못했다. 좋은 작문의 가치기준은 평면기하와는 완전히 달랐다. 평면기하에서는 증명을 끝내는 시간은 짧을수록 좋고 쓰는 것 또한 간결할수록 좋은 것이었다.

후일 나는 점점 그 이치를 깨우치기 시작했다. 중국이 전통적으로 선비를 선발하는 과거제도에서 수학시험이 아닌 작문시험만 치른 까닭은 관리가 되는 중요한 요건 중 하나가 고명한 작문작성 능력이 있는 지에 달려 있었으며, 수학은 관리가 되는데 전혀 도움이 되지 않았기 때문이었다.

고등학교 2학년 이후 국어 선생님은 더 이상 강제적으로 글쓰기를 요구하지도, 글자 수를 규정하지도 않으셨다. 이로써 나의 작문은 5백 자라는 큰 관문을 돌파했다. 그 후 점점 분량이 늘어나서 많을 때는 5천 자나 되는 작문을 쓴 적도 있었다. 선생님께도 좋은 평을 받기 시작했다.

나는 학교를 졸업한 지 34년이 지난 1986년에도 국어 선생님과 서신왕래를 했다. 그는 나의 작문에 대한 인상적인 기억을 가지고 있었다. 중학교 때도 시를 쓴 적도 있었지만 성공하지는 못했다. 소년시대의 좋은 시는 예외 없이 이성을 향한 충동으로 인해 영감이 우러나온 것들이었다. 그러나 4중학교는 남자 일색이었다. 영감을 줄 만한 여학생이 없었으니 제대로 된 시를 쓸 수 없었던 것도 당연한 결과일지 모른다.

내가 내세울 수 있는 강점은 이과 과목이었다. 그 무렵 라디오에 대한 내 흥미는 점점 줄어들었고, 보다 깊은 이치들을 추구하기 시작했다. 중고품 시장에도 자주 가지 않았다. 수업이 끝난 후나 노는 날에 가장 자주 가는 곳 중 하나는 중국 최대의 도서관인 베이징도서관이었다. 나는 물리와 수학에 점점 더 빠져들었다. 대수 과목 시간에 연립부등식 방정식의 해답을 구할 때 선생님이 내게 대신 강의를 하라고 하기도 하셨다. 중학교 2학년 때 대수에서 60점 맞았던 수치심이 모두 씻겨 내려가는 것 같았다.

비록 내 학업, 특히 이과 성적은 최상위였지만 학급에서 큰 영향력을 가지고 있진 않았다. 내가 속한 반에서 분위기를 이끌던 이들은 문예를 좋아하는 매우 활동적인 학우들이었다. 그들이 가장 열중한 활동은 연극이었다. 후일 그들 중 어떤 학생은 베이징 등의 영화제작소 소장이 되었고, 또 어떤 학생은 극단의 단장이 되었다.

이 활동적인 학우들은 반 전체가 자신들과 함께 연기를 하도록 만들었다. 소형 단막극에서 시작한 것은 대형 장막극으로 발전했으며, 연극이 유명해지자 가장 많을 때는 수천 명의 관중들을 불러 모아 박수갈채를 받기도 했다.

그들에게 감화되어 나 역시 일찍이 러시아의 희극 대가인 스타니슬라브스키의 《역할진입》이론을 연구하는데 몰두한 적이 있었다. 그 과정에서 얻은 결론은 연기는 타고난 사람이 해야 한다는 것이었다. 그의 이론을 읽어도 나는 나 자신을 그러한 '역할진입' 상태로 진입시킬 수가 없었다.

때문에 나는 단지 잔심부름꾼 역할을 맡을 수밖에 없었고 대부분 무대 뒤에서 일했다. 배경 뒤에 숨어서 대사를 상기시켜 주는 프롬프터가 되거나 특수촬영과 음향효과를 책임지기도 했는데, 그것은 물리와 화학 게임 같았기에 나는 그 일을 매우 좋아했다. 나는 연극 지문에 따라 불빛, 번개, 연무를 만들고 우렛소리, 바람소리, 청개구리 울음소리를 만들기도 했다.

결론적으로 말하자면, 내가 맡은 역할은 '막후조종자'였다.

어떤 때는 극장 전체가 내가 만든 찬바람과 궂은비로 뒤덮였다. 무대 위에서는 이미 역할에 몰입한 나의 급우가 줄거리에 따라 눈물을 흘리며 하소연하고 있었다. 무대 아래에서도 감동에 벅차오른 군중들이 눈물을 흘리고 있었다.

무대 뒤에서 무대 위를 바라보며 나는 허구의 세상을 마치 진짜처럼 만들어 낸 연극의 힘이 얼마나 위대한지 느꼈다. 인류의 문명이 탄생하면서 사람을 감동시키는 희비극도 생겨난 것은 전혀 이상할 것 없는 일이었다.

그러나 나는 역시 물리가 가장 좋았다.

중학교를 졸업하고 대학 입학시험에 응시할 때 한 사람 당 3개까지 지원하고 싶은 전공을 적을 수 있었다. 나는 물리, 수학, 천문을 적어 넣었다. 그리고 베이징대학교 물리학과에 합격했다.

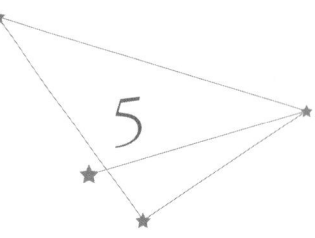

5

베이징대학교 교정에서

베이징대학교의 각 단과대학은 원래 모두 베이징 시내에 위치하고 있었다. 문리과대학은 사탄(沙灘), 의과대학은 시스쿠(西什庫), 공과대학은 시내의 남쪽에 있었다. 그러다가 1952년 베이징대학교의 구조조정이 단행되었고, 공과대학과 의과대학이 떨어져 나갔다. 교정 역시 시내 밖 원래 옌징대학교가 있던 자리로 이전했다. 새로운 캠퍼스는 짧게 옌위안(燕園)으로 불렸다.

나는 베이징대학교의 옌위안 캠퍼스의 제1회 신입생으로 들어갔다. 1952년 늦가을 나는 베이징대학교의 물리학과 1학년 학생이 되었다. 집에서 옷과 생활용품, 책들을 챙겨왔지만 마땅히 그것들을 둘 곳이 없었다. 당시는 학생기숙사가 완전히 지어지지 않아 남학생은 모두 웨이밍호(未名湖) 옆에 있는 체육관으로 보내졌다.

수백 명의 학생들이 실내 농구장에 빽빽하게 몰려들었다. 침대가 없어서 마룻바닥에서 잠을 잤고, 책·걸상이 없어서 바닥에 앉아 책을 보고 문제를 풀었다. 생활여건이 아무리 어려워도 나의 열정은 전혀 식지 않았다. 베이징대학교는 내가 오랫동안 동경하던 곳이었기 때문이다.

베이징대학교는 중국에서 가장 오래되고 또 가장 이름 있는 대학이다. 중국은 일찍부터 교육을 중시한 민족이다. 2천여 년 전 공자는 "누구에게나 차별 없이 교육을 실시한다."는 것을 대대적으로 제창했다. 하지만 베이징대학교의 역사는 1백 년도 채 되지 않는다.

역사의 길이 면에선 감히 유럽의 대학과 비교할 수 없으며 야만민족의 땅인 서부 호주와도 비교가 되지 않았다. 그 원인은 중국의 역대 통치자들이 대학이란 시비의 근원이며 그들의 전제정권에 잠재적 위험요인이 된다고 보았기 때문이다. 오늘날의 통치자들도 그와 다름없이 생각하고 있다.

기원전 1세기 경 한 무제가 첫 번째로 태학을 창립했는데, 이는 중국의 첫 번째 국립대학이라고 볼 수 있었다. 200년 동안의 발전을 통해 이 태학의 규모는 점점 커졌다. 서기 2세기에 이르자 학생 수가 3만 명에 달했고, 그 과정에서 많은 학자들이 배출되었다.

그런데 점점 독립적인 성향이 강해진 태학생들은 시국과 조정의 정치를 강렬하게 비판하기 시작했다. 이러한 비판은 조정이 결코 용납할 수 없는 것이었다. 그래서 대규모의 태학생들을 박해하는 '당고(黨錮)의 화(禍)'가 일어났다. 이는 정치를 비판한 태학생들을 하옥하고 다시는 관리에 오를 수 없도록 한 것이었다. 이로써 중국 역사에서 최초로 만들어졌고, 또 가장 오래된 대학이 사라지고 말았다.

그 이후 역대 왕조들은 더 이상 이러한 태학을 만들지 않았다. 태학을 세운 왕조도 있었지만 그것은 근본적으로 대학이 아니었기 때문에 그 기능도 학술을 발전시키거나 학술 강의를 하는데 있지 않았다.

그러다 중국의 마지막 왕조가 멸망하기 13년 전인 1898년, 이미 쇠락해 멸망의 위기에 놓인 왕조의 통치자는 비로소 시대적 흐름의 압박 속에 중국의 첫 번째 대학이자 현재 베이징대학교의 전신인 징스(京師)대학당을 설립했다.

그러나 마지막 왕조가 설립한 이 징스대학당은 과학의 가치기준을 전파하는 기관을 대표하지 않는다. 그런데 그 뒤를 이은 통치자가 그대로 이 대학당을 접수하는 바람에 베이징대학교 및 그 이후에 설립된 대학교들은 운명적으로 중국 역사상 새로운 시비의 근원이 되도록 정해진 것이다.

막 베이징대학교에 들어갔을 때 나는 내 스스로가 장차 새로운 시비의 근원이자 운반체가 되리라고는 전혀 생각하지 못했다.

한 명의 신입생으로서 캠퍼스가 나에게 준 것은 완전히 또 다른 하나의 동경이었다. 옌위안은 번화한 시내와 멀리 떨어져 있어서 시내의 시끌벅적함은 물론 수레와 말이 지나가는 소리, 물건을 사라고 외치는 소리도 들리지 않았다. 마치 모든 세속적인 혼탁함에서 멀리 떨어진 것처럼 느껴졌다.

나는 때로 밤중에 썰렁하고 정갈한 교정을 거닐었다. 절반은 잠이 든 웨이밍호 호반의 고요한 화선먀오(花神廟), 하늘을 향해 고개를 높게 내민 수이타(水塔), 그리고 이따금씩 들려오는 종각의 저녁 소리……. 이 모든 것은 마치 나의 장래가 눈앞에 펼쳐진 세계처럼 평온하고 조화롭고 무한함을 계시하고 있는 것 같았다. 나는 알 수 없는 흥분에 사로잡혔다. 지금 내가 발을 디디고 있는 곳이 내 인생의 출발점이었다. 그러니 머뭇거리지 말고 있는 힘을 다해 노력하자! 그 결심은 이후 나의 대학생활을 지배했다. 나로 하여금 3가지를 향해 용감하게 나아가도록 만든 것이다. 그 3가지는 바로 물리, 사랑, 그리고 공산주의였다.

1953년에는 중국의 공산주의 사업의 승리에 대한 기대치가 극대화되었다. 국외적으론 한국전쟁이 끝났고, 미국을 크게 이기지는 않았지만 원자폭탄을 가지고 있는 미국이 머리를 숙이고 화해함으로써 결국 중간 정도는 승리한 것이라고 할 수 있었다.

국내에서는 이미 공산주의에 필적할 만한 그 어떠한 세력도 없었다. 마치 모든 것이 탄탄대로 위에 펼쳐져 있고, 공산주의의 극락세계가 내 앞에서 손을 흔들고 있는 것 같았다. 때문에 그 다음의 3년 동안은 중국공산당의 역사상 보기 드문 시기였다. 짧은 기간에 일어난 한 차례의 반혁명숙청운동을 제외하면 뜻밖에도 무산계급독재이론에 따라 그 어떤 대형 계급투쟁도 발동하지 않았다. 오히려 경제발전을 제1차적 목표로 삼았다.

나의 대학교 4년 생활은 바로 이 보기 드문 시기를 만난 때였다. 그때 당국은 대학생 공산당원과 청년단원의 제1차적 임무가 더 이상 학생운동이나 계급투쟁이 아니고 장차 경제건설에 대비해 지식을 갖추는 것이라고 호소했다. 학업성적이 지나치게 불량한 학생은 공산당과 청년단에 절대 가입할 수 없었다. 내가 전공한 물리학과 공산주의 사이엔 어떤 모순도 없었으며, 서로 돕는 긍정적인 상관관계를 형성했다.

이와 같이 내가 속한 물리학과는 공산주의와 매우 긍정적이고 특별한 관계를 맺었다. 당시 정치활동을 하는 거의 모든 사람들은 학업 성적이 매우 우수했다. 나는 비교적 일찍 청년단원이 되었음에도 중학교 시절에는 청년단에서 어떠한 직책도 맡은 적이 없었다. 그런데 대학교에 들어간 후 상황이 크게 바뀌어 곧바로 청년단의 소조장과 지부 등 위원에 선출되었다.

비록 낮은 등급의 직책에 속했지만 조직의 신임을 얻고 있음을 상징하는 것이었다.('조직의 신임'은 공산주의문화 속에서 매우 중요한 위치를 차지하며, 그것은 한 사람이 정신적으로 안전감을 가지도록 보장하는 가장 중요한 요인이다.) 그 후 나는 또 청년단 대표로 선출되었으며, 총지위원(總支委員)을 맡는 등 직무가 조금 늘어났다. 나의 이러한 발전은 그 시대의 긍정적인 상관관계에서 스스로 얻은 것이었다.

물리와 공산주의는 서로에게 녹아들어 하나가 되었다.

물론 그때의 나는 공산주의를 조금도 의심하지 않고 진심으로 믿었다. 대학교 1·2학년 때 나는 마르크스의 《정치경제학 비판》,《프랑스 내전》 등을 아주 진지하게 읽은 적이 있었다. 이 글들은 설득력이 있었다. 특히 그 안에 포함하지 않는 것이 없고, 뭐든지 다 할 수 있는 대체계(大體系)는 궁극적인 진리를 터무니없이 열정적으로 추구하려는 젊은 사람들을 유혹할 수 있는 매우 큰 힘을 가지고 있었다.

지금도 나는 여전히 마르크스의 이론에서 헤겔식의 허튼소리를 빼버린다면 그 기본내용은 논리적으로 자기모순이 없다고 생각한다. 또한 과학적인 방법론으로 평가한다면, 마르크스가 창조한 자본주의와 사회주의, 무산계급과 자본계급에 관한 흑 아니면 백, 백 아니면 흑이라는 간단한 체계는 응용되지 않는 일종의 이론이라는 가치를 구비한 장난감모형에 가깝다.

비록 레닌과 마오쩌둥의 책은 내게 마르크스의 저작과 같은 폭넓은 느낌을 주지는 않았지만 "오직 사회주의만이 중국을 구할 수 있다", "공산당이 없으면 신 중국이 없다"는 마오쩌둥의 말들을 나는 물리학의 법칙과 같은 일종의 진리로 여겼다.

나의 마음속에서 공산당은 진리의 대표자일 뿐만 아니라 도덕적 권위의 화신이었다. 사실상 당시 대학생이 공산당에 가입하려면 엄격한 선발과정을 거쳐야 했다. 정치사상 면에서 공산주의자로서의 자격이 있는지, 학업 면에서 우수한지, 개인의 도덕적 자질 면에서 흠잡을 데가 없는지를 철저하게 심사받아야 했다.

입당과정에서 자신의 과거 모든 행위와 사상을 냉정하고 상세히 분석해야 하며, 올바르지 못한 생각은 아주 사소한 것까지도 반드시 깨끗하게 씻어버려야 했다. 때문에 공산당에 가입하는 것은 일종의 큰 영광으로 간주되었다. 또 한 개인이 범속하고 불결한 것들을 초월해 특수한 재료로 만들어진 사람이 되고 마침내 하느님의 선민이 되었다는 것을 상징했다.

확실히 그 시대의 대학생들에게 공산당은 하나의 정당이라기보다는 차라리 종교에 가까웠다. 공산당은 최고 권력을 가진 신단(神壇)이었다. 공산당으로 귀의한 사람은 그 신단 앞에서 최고 권력자의 관용과 수용을 구하기 위해 마땅히 각종 계율을 이용해 자신의 심신과 영혼의 먼지를 끊임없이 씻어 버려야 한다. 또한 자신의 모든 것을 남김없이 바쳐야 한다. 그의 정신, 몸, 불행, 고통과 슬픔, 그리고 기쁨과 사랑까지도…….

나의 사랑은 그 신단 앞에서 시작되었다.

나는 대학교에 입학하면서 리수셴과 같은 반에 배정되었다. 그녀는 곧바로 청년단의 조직위원으로 지정되었다. 나는 일개 청년단원으로서 그녀의 관리를 받아야 했다. 베이징대학교에 신입생으로 등록을 한 날 그녀는 나를 찾아 여학생 기숙사로 갔다. 그녀는 직책상 모든 청년단원을 알아두어야 했기 때문이다. 당시는 모두가 신입생이라 서로를 알지 못했고, 그녀는 '팡리즈'란 이름이 당연히 여자일 것이라고 추측해서 여학생 기숙사로 오면 나를 만날 수 있을 거라고 예상했던 것 같다.

얼마 뒤 그녀는 진짜 팡리즈를 찾아냈다. 나는 이 첫 번째의 만남으로 팡리즈가 패기 넘치는 남학생이라는 것을 그녀가 확실하게 확인했다고 생각했다. 나도 나를 관리하는 '직속상관'이 뜻밖에도 여학생이라는 사실을 알게 됐다.

남학교에서만 교육을 받은 사람은 보통 여학생이 남학생을 관리하는 것에 대해 본능적인 저항감과 함께 마음의 갈등을 느낀다. 나 역시 '직속상관'인 리수셴을 존중하지만 결코 존경하지는 않았다. 그녀가 도대체 어느 정도의 능력을 가지고 있는지, 그리고 얼마나 우리들을 잘 관리할 수 있는지를 조용히 지켜보았다.

나는 4중학교에서 주목받는 학생이었던 터라 승부욕이 강한 편이었다. 그래서 나를 앞서는 것에는 무조건적으로 승복하지 않았다. 하물며 여학생이 나를 앞서는 현실은 더더욱 받아들일 수가 없었다. 반드시 그녀를 앞지르리라. 그렇게 나만의 조용한 경쟁이 시작되었다.

하지만 결국 나는 내 경쟁자를 얕잡아 볼 수 없다는 것을 인정하고 말았다. 우선 시험성적으로 말하자면 내가 좋은 성적을 얻었을 때 그녀도 좋은 성적을 얻었으며, 그녀가 부진했을 때는 나 역시 그렇다는 것을 발견했다. 1대1. 성적에 관해서 우리는 무승부였다.

또 당시에는 논제를 가지고 토론하는 토론과목이 있었다. 나는 내 스스로가 어려서부터 말재주가 있었다고 생각했기 때문에 학생들의 칭찬과 높은 평가를 얻기 위해 남들과는 다른 관점에서 기발한 주장을 새롭게 발표하는 것을 좋아했다. 그러나 칭찬 받아 득의양양해 있을 때마다 리수셴은 늘 내 관점에 반대하는 몇 마디를 던졌으며, 그 결과 절반의 칭찬을 그녀가 가져가는 꼴이 되었다. 또 1대1. 무승부였다.

물론 내가 그녀를 크게 앞지르는 일도 있었다. 나는 물리학도이면서도 몇 자의 시를 쓸 수 있었다. 1954년 원단(元旦) 베이징대학교 교내 방송국에서 방송한 신년 헌시는 바로 내가 쓴 〈좋은 술을 들고 사방을 생각한다〉였다.

하지만 그녀가 나를 앞지르는 부분도 있었다. 그녀는 베이징대학교를 대표해 여자 800미터 경기에 나간 중장거리 육상선수였다.

1954년 가을 베이징대학교에서는 학업, 품행, 체육과 사회활동 등 각 분야에서 골고루 우수한, 이른바 삼호학생(三好學生)*을 선발하는

---

* 역자 주: 삼호학생은 학습능력이 뛰어나고, 사상이 올바르며, 신체가 건강한 모범적인 학생

평가대회가 열렸다.

이는 사실 마오쩌둥이 후야오방의 요구를 수락하여 쓴 격려사로부터 비롯된 일이었다. 베이징대학교는 전교에서 모두 18명의 학생을 선발했는데 그중 7명이 우리 물리학과 3학년에 속해 있었다. 리수셴과 나는 또 함께 삼호학생에 포함되었다. 2년 동안의 경쟁에서도 우열은 좀처럼 가려지지 않았다. 나는 그녀에 대한 경탄을 공개적으로 인정하고 싶지 않았지만 그때부터 그녀를 존중하고 존경했다.

경쟁이 끝나자 플라토닉 러브가 시작되었다. 1954년 삼호학생으로 동시에 선발된 이후 우리들은 이미 확실하게 각자가 상대방의 마음 속에서 차지하고 있는 색다른 위치를 느꼈다. 그러나 우리들은 어떤 말로도 그런 느낌을 표현하길 꺼렸으며 서로 만날 약속도 하지 않았다.

설령 우연한 기회로 인해 우리 둘만 있게 되면 반드시 다른 학생을 데려와 함께 있었다. 당시 주말엔 늘 무도회가 있었다. 리수셴은 무도회에 참가하는 것을 좋아했으며 춤도 잘 췄다. 나는 거의 가지 않았으며, 더욱이 그녀와 춤을 춘 적도 없었다. 나는 춤출 때 필요한 '회전'과 '평행이동'을 할 줄 몰랐다.

한 때 우리들은 둘이서만 몇 분씩 만났다. 그때 우리들은 매일 저녁 베이징대학교 본관 도서관에서 자습을 했는데 절대로 서로 근처의 좌석에 앉지 않았다. 보통 나는 아래층에 있었고 그녀는 위층에 있었다. 또 그녀와 나 주변에는 같은 반 학생들이 있었다. 본관 도서관은

을 가리킨다.

매일 저녁 9시 45분 요령을 흔들면서 문을 닫았다.

그러면 학생들은 하던 공부를 멈추고 잇따라 책가방을 메고 도서관을 나와 뿔뿔이 흩어져 기숙사를 향해 걸어갔다. 수백 명 학생들이 어둠이 깃든 캠퍼스를 걸어갈 때면 사람들의 얼굴은 잘 보이지 않고 바쁘게 움직이는 검은 그림자만 보였다. 그런데 딱 꼬집어 말할 수 없는 어떤 느낌의 인도를 받아 우리들은 그 인파 속에서 언제나 서로를 발견했다.

서로의 어깨를 나란히 하고 인파를 따라 걸었지만 우리 사이엔 여전히 15센티미터 이상 거리가 있었다. 기숙사를 향해 가는 지극히 짧은 몇 분 동안 우리들의 화제는 대부분 그날의 과업, 반에서 일어난 일들이었으며, 감정을 나누는 말은 없었다. 기숙사 구역에 도착하면 그저 담담하게 "안녕!"이라는 말 한마디를 하곤 헤어졌다. 그러나 마음속으로는 은밀하게 내일을 기대하며, 또 다시 황급히 걸어가는 인파 속에서 서로 찾을 수 있기를 바라고 있었다.

하지만 우리가 나눈 교감과 사랑은 우선적으로, 또 마땅히 우리들의 신앙이자 사업인 공산주의를 위해 봉헌해야 했다. 적어도 나는 그렇게 생각했다. 어찌 우리 두 사람의 사랑으로 인해 그 위대하고 경건한 사랑을 약화시킬 수 있겠는가? 특히 당시 나는 반장이었고, 그녀는 청년단의 총지위원이었다. 뿐만 아니라 우리 둘은 공산당에 가입하는 것을 간절히 바라고 있었으므로 마땅히 우리의 사랑을 봉헌해야만 했다.

1954년 말, 리수셴이 나보다 먼저 공산당 가입이 허가되었다. 이 소식을 알게 된 날 저녁 언제나처럼 본관 도서관에서 자습을 하고 있던 나는 그녀에게 시 한 수를 써주었다.

> 매일, 매일 여명이 있다.
> 그러나 사람은 오직 하나의 생명을 가진다.
> 매년, 매년 5월이 있다.
> 그러나 사람은 오직 한 번의 봄을 맞는다.
>
> 이른 봄의 여명은 진실로 사람을 유혹하지만,
> 청춘의 생명은 더욱 영롱하게 반짝인다.
> 그러나 당신의 청춘 앞에 그 특수한 칭호가 덧붙여졌으니 그 무엇과 비교할 수 있겠는가!
> 당신은 말해보라, 설마 나의 피가 당신같이 티 없이 깨끗하고 진심 어리지 않다는 것인가?
> 설마 나의 마음이 하나의 불씨가 아니란 말인가?

시 속의 '특수한 칭호'는 공산당원을 가리키는 것이었다. 사랑과 공산주의는 물리와 공산주의처럼 하나로 용해되어 한 몸이 되었다.

또 반년이 흐르고 나서야 비로소 우리들은 플라톤의 이상국으로부터 인간의 세계로 걸어 들어갔다. 1955년의 5월 1일, 공산주의의 기념일인 국제노동절이었다. 그날 저녁 톈안먼에서 춤을 추면서 마음껏 즐긴 후 다른 급우들은 먼저 자리를 떴다. 우리는 더 이상 그들에게 동행하자고 청하지도 않았다. 대신 처음으로 다른 연인들처럼 서로의 손을 잡고 중산공원 안으로 걸어갔다.

흔들리며 늘어져 있는 나무숲, 가물가물 꺼져가는 불빛, 어둠 속에 충만해 있는 따뜻한 마음, 높고 먼 하늘……. 그때 톈안먼 광장에서 발사한 폭죽이 번쩍였다. 불꽃이 차례로 하늘로 수놓다가 어지러이 떨어지며 흩어졌다. 우리를 둘러싼 세계가 마치 우리들을 위한 오색의 장막을 짜려는 것 같았다. 그때는 우리가 지금과 같이 서로 의지하고 사랑하게 되리라는 걸 알지 못했다.

액운의 씨앗은 우리들이 함께 사랑하고 있는 물리학이었다.

나는 짧은 몇 마디로 인생과 사회에 미치는 물리학의 영향을 설명할 수는 없다. 나는 단지 물리학이 단순한 공식이 아니며, 그것이 포용하고 있는 정신과 철학적 이치는 우리의 인생, 사회와 밀접한 관련이 있음을 말하고 싶다.

그리고 어떤 사람은 그것을 두려워하고, 누군가는 사랑하며, 또 누군가는 그것으로 인해 어려움을 겪기도 한다는 것을 말하고자 한다. 물리는 새로운 지혜의 열매이며 그것을 먹은 자는 더욱 총명해지지만 그로 인해 고통스러워지기도 한다고 말할 수 있을 것이다.

물리학이 필요로 하는 것은 단 하나, '의심'을 품는 것이다. 사실상 의심을 할 줄 모르고 독자적으로 문제를 제기할 줄 모르는 사람은 물리를 배워 익힐 수가 없다. 왜냐하면 물리학은 무엇이 진리이고 오류인지를 인정하거나 기억하게 하려는 것이 아니라, 어떻게 진리를 발견하고 또 어떻게 오류를 구별해 내는지를 알려주려고 하기 때문이다.

설사 대가들이 이미 발견한 것이더라도 당신이 진정으로 그것을 이해하고자 한다면, 적어도 그들을 한번쯤 의심해 봐야할 것이다. 덴마크의 물리학자 닐스 보어는 언젠가 "양자역학을 배울 때 애매하다고 느끼지 않는다면 그는 근본적으로 양자역학을 알지 못하는 것이다."라고 말했다.

그러나 마르크스주의와 물리학은 서로 모순되는 것이었다. 대학에서는 마르크스주의 과목이 있었고, 학생들은 마르크스주의가 일종의 과학이며, 심지어 과학의 과학이라고 배웠다. 그러나 마르크스주의 철학교사 한 분은 "우리들이 할 수 있는 가장 훌륭한 일은 오직 마르크스의 원작을 교묘하게 반복하는 것뿐이었다."라고 여러 번 강조했다. 과학은 회의(懷疑)를 필요로 하는데 과학의 과학은 반복만을 필요로 한다는 것인가? 대체 왜 그런가? 물리, 사랑, 공산주의는 나의 삼위일체였다. 그런데 그것에 미세한 균열이 생긴 것이다.

그 균열로 인한 최초의 발작은 1955년 2월 27일에 일어났다.

이틀 동안 청년단의 베이징대학교 제1차 대표대회가 개최되었다. 회의장은 본관 강당이었다. 회의 내용은 청년단의 임무와 활동을 토론하는 것이었다. 그 토론방식은 대체적으로 마르크스주의 철학 과목과 다를 바 없었다. 사실상 청년단의 활동방침은 공산당이 이미 확정한 것이었기에 대표대회에서 발언하는 것은 오직 그것을 교묘하게 반복하는 것에 지나지 않았다. 당시 청년단의 주요 목표 중 하나는 학생들이 삼호학생이 되도록 격려하는 것이었다.

나는 물리학과 대표 중 한 사람으로서 회의에 참석했다. 리수셴은 대표는 아니었지만 청년단 총지(總支) 부서기였기 때문에 참관인 자격으로 참석했다. 당시 베이징대학교의 삼호학생은 물리학과에 가장 많았다. 회의에 참석한 물리학과 대표 중 3분의 1이 삼호학생이었다. 회의가 열린지 하루가 지나자 우리들은 새로울 것 없는 그 회의가 매우 답답하다는 생각을 했다. 비록 우리들은 이미 삼호학생이었지만 모든 학생들에게 일률적으로 삼호학생이 되라고 호소하는 것이 그리 탐탁지 않았다.

왜 모든 사람이 똑같아야 한다고 요구하는가? 반면 과학의 창조는 사람마다 각자의 특색을 가지기를 요구하고 있다. 때문에 우리들은 반기를 들고, 울분과 분노를 터뜨리기로 결정했다. 대회의 주의를 끌기 위하여 우리들은 둘째 날 회의석상에서 내가 발언을 강행하기로 한다는 계략을 꾸몄다.

둘째 날의 회의는 후치리(胡啓立)가 주재했다.(후치리는 후일 중공중앙 상무위원이 되었으며, 1989년 톈안먼 사건에서 숙청되었다.) 당시 그는 베이징대학교 단위(團委) 서기였다. 회의순서에 따라 물리학과 단총지(團總支) 서기인 니완손(倪皖蓀)이 두 번째 발언자로 나섰다. 모든 것이 계획대로 진행되고 있었다.

니완손의 발언이 중반으로 향하고 있을 때 내가 연단 아래에서 발 빠르게 단상으로 뛰어 올라가서 니완손의 자리를 빼앗은 후 즉흥발언을 했다. 실제로 니완손은 나와 하루 전날 손발을 맞추었기 때문에 내가 연단과 마이크를 빼앗았을 때 매우 성공적인 연기를 해주었다. 그래서 후치리를 비롯해 연단 아래 있는 수백 명의 대표들은 내 행동에서 그 어떤 허점도 알아차리지 못했다. 물리학과 대표들만 모든 일이 사전에 모의된 것임을 알고 있었다.

내가 즉흥적으로 한 이야기의 취지는 다음과 같은 것이었다.

이번에 열린 회의가 너무나 침체되어 있으니 우리들은 보다 활동적인 분위기로 전환해야 한다. 단대회(團大會)는 우리들이 결국 어떤 인간으로 길러져야 하는지에 대해 우선적으로 토론해야 한다.
교육은 우리를 정직하고 단정한 공부벌레로 키울 것인가, 독창적인 정신을 가진 인간으로 키울 것인가? 단지 모든 학생들이 만점을 받도록 해야 할 것인지, 아니면 마땅히 독립적인 사고와 개성을 갖도록 할 것인지에 대해 토론해야 한다.

그때 나의 목소리는 평소보다 컸으며, 어조도 영락없이 '선동적'이었다. 나 다음으로 한 학년 낮은 학생이 뛰어 올라와 유사한 말을 하자 불에 기름을 붓는 격이 되었다. 이쯤 되자 회의의 본래 순서가 모두 뒤죽박죽되었다. 원래 발언하기로 정해져 있던 이들도 우리들이 제기한 문제에 어떻게 대응해야 할지 몰랐기 때문에 연단으로 올라가지 않았다. 연단 아래 대표들의 의견이 분분해지기 시작했다.

이때 회의의 의장인 후치리가 연단 앞으로 나와 말했다. 그는 방금 물리학과 학생이 제기한 문제는 매우 예민한 부분이지만 함께 토의할 가치가 있는 것이라고 말했다. 그래서 그 날 오후 회의는 순서를 바꾸어 조별로 '우리들의 교육은 마땅히 어떠한 인간을 길어내야 하는가?'라는 주제를 놓고 토론했다. 베이징대학교의 학생신문 역시 칭찬하는 어조로 이 일을 보도했다.

우리들은 성공했다.

우리가 기뻐하고 있을 때 한 학년이 높은 학생 하나가 몰래 다가와 "너희들은 재수 없는 일을 당할 거다. 너희들의 관점은 올바르지 않다."라고 말했다. 그는 자신이 1951년 대학교수들의 자본계급사상을 비판하는 사상개조운동에 참여한 적이 있었다고 했다. 또 독립적인 사고는 당시 가장 비판받았던 일종의 자본계급사상이라고도 덧붙였다.

처음엔 그 학생의 말을 그다지 믿지 않았다. 독립적 사고가 명백히 잘못이란 말인가? 하지만 과연 이튿날 단대회의 토론은 학교 당위원회에 의해 강제적으로 제지당했다. 일주일 후엔 당시 대표대회에 참석했던 모든 사람들이 다시 강당으로 불려갔다. 이번에는 다른 어떤 발언도 할 수 없었으며, 당위 서기인 장룽지(江隆基) 한 사람만 이야기를 했다.

그는 무려 5시간 동안이나 이야기했다. 그가 하고자 하는 말은 결국 하나였다. "우리들의 교육은 어떠한 인간을 길러내야 하는가, 라는 문제는 더 이상 토론할 필요가 없다. 당의 교육방침이 이미 이 문제에 분명한 답을 하고 있기 때문이다." 그의 말대로라면 독립적인 사고는 불필요하며 제창할 필요도 없는 것이었다. 마르크스, 레닌, 마오쩌둥, 공산당 등이 인민을 위해 이미 모든 해답을 준비했는데 어떻게 그보다 좋은 것이 있을 수 있단 말인가?

후일 니완손(당시 이미 공산당원이었다.)도 비판을 받았다. 그 자리에서 열렬히 발언했던 다른 공산당원들도 비판받았다. 그날 일과 관련해 긍정적인 기사를 실었던 베이징대학교 학생신문 편집부는 공개적인 검토를 받았다. 하지만 나는 비판받지 않았다. 아마 내가 공산당원이 아니었기 때문일 것이다.

사전에 모의한 '소란'은 비록 효과가 없었지만 큰 불운이 되진 않았다. 절반은 운이 좋았기 때문이며, 당시가 계급투쟁의 고조기가 아니었던 덕도 크다.

그로부터 2년 후 나와 니완손, 리수셴 등은 사전에 모의하지 않은 '소란'에 또 다시 참여했다. 그 방식은 지난 번보다 훨씬 온화했다. 하지만 그때는 마침 계급투쟁의 고조기여서 재앙을 면할 수 없었다. 그 결과 니완손은 22년이라는 세월을 대가로 지불하게 되었는데, 이는 나중의 일이었다.

'소란'이 있고 4개월이 지난 1955년 6월 1일 나는 공산당 가입을 허가받았다. 입당 당시 연단에 올라가 학생들을 선동했던 일을 검토하라는 요구를 받진 않았다. 나의 입당을 도운 사람 중 하나가 바로 니완손이었다.

종합적으로 볼 때 당시 공산당의 지도자는 학생을 신뢰하고 있었다. 그래서 사소한 단 대회 사건에 대해서는 신경을 쓰지 않았다. 신뢰를 얻지 못했던 것은 오히려 대학교수 및 다른 지식인들이었다. 당국은 자신들이 신뢰하지 않는 그 지식인들 대신 우리 학생들을 이른바 무산계급의 신지식인으로 키우려고 했다.

계급투쟁을 원칙으로 하는 전제 정치체제에서 신뢰의 문제는 모든 개인을 휘감고 있는 것이었다. 누구도 예외가 될 수 없었다. 모든 사람들은 명단에 적힌 자신의 위치가 있었다. 바로 신뢰등급에 따라 사람들을 분류한 명단이다. 그 등급서열은 신뢰할 수 있는 자, 이용할 수 있는 자, 쟁취할 수 있는 자, 입장이 불분명한 자, 신뢰할 수 없는 자, 타격을 가해야 하는 자 등이었다.

시장경제 사회에 사는 사람이 주가의 등락에 관심을 갖듯 공산주의 사회에 사는 사람은 자신, 그리고 자신과 관련이 있는 사람의 신뢰도의 등락에 관심을 가지지 않을 수 없다. 중국공산당 치하의 40여 년 동안 신뢰도 면에서 나는 모든 등급으로 분류되어 보았다. 그러나 대학시절 나의 신뢰도는 해마다 향상되었다.

1955년 가을 신뢰도가 다시 조금 올라갔으며, 나는 고도의 기밀을 요하는 원자핵물리 전공으로 뽑혀 들어갔다.

그 해 국제원자클럽에 가입하기 위해 중국당국은 원자과학을 발전시키고 핵폭탄을 제조하기로 결정했다. 그 조치 중 하나가 베이징대학교에 원자핵물리 전공을 설립하는 것이었다. 당시 나의 흥미는 이미 이론물리에 집중되어 있었으며, 졸업논문 제목을 선정하기 위한 준비를 하고 있었다.

10월이 되자 학교는 갑자기 나를 비롯한 20여 명의 학생들을 새로 설립된 전공으로 배치한다고 공포했다. 원자핵과학은 고도의 기밀을 요하는 것이었기 때문에 우리들은 즉각 옌위안에서 나와야 했다. 그리고 옌위안에서 그리 멀지않으며 베이징대학교에 행정적으로 예속된 구역으로 옮겨갔다.

그곳엔 베이징대학교 학생들뿐 아니라 다른 대학교 물리학과에서 뽑혀 온 학생들도 있었다. 모두 합쳐 대략 백 명 정도였는데, 바로 그들이 중국의 첫 번째 원자핵물리학 전공 학생들이었다. 후일 그중 많은 사람들이 중국의 원자무기 제조에 참여했다.

중국 서북쪽에 위치한 중국 최대의 원자무기 시험장 사령관은 당시 베이징대학교에서 뽑혀간 학생 중 하나였다. 히로시마와 나가사키에 투하된 원자탄으로 말미암아 세상 사람들은 물리학자들의 능력에 크게 놀랐다. 이로 인해 물리학자들은 현대 무협의 진정한 주연이 되었고, 그들 개개인 모두가 초인적이며 남다른 재능을 가지고 있는 것으로 간주되었다.

때문에 많은 사람들이 이른바 원자와 관련된 비밀을 검객의 암살무기와 같이 절대적이고 특별한 것으로 여겼다. 원자핵물리 전공에서 비밀유지를 책임지고 있는 이는 앞에서 말한 '많은 사람들' 중 하나였을 것이다. 그가 보기에 우리들이 배우고 있는 모든 과정은 조상 대대로 전해온 비밀스런 재주처럼 반드시 비밀로 부쳐야 하는 것이었다.

그래서 수업을 받을 때 필기한 노트조차 모두 일련번호가 매겨져 등록되었고, 규정된 범위 밖으로는 가지고 나가서도 안 되었고, 그 내용을 밖에 전해서도 안 되었다. 그러나 물리학은 가장 공개된 학문 중 하나였다.

물리학이 연구하는 것은 보편적인 법칙이지 비밀스러운 기술이 아니었기 때문이다. 당시 핵 데이터가 기밀로 유지된 것을 제외하곤 핵물리 내용 역시 공개적인 것이었다. 때문에 우리들이 필기한 내용의 99퍼센트는 공개된 출판물에서 찾을 수 있는 것들이었다. 공개되지 않은 나머지 1퍼센트는 어쩌면 수업 중 무료할 때 끼적거린 낙서였을 수도 있다.

행정상 우리들 구역의 주소 역시 절대 비밀에 속하는 것이었다.

만약 어떤 사람이 우리들에게 어디 사느냐고 묻는다면 규정에 따라 '546 사서함'까지만 대답하도록 되어 있었다. 거의 매주 토요일 저녁 무렵 나는 옛 교정으로 돌아가 리수셴을 만났고, 헤어질 때는 "546 사서함으로 돌아간다."라고 말했다.

그러나 두 달도 안 되어 베이징대학교 학우가 '546 사서함'의 정확한 위치를 알아냈다. 곧 이 구역의 별명은 '546'이 되었으며, 진짜 이름은 도리어 잊혀졌다. 하지만 그때까지도 비밀유지 요원은 종종 우리들에게 "주소를 누설하지 마라, 우리들이 546 사서함에 살고 있다고 말해야 한다."라면서 주의를 환기시켰다.

'546'에서는 주로 핵물리 실험, 핵전자학 실험 등과 같은 실험을 했다. 나는 이론을 좋아했지만 실험 성적도 그리 나쁘지 않았다. 전체 대학의 물리 실험에서 나는 오직 한 번 무참하게 패했다.

3학년 때 실시한 진공실험에서 진공도가 조금씩 상승할 때 내가 개폐기를 잘못 작동시킨 일이 있었다. 그 바람에 유리로 만든 맥크로우(McCraw) 진공계가 깨지고 수은이 넘쳐 실험실 전체가 오염되었다. 이탈리아의 수학자 토리첼리는 일찍이 "하느님은 진공을 두려워한다."고 말했다. 그의 말은 조금도 틀리지 않았다. 어쩌면 토리첼리 역시 그의 진공이 깨졌을 때 비로소 그러한 명언을 생각해냈는지도 모른다.

나는 전자학에 두려움을 느끼지 않았다. 중학교 시절 라디오 부속품을 다루었던 약간의 경험 덕분에 전자실험에 대해서 줄곧 친근감을 느끼고 있었다.

546에 있을 때 나와 같은 조가 되어 전자학 실험을 한 이는 허우더펑(侯德彭)이었다. 그도 원래 이론물리 전공이었다. 문제는 그가 색맹이었다는 점이다. 과학적 기준에 따르자면 색맹이 원자핵물리를 실험하도록 해서는 안 된다. 색맹이 물리실험을 한다는 것은 사실상 매우 어려운 일이었기 때문이다.

예를 들어 당시 늘 사용하는 카본저항기의 저항치는 3줄기의 색상환으로 표시된 것이었는데 색맹은 이를 구별할 수 없어 위험한 상황이 생길 수도 있었다. 그러나 원칙은 언제나 두 번째로 밀려났다. 당의 말씀이 첫 번째이므로 어찌할 도리가 없었다. 마치 하나님이 "빛이 있으라."라고 말씀하시자 곧장 빛이 생기는 것처럼.

그러나 당의 찬란한 빛은 색맹인 허우더펑에겐 일부 밖에 인식할 수 없는 것이었으며, 그래서 그는 저항기를 골라 쓰는데 늘 실수했다. 결국 이러한 실험은 항상 나 혼자 했고, 그는 옆에서 조용히 관찰했다. 그러나 30년이 지난 후 당의 '찬란한 빛'은 마침내 허우더펑에게 자신의 모든 빛깔을 보여주었다. 후일 뒷이야기를 들으니 그는 광시(廣西)의 당위원회 상무위원이 되었으며, 우리들 중에서 관직이 제일 높았다.

비밀을 유지하는 것과 내 실험동료 허우더펑에 대한 것들은 모두 작은 에피소드일 뿐이며, 공산당에 대한 나의 절대적인 신뢰에는 영향을 미치지 않았다. 학업에 대한 열정 역시 조금도 사그라지지 않았다.

대학시절의 마지막 반년 동안 나는 학업에 미쳐있었다. 어떤 때는 며칠 동안 영국의 물리학자 겸 노벨상 수상자인 폴 디락이 발명한 부호에 매료되었으며, 그의 양자역학 책을 모조리 읽었다. 또 어떤 때는 수 주 동안 이론역학이나 전동역학의 연습문제풀기에 몰두했다. 나는 수천 개나 되는 문제들을 모두 풀었다. 마지막 한 달은 실험실에 틀어박혀 매미 날개처럼 얇은 운모판을 박제하는 것부터 시작하여 마침내 성능이 양호한 베타 계수관을 만들었다.

1956년 새해가 되면서 공산당이 제기한 첫 번째 구호는 바로 "과학을 향해 진군하자!"는 것이었다.

당시 과학의 선도자는 의심할 여지없이 물리학이었으며, 핵과학은 물리학 중에서도 최첨단이었다. 때문에 머지않아 중국의 첫 번째 젊은 핵과학자가 될 우리들은 비록 바람과 불이라는 두 개의 바퀴를 발로 밟고 있는 나타*는 아니었지만 공산당의 사랑을 한 몸에 받는 총아였다. 우리에 대한 신뢰 역시 극치에 달했다.

---

* 역자 주: 나타(哪吒)는 도교에서 추앙하는 신으로, 원래는 불교의 호법신 중 하나였다. 도교에서의 정식 명칭은 중단원수(中壇元帥)이다. 비사문천(毘沙門天)의 셋째 아들로, 나타태자(哪吒太子)로 불리기도 한다. 힌두교 신화의 등장인물 나라쿠바라가 원형이라고 한다. 중국 불교나 힌두교의 민화 및 설화의 등장인물로 《서유기(西遊記)》, 《봉신연의(封神演義)》 등에 등장하기도 하는데, 나타(哪吒)는 중국의 고대 봉신방(封神榜)의 봉신(封神)년대의 전설 속에 나오는 가공인물로서 발로 풍화륜(風火輪)을 밟고 손에 화첨창(火尖槍)을 든 무적의 영웅으로 전해지고 있다.

제2부

베이징대학교에서
벌어진 일들

AUTOBIOGRAPHY
FANG
LI-ZHI

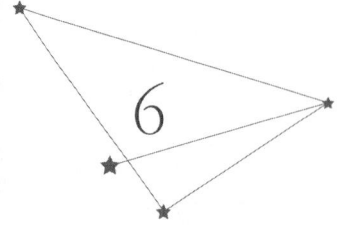

6

밑바닥으로 떨어진
첫 사건

    1956년 8월 말 나는 베이징대학교를 졸업한 후 곧바로 중국과학원 근대물리연구소에 배속되었다.

    연구소에서 근무하기 전, 1주일 정도의 휴가가 주어졌다. 학생생활이 이제 끝나고, 이번이 마지막 휴가라고 생각하니 한번쯤은 여행을 가야 할 것 같았다. 그래서 한 학우와 함께 교수님께 15위안을 빌려 길을 나섰다. 목적지는 산하이관(山海關), 친황다오(秦皇島), 그리고 베이다이허(北戴河)였다. 리수셴은 그때 이미 근무를 시작했으며 베이다이허도 다녀온 적이 있기 때문에 우리들과 함께 가지 않았다.

    15위안의 경비로는 여관에 묵을 형편이 못되었다. 4일의 여정 중 하룻밤은 친황다오의 초등학교 교실을 빌려 투숙했고, 하룻밤은 베이다이허 해수욕장의 남성탈의실에 몰래 들어가 잤다. 또 다른 하루는 기차 안에서 잤다.

몸은 피곤했지만 매우 흥분된 상태였다. 22세가 되어 처음으로 천하의 제1관문을 오르고 만리장성의 출발점에도 올라갔기 때문이다. 이때 나는 처음으로 바다를 보았다. 멀리서 고기잡이 돛단배가 점점이 모여 보랏빛을 띠는 검푸른 파도를 타면서 너울거리고 있었다. 나의 인생이 마치 그 돛단배들을 따라 출항한 것 같았다. 그 순간 정말로 시를 쓰고 싶은 생각이 들었다. 그러나 내가 너무나도 잘 알고 있는 시 한 구절이 먼저 나의 뇌리에 스쳤다.

안녕, 자유의 원소여.
당신은 마지막으로 한 번 나의 눈앞에서
담청색 파도를 굴리고 있으며,
오만하게 아름다운 색깔을 번쩍이고 있다.

이는 러시아의 위대한 시인 푸시킨(Aleksandr Sergeevich Pushkin)의 〈바다에 이르러서〉였다. 이 시는 그가 20대에 쓴 것이다. 시에 쓰인 "마지막으로 한 번"이란 말이 내 마음을 사로잡았다. 물론 그의 시가 내 심경을 완전히 대변한다고는 생각하지 않았다. 하지만 그 사람이 표현한 것보다 더 좋은 구절이 생각나지 않았고, 그래서 시를 쓰고 싶은 충동이 사라졌다.

역사에 따르면 우리들이 다녀가고 한 달 후에 마오쩌둥 역시 베이다이허에 왔었다. 어쩌면 그 역시 내가 바라보았던 바다에 감동을 받고 시를 짓고 싶어졌는지도 모른다. 그가 쓴 시 중엔 '친황다오 밖의 어망선'이라는 구절이 있는데, 이는 그 역시 내가 보았던 고기잡이배들을 보았음을 입증하는 것이었다. 당시엔 고기잡이배가 매우 적었으므로 그가 본 것은 우리들이 본 것과 같은 것일 가능성이 컸다.

그와 우리들은 같은 것을 보았지만 생각한 것은 달랐다. 그는 우리처럼 원양항해나 푸시킨에 대해 생각하는 대신 득의양양한 조조를 떠올렸다. 당시 그가 패업(霸業)을 이루었기 때문이다. 그의 시 속에는 "위나라 무제가 채찍을 휘두르다.(魏武揮鞭)"라는 구절이 있는데, 이는 그가 조조와 같이 바다를 마주보면서 왕권을 상징하는 채찍을 휘두르는 것을 말하는 듯 보였다.

1년도 안 되어 그의 '권력의 채찍'은 '자유의 원소'를 모조리 뽑아내었다. 이 치명적인 일격으로 인해 나는 22년이 지난 이후에야 바다를 다시 볼 기회를 가질 수가 있었다.

근대물리연구소에서의 나의 활동은 핵반응로 이론을 연구하는 것이었다. 당시 중국은 최초의 원자핵반응로를 건설할 준비를 하고 있었다. 그것은 소련으로부터 들여 온 실험용 중수로였다. 당연히 중국의 목표는 실험용 중수로를 건설하는데 국한되지 않았다. 궁극적인 목표는 생산로, 즉 핵무기를 제조하는데 필요한 프로트악티늄 239를 생산할 수 있는 로(爐)의 건설을 준비하는데 있었다. 내가 속한 팀은 그와 관련된 이론을 연구하고 있었다.

또한 반응로 연구를 통해 인재를 양성함으로써 핵무기의 연구개발에 직접 종사할 수 있는 인적자원을 확보하고자 했다. 팀은 12명으로 구성되었으며, 그중 1명만 30세가 넘었을 뿐 다른 인원은 베이징대학교 546이나 다른 대학을 막 졸업한 사람들이었다. 팀 안엔 3명의 공산당원이 있었는데, 나도 그중 한 명이었다. 일상적인 행정업무는 내가 책임지고 있었다.

　핵반응로 이론은 40년대에 이탈리아의 원자 물리학자 페르미(Fermi)를 비롯한 몇 명이 기초를 다져놓았으며, 50년대에는 이미 성숙한 단계에 이르렀다. 1955년 제네바에서 처음으로 국제원자력평화이용대회가 개최되었으며, 미·소 양국은 적지 않은 핵 비밀을 공개했다. 때문에 이론적인 면에서 우리들의 활동에는 큰 어려움이 없었다.

　문제는 수치를 정확하게 계산하는 것이었다. 당시에는 컴퓨터는 물론이고 전자계산기도 없었다. 가장 좋은 도구는 전동계산기였는데 그것도 1인당 1대씩 돌아가지 못했다. 우리 모두가 하나씩 가지고 있었던 것은 중국식 주판이었으므로 그것을 가장 일상적으로 사용했다. 계산이 한창일 때는 타닥타닥 주판알을 두드리는 소리가 문 밖에서도 들려서 그곳이 은행이나 회계사무실처럼 보이기도 했다. 그 소리가 중국 핵 연구의 새로운 장을 여는 서막이 되리라곤 누구도 생각하지 못했다.

　대중의 관점에서는 원자폭탄 제조에 참가할 수 있는 기회를 갖는 것이 대단한 영광으로 여겨졌다. 원자폭탄은 한 국가의 지력과 무력의 상징인데 그 일에 참여하는 사람이 어찌 흠모의 대상이 되지 않을 수 있겠는가?

　물론 모든 물리학자들이 그렇게 생각한 건 아니었다. 왜냐하면 물리학의 핵심 가치는 반복이 아닌 창조이기 때문이다. 뭔가를 최초로 발명하거나 창출하는 사람은 으뜸가는 영웅이다. 그것을 두 번째로 반복해서 만드는 사람도 어쩌면 기억될지 모른다. 하지만 같은 것을 세 번째나 그보다 늦게 반복하는 것은 물리학에 속한다고 할 수 없으며 오히려 제조업에 가깝다.

따라서 적지 않은 물리학자들이 '위대한 반복' 활동에 참여하느니 차라리 작은 창조활동에 종사하기를 원했다. 핵무기를 제조하는 것은 대체적으로 '위대한 반복'에 가까웠다. 게다가 엄격한 비밀유지제도로 인해 자유토론을 즐기는 물리학자들은 많은 불편함을 느꼈다. 내가 속한 소조에서도 이런저런 이유를 대며 모든 사람의 흠모의 대상이 되는 곳을 떠난 사람이 5명이나 되었다.

나 역시 유사한 느낌을 받았다. 나는 반응로 연구에 그다지 큰 흥미를 느끼지 못했으며 핵무기를 제조하는 일에 대해서도 마찬가지였다. 당시 세계의 많은 물리학 대가들은 잇따라 핵무기의 제조와 사용을 공개적으로 반대했다.

나도 그들과 같은 생각이었다. 그래서 "나는 살인무기를 만드는 일을 하는 것을 원치 않는다."라고 공개적으로 말하기도 했다. 그럼에도 불구하고 나는 내가 맡은 일에 성실했으며, 전출을 요청하지도 않았다. 나는 당원이자 당지부 위원으로서 막중한 책임을 지고 있었으므로 개인적인 흥미에 따라 뭔가를 선택할 수 없었다.

하지만 오직 한 가지만은 책임이 아닌 기분대로 선택했다. 당시 우리들은 대학교에서 수업을 듣는 것이 허용되었다. 활동에 필요한 지식을 보충하는데 그 목적이 있었다. 맨 처음 나는 칭화대학교의 열전도학을 선택했다. 열전도설계는 생산로 및 발전용 반응로에 있어서 매우 중요한 것이었다. 1986년 우크라이나의 체르노빌 원자력발전소에서 일어난 사고는 반응로의 열전도 계통에 큰 문제가 발생했기 때문이었다.

그런데 열전도학은 무미건조하고 지루했다. 수업을 딱 두 번 듣고는 포기했다. 그 후 베이징대학교로 가서 광의상대론 과목을 선택해서 들었다. 물론 아인슈타인이 만들어 낸 이 아름답고 우수한 물리이론은 핵반응로의 이론과 설계에는 조금도 쓸모가 없는 것이었다.

그 일을 통해 책임감은 중요한 가치지만 인간에겐 흥미 또한 중요한 것임을 인정하지 않을 수 없었다.

수업을 듣는 일 외엔 매주 토요일 베이징대학교에 갔다. 당시 리수센이 베이징대학교 물리학과에서 근무했기 때문이었다. 그녀는 소련 전문가의 통역을 담당했다.

1956년 가을 이후 중국과 소련이 공동 협정에 근거하여 소련은 전문가들을 베이징대학교에 파견하여 강의와 연구를 진행하도록 했다. 전문가들에겐 각각 한두 명의 통역원이 배치되어 구두통역과 서면통역을 도와주었다. 소련 전문가들의 수준은 전임강사나 부교수 정도였다. 그러나 그들의 대우는 중국의 정교수를 크게 앞질렀다. 그들이 차지한 사무실도 중국교수의 사무실에 비해 상당히 호화스러웠다.

매주 토요일 저녁 리수센이 담당하고 전문가 사무실은 우리들 차지가 되었다. 그때 그녀와 난 미처 다 쓸 수 없는 에너지를 가지고 있는 것 같았다. 우리 둘 다 출세한 후에야 가정을 꾸릴 수 있다고 생각했으므로, 서로 죽고 싶을 정도로 사랑했지만 결코 결혼 생각을 하지 않았다. 심지어 토요일 저녁에 남녀가 다정하게 이야기를 나누는 것도 시간 낭비라고 생각했다.

그래서 우리들은 늘 니완손이나 다른 학우들과 함께 모였다. 니완손 역시 소련 전문가의 통역원이었다. 때문에 매주 토요일 베이징대학교에 올 때마다 몇몇과 함께 문제를 토론했고, 한 주 동안 책을 읽고 연구를 하면서 느낀 소감도 이야기했다. 우리들은 이 '주말 살롱'을 모임의 핵(核)으로 삼아 서서히 보다 많은 사람들을 끌어 들인다면 하나의 영향력 있는 집단으로 발전할 지도 모른다는 유치하지만 원대한 포부를 품기도 했다.

이처럼 1957년 봄부터 우리들은 거의 매주 주말 베이징대학교에 모여 열띤 논의를 벌였다. 논제는 주로 물리와 철학에 관한 것이었으며 정치에 관한 것도 있었다.

우리가 무엇에 대해 논의했는지에 대해서는 이미 기억이 희미해졌지만 한 가지 일만큼은 지금도 생생하다. 그것은 언젠가 하이젠베르크(Heisenberg)의 과학철학에 관한 글 한 편을 읽었을 때다. 그는 양자역학의 해석에 관한 논쟁을 언급하면서 "소련의 브로킨체프(Blokhintsev)의 양자역학에 대한 '새로운' 해석은 단지 레닌의 정치적 요구에 부응한 것에 지나지 않는 것이다."라고 말했다.

레닌에 대한 그와 같은 '불손한 말'은 우리들을 경악하게 만들었다. 현재도 여전히 그렇지만 당시 중국에서 레닌은 마르크스와 함께 선지자로 추앙받았으며, 그의 성스런 모습은 4대 인물(마르크스, 레닌, 엥겔스, 스탈린)들과 함께 도처에 모셔져 있었다. 그 어떤 중국어 간행물에서도 하이젠베르크가 사용했던 그러한 말을 레닌에게 멋대로 지껄인 것은 절대로 찾아볼 수가 없었다.

하지만 물리학의 논증은 우리들로 하여금 하이젠베르크의 판단을 성실하게 고찰해보지 않을 수 없도록 만들었다. 우리들이 대학교에서 사용한 교과서 중에는 브로킨체프가 쓴 《양자역학교본》도 있었다. 이 책은 40년대 말에 쓰였으며, 그때는 소련이 한창 마르크스 레닌주의를 사용하여 자본계급의 과학을 비판하던 시기였다. 저자 자신도 '새로운 해석'의 목적이 그러한 '자본계급의 양자역학 학파'를 비판하고 대체하려는 것임을 공언했다. 비록 '새로운 해석'이 가짜 과학이라고 할 수는 없더라도 이데올로기가 물리를 대체할 수 없다는 것만은 분명했다. '새로운 해석'은 일종의 정치일 뿐 물리가 아니었다.

하이젠베르크의 평론은 내 신앙 속에 자리를 잡고 있는 레닌의 위치를 완전히 흔들어놓지는 못했다. 그러나 물리학은 나에게 과학 앞에서는 설령 레닌과 같은 성인도 특권을 가지지 못하며, 그를 선택하는 것 역시 반드시 과학적인 논증을 통해 결정되어야 함을 직시하도록 압박했다. 그 어느 비(非)과학이 마음속에서 신성한 후광을 가지고 있었든 상관없이 나는 과학과 비과학의 양자 사이에서 의심할 여지없이 전자를 선택해야 했다. 물리학은 절대 얕잡아볼 수 없는 것이다.

후일 여러 사람이 내게 물었다. "어떤 '반혁명' 교육이 이처럼 많은 학생들이 대학교에 진학하면서부터 서서히 공산당의 이데올로기를 떠나도록 만들었는가?"

교육을 책임지고 있는 공산당 간부들 역시 그들이 심혈을 기울여 선발한 '사상이 좋은' 학생들이 대학에 들어가서는 '자본계급 지식인'으로 변하는 일 때문에 골머리를 앓았다.

이 때문에 그들은 마치 확대경으로 들여다보듯 대학의 학과 내외 교육을 면밀하게 검토했고, '반혁명사상'이 포함된 교육내용을 전면 금지시켰다. 그러나 실제로는 금지시킬 수 없는 것들이었다.

왜냐하면 '반혁명사상'은 과학 자체에 이미 내포되어 있기 때문이었다. 물리학과에서 가장 '반혁명적인' 과목은 바로 물리 그 자체였다. 물리를 배워 익히려면 마르크스 레닌주의가 모든 것 위에 군림하는 지도자가 될 권리를 가지고 있다는 어리석은 생각을 더 이상 할 수 없는 것이었다.

따라서 그 어떠한 다른 영향 없이도 주말 살롱은 결과적으로 우리들을 과학의 뒤를 따르도록 했으며, 서서히 공산주의의 정통 이데올로기를 벗어나도록 만들었다. 일부 역사학자들은 만약에 마오쩌둥이 1957년 '반우파투쟁'을 전개하지 않고, 대규모적으로 지식인들을 박해하지 않았다면 후일 지식인들과 공산당 간의 충돌이 발생하지 않았을 것이라고 보았다.

이는 완전하게 정확한 것은 아니었다. 지식인들이 공산주의 이데올로기를 벗어나게 된 까닭은 과학을 통해 우매함을 포기했기 때문이었다. 과학적 정신과 방법은 '반우파' 정치운동과는 서로 모순이 될 뿐만 아니라 공산주의 이데올로기의 초석인 마르크스 레닌주의의 가장 높고 가장 높다는 것과는 절대적으로 서로 화합할 수 없는 것이었다. 따라서 지식인들과 공산당 간의 이별은 예정된 수순이었다.

'반우운동'은 이 이별과정을 재촉한 것이었다.

1957년 3월 과학원 당위원회는 베이징의 각 연구소 당원들에게 마오쩌둥의 연설문 두 편을 전달했다. 나 역시 그것을 들으러 갔다. 연설 속에서 마오쩌둥은 "백가쟁명, 백화제방(百家爭鳴, 百花齊放)"을 제기했으며, 당외 인사들이 공산당의 과오를 비판하길 간청했는데, 이처럼 공개적으로 자신의 의견을 발표하는 것을 '명방(鳴放)'이라 불렀다.

후일 마오쩌둥 자신의 해석에 근거하면, '명방'은 '공개적인 계획(陽

謀)', 즉 하나의 올가미였으며, 그 목적은 현실에 불만을 품고 있는 사람들을 유인한 후 이들을 한데 모아 제거함으로써 공산당의 독재정치를 공고히 하는 것이라고 했다.

이러한 해석은 모든 것이 마오쩌둥의 신묘한 지략과 교묘한 계책 아래 이루어지고 있음을 암시하는 것 같았다. 마치 그는 제거해야 하는 사람들이 때맞춰 '명방'의 계략에 걸려들면 '반우파' 운동을 이용해 이들 사회주의의 적에게 곧바로 본때를 보여줄 수 있을 것이라고 일찍부터 예상하고 있었던 것 같다.

하지만 삼류 탐정의 추리를 이용해 마오쩌둥 사후에 이러한 해석을 증명할 수 있다는 것 역시 허구적인 일이었다. 하나의 증거로 마오쩌둥은 일찍이 5월 15일 '명방'에서 '진압'으로 전환된다는 의미의 '이제 상황이 변하기 시작했다'라는 글을 썼다. 만약 그가 모든 것을 사전에 모의했다면, 5월 15일 그가 계략에 빠져들게 할 사람들의 대부분은 이미 계략에 빠져들었을 테고 그는 올가미를 조여야했을 것이다.

그러나 5월 15일이 될 때까지 대학교 내에는 한 장의 대자보도 붙지 않았으며, 공산당이 당의 결점을 비판하도록 장려한 학생들의 '대명대방(大鳴大放)'도 아직 시작되지 않았다. 즉 '우파'의 주력군이 등장을 하지 않았다.

실제로 마오쩌둥은 거대한 승리를 획득한 마르크스 레닌주의 및 그의 사상과 정치가 흠잡을 데 없는 완전무결한 것이 아니라 하더라도 거의 90퍼센트 이상은 완전하다고 스스로 예측했다.

때문에 사람들에게 '명방'을 권해도 10퍼센트 정도만 비판하고

90퍼센트는 자신을 지지할 것이라고 보았다. 그리고 이를 통해 자신의 도량이 크다는 것을 과시하고, 권위도 손상되지 않길 바랐다. 특히 그는 공산당이 지도하는 대학교 내에서 육성한 젊은 지식인들은 의심할 여지없이 확고한 자신의 지지자라고 예측했다.

그의 예측이 완전히 틀리지는 않았다. 당시 나를 포함해 내가 알고 있는 청년들 중에는 마오쩌둥과 공산당을 지지하지 않는 사람이 거의 없었다. 그 지지는 열광적인 것은 못되더라도 확고부동한 것이었다. 이른바 '낙후분자'의 상당수가 정치적 이견에 의한 것은 아니었다. 그 때문에 대학교 밖의 '명방'이 마오쩌둥으로 하여금 "상황이 지금 변하기 시작하고 있다"고 느끼도록 할 때, 대학교 및 청년지식인층에서는 별다른 움직임이 없었다.

내가 속해있는 반응로팀의 경우에 수치 계산으로 바빴기 때문에 반향이 매우 적었다. 과학을 향해 진군하느라 '명방'에 대해 이야기할 겨를이 없었으며, 사실 "백가쟁명, 백가제방"은 자연과학자들에게는 지극히 평범한 것으로써 신선한 맛은 없었다. 마오쩌둥이 장장 4시간에 걸쳐 한 "자유로운 논쟁이 학문의 발전을 위해 필요하다."는 말은 자연과학자들에게 다시 설명할 필요가 없는 것이었다. 그것은 이미 300년 전 갈릴레오 시대에 명명백백해진 것이었다. 따라서 우리들의 하루하루는 주판알과 함께 고요히 가라앉고 있었다.

3월, 4월, 5월…. 그렇게 시간이 흘렀다. 그동안 어떤 음모나 공개적인 계략도 느끼지 못했다.

5월 18일 토요일, 나는 평소와 다름없이 베이징대학교에 갔다. 그리고 늘 하던 대로 전문가 사무실에서, 학우들과 함께 열띤 토론을 벌였다.

캠퍼스도 평일과 마찬가지로 정결할 뿐만 아니라 평온했다.

5월 20일 월요일, 마침내 판도라의 상자가 열렸다.

그날 베이징대학교 학생들이 가장 많이 모인 대식당의 동쪽 벽에 눈에 띠는 대자보 한 장이 붙었다. 그것은 한 구절의 시였으며, 제목은 〈바로 이때이다〉였다.

> 젊은이는 목청을 돋우어 노래를 부르며,
> 우리들의 고통과 애정을 함께 종이 위에 쓰고,
> 뒤에서 불평을 하지 말고,
> 뒤에서 분개하지 말고,
> 뒤에서 비통해하지 말지라.
> 마음속 갖고 있는 시고 달고 쓰고 매운 것,
> 모두를 꺼내 햇빛을 보게 하라.
> ……

시를 쓴 이는 두 명의 중문과 3학년 학생들이었다. 그러자 온갖 대자보들이 물밀 듯이 쏟아져 나오기 시작했다. 며칠이 지나자 베이징대학교의 모든 캠퍼스는 울긋불긋한 크고 작은 벽보들로 포장되었다. 학생들이 공개적으로 자유롭게 의견을 발표하기 시작한 것이었다.

1989년 봄 나는 〈바로 이때이다〉를 쓴 이들 중 한 명인 선저이(沈澤宜)를 우연히 만났다. 그는 그 시 한 편의 대가로 20여 년의 세월을 지불하고 서북지역으로 유배되었다. 이미 반백이 되었지만 〈바로 이때이다〉에 대해 이야기를 나눌 때 그의 눈은 여전히 번쩍이며 생기가 넘쳤다.

그가 나를 위해 시를 암송할 때는 32년 전의 그 격정이 그대로 느껴질 정도였다. 그것은 정말 자랑할 만한 가치가 있는 시였다. 지식인, 특히 청년지식인과 공산당 간에 첫 번째로 대충돌은 그의 시에서 비롯되었다.

베이징대학교 대식당 일대의 벽보들은 처음부터 공산당의 개별적 과오가 아닌 가장 기본적인 이데올로기 원칙에 대해 이야기했다. 마오쩌둥은 모든 사람들이 공산당을 비판하도록 유도하기 위해 연설을 통해 공산당 사업이 3개 분야에서 결점과 과오를 범했다고 인정했다. 그리고 이를 주관주의, 관료주의, 그리고 종파주의라고 하는 이른바 '3가지 병폐(三害)'라고 지칭했다.

이는 실제로 사람들이 공산당을 비판할 수 있는 범위를 한정하는 것이었다. 그런데 학생들의 대자보는 시작부터 그 범위를 벗어났으며, 마오쩌둥이 예상하지 못했던, 그러나 마주하지 않을 수 없는 문제를 제기했다. 어차피 그가 3가지 병폐를 인정한 이상, 그 병폐의 근원은 어디에 있단 말인가?

불행하게도 공산당의 이데올로기에 따르면 이 문제는 토론이 허용되지 않는 것이었다. 3가지 병폐의 근원을 연구하려면 불가피하게 현행 사회제도의 장단점을 평가해야 하는데, 사회주의의 우월성은 의심할 여지가 없는 것이며 어떻게 평가하든 그 결론은 반드시 사회주의는 무한히 아름다운 것이어야 했기 때문이다.

때문에 3가지 병폐의 근원을 묻는 것은 '명방'을 전개한 자를 예상치 못했던 곤경 속으로 빠져들게 하는 것과 같았다.

　당시 청년지식인들은 결코 '명방'을 전개한 자를 곤경에 처하게 할 생각이 없었다. 오히려 1949년부터 1957년까지 공산당이 행한 모든 구체적인 행위를 대다수가 옹호하고 있었다. 학생들이 그 구체적인 3가지 병폐에 큰 관심이 없었다는 것이 이를 입증한다.

　그러나 과학의 힘을 길러온 덕분에 학생들은 그 어떠한 일에 대해서도 근원을 찾는 것이 습관이 되었다. 3가지 병폐의 근원 역시 예외가 아니었다. 이와 함께 과학의 또 다른 원칙은 의심할 여지가 없는 논단은 그 어디에도 없으며, 연구되기도 전에 그 답안을 규정할 수 있는 문제도 없다는 것이었다.

　공산당과 사회주의를 옹호하는 것으로 과학 원칙을 견지하는 것을 대체할 수는 없었다. 따라서 젊은 지식인들과 공산당 사이의 충돌은 필연적인 것이었다. 이는 과학적 방법을 숭상하느냐 맹목적 미신을 숭상하느냐의 문제였다.

　분명히 그것은 조화를 이룰 수 없는 풀리지 않는 매듭이었다.

　또 다른 사건이 이 매듭을 더욱 풀기 어렵도록 만들었다. 1956년 흐루시초프(Nikita Sergeevich Khrushchyov)가 소련 공산당 20차 대회에서 비밀 보고를 했다. 이 보고는 사회에 전파되는 것이 엄격히 금지되었다. 하지만 소련 공산당이 발행한 《프라우다》와 서방 신문지상의 보도를 통해 이 비밀 보고가 알려졌으며, 서로 다른 중국어 번역판이 베이징대학교 학생들 사이에서 퍼져나갔다.

많은 사람들이 정도의 차이는 있지만 보고의 내용에 대해 알게 되었다. 스탈린은 이 세대 사람들 마음속의 위인이었다. 1953년 그의 사망소식이 전해지자 적지 않은 학생들이 눈물을 흘렸다. 그런데 설마 그가 계급투쟁을 이유로 무고한 사람들을 마구잡이로 학살했단 말인가? 믿고 싶지 않은 말이었지만 진실을 직시해야 했다. 그 어떤 위인과 영수라도 맹종하거나 숭배해서는 안 되기 때문이었다. 이는 하나의 과학 원칙이었다. 하지만 그것은 공산당의 이데올로기와 서로 조화를 이룰 수 없는 원칙이기도 했다.

권력의 채찍과 자유원소 간의 평화로운 공존기는 이로써 끝나게 되었다. 한바탕 충돌이 불가피한 상황이었다.

베이징대학교에 일이 벌어졌다는 소식이 다음 날 근대물리연구소에 알려졌다. 하지만 그것이 연구 활동에 영향을 주진 않았다. 그 후 매일 베이징대학교로부터 점점 더 경악할만한 소식들이 전해졌다. 그러나 그 주에 나는 평상시처럼 시간을 보내고, 주말인 5월 25일 토요일에 베이징대학교로 갔다.

그 날 나와 리수셴, 니완손은 대자보를 주제로 대화를 나눴다. 우리 세 사람은 모두 공산당원이었으며, 학생 시절에 모두 청년단의 직책을 맡은 적이 있었다. 그래서 원칙적으로 보면 우리들은 '명방'을 통해 비판을 받아야 하는 대상, 즉 대자보가 비판하는 대상에 속해 있었으며, '명방'의 참가자가 아니었다.

확실히 우리들은 대자보를 쓰고 싶은 충동을 느끼지 않았다. 그러나 대자보를 읽으면서 깊은 생각에 사로잡혔다. 대자보에서 비판한 3가지 병폐는 분명 대학교 안에도 존재했다. 그리고 학생들을 포함한 모든 사람들에게 상처를 입혔다. 공산당원으로서 우리들은 3가지 병폐에 대해 책임을 져야 할까?

'그렇다'는 쪽으로 결론이 났다. 우리들이 대학교에 있었던 몇 년 동안은 대규모적인 계급투쟁이 없었지만 청년단 활동의 최고원칙이 '당의 조수가 된다.'는 것이었기 때문에 우리들도 이 원칙을 내세워 일부 학생들에게 상처를 입힌 적이 있다고 회상했다.

예를 들어 1955년 초 월남공산당 주석인 호찌민(胡志明)이 중국을 방문했을 때 베이징대학교 학생들이 공항에 나가 환영하게 되었다. 원래 작은 일이었는데, 마오쩌둥, 저우언라이 등 모든 중공 지도자들도 공항에 나왔기 때문에 간단한 환영식이 '엄중한' 정치임무로 바뀌었고, 환영식 참가자들도 계급투쟁관념에 따라 선발하라는 요구를 받았다.

그 결과 일부 '사상이 낙후된' 학생들은 '신뢰할 수 없다'고 판정되어 참가가 허락되지 않았다. 그 학생들이 자존심에 깊은 상처를 입었다는 것은 충분히 상상할 수 있는 일이었다. 더욱 심각한 상처와 피해는 '반혁명분자 숙청운동'에서 발생했다. 비록 학생들 중에는 반혁명분자가 없었지만 시간으로 보아 1개월 동안 진행되는 운동 중에 일부 '사상이 낙후된' 학생들은 이치에 맞지 않는 맹렬한 비판을 받았다. 그리고 우리들은 이러한 비판회의를 조직하고 주재하는데 참여했다. 양심의 가책을 느낄 수밖에 없었다.

때문에 나와 리수셴, 니완손은 그러한 상처와 피해를 입는 사람이 더 이상 발생하지 않도록 하기 위해 공산당의 청년단 활동이 마땅히 개선되어야 한다고 깊이 느꼈다. 이를 위해 우리들은 공산당 및 청년단 활동의 개선을 위한 우리들의 의견을 쓴 편지 한 통을 당중앙에 보냈다. 니완손이 임시로 제의자가 되고 우리들의 이름도 잇따라 적었다.

흐루시초프의 모든 행위는 우리들에게 어렴풋한 작용을 했다. 적어도 그가 음울한 공산주의 운동에 일종의 활력과 생기를 가져다주었다고 생각한다. 우리들은 우리들의 당이 더욱 더 생기 있기를 희망했다.

6월 2일 일요일, 내가 다시 베이징대학교에 갔을 때 니완손은 이미 편지에 쓸 내용의 줄거리를 잡아놓은 상태였다. 우리는 그가 쓴 많은 내용 중 이론상의 교조주의, 사상상의 주관주의, 기풍상의 종파주의 등등을 포함한 공산당의 각종 결점과 과오에 대해 토론했다. 오후 내내 토론을 거쳐 줄거리가 수정되었다. 니완손이 주요한 부분을 쓰고 리수셴이 청년단과 관련된 부분을 쓰기로 분담했다. 나 역시 한 부분을 쓰고 싶었지만 반응로의 일로 너무 바빠서 시간을 낼 수가 없었다.

시간은 흘러 또 한 주일이 지나갔다. 6월 8일 주말, 내가 다시 베이징대학교를 찾았을 때 분위기는 이미 변해있었다.

6월 8일 《인민일보》는 '이것은 왜 그런가?'라는 제목의 논설을 발표했으며, 마오쩌둥은 '역량을 조직하여 우파분자의 미쳐 날뛰는 공격을 반격하라'는 당내 문건의 초안을 작성했다. '우파분자를 반격하는' 계급투쟁이 정식으로 시작된 것이다.

수십 년 동안 중국공산당이 발동한 계급투쟁은 그 구실이 아주 많았다. 그러나 투쟁의 기본과정과 방식은 대동소이하며, 하나의 패턴으로 통용될 수 있었다. 컴퓨터가 발달한 오늘날, 지적 수준이 왕전(王震)과 비슷하거나 그보다 높은 사람은 누구나 이 패턴의 도움을 빌리면 위대한 중국공산당이 지도한 적이 있는 그 어떠한 계급투쟁을 지도하는 일에도 어려움이 없다는 것을 나는 조금도 의심하지 않았다.

그 패턴 속에는 다음과 같은 몇 가지 하위 과정이 있었다.

1. 투쟁대상을 확정한다. 규정에 따라 적대적 계급의 인원수는 반드시 '극소수', 즉 100분의 5를 초과하지 않아야 한다. 때문에 운동의 지도자가 해야 하는 첫 번째 임무는 이 숫자를 보장하는 것이며, 오차는 작으면 작을 수로 좋다. 리수셴은 후일 우파로 규정되었으며, 나는 요행히 모면할 수 있었다. 이는 오차범위가 너무나 작아서 우리 두 사람이 동시에 비집고 들어갈 수 없었기 때문이다.

2. 죄명을 만들어 낸다. 규정에 따라 모든 우파분자에게는 '××운동 시, ××분자'라는 죄명을 씌워야 하는데, 마땅히 반(反)당·반사회주의적인 것이어야 한다. 때문에 운동 지도자는 반당·반사회주의에 해당하는 죄명을 만들어 낼 임무가 있다.

언젠가 베이징대학교에 한 장의 대자보가 붙여졌는데, 그 안엔 베이징대학교 이발소가 질을 중시하지 않는다는 비판이 실려 있었다. 모든 학생의 헤어스타일이 쥐가 뜯어먹은 것 같았기 때문이다. 후일 이 대자보를 쓴 사람도 우파로 분류되었다. 대자보 내용이 사회주의가 깎은 학생의 머리를 개가 뜯어먹는 것과 같다고 암시함으로써 반동의 극치에 이르렀다는 것이었다.

3. 몰래 숨어있는 집단을 밖으로 끌어낸다. 규정에 따라 ××분자

는 반드시 각종 반당 소집단을 구성하며, 강령을 가지고 계획적으로 사회주의를 향해 공격하게 되어 있었다.

때문에 운동 지도자의 임무는 우파분자(또는 ××분자)를 하나의 반당 소집단으로 편성하여 다시 비판을 가하는 것이었다. 하지만 반당 소집단으로 편성된 일부 사람들은 만난 적도 없는 경우가 많았다.

크고 작은 비판투쟁회가 연이어 열렸다. 그것 역시 표준 양식이 있었다. 투쟁의 대상이 된 사람들이 얼마나 경건하고 진지하게 죄를 인정하느냐에 관계없이 회의에 참석한 사람들은 "솔직하지 못하다. 빨리 고백하라."라고 고함을 질렀다. 그리고 표결을 할 때엔 모두 손을 들었다. 전국인민대표대회 대표들이 표결할 때 다 함께 손을 드는 모습을 TV로 보았던 걸 기억한다는 듯이 말이다.

수천수만의 순진한 학생과 청년지식인들은 이렇게 하여 계급투쟁의 압착기로 말려들어가 '우파분자'가 되었다. 또 많은 사람들이 이와 같은 영혼의 능욕을 견디지 못하고 스스로 목숨을 끊었다.

1957년 7월에 이르러서도 나와 리수셴, 니완손은 별일 없는 나날을 보내고 있었다. 당시 우리들이 당중앙에 편지를 보내려 했던 일을 당국은 알고 있었다. 하지만 6월 8일이 되었을 때도 우리들은 편지를 다 쓰지 못했으며, 보내지도 못했다.

그 편지 속에 담긴 내용은 그때까지 대자보로 공개된 적이 없었다. 우리들의 행위는 정도를 조금도 벗어나지 않았기에 어떤 잘못이 있다고도 생각하지 않았다. 당원이 당중앙에 편지를 쓰는 것은 당장을 위배하는 것도 아니었기 때문이다.

9월, 베이징대학교의 반우운동은 이미 종결단계에 이르렀으며, "솔직하지 못하다."는 구호를 외치는 목소리도 점점 작아지고 있었다. 보아하니 이 운동도 이미 빠르게 지나갈 것 같았다.

그러나 인생이란 우연을 완전히 피해갈 수 없는 것인가 보다.

9월, 당시 중공중앙 '반우운동' 사무실 주임이었던 덩샤오핑과 베이징시 당위원회의 서기 펑전(彭眞)이 직접 베이징대학교에 왔다. 베이징대학교의 대자보를 직접 본 그들은 뜻밖의 현실에 놀라움을 금치 못하며 "베이징대학교는 우파의 자질이 매우 높다."라고 말했다.

그리고 즉각 베이징대학교에 '파격적인 대우'를 해 주었다. 우파로 잡아내야 하는 인원수를 늘린 것이다. 그들은 베이징대학교의 전체 인원 중에서 반드시 100분의 5를 초과하는 우파를 찾아내라고 명령했다.

그리하여 반우운동이 종결단계에 이르렀던 베이징대학교의 상황이 급변했다. 다시 우파 인원으로 충당하기에 적합한 인물을 찾아 나섰으며, 새로운 수색활동 중에 우리들이 쓰려고 했던 편지도 압수되었다.

그 이후의 일들은 전형적인 패턴에 따라 진행되었다.

우리들의 편지는 당중앙에 보내는 것이기에 반당에 해당되었고, 내용 중엔 요강이 있었기에 강령을 가지고 있는 것이었으며, 5월 이후 매주 모여 토론을 했기에 계획적인 것이다. 그리고 우리는 세 사람이었기에 조직을 가지고 있다고 할 수 있었다.

우리의 사례는 아주 빠르게 베이징대학교의 새로운 전형이 되었다. 학교는 그 편지의 개요를 인쇄하여 배포하고 엄격하게 비판했다. 그리고 니완손과 리수셴은 우파분자로 지정되었다.

나 역시 비판을 받았지만 우파로 규정되지는 않았다. 당시 내가 베이징대학교가 아닌 중국과학원에 속해 있었기 때문이었다. 덩샤오핑은 중국과학원에 오지 않았고 그래서 베이징대학교에서와 같은 '파격적인 대우'를 해주지 않았다. 과학원은 애초에 정해진 100분의 5의 우파 할당량을 채운 상태였다. '우파분자'의 모자가 이미 전부 배분되었으므로 나에게 줄 모자가 남아 있지 않았다.

보내지 않은 한 통의 편지 덕에 그와 관련된 세 사람은 전멸하고 말았다. 니완손은 당적을 박탈당한 뒤 노동개조를 하는 곳으로 보내졌다. 그는 22년이 지나고 나서야 다시 대학교로 돌아와 근무하게 되었다.

리수셴은 천민의 '우아한' 칭호인 반면교사가 되어 본보기로 베이징대학교에 남게 되었다.

나는 1957년 12월 반응로 연구팀에서 축출되었으며, 개조를 위해 농촌으로 하방(下放)되었다.

학우들이 전멸되었다는 소식이 잇달아 들려왔다.

나의 중학교 시절에 연극 주연을 맡았던 그 학생은 베이징대학교 중문과를 졸업한 후 중앙희곡연구원에서 근무했다. 한 번은 그가 느닷없이 연극 입장권을 보내왔다. 오페라〈라 트라비아타〉부터 스촨의 전통극인〈타면깡(打麵缸)〉까지 다양한 장르의 입장권들이었다. 하지만 반우운동 이후엔 더 이상 보내오지 않았다. 그도 우파가 되었기 때문이다.

색깔이 구분되지 않았던 허우더펑은 546을 졸업한 후 중공중앙 선전부에서 근무하게 되었다. 그들도 살롱을 갖고 있었고 나도 두어 번 가본 적이 있다. 하지만 더는 갈 수가 없었다. 그 역시 중앙선전부의 첫 번째 우파가 되어 《인민일보》에 그 이름을 올렸기 때문이다.

누군가 낸 통계에 의하면 1956년 베이징대학교 물리학과를 졸업한 100명 중에서 3분의 1을 조금 넘는 숫자가 공식적인 우파였다고 한다. 덕분에 우리들 세대의 신뢰도는 급격하게 하락했다.

중국공산당의 공산주의가 성공할 것이라는 기대치는 반우운동을 정점으로 최고조에 이르렀다.

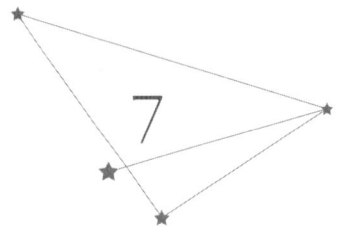

들판에서 생활하다

80년대 초 나는 유럽에 있었다. 한번은 같이 있던 일행들 사이에 여담이 오고 간 적이 있다. 각자 자신의 경험에 대해 말할 때 나는 이렇게 말했다. "저는 여러 차례 들판(field)에서 일을 한 적이 있습니다."

같은 분야에 일하는 한 사람은 왜 내가 '여러 차례'라는 형용사를 썼는지 이해하지 못했으며 "당신이 줄곧 '장의 이론(theory of field)'을 연구했음을 의미하는 말입니까?"라고 꼬치꼬치 캐물었다.

나는 어떻게 영어가 물리의 '장(場)'과 농촌의 '들판'이라는 서로 다른 두 개의 개념을 하나의 단어 'field'로 나타내는지에 대해 생각했다. 어쩌면 영어를 말하는 친구들은 자신들이 동시에 이 2개 영역에서 활동을 하는 것이 절대로 불가능하기 때문에 혼란스러움을 느꼈을 수도 있다.

그러나 중국어를 말하는 우리들의 경우 이 2개 영역에서 활동한 적이 있었으며, 오히려 이와 같은 사람은 부지기수였다. 50년, 60년, 70년대 사이에 나는 네 차례나 물리의 '들판'으로부터 농촌의 '들판'으로 쫓겨났다.

첫 번째는 1957년 12월부터 1958년 8월까지였다. 그때는 마음이 무겁기도 하고 홀가분하기도 한 생활을 했다.

반우파운동의 후기, 마오쩌둥은 "간부는 하방(下放)하여 노동을 해야 한다"는 의견을 제기했다. 중국의 첫 번째 청년단원이었던 나는 중국의 첫 번째 하방간부가 되었다. 내가 청년단에 입단할 때 청년단 규약에 엄격하게 부합되지 않았듯이 나의 하방 또한 '간부하방'의 원래 뜻에 엄격하게 부합되지는 않았다.

중국공산당의 어휘학에 따르면 '간부'와 '대중'은 2개의 상대적인 개념을 가지고 있다. 전자는 남을 다스리는 자이고 후자는 남에게 다스림을 받는 자를 가리킨다. 따라서 '간부'는 관리이다. '간부의 하방 노동'이라는 그 문자의 표면상 함의(신문지상의 해석)로 보면, 관리가 자신들에 의해 관리되는 대중 속으로 들어가서 노동에 참가하여 몸소 단맛과 쓴맛을 맛보는 것이었다.

그러므로 하방은 결코 나쁜 일이 아니고 오히려 매우 영광스러운 일이었다. 분명히 이러한 문자 상의 함의에 근거하면 당시 가장 낮은 등급의 연구실습원인 나로서는 절대 이러한 영광을 얻어 하방간부가 될 수 없었다.

그런데 중국공산당의 고급간부들은 천하의 즐거움만을 기뻐하며 누렸을 뿐 이러한 영광을 누리기 위해 기꺼이 오려는 사람이 없었다. 그들은 오히려 그 영광을 모두 나와 내 동료들에게 돌려주었다.

당시 내가 근무하던 근대물리연구소에서 하방된 수십 명의 사람들은 대부분 젊은 연구원이었다. 나와 한 팀에 분류된 두 사람 중 한 명은 연구실습원이었고, 또 한 명은 실험실의 노동자다. 그 노동자는 최하층의 노동일을 했는데 놀랍게도 간부로 만들어져서 하방 되어야 했다.

조금만 주의를 기울여도 이들 '영광'의 획득자들이 하나의 공통점을 가지고 있었다는 것을 알 수 있다. 매우 많은 사람들이 반우파운동 중에 문제가 있는 사람으로 분류되었다. 그리고 크고 작은 비난을 받은 사람들 모두는 예외 없이 하방간부가 되었다. 따라서 중국의 간부 하방은 그것이 시행된 첫날부터 일종의 영광이란 명칭 하에 행해진 징계였다.

12월 중순, 우리들은 각자의 무거운 짐을 짊어지고 베이징 첸먼(前門)의 기차역에 모였다. 남행열차를 타고 농촌으로 가기 위해서다. 당시 적지 않은 숫자의 간부들이 우리를 배웅하러 나왔다. 그들은 마치 과거 향시(鄕試)에 급제하거나 결혼하여 신랑이 되는 사람에게 꽃을 달아주었듯, 하방하는 사람들의 가슴에 커다란 붉은 꽃 한 송이씩을 달아주었다.

플랫폼에서는 간부들이 우리를 축하하고 격려하는 소리들이 여기저기서 끊임없이 들려왔다. 매우 떠들썩한 분위기였다. 영광스럽게도 극락세계로 통하는 열차에 올라탄 첫 번째 승객이라도 된 것 같은 기분이었다. 후일 역사를 읽고 나서 영광에 징계를 더하는 것이 결코 중국공산당이 발명한 것이 아님을 알게 되었다. 그것은 중국의 역대 독재자들이 습관적으로 쓰던 방법이었다.

14세기 명나라 태조인 주원장(朱元璋)은 그의 총사령관인 서달(徐達)을 처형시키고 한편으론 서달을 위해 공덕비를 세워주었는데, 이 거대한 돌비석은 지금도 난징의 교외에 외롭게 홀로 우뚝 서있다.

그날 리수셴은 나를 배웅해 주었다. 마지막으로 서로 다정하게 기대고 있었던 몇 분 동안 우리는 아무 말도 하지 않았다. 하지만 그것은 깊은 축복의 순간이었다.

내가 하방된 곳은 허베이(河北)성 짠황현(贊皇縣) 난싱궈향(南邢郭鄕)이었다. 짠황현은 타이싱산(太行山)의 동쪽 산기슭에 위치했으며, 서쪽의 절반은 산악지구, 동쪽의 절반은 평원이었다. 난싱궈향은 동쪽에 위치해 있었다. 베이징에서 징한선(京漢線) 기차를 타고 남쪽으로 대략 5시간을 가면 작은 역이 있는데 그 역을 위앤즈(元氏)라고 불렀다. 위앤즈에서 난싱궈향은 가까운 거리였지만 마차가 유일한 교통수단이었다. 두 필의 말이 끄는 타이어가 달린 큰 수레를 몰고 가면 한 시간 남짓 걸리는 거리였다.

마차가 우리들 세 사람을 끌고 마을에 들어섰을 때는 이미 해질 무렵이었다. 사람들이 없었다. 개도 없었다. 푸르지 않고 거무스름한 땅의 색깔이 마음을 짓눌렀다. 주위에 몇 그루의 나무가 있었다. 평평하고 단단한 들판 위에 큰 재앙이라도 만난 듯 바싹 마른 나무들이 하늘을 향해 우뚝 솟아 있었다.

마을에는 불빛이 없어서 멀리서 보면 거무스름한 테두리만 구분할 수 있을 정도였다. 마을은 대지 위에 기어 다니는 것이 큰 돌덩이처럼 보이기도 했다. 미개한 시대에 이미 잊혀서 이제는 누구도 더 이상 신경 쓰지 않는 곳이었다. 설마 여기가 〈타이싱산 위에서〉라는 노래 속에 등장하는 타이싱산 기슭이란 말인가? 초등학교 시절 그 노래를 배울 때 마음속에 형성되었던 아름다운 느낌이 그 순간 하나도 남김없이 사라져버렸다.

몹시 가난하고 황폐하다. 이것이 내게 남아있는 당시의 유일한 느낌이었다.

젊었을 때 나는 궁핍한 생활을 두려워하지 않았다고 말할 수 있다. 나는 자주 그런 생활에 대한 상상을 했고, 힘들고 위험한 생활을 몸소 겪으러 가기도 했다. 그런데 눈앞에 펼쳐진 것은 힘들지만 감수할 만한 모험이 아니었다. 그것은 단지 우둔함과 멍청함만 남은 '궁핍'일 뿐이었다.

이곳의 생활은 그 어떤 지혜와 용기도 필요로 하지 않았다. 아무리 어리석은 사람도 평온하게 생활할 수 있었다. 이곳에는 재난이 아예 없거나, 사람들은 무엇이 재난인지도 몰랐다. 그러한 생활이 1천 년간 계속된 것이다. 어쩌면 2천 년간 계속되었는지도 모른다. 짠황이라는 이름은 몇 백 년 전의 황제가 이 땅을 한 번 지나간 적이 있었기 때문에 붙여졌다. 그 후 이곳은 당국의 허가 없이는 조금도 변화하지 못했으며 그러한 생활을 지금껏 이어오고 있었다.

우리들은 촌장집에 묵었다. 비어있는 방 하나에서 생활했는데 전기가 들어오지 않았다. 사실 그 마을 전체가 전기가 없었다. 우리 세 사람은 온돌방에서 잠을 잤다. 온돌은 직접 땅과 연결되어 있었기 때문에 반드시 모두 달구어야만 잠을 잘 수 있었다. 그렇지 않으면 온돌이 대단히 빨리 차가워져 병이 날 수도 있었다. 한겨울에 수영을 하는 재주가 있는 사람이라도 땅에서 나오는 한기에 맞설 수는 없었다.

온돌을 달굴 때는 주로 밀짚 줄기를 사용했다. 습기가 찬 밀짚줄기는 불을 붙이기가 매우 어려웠다. 또한 당시는 성냥도 부족했던 때라 불을 붙이는데 가장 흔하게 사용하는 도구는 여전히 부싯돌이었다. 우리는 신석기시대부터 있었던 부싯돌의 사용방법을 배워야 했다.

먼저 대장간에서 쇠를 올려놓고 두드릴 때 사용하는 모루로 부싯돌을 쳐서 불꽃이 튀도록 한다. 그런 다음에 두루마리 종이를 불꽃이 튀는 곳에 올려놓으면 된다. 만약에 잘만 하면 종이의 발화점인 섭씨 232도나 화씨 451도까지 온도를 끌어 올릴 수도 있다. 종이는 처음엔 불꽃 없이 타오른다.

이때 입으로 한번 불면 불꽃이 없이 타던 것이 불꽃을 피우며 타오르게 된다. 이 작은 불꽃을 다시 건초에 옮겨 붙이면 불꽃이 커진다. 마지막으로 그것을 밀짚 줄기에 옮겨 태우면 큰 불이 된다. 이 모든 과정을 진행할 때 끊임없이 입김을 불어넣어야 한다. 크게 불었다 작게 불었다를 반복하면서. 폐활량이 충분해야만 불을 붙일 수 있다.

인간에게 불을 훔쳐다 주다 제우스의 노여움을 사서 매일 독수리에게 간을 쪼아 먹히는 벌을 받게 된 프로메테우스. 그가 그러한 고통에서 벗어날 수 없었던 것은 입김으로 불꽃을 피울 힘을 상실하여 더 이상 불을 훔칠 수 없었기 때문일지도 모른다는 생각이 들었다.

물을 얻는 방식은 불을 얻는 신석기시대의 방식보다 앞선 것이었다. 마을에는 우물 밖에 없었다. 우물의 깊이는 10미터 전후였다. 우물엔 도르래가 장착되어 있어 물이 가득 채운 통을 위로 감아올렸다. 사람의 힘으로 물통을 끌어 올려야 했지만 아르키메데스의 지렛대 원리를 활용한 것이라 힘이 들지 않았다 어려운 것은 빈 통을 우물 바닥으로 던질 때 물통의 방향을 제대로 잡는 것이었다. 물통의 아랫부분이 위를 향하도록 해야만 물통이 아래로 가라앉고, 그래야 물을 가득 채울 수 있었다. 그렇지 않으면 물통이 물 위에 둥둥 떠다니게 되어 물을 채우지 못하거나 잘해야 반 통 정도 채울 수 있었다. 10미터 아래에 있는 우물 안에 물통을 제대로 던져 넣기란 결코 쉽지 않았다.

나는 약 보름 이상을 배우고 나서야 이와 같이 거리를 초월한 통제 기술을 장악하게 되었고, 물통을 정확하게 아래로 향하는 모양새가 되도록 하여 우물 안으로 들어가게 할 수 있었다. 그 시간동안 나는 꼼짝없이 우물곁에 선 채 뉴턴의 '물통 실험'을 실험하지 않을 수 없었다. 전 세계에 나처럼 뉴턴의 물통에 충실하게 매달렸던 물리학자도 많지 않을 것이다.

난싱귀향은 평원에 위치했으며 짠황현과 비교하면 부유한 곳이었다. 나의 중학교 동창이 철학연구소에서 하방되어 짠황현으로 왔다. 그러나 그는 서부 산악지구로 배치되었다. 그곳은 우물조차 없었고 빗물이 유일한 수원이었는데, 고인 물이 나날이 감소했다. 이 시기에는 식용을 제외한 다른 모든 용수의 사용이 엄격히 금지되었다. 덕분에 나의 철학자 동창은 4개월 동안 세수도 못하고 양치질도 못했다고 말했다.

어쩌면 이러한 것들은 그의 직업인 철학에 적합한 것이었을지도 몰랐다. 우두커니 앉아 사색에 잠긴 듯 보이는 그를 사람들은 심오한 경지에 들어간 것이라 생각하고 'thinker'라는 별명을 붙여주기도 했다. 세수도 양치질도 하지 않고 깊은 산 속에 은거하는 생활은 철학자가 추구하는 심오한 경지에 더욱 근접한 것이었다.

 철학자가 아닌 사람들은 그와 같은 경지에서 인내하기가 어려워 대열을 이탈했다. 나와 함께 온 노동자는 1개월 후 스스로 베이징으로 돌아간 뒤 다시 돌아오지 않았다. 재밌는 점은 대다수의 젊은 지식인들은 오히려 이러한 원시적 생활을 잘 버텨나갔다는 것이다. 나를 포함한 지식인들은 황량한 원시적 단련을 통과해야만 비로소 자신의 영혼을 성결하고 거룩한 곳으로 가게 할 수 있다고 진심으로 믿었기 때문이었다.

 당시 모든 사람들은 우리들이 사상을 개조하러 온 하방간부라는 사실을 분명하게 알고 있었다. 특히 반우파운동 중 비판을 받은 사람은 일종의 죄책감을 가지고 있었고, 어렵고 고된 체력노동을 통해서만 비로소 자신을 죄를 씻고 새롭게 태어날 수 있다고 생각했다.

 죄를 인정하는 이러한 심리상태는 과장 없는 진실된 것이라고 말할 수 있었다. 적지 않은 사람들이 농촌에 도착하자마자 죽기 살기로 노동을 했다. 더러운 일이든 힘든 일이든 가리지 않고 무엇이든 다 했다. 그들은 무의식적으로 노동을 많이 할수록 속죄도 깊어진다고 생각했다. 노동과 속죄의 정도가 정비례한다고 본 것이다.

 하지만 정작 "나에게 정말 죄가 있단 말인가?"의 문제는 마음속에서 희미하게 깜빡였을 뿐이다. 감히 풀지 못하는 칸트의 이율배반, 자체 모순과 같이 두 종류의 합리적이지만 서로 대립적인 추론이 그 자신을 둘둘 감고 있었기 때문이었다. 그 이율(二律) 중 하나는 3가지 병폐의 근원을 연구하는 것이 왜 잘못이고 죄가 되는 것인지, 그리고 하나의 사건에 그 근원이 없는 것이 과연 가능한 것인지를 증명하지 못했다는 것이었다.

또 다른 이율은 어찌 되었든 간에 마치 공산당이나 마오쩌둥의 정확성을 의심하지 않는 것이 한 사람의 신앙이 되어야 한다는 것인데, 반우파운동이 마오쩌둥에 의해 직접 발동된 것인 이상 비판을 받은 우파의 관점이 그 어찌 조금도 틀리지 않았다고 할 수가 있겠느냐는 것이었다.

노동은 지나친 피로감을 가져다주었다. 그것은 어쩌면 마취약과 같이 자신으로 하여금 일시적으로 이 배반을 잊도록 하여 그 해답을 찾지 못하도록 한 것인지도 몰랐다.

이어서 더 풀기가 어려운 배반이 있었다.

1958년 1월 2일 나는 리수셴의 편지를 받았는데, 그녀는 이미 1957년 말 정식으로 당적을 제명당했다고 썼다. 이미 예상했던 일이었다. 덩샤오핑은 반우와 관련된 보고 속에서 일찍이 당내의 우파분자들이 모두 깨끗하게 출당될 것이라고 말한 바 있었다.

문제는 당시 내가 당원이었다는 것이다. 계급투쟁 원칙에 따르면 나는 어떤 다른 선택을 할 수가 없었으며, 오직 리수셴과 즉각 관계를 단절하는 것만이 유일한 길이었다. 왜냐하면 공산당원은 계급의 적과 사랑하는 것이 허용되지 않았기 때문이었다.

우파분자는 그 정의에 따르면 일종의 계급의 적이었다. 이는 무정한 정의였다. 반우파운동 중 서로 사랑하는 많은 사람들이 하룻밤 사이에 이 정의 앞에서 헤어진 뒤 서로 낯선 사람이 되었다. 나의 동창과 친구들 중 그 누구도 이러한 운명을 요행으로 모면한 사람은 없었다. 그들 모두 강압에 의해 갈라서는 비극을 맞이했다.

이제 그 비극을 우리가 연출해야 하는 차례가 왔다.

1958년 1월 4일, 나는 난싱궈향에서 베이징으로 돌아왔다. 나는 베이징대학교로 갔다. 옌위안에는 스산한 기운이 감돌았다. 우리들은 선택의 기로에 서 있었다. 둘 중 하나를 선택해야만 했다.

신앙에 충실하고 헤어지느냐, 아니면 감정에 충실하고 결합하느냐.

운명은 우리들의 결정을 기다리고 있었다. 이틀 밤낮 동안 리수셴과 얼마나 많은 이야기를 나누었는지 나는 완전히 기억할 수 없다. 어쩌면 리수셴은 나보다 더 많이 기억하고 있으며, 그녀의 회고록 속에 더 자세히 기술되어 있을지도 모른다. 나는 가혹한 현실 앞에서 우리들이 오히려 더욱 냉정하고 이지적이었다는 것만을 기억하고 있다.

우리의 마지막 결정은 신앙이나 감정의 인도에 의해 내려진 것이 아니라 이성의 인도에 의해 내려졌을 가능성이 컸다. 리수셴과 나는 우리들 사이의 연정을 '냉동시켰다.' 지금도 우리들은 그 '냉동시켰다'는 말 속에 담긴 함의를 분명하게 말할 수가 없다. 확실한 것은 그 결정이 인생의 토폴로지(topology, 위상수학)에서 하나의 회로를 찾아냄으로써 마지막으로 행복하게, 그리고 평온하게 한 막의 연옥(煉獄)을 넘어가도록 했다는 것이다.

연정을 냉동시킨 기간 동안 우리는 더 이상 서로 편지를 쓰지 않았고, 시공간상의 모든 연계를 단절했다. 그러나 마음과 마음은 시간과 공간, 그리고 물질을 초월하는 것이었다.

다시 난싱궈향으로 돌아왔을 때 나는 한결 안정된 마음으로 노동에 정신을 집중했다.

추위가 가장 매섭던 날 우물을 파기 시작했다. 그곳은 진정한 북방의 겨울철 들판으로, 대기온도는 영하 이하이며 북풍이 불었다. 땅은 꽁꽁 얼어붙어 있었다. 중국의 전통적인 우물 파기는 전적으로 인력에 의존했다. 마을에서 체력이 가장 강한 20여 명이 우물 파는 일에 투입되었다. 그밖에 일을 도와주는 부녀자들 20여 명도 함께였다.

우물을 파는 첫 번째 단계는 직경 약 7미터, 깊이 약 11미터 정도의 입구에서 하부까지 통하는 원통형 공간을 파내려 가는 것이었다. 타이싱산 기슭은 3억여 년 전에는 해변의 모래사장이었다. 따라서 2미터를 파내려가니 자갈이 나타났는데, 그것들은 당시 바다로 들어가는 하류에 의해 흙과 모래가 운반되어 쌓인 것이었다. 아래로 파 내려갈수록 자갈의 직경은 더욱 커졌다. 6~7미터 정도 내려갔을 때 자갈의 직경은 40센티미터 가량 되었을 정도다. 그 지점에서 파내려가는 것이 가장 어려웠다. 체력이 가장 좋은 사람이 한 시간 정도 일할 수 있었다. 그래서 5인 1조가 되어 교대로 우물에 내려갔으며, 효율을 유지하기 위해 1시간마다 교대했다.

8~9미터 깊이로 내려가자 자갈의 양이 점점 적어지고, 1억 년 전 해변 위에 있었던 모래가 보이기 시작했다. 송나라의 대학자인 심괄(沈括)이 이 일대에서 조개껍질을 파낸 적이 있다는 사실로 이곳이 과거 해변이었음을 증명했다. 하지만 우물을 파는 일이 점점 위험해졌기 때문에 조개껍질을 찾을 생각을 하는 사람은 없었다. 우물의 벽이 조금씩 허물어지면서 크고 작은 자갈이 위에서 떨어졌다. 우물 바닥에서 일하는 사람은 버드나무 가지로 만든 안전모 외에는 그 어떤 방

호장비도 갖추고 있지 않았다.

10미터 정도를 파내려가자 드디어 바닥에서 물이 새어나오기 시작했다. 다음 단계가 더욱 험난했다. 우물 바닥의 물속에서 모래를 골라내야 했다. 모래를 충분할 정도로 많이 걸러내야만 물이 새어나오는 속도를 빠르게 할 수 있었다. 우물의 좋고 나쁨은 완전히 물이 새어나오는 속도에 달려 있었다. 왜냐하면 물이 새어나오는 속도가 단위시간 내에 한 우물에서 얼마나 많은 물을 얻어낼 수 있느냐를 결정하기 때문이었다.

우물을 파기 시작할 때 하방간부들은 부녀자 및 노약자와 함께 일을 거들어 주는 쪽에 배치되었다. 농민들은 우리 같은 사람들이 고된 일을 할 수 있다고는 믿지 않았으며, 선의를 가지고 가벼운 노동만을 하도록 배려했기 때문이었다. 그러나 나는 우물에 내려가는 다소 모험적인 일을 하겠다고 끝까지 고집했고, 결국 우물에 내려가는 조에 편입되었다.

모래를 가려내는 작업이 시작되었다. 우물에 내려가는 사람은 일단 60도 정도 되는 토속주를 한 모금 마신다. 그리고 모든 옷을 벗어 버리고 밧줄을 끌어당기면서 우물 바닥으로 내려간다. 바닥엔 무릎이 빠질 정도의 물이 차 있었다. 양 손을 사용해 물밑의 모래를 퍼낸 다음 그것을 바구니에 잘 담아서 밧줄을 이용해 우물 밖으로 들어 올린다. 모래 바구니 속에서 흘러나오는 물이 우물 입구로부터 떨어져 내려 우물 바닥에 있는 사람은 온몸이 젖었다.

이때 술의 열기가 사라진 몸은 추위를 느끼게 된다. 한기를 몰아낼 유일한 방법은 미친 듯이 모래를 골라내어 몸에서 미미한 열이라도 나도록 하는 것이었다. 보통 사람은 우물 바닥에서 아무리 버텨봤자 30분을 넘길 수 없었다. 그래서 우물을 파는 이들은 25분마다 교대하면서 우물로 내려갔다. 우물에서 올라오면 즉시 젖은 몸을 닦아 말리고 옷을 입었으며, 다시 60도의 토속주를 한 모금 마셨다. 그리고 다음 차례를 기다리면서 우물에 내려갈 준비를 했다. 두 모금의 술을 마시기 위해 우물에 내려간 사람도 있었다.

우물에 내려가는 사람에게는 또 다른 특별대우가 있었다. 그 시절엔 귀한 밀전병을 먹는 것이었다. 당시 농민들의 주식은 고구마와 옥수수 등 잡곡이었다. 밀을 수확한 여름의 두 달 동안만 밀로 만든 음식을 먹을 수가 있었다. 때문에 겨울에 밀전병을 먹는 것은 매우 특별한 일이었다. 그 정도로 우물을 파는 것은 중요한 일이었다. 우물을 파러 내려갔다가 평생 다리가 시린 병에 시달리는 사람도 있었다.

우물에 내려감으로써 내가 얻게 된 최대의 이익은 토속주도 밀전병도 아니었다. 마을의 농민들과 뒤섞이며 그들에게 인정을 받았다는 것이었다. 이에 이르러 농촌에서의 나의 '사상개조'는 실질적으로 이미 끝난 상태였다. 남아 있는 날들은 더욱 가볍게 보내게 되었다.

그 이유는 다음과 같았다.

지식인들을 농촌으로 하방시켜 노동을 하도록 한 정책을 수립한 이는 농민의 힘을 빌려 지식인들을 개조함으로써 그들이 집정자에게 충성하도록 하겠다는 구상을 했다. 그들의 논리에 의하면, 계급투쟁 이론에 따라 농촌의 빈농은 중국공산당 정권의 주요한 지지자이기 때문에 농민은 공산당의 집정자와 같이 지식인들의 '잘못된' 사상을 비판할 것이었다.

특히 소수의 지식인들을 다수의 농민이 있는 농촌으로 하방시키면 지식인들은 도시에 있을 때보다 더 큰 사상적 압력을 느끼게 될 것이며, 이를 계기로 보다 효율적으로 그들을 개조할 수 있을 것으로 기대한 것이다.

그런데 일이 돌아가는 것을 보면 그와 같은 이론이 허구임을 증명할 수 있었다. 중국의 농민은 결코 계급투쟁 학설이 예언한 행동원칙대로 일을 실행하지 않았다. 농민, 특히 빈농은 일찍이 중국공산당 정권의 유력한 지지자였다. 그러나 농민의 지지는 자신들이 공산당의 혁명과정에서 땅을 나누어 받았던 데서 나온 것일 뿐 공산주의 이데올로기를 인정해서가 아니었다.

전통적으로 중국의 농촌에는 종교생활이 없었다. 또 종교와 이데올로기에 무관심했다. 여호와든, 알라든, 공산주의든, 그리고 누군가 하늘을 대신해서 정의를 행하든 아랑곳 하지 않고 냉담할 뿐이었다.

짠황현은 부처님을 모시는 그럴듯한 사원도 없었고, 신도가 많지 않은 작은 기독교 교회당이 몇 개 있을 뿐이었다. 때문에 농민들은 하방되어 온 지식인들이 도대체 어떤 믿음을 가지고 있으며 또 궁극적으로 추구하는 것이 무엇인지에 대해 근본적으로 관심을 가지지 않았다. 하물며 비판이나 투쟁을 하는 것은 말할 나위도 없는 것이었다.

반우파운동은 지식인과 공산당의 이데올로기 충돌이었다. 농민들이 공산당 선전부의 기능을 하며 지식인들에게 사상적 압력을 가할 수는 없었던 것은 어쩌면 당연한 일이었다. 나는 오히려 농촌에서 생활하면서 사상적으로 마음이 보다 가벼워졌다.

바로 이것이 하방을 통해 사상을 개조하려는 정책이 예상과 달리

철저히 물거품이 된 이유였다. 한 마디로 말해서 농민들은 계급투쟁에 관심을 가지고 있지 않았다.

중국의 농민이 인간을 평가하는 가장 주요한 기준은 노동이다. 노동을 잘하면 그들에게 인정을 받고, 그들과의 차이가 사라진다. 농촌에서 나는 근본적으로 '개조가 되는 것'을 느끼지 못했다. 내가 함께 우물을 판 후에 농민들은 나의 노동능력을 믿었고, 나 역시 자신감이 생겼다.

봄이 시작된 후 나는 같은 마을의 젊은 농민들과 함께 밭을 갈고, 물을 지고, 돼지를 기르고, 마차를 몰았다. 정말로 진짜 농민이 되었다. 얼마 뒤 나는 아예 나이가 나보다 두 살 위인 독신 농민의 집으로 이사를 가서 같이 먹고 자고 일했다. 나는 그와 완전히 똑같이 생활했다. 한 가지 차이가 있다면 그는 담배를 피웠고 나는 피우지 않았다는 것이었다. 어떤 때는 그의 마음을 거절할 수 없어서 담배를 몇 모금 빨아야 했다. 그때가 내가 담배를 피운 유일한 시기였다.

막 초여름이 되자 나는 마을의 젊은이들처럼 상의를 입지 않았다. 시원했고 또 옷도 절약되었다. 이는 가난에서 비롯된 습관이었다. 마을의 부녀자들은 나이가 많은 사람이든 젊은 사람이든 상관없이 상의를 입지 않은 남자들에게 싫은 소리를 하지 않았다.

하방간부들이 회의를 할 때나 여성 하방대원이 현장에 있을 때만 우리들은 상의를 입고 도시에서의 예의를 갖추었다. 당시 찍은 많은 사진들 속에서 나는 마을 젊은이들처럼 웃통을 벗고 있었다. 검게 빛나는 가슴과 등, 튼튼한 근육만 보면 어느 누구도 순수한 기준의 농민이 아닌 사람이 없었으므로 이데올로기 문제를 물으러 오지 않아도 될 것 같았다.

마오쩌둥은 일찍이 한 편의 유명한 글 속에서 지식인들을 조롱했다. 그는 지식인들이 실제로 농사를 지을 줄 모르고 돼지를 잡을 줄도 모르기 때문에 지식이 없다고 말했다. 지식인들을 비판할 때마다 대부분의 신문들이 마오쩌둥의 논술을 한 번씩 반복했다.

1958년 여름에 이르러 나는 우리들 중국의 첫 번째 하방간부들이 더 이상 마오쩌둥의 억지와 궤변에 의해 움직이지 않을 것이라고 생각했다. 왜냐하면 우리들은 마오쩌둥이 오래 공부하고 배워왔던 지식보다 더 어렵게 여겼던 대부분의 일들에 거의 숙달되었기 때문이다.

어림잡아 앞으로 1년, 많아야 2년이면 우리들은 농민들이 하는 모든 일을 어려움 없이 할 수 있을 것이었다. 또한 우리들은 지식을 가지고 있었기 때문에 보통 농민들의 평균 수준 이상을 유지할 수 있었다.

돼지에 관한 논리를 가지고 말한다면 마오쩌둥은 돼지를 잘 잡는 일은 그리 대단한 손재주가 필요한 일은 아니며, 머리를 묶어서 움직일 수 없는 돼지의 경우에는 특히 더 그렇다고 보았다.

어려운 일은 도리어 들에서 돼지를 붙잡는 것이었다. 봄이 되면 돼지를 풀어 주어야 하는데, 방목된 돼지를 잡는 것은 대단히 어려운 일이라 할 수 있다. 돼지와 양은 달라서 양은 늘 무리를 지어서 행동하여 보살피기가 쉽지만, 반면 돼지 무리는 늘 먹이를 놓고 다투고, 서로 충돌하며, 사방으로 흩어져 도망을 다닌다. 그런 돼지들은 양들처럼 한꺼번에 통솔할 수가 없다.

그래서 반드시 한 마리씩 쫓아가 데려와야 한다. 돼지가 살이 찌고 다리가 짧다 하더라도 뛰는 속도가 결코 느리지 않다. 바람을 등지고 그 바람의 도움을 받으며 달린다고 해도 나의 100미터 달리기 최고기록은 12.5초이다. 그럼에도 미친 듯이 뛰어가는 돼지를 쫓기엔 역부족이다.

돼지를 붙잡는 것이 돼지를 죽이는 것보다 훨씬 어렵다고 할 수 있다. 그러니 돼지를 잡는 것과 관련된 마오쩌둥의 성스러운 말씀은 단지 그 자신이 돼지를 기른 적이 없음을 증명하는 것이다. 아주 많은 성스러운 말씀이 사람들에게 두려움을 일으키는 이유는 그것을 정말 시험해 볼 기회가 없었기 때문이다.

봄이 지나간 후 농민들에게 인정을 받은 적지 않은 숫자의 젊은 남성 하방대원들은 그곳 농촌 처녀들의 구애 편지를 받거나 그런 마음을 전달받았다. 나 역시 한 통의 편지를 받았다. 비록 후일 소설을 쓸 수 있는 옛이야기로 발전하지는 않았더라도 그곳에서의 우리 위치를 말해주는 중요한 상징임에는 틀림없었다. 하방간부는 더 이상 농촌에 의해 개조되어야할 대상이 아니었으며, 도리어 농촌이 추구해야할 대상이 되었다.

이러한 현상을 해석하기는 그리 어렵지 않았다. 요컨대 만약 두 종류의 문화를 평화적으로 공존하게 한다면 선진적인 것이 원래 다수였든 소수였든 관계없이 마지막에는 보통 선진적인 쪽이 비교적 낙후된 쪽을 대체하게 된다는 것이었다.

중국의 농촌은 확실히 선진적 문화의 유입을 필요로 했다.

불행하게도 당국이 중국 농촌에 강압적으로 주입한 것은 한 마리의 미쳐 날뛰는 돼지였다.

6월 우리들은 밀을 수확했다. 그 해 짠황에서는 보기 드문 대풍년이 들었고, 밀의 1무(畝, 1무=30평=약 99.174제곱미터)당 단위 생산량은 4백여 근에 이르렀다. 농민들은 모두 기뻐했다. 그런데 어느 날 중국의 가장 권위 있는《인민일보》는 한 지방에서 대약진을 했고, 밀의 1무당 단위 생산량이 2천 근에 달했다는 소식을 게재했다. 우리들보다 5배나 많은 양이었다. 많은 농민들은 아무리 권위 있는 신문이라도 그것을 보지 않았다.

나는 신문을 믿는 편이었으므로 그 소식을 밀을 수확하던 노인들에게 알려주었다. 그들은 내 말을 믿지 않았으며 한마디를 했을 뿐이었다.

"그 지방의 저울은 작다."

중국의 도량형은 정확하게 조정되지 않은 상태라 한 지방의 저울이 다른 지방의 저울과 다른 경우가 왕왕 있었다. 그러나 차이가 5배가 난다는 것은 이미 3개 가우스 오차*를 초과했으며 절대로 불가능한 것이었다. 그러나 나는 이 오차이론을 이용하여 나의 농민 친구들을 설득하지 않았다.

며칠이 안 되어 그 권위 있는 신문은 또 어느 지방의 밀 1무당 단위 생산량이 1만 근을 돌파하였다고 말했다. 이번엔 우리들보다 25배나

---

* 역자 주: 가우스 오차 함수(誤差函數, error function)는 확률론, 통계학, 편미분 방정식 등에서 사용하는 비초등 함수이다.

많은 양이었다. 나는 내가 본 것을 농민들에게 말하지 않았다. 하지만 모든 사람들이 곧 알게 되었고, 믿지 않는다고 말하는 사람도 없었다.

원래 '대약진' 정신은 공산당의 각급 조직을 통해 중앙으로부터 한 단계 한 단계씩 전달되어 내려온 것이었다. 각지에서 모두 대약진을 시작하도록 요구하였으며, 생산량을 곱으로 늘리고, 그런 다음 곱으로 5번 늘리고, 다시 곱으로 10번 늘렸다. 공산당은 농민이 반대하지만 않으면 그대로 처리할 것이라고 말했다. 물론 농민들이 마음속으로 저울을 작게 하기만 하면 약진하는 것이란 생각을 가지고 있는지는 알지 못했다.

대약진이 시작되자 나는 표어를 쓰는 곳에 배치되었다. 그리고 2주 동안 온 마을의 각 현에서 담벼락에 표어를 쓰는 일에 매달렸다. 표어의 글자는 매우 컸다. 각 글자마다 대략 2×2제곱미터를 차지할 정도였다. 글자가 클수록 사람의 담력도 커지게 할 수 있어 약진이 더 커진다는 분위기가 있었기 때문이다.

내가 가장 많이 쓴 두 줄은 "더 빠르고 더 절약하여 보다 높은 목표에 도달하도록 힘쓰자(多快好省, 力爭上游)", "10년의 계획을 1년에 완수하자(十年計劃, 一年完成)"는 것이었다. 전자는 그해 여름 신문에서 매일 쓰던 표제였고, 후자는 늘 보이는 대자보 표제였다. 그러나 나는 다른 사람과 마찬가지로 '10년의 계획'이 당최 무엇인지를 알지 못했다.

1년 중 가장 더운 복날이 왔다. 정신을 차릴 수 없을 만큼 더운 날들이 계속되었다. 신문은 또 어느 지방의 밀 1무당 단위 생산량이 5만 근에 달했으며, 양급(量級)이 한 단계 더 올라갔다는 소식을 실었다. 그리고 논밭을 깊이 갈아야한다는 명령이 중앙으로부터 층층이 하달되었다.

　중공중앙의 연구로 발견한 바에 의하면, 땅을 깊이 갈고 파종을 하면 생산량이 크게 향상되기 때문이다. 들려오는 말로는 어떤 지방에서 땅을 50센티미터 깊이로 갈았더니 생산량이 5배 증가했다고 한다. 생산량을 10배로 증가시키려는 생각이 있는 사람이라면 땅을 1미터 깊이로 갈기만 하면 된다는 것이었다.

　우리 마을도 땅을 깊이 갈아엎기 위하여 야간 작전을 시작했다. 나는 몸은 좋았지만 팔 힘은 남들만 못했다. 그런데도 팔 힘이 강한 사람들보다 빠르게 땅을 갈아엎었다. 나만의 효율적인 방법을 찾아냈기 때문이다. 땅을 깊이 갈아엎기 위해선 땅을 잘게 부술 필요 없이 뒤집기만 하면 되었다. 나는 땅을 비교적 큰 덩어리로 잘라서 한꺼번에 뒤집으면 힘을 절약할 수 있다고 생각했다. 알고 보면 간단한 이치였다.

　땅을 깊이 갈아엎을 때 가장 많은 힘이 드는 일은 땅을 자르는 것이었다. 힘을 절약하려면 같은 양의 땅을 잘라내는 일에 포함되는 흙의 양을 늘려야 했는데, 땅을 큰 덩어리로 잘라내는 것이 그 해법이 될 수 있었다. 땅을 잘라낸 흙의 양은 2차원적인 것이라면 그것에 포함되는 흙의 양은 3차원적인 것이었다. 유도(維度)물리학이 널리 보급된 후에는 땅을 갈아엎는 것이 매우 빨라졌다.

　열기가 하늘을 찌르는 날이 되었다.

　땅을 갈아엎을수록 그 깊이가 깊어졌고, 농촌은 미친 돼지가 날뛰는 것보다 더 빠른 속도로 공산주의를 향해 진입했다. 그 한 달 동안 나는 일생에서 유일하게 진정으로 공산주의적인 생활을 몸소 경험했다. 온 마을의 집들은 불을 끄고 모두 공산주의 식당에 가서 밥을 먹었다.

필요한 만큼 취한다는 원칙 아래 각자 먹을 만큼 가져왔다. 화폐가 폐기되었으므로 돈도 내지 않았다. 공산주의의 촌민들은 대낮에는 잠을 자거나 대약진 뉴스를 학습했다. 저녁 무렵 해가 진 후 노동대가 호롱불을 들고 들판으로 나갔다. 별이 총총한 여름밤의 하늘, 이리저리 옮겨 다니는 등불, 그리고 검고 자주색으로 물든 들판에서 이따금 개가 짖어대는 소리가 들려왔다. 땅을 갈아엎고, 또 갈아엎고, 보다 깊고 깊게 갈아엎자. 마르크스의 이상이 바로 여기서 펼쳐질 것이다!

당시엔 나 역시 '대약진'의 위선과 광란을 느끼지 못했다. 그것은 분명한 사실이다. 배추 한 포기가 5백 근이고, 1무에 고구마가 120만 근이 생산되었다는 약진 뉴스도 나의 의심을 자아내지 않았기 때문이다. 이러한 것들은 결국 내가 잘 아는 분야가 아니었다. "어쩌면 그 지방의 저울이 작았을는지도 몰랐다."

나의 의심은 한 편의 '물리' 논문으로부터 유발되었다. 내가 공산주의의 깊이 갈아엎는 생활에 파묻혀 있을 무렵《인민일보》가 또 한 편의 글을 발표했다. 저자는 미국에서 돌아온 교수이자 마오쩌둥이 가장 치켜세우는 첸쉐선(錢學森)이었다.

그가 쓴 글의 내용을 나는 지금도 분명하게 기억하고 있다. 그는 에너지 보존법칙에 근거하여 태양 상수로부터 1무의 땅에서 달성할 수 있는 최고생산량, 즉 상한을 구해냈다. 그가 구해낸 상한은 당시 신문 지상에 공포된 이른바 '대약진' 생산량보다 훨씬 높았다. 그렇게 대약진은 물리적 근거를 가지고 있고, 대약진이 아직도 충분히 '크지 않은 것' 같으니 더 대담하게 약진해야 한다는 것이 그 글의 결론이었다.

그런데 물리학은 그렇게 어수룩하지 않다. 그가 말한 방법이 '과학'을 가지고 권세를 향해 아부하는 것인지 여부는 잠시 논외로 하자. 분명한 건 첸 선생의 계산은 물리학적으로는 잘못되었다는 것이다. 그의 계산은 에너지의 평형, 즉 열역학의 제1법칙을 바탕으로 한 것이었다.

그러나 1958년에 이미 생물의 생장이 원칙적으로 평형상태 열역학에 속하지 않는다는 것이 분명해지고 있었다. 생물이 '먹는 것'은 결코 에너지가 아니며 네겐트로피(negentropy)이다. 그러므로 생산량의 상한을 결정짓는 것은 태양이 지니고 있는 네겐트로피이지 에너지가 아니다. 실제로 지구가 태양으로부터 흡수한 에너지는 지구가 발산하는 에너지와 대등하다. 때문에 에너지의 보존법칙을 이용해 생산량의 상한을 계산한 것은 원칙적으로는 잘못된 것이다. 이는 적어도 그 글의 저자가 당시 이미 발전한 비평형 상태의 열역학에 대해 전혀 알지 못했음을 증명하는 것이었다.

이쯤에서 매우 죄송스러운 마음이 드는 이유는 일반인들에겐 낯선 물리학 용어들을 언급하며 이 자서전을 쓸 수밖에 없다는 점이다. 이렇게 해야만 과학에 있어 자유가 얼마나 중요한지를 효과적으로 보여줄 수 있고, 자유가 없으면 과학도 없다고 생각하는 나의 심정을 충분히 강렬하게 드러낼 수 있다.

이렇듯 분명한 과오를 물리학계에 있는 많은 사람들은 이미 알고 있었다. 서글픈 것은 그것이 물리학적 오류에 대한 비판일지라도 비판의 자유를 향유할 수 있는 사람이 아무도 없었다는 것이다.

왜냐하면 그 글의 저자는 마오쩌둥이 수긍하는 사람이고, 또 그 결론이 대약진을 지지하는 것이었기 때문이다. 더욱 서글픈 것은 무소불위의 당과 최고지도자가 뜻밖에도 아첨하는 '과학'의 말을 믿고 10억 인구에 영향을 미치는 정책을 경솔하게 결정할 정도로 우매하다는 것이었다.

과학의 자유를 구속하는 국가에 사는 우리들이 어찌하여 공개적으로 자유롭게 의견을 발표하지도, 울부짖지도 않는단 말인가?

대약진이 실패하기 전날 밤, 나는 농촌을 떠나 중국과학기술대학으로 돌아왔다. 그리고 다시 물리를 가르쳤다.

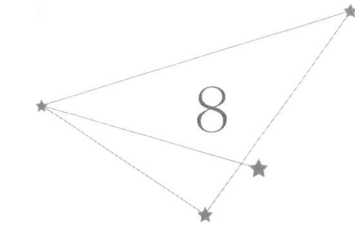

8

중국 과학기술대학교로 가다

　나는 중국과학기술대학에서 1958년 8월 말부터 1987년 1월까지 총 28년 4개월 동안 일했다. 우연의 일치인지는 몰라도 과기대에 들어가고 과기대를 떠날 때 공통적인 일이 있었다. 나는 과기대에 들어갈 때 중국공산당 당적에서 제명당했고, 30년 뒤 과기대를 떠날 때 또다시 당적을 제명당했다. 당적을 박탈당한 방식 역시 두 번 다 매우 비슷했다.

　중국공산당 규약에 근거하면 당원을 제명시키려면 먼저 해당 당원의 소재지 당지부가 전체 당원회의를 열고 토론을 진행하는 절차를 밟아야 한다. 토론에서 해당 당원은 해명할 권리를 가지며, 충분한 논의 끝에 표결에 부친다. 만약 통과되면 다시 상급 당위에 상신하여 비준을 얻음으로써 효력이 발생하게 된다. 그래서 당원을 제명시키는 것은 보통으로 말한다면 아주 번거로운 일이었다.

그러나 또한 당 규약에 의하면 긴급한 상황의 경우 상급 당위는 당원의 제명을 직접 결정할 수 있다. 그 경우 당지부 회의를 개최하지 않고, 당원에게 해명의 기회도 부여하지 않으며, 즉각 집행한다고 규정하고 있다.

이른바 '긴급한 상황'이란 전쟁, 화재, 대지진 등 시간적으로 긴박한 사건을 가리킨다. 만약 그런 상황에서 당원이 나쁜 짓을 도모한다면 정상적인 회의 절차를 밟는 대신 즉각 제명한다면 특별 조항을 발동할 수 있다는 것이다.

나는 두 번이나 당적을 제명당했는데, 전쟁이나 자연재해가 일어난 상황도 아니었다. 그러나 두 번 모두 '긴급한 상황'으로 취급되어 즉각 제명당했다. 당연히 회의도 열리지 않았고 해명할 권리도 행사할 수 없었다.

내가 '운이 좋게' 연속으로 두 번이나 그런 대우를 받게 된 것은 나의 지위가 특수했기 때문은 아니었다.(물론 조금 특수한 점도 있긴 했다.) 그 주요한 원인은 계급투쟁 이론에 근거하면 대학교는 본래 하나의 전장이었기 때문이다.

마오쩌둥은 일찍이 말하기를, "우리에겐 대학교수가 없다. 그들은 전부 국민당원이니 바로 국민당이 그곳(대학)에서 통치하고 있다.", "현재 학술계와 교육계는 자본계급 지식인들이 실권을 장악하고 있는데, 그들은 실제 모두 국민당이다."라고 했다.

다시 말해서 대학교는 국민당의 점령구라는 것이었다. 하지만 대륙에서 국민당의 군대를 없애버린 후 대학교는 '국민당'을 없애는 전장으로 변했다. 그런 이유로 나는 '긴급'하게 두 번이나 제명되었다.

이것이 바로 당시에 대학교 안에 있는 주요한 기조였다.

중국과학기술대학교는 1958년에 설립되었다. 내가 학교에 등록했을 때는 100여 명의 준비요원만 있었을 뿐 학생은 없었다. 학교를 세운 목적은 중국과학원의 학술역량을 이용하여 과학기술 인재를 양성하기 위함이었다. 특히 핵폭탄과 미사일, 인공위성을 연구하고 제조하는 인재 양성에 초점을 맞추었다. 당시 중국에서는 이러한 '양탄일성(兩彈一星, 핵탄·유토탄·인공위성의 약칭)'을 발전시키기 위한 계획이 막 시작되던 참이었다.

중국과학원의 체제는 소련과학원을 완전히 모방한 것이었다. 일반적으로 연구요원은 대학교에서 강의를 하거나 학생들을 지도하지 않았지만 과기대는 그 반대였다. 이는 총명한 결정이었다.

그리하여 과기대학교 최초의 교수들은 모두 과학원에서 왔으며, 대부분이 당시 국내 일류급의 학자들이었다. 제자리걸음을 하며 앞으로 나아가지 못하는 중국의 경제와 비교하면 이 대학교의 발전은 매우 빠른 것이었다. 1980년 개방 이후 미국으로 건너가 물리학 학위를 받은 학생들 중에는 베이징대학교에서 온 사람이 가장 많았고, 두 번째가 과기대학교였다는 이야기를 나중에 들었다.

과기대학교가 설립된 1958년은 반우파운동이 끝난 후라 공산당은 대학교의 좋지 않은 행태를 염려해 더욱 강경한 교육방침을 규정했다. 교육은 무산계급정치를 위해 봉사하며, 교육과 생산노동을 서로 결합한다는 것이었다. 과기대학교 교가에는 "이 영원한 동풍을 맞이하여 홍기를 드높이 치켜들자. 우리는 사상적으로 건전하고 기술적으로 우수하며, 공업노동도 하고 농업노동도 한다."라는 구절이 포함되어 있었다.

듣기에 따라서는 공산당 당교(黨校)의 교가와 매우 흡사했다. 1958년 9월의 입학식장에서 한 원수(元帥)가 참석했고, 그는 과기대학교가 공산당의 옌안(延安) 시기 군사학교인 항일군정대학의 기존양식을 본떠서 만든 것이라고 분명하게 말했다.

과기대학교의 캠퍼스는 원래 당교, 즉 중공의 국제당교 자리였다. 국제당교의 설립목적은 국제공산주의혁명을 영도할 간부를 양성하는 것이었다. 학생들은 대부분 공산당이나 정권을 장악하지 못한 국가의 공산당원이었다.

과기대학교의 초대 교장은 당시 과학원 원장인 궈머러(郭沫若)가 겸직했다. 1910년대 신문화운동이 일어난 시기 궈머러는 유명한 시인이었지만, 그로 인해 과기대학교에 시의 기운이 생성되지는 않았다. 사실상 이때 궈머러의 시는 당을 위한 것이었으며, 나는 아직도 그의 시 한 수를 기억하고 있다.

궈는 늙어도 늙은 편이 아니고, 시는 많아도 좋은 것은 적다.
(郭老不算老, 詩多好的少.)
모두 함께 노력하여 마오 주석을 본받자!
(大家齊努力, 學習毛主席!)

아무튼 모든 것은 마오 주석에게 배우면 절대로 잘못될 리가 없다는 것이었다. 예를 들면 1961년 어느 날 교육에 관한 마오쩌둥의 지시가 정식으로 전달되었는데, 그 안엔 시험 볼 때 학생은 커닝 페이퍼를 볼 수 있도록 한다는 내용이 있었다. 후일 시험장에서 이 지시에 따라 공개적으로 책을 베껴 쓰는 학생이 있었지만 시험을 감독하는 교수는 못 본 체 할 수밖에 없었다.

그럼에도 불구하고 나는 아주 기쁜 마음으로 과기대학교로 와서 물리학 조교부터 시작했다. 어찌 되었든 간에 나는 물리를 다시 연구할 수 있는 기회를 갖게 되었다. 또 핵반응로를 벗어나 더 흥미가 있는 과제를 연구할 수 있었다. 나에게 있어 인생의 가장 유쾌한 일 중 하나는 관심을 가지고 있는 문제를 연구하는 것이라고 할 수 있었다. '공업노동도 하고 농업노동도 하는 것'을 나는 조금도 두려워하지 않았다. 우물도 파고 돼지도 붙잡을 줄 아는데 다른 무엇을 두려워하겠는가?

1959년 가을 과기대 물리학 교수들은 '농업노동'에 종사하도록 안배되어 나무를 심으러 수도의 교외지역에 도착했다. 점심식사로 소가 들어가지 않은 만두가 제공되었는데 나는 9개나 먹었다. 전체 대원들 중 가장 많은 양이었다. 그 일은 내가 여전히 농촌을 잊지 않았고, 그때처럼 노동을 하고 먹을 수 있다는 것을 보여준 것이었다.

물론 그때의 나는 이미 짠황에서처럼 웃통을 벗지도 않았고, 진실어린 마음으로 갖지도 않았다. 하지만 농촌에서 보낸 8개월처럼, 나는 열심히 노동을 하면 이전처럼 신임 받는 사람이 될 수 있다고 확고하게 믿었다. 하지만 이미 당적을 박탈당한 나의 진심어린 노력은 모두 헛된 것이었다. 나는 당중앙에 편지를 보내려고 하였던 일로 인해 나의 서열에 질적인 변화가 생겼고, 달갑지 않은 대상을 분류한 별도의 책 속에 분류되었다는 사실을 알게 되었다.

서열이 삼엄한 사회에서 개인의 서열은 일단 확정되면 바꾸기가 몹시 어렵다. 마찬가지로 계급투쟁의 사회에서 비록 신분증에 공개적으로 써놓지는 않았지만 일단 별도의 책 속에 포함되면 빛을 보는 날을 기대하기가 정말 어렵다.

아무리 노력을 해도 인정받기가 힘든 것이다. 나는 더 이상 '개조'를 통해 신임 받는 사람이 되겠다는 환상을 품지 않았다. 일은 이미 되돌릴 수 없는 지경에 와 있었다. 청소년 시절 공산당에 대해 품고 있던 순진하고 경건한 마음은 여기서 소실되어 거의 남지 않았다.

"과거 종교라는 칼로 종교를 이해했던 것과 같이 현재는 정치의 올가미를 통해 정치를 이해한다."

이는 스피노자가 죄를 지어 교회로부터 축출되었을 때 한 말이며, 내가 당적을 박탈당했을 때 느꼈던 것이기도 하다.

그러나 나는 여전히 공산당도 어쩌면 농민들처럼 성실하게 자신의 본분을 지키며 열심히 일하는 사람은 받아들일 지도 모른다는 환상을 가지고 있었다. 따라서 열심히 일한다는 원칙을 성실히 지키기만 하면 나에게도 발전할 수 있는 공간이 있을 것이라고 줄곧 생각했다.

그래서 나는 열정적으로 글을 가르쳤다. 확실히 나는 글을 가르치는 것에 흥미가 있었다.

과기대에 몸담은 지 2년째 되던 1959년, 나는 강의를 하기 시작했다. 나는 물리학과의 거의 모든 과정을 가르쳤다. 1학년의 일반물리부터 고학년의 근대물리까지, 그리고 기초 실험 물리부터 각 과의 이론물리까지 모두 가르쳤다. 양자역학 과목은 원래 근대물리소의 교수가 강의를 맡고 있었다. 그런데 1960년, 절반 정도 강의가 진행되었을 때 그 교수가 일이 생겨 떠나버렸다. 그래서 나머지 절반은 내가 이어받아 강의를 계속했다. 학생들은 비록 내가 조교에 불과하다는 것을 알았지만 조교가 교수의 강의를 대신 맡는 것에 불만을 표시하지 않았다. 나도 강의에 더욱 자신감을 가지게 되었다.

그와 동시에 나는 연구를 시작했다. 입자물리 분야를 선택했는데, 연구 환경이 매우 열악했다. 당시는 오직 소련의 정기 간행물만 볼 수 있었고, 구미의 출판물은 반년 이상이 지나야 볼 수 있었으며, 그 어떤 견본인쇄물도 받아 볼 수가 없었다. 주변의 몇몇 동료들은 입자물리에 흥미를 가지고 있었지만, 그들 모두는 그 어떤 연구 경험도 없는 젊은이들이어서 효율적인 토론이 어려웠다. 하지만 난 좌절하지 않았다. 고립과 폐쇄는 물리를 연구하는데 있어서 최대의 적이다. 비록 어려움이 많더라도 자신이 하고 싶어 하는 일을 놓지 않는다면 어려움 속에서도 즐거움을 찾게 되기 마련이다.

1960년 봄, 나는 논문을 투고하기 시작했다. 초가을 나의 논문 〈변형적인 전파함수를 이용해 핵전하의 반경을 계산하다〉가《물리학보》에 접수되었다. 당시《물리학보》의 총편집인인 첸린자오(錢臨照) 교수도 과기대학교에서 강의를 담당하고 있었다.

어느 날 오후, 사람이 없는 계단 입구에서 그가 나를 불러 세웠다.

그의 얼굴엔 기쁨과 걱정이 반반씩 어려 있었다. 그는 먼저 나의 논문이 조판에 넘겨져 발표될 것이라고 기분 좋게 말했다. 그리고 이어서 말했다.

"하지만 자네의 진짜 이름으로는 발표할 수 없는데, 이름을 바꾸지 않겠는가?"

분명한 것은 그것이 첸 선생의 의견도, 《물리학보》 편집위원회의 결정도 아니었다는 것이다. 전 세계의 어느 곳에도 물리학자가 필명으로 논문을 발표하는 전통을 가지고 있지 않았다.

1961년 제1기 《물리학보》에 나의 논문이 게재되었다. 저자 이름은 '왕윈란(王允然)'으로 기재되었다. 나는 내 가명을 보고서 첸 선생을 더욱 존중하게 되었다. 그는 중국에서 논문을 발표하려면 일반적인 원고 심사 이외에도 반드시 '왕(王)'의 '윈연(允然, 윤허)'이 있어야만 한다는 것을 그 이름을 사용함으로써 세계에 알렸다. 아니나 다를까. 후일 이 '윤연(允然)'은 명문으로 규정되었다. 그래서 《물리학보》에 투고하는 모든 논문은 먼저 저자의 소재 단위에서 정치심사를 받아야 하며, 정치심사를 했다는 증명문건 없이는 논문을 발표할 수 없게 되었다.

나의 첫 번째 논문, 즉 왕윈란의 논문이 발표된 이후 나는 여러 편의 논문을 다시 《물리학보》에 투고했지만 모두 반송되었다. 정치심사 문건이 없었기 때문이다. 그러나 그 논문들 덕분에 첸린자오 교수와 나는 차츰 나이에 상관없이 허물없이 사귀는 망년지교(忘年之交)를 맺게 되었다.

무산계급 당국의 처지에서 생각해 보면, 물리학은 매우 귀찮은 영역일 것이다. 일단 물리학은 쓸모가 있기 때문에(심리학과 같은 일부 유용한 학과도 폐지되었다.) 공개적으로 단속할 수 없다. 또한 무산계급 대가들은 일부 저자가 말하는 '전핵반경(電核半徑)'과 같은 종류가 어떤 계급(심리학이 모두 무산계급에 속하는 것이 그렇게 분명하고 간단한 것과는 다르게)에 속하는 지를 분명히 하지 못하고 있다. 물리학 영역에서 무산계급독재를 어떻게 집행하는가? 이 질문은 그들을 매우 난처하게 만들고 있다. 그럼에도 불구하고 물리학 역시 무산계급독재의 매우 넓지만 물샐틈없는 수사망을 요행으로도 벗어나지 못했다.

당시 《물리학보》에 실린 적지 않은 논문의 '저자'가 서명한 것은 〈01핵물리연구조〉, 〈918이론조〉, 〈515우주선조〉 등등이었다. 어떤 물리 논문은 중국인의 이름을 단 하나도 찾을 수 없었다. 오직 딱 한 명 있었는데 그가 바로 '마오쩌둥'이었다. 40년 대, 프러신차이프가 자신의 양자역학을 지도해 달라고 레닌에게 요청했던 것과 같이 60년대 중국의 물리학자들도 반드시 마오쩌둥에게 자신의 논문을 지도해달라고 요청해야 했다.

60년대 초, 계급투쟁으로 혼쭐이 나고 겁을 먹은 고급 지식인들을 위로하기 위해 당시 가장 진보적인 공산당 지도자 천이(陳毅)는 "여러분들은 두려워할 필요가 없습니다. 안심하고 배를 저으면 됩니다. 조타수인 공산당이 있으니 아무 걱정하지 마세요."라고 말했다. 후일 이 말은 "당신은 배를 젓고 나는 키를 잡는다."는 말로 압축되어 도처에 전파되었고, 많은 지식인들이 눈물을 펑펑 쏟을 정도로 그 말에 감동했다. 무산계급독재의 최고 권위자가 마침내 지식인들에게 안전한 자리를 안배해 주었기 때문이다.

하지만 그것은 곧 위대한 공산주의를 향한 항해에서 우리들은 응당 401호나 918호, 515호의 노를 젓는 사람이거나 온순한 도구의 위치에 있어야 함을 의미하는 것이었다. 그렇지 않은가? 60년대 초부터 시작하여 《인민일보》는 모든 사람이 레이펑(雷鋒)을 본받아야 하며, 공산당의 온순한 도구가 되어야 한다고 반복적으로 선전했다.

나의 경우 별도의 책에 포함된 한 사람으로서 기껏해야 번호 조차 없는 도구 밖에 될 수 없었다.

리수셴의 서열은 나보다 낮았다. 왕원란 급도 되지 못했다. 그녀는 소련 전문가의 저서를 번역하는데 참여하였지만 출판된 책에 그녀의 이름은 없었다. 필명으로도 적혀 있지 않았고, 감사의 마음을 전하는 공간에도 언급되지 않았다. 리수셴은 존재하지 않았으며, '존재하지 않는' 등급에 들어갔다.

나는 출당된 이후 리수셴과의 '냉동' 상태를 끝내고 다시 연락하기 시작했다. 그녀는 나보다 조금 늦은 1958년에 농촌으로 하방 되었다. 베이징에서 멀리 떨어진 교외인 먼터우거우(門頭溝)였다. 1959년 가을 중화인민공화국 수립 10주년에 마오쩌둥은 특사령을 공포했다. 리수셴이 그 특사 대열에 포함되었다. 그리하여 우파의 꼬리표를 정식으로 떼어냈고, 농촌에서 베이징대학교로 돌아왔다.

혹시라도 오해를 피하기 위해 여기서 몇 마디 더 보충할 필요가 있을 것 같다. 왜냐하면 다시 몇 십 년이 지난 뒤 후세 사람들이 이 자서전을 볼 때 리수셴이 정말로 영국 여왕의 왕관과 유사한 모자를 쓴 적이 있다고 여기고, 그것을 쓸 수도 벗어버릴 수도 있다고 여길 수 있기 때문이다. 그럴 경우 "우파분자의 꼬리표를 떼어버린다."는 함의를 그르치게 될 것이다. 사회주의 중국의 각종 '모자(꼬리표)'는 결코 특정한 물질이 아니며, 인간의 등급분류인 것이다.

이른바 '모자'를 쓴다는 것은 그 사람이 '모자'에 표시된 등급의 종류에 속한다는 의미이다. 그러므로 '모자를 벗어버린다.'는 것은 해당 등급의 종류를 벗어난다는 것이다. 일반적으로 말해서 각종 모자에 표시된 등급의 종류는 모두가 무산계급독재의 진압 대상이었다. 물론 진압하는 방식도 분류가 무척 많았는데 여기서 그것에 대해 자세히 이야기할 필요는 없을 것 같다. 다만 나는 장차 학자들이 그 당시의 중국 역사를 연구할 때 새로운 학과인 '모자학(帽子學)'을 반드시 신설할 수 있을 것이라고 생각했다.

리수셴은 비록 모자를 벗어버리고 명의상으로는 등급이 올라갔지만, 실질적으로 크게 변한 것이 없었다. 그녀는 여전히 '모자를 벗어버린 우파'였다. 공산주의 생활방식에 익숙하지 않은 독자들에게는 이렇게 많은 명사들이 번거롭게 느껴질 것이다. 하지만 나로선 그것을 사용하지 않을 수 없으며, 그 점을 매우 죄송스럽게 생각한다. 그녀는 비록 대학교에서 일했지만 강의하는 것이 허락되지 않았으며, 연구 활동은 더더욱 허용되지 않았다. 그녀는 교내의 공장에 배치되어 노동에 종사했다.

1959년부터 1961년까지 약 2년 동안 리수셴과 나는 반우파운동 이전과 크게 다름없는 생활을 했다. 나는 오직 토요일에만 베이징대학교에 가서 함께 주말을 보냈다. 그 외 시간에는 그녀는 베이징대학교에서, 나는 과기대학교에서 각자의 삶에 최선을 다했다. 우리들은 여전히 먼저 자리를 잡고 출세한 후에 가정을 꾸린다는 최초의 소망을 지키려고 애썼다.

1961년 여름, 결국 우린 그 소망을 지키지 못하고 결혼하기로 결정했다. 그때까지 나는 왕원란이란 가명으로 단지 한 편의 논문을 발표했을 뿐이고, 그녀는 어떠한 연구 성과도 올리지 못했다. 우리들이 결혼을 하려면 마땅히 도달해야 한다고 생각했던 출세 수준과는 거리가 멀어도 한참 먼 상태였다.

하지만 우리들은 결혼하지 않을 수 없었다. 사회엔 더 이상 우리들을 위한 공간이 없었기 때문이다. 어쩌면 가정을 꾸리는 것만이 자신에게 속한 유일한 땅을 만드는 일일지도 몰랐다.

1961년 이후 대학교의 교육과 연구 분위기는 나날이 메말라 가고, 점점 더 정치화되고 있었다. 학술토론회는 간혹 열렸으나 정치학습은 매주 한 번씩 열렸다. 후일 마오쩌둥이 "계급투쟁에 대해서는 매일, 매월, 매년 이야기해야 한다."라고 한 마디 던지자 상황은 급격히 긴장되고 경색되기 시작했다. 대학교 내에는 상당히 많은 밀고자들이 있었다. 한 번은 과기대학교의 물리학과 교수가 우연한 기회로 어느 밀고자의 기록을 발견했다. 그 중 전형적인 예를 다음에 소개한다.

다섯 명이 교수 숙소에서 한담을 나눈다.(화제는 신문에 게재된 부패안건이었다.)

B: "황제의 눈꺼풀 밑에 어찌 이러한 일이 발생하나?"

A: "당신(B를 가리킴) 열이 있나요?"

F: "아스피린이 여기 있습니다."(B에게 먹으라고 준다.)

이때 D는 은밀한 비웃음을 흘렸다.

당시 밀고자는 녹음기나 녹화 장비를 가지고 있지 않았지만 그 기록의 상세함은 녹화영상에 뒤지지 않았다.

이러한 밀고 기록의 관건은 B가 '황제'라는 호칭으로 최고당국을 가리켰고, 현장에 있는 다른 사람은 우스갯소리로 B에게 응답했다는 점이다. 이는 현장에 있는 모든 사람이 당국에 불충하다는 것을 증명하는 것이었다.

이들 중 B는 현재 저장대학교 물리학과에 있고, A는 홍콩 이공대학 수학과에 있으며, D는 하얼빈 공업대학교에 있다. 그리고 F는 나였다. 사실상 최고당국을 '황제'로 호칭하는 것은 당시 한담을 할 때 통용되는 말이었으며, 당국은 그것을 가지고 우리들을 징계하진 않았다. 그러나 잡담조차 그와 같이 엄격하게 감시 받는다면, 어떻게 마음 놓고 연구를 할 수 있단 말인가?

때문에 우리들은 결혼하기로 결정했다. 다행히 당국은 모든 가정에 도청기를 장착할 정도의 재력은 없었다. 따라서 가정은 안전한 섬이었다.

또 60년대 초는 개인이 대기근을 겪던 시절이었다. 땅을 갈아엎은 후의 농촌은 저승사자의 세계였다. 3년 동안에 전국적으로 4천만 명이라는 설도 있지만 하여간 2천만 명이 기근으로 굶어 죽었다. 나는 그 시절을 두 번 다시 회상하고 싶지 않다. 특히 기근으로 인해 인간의 존엄성을 상실한 사람에 대해선 생각하고 싶지 않다.

굶주려 죽기 직전에 이른 사람들은 한 입의 음식을 위해 모든 도덕,

이성과 지혜, 규범을 잃어버려 더 이상 인간이 아니라 살 길을 찾는 한 마리의 동물이 되고 말았다. 심지어는 동물만도 못했다. 왜냐하면 동물도 극소수만이 굶주림 때문에 자신과 같은 무리의 먹이를 먹기 때문이다.

서글프지 않은가? 가증스럽지 않은가? 비루하지 않은가? 가련하지 않은가? 하지만 이는 사회주의가 중국을 구하고 있는 것이다. 가장 비참한 곳은 모든 주민들이 아사한 마을이었다. 그런데 마을의 담벼락에는 "공산주의는 천당이고, 사회주의는 다리이다."라는 눈부신 글귀가 적혀 있었다. 이렇게 행복한 사회주의 공민은 단번에 공산주의의 천당으로 갔다.

대학교에서 유행하는 '연구' 과제는 같은 양의 양식을 가지고 어떻게 삶아야만 먹은 후에 포만감을 느끼도록 할 수 있는가에 관한 것이었다. 그래서 이른바 쌍증법(雙蒸法)이란 것이 발명되었다. 즉 쌀밥을 전후로 두 번 찌고 삶아 맛이 없어서 먹기가 싫도록 만드는 것인데, 맛이 고약하면 조금만 먹어도 많은 양을 먹은 것처럼 느껴지기 때문이었다.

어떤 사람은 음식을 차게 먹는 냉식(冷食)을 제창했다. 그 이유는 차가운 음식이 위로 들어갈 때 음식물의 존재를 분명하게 느껴 비교적 큰 포만감을 가질 수 있게 한다는 것이었다. 또 어떤 사람은 냉식을 반대하고 음식을 뜨겁게 먹는 열식(熱食)을 제창했다. 이는 온도가 높을수록 함유하는 칼로리가 더욱 많아진다는 것이었다. 이렇듯 포만감에 관한 학문 연구는 큰 업적을 남겼다. 나의 시력은 원래 1.5였지만 그때 급격하게 나빠져서 근시가 되었다. 굶주림 때문에 눈앞의 모든 것이 어둡고 모호하게 변한 탓에 나는 안경을 쓰기 시작했다.

결혼하자. 설령 문밖의 세계에선 죽음이 다가온다 할지라도 우리 집만은 우리들에게 온화함과 향기로움을 가져다 줄 것이다.

우리는 1961년 10월 6일 결혼했다. 혼례는 베이징대학교 물리학과의 한 회의실에서 아주 간략하게 올렸다. 비록 우리 두 사람 모두가 별도의 책에 포함된 공민이었지만, 많은 친구들과 스승님이 찾아 주셨다. 이 어두운 세계에 사는 좋은 사람들이 우리를 축하해주러 온 것이다.

혼례식은 차분하고 안락한 분위기에서 진행되었다. 안타까운 점은 그 날 모두 함께 먹은 과일이 배였다는 것이다. 굶주림에 시달리던 시절에 살 수 있는 과일이라곤 배 뿐이었다. 중국의 풍속에 따르면 혼례에서는 배를 먹지 않는다. 이는 배(梨=li)가 '이별(離=li)'을 암시하기 때문이었다. 후일 그 불길한 예감이 적중하고 말았다. 1969년부터 1987년까지 우리들은 강압에 의해 하나는 남쪽, 하나는 북쪽 지방으로 보내져 18년을 보냈다.

우리집은 베이징대학교의 16호 건물에 있었고, 11제곱미터 크기였다. 운명은 늘 반복적인 순환을 통해 인간을 조롱하는 것 같았다. 16호 건물은 1952년 우리들이 베이징대학교 1학년생일 때 리수셴이 살던 건물이었다. 그 건물은 식당에서 좀 떨어져 있었는데, 뒤에 가서 삼각지 즉, 베이징대학교에서 가장 민감한 정치지대가 된 곳과 가장 가까운 거리에 있었고, 1957년의 그 첫 번째로 〈바로 이때이다〉라는 시가 이 건물의 동쪽 담벼락에 붙어 있었다.

우리가 막 결혼한 1961년의 우리들은 막 대학교에 입학했던

1952년과 처음으로 당적을 제명당한 1957년과는 완전히 달랐다. 괴팍한 운명의 풍파가 우리들을 흔들었다. 50년대의 천진난만한 환상은 이미 사라졌고 다시는 돌아오지 않았다. 하지만 우리들이 졌다고 생각하진 않았다. 우리들은 겨우 25세였다!

우리들은 결혼 후에도 학생시절과 다름없이 늘 학생식당에서 밥을 먹었고 그런 다음 곧바로 도서관으로 가서 책을 읽었다. 이제 우리들은 한 명은 위층, 한 명은 아래층에 각각 떨어져 있을 필요가 없게 되었다. 비록 작은 학생용 책상이었지만 우리들은 나란히 앉아 있을 수 있었고, 그곳은 바로 우리들의 집이었다.

나와 리수셴은 서로 알고 나서부터 지금까지 서로 완전한 이름을 불렀으며, 때문에 이 책에서도 결혼 전이든 후이든 상관없이 시종 완전한 이름을 불렀다. 어쨌건 우리들이 합작한 첫 번째 일은 쉬프(Leonard I. Schiff)의 《양자역학(Quantum Mechanics)》을 번역하는 것이었다.

1962년 나는 양자역학을 가르치고 있었다. 황우한(黃武漢) 교수가 나에게 쉬프의 책을 중국어로 번역한 것을 전해주었다. 나에게 원고를 교열하고 출판을 준비해 달라고 부탁했는데, 원래 번역 원고의 질이 좋지 않았기 때문에 나는 다시 번역하기로 결정했다.

당시 리수셴의 정치상황에 따르면 그녀는 번역 작품을 발표할 수 있는 권리가 없었다. 하지만 그녀도 참여하기로 했다. 왜냐하면 《양자역학》은 우리 둘 다 좋아하는 책이었기 때문이다. 그때 그녀는 임신 중이었다. 규칙적인 일이 태아에게 도움이 된다는 소리도 들었다.

책 번역이 완료될 무렵 계급투쟁 상황은 더욱 심각해졌다. 나조차도 번역문을 발표할 수 있는 허가를 얻는데 어려움을 겪었다. 결국 쉬프의《양자역학》중국어 번역본은 다른 금서와 마찬가지로 출판될 수 없었다. 우리들의 성실한 노동은 당국의 승인을 받지 못했다.

공산주의 가치관은 결코 짠황 농민의 가치관 같지 않았다. 번역 원고는 여기저기 굴러다녔지만 다행히도 보존되었고, 그 책을 번역하기 시작한지 18년이 지난 1980년에 이르러서야 비로소 출판할 수 있었다. 완전히 한 세대의 시간을 기다린 것이다.

책을 번역할 때 뱃속에 있었던 우리들의 첫 번째 아이는 책이 출판되었을 땐 이미 성인이 되어 베이징대학교 기술물리학과에 진학했다. 때마침 그는 양자역학을 배우고 있었다. 그리고 내가 그 책을 번역하도록 추천했던 황 교수는 정치적 박해를 견디다 못해 자살한지 오래되었다.

우리의 첫 번째 아들, 즉 쉬프의 수혜자는 1963년 2월 14일 밸런타인데이에 출생했다. 그 날은 좋은 날이었다. 우리들 인생의 전환점이 될 수 있는 기회가 주어졌기 때문이다.

첸린자오 선생의 소개와 추천을 통해 나는 물리연구소의 리인위안(李蔭遠) 교수를 알게 되었다. 리인위안 교수는 당시 물리연구소의 고체물리이론연구실 주임이었다. 그는 나를 자신의 연구팀에 받아들였다. 이는 나에게 굉장한 일이었다. 첫째, 물리연구소의 연구 환경은 과기대학교에 비해 대단히 양호했다. 물리연구소는 중국에서 가장 일찍 설립된 물리연구기관이었다.

둘째, 나와 물리연구소 연구원이 공동으로 연구한 논문들은 모두 물리연구소를 통해 기고할 수 있었으므로 정치적 심사를 피할 수가 있었다. 왜냐하면 나는 더 이상 과기대학교 소속이 아니었기에 그곳이 나를 심사할 수 없었기 때문이다. 물리연구소의 정치부문은 나를 심사하지 않았다. 정치적으로 관리감독을 받지도 않았다.

이렇게 정치와 연구 양자의 교차와 엇갈림을 통해 나의 논문 한 편 한 편은 마치 그물을 벗어난 고기처럼 유유히 세상을 향해 헤엄쳤다. 이 때문에 나는 일생동안 이 '엇갈린 빈틈과 구멍'의 발견하고 제공해 준 첸린자오 선생과 리인위안 선생 두 분께 매우 감사한 마음을 가졌다. 우연하게도 첸 선생의 전공 중의 하나는 고체의 전위(dislocation)였다.

물리연구소에서 나의 연구방향도 고체물리로 바뀌었다. 내 최초의 연구는 고체 속에 있는 잡질(雜質)의 작용에 대한 것이었다. 그때 물리학은 이미 한 덩어리의 이상적인 결정체는 극소량의 잡질을 섞기만 하면 그 성질이 크게 변한다는 것을 알고 있었다. 따라서 전체 결정체의 질은 극소량의 잡질에 의해 결정된다고 할 수 있었다. 이는 새로운 과제가 아니었다. 나는 1년을 연구한 뒤 두 편의 논문을 발표했다. 그리고 '레이저 물리'로 분야를 바꾸었다.*

1961년 세계 최초의 레이저가 출현했다. 1963년 중국은 물리연구소에서 만들어 낸 첫 번째 레이저를 확보했다. 레이저 물리는 아주 새로운 물리영역이었으며, 막 시작된 연구였기 때문에 많은 과제가 남아 있었다.

---

* 편집자 주: Laser Physics의 원문은 '激光' 물리로 되어 있다. 다음에는 '激光'을 '雷射(레이저)'로 고쳐 쓰기로 한다.

당시 나는 2개 분야의 문제를 선택했다. 하나는 레이저의 상관성에 관한 것으로 레이저를 발사하는 선폭에 대한 연구였고, 또 하나는 비선형 광학 효응에 관한 것으로 쌍광자의 효과와 반응에 집중하는 연구였다. 과기대학교에서 강의를 하고 정치학습을 받는 시간을 제외하고 나는 온 힘을 다해 연구에 몰두했다.

그것은 1957년 이후 가장 성공적인 한 해였다. 나는 1964년의 1년 동안 잇따라 여섯 편의 논문을 완성했고, 그중에서 네 편은 그 해의 《물리학보》에 발표했다. 그 한 해 나는 《물리학보》에 논문을 가장 많이 발표한 두 명의 저자 중 하나였다. 첸린자오 선생은 나를 볼 때마다 마치 그가 성공을 거둔 것처럼 회심의 미소를 지었다.

불행히도 우리들은 또 틀렸다.

언제나 우리들의 실낱같은 성공감은 오로지 물리학으로부터 온 것이었다. 그것은 위대한 무산계급독재에 조금도 손상을 입히지 않았다. 나는 논문에서 오로지 레이저만을 연구했고, 그것은 결단코 마오쩌둥 사상의 최고로 눈부신 빛에 조금도 방해가 되지 않았다. 하지만 1965년 신년 무렵 나는 다시 징계를 받았고, 또 다시 농촌으로 가서 노동을 하게 되었다.

당시 중국공산당 내에서 서열 9위에 있던 펑전이 베이징 시장에 임명되었다. 어쩌면 그 역시 '잡질 문제'를 연구했을지도 모르겠다. 아무튼 그는 공안부장인 뤄루이칭(羅瑞卿)과 함께 새로운 명사인 '수정의 도시(水晶城)'를 고안했다. 이는 전체 주민 중에 그 어떠한 계급의 적도 없으며, 오로지 순수한 무산계급의 도시라는 의미다.

그들은 베이징을 수정의 도시로 변화시켰다. 그래서 각종 무산계급독재의 대상, 즉 '모자'를 쓴 사람은 하나하나 칙령에 의해 베이징에서 전출시켰으며, 나는 비록 공식적인 독재의 대상은 아니었지만 하나의 '잡질'이라고 할 수 있었기에 축출 대상 중 하나가 되었다.

그때 과기대학교에서는 모두 1백여 명이 하방 되었다. 그 대부분은 나와 같은 유형의 잡질이었다. 처음에 우리들은 모두 베이징 서남쪽에 위치한 창양(長陽)농장에서 노동을 했다. 노동의 종류는 짠황과 조금도 다르지 않았다. 과거 짠황에서와 다른 점이 있다면 당시의 농촌은 대약진 이전의 소박함과 자연스러움을 일찍이 상실했고, 하방된 사람들 역시 50년대의 순진함과 열정을 조금도 가지고 있지 않았다는 것이었다.

노동 이외에는 매일 정치학습을 받았다. 모든 사람들이 매일 거짓말을 해야 했다. 유심론적 맹세, 가식적인 충성, 그리고 억지웃음을 강요당했기 때문이었다. 사람들은 자신의 진정한 속내는 가면 같은 얼굴 속에 깊숙이 감추어 두었다. 얼마나 부지런히 일하고 얼마나 경건하고 정성스러운가의 여부도 중요하지 않았다.

예를 들면 《비참한 세계》 속의 장발장(Jean Valjean, 1769~1833)과 같이 신상의 '잡질' 흔적을 씻어버릴 수가 없다는 것을 우리 모두 알고 있었기 때문이다. 아무리 열심히 일을 한다 해도 '빵 한 덩어리의 죄'를 씻어버릴 수가 없으며, 평생 추적을 피하여 도망 다니는 운명을 면할 수가 없었다. 창양으로 하방된 사람은 다른 희망이 없었다. 오직 베이징으로부터 축출되는 명령을 기다리고 있을 뿐이었다.

1965년 4월, 나는 통지를 받았다. 랴오닝성(遼寧省) 잉커우(營口)의 전자공장으로 전근하라는 것이었다. 이번에 가면 영원히 베이징을 떠나는 것이며, 영원히 물리학을 떠나는 것이었다. 나와 함께 농장에서 노동을 하던 사람들도 명령을 받은 후 하나 둘 떠나갔다. 나 역시 떠날 준비를 했다. 그 시절에는 전국 어디를 가나 모두 무산계급의 천하라는 것을 알고 있었기 때문에 이 명령을 거역할 수 있는 사람은 거의 없었다.

하지만 '기적'이 일어났고, 나는 랴오닝성으로 가지 않았다.

상황이 급변한 것은 옌지츠(嚴濟慈) 선생 덕분이었다. 그는 당시 과기대학교의 부총장이었고, 중국물리학계에서 가장 나이가 많은 원로 선배이기도 했다. 하루는 옌 선생이 내가 발표한 논문을 들고 과기대학교 당위원회 서기인 류다(劉達)를 찾아가 왜 연구의 재능을 드러내고 있는 젊은 인재를 전근시키려고 하는지 이해할 수 없다고 말했다. 그러자 류다는 이미 내린 명령을 취소했다.

분명히 이것은 기적이었다. 왜냐하면 그 시절에는 확률적으로 거의 기대할 수 없는 사건이었기 때문이었다. 첫째, 비록 옌 선생이 부총장이었지만 과기대학교의 행정업무에 대해서는 권한이 전혀 없었으며, 게다가 당원도 아니었기 때문이다.

대학교의 모든 사무는 공산당 당위원회가 책임지고 있었다. 비당원인 부총장이 한 명의 물리학 조교의 전근 때문에 당위원회에 진언한다는 것은 지극히 드문 일이었다. 왜냐하면 인사업무는 비당원 인사의 관여를 더더욱 용납하지 않는 성역이었기 때문이다.

둘째, 당위원회 서기가 옌 선생의 의견을 받아들이고, 다양한 서류들로 '잡질'임을 증명할 수 있는 이를 대학교에 남겨놓는다는 것 역시 보기 드문 일이었다. 게다가 이후 류다는 나를 종종 찾아와 관심을 보였다. 1987년 내가 두 번째로 당적을 제명당했을 때 그는 이미 퇴임했음에도 나를 찾아와 말했다.

"공산당은 당신을 좋아하지 않는다!"

나는 대답하지 않았다. 그렇게 몇 초가 지나자 그는 다시 혼잣말로 중얼거렸다.

"공산당은 나도 좋아하지 않는다."

나는 그제야 1965년 류다가 옌 선생의 의견을 받아들인 이유를 알 것 같았다.

1965년 가을 개학 시기 나는 창양농장에서 과기대학교로 돌아왔으며, 다시 강의를 맡았다. 과목은 양자전자학이었다. 그리고 조교에서 강사가 되었다. 나는 스스로 당국이 좋아하지 않는 사람이라는 것을 알고 있었기 때문에 마음의 준비가 되어 있었다. 날 좋아하지 않는대도 나로선 어쩔 수 없는 일이다. 그건 그들의 선택이다. 인간은 다른 사람의 즐거움을 위해서만 살 수 없다. 내가 '잡질'이라면 '잡질'로 존재하면 될 일이지 구태여 자신의 본성을 바꾸려고 노력할 필요는 없는 것이다.

사회는 어쩌면 한 덩어리의 고체와 마찬가지로 그 많은 성질이 완전히 극소량의 잡질에 의해 결정되는 것일지도 모른다. 이러한 의미로 본다면 하나의 잡질 원자는 순종하는 원자에 비해 훨씬 큰 힘을 가지고 있었다. 로맹 롤랑(Romain Rolland)은 "이 전진하는 역사의 전차 속에서 우리들은 결코 가치 없는 작은 바퀴가 아니다."라고 말했다.

그 말이 맞다. 설령 우리들이 아주 작고 작은 존재라 할지라도 얘기할 가치도 없는 작은 바퀴는 아닌 것이다.

자기 자신의 키를 잡기만 한다면 우리는 당대의 세상 창조에 참가할 수 있다.

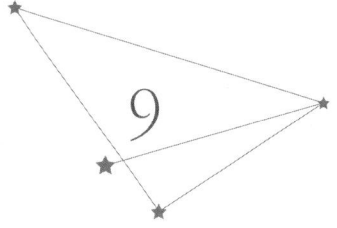

9

군주제 하의 세월

창양농장에서 과기대학교로 돌아온 후 비교적 평온한 날을 보냈다. 매일 학생을 가르치거나 연구에 집중했다. 마음을 후련하게 하는 통쾌한 일은 없었지만 논문도 한 편씩 발표했으며, 그 속에서 즐거움을 느꼈다. 1년도 채 지나지 않아 나는 13번 째 논문을 발표하게 되었다. 13이라는 재수 없는 숫자가 도래하면서 중국의 무산계급 문화대혁명이 시작되었다.

문화대혁명은 이전에 여러 차례 있었던 정치운동과는 완전히 달랐다. 이전의 운동은 모두 매우 단일한 타격목표를 가지고 있었다. 예를 들어 '숙반(肅反)'은 숨어있는 반혁명분자를, '반우(反右)'는 우파분자를 타격하는 것으로써 그 목적이 분명했다. 그러나 문화대혁명은 누가 혁명의 대상이고, 또 누가 아닌지 명확히 말할 수가 없었다. 왁자지껄한 10년 문화대혁명을 대체 무엇이라고 할 수 있는지에 대해 지금도 사람들은 저마다 다른 답안을 내놓고 있다.

나의 답안은 이렇다. 문화대혁명의 목적은 매우 단일한 것이었다. 1966년부터 1976년까지 10년간의 문화대혁명은 마오쩌둥이 스스로 황제라고 일컬으면서 왕위에 오른 시기였다. 설령 마오쩌둥이 자신을 위해 황제의 칭호와 왕조의 이름을 만들지는 않았더라도 그가 왕위에 올랐다고 말하는 것은 형식적으로나 실질적으로 과장된 것은 아니었다. 앞장에서 말했듯이 60년대 초 대학교 교수들은 항상 이 최고 지도자를 '황제'라는 존칭으로 높여 불렀다. 마오쩌둥의 이미지는 이미 민족영웅에서 황제로 바뀌었다. 그 자신도 공개적으로 자신을 조조나 진시황과 비교하기도 했다.

문화대혁명 당시 형식면에서도 그를 황제로 일컫는 것이 당연시되었다. 문화대혁명이 시작된 이후 중국공산당이 하달한 문건에는 모든 회의에서 마오쩌둥을 '선생'이라고 부르면서 소리 높이 만세를 세 번 불렀다는 내용이 나온다. "만세! 만세! 만만세!" 중국공산당 스스로가 심의해 수정한 《현대한어사전(現代漢語詞典)》에 근거하면, '만세'라는 것은 만약 그것을 사람 뒤에 사용한다면 '봉건시대에 신민이 황제를 칭송하는 것'으로 해석된다고 했으며, "사회주의 또는 공산주의 시대에 공민이 지도자를 큰소리로 부르는 것"으로 해석될 수 있다고는 말하지 않았다.

문화대혁명이 끝난 후인 70년대 말, 나의 동창의 아들은 대학교 입시준비를 하면서 각 분야의 과목을 복습하고 있었다. 그는 정치사를 복습하면서 2천여 년을 길게 이어져 내려온 중국의 각 왕조 명칭을 열심히 외우다가 문득 하나의 왕조가 빠졌다는 생각을 하며 그의 부친에게 물었다.

"중국의 현재 왕조는 무슨 왕조라고 부릅니까?"

그 질문을 받고 내 동창은 웃을 수도 울 수도 없었다. 잠시 말문이 막혀 있던 그가 이내 대답했다.

"무슨 왕조냐고? 마오 왕조(毛朝)다! 덩 왕조(鄧朝)야!"

그 질문을 한 아이는 절대로 모자란 아이가 아니었다. 그는 후일 베이징대학교에 입학했으며, 졸업 후에는 미국 필라델피아의 대학교에 가서 물리학 박사과정을 공부했다. 그 아이의 부친은 대학 시절 나의 실험 동료인 허우더펑이었으며, 당시 그는 이미 광시대학교 교장이었다.

앞선 허우더펑과 그의 아들의 대화는 터무니없어 보이기도 하지만 틀린 말은 아니었다. 중국의 군주제는 명의상으로는 1911년에 공화국에 의해 대체되었지만 수십 년 동안 완전히 단절되지 않았다. 1915년 위안스카이(袁世凱)는 스스로 황제라고 일컬었으며, 1932년부터 1945년까지 푸이(溥儀)는 '만주국'에서 황제로 복위했다. 바로 이 두 사건이 가장 유명한 예가 되고도 남았다.

그러나 두 사건 모두 성공적이지 못했다. 위안스카이는 오직 81일을 생존했을 뿐이고, 후자는 실질적으로 일본제국의 괴뢰였다.

가장 성공적이었던 인물은 마오쩌둥이다. 그는 10년 동안 스스로를 황제라고 칭했다.

무산계급 문화대혁명이 시작된 첫 날인 1966년 6월 1일, 과기대학교는 다른 대학교와 마찬가지로 휴강했다. 도서관도 모두 문을 닫았다. 교수와 학생들은 일률적으로 정치운동에 투입되었다. 일부 학생들은 홍위병을 구성하여 반동조직을 적발하고 비판했다. 홍(紅)과 흑(黑) 간의 혼전이 시작되었다.

운동 초기에는 나까지 비판의 대상이 되지 않았다. 나는 여전히 '혁명' 대중이라고 할 수 있었다. 첫 번째 투쟁대상은 주로 마오쩌둥 자신의 동료였으며, 류사오치와 류사오치 일파를 지지하는 당내의 크고 작은 세력들을 반동조직으로 분류되었다.

적지 않은 지식인들도 비판을 받았지만, 그 대다수는 신문지상에서 그 이름을 늘 볼 수 있는 원로 권위자들이었다. 다행스럽게도 홍위병은 《물리학보》에는 별 관심이 없었다. 만약에 당시 논문을 발표한 수량에 따라 대상을 분류했다면 나도 비판의 대상이 되는 것을 면하기가 매우 어려웠을 것이다.

물론 나는 다른 사람을 비판하는 주역은 될 수 없었다. 비판회의에서 나는 단지 "만세! 만만세!"라고 외쳐댈 권리만 가지고 있었다. 요컨대 나는 운동의 중심에 있지 않았으며, 홍 쪽에도, 흑 쪽에도 속하지 않았다. 집에 돌아오면 나는 심지어 약간의 연구도 할 수 있었다. 그때 나는 비선형 라만(Raman)난반사(亂反射)를 연구하고 있었다. 이미 논문을 발표할 곳이라곤 없었다. 《물리학보》는 6월에 정간되었고, 다른 학술 간행물도 일률적으로 정간되었다.

당시 모든 도서관이 문을 닫았지만, 과학원의 도서관만은 완전히 문을 닫지 않아서 이따금씩 책을 보러 갈 수 있었다. 나는 우주미파배경복사(宇宙微波背景輻射)의 발견과 그 열우주학의 의의를 그 도서관에 비치된 《오늘의 물리》에서 본 것을 기억하고 있다. 이는 현대우주학이 첫 번째로 나의 흥미를 자아냈던 일이었다. 그 후 얼마 지나지 않아 그 도서관도 문을 닫았다. 나의 우주학에 대한 흥미는 1958년 리수셴에게 품었던 연정과 마찬가지로 '냉동'되고 말았다.

당시 열기가 가장 뜨거운 것은 홍위병이었다. 많은 청소년들이 마오쩌둥을 숭배하며 열광했다. 그 주요 원인 중 하나는 1966년 8월에 시작되어 꼬리에 꼬리를 물고 계속된 혁명 기간 중에는 홍위병이라면 누구나 무료로 기차를 타고 각지로 가서 혁명을 할 수 있었기 때문이다.

누구든 자신이 홍위병이라고 주장하고 "만만세!"라고 큰 소리로 외치기만 하면 다른 증명서를 보여줄 필요도 없이 자유롭게 기차를 타고 가고 싶은 곳은 어디든지 갈 수 있었다. 그리하여 열광하는 사람들이 크게 늘어났다. 1966년 10월에는 전국의 모든 기차가 무료가 되어서 누구든지 다만 혁명을 하러 간다고 주장하기만 하면 기차에 오를 수가 있었다.

나의 많은 동료들도 이러한 조류에 뒤섞여 '꼬리에 꼬리를 무는 혁명대열'에 합류했다. 그중에는 앞 장에서 언급된 A와 B도 포함되어 있었다. 그들의 '혁명목표' 지역은 원래 시캉(西康)성에 속한 간쯔(甘孜) 지구였다. 그곳은 비록 티베트 사람들이 기르는 야크밖에 볼 것이 없었지만 그들은 그곳에서 혁명을 한다고 공언했다. 이렇게 하여 중국 역사상 유일한 무료여행이 시작되었다. 그 규모의 방대함은 가히 1958년의 무료식사와 비교될만한 것이었다.

11월 초, 나 역시 무료여행의 유혹을 참을 수 없어서 6명의 동료들과 모여 꼬리에 꼬리를 무는 혁명대열에 합류하기로 약속했다. 우리들은 잠깐 준비를 한 후 베이징 기차역을 출발했다. 여행이 시작되자마자 우리들은 조금 두려워졌다. 왜냐하면 6명의 동행자 중에서 3.5명은 '잡질'이었기 때문이다.

나는 당적을 제명당한 적이 있었고, 두 명은 청년단의 처벌을 받은 적이 있었다. 다른 한 명은 인도네시아에서 돌아 온 화교였다.(당시의 화교는 일률적으로 절반의 잡질과 같았다.) 그래서 우리는 다른 사람들이 우리들의 신분을 엄격히 선별하여 비판받게 될까봐 매우 두려워했다.

그러나 혁명 대열의 인파 속으로 들어가면서 두려움은 빠르게 사라져버렸다. 주위에 홍위병이 매우 많았지만 대다수가 빨리 차에 올라 외지로 가서 '혁명하기'를 바라고 있었고, 오직 극소수만이 자신의 근방에서 혁명해야 할 대상이 있는지에 관심을 두었다.

물론 우리들도 예상 밖의 일에 대비해 주도면밀한 계획을 세웠다. 떠나기 전에 나는 '중국과학기술대학·71전투대'라는 문구로 큰 도장을 새겼다. 혁명의 비상 시기였던 그때에는 어떠한 '전투대'를 설립하더라도 공안국에 등록할 필요가 없었다. 때문에 누가 우리들의 신분을 식별하려고 해도 '71전투대' 공인으로 우리들 모두가 전투대원임을 증명할 수가 있었다.

혁명대열이나 혁명여행은 확실히 전투정신을 필요로 했다. 매번 기차를 타고 내리는 것은 한 판의 전투였다. 왜냐하면 기차는 모두 개방되어 있어서, 차문이나 차창으로 자유롭게 출입할 수가 있었으니 그곳이 얼마나 붐볐는지 상상할 수가 있겠는가?

나는 대학 강사였지만 기차를 타고 내릴 때는 강사로서의 체면을 신경 쓸 겨를이 없었다. 나는 다른 사람들처럼 차창으로 올라가고 내려오기도 했다. 다행히도 그때는 한창 힘을 쓸 수 있는 30살이어서 붐비는 것을 두려워하지 않았고, 젊은 홍위병들과 맞설 때도 밀리지 않았다.

안타깝게도 우리는 열차를 잘못 탔다. 난징은 이전에 가본 적이 있어서 다시 갈 생각이 없었는데 실수로 난징행 열차를 탄 것이다. 우리는 더 먼 곳으로 가고 싶었다. 하지만 이미 열차를 가득 메운 인파로 인해 돌아 나갈 길이 막혀서 다른 기차로 갈아타는 것이 불가능했다. 난징으로 가는 수밖에 없었다.

콩나물시루처럼 붐비는 열차 안에서 지쳐버린 승객들은 이내 잠이 들기 시작했다. 잠이 든다고 사람들로 인한 압력이 줄어드는 건 아니었다. 오히려 주위로부터 압도해 오는 힘을 버텨야만 했다. 한밤중에 누군가 미친 듯이 소리쳤다. 우리들은 그 소리에 깜짝 놀라서 깨어났다.

"공기가 없다! 숨을 쉴 수가 없어!"

좌석 아래쪽에서 나는 소리였다. 열차가 붐비자 사람들은 좌석 아래에 파고들어가려고 안간힘을 썼다. 그곳은 폐쇄된 작은 공간이라 더 이상 사람이 비집고 들어올 수 없었기 때문이다. 하지만 공기조차 비집고 들어오지 못하리라곤 상상하지 못했을 것이다. 숨을 쉴 수 없다는 말에 놀란 우리들은 함께 고함을 질렀다.

"혁명의 인도주의를 발양하라, 그들에게 공기를 좀 주어라!"

그러자 모든 사람들이 힘을 내어 한 갈래의 틈새를 간신히 만들었다. 그 틈새를 통해 공기가 좌석 밑으로 들어가도록 하여 숨쉬기가 어려웠던 사람들을 구출했다.

이 길로 우리들은 난징, 수저우, 항저우, 상하이를 두루 돌아다녔다. 이 도시들은 우리가 모두 가본 곳이라 별로 색다를 게 없었다. 유일하게 신선했던 것은 수저우에서 항저우로 가는 길이었다. 그때 우리들이 탄 것은 기선이었으며 역시 무료였다. 나에겐 그때가 첫 번째로 중국의 천리 대운하를 항해한 것이었다.

이 대운하는 서기 7세기에 만들어졌으며, 황제는 운하를 통해 여행을 할 수 있다는 사실을 무척 마음에 들어 했다. 가장 영광스러웠던 것은 2백여 년 전 건륭(乾隆)황제가 대운하를 따라 장난(江南)에 간 것이었다. 그는 수저우와 항저우를 여행할 때 우리들이 그 날 항해했던 것과 같은 방향으로 갔었다.

들리는 바로는 그 당시 그의 방대한 선단이 강을 따라 남하했을 때 양쪽 강가에서 백성들이 끊임없이 "만세! 만만세!"하며 큰소리로 외쳤다고 한다. 하지만 12시간이 걸린 우리들의 항해에서는 선실의 기계 소리가 너무 커서 누군가 강가에서 "만세!"를 불렀더라도 들을 수 없었을 것이다. 우리들은 거무스름한 운하의 물이 내뿜는 고약한 냄새만을 맡았다.

항저우는 나의 고향이었다. 따라서 나는 당연히 우리들 '71전투대'의 길잡이가 되었다. 유감스러운 것은 우리들이 시후에 놀러간 바로 그날 가랑비가 내리고 있어서 호수의 풍경과 먼 산이 잘 보이지 않았다는 것이었다.

나는 말로라도 그 풍광을 설명하고 싶었다. 시후는 '물 위에 반짝이는 빛이 출렁이며 날씨가 개니 경치가 좋고, 산 빛이 희미하고 비가 내리니 또한 경치가 기이하였으며(水光瀲灩晴方好, 山色空濛雨亦奇)', 잘 보이지 않을 때는 더욱 그 아름다움을 상상할 수가 있었다. 하지만 결국 상상력이 부족한 일부 대원들이 흥을 깨고 말았다.

우리가 항저우를 떠나기 위해 항저우 역으로 갔을 때 역은 이미 사람들로 북적였다. 기차를 기다리는 사람이 너무나 많아서 도저히 기차에 탈 방법이 없어 보였다. 경치가 좋은 곳은 어디든 '혁명'하러 온 사람이 많았기 때문이다.

상황이 이렇게 되자 철도요원들은 묘안을 짜냈다. 그들은 기차가 역에 도착할 때마다 기차가 정거하는 위치를 정확히 알려주지 않았다. 단지 기차를 타려면 그들을 안내하는 철도요원을 따라 가라고 했다. 기차가 도착하면 안내요원은 처음엔 걷다가 발걸음을 점점 빨리 했고 이내 뛰기 시작했다. 그러면 그를 따라 가던 무리들은 저절로 앞에서 뒤로 이어지는 달리기 경주대형을 이루게 되었고, 역은 더 이상 북적대지 않았다. 빨리 뛰지 못하는 사람들은 모두 뒤로 처졌고 기차에 오르지 못했다.

이러한 전투를 통해 우리들 '71전투대'의 전 대원은 전멸되었으며 모두 흩어졌다. 나와 다른 2명의 대원은 곳간차에 올라탔다. 이 곳간차는 평시에 가축이나 범인을 운송하는 공간으로 좌석이 없고, 중간에 오줌통이 놓여 있었다. 그리고 아주 작은 창문이 뚫려 있었다. 후일 영화를 보고 그것이 히틀러가 유태인을 운송할 때 썼던 열차와 같다는 것을 알게 되었다. 나는 오줌통 옆엔 가까이 가지 않으려고 애썼다. 어쨌거나 곳간차에서의 하룻밤은 아주 빠르게 지나갔다.

각지에서의 숙식은 도착지의 대학교나 다른 조직이 제공했다. 숙박에는 전혀 돈이 들지 않았다. 식사만 약간의 돈을 냈다. 만약에 돈이 없더라도 걱정할 것 없이 메모를 남겨놓거나 "마오 주석이 우리들이 전진하도록 손을 흔든다."는 구절을 외우면 그 비용은 마오 주석이 지불했다. 이는 마치 중국 고대의 행각승이 어느 절에 가든 돈을 낼 필요 없이 숙식을 해결하려면 오직 입으로 "아미타불"만 외우면 비용은 천당의 재정부가 지불하는 것과 같았다.

꼬리에 꼬리를 무는 혁명대열은 그것을 시작하고 약 3개월 뒤인 12월에 끝났다. 흩어졌던 우리 대원들도 1966년이 끝나기 전에 속속 베이징으로 돌아왔다. 이 책을 읽는 후대 사람들은 정치적 색채가 농후하였던 문화대혁명과 그것의 중간에 끼어 있었던 무료 기차여행을 믿기 매우 어려울지도 모른다. 그러나 이것은 사실이다. 나는 꼬리에 꼬리를 무는 대열에 참가한 자 중 90퍼센트는 순수한 여행을 하는 것이 목적이지 아니면 정말 혁명을 하고자 하는 지 알 수 없는 사람들이었다고 감히 말할 수 있다.

본래 그것은 혁명이 아니었다. 단지 마오쩌둥 스스로가 자신을 황제라고 일컫는 일일 뿐이었다.

'황제라고 일컫는 것'이라는 이러한 인식은 내가 후일 천천히 분명하게 생각해 낸 것임을 인정해야 할 것이다.

1949년 내가 셴농탄에서 마오쩌둥에게 보냈던 숭배는 문화대혁명이 시작되기 이전에 이미 없어졌다. 대약진을 비롯한 마오쩌둥의 일련의 정책들은 잘못된 것이라는 사실이 이미 많은 증거들을 통해 증명되었다. 그러나 나는 그가 아마 좋은 마음으로 그렇게 한 것이며, 어쩌면 정말 중국을 하루빨리 부강하게 만들려고 성급하게 대약진을 결정했을지도 모른다고 생각했다.

젊었을 때 중국공산당에 대해 가졌던 나의 완전한 신뢰는 60년대에 점차 사라지기 시작했다. 그럼에도 나는 여전히 중국공산당이 국민당과 같은 정당과는 크게 구별되며, 중국의 발전은 오직 중국공산당 자체의 발전을 통해서만 기대할 수 있다고 생각했다.

마르크스주의는 문화대혁명이 시작될 때까지도 여전히 나의 신앙이었으며, 다른 것으로 대체되지 않았다. 1965년 나보다 열서너 살이 많은 동료 쉬자란(徐家鸞)은 출국할 수 있는 기회가 오기를 몹시 바라고 있으며, 기회가 온다면 미국을 첫 번째 목적지로 선택할 것이라고 말했다. 그의 말에 나는 만약 나에게 출국 기회가 온다면 아마도 소련을 택하게 될 것이라고 말했다. 당시 나의 이상은 여전히 소련과 같은 사회주의였다. 그때 소련의 우주탐사 등 과학의 성과는 미국을 앞지르고 있었으며, 이로 인해 사회주의에 대한 나의 신념은 더욱 확고해졌다.

소년시대의 이상주의는 나를 공산당과 가깝게 만들었고, 청년시대의 과학추구는 나를 공산당에 가입하도록 만들었다. 비록 이러한 신념이 이미 반복적으로 좌절되고 타격을 받았지만, 사회주의는 나도 모르는 사이 내가 희망을 걸고 있는 곳이 되어 버렸다.

따라서 문화대혁명이 시작될 때 마오쩌둥은 공산당이 자신의 운명을 고쳐야 한다고 제기했고, 나는 정말로 마오쩌둥과 중국공산당이 결국에는 자신의 정책이 잘못되었다는 것을 인식하고 성실하게 정책을 수정할 것이라고 생각했다. 나는 적어도 중국공산당은 소련과 같이 중국을 과학기술이 발달한 사회로 건설하는데 전력을 다할 것이라고 생각했다.

그러나 이러한 환상은 아주 빠르게 무너졌다. 1967년, 1968년에 대학교는 강의를 하지 않았고, 학생도 뽑지 않았다. 실험실과 도서관은 여전히 문이 닫혀 있었다. 중국은 여전히 과학을 필요로 하지 않았으며 기술을 필요로 하지 않았다. 오직 정치운동만 있었을 뿐이다.

게다가 운동을 피해 집에서 공부하는 것도 불가능했다. 문화대혁명이 이미 폭력투쟁으로 발전했기 때문이었다. 대학교의 캠퍼스는 중세기로 되돌아갔으며, 몽둥이를 들고 보호모를 쓴 사람들이 언제라도 싸울 태세를 하고 있었다.

나와 리수셴의 집은 폭력투쟁을 하는 2개 파의 쟁탈구역에 위치하고 있어서 조용히 독서하기가 불가능했다. 다섯 살 난 아이를 데리고 투쟁구역에 사는 것이 너무 불안했지만 뾰족한 수가 없었다. 약 6년 동안 관리해 온 이 집을 포기하고 부모님이 살고 계신 곳으로 돌아가든지 그 리보잉 골목에서 잠시 머무는 수밖에 없었다.

그 2년간의 운동을 통해 상당수 중국공산당 고위인사들의 내막이 폭로되었다. 흐루시초프의 비밀보고가 나로 하여금 스탈린을 다시 인식하도록 만든 것처럼, 샅샅이 드러난 내막은 나의 마음속에 차지하고 있던 수많은 중국공산당 지도자들에 대한 원래의 이미지를 훼손했다. 많은 지도자들은 일찍이 내가 존경하던 분들이었다. 하지만 나는 다시는 그들에게 친밀감을 가질 수 없었다.

그들의 처세철학은 종파관계를 유지하고 권력계층에 줄을 댔다. 그러나 나는 과학적인 방법과 원칙을 숭상했다. 마르크스는 일찍이 자신의 학설이 무산계급 당파에 속하지만, 그것은 과학적인 것이라고 했다. 마찬가지로 설령 당파에 관한 논쟁이 과학적인 원칙과 방법에 의거하더라도 이른바 당성과 과학성은 일치하는 것이라고 말한 적이 있다. 마르크스의 이러한 판단은 나를 매료시켰고, 공산당에 몸을 던질 수 있도록 한 중요한 요소가 되었다. 과학에 종사하는 사람은 인격이 분열되지 않고서는 비과학적인 원칙을 다시 받아들이기가 매우 어렵다.

그런데 중국공산당의 고위층 간의 이른바 노선투쟁은 한판의 권력을 쟁취하기 위한 대대적인 구타행위와 무장투쟁이었으며, 중국 역대 왕조의 궁궐 안에서 발생한 황제, 권신, 권세가 간의 궁정 살인극과 조금도 다를 바가 없었다는 것이 많은 자료를 통해 증명되었다. 쟁탈전에서 성공한 마오쩌둥도 숭배할 가치가 없었고, 쟁탈전에서 실패한 류사오치도 동정할 가치가 없었다. 왜냐하면 이긴 쪽이든 진 쪽이든 상관없이 모두가 내가 숭상하는 이상주의와 과학정신을 가지고 있지 않았기 때문이었다.

소년시기의 무지한 숭배에서 벗어나고, 그 숭배를 추구하기 위해 고뇌하던 청년시기를 벗어나니 마음이 오히려 한층 가벼워졌다. 삼십

대에 들어서고 나서야 일어선 나는 눈앞에 펼쳐진 길이 더욱 험난하다는 것을 알았지만 더 이상 갈팡질팡하지 않았다.

1966년 여름, 나의 차례가 돌아왔다. 내가 문화대혁명의 투쟁대상이 된 것이다.

그때 대학교는 계급대열을 깨끗이 정리하기 시작했으며, 각종 '잡질'을 온갖 '잡귀신'이라고 부르면서 투쟁의 목표로 삼았다. 그 자세한 분류를 보면 지주, 부농, 반혁명분자, 악질분자, 우파분자, 반역자, 간첩, 자본주의의 길을 걷는 당권파(當權派)가 있었다. 그 '잡귀신'들은 모두 캠퍼스 내에 갇혔고 집으로 돌아갈 수 없었다.

나는 6월에 갇히게 되었다. 나는 '운 좋게 법망을 벗어난 우파'로 분류되었다. 1957년에 당연히 정식으로 우파분자로 규정되어야 했는데 운 좋게 법망을 빠져나온 적이 있었다는 의미였다. 감금되던 날 당국은 사람을 보내 나의 집을 수색했다. 가택수색을 당해도 손실된 재산은 없었다. 왜냐하면 지식 이외에는(우리들이 자본계급 지식인으로 지칭되었는데도 불구하고) 우리가 가진 재산이 없었기 때문이다. 가장 큰 손실은 리수셴과 내가 1958년부터 1959년 사이에 서로 주고받은 100통이 넘는 서신이 가택수색 당시 소실된 것이었다.

나는 한 건물의 숙소에 갇혀 있었다. 그곳은 임시로 사용하는 감옥과도 같았으며, 홍위병이 지키고 있었다. 함께 갇혀 있는 사람은 모두 4명이었는데, 3명은 우파이거나 또는 운 좋게 법망을 벗어난 우파였으며, 한 명은 중등학교 시절 삼민주의청년단에 집단적으로 참가한 적이 있기 때문에 반혁명분자로 분류되었다. 4명은 모두 물리학 교수여서 함께 지내는 동안 많이 외롭진 않았다. 우린 때로 물리 이야기를 나누었다.

홍위병은 매일 두 번씩 우리들을 자세히 살폈다. 그리고 매일 참회하는 글을 한 편씩 쓰라고 했다. 그 나머지 시간에는 그 유명한 붉은 표지의 작은 책, 64절판, 256페이지인 《마오 주석 어록》을 학습했다. 한편의 참회문을 쓰는 것은 그리 어려운 일은 아니었다. 1천 자에 달하는 내용은 대략 반시간 정도면 쓸 수 있었다. 참회문 중 3분의 1은 마오쩌둥 어록을, 3분의 1은 하루 전날 신문지상에서 선전한 것을 베꼈으며 나머지 3분의 1은 "나는 깊이 체험하여 터득하기를……" 등과 같이 나 자신의 소감을 적었다.

얼마 뒤 나는 우리가 제출한 반성문을 보는 사람이 없었다는 것을 알게 되었다. 간수들은 우리들을 지키는 것이 아니라 단순히 점검만 하고 교대했다. 그래서 그 이후 반성문을 쓸 때는 글자체를 약간 바꾼 것 몇 부를 더 베껴놓고 며칠 걸러 한 번씩 같은 반성문을 제출했다. 나는 이렇게 공업화 방식으로 반성문을 대량으로 생산했는데 효율도 매우 높았고 유비무환이라 좋았다.

어쩌면 우리들이 반성문을 쓰는 일을 질질 끌지 않았기 때문에 간수들이 비교적 좋은 대우를 해 주었는지도 몰랐다. 그들은 우리들이 매일 오후 학교 캠퍼스에 가서 노동을 하게 함으로써 햇볕을 쪼이고 신체를 단련하게 했다. 이는 불행 중에 얻은 자그마한 행운이었다.

우리들의 노동은 원칙 없이 대충대충 넘어갔다. 당시엔 대자보가 대단히 많이 붙어 있었다. 당국은 이미 밀가루로 만든 풀을 공급할 경비도 없었다. 그래서 진흙으로 풀의 대용품을 만드는 사람도 있었다. 그리하여 그 대자보들은 10년이 지나도 쇠퇴하지 않고 굳건히 붙어 있었다.

겨울, 투쟁은 더욱 긴박하게 돌아갔다. 대학교는 이미 당국이 보낸 노동자선전대(工宣隊: 노동자의 모택동사상 선전대)와 군인선전대(軍宣隊: 해방군의 모택동사상 선전대)가 관리했다. 전교에 이미 4백여 명이 구금되었다.

식사를 할 때마다 구금된 사람들은 일렬로 줄지어 식당으로 들어가서 밥을 먹었다. 80년대 초 나는 영국의 케임브리지 대학교에 가서 일했는데 어느 날 황실대학(Kings College)의 공식 만찬에서 상석에 앉아 식사를 하게 되었다. 그때도 마찬가지로 먼저 줄을 선 다음 줄지어 식당으로 들어갔다. 가장 존경을 받고 가장 멸시를 받는 두 종류의 생활은 이렇게 형식면에서 같을 때도 있었다.

그때 첸린자오 선생도 감금된 상태였다. 그는 간첩 혐의를 받았다. 1949년 그는 중앙연구원의 대리 총간사였다. 중앙연구원이 타이완으로 옮겨갈 때 그도 타이완으로 갔다가 그 후 대륙으로 돌아왔다. 하지만 대륙으로 돌아온 이유가 확실하지 않다는 이유로 간첩 혐의를 받았다.

한동안 첸 선생은 나와 같은 방에 감금되어 있었다. 그 방엔 여섯 명이 있었다. 간수가 없을 때 첸 선생은 오래 전 영국에 있었을 때의 생활을 들려주곤 하셨다. 그는 경관(庚款)학생*으로 30년대 런던에서 공부했다.

---

* 역자 주: 1900년에 의화단이 각 외국공관에 난입했다. 8국의 연합군이 이를 진압하고 중국은 결국 손해배상을 각국에 지불했다. 미국은 이 돈으로 중국인에게 장학금을 주기도 했는데, 경관학생은 이를 받아 유학한 사람을 말한다.

물론 이런 추억은 절대 간수가 들어서는 안 되는 것이었다. 이는 '낡은 세계에 미련을 가지는' 것에 속하는 것으로써 발각되면 적게는 매를 맞고 무겁게는 비판을 받게 되어 있었다. 다행스럽게도 첸 선생은 60여 세의 나이에도 대단히 기민했다. 언젠가 그는 왕주시(王竹溪), 리궈딩 등과 케임브리지에 놀러갔던 일을 말했다.

첸 선생과 일행들은 언덕이 많은 케임브리지에서 자전거를 탔고, 그가 타고 가던 자전거가 내리막길을 만났을 때 브레이크가 고장 나 속도가 점점 빨라지게 되었는데……. 쾅! 그때 갑자기 간수 하나가 문을 열었다. 어쩌면 간수는 문 밖에서 우리들의 웃음소리를 어렴풋하게 들었을지도 몰랐다.

그러나 문이 열리자 첸 선생은 이야기를 즉시 멈췄고, 우리들 역시 경건하고 정성스러운 얼굴로 《마오 주석 어록》을 공부하는 체 했다. 간수가 떠난 뒤에도 첸 선생은 이야기를 이어서 하지 않았다. 지금까지도 나는 그때 브레이크가 고장 난 자전거를 탔던 그가 어떻게 되었는지 모른다.

그때 우리들의 생활이 이러한 희극이나 익살극 같기만 했던 것은 결코 아니었다.

화학과의 성이 차이(蔡)인 강사도 1958년에 과기대학교에 왔다. 그는 원래 베이징대학교의 학생으로 나보다 2학년 아래였으며 '운 좋게 법망을 빠져나간 우파'의 죄명으로 감금되었다. 화학과의 잡귀신은 우리들의 이웃에 갇혔으며, 우린 매일 식사시간에 서로를 볼 수 있었다. 하루는 식사를 하고 돌아 왔는데 그가 보이지 않았다. 그는 식사시간에 방문이 열린 틈을 타서 곧바로 창가로 달려갔다. 그렇게 4층에서 뛰어내렸고 즉사하고 말았다.

나의 동료인 리웨이즈(李爲之) 역시 강사였다. 그는 아직 감금되지 않았지만 범위를 더 확대한다면 그의 차례가 될 가능성도 있었다. 하루는 그가 또 보이지 않았다. 그는 얼마 뒤 실험실에서 차갑게 굳은 시체로 발견되었다. 시체는 쇠줄이 그대로 드러난 몇 줄의 전선으로 휘감겨 있었으며, 전원과 연결되어 전기가 통하고 있었다. 그는 전동역학을 가르치는데 남다른 재주가 있는 사람이었는데 마지막 순간 전기를 이용해 스스로 생을 마감했다.

나보다 3학년이 낮은 베이징대학교 물리학과의 여학생은 졸업 후에 다시 과기대학교로 와서 조교로 있었다. 그녀는 어느 날 건물 옥상에서 발견되었다. 이미 사망한 상태였고, 검사 결과 사인이 음독으로 밝혀졌다. 실제로 당시 그녀는 비판과 투쟁의 대상이 아니었다. 하지만 비판투쟁회의의 공포분위기에 압도되어 정신이상이 왔고 결국 스스로 목숨을 끊었다.

굳이 비교하자면 과기대학교의 비판투쟁회의는 그다지 끔찍하지 않았다. 과기대학교에서는 모두 10여 명이 자살했는데, 이는 당시의 평균 자살률보다 낮은 수치였다.

우리들은 자살할 확률이 가장 높은 이들은 머지않아 비판투쟁을 받게 되거나 감금되리라고 스스로 생각하고 있는 사람들이라는 것에 주목했다. 이미 비판투쟁을 받았거나 감금된 사람들은 오히려 자살률이 낮았다. 재앙이 머지않아 내 머리 위에 들이닥칠지도 모른다는 생각이 사람들을 가장 두렵게 했다. 그러나 큰 재앙이 이미 들이닥쳤을 때는 오히려 두려움을 느낄 겨를이 없다.

중국은 줄곧 죄인을 참수하여 대중들에게 보여주는데, 이는 이러한 심리를 이용한 것이었다. 참수당하는 것을 보는 사람은 보통 참수를 당하게 될 사람보다 더 큰 두려움을 느낀다는 것이었다. 마오쩌둥 역시 중국 황제의 이러한 전통을 알고 있었기에 이른바 '모자(꼬리표)를 손에 쥐어 잡고' 함께 가지 않을 것 같은 사람들에게 모자를 씌움으로써 대중들에게 자신의 눈앞에도 그런 재앙이 닥칠 수 있음을 느끼게 했다. 그래서 많은 사람들이 마오 주석이 '손에 쥐고 있는 모자'가 두려워 자살했다.

우리들은 이미 비판의 대상이 되었고 이미 머리 위에 모자가 씌워져 있었던 만큼 오히려 마음이 편했으며, 차라리 첸 선생이 케임브리지에서 자전거를 탔던 옛이야기를 듣는 편이 나았다.

자살이 절정에 달했던 1969년도 지나갔다.

1969년 3월, 과기대학교의 전교생들은 철로 수리를 위한 작업에 동원되었다.

문화대혁명 기간 중에도 철로 보수는 완전히 중단되지 않았다. 우리들이 보수하는 것은 베이징에서 산시(山西)의 위안핑(原平)으로 가는 철로였다. 이 철로는 베이징의 한쪽 끝을 베이징 시내의 지하철과 서로 연결하는 매우 중요한 기능을 하고 있었다. 지하철은 중앙 요인의 집단 주거지와 직접 통했다. 그래서 국가 요인들은 베이징에서 변란이 일어날 경우 즉각 지하철을 타고 신속하게 베이징을 벗어날 수가 있었다. 1989년 6월 4일, 대학살이 발생하기 전 많은 사병들이 이미 톈안먼 지하에 비밀리에 집결하여 우리들이 보수작업에 참가했던 그 징위안선(京原線)을 이용했다.

중국에서 철로를 보수하는 인력은 철도병으로 분류되었으며, 이는 하나의 완전한 군대였다. 당시 나는 무산계급독재의 대상에 속해있긴 했지만 병영에 온 이후 모든 지식인들은 강등되어 피교육 대상이 되었다. 우리들은 모든 사람들과 동등한 대우를 받았으며, 우리들의 지위는 대학교에 있을 때에 비해 오히려 '향상되었다.' 군대의 편제에 따라 우리들은 분대(班), 소대(排), 중대(連)로 편성되었다. 각 소대원은 모두 큰 천막에서 잠을 잤다. 폭이 1미터 남짓한 매우 비좁은 취침공간이 개인에게 할당되었다. 소대장인 청푸전(程福臻)은 나와 서로 이웃하고 있었으며, 후일 그는 나와 공동으로 천체물리를 연구했다.

우리들이 보수한 철로는 량꺼좡(良各莊)역으로, 저우커우뎬역 부근에 있었다. 이 철로는 철수용으로도 사용될 예정이라 중간에 많은 터널이 있었다. 우리들의 작업지점은 두 개의 터널 사이에 있었다. 80미터 길이의 터널은 이미 뚫렸고, 또 다른 긴 터널은 아직 뚫려 있지 않았다. 터널 안의 작업은 모두 철도병의 몫이었다.

우리들의 임무는 산을 폭파하여 길을 내는 것이었다. 량꺼좡은 원래 두 개의 산 사이에 있는 아주 작은 산간 마을이었고, 주위에는 평지가 없었다. 길을 내기 위해서는 양쪽 산에 굴을 뚫어 기차가 교차할 수 있도록 해야 했다. 그래서 산의 돌을 운반하는 대대적인 작업이 필요했다.

도로를 건설하는 사람들은 모두 5개분대로 나뉘었고 각 분대는 6시간마다 교체되어 작업에 들어갔다. 그래서 자신이 속한 분대의 작업이 끝나게 되면 24시간 동안 휴식을 취할 수가 있었다. 6시간의 노동은 매우 긴장되었을 뿐만 아니라 위험했다. 매번 공사를 시작하기 전 앞의 분대가 산을 폭파했다.

그러면 산 위에는 조각난 돌들이 깔렸고, 발을 잘못 디디면 넘어질 위험이 있었다. 게다가 폭파된 돌의 모서리가 매우 뾰족하여 만약에 그 돌 위에 넘어지면 살을 베일 수도 있었다. 따라서 이 작업의 첫 번째 관문은 폭파한 산 위에 똑바로 서는 것을 익히는 것이었다.

돌을 운반하는 것 역시 위험 요소를 줄줄이 안고 있었다. 돌을 운반하는 첫 번째 단계는 산 위에서 돌을 밀어내리는 것이다. 그런데 산 아래에는 늘 사람이 있었다. 돌을 한 덩어리 씩 밀어 낸다면 위험은 크지 않지만 자칫 돌벼락을 일으킬 수도 있었다. 크고 작은 돌덩어리가 산 밑으로 굴러 내려가 아래에서 작업하고 있던 사람들이 다치기 쉬웠다.

야간작업은 더욱 위험했다. 돌이 굴러오는 방향도 보이지 않았기 때문이다. 따라서 작업을 할 때는 귀를 늘 쫑긋 세웠다. 그리고 일단 산이 붕괴되는 소리를 들으면 즉각 포물선이 도달할 수 없는 곳으로 몸을 피했다. 후일에는 돌벼락의 조짐, 산 위에 있는 사람들의 큰소리, 산 아래 있는 사람들을 향한 긴급 경보 등 안전계수가 크게 향상되었다.

밀려 내려온 돌은 광차(鑛車: 광산에서 캐낸 광석을 실어 나르는 뚜껑 없는 화차)에 적재되었다. 광차는 임시로 만든 작은 철로로 운행되었다. 돌을 가득 실은 광차는 한 사람이 떠밀 수 있었다. 내리막길로 밀고 갈 때는 차 위로 뛰어 올라 차가 아래로 미끄러지는 것을 보면 편안한 느낌이 들었다. 하지만 때론 그 편안함에 방심하다가 차를 세우는 것을 잊거나 세우는 솜씨가 서툴러서 사람과 차가 함께 계곡 밑으로 뒤집혀 굴러 떨어지는 일도 있었다.

공사를 하다 보니 온갖 재해가 발생했다. 다행히 모두가 치명상은 입지 않았다. 그러나 어떤 경우는 평생 고질병으로 이어지기도 했다. 후일 천체물리팀에서 함께 일하게 된 나의 동료 중 한 사람은 오른쪽 집게손가락이 짓눌려 뭉개졌고 다시는 곧게 뻗을 수 없게 되었다.

그런데 기이한 점은 크고 작은 상처를 입은 부상자들이 매우 많았음에도 불구하고 무산계급독재의 지배를 받고 있는 사람은 단 한 명도 다치지 않았다는 것이다. 나 역시 작은 찰과상조차 입지 않았다. 조물주가 어둠 속에서 군주제 하에 수난을 당하고 있는 우리들을 보우하고 있었던 것은 아닌지 모르겠다.

작업에 익숙해진 뒤 나는 오히려 밤 12시부터 아침 6시까지 일하는 야간조로 출근하기를 바랐다. 새벽 4시 무렵이면 먼 하늘의 색깔이 변하기 시작했다. 점점 밝아지는 것 같기도 하고 그렇지 않은 것 같기도 한 새벽녘의 하늘을 산 위에서 바라볼 때면 우리들은 어떤 무궁무진한 희망과 동경이 하늘에 가득 차 있다는 느낌을 받았다. 어둠을 뚫고 태양이 떠오르는 순간은 늘 감동적이었다.

도로를 닦는 일은 1969년 5월에 끝났다. 끝나기 전 리수셴과 큰아들 팡커가 나를 보러 공사현장에 왔다. 우리들은 함께 공사 현장과 아주 가까운 저우커우뎬에 갔다. 그곳에서 우린 저우커우뎬 동굴에서 발견된 인류의 화석인 '베이징인(北京人)'을 볼 수 있는 인류학박물관을 발견했다.

문화대혁명 기간 중 이 박물관 역시 폐관되었다. 그러나 박물관을 빙 둘러싼 담은 매우 낮았으며, 6살 먹은 아이도 기어올라 들어갈 수가 있었다. '베이징인'의 뼈가 발견된 곳과 그들의 동굴은 손상된 곳 없이 완전했으며 혁명의 흔적이 없었다. 어쩌면 그들은 계급에 따라 분류되지 않은 유일한 베이징 사람일지도 몰랐다.

중국인을 염제(炎帝)와 황제(黃帝)의 자손으로 부르기를 좋아하는 사람들도 있다. 그러나 사실 중국인의 대다수는 염제와 황제의 자손이 아니다. 왜냐하면 염제와 황제는 황하 유역의 두 개 부락출신이기 때문이다. 그들은 주위의 부락을 정복하고 중국의 상고 시대 사람을 형성했다. 따라서 정복당한 사람들의 자손과 후일 중국에 융화된 만이족(蠻夷族)은 모두 염제와 황제의 자손이 아니었다. 나의 고향, 방랍이 뿌리를 내린 후이저우 역시 염제와 황제의 자손은 아니었다.

어쩌면 많은 중국인들이 '베이징인'의 후예이며, 염제와 황제의 자손보다 그 수가 훨씬 많을 지도 모른다. 인류학적 관점에서 볼 때 우리들은 '베이징인'의 자손이라고 말하는 것이 보다 논리적일지도 모른다. 저우커우뎬을 관람한 후 나는 자손에 관한 학설이 근본적으로 인류학이나 혈통의 문제가 아니라 정치적이라는 것을 알게 되었다.

우리가 염황(炎黃)의 자손이라는 학설은 염황이나 그들의 계승자에게서 최초로 나왔다. 그것은 그들의 '제(帝)' 위에 혈통의 근거를 마련해 놓기 위함이었다. 중국의 황제는 줄곧 피통치자를 자식 같은 백성이라는 의미의 자민(子民)이라고 불렀다.

따라서 피통치자를 자민이라고 부르는 통치자는 실질적으로 황제였다. 오늘날 스스로 황제라고 일컫는 사람 역시 모든 사람들을 '당의 자식'이라고 공공연하게 말하지 않는가? 특히 아이들을 교육할 때 "마오 주석의 훌륭한 아이가 되어라!"라고 분명히 말하고 있지 않은가?

하지만 내가 내 아들에게 하고 싶은 말은 "너는 마오쩌둥의 아이가 아니며, 너는 너 자신이다!"라는 것이었다.

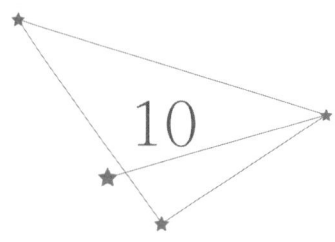

10

빠꿍산 밑에서의
재교육

1969년 5월부터 1969년 8월까지의 3개월은 우리들 작은 가정의 역사에서 지극히 평범한 시간들이었다. 동시에 가장 특별하고 희귀한 시간들이기도 했다.

당시 우리 가정의 구성원은 두 아들 팡커와 팡저, 그리고 리수셴과 나 이렇게 넷이었다. 우리들이 결혼하여 연이어 두 아들을 낳고, 그 아들들이 성장해 대학교에 들어가는 20여 년 동안 중국은 평화로운 시기였다. 단지 국경에서 소규모의 전쟁이 있었는데, 그것은 전체 중국에서 보자면 하찮은 것이었다. 상식적인 이치로 보면 이같이 평화로운 시기에는 한 가정이 크게 행복하지는 않더라도 전쟁 때처럼 처자식과 헤어지는 일은 일어나지 않아야 했다.

그런데 우리 가정은 오직 3개월 동안만 온 가족이 한데 모여 단란하게 지냈고, 나머지 20여 년 동안은 떨어져 살았다. 둘, 혹은 셋이 함께 산적은 있어도 넷이 완전히 모이진 못했다. 평화로운 20여 년 동안 우리 네 사람은 서로 멀리 떨어져 만나기 힘들었으며, 이는 비단 우리 가정에만 국한된 것은 아니었다. 나와 동년배인 많은 사람들, 특히 지식인들의 가정은 모두 유사한 경험을 가지고 있었다. 이는 사회주의 중국의 커다란 특징이었다. 그나마 다행스러운 점은 가족들과 흩어져 살긴 했지만 가정이 파괴되고 누군가 죽지는 않았다는 것이다.

1969년 5월, 나는 량꺼좡(良各庄)의 공사 현장에서 과기대학교로 돌아온 후 집으로 돌아가는 것이 허락되었다. 내가 학교에 감금된 지 1년이 되어갈 무렵의 일이었다. 나의 작은 아이는 내가 감금된 지 9일째 되는 날인 1968년 6월 12일 출생했다. 내가 집으로 돌아갔을 때 그는 만 한 살이 되어가고 있었다. 나는 그때 처음으로 작은 아이를 안아 보았다.

그 후 3개월 동안 우리 가족은 평범하게 생활했다. 나는 비록 무산계급 독재정치의 대상이었지만 매일 집에 돌아갈 수 있었다. 일요일이 되면 두 아이들을 데리고 징산공원, 중산공원에 놀러가서 가족과 함께 시간을 보내는 즐거움을 누렸다. 이 3개월은 대폭풍 사이에 찾아온 아주 짧은 휴식 기간이었다.

물론 전과 같이 책을 읽을 수는 없었다. 무력충돌과 가택수색으로 책도 버릴 것은 버리고 숨길 것은 숨겼는데 한동안 찾기가 어려웠다. 도서관은 여전히 닫혀 있었다. 이때 나는 남은 정력을 모두 사진을 인화하는데 쏟아 부었다. 나는 아주 성공적으로 사진 확대기를 제작했다.

중학교 때 이미 바늘구멍 사진기를 만든 적이 있으나 이미지는 만들어내지는 못했다. 그런데 20년이 지난 후에 사진 확대기를 이용해 그때의 섭섭함을 채우게 된 것이었다. 야간에는 암실을 꾸미기가 매우 쉬웠다. 그래서 저녁이 되면 항상 사진을 인화했고, 늦은 밤까지 그 일에 몰두했다. 그렇다고 수면이 부족한 현상은 없었다. 대낮의 정치학습을 받을 때는 모두 반수면 상태라 휴식하는 것과 같았기 때문이었다.

새로운 폭풍이 1969년 늦은 여름과 초가을에 불어 닥쳤다. 당국은 먼저 베이징대학교를 장시의 리위저우(鯉魚州)로 이전할 것이라고 공포했다. 이어서 베이징시의 다른 각 대학교들 역시 잇달아 베이징을 떠나 이전할 것이라고 공포했다. 베이징에 있던 대학교들이 베이징을 떠난 일은 역사상 단 한 번뿐이었다. 그것은 1937년 일본이 베이징을 공격해 올 때 많은 학교들이 서남 지역으로 이전한 것인데, 이는 전쟁으로 인해 불가피하게 피난한 것이었다.

평화시기의 문화대혁명 때에도 완전히 똑같은 대규모적인 학교 이전, 대규모적인 피난이 있었는데 이는 공산당의 이데올로기 원칙에서 나온 것이었다. 평화는 사람들로 하여금 '수정주의'로 변하게 만들었고, 투쟁과 전쟁은 혁명의 '마르크스주의'를 영원히 보위하도록 만들었다.

당국은 1969년 가을 정식으로 명령, 이른바 린뱌오(林彪)의 1호 명령을 내렸다. 즉 소련이 곧 침입하여 전쟁이 일어날 것이니 모든 대학교는 되도록 빨리 베이징을 벗어나 옮겨가라는 것이었다.

리수셴이 먼저 베이징을 떠나 장시로 가게 되었다. 출발을 앞두고 그녀와 나, 그리고 큰아들은 함께 이화원에 갔다. 세계적으로도 잘 알려져 있고, 여행객들이 칭찬을 아끼지 않는 이화원의 풍경이 그날만큼은 우리에게 어떤 감흥도 주지 못했다. 여름철이 되면 거의 날마다 그곳에 가서 수영을 하곤 했었는데……. 우리는 주변을 두리번거리며 괜찮은 배경을 찾았다. 그리고 아름다운 산정(山亭)과 물가의 정자를 골라 그곳에서 몇 장의 사진을 찍었다.

1969년 8월 29일, 리수셴은 남쪽을 향해 길을 나섰다. 우리 가족이 한 자리에 모여 생활하는 것도 이로써 끝이 났다.

과기대학교 역시 베이징을 떠나 옮겨갔다.

만약 정말 전쟁이 곧 닥칠 것이어서 당국이 대학교를 첫 번째로 옮겨가도록 했다면 대학교는 국가의 가장 귀중한 취급을 받는 가치 있는 것이라고 여길 수도 있다. 그러나 실상은 그와 정반대였다.

과기대학교는 베이징을 떠나 옮기라는 명령을 접수한 후 3개월 동안 옮기지를 못했는데, 그 이유는 과기대학교를 받아들이기를 원하는 지방을 찾을 수 없었기 때문이었다. 당시 과기대학교는 스촨, 허난(河南), 산둥(山東) 등 각 성(省)으로 사람을 보내 이전 문제를 교섭했지만 모두 실패하고 돌아왔다.

그 어떤 성도 과기대학교의 이전을 환영하지 않았다. 다만 제갈량의 고향인 허난성 난양현(南陽縣)만이 예로부터 전해 내려오는 지자(智者)를 존중하는 풍습이 조금 남아있어 과기대학교가 제갈량의 초가집에 학교를 설립하는 것을 환영한다는 의사를 표시했다. 그러나 그 초가집에 전체 과기대학교가 들어갈 자리는 없었다.

베이징의 다른 대학교들도 유사한 어려움에 부딪혔다. 대학교가 자신들의 지역으로 이전해 오는 것을 누구도 환영하지 않았다. 베이징시가 이 '가치 있고 귀중한 재부'들은 값을 받지 않고 넘겨줄 테니 마음대로 골라서 데려가라고 과기대학교를 포함한 베이징의 많은 대학들을 3~4개월 동안 전시했지만 결국 원하는 곳이 없었다.

대학교에 대한 마오쩌둥의 총평이 "못이 얕으면 자라(王八)가 많다"는 것이었기 때문에 누구도 감히 대학교를 환영하지 않는다는 지역들을 탓할 수가 없었다. 그 누가 중국인이 가장 얕잡아 보는 동물을 받아들이기를 원한단 말인가?

결국 안후이성이 과기대학교를 받아들였고, 허페이로 이전해 오는 것에 동의했다. 안후이는 자라가 많이 나는 것으로 유명했다. 중국이 수출하여 외화를 벌어들이는 자라의 80퍼센트가 안후이에서 나오는 것이었기 때문에 안후이에서는 자라의 명성이 그다지 나쁜 편은 아니었다.

안후이성으로 옮겨가는 과정은 매우 바쁘고 엉성하게 진행되었으며 피난을 떠나는 것과 다를 바가 없었다. 이전을 끝내고 나서 통계를 내보니 학교 기물과 설비 중 절반 이상이 운반 도중에 파손되었다.

1970년 1월 구정 지난 뒤 나는 과기대학교 물리학과의 교수와 학생들을 따라 안후이로 떠났다. 안후이가 과기대학교를 받아들인 것은 그들이 대학교육을 필요로 했기 때문은 아니었다. 그때는 대학교가 휴강을 한지 이미 4년이 되어 가고 있었다. 안후이에 가서도 휴강은 계속되었다. 당시 대학교의 임무는 교육이 아니고 무산계급의 재교육을 접수하는 것이었다.

때문에 기차가 안후이로 진입하자마자 우리들은 학생들을 가르치러 허페이로 보내지는 대신 바로 화이난(淮南)의 광산지대로 보내졌다. 그리고 그곳에서 광부의 재교육을 받으라고 했다.

화이난 탄광은 빠꿍산(八公山) 일대에 위치하고 있었다. 이곳은 서기 4세기 전진(前秦)의 부견(苻堅)이 군대를 이끌고 동진(東晉)을 공격한 곳으로 유명하다. 수양현(壽陽縣)에 도착한 후 부견은 성벽에 올라 적의 상황을 멀리서 바라보았다.

그때는 망원경이 없었으므로 그는 오직 멀리 보고서는 진나라 군대의 진용이 엄정하며 가볍게 보아서는 안 된다고 생각했다. 또 그는 진나라 군대의 진영 뒤에 있는 빠꿍산 위에도 사람의 그림자가 흔들리는 것을 발견하고 끝이 보이지 않는 대규모의 예비 병력이 있다고 생각했다. 이러한 상황에 부견은 크게 놀라 두려워했으며 결국 안후이 중부에 흐르는 강 비수(淝水)에서 진나라에 대패했다. 이것이 역사상 유명한 비수 전투(淝水之戰)였다.

부견이 그 전투에서 대패하게 된 원인이 착시 때문이었음이 후일 밝혀졌다. 원래 빠꿍산 위에는 한 명의 병사도 없었는데, 부견이 흔들리는 초목을 모두 진나라 군대로 오인한 것이었다. 이것이 바로 "적군을 두려워한 나머지 초목이 모두 적군으로 보인다.(草木皆兵)"는 말이 유래된 배경이었다. 부견은 이로 인해 1천여 년 동안이나 조롱을 당했다.

오늘날 당국의 행동도 부견과 크게 다르지 않다. 당시와 달리 망원경도 있는데 우리의 최고 사령관은 상대의 병력도 제대로 파악하지 못한 채 대학들로 하여금 이전이라는 엄청난 퇴각명령을 내리지 않았는가?

우리가 화이난에 도착했을 때는 빠꿍산은 이미 풀도 나무도 없는 민둥산이었다. 지하에서 석탄을 캤기 때문에 지면이 울퉁불퉁하게 움푹 들어간 곳이 있었다. 어떤 곳은 많이 내려앉았고 또 어떤 곳은 조금 내려앉아 구덩이가 움푹 팬 모양이 아주 보기가 흉했다. 옛날 전쟁터의 군대의 기세는 조금도 남아있지 않았다. 수양현에는 성벽이 아직 남아 있었다. 그것은 보통 현(縣)의 성벽에 비하면 높고 컸으며, 부견이 높은 곳에 올라 빠꿍산을 멀리 바라볼 때의 놀라 두려워하는 얼굴을 상상할 수 있었다.

우리들은 셰싼 광산(謝三礦)에 배속되었다. 그 광산은 50년대 소련의 기술로 시공된 것이었다. 화이난 광산 지구에서 몇 개 안되는 양호한 갱도 중 하나였다. 1일 생산량이 2~3천 톤에 달했고 석탄의 품질도 아주 좋았으며 대부분이 상하이로 운송되었다.

재교육의 첫 번째 과목은 갱도로 내려가 석탄을 파는 것이었다. 부녀자와 55세 이상의 사람을 제외하곤 모두가 일률적으로 갱도로 내려가 노동을 했다.

첫 번째로 갱도로 내려갔던 때가 가장 인상 깊었다. 먼저 옷을 갈아입고, 광산용 램프를 받고, 완전히 광부로 변신했다. 그런 다음 수직 갱도 위의 리프트에 앉은 채로 강하하여 지층에 진입했다. 셰싼 광산은 2개 층으로 나뉘었으며, 첫 번째 층은 깊이가 1백여 미터였고, 두 번째 층은 3백여 미터였다. 우리들은 먼저 첫 번째 층에 도달했다.

갱도로 내려가면 광부가 우리들을 데리고 석탄을 파내는 채광구로 갔다. 갱도의 입구는 직경 약 5미터로 아주 넓었으며, 가로등도 있어지하철의 통로와 유사했다. 그러나 갈라진 좁은 갱도로 들어가면 가로등이 없었다. 각자 머리 위에 단 광산램프가 유일한 광원이었다.

  길은 매우 좁았다. 모두가 한 줄로 서서 어둠 속에서 서로의 뒤를 따랐다. 이때 가장 중요한 것은 눈앞의 흔들리는 불빛, 즉 사람을 잘 따라가야 한다는 것이었다. 어떤 구간은 갱도가 구불구불하여 앞 사람의 불빛이 어디 있는지 볼 수가 없는 경우가 다반사였으며, 눈앞에는 단지 칠흑 같은 어둠뿐이었다. 불빛을 따라가길 소홀히 하다가 자칫 가스가 나는 구역으로 잘못 들어서면 생명이 위험해질 수 있었다.

  채굴구에 근접할수록 걸어가기가 더욱 어려워졌다. 그곳은 더 이상 길이 아니라 크고 작은 굴이었으며, 어떤 굴은 한 사람이 겨우 기어 들어갈 정도였다. 채굴구로 들어가면 공간이 조금 넓었다. 그곳은 지층에서 빽빽한 강철 말뚝을 사용해 쥐어짜낸 비좁은 공간으로써 높이가 대략 2미터이고, 너비가 6미터, 길이가 30여 미터 정도 되었다. 사람들이 30미터의 막장에 서로 약간의 간격을 두고 서서 석탄을 파기 시작했다.

  석탄을 파는 것은 산의 돌을 파는 방식과 매우 흡사했다. 먼저 막장 위에서 석탄층을 폭파하고, 컨베이어 벨트를 막장을 따라 놓아 둔 다음, 주위의 석탄을 삽으로 퍼서 컨베이어로 올리면 끝났다. 산에서 돌을 운반할 때와 비교하면 이곳에서 캔 석탄의 양은 적은 편이었다. 그러나 여기선 산의 돌이 한꺼번에 굴러 내려오는 장관을 볼 수가 없었다. 발밑의 석탄, 발 주변의 컨베이어 벨트 이외에는 아무것도 보이지 않는 캄캄한 어둠 속이었다. 심지어 곁에 있는 동료조차 잘 보이지 않았다. 서로가 보이지 않기 때문에 말도 별로 하지 않았다. 작업을 할 때는 석탄 파는 소리, 컨베이어 벨트가 회전하는 소리 밖에 들리지 않았다.

오직 한 번 눈이 나쁜 동료 하나가 발로 컨베이어 벨트를 밟아서 석탄과 함께 컨베이어 벨트에 실려 갔다가 구출된 적이 있었다. 당황한 그 동료는 비명을 질렀다. 다행히 그는 사람들에 의해 컨베이어 벨트에서 끌려 내려왔다. 구사일생으로 석탄이 될 운명을 모면한 것이다. 만약 그가 한 덩어리의 석탄이 되었다 하더라도 우리는 암흑천지 안에 있기에 그 망측한 꼴을 분명하게 볼 수 없었을 것이다. 그를 구출한 뒤에도 사람들은 아무 일 없었다는 듯 제자리로 돌아가 묵묵히 일을 시작했다.

"식사요!" 하는 소리가 들려오면 모든 작업이 중지되었다. 그리고 사람들은 막장을 따라 일렬로 앉았다. 이때 자루 하나가 대열의 선두에 선 사람부터 시작해 사람들에게 전해졌다. 자루 속에는 구운 빵이 들어 있었다. 각자 그 속에서 빵을 하나 씩 꺼냈는데, 그것이 점심의 전부였다. 몇 분이 지나면 물주전자를 돌렸다. 한 모금씩 나눠 마시는 그 물이 음료의 전부였다. 식사 전에 손을 씻지도 않았다. 갱도 안에서는 손을 씻을 장소가 없었으며, 씻을 필요도 없었다. 어차피 사방은 캄캄한 어둠뿐이라 자신의 손조차 보이지 않았으니 말이다. 그런 어두운 환경에 처하면 사람들은 보통의 감성을 상실하게 되는 것 같았다.

갱에서 나온 후에야 내 몸이 얼마나 시꺼먼지를 발견하게 되었다. 이때 다시 빵을 주었더라면 아마 절대 손으로 쥐고 먹지 않았을 것이다. 광부의 목욕탕 물은 검은색이었다. 하지만 그런 물로도 석탄재를 닦아 내고 그런대로 몸을 씻을 수 있었다.

몇 번 갱도로 들어가다 보니 곧 익숙해졌다. 한 번은 나와 몇몇 사람들이 함께 굴착구역으로 가서 일했다. 우리들의 임무는 갱도를 파고, 석탄층을 절개하고, 채광구역을 개척해 채굴하는 것이었다. 일반 채굴구역에서 보다 어렵고 힘든 작업이었다. 내부는 통풍이 되지 않아 분진으로 가득 차 있었다.

또 지층은 수억 년 동안 억눌린 열을 끊임없이 발산하여 온도가 매우 높았다. 사람들은 어쩔 수 없이 모두 벌거벗고 일을 했다. 석탄층을 채굴하는 사람은 터널을 파는 사람과 아주 다른 것을 느꼈다. 터널은 늘 개통을 목표로 하고, 내부에 일정한 공기가 있어서 장차 희망이 있다는 생각을 갖게 했다.

하지만 지층을 굴착할 때는 희망을 품을 수 없으며, 오직 하나의 어둠에서 또 하나의 어둠을 향해 파내려가고 있다는 느낌만을 갖게 했다. 어둡고 음산한 램프 아래서 벌거벗은 몸들이 더 깊은 어둠속으로 앞을 향해 꿈틀거리는 것이 희미하게 보였다.

지옥의 어둠은 어쩌면 이런 것일지도 모른다…….

마르크스를 포함한 많은 사람들은 단테가 《신곡》의 〈지옥편〉에서 한 말을 이용하는 것을 매우 좋아한다.

> 지옥의 대문에는 이렇게 쓰여 있다.
> "여기서는 당신의 모든 두려움과 비겁함을 던져 버리세요."

그러나 내가 300미터 지층 아래에서 벌거벗은 상태로 지면으로 돌아온 뒤 한 첫 번째로 생각은 단테가 지옥의 대문 위에 걸어놓은 팻말은 어쩌면 장소를 잘못 찾은 것일지도 모르며, 그것은 마땅히 마르크스 박사가 발명한 바로 그 무산계급독재를 실행한 국가의 대문에 걸어 놓아야 한다는 것이었다.

이것이 바로 재교육의 첫 번째 과목이 내게 준 가르침이었다. 이후 나는 마르크스주의 자체를 의심하기 시작했다.

마르크스 학설에 따르면 탄광노동자는 전형적인 무산계급이며, 무산계급독재의 기초다. 그런데 당시 내 주위는 모두가 광부였다. 나는 이들 전형적인 무산계급이 마르크스가 예언한 대로 독재를 실행하려는 흥미를 가지고 있다고는 생각하지 않았다.

중국공산당의 이론에 근거하면 노동자, 농민, 군대는 그들이 실행하는 인민민주독재의 초석이다. 1970년 봄 나는 이 3가지 초석 속에서 모두 생활한 적이 있지만 그들이 나에게 인민민주독재를 실행하려고 한다는 느낌은 전혀 받을 수 없었다. 심지어 그들은 내 머리 위에 쓰인 모자인 '운 좋게 법망을 빠져 나온 우파'가 어느 파벌, 어느 노선에 속하는지에 대해서도 관심이 없었다.

나는 오히려 그들 중 몇몇과 친구가 되었다. 한때 같이 먹고 자고 노동을 했던 짠황의 그 농민친구와는 60년대 초에도 연락을 했다. 그 후 소식이 끊어졌는데, 그 몇 년의 세월 동안 그가 기아 속에서 살아남았는지는 알 수 없었다. 여기서도 두 달 동안 함께 노동을 하다 보니 친해지게 된 광부도 있었다. 하지만 그들 중 누구도 나에게 독재를 실행하기 위해 나와 친구가 된 것 같지는 않았다.

왜 이러한 현상이 나타나는 것일까? 짠황에 있을 때 직면한 이 문제를 나는 셰싼의 갱도 속에서 다시 만났다.

어느 날 나는 깨달았다.

그 날 셰싼 광산의 갱도 입구에 갑자기 공산당 선전부가 쓴 "30일간 열심히 일을 하여 목표량을 초과달성하자", "51을 경축하며, 하루에 만 톤을 생산하자" 등의 진홍색 표어가 걸려 있었다. 이는 노동자가 더 열심히 일하여 더 많은 석탄을 생산하자는 단순한 의미이며 특별한 정치성은 없었다.

내가 갱 밑에서 작업했던 경험에 비추어 보면 석탄을 조금 더 많이 생산하는 것이 아주 어려운 일은 아니었다. 채광구역에서 각 반의 노동자가 갱 밑에 있는 8시간 중 실질적으로 작업을 하는 시간은 오직 3시간 정도였다. 그 나머지 시간은 진정으로 일을 하지 않았으며, 어떤 때는 아예 몇 시간씩 주저앉아 퇴근을 기다리기도 했다. 때문에 나는 한 시간만 덜 쉬어도 10퍼센트나 그 이상을 증산할 수 있다고 생각했다.

그러나 '주인 역할을 해야 하는' 노동자계급은 탄갱 위의 표어를 아예 보지 않은 것 같았다. 갱으로 내려가서 하던 대로 3시간 동안 일하고 퇴근을 기다렸다. 팀의 전체 노동자들이 이와 같았으며 매일이 조금도 다르지 않았다. 무산계급독재의 효과는 컸고, 1백여 미터의 지하에서는 그 위력이 더욱 커졌다. 나 역시 어둠 속에서 우두커니 앉아서 깊은 생각에 잠겼을 때 한 노동자가 슬며시 말했다.

"하루에 6전, 6전 어치의 일을 했다!"

나는 그 답을 찾았다! 원래 광부 역시 무산계급독재의 기초가 아니며, 나와 같은 현행 독재의 대상이었다. 차이가 있다면 나에게 독재를 실행하는 방식은 '운 좋게 법망을 벗어난 우파'라고 모자를 씌우는 것이고, 그들에겐 갱으로 한 번 내려갈 때마다 보조비로 6전을 준다는 것이었다. 나는 독재로 인해 나 자신의 모자를 벗어던질 수 있는 권력이 없었다.

비록 명의상으로 그들은 '국가의 주인'으로 호칭되었지만 독재로 인해 갱도로 내려가는 6전의 보조비를 결정하는데 참여할 수 있는 권력이 없었다. 따라서 그 누구를 막론하고 독재 권력을 장악하기 시작한다면 갱도 밑의 굴착자들은 더 이상 그들과 자신을 동일시하지 않을 것이다.

이러한 견해는 후일 방증을 가지고 있었다.

5월에 당국은 우리들에게 소양성 남쪽에 있는 와바오호(瓦堡湖)로 가라고 했으며, '자본주의사회의 고통을 기억하고 사회주의사회의 달콤함을 생각한다(憶苦思甜)'는 교육을 실시했다. 이것 역시 재교육이었다.

우리들은 이미 이런 종류의 진부한 활동에 익숙해져 있었다. 농민이 현 사회의 감미로움을 인정하기 위해 과거 농촌의 고통을 회상하는 것이었다. 당국의 예상대로라면 낡은 사회에서 모든 농민들의 생활은 노예처럼 고통스러웠지만, 공산당이 온 이후에는 주인이 되어 너무나 행복하다고 말했어야 했다.

와바오호의 농민은 "공산당이 우리들을 해방시켰다."라는 말로 이야기를 시작했다. 그들은 이데올로기 훈련이 부족한 상태라 그 정도의 말을 할 줄 아는 것도 다행이었다. 고통스러웠던 날을 회상할 즈음 그들은 뜻밖에도 자신들이 가장 고통스러웠던 경험은 대약진 후의

3년 동안 겪었던 기근이었다고 말했다. 그리고 그 3년 동안 굶어죽은 사람들의 이야기를 큰 소리로 말하기 시작했다.

재교육을 받고 있는 우리들은 그 말에 고개를 끄덕이지도, 가로젓지도, 감히 웃지도 못했다. 단지 말로 다 표현할 수 없는 복잡한 심경을 억누를 뿐이었다. 재교육을 주관하는 간부는 상황이 심상치 않다고 느꼈지만 그렇다고 농민의 보고를 중단시킬 수가 없었다.

왜냐하면 그 스스로가 농민계급 형제들에게 열심히 배우겠다고 선언했기 때문이었다. 그 간부는 마무리 발언을 할 때 농민의 보고에 대해 "대약진 시기는 해방 이전과는 다르다. 해방 이후 농민은 주인이 되었다."라는 절묘한 해석을 내놓았다! 그 말은 이번에 굶어 죽은 것과 그때 굶어죽은 것은 결코 같지 않으며, 노예였을 때의 굶어죽은 것은 고통이지만 '주인'일 때 굶어죽은 것은 일종의 '감미로움'이라는 것이었다.

감미롭게 굶어 죽을 수 있는 새로운 이론이 발명되었다! 그 굶주림의 3년 동안 안후이성의 전체 인구 4천 만 중 3백여 만 명이 이와 같이 '감미롭게' 죽어갔다. 이는 인민민주독재의 초석의 하나인 농민이 당면하고 있는 운명이었다. 내 눈엔 그들 역시 독재를 받는 사람들로 보였다.

요컨대 마르크스 박사가 발명한 무산계급독재는 실현 불가능한 공상이다. 무산계급이 어떻게 독재를 할 수 있다는 것인가? 마르크스의 추종자들은 여기서 한 걸음 더 나아가 공상을 허구와 잔혹함으로 변질시켰다.

여름이 시작된 이후 재교육은 다시 잔혹한 투쟁으로 발전했다.

새로운 첫 라운드의 투쟁은 '516분자를 붙잡아 들인다.'는 것이었다. 516분자란 무엇인가? 어쩌면 그 어떠한 백과사전에서도 정확한 해석을 찾을 수 없을 것이다. 어쨌든 그것은 또 하나의 무산계급독재의 모자였다.

사회주의 사회의 모자는 뉴욕의 번화가 상점에 진열된 것처럼 아주 많았고, 디자인을 구별하기 어려웠으며, 일련번호를 이용해 이름을 찾아야 했다. 그리고 지금 반드시 찾아내야 하는 것은 제516호였다.(나는 처음 뉴욕에 도착했을 때 뉴욕 주의 전화 지역 번호가 공교롭게도 516이라는 것을 발견하고 깜짝 놀랐다.)

나는 이미 하나의 모자를 가지고 있었고, 일반적으로 말해서 새로운 모자를 다시 얻을 수는 없었다.《공산당선언》속에 유명한 구절이 있다. 바로 "무산계급은 오직 전 인류를 해방시켜야만 비로소 자신을 해방시킬 수 있다"는 것이었다. 나는 이미 무산계급에 의해 해방되었다. 따라서 새로운 라운드의 운동은 마땅히 다른 이들의 차례가 되어야 했다. '516호 운동'의 목표는 주로 학생, 특히 문화대혁명 초기의 홍위병이었다.

셰싼 광산에서의 마지막 3개월인 6월부터 8월까지는 516호 운동의 정점이었다.

나는 이미 독재의 대상, 즉 모자의 소유자였기 때문에 정치운동에 참가할 수 있는 권리를 박탈당했다. 또 516분자를 잡으러 갈 권리도, 516분자로 붙잡힐 권리도 없었다. 차라리 전보다는 나은 편이었다. 꼬박 4년의 비판과 투쟁을 거치면서 사람들은 정치운동에 질려버렸다.

 차라리 광산에 가서 석탄을 캘망정 정치운동에 참가하는 것은 바라지 않았다. 단지 강압에 의해 참가할 수밖에 없었다. 오죽하면 당시 구호가 "아무도 싸우지 않는데 누구와 싸우나!"였다. 그러나 사람들은 '투쟁하는 것'과 '투쟁을 당하는 것' 중에서 반드시 양자택일을 해야 했다. 나는 그런 선택에서 배제되었다는 사실이 더할 나위 없이 좋았다. 비록 독재를 당하는 처지이지만 홀가분한 느낌마저 들었다.

 나는 지시에 따라 노동을 했다. 어떤 때는 우물 위에서 일했고 어떤 때는 우물 밑에서 일했다. 그 후엔 소형 평판 짐수레를 끄는 일을 맡았다. 이런 짐수레는 안후이에서 화물의 운송 수단으로 두루 쓰였다. 그것은 나무로 만들어졌고, 마차와 매우 비슷하지만 사이즈는 비교적 작았다. 차체는 폭 1미터, 길이 2.5미터였고, 수레의 끌채는 대략 1.3미터였으며, 두 개의 고무 타이어가 장착되었다. 주로 사람의 힘으로 끌었지만 당나귀가 끌기도 했다.

 지금까지도 안후이성 허페이의 가장 번화한 대로에는 소형 평판 짐수레의 숫자가 화물 운송용 트럭보다 훨씬 많다. 거리 도처에서 소형 평판 수레의 물결이 보인다. 나는 그러한 수레의 물결 속에서 약 1개월 동안 생활했다.

 수레를 끌고 거리에 나서는 것은 일종의 유쾌한 노동이었다. 여름이기 때문에 수레를 끄는 다른 사람들처럼 우리들도 상의를 벗어던지고 마음껏 햇빛을 누렸다. 경찰이 간섭하러 올 리도 없었다.

안후이에는 언덕이 많고 대로의 기복이 심했다. 그래서 비탈을 오를 때는 좀 힘들고, 비탈을 내려올 때는 사람과 수레가 함께 미끄러지기도 했다. 나는 어떤 때는 수레를 당기고, 어떤 때는 느슨하게 놓으면서 규칙적인 리듬이 있는 운동을 했다. 수레를 끌다가 지치면 길가의 나무 그늘 밑에 앉아 시원한 바람을 쏘였다.

목이 마르면 수박 한 쪽을 사서 먹을 수도 있었다. 길 도처에 수박을 파는 노점이 있었고, 아주 쌌다. 엄격히 말해서 독재를 당하는 사람은 거리로 나가서 먹을 것을 살 때 감시 요원의 허락을 사전에 받아야 했지만, 나는 내가 수박을 사는데 필요한 서류를 소지했는지 검사하러 오는 사람이 없을 것이라고 확신했다. 왜냐하면 감시요원들은 516분자들을 붙잡느라 바빴기 때문이다.

감시도, 정치도 없었다. 도로를 비추는 햇빛, 온몸에 흐르는 땀, 수박을 파는 노점, 소형 평판 수레의 물결…. 난 이런 것들과 섞여 있었다. 설령 일시적인 것이라고 할지라도 아주 자유로웠다. 언제 나의 일생에서 이와 같은 자유가 일시적인 것이 아닌 때가 있었던가? 아무튼 나의 몸은 수레를 끌며 그 일단의 생활했던 속에서 흡수했던 맑은 공기, 햇빛에 많은 도움을 받았다.

나는 수레를 끌고 돌아올 때마다 동료들을 만났다. 잠시라도 독재를 당하지 않고, 비록 일시적인 것이라도 자유롭게 수레를 끌 수 있는 권리도 없는 그들은 중원의 햇볕을 쪼여 고동색이 된 나의 몸을 흘깃 바라보았다. 그 눈빛은 마치 그런 나의 생활을 부러워하는 듯 했다.

그들은 열심히 516을 잡으러 다녔다. 얼굴색이 창백하고 약간은 병이 든 상태로 말이다. 과연 7월이 되자 모기가 나타났고, 학질이 유행하기 시작했다. 그 무렵 내가 연달아 며칠을 끌고 간 것은 환자들이었다. 셰싼 광산에서 광산지구 병원까지는 대중교통 수단이 없어서 환자들은 오직 소형 평판 수레로 이송되었다. 수레를 끄는 입장에서 말한다면, 차라리 환자를 싣고 가는 것이 편했다.

수레를 끌어본 적 있는 사람은 물건을 너무 많이 실은 수레는 끌기 어렵고, 완전히 빈 수레는 마구 날뛰어서 끄는 재미도 없다는 것을 안다. 그런 점에서 수십 킬로그램의 인체는 너무 무겁지도 너무 가볍지도 않은 최적의 중량이었다.

내가 어렸을 때 어머니는 베이징과 상하이에서 나를 데리고 인력거를 여러 번 탔다. 만약 인력거를 타는 것이 일종의 비인도적인 처사에 죄를 짓는 일이라면 내가 그 시절 며칠 밤낮으로 환자를 태우고 다닌 것이 어린 시절의 죄를 씻어 주었으리라 생각한다.

나는 예방접종도 하지 않은 채로 환자를 실어 병원으로 갔다. 모기에도 물렸지만 학질에 걸리지는 않았다. 이는 어쩌면 내가 이미 속죄를 했기 때문이었는지도 몰랐다.

유행병도 516을 잡는 운동의 열기를 식힐 수는 없었다. 나는 비록 운동에 참가하지 않았지만 그것이 어떻게 진행되는지 살펴볼 수는 있었다. 투쟁은 더욱 가속화되었다. 학생들 이름 하나하나가 리스트에 적히기 시작했다. 516분자의 혐의를 받은 학생들은 모두 계급대오를 청산할 때 우리들이 캠퍼스 안에 감금되었던 것과 같이 격리되었다. 어떤 학생은 셰싼 광산의 작업장 안에 감금되었으며, 죄가 엄중한 자는 허페이로 압송되었다.

어떤 홍위병은 원래 우리들 독재정치의 대상들을 책임지고 감독하고 있었는데, 7월이 되자 오히려 그들이 감시를 받는 처지가 되고 말았다.

이어 자살자가 급증하기 시작했다.

한 학생은 문화대혁명 초기에 매우 활동적인 홍위병이었는데, 셰싼 광산에서 허페이로 압송되었다. 며칠도 안 되어 그가 죽었다는 소식이 전해졌다. 그는 4층에서 뛰어 내렸던 그 화학과 강사와 같은 결말을 맞았다고 했다.

또 다른 학생은 그다지 활동적이지 않았는데 7월부터 늘 혼자서 목적도 없이 돌아다녔다. 말과 글이 점점 문법에 맞지 않았고 행동도 이상해졌다. 그러다 갑자기 사라졌던 학생은 얼마 뒤 석탄을 운송하는 철로 위에서 발견되었다. 그는 철도 레일에 누워 있었고, 양쪽 넓적다리가 기차에 의해 가지런히 절단된 상태였다. 그는 병원으로 이송되었으나 출혈과다로 그날 밤 사망했다.

그날 밤 나는 다른 환자를 이송하러 병원으로 갔다. 그 학생의 작은 영안실 밖은 줄곧 물리학과 동료들이 지키고 있었다. 안후이에 들개가 매우 많았기 때문이다. 들개들은 후각이 매우 예민하여 영안실 안에 새로운 시신이 들어오면 무리를 지어 근방의 덤불 속에 집결해 있다가 심야가 되어 인기척이 없고 조용해지면 뛰어 나와 영안실 문을 머리를 디밀어 열고 시체의 피를 빨아 먹었다. 경비는 그런 개들을 쫓아내고 사자가 평안하도록 지키는 책임을 지고 있었지만 그러려면 밤샘을 해야 했다.

철로에 누워 자살한 학생의 영혼이 평안히 잠들긴 쉽지 않았다. 당시 자살한 사람들은 모두 반혁명 판정을 받았고, 사후의 영혼 역시 비판을 받아야 했다. 무산계급독재의 위력은 끝도 없이 뻗쳐 있어서 천국도 반혁명의 은신처가 아니었다.

이는 빠꿍산 아래에서 받은 재교육의 마지막 과목이었다.

인간의 육체와 영혼은 마치 자동적으로 균형을 추구하는 본능을 가지고 있는 것 같다. 인간은 왼쪽으로 넘어지려고 할 때는 본능적으로 오른쪽으로 몸을 기울이고, 오른쪽으로 넘어지려고 할 때는 왼쪽에 무게를 싣는다. 그리고 어둠 속에 있을 때는 본능적으로 햇빛을 보려고 하고, 추악한 상태에 있을 때는 조화와 아름다움을 기대한다.

빠꿍산 아래에서의 생활은 나로 하여금 본능적으로 천체물리를 향해 걸어가도록 채찍질했다. 내가 진정으로 천체물리를 좋아하기 시작한 것은 그때 부터였다.

그 어떤 에너지가 영원히 운행하고 있는 천구(天球)와 비교가 될 수 있을까? 무엇이 갱도 아래의 어둠 속에서 멍하니 앉아 있을 때 느꼈던 억압감을 상쇄할 수 있단 말인가? 그 어떠한 성결함이 무수한 별이 촘촘한 하늘과 비교가 될 수 있으며, 들개들과 영안실이 발산하는 악취를 깨끗이 씻어낼 수가 있다는 것인가?

내 일생에서 나는 이미 여러 차례 하늘에 매료되었다.

고등학교를 졸업하고 대학 시험에 응시하였을 때는 가장 환상이 많은 시기였으며, 따라서 천문학과는 내가 지원한 3개 대학 중의 하나였다.

1958년 짠황에서 나는 또 한 번 성도(星圖)와 성좌(星座)에 열중했는데, 그때는 환상 아닌 필요에 의해서였다. 황야에서 야간에 길을 재촉할 때 가장 믿을 수 있는 안내자는 달과 별자리였기 때문이다.

언젠가 내가 딱 한 번 과기대학교의 물리 실험실을 책임지고 있었을 때의 일이다. 그곳에 반사망원경 한 대가 있었는데, 나는 그것을 조절하기 위해 수많은 밤을 새우며 별이 총총한 하늘을 관찰했다.

마지막으로 1966년에 본 우주마이크로웨이브 배경복사에 관한 한 편의 글이 있었다.

그런데 이런 사건들은 갑자기 나타났다가 지나가 버렸고 결코 나의 온 마음을 끌어들이지는 못했다. 하늘은 매우 아름답긴 하나 영원처럼 먼 곳이었다. 빠꿍산 밑의 지층에 진입한 뒤에야 비로소 나는 이 더러움 속에서 나 자신의 영혼을 정결하게 할 수 있는 곳은 오직 가장 깊고 먼 하늘뿐이라는 생각을 했다.

그리고 셰싼 광산의 혼란한 비판투쟁 가운데서 뜻밖에 소련의 이론물리학자인 레프 란다우가 쓴 한 권의 《고전장론(Classical Theory of Field)》을 찾는데 성공했다. 그것은 당시 맥클로린 급수(Maclaurin series)와 유사한 금서였다. 그러나 516운동으로 붕 뜬 분위기 덕분에 오히려 독서하는 위험은 줄어들었다.

그때 사람들은 모기를 막기 위해 모기장을 쳤는데, 모기장을 치면 완전히 마음을 놓고 책을 볼 수가 있었다. 화이난에서의 몇 달 동안 란다우의 책은 내가 아끼며 볼 수 있는 유일한 읽을거리였다. 밤이 오면 노동으로 인해 언제나 몸이 피곤했다. 하지만 모기장 속에 드러누운 나의 영혼은 종종 이미 팽창한 우주를 따라 그 아름답고 사람을 감동시키는 원초적인 기점을 찾았다.

프랑스의 수학자 푸앵카레는 일찍이 이렇게 말한 적이 있다.

"과학자는 대자연을 연구하는 일이 쓸모 있기 때문에 하는 것이 아니라, 오직 즐거움을 느끼기 때문에 한다. 그가 대자연에 흥미를 느끼는 것은 그것의 아름다움 때문이다. 만약에 대자연이 아름답지 않다면 그것은 인식할 가치가 없는 것이며, 또한 대자연의 가치를 인식할 수 없다면 살아갈 가치가 없는 것이다……."

맞다. 우주는 아름답고 인식할 가치가 있으며, 내가 살아갈 가치가 있는 곳이다. 나의 몸과 마음은 모두 새로운 기점(起點)을 찾았다.

빠꿍산, 39도의 극심한 더위, 모기, 516, 학질, 죽은 영혼, 들개 …. 그 아무리 더럽고 추하고 난폭한 것들 속에 있더라도 우주의 경이로움이 자아낸 심령의 아름다움은 사라질 수가 없었다.

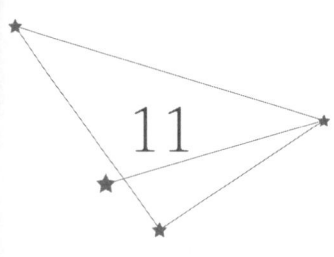

11

허페이에 오다

셰싼 광산에서의 생활은 1970년 8월에 끝났다. 그 뒤 물리학과 교수들은 허페이로 돌아왔다. 다른 학과 교수들도 각자의 재교육 장소로부터 허페이로 돌아왔다. 다시 캠퍼스에 모인 우리들은 과기대학교의 허페이 시대를 열기 시작했다.

베이징과 비교하면 허페이는 절반 정도 개화된 소도시였으며, 인구는 대략 50만 정도였다. 한 시간이면 상업구역 전체를 돌아볼 수 있었다. 대로는 완행과 급행의 구분이 없었으며, 자동차, 자전거, 소형 평판 수레, 마차, 그리고 행인들이 모두 뒤섞여서 지나갔다. 유명한 고적도 없었다. 허페이의 유일한 공원인 샤오야오진(逍遙津)은 한 번 다녀온 뒤로는 다시 가고 싶지 않았다.

허페이 일대는 예로부터 자주 전쟁터가 되었다. 그곳은 강자가 출몰하는 지역이며 민간의 풍속이 호전적이었다. 근 백 년 동안 화이군

(淮軍)은 줄곧 중국의 전장에서 중요한 세력이었다. 따라서 허페이 출신의 유명한 인물의 상당수가 군사와 정치 영역에 속했다. 근대 중국의 정치무대에서 한때 풍운아였던 리훙장(李鴻章), 돤치루이(段祺瑞) 등은 모두 허페이 사람이었다.

과기대학교 캠퍼스가 옮겨진 곳은 원래 허페이사범대학이 있던 자리였다. 문화대혁명 중 허페이사범대학은 해산되었다. 허페이사범대학은 원래 문과대학이었다. 문학, 역사, 음악, 예술 관련 학과만 설치되어 있었고, 물리, 화학 등 이공 전공은 없었다.

따라서 그 캠퍼스에는 실험실이나 공장은 물론 충분한 전원과 수원, 가스 등 이공학과가 필요로 하는 기초설비가 없었다. 때문에 과기대학교는 몇 개의 학과동과 학생기숙사를 제외하고 필요한 모든 시설들을 처음부터 다시 건설해야만 했다.

우리들은 처음부터 시작하는 것을 두려워하지 않았고 오직 확실하게 공사하기 위해 노력했다. 1958년 이후 지식인들은 끊임없이 '하방(下放)되어 노동을 하고', '재교육을 받았기에' 이미 다양한 노동에 익숙해져 있었다. 그래서 우리들은 육체노동을 꺼리지 않았다.

나는 우리 세대 지식인들이 자신의 전공 직업 이외에도 할 수 있는 노동의 종류가 광범위하다고 거리낌 없이 말할 수 있었다. 아마 우리처럼 노동에 익숙한 지식인들은 전 세계 어디에서도 찾기 힘들 것이다. 만약 우리들이 참가한 적 있는 노동의 종류를 열거하라고 한다면 길고 긴 목록이 만들어질 것이다.

나의 목록을 먼저 살펴보자. 이미 앞에서 말한 적이 있는 (북방의 밭과 남방의 밭을 포함한) 농사, 우물 파기, 돼지 기르기, 철로 보수, 석탄 채굴,

수레 끌기 이외에도 아직 언급하지 않은 다음의 목록들을 추가할 수 있을 것이다.

1965년 가을, 나는 베이징의 스징산(石景山) 강철공장에서 철강을 정련한 적이 있었다. 나는 컨버터 작업장에서 일했으며 삽으로 컨버터 속에 연료를 넣었다. 현재 이러한 기술은 이미 도태되었다. 내 팔뚝 위의 작은 흉터는 그때 일을 하다가 한 방울의 쇳물에 화상을 입은 흔적이다.

1967년 겨울엔 베이징 동쪽 교외의 뉴란산(牛欄山)에 있는 비닐론공장에서 일한 적이 있다. 그곳은 당시 중국이 막 수입한 설비를 갖춘 최신 인조섬유공장이었다. 그곳에서 나는 힘든 허드렛일을 했으나 새로운 기술을 배우지는 못했다.

1969년 마오쩌둥은 땅굴을 파서 전쟁에 대비하기 위해 "굴을 깊게 파라"고 호소했다. 나 역시 여러 차례 땅굴을 건설하는 노동에 참가했다. 이 땅굴들이 핵폭탄의 공격을 방어할 수 있는지 여부는 감히 보증하지 못했다. 지금까지 시험한 적도 없었다.

이 목록은 아직도 길게 덧붙여지고 있다.

허페이에 도착한 뒤엔 벽돌 굽기라는 새로운 종류의 노동을 시작했다. 허페이에서의 첫 번째 해, 물리학은 여전히 나의 여가생활 속에 존재했으며, 벽돌을 만드는 것이 나의 주업이었다. 1970년 말부터 나는 벽돌을 만드는 노동에 참가했고, 1971년 3월 과기대학교는 벽돌공장을 세웠다. 나는 벽돌공장으로 옮겨 왔고, 주요 일꾼이 되었다. 과기대학교의 허페이 캠퍼스에 있는 한 동의 화학건물은 우리들이 그때 구워 만든 벽돌로 세운 것이었다.

"중국을 사회주의의 현대화 강국으로 건설하도록 노력하자!"

"중국의 사회주의 건설을 위해 벽돌과 기와를 보태자!"

이러한 구호와 표어는 20세기, 70년대의 중국 어디에서나 볼 수 있었다. 후세의 사람들이 이러한 구호에 내포되어 있는 의미를 이해하도록 하기 위해 나는 과기대학교의 벽돌공장에 대해 이야기해야할 것 같다. 그럼으로써 당시 중국의 고급지식인들이 사회주의를 위해 어떻게 '벽돌과 기와를 보태도록' 강압적인 명령을 받았는지 보여주어야만 한다.

벽돌공장의 인원은 모두 13명이었다. 한 명만 진짜 벽돌 제조공이었고, 나머지 인원들은 각 학과로부터 뽑혀 온 독재의 대상자들과 흑팔류(黑八類)였다. 여기서 그들 개인의 경력을 간단히 소개하는 것도 가치가 있을 것이다. 아래에서 이름 다음에 소개하는 직무는 당시의 것이다.

1.

천시루(陳希孺): 수학 강사로 1956년 폴란드로 유학갔다가 1957년 우파적 견해 때문에 귀국조치를 당했으며, '운 좋게 법망을 빠져나온 우파'다. 현재는 유명한 교수이며, 중국내 몇 명 되지 않는 훌륭한 확률론 학자이다.

2.

첸다통(錢大同): 수학 강사이며 벽돌공장에서 노동을 하기 이전에 이미 통계수학 저서를 발표했다. 발언이 신중하지 못해 '현행 반혁명분자'가 되었다. 현재 과기대학교 부교수로 재직 중이다.

3.

덩웨이롄(鄧偉廉): 수학 강사이며 셴허(顯赫) 출신이다. 그의 백부인 덩중위안(鄧仲元)은 가장 먼저 쑨중산을 뒤따른 고급장교였으며, 후일 암살을 당해 광저우에서 사망했다. 지금도 광저우에는 모든 사람이 우러러보는 그의 조각상이 있다. 그의 부친은 원래 국민당 정부가 관할하던 항공회사의 수장이었다. 1949년 소속 인원 및 모든 항공기와 함께 홍콩으로부터 대륙으로 돌아와 공산당에 투항하였는데, 이는 중국민항의 최초 항공기였다.

덩 본인은 원래 옌징대학교의 역사학과에서 공부했으며, 1950년 전쟁에 참가하여 조선으로 가 미군과 싸웠다. 정전 이후에는 중국으로 돌아와 전과하여 수학을 배웠다. 그런데 잘못된 발언으로 당국에 죄를 지었기 때문에 '현행 반혁명분자'가 되었다. 70년대 말 그는 홍콩으로 이주했다. 중국과 영국이 홍콩문제를 해결하고 공동성명에 서명한 이후 들리는 말에 의하면 그는 이미 홍콩에서 남태평양의 피지 섬으로 이민을 갔다고 했다.

4.

쉬자란(徐家鸞): 물리학과 부교수이며 1949년 출국기회를 포기하고 신중국 건설에 참여하자는 공산당의 제안을 받아들였다. 제9장에서 기술한 바와 같이 그는 일찍이 미국으로 출국하려고 한 적이 있었기 때문에 결국 나라를 배반하려고 한 '반혁명분자'로 지목되어 비판을 받았다. 1981년 그는 미국에서 타이완으로 날아가 '반공의사'가 되어 타이완 당국의 환영을 받았으며, 지금은 타이베이의 한 대학교의 물리학 교수로 있다.

5.

리셴위(李先予): 역학 교수이며 20년대 상하이에서 공학을 배웠다. 일찍이 중공 선전부장인 루딩이(陸定一)와 함께 공산당에 가입했다. 후일 일본으로 유학을 갔으며 탈당했기 때문에 '반혁명분자'로 규정되었다. 80년대 초에 사망했다.

6.

황마오광(黃茂光): 역학 교수이며 40년대 미국으로 유학을 가 코넬대학교에서 박사 학위를 취득했다. 그는 중국의 저명한 베니어 역학 전문가였는데, 미국 친구들과 연락을 취하고 있었다는 이유로 '간첩'으로 규정되었다. 1972년 닉슨 미국 대통령이 중국을 방문한 이후 황 교수를 알고 있는 일부 미국 교수들도 뒤이어 중국을 방문했다. 이를 계기로 중공 당국은 '간첩'이라는 황 교수의 '모자'를 떼어버려야 하는 압력을 받지 않을 수 없었다. 현재는 은퇴하여 베이징에 있다.

7.

주자오샹(朱兆祥): 역학 교수이며 중국 폭발역학 분야의 일류 전문가다. 1949년 이전 저장대학교에서 공산당에 가입했고, 지하활동에 종사하였으며, 국민당을 반대했다. 1957년 우파적 발언 때문에 공산당의 당적을 제명당했으며, '운 좋게 법망을 빠져나온 우파'였다. 현재는 닝보(寧波)대학교의 총장이다.

8.

루양(魯陽): 화학강사이며 1957년 우파로 규정되었다. 1936년 항일(抗日)을 주장한 '7군자(君子)'는 국민당에 체포당했다. 이는 한때 국제적인 센세이션을 불러 일으켰고, 아인슈타인이 그들을 성원하는 전보를 보내기도 했다.

7군자 중 유일한 여성인 스량(史良)은 루양의 이모였다. 그러나 이 정도의 관계는 루양의 정치적 상황에 결코 도움이 되지 못했다. 1936년 중국공산당은 7군자를 칭찬하며 높이 평가했지만 1957년에는 7군자 중 두 명이 우파가 되었다. 그때는 그때고 지금은 지금이라는 것이었다. 1981년 루양은 자살했다.

9.

류랑(劉朗): 과기대학교 병원 원장이자 의사였다. 오래 전 공산당에 참가했으며, 군의분야에서 복무했다. 그는 공산당에 참가하기 전 국민당 기관에서 일한 적이 있었기 때문에 '역사적 반혁명분자'로 규정되었다. 80년대 이후 베이징으로 돌아왔으며, 현재는 은퇴하여 집에서 글을 쓰고 있다.

10.

궈라오푸(郭勞夫): 40년대 초 일본 군의대학에서 공부했으며, 일본이 점령한 동북지역에서 일했다. 그 후 린뱌오(林彪) 부대에 참가했을 뿐만 아니라 공산당에 가입했다. 군대를 따라 동북지역에서부터 광저우(廣州)까지 치고 내려갔다. 오래 전 일본에 간 과거가 확실치 않기 때문에 '역사적 반혁명분자'가 되었다. 은퇴 후에는 베이징으로 가서 예전부터 좋아하던 낚시를 하며 지내고 있다.

11.

진용타오(靳永濤): 물리학과 기술자이며, 12명 중에서 유일하게 고등교육을 받지 않은 사람이었다. 1957년 과학원 물리연구소에 기사로 임명되었으며, 그때 우파가 되었다. 현재는 베이징과기관리대학 엔지니어로 있다.

열두 번째는 나였다.

이 벽돌공장은 만약 공장 전체의 평균 교육수준과 지식수준으로 말한다면 전 세계의 어느 공장에도 뒤지지 않을 것이다. 어쩌면 최고 수준일 지도 몰랐다. 다만 당국은 우리들의 지식 대신 체력만을 필요로 했다. 2천여 년 전부터 있었던 벽돌을 굽는 기술을 이용해 중국의 현대화를 굽도록 요구한 것이다.

속담 중에 '진나라 벽돌, 한나라 기와'라는 말이 있다.

기원전 3세기 중국은 이미 벽돌을 만들 줄 알았고, 기원전 2세기를 전후해서는 기와를 만들 수 있었다. 때문에 기술적인 측면에서 볼 때 벽돌 제조법은 다시 기술할 필요가 없는 것이었다.

우리들 벽돌공장의 대부분의 기술은 적어도 1637년 출판된 송응성이 쓴《천공개물(天工開物)》속에 상세히 묘사되어 있었다. 하지만 당국이 중국의 전통문화를 이용해 마르크스가 발명한 공산주의를 어떻게 건설하려는 지를 설명하기 위해서는 3백여 년 전 송응성이 이미 기술한 내용을 중복하는 것을 완전히 피할 수는 없었다.

전통적인 벽돌 제조법의 1단계는 날벽돌을 만드는 것이다. 이때 두 사람이 협력해야 하는데, 한 사람은 힘을 써서 나무틀을 고정시키고, 다른 한 사람은 대략 무게가 7킬로그램 정도 나가는 진흙을 높이 치켜든 다음 나무틀에 힘껏 내던져 누른다. 벽돌의 품질은 진흙을 내던져 누르는 힘의 세기에 따라 결정된다.

힘의 세기가 클수록 날벽돌은 더욱 조밀해지고 벽돌의 품질도 더 좋아진다. 만약에 내던져 누르는 힘이 너무 약하면 벽돌 내부가 빈 구멍으로 충만한 스펀지 상태가 되어 압력을 견디지 못한다. 여간 힘이 센 사람이 아니고서는 백 개의 흙벽돌을 찍어내기 전에 파김치가 되고 만다.

우리 벽돌공장에서는 오직 강사급의 젊은이들만이 흙벽돌을 내던져 누를 힘을 가지고 있었다. 교수와 부교수들은 나무틀을 떠받치는 책임을 졌다. 그 후 벽돌공장에 흙벽돌 제조기가 한 대 들어와서 진흙을 내던져 누르는 고생을 면할 수 있었다. 커다란 발전이었다. 이는 과기대학교 벽돌공장의 유일한 기계이기도 했다.

2단계는 굽지 않은 날벽돌을 그늘에 말리는 것이다. 벽돌 한 장은 대략 2.5킬로그램이지만 날벽돌일 때는 훨씬 무겁다. 오직 인력에 의존해 날벽돌을 통풍이 잘 되고 그늘진 곳으로 운송한다. 그늘에 말리는 과정에서는 여러 차례 날벽돌의 위치를 바꿔줘야 벽돌을 고르게 말릴 수 있다.

3단계는 벽돌 가마를 만드는 것이다. 그것은 기술적인 작업이었다. 벽돌 가마는 천막형 아치 구조로 흙벽돌을 이용해 세웠으며 직경 약 10미터, 높이 6미터였다. 아치형 구조는 중국의 고대 건축역학 상의 가치 있는 창조물이었다. 1천여 년 전의 조주교(趙州橋)는 기둥과 기둥 사이의 거리가 매우 넓은 아치형 돌다리 구조였다.

우리들의 작업을 지휘한 연로한 벽돌 제조공은 어쩌면 1천여 년 전의 기술을 전수받았는지도 모른다. 그는 계산을 하지도, 제도용지도 사용하지 않고, 측량도 하지 않았다. 오직 두 눈과 감각에 의지해 우리들이 아름다운 곡선의 돔(둥근 아치형 천장)을 만드는 것을 지휘했다. 그의 솜씨는 매우 정교하고 훌륭하다고 말할 수 있었다. 몇몇 역학 교수 역시 찬탄해 마지않았다.

이 연로한 노동자는 어쩌면 젊었을 때 몇 년 간 공부를 하며 이러한 기예를 배우고, 아름다운 곡선 상의 각 점마다 마땅히 있어야 하는 곡률(曲率)을 기억해 두었는지도 모른다. 하지만 그는 과기대학에서는 한 시간의 역학 수업만으로도 1백 명의 학생들이 이 아치형 곡선의 엄격한 수학 수식을 배워 정확하게 각 점의 곡률을 계산해 낼 수 있다는 것은 몰랐을 것이다.

벽돌을 제조하는 마지막 단계는 벽돌을 굽는 것이다. 이것 역시 기술적인 작업이었다. 노동은 비교적 수월했다. 우리들은 단지 연로한 노동자의 지휘에 따라 제때에 석탄을 공급하기만 하면 되었다. 가마에 넣은 벽돌은 8~9일을 구어야 했다. 이 과정의 비법은 벽돌 제조공이 끝까지 비밀로 지키고 싶어 했다.

그는 자신이 어떤 판단에 근거해 석탄을 공급하는지, 그리고 어떤 방식으로 벽돌이 잘 구워졌는지를 판단하는지 다른 사람들이 아는 것을 원치 않았다. 그리하여 그는 고생을 많이 했다. 그는 하루 24시간을 가마 옆에 있었고, 한 두 시간 정도 잠을 잤다. 우리들 12명은 3개 반으로 나뉘어 그의 지휘에 따라 밤낮으로 석탄을 공급하고 불을 피웠다. 교수들은 모두 낮교대를 했지만, 나는 늘 밤교대를 했다.

그렇다고 그 노동자는 보수적인 사람은 아니었다. 매번 석탄을 공급한 뒤 우리들은 가마 주변에 둘러 앉아 짧은 휴식을 취했다. 이때 그는 항상 우리들에게 가마를 굽는 기술을 조금씩 알려주었다. 아마도 우리들을 자신의 견습생으로 여긴 것 같았다.

가마를 굽는 기술의 관건은 온도에 있었다. 불의 세기와 시간을 잘 살펴야 하며, 벽돌과 불꽃의 색깔에 근거하여 가마 안의 온도를 짐작했다. 일반인들은 600~700도나 800도의 온도가 되었을 때 나타나는 색깔의 차이를 구별할 수가 없지만 그는 색깔만으로도 온도를 판단할 수 있었다. 기예가 높은 사람일수록 판단하는 온도의 오차는 더욱 작아지게 된다.

그 후 나는 사마천의 《사기》를 읽었다. 이 2천여 년 전의 저서에는 당시 천문학자가 하늘의 별들을 색깔에 따라 백색, 남색, 황색, 홍색, 암색 등 몇 가지 종류로 구분했다는 기록이 실려 있었다. 많은 사람들은 이 기록을 의심했다. 확실히 몇 개의 행성 이외에는 그 누가 육안으로 수천 개의 항성의 서로 다른 색깔을 구별할 수 있겠는가?

그러나 놀라운 점은 현대 천체물리학 역시 항성을 색깔에 따라 분류하고 있다는 것이다. 항성의 색은 각자 다른 온도를 가지고 있음을 나타낸다. 《사기》에 제시된 항성들의 색깔 분류는 현대 천체물리학이 스펙트럼분석으로 얻어낸 것과 같았다. 이것은 더욱 많은 사람들이 믿지 않는다.

나는 가마를 굽는 경험을 가지고 있었기 때문에 《사기》에 기록된 것이 어쩌면 진짜일 수도 있다는 생각이 들었다. 생각해 보자. 2천 년 전에 중국은 이미 가마를 굽는 나라였으며, 그들은 모두 색깔로 온도를 구분할 수 있는 강력한 능력을 가지고 있었다.

짐작컨대 당시 천문학자들은 아주 날카로운 눈으로 단련되어 서로 항성들 간의 매우 미세한 색깔의 차이를 판별할 수 있었는지도 모른다. 그런데 항성의 색깔을 판별하는 이러한 재능은 과거에 설사 있었다고 하더라도 전해지지 않은지 오래되었다.

오늘날의 천문학자에게는 더 이상 이러한 재능이 필요치 않다. 스펙트럼 분석은 사람의 눈보다 수천 배 이상 날카롭기 때문이다. 나는 벽돌을 굽는 노동자가 온도를 판별할 수 있는 것에 크게 탄복했지만 그것을 배우려는 생각은 전혀 하지 않았다.

왜냐하면 광도를 측정하는 측광온도계만 있으면 가마 안의 색깔을 근거로 온도를 측정할 수 있으며, 그편이 훨씬 정확하기 때문이었다. 하지만 우리들은 개조되고 있었으므로 나는 온도계를 찾으러 물리실험실에 가지 않았다.

그날도 나는 분부에 따라 석탄을 공급하고 있었다. 밤이 깊어지자 주변이 아주 고요했다. 가마 안의 붉은 불꽃에 넋을 잃을 때마다 역사는 어쩌면 이 꺼지지 않는 불처럼 끊임없이 낡은 것을 불태워버리고 새로운 것을 정련할지도 모른다는 생각이 들었다.

오래된 기예가 전해 내려오지 않고 그 흔적마저 끊기자 옛것을 좋아하는 사람들은 어떤 보물을 잃어버린 듯 주먹을 불끈 쥐고 탄식했다. 그 잃어버렸던 기예를 찾아오기만 하면 요즘의 어려움을 해결할 수 있기라도 하듯.

하지만 그것은 잘못된 생각이다. 고고학적인 가치만 전해 내려오거나 아예 흔적이 사라진 기예는 원래 마땅히 도태되어야 하는 것들이었다. 인류가 발전할 수 있었던 까닭은 낡은 기예를 끊임없이 도태시켰기 때문이다.

낡은 도예공의 기능을 버리지 않았다면 오늘날 그것을 대신할 수 있는 기술이 발전할 수 있었겠는가? 때문에 나는 낡은 도예공의 기능을 존경했지만 그것을 배울 생각은 없었다. 어쨌든 그것은 하루 빨리 도태되어야 마땅한 기술이었다. 만약에 내가 배우지 않아 그 기능이 더욱 더 빨리 도태되어 전해지지 않게 된다면 좋은 일이라고 할 수 있었다. '불의 세기와 시간'을 보면서 벽돌을 굽는 것은 훨씬 전에 자취를 감추어야 했다.

그래야만 비로소 진정한 의미의 문화대혁명이라고 생각한다.

또 석탄을 공급할 때가 되었다.

벽돌공장에서의 생활은 정치적 성격이 그다지 강하지 않았다. 원칙적으로 우리들 모두는 독재의 대상이었고, 개조를 받는 사람들이었지만, 벽돌공이 우리들의 노동을 관리하는 것 이외에 당국은 우리들을 그다지 신경 쓰지 않았다. 우리 같은 사람들에는 이미 개조할 수 있는 그 어떤 성향도 남아있지 않다고 생각했을 수도 있다.

확실히 5년간의 문화대혁명은 나로 하여금 당국의 그 어떠한 이데올로기 개조도 받아들일 수 없다는 생각을 더욱 확고하게 만들었다. 상황은 이미 분명해졌다. 고온 온도계가 출현한 시대에 더 이상 '불의 세기와 시간을 보는' 기술은 받아들일 수 없는 것과 같았다. 헤어지자! 나의 소년시대의 모든 정치적 우상과. 그때 리수셴에게 보낸 편지에 나는 다음과 같이 썼다.

"최근 한동안 우리는 마치 다시 한 번 50년대의 깨끗하고 투명했던 시기를 향해 되돌아가고 있는 것 같았다. 비록 천진난만함이 이미 더 이상 존재하지 않더라도 그 순수한 아름다움과 잔인함은 그때와 같다."

이는 우상을 버린 이후의 깨끗하고 홀가분한 느낌이었다.

우상숭배를 포기한 후 내게 '우상숭배'는 일종의 해학극처럼 보였다. 당시 벽돌공장은 매일 아침 5분 의식을 거행했으며, 우리들에게 마오 주석을 향해 용서를 빌라고 했다. 그 형식은 종교의 참회의식과 매우 흡사한 집단적 참회였다.

우리들 '죄'가 있는 12명은 마오쩌둥의 성상을 향해 경건하게 서서 머리를 숙였다. 그리고 규정에 따라 마음속으로 '위대한 영수'를 향해 자신의 '죄행'을 묵묵히 전하고 용서를 빌었다. 하지만 우리가 진짜 무슨 생각을 하고 있는지는 누구도 알 수 없었으리라. 우리들은 그저 한 마리의 파리가 그 성상 위로 기어 올라가는 것을 발견했다…….

우리들 독재의 대상자들은 당시 우스갯소리로 서로를 '뺀질뺀질한 소(老油牛)'라고 불렀다. 그 뜻은 공산당의 정치운동으로 말하면 우리들은 첫째, 경험이 풍부한 베테랑으로서 그 어떠한 것도 두려워하지 않았고, 둘째, 아무리 지독한 타격이 머리 위에 떨어지더라도 우리에겐 칼로 물을 베는 격이었으며, 셋째, 그 어떤 '듣기 좋은' 사상개조 설교도 우리들에겐 쇠귀에 경 읽기와 같았다는 것이었다.

80년대에 이르러 내가 미국에 정착한 후 벽돌공장에서 만난 오랜 친구와 연락을 취할 때는 항상 서로 'Dear O_3'라고 호칭했는데, 이 O_3

는 'Old, Oil and Ox'*의 줄임말이었다. O₃의 개조가 불가능함은 과학의 후퇴 불가능함과 같은 것이다. 과학은 오직 과학 자체의 역할을 위해 앞으로 발전하며, 그 어떤 비과학적 힘의 강제와 개조로 인해 후퇴할 수 없다.

미국의 과학사학자인 조지 사턴은 일찍이 이렇게 말했다. "만약 인류의 역사상 그 어느 분야가 여태껏 후퇴하지 않고 항상 발전만 해왔다면 그것은 과학이 유일할 것이다." 벽돌공장에서는 이러한 철리가 간단하게 뒤집혔고 2천 년 전의 전통적 기예를 이용해 정확한 수식을 개조하려고 했다. 하지만 그것은 사실 불가능한 것이었다.

과학 이외에 다른 분야의 후퇴는 우리들도 개의치 않는다. 당시 표면적으로 본다면 우리들 한 사람 한 사람은 모두 순도가 높은(성분이 순수한) 노동교화를 받는 범인이었다. 우리의 옷은 남루하고, 몸은 벽돌을 만드는 진흙과 석탄으로 시커멓게 되었으며, 얼굴에는 뿌연 연기와 흙먼지를 뒤집어쓰고 있었다. 어떤 때 우리는 거리로 나가 석탄이나 또는 아직 굽지 않은 벽돌을 운반했다.

몸이 피곤하거나 불결한 일을 해도 개의치 않았다. 그저 표정 없이 숙련된 동작을 했을 뿐이었다. 모르는 사람이 겉모습만 본다면 우리들 모두가 원래 대학교에서 학생들을 가르치는 점잖고 우아한 선비였다는 것을 절대 믿을 수가 없었을 것이다. 우리들에게 다음과 같은 것을 묻지 않는다면 말이다.

---

* 역자 주: '빤질빤질한 늙은 소라'는 뜻의 '老油牛' 세 글자를 영어단어 셋으로 표현한 것이다.

"이보시요, 당신 테일러 공식*을 전개할 수 있습니까?"

"맥스웰 방정식**을 써서 나에게 보여주시오!"

당시 나는 벽돌을 굽고 남는 시간에는 구부러지고 휘어진 공간 속의 맥스웰 방정식에 몰두하고 있었다.

1971년 8월은 유난히 더웠다. 그래서 많은 부서가 쉬었다. 노동교화범과 같은 우리들에겐 원래 휴가가 없었다. 하지만 날씨가 너무 더워서 당국은 최종적으로 '대사면'을 결정하지 않을 수 없었다. 덕분에 나는 일주일의 휴가를 얻게 되었다.

너무 좋았다. 나는 '밀월'을 보내기로 결심했다.

정말 우연히 그 해 8월 리수셴도 휴가를 신청하여 허락을 받았다. 결혼한 지 근 10년이 되는 우리들은 그때 처음으로 함께 휴가를 즐기게 되었다.

당시 우리 가족은 세 곳에 흩어져 살았다. 리수셴은 장시에 있었고, 나는 안후이에 있었으며, 두 아들은 나의 모친이 베이징에서 돌보고 있었다. 갑자기 얻은 휴가라 두 아들을 데려오기엔 시간이 촉박했다. 게다가 아이들이 아직 어려서 우리의 여행길에 함께 오르기도 어려워 보였다. 그러나 리수셴과 나에겐 더 이상 바랄 것이 없는 기회였

---

* 역자 주: 테일러(Taylor) 공식은 매장량에 의해 광산의 가행년수와 생산규모를 추정하는 계산식이다.

** 역자 주: 맥스웰(Maxwell) 방정식은 물리적인 의미 전자기파의 존재를 증명한 수식으로써 전자기파 (Electromagnetic wave)의 기본 행동 특성을 나타낸다.

다. 그 일주일은 조금 늦게 주어진 우리들의 '밀월' 여행이었다.

'밀월'이라는 말은 감미로움과 비밀이라는 두 개의 함의를 가지고 있다. 우리들에겐 두 가지 함의가 모두 중요했다. 당시는 여전히 무산계급 문화대혁명의 절정기였으며, 우리 두 사람은 독재의 대상이자 천민이었다. 따라서 그 여행은 반드시 비밀에 부쳐져야 했다. 하지만 우리들은 두려워하지 않았다.

해마다 끊임없이 전개된 계급투쟁은 천민이 아닌 사람들로 하여금 놀이의 흥취를 잃어버리게 했으며, 오직 극소수만이 여행을 나오는데 그들이 하물며 천민이겠는가! 독재자들은 한 쌍의 천민이 산수풍경을 감상하러 나올 흥미와 담력이 있으리라고는 결코 생각하지 못했다. 때문에 우리는 명승고적이 있는 곳은 오히려 계급투쟁이 가장 적은 곳일지도 모른다고 판단했다. 곧 우리들의 예측이 정확했다는 것이 입증되었다.

우리의 목적지는 황산이었다.

8월 12일 나는 허페이에서 출발했고, 리수셴은 난창에서 출발했다. 8월 13일 오전, 우리들을 실은 각각의 기차가 상하이에 도착했다. 우리는 상하이역에서 만났다. 우리들은 이미 오랫동안 만나지 못한 상황이었지만 오랜만에 만난 연인이 상봉할 때처럼 서로를 향해 말을 쏟아 놓지는 않았다.

일단 수다를 떠느라 시간을 낭비할 순 없었고, 우리들의 신분을 노출시킬 수도 없었기 때문이었다. 우리는 서로를 보고 한번 웃었을 뿐이었다. 나는 그녀가 나처럼 온몸이 검다는 것을 발견했다. 그녀 역시 마찬가지였을 것이다. 그녀와 나는 노동개조를 하느라 햇볕에 검게 탔다. 우리에게 그것은 마치 보호색처럼 느껴졌다.

우리는 상하이에서 하룻밤을 머문 후 항저우로 갔다.

항저우는 좋기는 했지만 이번 여행의 주요 목표는 아니어서 오래 머물지 않았다.

8월 15일 새벽, 우리는 장거리 버스를 타고 항저우에서 후이저우로 갔다. 버스는 서쪽을 향해 갔다. 산과 물이 한데 어울린 푸춘강(富春江)의 경치는 평화롭고 고요했다. 산세는 부드럽고 매끄러웠으며, 강물은 햇빛 아래에서 항저우 비단 위에 수놓은 명주실과 같이 번쩍번쩍 빛났다.

이 길은 아마도 나의 할아버지가 지난 세기 말에 후이저우에서 항저우로 가시던 길이었을 지도 몰랐다. 하지만 우리는 그와 반대방향으로 가고 있었다. 버스는 서쪽을 향해 달리는 동안 산세가 점점 험해졌다. 우리들은 저장 서쪽의 산간지역으로 들어섰다.

정오 무렵 버스는 애를 쓰면서 이링관(翌嶺關)을 올라 안후이성 지역으로 들어섰다. 안후이 남쪽의 산은 옛날과 다름없이 초목이 울창했지만, 물은 저장에 비해 적었고 일부 냇물이 큰 산의 틈새에서 힘겹게 흘러내리고 있었다.

아스팔트 도로는 이미 끊겨서 버스가 달리는 길은 황톳길이었다. 이 농촌의 풍경은 원시적이고 폐쇄적인 느낌을 주었다. 오후 1시, 버스는 지시현(績溪縣) 부근의 작은 마을에 잠시 쉬었고, 승객들은 차에서 내려 식사를 했다. 지시현은 후스(胡適)의 고향이었다. 중국의 '전면적 서구화'를 주창한 주요 인물이 산이 겹겹이 둘러쳐진 폐쇄된 곳에서 태어났다는 것을 그 누가 생각이나 했겠는가.

버스가 쉐셴의 옌사(岩寺)에 도착했을 때는 이미 황혼이 깃들었다. 그때는 여행객들이 매우 적은 시기였다. 길이가 30킬로미터인 황산에 여행객은 하루 30명 정도였으니 말이다. 그래서 날이 저물기 전에 버스는 우리들을 산기슭에 있는 황산 여관으로 데려다 주었다.

여관의 벽 위에는 큰 글자로 쓴 "계급투쟁을 절대로 잊지 말자!"라는 표어가 붙어 있었다. 그러나 프런트에서는 우리들의 신분증을 자세히 살피지 않았으며, 다른 혁명여행객들처럼 우리를 대해 주었다. 숙박비는 1인당 8마오(角: 10분의 1위안) 정도로 매우 쌌고, 식사도 한 끼에 1마오 5편(分: 100분의 1위안)이었다.

여관은 중국식과 서양식이 혼합된 건축물이었다. 지붕은 중국식 유리 기와였고, 내부는 서양식으로 꾸며져 있었다. 황산과 조화롭게 어울리는 모습이었다. 여관은 산간 평지에 위치해 있었고, 풍경이 아름답고 그윽했다. 그리고 한 줄기 시냇물이 여관 앞 골짜기의 깊은 곳으로 흘러들어가는 소리를 들을 수 있었다. 저녁식사가 끝난 후 우리들은 나뭇가지를 붙잡고 내려가 동굴 밑에 다다랐다. 그곳은 물이 내려가는 소리가 매우 컸다.

해가 저물어 완전히 깜깜했다. 가파르고 깊숙한 산골짜기의 돌, 시냇물이 흐르면서 흩뿌려져 생기는 물방울, 흐릿하게 보이는 바이룽챠오(白龍橋)…. 그 모든 것들이 달빛의 연한 은백색 속에 잠겨 버린 것 같았다. 발밑의 돌멩이와 시냇물만 눈으로 분별할 수 있었다. 물은 매우 차가웠다. 공기도 찼다.

하루 동안 버스 안에서 시달렸던 더위가 완전히 사라져 버렸다. 시원한 물이 고단한 여정의 피로를 씻어 주었다. 아니, 2년 동안의 계급투쟁으로 낀 때를 말끔히 씻어 주었다. 우리들은 시냇물이 우리의 심령을 씻어 내리더라도, 그리고 연한 은백색 달빛 속에 흩어져 버리더라도 그냥 이 시냇가 앞에 마냥 앉아있고 싶었다…….

하지만 그럴 수 없었다. 내일이 우리들을 기다리고 있었다.

8월 16일 새벽 6시 30분, 우리들은 길을 나섰다. 한 시간이 지난 후 반산사(半山寺)에 도착했고, 여기서부터는 산길을 타고 올랐다. 산세는 갈수록 험준해지면서 황산의 핵심지역으로 진입했다.

황산 위의 바위 모양은 변화가 많고 기괴하다. 왼쪽에서 보면 둥글고, 오른쪽에서 보면 네모난 모양이다. 멀리서 보면 매우 크지만 가까이서 보면 작은 바위들도 많다. 납작하고 긴 것, 날카로운 것과 무딘 것이 서로 뒤섞여 있었다. 모든 바위가 살아있는 것 같았으며, 일정한 법칙 없이 제 마음대로 생장하고, 어떠한 것에도 얽매이지 않았다.

유감스러운 것은 많은 황산의 바위 풍경이 '동자배관음(童子拜觀音, 어린 아이가 관음보살에게 절하는 모습)', '승상관기(丞相觀棋, 승상이 바둑 두는 것을 보고 있는 모습)'와 같이 사람이나 신의 이름을 가지게 되어 오히려 보는 이의 상상력을 제한한다는 것이었다.

중국인들은 아름다운 것이든 추한 것이든 자연계의 모든 것들을 신의 윤리나 인간의 윤리로 묶어서 해석하려는 전통적인 버릇이 있다. 이는 지나치게 세속적인 식견이다. 때문에 우리들은 반산사에서 노승이 모든 바위의 풍경을 보고 지은 이름을 일일이 말하는 것이 끝나기를 기다리지 않고 계속해서 위로 올라갔다.

자신의 생김 그대로 존재할 권리를 황산의 바위에게 주어야 하고, 상상할 수 있는 권리를 여행객에게 주어야 하며, 애정을 표현할 수 있는 권리를 마땅히 한 쌍의 연인에게 주어 간직하도록 해야 한다.

그 후의 2시간 반 동안 우리들은 황산의 2개 주봉(主峰)을 올라갔다 내려왔다. 한 봉우리는 1,750미터였고, 다른 봉우리는 1,880미터였다. 전자는 톈두 봉(天都峰), 후자는 롄화 봉(蓮花峰)이다. 황산을 가본 적이 있는 사람이라면 나의 기억이 잘못되었다고 생각할지도 모른다.

왜냐하면 일반 여행객은 보통 이틀을 잡고 2개 봉우리를 따로따로 올라가는데, 각각 적어도 반나절이 걸리기 때문이다. 하지만 우리들은 반나절 만에 2개 봉우리를 모두 올라갔다가 내려올 수 있었다. 우리들에게 왕성한 체력을 키우도록 한 노동개조 덕분이었다. 휴가기간이 짧아서 속도를 낼 수밖에 없기도 했다.

다행스럽게도 그 이틀 동안 바람은 산들산들하고 햇볕은 따사로워 황산의 모든 중요한 봉우리를 한 곳도 빼놓지 않고 뛰어 다녔다. 만약 비가 내렸다면 톈두 봉에 오르지 못했을 것이다. 톈두 봉은 황산의 여러 봉우리 중에서 가장 험하고 가파른 곳이었다.

1971년만 해도 톈두 봉에 오르려면 반드시 지나가야 하는 가장 긴 바위고개에 돌계단이 없었다. 그래서 산의 바위 위에 일렬로 뚫어 놓은 작은 구멍에 발을 절반 남짓 밟고서 그곳을 등반했다. 어떤 곳은 쇠사슬에 의존하여 올라가고 내려갔다. 그곳을 가벼운 마음으로 등반하다가 사망한 사람도 있었다.

하지만 우리들은 일이 순조롭게 풀려 정상에 안전하게 올랐다. 그리고 정상에서 긴 한숨을 내쉬었다.(1987년 우리들은 다시 황산에 올랐는데, 케이블카를 탔기 때문에 맨손으로 등반하여 넘는 미적 감각을 완전히 상실했다.)

톈두 봉은 황산에서 가장 아름다운 곳이다. 작은 산꼭대기는 심공

(深空)을 향해 끼어든 작은 섬과 같이 무상하게 떠다니는 구름 속에 우뚝 솟아 있었다. 산 정상의 공기는 희박하고, 바람도 쌀쌀하다. 이는 세속세계의 상한선이다. 살아있는 모든 것의 사랑과 증오, 원망이 사라져 버린다.

《신곡》의 천당 편에 쓰인 것과 같이 천당의 최고층에는 하느님도 존재하지 않았으며, 단테와 그의 이상적 애인 베아트리체의 다함이 없는 기쁨만 남아 있다. 멀리 바라보니 비로소 산 아래의 하천, 토지, 그리고 애증과 원망이 충만한 인간이 보였다.

중국의 역대 시인은 일찍이 자태가 아름다운 산봉우리를 포함해 모든 크고 작은 산봉우리를 위해 적지 않은 유명한 시를 썼다. 그런데 톈두 봉에 관한 시는 한 수도 없다. 이곳을 유람하던 시인들 모두 겁을 먹었고, 톈두 봉의 경치는 그들 상상력의 궁극적인 한계를 넘어섰던 것이다.

오후 1시 우리는 또 세 번째의 주봉인 광밍 정(光明頂)에 올라가서 베이하이 여관에 여장을 풀었다. 그곳은 황산에서 해발 고도가 제일 높은 여관이었다.

둘째 날은 새벽에 일어나 일출을 보았다. 량꺼좡에서 일출을 많이 보았기에 그다지 신선하진 않았다. 그 후 산을 내려왔다.

되돌아가는 길은 왔던 길로 가지 않았다. 산을 내려온 밤에는 툰시(屯溪)에 머물렀다. 그곳은 후이저우의 상업중심이었으며, 신안장(新安江)이 전 성을 가로 지르고 있었다. 그러나 온도가 40도에 육박했고 잠들 수 없을 만큼 더워서 놀 기분이 나지 않았다.

다음날 일찍 버스를 타고 우후(蕪湖)를 향해 북쪽으로 갔다. 우후는 안후이에서 가장 번화한 도시였다. 이 도시가 우리들에게 남겨준 유일한 인상은 그곳에서 사 먹은 국수에서 지독한 냄새가 났다는 것이었다. 그날 밤엔 난징에 도착했고, 너무 늦은 시간이라 난징역의 로비에서 하룻밤을 지냈다. 침대도, 베개도 없었지만 아주 달콤한 잠을 잤다. 6일 간의 빡빡한 일정으로 더는 견디지 못할 정도로 피곤했다.

8월 19일 오전 안후이의 밍꽝(明光)에 도착했다. 이곳은 리수셴의 고향이었으며, 우리들 여행의 마지막 일정이기도 했다.

마지막 여행지는 밍꽝진(明光鎭) 밖의 조고(曹姑, 朱佛女: 曹國公主) 무덤이었다. 조구는 명 태조 주원장의 누이동생이었다. 이치로 따지자면 그녀는 명나라 황족의 일급 인물이기에 마땅히 성대한 장례로 예우를 받아야 했다. 그러나 아직 왕조가 초창기이던 시절 죽어서 장례 문제에 신경 쓸 겨를이 없었다.

따라서 그녀의 묘지는 으리으리하게 보이지 않았다. 묘 앞에는 패방도 없고, 당지의 풍속대로 묘비도 세우지 않았다. 남아있는 좌기(座基)로 보면 원래의 석인(石人)과 석마(石馬)도 크지 않았다. 다만 그녀의 무덤은 당지 평민의 10배 정도로 컸다. 하지만 후손의 능묘와 비교하면, 즉 베이징의 13능과 비교하면 지나치게 검소했다.

이는 마치 중국의 각 왕조의 통례와 같았다. 제1세대는 보통 잔혹했지만 근검절약을 숭상하고 돈을 헤프게 쓰지 않았다. 실제로 난징에 있는 주원장 본인의 능묘는 자신의 후손 묘인 13능에 비교해 초라하고 볼품이 없었다.

제2세대 제왕은 1세대처럼 잔혹했음은 물론이고 낭비와 부패도 일삼기 시작했다. 왕조의 말기에 이르게 되면 잔혹하고 부패한데다 우매하고 무능했다. 이와 같이 하여 왕조가 붕괴되고 다른 왕조로 바뀌며 잔혹함 → 부패함 → 우매함 → 멸망으로 이어지는 순환과정이 반복되었는데, 이는 곧 중국 왕조정치의 윤회의 법칙이었다.

마오쩌둥 왕조 역시 완전히 똑같은 길을 걸어가고 있다.

덕분에 때 늦은 '밀월' 이후 나는 나의 길이 어디에 있는지를 더욱 분명히 이해하게 되었다.

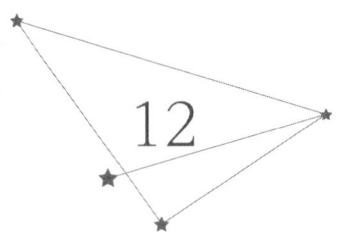

12
천체물리학으로
바꾸다

 황산에서 돌아온 지 한 달도 안 되어 벽돌공장 생활이 갑자기 끝나고 나는 물리학과로 돌아왔다. 너무나 뜻밖이었다. 당국이 돌연 내가 개조를 필요로 하지 않는다고 생각한 것은 아닐 테고, 벽돌공장이 갑자기 가동을 중단했기 때문도 아닐 것이었다. 그 이유는 바로 린뱌오(林彪)가 갑자기 죽었기 때문이었다.
 중국은 중앙계획경제 제도를 실행하고 있으므로 이치대로라면 모든 생활은 마땅히 계획에 따라 진행되어야 하는 것이다. 그런데 실상은 정반대였다. 중앙은 모든 것을 계획할 수 있지만, 오히려 그 자체를 계획할 수는 없었다.
 예를 들어 중앙 내부의 중단되지 않는 노선투쟁, 고위인사들의 비정상적인 발탁과 낙마, 사망 등은 대부분이 계획된 것이 아니다. 중국의 최근 몇 십 년 동안 대략 5년에 한 번 경제건설계획을 공포하였지만, 당내 노선투쟁의 5개년 계획은 여태껏 공포하지 않았다.

후자가 개개인에게 미치는 영향은 결코 전자에 뒤지지 않았다. 때문에 이런 체제 하에서의 생활은 오히려 마르크스주의의 변증법적 논리에 완전히 부합되는 것이었다. A가 없는 A, 즉 계획이 없는 계획이었다.

1971년 9월 13일, 린뱌오가 아무런 계획이 없는 가운데 마치 계획에 있었던 것처럼 사망한 뒤 문화대혁명은 후반기로 접어들었다.(그의 사망 계획은 지금도 역사학자들이 많은 흥미를 가지고 있는 과제다.) 비록 혁명투쟁의 구호가 하늘을 뒤흔들었지만, 나른하고 피곤한 표정의 마오쩌둥 사진을 보면 상황이 이미 쇠락의 길로 접어들었다는 것을 알 수 있었다.

오래지 않아 오로지 계급투쟁을 만드는 것만 일삼는 노동자 선전대인 공선대(工宣隊)와 군인 선전대인 군선대(軍宣隊)가 대학교에서 철수했다. 전교의 독재정치부대도 하나씩 해산했다. 광산과 공장도 그 중 하나였다. 대학교는 한바탕 새로운 혁명인 교육혁명을 시작하거나 수업 재개를 위한 혁명을 일으켰다.

이러한 상황 아래서 나는 물리학과로 불려가 교육혁명에 참가했다. 교육혁명의 정식 명칭은 무산계급 교육혁명이며, 따라서 그것은 한 판의 계급투쟁이기도 했다. 1972년 교육의 운명을 바꾸기 위해 나는 또 공장에 배치되었다.

이번에 공장으로 가게 된 근거가 되는 계급투쟁 이론은 '재교육'이나 '노동개조'가 아니었으며, 마르크스주의의 또 다른 원리 '노동은 모든 것을 창조한다.'에 의해서였다. 엥겔스는 모든 자연과학이 생산노동의 요구로 말미암아 발전한 것이라고 말했다. 그래서 하나의 공장은 20개의 대학교보다 중요하다. 따라서 자연과학의 영역 속에서 교육혁명을 진행하려면 반드시 생산노동 속으로 먼저 들어가야 한다.

그리하여 나는 몇몇 물리학과 동료들과 함께 베이징의 사진기 공장에 배치되었다. 당국의 목적은 20개의 대학교보다 중요한 공장이 도대체 어떠한 물리학을 필요로 하는지를 우리들에게 보이는데 있었다.

마르크스주의가 전부 틀린 것은 아니었다. 베이징의 사진기 공장은 오히려 물리학을 필요로 하고 있었다. 당시 이 사진기 공장은 설립된 지 얼마 되지 않았으며, 창청표(長城牌) 사진기를 생산하고 있었는데 품질이 좋지 않았다.

생산과정에서의 많은 어려움을 해결하지 못하고 있었기 때문이다. 문제들 중 하나는 도금이었다. 이 공장에는 도금 작업장이 하나 있었고, 그 작업장은 황색 판유리 생산을 책임지고 있었다. 유리 위에 한 꺼풀 도금을 하여 유리를 황색으로 만드는 것이었다.

그런데 그들은 도금의 두께를 통제할 줄을 몰랐기 때문에 어떤 때는 얇게 하고, 또 어떤 때는 두텁게 하여 제품이 불안정했다. 또 도금한 유리도 완전한 황색을 유지하지 못했다. 어떤 때는 홍색, 어떤 때는 녹색이 되는 등 다른 색깔이 나왔다. 때문에 도금의 두께를 통제하는 것이 생산의 중요한 조건이 되었다.

도금의 두께를 통제하는 것은 물리학에서는 조금도 어려운 일이 아니었다. 이미 백여 년 전에 수립된 빛의 박막간섭이론을 이용하면 해결할 수 있었다. 그 이론에 따라 나는 가장 간단한 방법으로 그들의 도금기기 위에 간섭측후장치를 장착했다. 결과는 성공적이었다. 그 후 도금한 유리는 모두 기준에 부합되는 황색이었다.

이번 걸음은 헛되지 않았다. 나는 창청표 사진기 속의 황색 유리를 이용하여 물리학이 마르크스주의에 부합되며, 그것이 생산노동의 요구였음을 증명했다.

하지만 베이징에서의 황색유리 사건은 그리 중요한 일이 아니었다. 가장 중요한 사건은 내가 현대우주학 논문 한 편을 쓴 것이었다. 이는 사회주의 중국 최초의 현대우주 논문이었다. 그 논문은 물리학이 마르크스주의에 부합하지 않는다는 것을 증명하는 것과 같았다. 그리고 나는 그것이 또 하나의 골칫거리가 될 것을 예감했다.

우주학은 여태껏 하나의 '해적선'이었다.

1989년 영국의 우주학자 한 분은 감개무량한 어조로 말했다.

> "우주학자는 모두 권력과 투쟁하는 골치 아픈 역사를 가지고 있다."

그는 또 이렇게 골치 아픈 역사를 함께 한 몇몇 유명한 인물들인 아르타르코스, 코페르니쿠스, 브루노, 갈릴레오, 그리고 사하로프 등을 열거했다. 이는 고금의 독재 권력이란 모두 우주 연구를 업으로 삼고 있는 사람들을 좋아하지 않는다는 것을 증명하는 것이었다. 혹은 반대로 우주학을 좋아하지 않는 그러한 모든 권력의 태반은 독재 권력이라는 것이었다.

내가 당초에 우주학을 선택한 것은 결코 스스로 골칫거리를 자초하려한 것이 아니며, 공산주의 당국이 좋아하지 않는 '해적선'을 찾으려는 생각 때문은 더더욱 아니었다.

사실 나는 셰싼 광산에서 환자를 수레에 태워 끌고 죽은 사람을 보면서 보낸 시절에 천체물리학에 큰 흥미를 가지게 되었다. 그때 나는 천체물리학의 연구대상이 평안하고 고요한 우주라는 것이 마음에 들었다. 그리고 그것이 인간세상의 분쟁을 피할 수 있고 정치안전계수도 가장 높은 영역이라고 생각했다.

따라서 벽돌공장에서 물리학과로 돌아온 뒤 연구할 기회가 좀 생기면서 나는 이전의 고체물리와 레이저물리를 포기하고 천체물리로 돌아섰다.

그러나 천체물리를 연구하는 것은 그리 간단하지 않았다. 대학교 도서관이 다시 개방되긴 했지만 새로운 서적이나 간행물이 없었다. 1968년 이후 출판된 것은 거의 일률적으로 비어 있었다. 같은 분야에 종사하는 외국의 동료들이 무엇을 하고 있는지 알 수 있는 방법이 없었다. 다만 새로 도착한 몇 권의 소책자를 보고 최신 연구동향을 추측할 수밖에 없었다.

천체물리는 그것을 필요로 하는 그 어떠한 생산노동도 없는 것 같았다. 엥겔스의 고전적 판단에도 분명히 부합되지 않았다. 따라서 이러한 학과는 무산계급 교육혁명 중에 결코 지지를 받을 수 없었다.

당시 첸린자오 선생 역시 나에게 고체물리나 레이저물리 계속 연구하라고 특별히 권고했다. 왜냐하면 이들 양자는 당국의 안목으로 볼 때 적어도 쓸모가 있었지만, 천체물리는 어디에 쓰이는지도 몰랐기 때문이다. 그런 까닭에 나도 잠시 망설였다.

그러나 1972년 봄과 여름에 있었던 몇 가지 사건은 나로 하여금 최종적으로 천체물리로 돌아서도록 했다.

첫째, 베이징 사진기 공장에서 노동을 하게 되면서 나는 유용한 문헌들을 찾으러 베이징에 갈 기회를 얻었다. 베이징에는 대학교와 연구소가 비교적 많았으며, 전문적인 과학정보기구도 있었다.

둘째, 당시 베버는 은하 중심으로부터 오는 인력파 신호를 접수했다고 주장함으로써 물리학계를 떠들썩하게 만들었고, 과학원 물리연구소의 일부 사람들은 이 실험을 다시 해보려고 생각하고 있었으며, 그 중에는 내가 아는 동료가 있었다. 이 실험조의 많은 사람들은 인력이론을 배운 적이 없었으며, 그들은 나를 초청하여 광의상대론에 대해 체계적으로 말해달라고 했다. 이러한 일들은 내가 더욱 천체물리에 몰두하도록 만들었다.

셋째, 《물리》잡지가 다시 간행되었다. 1966년 여름 이후 중국의 모든 과학 잡지는 완전히 정간되었다. 하지만 1972년 《물리》는 복간을 준비했다. 이는 1966년 이후 첫 번째로 복간되는 과학 잡지였다. 덕분에 다시 한 번 물리 논문을 발표할 기회가 생겼다.

베이징 사진기공장에서의 노동을 끝낸 뒤 나는 문화대혁명 이후의 첫 번째 논문을 써냈다. 논문은 그다지 길지 않았다. 그러나 나는 〈물질 및 흑체 복사를 포함하는 표준 장량이론 중의 우주해에 관해서〉라는 긴 제목을 사용했다.

이것이 현대우주학 논문임을 분명하게 표시할 수 있도록 '우주해

(宇宙解)', '배경흑체복사(背景黑體輻射)' 등과 같은 우주학 속의 중요한 개념들이 제목에서 잘 보이도록 하려는 목적이었다. 만약에 〈표준 장량인력 이론 중의 엄격해(嚴格解)〉와 같이 다소 의미가 불명확한 제목을 사용했다면 아래에 소개하는 이야기는 어쩌면 달라졌을 수도 있을 것이다.

이 논문은 신속하게 《물리》에 발표되었다.

1972년 봄, 관련 분야에서 이 논문을 비판하려 한다는 소식이 전해졌다.

감히 '우주해'를 토론하겠다는 것인가! 진정 겁 없이 함부로 날뛰겠단 말인가!

과연 1973년 봄, 상하이의 《원후이바오(文匯報)》와 《자연변증법》등의 간행물은 일련의 글이 발표되었으며, 현대우주학에 대한 정치적 비판이 전개되었다. 그 중 한 편의 제목은 〈우주는 해답(解)을 가지고 있는가?〉였다. 글 속에는 전혀 정치적 용어가 없었다. 그러나 한 점의 정치적 내용도 없음에도 불구하고 그것은 내가 쓴 글을 조준하고 있었다.

무산계급독재가 순수한 자연과학을 어떻게 비판하는지를 독자들이 직접 확인할 수 있도록 나는 당시 신문지상에서 비판했던 몇 구절의 원문을 인용하려고 한다.

"현대우주학은 '자본계급 우주학'이고, '거짓 과학'이며, '자연과학'이 부패하고 몰락하는 자본계급의 수중에서 어느 정도까지 타락했는지를 표명하는 것에 지나지 않는다."

"우주의 팽창모형은 '자본주의 제도가 초월할 수 없을 뿐만 아니라 무한정으로 자아팽창을 실현할 수 있다는 것'을 힘써 증명하려고 하고 있다."

"우주는 무슨 수학해(數學解), 물리해(物理解)는 없지만 철학해(哲學解)는 있다."

"무산계급은 자체의 우주해(宇宙解)를 가지고 있다."

"무산계급은 자신의 새로운 《천체운행론》, 새로운 《우주발전사》를 써내야한다."*

전체적으로 보아 코페르니쿠스로부터 오늘에 이르기까지 모든 우주학은 비판을 받는 대열에 있다. 우주학을 비판하는 풍조는 문화대혁명에 시작된 것이 아니라 공산주의 이데올로기의 전통이라 할 수 있다.

1947년 6월 24일, 당시 소련공산당중앙의 이데올로기를 주관하는 최고 책임자인 안드레이 즈다노프는 유명한 담화를 발표했으며, '자본계급의 과학'을 향해 전면전을 시작해야 한다고 선포했다. 그리고

---

* 《천체운행론》은 코페르니쿠스의 저서를, 《우주발전사》는 칸트의 저서를 가리킨다.

그는 공산당원들에게 마르크스주의를 가지고 천문학, 물리학, 화학, 생물학, 계산과학 등 자연과학 영역을 점령할 것을 호소했다. 그리하여 상대론, 양자론, 공명론, 유전학 등도 잇따라 맹렬한 비판에 부딪쳤다.

그 전면전 후 우주학의 말로가 대단히 비참했다. 현대우주학은 마르크스주의를 반대하는 것이란 비판을 받았다. 덕분에 우주학과 관련된 모든 것이 취소되었다. 마르크스주의가 우주와 관련된 모든 문제를 전부 해결했기 때문이다. 그때부터 소련에서 출판되는 천문학 교과서에 우주학이라는 용어는 보이지 않았다.

중국의 사회주의는 1949년에 건립되었으며, 공교롭게도 안드레이 즈다노프가 그 비판을 발동한 이후였다. 게다가 중공은 소련을 무조건적으로 따랐기에 사회주의 중국에는 단 한 권의 우주학 교과서도, 단 한 편의 우주학 논문도 없었다. 각종 과학발전계획 속에도 우주학 항목은 없었다. 우주학과 관련된 것은 철저하게 사라져서 마치 그것이 존재하지 않는 것 같았다.

《원후이바오》의 비판은 매우 정통적인 공산주의로 보였다.

문화대혁명 기간 중 상하이의《원후이바오》는 독특한 지위를 가진 신문이었다. 중공 중앙 기관지는 아니었지만 중공 이데올로기의 최고 지도자인 야오원위안(姚文元)이 직접 관장하고 있었기 때문에 특별한 이데올로기의 권위를 가지고 있었다. 문화대혁명은《원후이바오》에 실린 한 편의 살기가 넘치는 비판 글에서 처음 시작된 것이었다. 지명되어 비판을 받던 그 역사학 교수 겸 작가는 결국 스스로 목숨을 끊었다.

《원후이바오》와 《자연변증법》 등은 '자본계급 과학'을 살해하고 상대론, 양자론, 우주학을 살해했다. 그들은 비판의 칼이 누군가의 가슴에 꽂혀 치명상을 입히기를 바라며 조용히 기다렸다. 하지만 매우 유감스러운 것은 그러한 글이 그다지 큰 살상효과를 만들어내지 못했으며, 그로 인해 살고 싶지 않다는 사람도 없었다는 것이다.

아마 아르타르코스, 코페르니쿠스, 갈릴레오부터 오늘날의 천문학자, 천체물리학자, 우주학자들은 자살에 대해 별로 생각하지 않았기 때문인 것 같다. 7년 동안의 문화대혁명을 거친 뒤엔 이미 어떤 것도 더 이상 사람들의 마음에 죽음을 소망하게 할 만큼의 파문을 일으키진 못했다.

그러나 이러한 비판은 자칭 전 인류를 해방시킨다는 위대한 공산주의 이데올로기가 왜 하나의 우주학을 수용할 수 없는지를 생각해 보게 했다.

1973년 전체 중국을 통틀어 상대론적 우주학을 진정으로 이해하고 있는 사람은 결코 백 명을 넘어서지 않았다. 한 편의 물리 논문 역시 백 명 이상의 독자가 있을 수 없었다. 그러므로 이들은 결코 3백만 군대가 지지하는 무산계급독재를 위협할 수 없었다.

그런데 이렇게 큰 공산당이 왜 한 편의 순수하고 학술적인 논문 때문에 그토록 노한단 말인가? 장차 우리 후손들이 이 일에 대해 알게 되면 당시의 정책결정자가 정신이상이 있는 것은 아닌지, 돈키호테와 같은 과대망상이 있었던 건 아닌지 궁금해 할 수도 있으리라.

물론 전체 문화대혁명 중에서 정신이 이상해지는 일이 많았다. 그러나 우주학을 비판하는 것은 일시적인 충동에서 비롯된 것이 아니며, 공산당의 이데올로기에 의해 결정된 것이었다.

사회주의가 실행하는 것은 일종의 삼위일체적 독재다. 정치적으로는 일당 독재, 경제적으로는 중앙계획 독재, 이데올로기적으로는 중세기의 교회식 독재다. 이들 3자는 하나라도 부족해서는 안 된다. 마르크스주의의 실질적 지위는 모든 것 위에 군림하는 종교 경전과 같다. 때문에 설령 경미한 도전이라 할지라도 그것은 결코 용납되지 않는다.

즈다노프와 마찬가지로 《원후이바오》에서도 한 목소리로 "무산계급은 자체의 우주해를 가지고 있다."라고 말했다. 때문에 현대우주학이란 존재는 더 이상 용납되지 않았고, 그 견해에 도전하는 것 또한 용납되지 않았다.

무엇이 무산계급의 우주해인지를 분명히 하기 위해 나는 자세한 연구를 한 적이 있었다.

나는 마르크스주의의 저서를 샅샅이 살폈다. 그 속엔 '우주'라는 용어가 많이 등장했다. 그러나 '우주해'라고 불릴 자격이 있는 내용은 아래의 두 마디가 전부였다.

1. 우주공간은 무한한 것이다.
2. 우주공간은 앞뒤, 위아래, 좌우로 곧장 걸어갈 수 있으며 끝이 없다.

이 두 마디의 출처는 모두 엥겔스가 쓴 책이다. 한 권은 《듀링에 대한 반대를 논함》이고, 한 권은 《자연변증법》이었다.

현대우주학에서 본다면, 이 두 마디는 모두 증거가 없기 때문에 정론(定論)과는 거리가 멀었다. 이러한 판단 때문에 현대우주학은 무산계급독재의 단속 대상이 될 운명에 처했다.

게다가 그 두 마디는 엥겔스가 발명한 것이 아니었다. 그것은 뉴턴에게서 비롯되었다. 뉴턴 시대의 우주학 속에서 가장 간단명료하고 알기 쉬운 가정은 '우주공간이 무한한 3차원의 유클리드 공간'이라는 것이었다. 다행스럽게도 엥겔스가 그것을 이해하여 자신의 책에 베껴 썼고, 이후 그것은 크게 변하여 무산계급의 우주해가 되었다. 뉴턴이 이 사실을 안다면 소감이 어떨지 모르겠다.

이처럼 공산주의 이데올로기 속에서 뉴턴 시대의 우주학과 현대 우주학이 구분되어 계급적으로 대립되는 양쪽으로 변했는데, 전자는 "무산 계급적이고", 후자는 "자본 계급적이었다."

이러한 현상은 우리들로 하여금 그와 유사한 역사를 상기시켰다. 천동설은 원래 성경 우주론에서 나온 것이 아니며, 교회가 창조한 것도 아니었다. 그것은 그리스인들이 발명한 일종의 행성 운동 모델이었다. 그러나 중세기의 교회에 의해 받아들여짐으로써 그 가치가 크게 변했으며 의심과 도전이 용납되지 않는 일종의 경전이 되었다. 천동설은 교회의 경전으로 신봉되었으며, 지동설은 이교의 사설이 되었다.

현대의 사회주의와 중세기의 교회는 유사한 이데올로기 독재를 실행했다. 그들은 모두 자신을 정통적인 우주학의 대표라고 자처했다.

그리고 이미 시대에 뒤진 우주모델을 골라 자신의 경전으로 삼고 독재적 수단을 통해 과학의 발전을 억압했다.

따라서 정통 공산주의는 본질적으로 과학이 필요로 하는 연구의 자유, 회의를 품는 정신, 그리고 실증적 방법을 반대했다.

그 후 1981년, 나는 바티칸에서 개최된 우주학 토론회에 초청을 받아 참가했다. 회의에서 교황 바오로 2세의 연설문이 배포되었는데, 그 안엔 오늘날 교회가 주장하고 있는 과학과 종교의 관계가 언급되어 있었다. 교황은 이렇게 말했다.

"종교와 과학 간의 협력은 어떠한 의미에서든 각자의 자주성을 파괴하지만 않는다면 쌍방 모두에게 유익한 것이다. 다시 말해서 종교는 종교를 진심으로 믿을 수 있는 자유를, 과학은 연구의 자유를 강력히 주장하면 되는 것이다."

그런데 오늘날에도 사회주의의 삼위일체 독재는 과학이 공산주의 신앙으로부터 독립할 수 있는 자유를 갖는 것을 원칙적으로 인정하지 않고 있다.

이데올로기적 독재는 공산주의 문화가 중세기의 교회문화와 같이 일종의 매우 환각적이고 병적인 자기중심주의(egomania)가 되도록 하고 있다. 종교의 경전이 다른 모든 것보다 높았듯 마르크스주의 경전 역시 모든 것보다 높았다.

공산주의의 선전 속에서는 항상 이런 관점이 포함된다. 마르크스주의는 인류 역사상 모든 문화의 정수를 총결산한 것이며, 그것은 인류의 과거 모든 문화들을 크게 초월했다. 마르크스주의는 가장 보편적인 진리이므로, 오늘날의 모든 문화와 과학의 창조 및 발전을 위해서는 반드시 그것의 지도를 받아들여야 한다.

선전에 따르면 마르크스주의는 과거부터 지금까지 인류의 모든 정수 중의 정수를 초월했다. 한때는 나도 이러한 관점을 맹종한 적이 있었다.

더 이상 마르크스주의를 맹종하지 않는다면 그것이 '정수 중의 정수'라는 주장은 단지 한 벌의 '황제의 새 옷'일 뿐임을 발견하게 될 것이다. 각 세대의 공산주의의 대가들은 이 새 옷을 입기를 매우 좋아했다. 이 정수 중의 정수(또는 과학 중의 과학)를 입기만 하면 자신이 알든 모르든 상관없이 모든 학과를 비판하고 지도할 수 있다고 여기는 것 같았다.

예를 들어보는 것도 괜찮을 것이다.

마르크스주의의 수학 수기는 줄곧 마르크스주의 자연과학의 경전 중 하나로 존중되고 있다. 70년대 초의 교육혁명에서는 심지어 수학 교과서로 선택되었으며, 대학교에서 사용되었다. 그 책 속에서 마르크스는 변증법을 이용하여 모든 미적분 개념을 설명했다. 특히 마르크스의 0/0에 대한 변증법적 분석은 공산주의 이데올로기 전문가들이 대량의 글을 쓰는데 필요한 색인이었다.

만약 꼼꼼하게 보지 않으면 그 변증법적 분석 속에 범인들은 다소 이해하기 어려운 심오한 내용과 이치가 들어 있다고 여기게 될 것이다. 실은 오직 하나의 이치가 있는데, 그것은 마르크스가 살던 시대에 흠잡을 데가 없이 완벽한 극한이론이 이미 발표되었지만 그는 그 사실을 전혀 모르고 있었다는 사실이다.

1908년 레닌은 《유물주의와 경험비판주의》라는 제목의 선전용 소책자를 썼다. 그는 물리학에 많은 관심을 가지고 있었다. 레닌은 매우 격앙된 어조로 '물리학의 위기'를 논하며 많은 물리학자들을 비판했다. 마치 물리학을 구해낼 이가 자신밖에 없다는 이야기를 하는 것 같았다.

그 책 속에서 레닌은 특히 두 명의 물리학자 마하와 푸앵카레를 맹렬히 비판했다. 그는 오스트리아의 물리학자 마하가 절대적 참고계가 존재하지 않는다고 주장한 것이 "자본계급이 있는 곳으로 가서 더 많은 월급을 받기 위해서였다."라고 말했다. 이와 같은 비정상적인 비판은 사람들에게 레닌이 물리를 어떻게 연구했는지를 알려주는 것이었다. 레닌의 비판에 대해서 마하 교수는 단지 이렇게 말했을 뿐이었다. "레닌 선생은 아직 물리학을 이해하지 못하는구나!"

마오쩌둥은 1963년 그 '새 옷'을 입은 사람이다. 2년 전 마오쩌둥은 막 중국의 모든 사람들이 마땅히 학습해야 하는 좋은 본보기로 레이펑을 치켜세웠으며 "계급투쟁을 절대로 잊지 말라."라고 강조했다.

그러나 레닌의 계시를 받은 것인지는 몰라도 그는 갑자기 물리학에 흥미를 갖기 시작했으며, 물리학자들이 입자물리학을 어떻게 연구하는지를 지도하려고 했다. 당시 그는 일본물리학자인 사카타 쇼이치를 칭찬하면서 그의 연구가 마르크스주의 철학에 부합한다고 말했다.

이어서 많은 마르크스주의 철학자들은 잇따라 사카타 모델이 마오쩌둥의 《실천론》, 《모순론》, 그리고 "하나가 나뉘어 둘이 된다.(一分爲二)"는 등등의 철학사상과 부합되는지를 논증했다. 일순간 사카타 모델은 매우 우렁차게 울려 퍼지는 정치 용어가 되었다.

애석하게도 사카타 쇼이치는 일본인이었다. 중국인이었다면 당시 그의 지위는 가히 레이펑과 어깨를 견줄 수 있었을 것이다. 이것은 물리학자들에게 사카타 모델을 학습하도록 해야 한다고 요구한 것이 아니었다. 오히려 개개인이 주도적으로 마오쩌둥 사상의 지도를 받아들이도록 요구한 것이었다.

공산주의 문화 속의 이러한 환각성 자기중심주의는 어쩌면 헤겔의 포함하지 않은 것이 없는 철학체계에서 부분적으로 연유한 것일지도 모른다. 과거 공산당에 가입하려고 했을 때 나는 마르크스주의 철학을 이해하기 위해 헤겔의 저서를 읽은 적이 있었다. 헤겔의 방대한 체계는 그 대부분이 나의 전공 범위를 벗어났기 때문에 함부로 평가할 수가 없었다.

그러나 물리는 내 전공분야였으므로 얘기가 달라진다. 당시 내가 본 헤겔의 물리 개념과 판단은 모두 황당한 헛소리로 그 어떤 가치도 없었다. 헤겔은 힘과 열 등 물리의 개념에 대해서도 토론했다. 그러나 그것은 단지 자신의 철학체계를 만사에 대입한 것일 뿐이며, 자신이 전혀 모르는 분야를 논술한 것에 지나지 않았다.

헤겔의 자기중심 주의적 환각은 자신의 철학적 요구로부터 나온 것이었다. 그리고 무산계급독재 국가에서는 마르크스주의의 무지와 자만이 일종의 이데올로기독재의 요구가 되었다.

1974년 12월 나는 리수셴에 보낸 편지 속에 "한 시대가 얼마나 많은 우매함과 또 무지한 주재자에게 뒤덮였는가?", "이 분야에서 나의 생각은 이미 아주 멀리 멀리 떠나버렸다."라고 썼다.

나는 바로 이때부터 마르크스주의라는 이데올로기 우상이 나의 마음속에서 철저히 무너지기 시작했다고 생각한다.

우주학이 비판을 받기 시작한 1973년, 나와 몇몇 동료들은 비공식적인 천체물리연구 서클을 조직했다. 처음에는 5명뿐이었지만, 그 후 과기대학교 천체물리중심의 전신이 되었다. 당시엔 후일의 발전에 대해 전혀 구상하지 않고 있었다. 당시는 무산계급의 문화대혁명이 끝나지 않았던 시기여서 당국의 정책은 근본적으로 연구를 제창하지 않았다.

하지만 우리들은 향후 발전 전망 따위는 신경 쓰지 않고 그저 흥미롭게 연구에 몰두했다. 다행스럽게도 당시 류다가 또 다시 과기대학교 당위원회 서기를 맡았다. 비록 당국의 정책을 거역할 수는 없었지만 그는 비교적 진보적인 인물이라 우리들의 뭘 하는지 알면서도 못 본 체 했다. 때문에 우리들의 연구 활동은 암묵적인 동의를 받았다고 할 수 있었다.

비공식적인 연구이다 보니 조건 면에서도 큰 차이가 있었다.

일단 우리에겐 경비가 없었다. 특별 신청을 통해 획득한 경비는 200위안뿐이었다. 다행히도 당시는 많은 활동을 하지 않았고 설비를 구매할 필요도 없어서 그런대로 유지가 되었다.

사무실도 없었다. 학술토론은 항상 1제곱미터의 작은 칠판 하나가 있는 교수 숙소에서 열렸다.

문헌이 없었다. 과기대학교는 천체물리학 분야의 과목을 설치하지 않았고 도서관에 소장된 천체물리 서적 및 간행물의 양도 매우 적었다. 어떤 때는 한 편의 문헌을 찾기 위해 멀리 베이징까지 가야 했다.

같은 분야 간의 교류도 없었다. 당시 중국은 개방되지 않았으므로 논문을 국제적 성격의 잡지에 보내 발표할 수가 없었다. 그래서 해외의 같은 분야 종사자들이 방문하는 경우도 거의 없었다.

이러한 조건 하에서 진행되는 연구는 왕왕 자생했다가 자멸하며, 오랫동안 지속될 수가 없다. 그러나 우리들의 서클은 의외로 오랫동안 살아남았다. 한 사람도 탈퇴하지 않았을 뿐만 아니라 젊은 사람들이 끊임없이 가입을 희망했다.

큰 비판을 받은 것이 오히려 부분적으로 도움이 되었다고 할 수 있었다. 실제로 우주학에 대한 비판은 1973년부터 시작되어 1976년 문화대혁명이 끝날 때까지 줄곧 중단된 적이 없었다. 이러한 비판은 천문학계로 하여금 활동을 재개할 수 있는 충분한 이유를 가지도록 만들었다.

어찌 되었든 간에 천문학자가 천문 논제의 대비판에 참가하는 것은 명분이 있고 정당한 것이었기 때문이다. 따라서 1974년부터 전국적으로 매년 한두 차례씩 천문학술토론회를 개최했다.

문화대혁명의 마지막 3년 동안, 이데올로기 독재의 위협적인 힘은 한 해 한 해가 다르게 오그라들었다. 그래서 1973년 우주학에 대한 첫 번째 비판은 과거와 비교했을 때 위협하는 힘이 크게 약해졌다. 서서히 이러한 비판은 일종의 억지로 상황에 맞추는 연극으로 바뀌었다.

천문학술토론회는 비판을 한다는 명목으로 점차 학술교류를 진행하는 활동으로 바뀌었으며, 여행도 조금 할 수 있는 기회가 되었다. 이처럼 중국의 천문학계는 천천히 원기를 회복했다. 이는 대비판을 도리어 '장점'으로 이용한 것이라고 말할 수밖에 없었다.

각 천문대와 대학교가 돌아가며 회의를 주최했다. 1976년 여름의 회의는 우리가 주관할 차례가 되어 허페이에서 개최했는데, 그것은 중국 천문학계가 문화대혁명이 끝나기 전에 개최한 마지막 회의였다.

환자가 임종 직전에 갑자기 또렷한 의식을 되찾듯이 문화대혁명 역시 임종 직전 혁명의 대비판 화력이 갑자기 강해졌다. 특히 베이징에서 '4·5'사건이 발생했고 또 진압이 시작되었다. 따라서 많은 사람들은 허페이 회의가 관련 분야, 즉 이데올로기를 책임지고 있는 사람들의 주목을 받을 가능성이 있으니 조심해야 한다고 조심스럽게 충고했다. 우리들은 만사에 조심하면서 흠잡을 데가 없는 회의가 되도록 열심히 준비했다.

우리는 회의 장소로 월남공산당 유격대간부의 훈련 기지를 선택했다. 그곳의 환경은 아름답고 시설도 괜찮았으며 수영을 할 수 있는 곳도 있었다. 국제혁명을 배경으로 한 곳이기 때문에 그 누구도 우리들이 자본계급의 쾌적한 장소를 골랐다고 비난할 수 없었다. 유일하게 부족한 것은 에어컨이었다. 월남사람들은 더위에 강한 민족이라 그런지 회의장 안엔 에어컨이 없었다.

회의 기간 중의 여행은 가장 머리를 써야 하는 부분이었다. 알다시피 황산을 선택하면 반드시 비판을 받을 것이기에 그렇게 할 수 없었다. 그렇다고 아무도 가기를 원치 않는 빠꿍산을 선택할 수도 없는 노릇이었다. 마지막으로 우리는 안후이 서쪽에 있는 다볘산(大別山) 속의 휘산현(霍山縣)을 선택했는데, 중공의 많은 고급장교들이 그곳 출신이었다. 휘산엔 왕년의 혁명근거지가 수십 개나 되었다. 당연히 우리들의 목표는 혁명근거지는 아니라 메이산(梅山) 저수지였다. 그곳이 경치가 뛰어났기 때문이다.

드디어 모든 준비가 끝났다. 1976년 7월, 회의가 개최되었다. 과연 베이징과 상하이 등지의 이데올로기 기관은 사람들을 보내왔다. 그들 중 누구도 천문학자는 아니었다. 천문학자들은 그들에게 '물고기를 낚는 사람'이라는 별명을 붙였다. 그들이 회의에 참가한 목적은 오직 비판목표를 발견하기 위해서였다. 그 누구라도 발언을 신중하게 하지 않으면 '낚인 물고기'가 될 수 있었다.

낚시질이 시작되었다. 제일 먼저 낚싯바늘에 걸린 것은 난징대학교의 다이원사이(戴文賽) 교수였다. 그는 발언 도중에 자신이 대폭발 우주학을 찬성한다고 공개적으로 말했다. 다이원사이 선생은 천문학계의 선배였기 때문에 낚시꾼들은 먼저 낚싯바늘을 던질 생각이 없었다. 대신 다른 사람들이 낚싯바늘에 걸려들게 한 뒤 한 번에 모두 낚으려고 했는데 그가 걸려들어 버렸다.

덕분에 회의에 참가한 사람들은 모두 편안하게 휘산으로 갔다. 그리고 메이산 저수지에서 이틀 동안 마음껏 유람한 후 원래의 장소로 돌아왔다. 낚시질이 계속되고 있었다. 참가자 모두 누가 낚일지 주시했다. 날씨는 점점 더워졌고, 에어컨이 없는 회의실 안은 찜통이었다. 그리고 긴장이 계속되었다……. 안타깝게도 이 중대한 고비에 탕산(唐山)에서 대지진이 일어났다. 낚시꾼과 낚일 가능성이 있는 물고기들은 와아 소리를 지르면서 뿔뿔이 흩어졌고, 그쯤에서 모든 것이 끝났다.

　이와 같이 상상할 수도 없는 기괴한 활동들이 합쳐져 우리들의 연구 서클이 유지될 수 있도록 해주었다. 1974년부터 연구 서클이 매년 발표한 논문의 양은 1인당 평균치로 보면 줄곧 과기대학교에서 1등이었다. 연구과제는 우주학, 중력붕괴, 촘촘한 성체(星體), 활동적 천체(天體) 등을 포함하고 있었는데, 그 대부분이 상대론적 천체물리 범위에 속하는 것이었다. 그 후 학교 당국은 천체물리연구실을 정식으로 승인했다. 드디어 우리들의 연구 활동은 합법화 되었고, 정규적인 시기로 진입하기 시작했다.

　여기까지 쓰다 보니 나도 모르게 울적한 감정에 사로잡혔다. 우주학은 그동안 지나치게 가혹한 비판을 받아왔다. 하지만 우주학과 천체물리학을 모독하는 것은 그들 역사에 있어 하나의 간주곡에 지나지 않았다. 지혜와 과학이 충만한 분야가 모독당한 그 시절은 누구도 어찌해볼 수 없는 우울한 시기였다.

　나는 우주학과 천체물리학이 내가 이와 같은 일단의 역사를 써내려간 것을 개의치 않을 것이라고 생각한다. 천문학은 지금껏 세속적인 영욕을 추구하지 않았고, 기세가 등등한 권력을 하찮게 여겼으며, 연민과 동정을 필요로 하지 않았기 때문이다.

　그렇다! 천문학은 동정을 필요로 하지 않는다. 한 개인이 우주에 대해 더 많이 받아들일수록 우주의 깨우침을 많이 얻게 될 것이며, 다른 방법으로는 얻을 수 없는 확고부동함도 가지게 될 것이다. 칸트의 묘비명에는 아래와 같은 글이 쓰여 있다.

"두 종류의 사물이 있는데, 그에 관한 우리들의 사고가 깊어질수록 그것들이 환기시키는 놀랍고도 이상한 것들을 공경하면서도 두려워하게 된다. 그것은 대지를 가득 채우고 넘치는 우리들의 심령일 수 있다. 또한 이것은 많은 별들이 가득한 하늘과 우리들 마음속의 도덕률이다."

그렇다! 우주는 이러한 이상이고, 거리낌이 없으며, 한없이 넓은 곳이다. 가장 심오하고 아름다운 우주를 직접 마주 대하고 있을 때, 우리들의 정신은 가장 크게 발양될 것이며, 마음속의 도덕률은 끝없이 솟아오를 것이다. 우리가 시간과 공간이 어떻게 팽창하고 있는지, 그리고 우주가 어떻게 진화했는지를 보다 분명하게 알게 된 후, 한 줄기 희열의 감정에 쫓겨나지 않는 그 어떤 두려움과 비겁함이 있을 수 있겠는가?

지혜의 아름다움에 의해 풀리지 않는 그 어떤 곤혹스러움과 난해함이 있겠는가?

한 곡의 천체의 노래에 용해되고 침식되지 않는 그 어떤 괴로움과 우울함이 있겠는가?

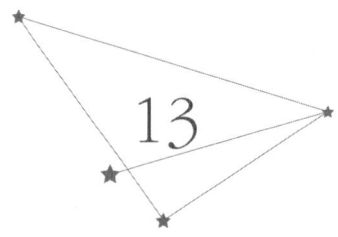

13

70년대 말의 현대화

탕산 대지진으로 약 40만 명의 사상자가 발생했다. 문화대혁명 역시 임종의 길로 진입했다.

1976년 가을, 개학을 했다. 천체물리학연구실은 첫 번째 경비를 사용해 컴퓨터 장비 한 대를 구매했다. 그 장비의 성능은 80년대의 소형 전자계산기 수준이었지만, 부피와 무게는 전동타자기 만큼이나 컸다.

장비를 판매한 공장은 배송을 책임지지 않아서 우리들이 직접 가져와야만 했다. 9월 9일 오후 나는 동료 한 명과 함께 공장으로 컴퓨터를 가지러 갔다. 자전거를 타고 막 교문을 나섰을 때 도시 전체에 큰 나팔소리로 울려 퍼졌다. 그것은 장송곡이었는데, 그렇게 큰 소리는 난생 처음 들어 보았다. 그 시절 장송곡 음량의 크고 작음은 죽은 사람의 권위와 엄격하게 비례했다. 따라서 누가 죽었는지 즉각 추측할 수 있었다. 마오쩌둥이 죽은 것이다!

우리가 육중한 전자계산기를 받아서 자전거를 타고 학교로 돌아왔을 때에도 거리에는 장송곡이 여전히 크게 울려 퍼지고 있었다. 하지만 거리의 모든 풍경은 예전 그대로였다. 소형 짐수레들이 꼬리에 꼬리를 물고 이어지고 있었다. 그러나 자동차들은 애도의 경적을 울리지 않았다. 건물 위에는 "마오주석 만세(毛主席萬歲)!"라는 표어가 걸려 있었지만 행인들은 그것을 보고도 아랑곳하지 않았다. '황제'는 그렇게 죽었다.

한 달이 지난 후 장칭(江靑) 등 '4인방'이 붙잡혔으며, 10년의 문화대혁명이 그쯤에서 대충 결말이 났다.

그리고 중국에는 현대화의 시간이 시작되었다.

문화대혁명의 마감은 많은 사람들에게 홀가분한 느낌을 주었다. '4인방'이 무너졌다는 소식이 전해졌을 때 베이징의 톈안먼 앞에는 한 차례 자발적인 시위가 있었다. 그들은 징을 치고 북을 두드렸다. 비판투쟁의 억압으로부터 벗어난 것을 다행이라고 여기며 정말 의기양양하게.

이때 현대화가 일종의 공감대를 형성했다. 사람들은 중국이 하늘, 땅, 사람과 투쟁하는 철학을 초월하기를 원했다. 그리고 현대화가 가장 중요하고 절박하다고 소리를 높였다. 그러나 무엇이 현대화고, 중국은 어떻게 현대화를 이루어야 하며, 또 어디서부터 시작해야 하는 것일까? 이 부분에 대해선 공통된 대답이 없거나 제각기 다른 답을 가지고 있었다.

중국의 장래는 대체 어떠한가? 많은 예측이 있었지만 대부분의 사람들이 조심스럽게 낙관하고 있었다. 그러나 과거 운동 중에 숙청을 당한 사람들은 여전히 조심하면서 입을 다물고 관망만 했다.

홍콩이나 마카오, 아니면 다른 나라에 친척이 있는 사람들은 그때 황급하게 이민 갈 방법을 찾아 나섰다. 정부도 이민을 허용하기 시작했다. 물론 비준을 받기는 쉽지 않았다. 광산의 오랜 파트너인 덩웨이롄과 20년 동료인 A는 이 시기에 필사적인 노력을 통해 홍콩으로 이주했다.

그 두 사람은 1949년 홍콩에서 대륙으로 온 사람들이었다. 이들이 1949년 처음 대륙에 왔을 때의 기쁨과 1977년 대륙을 떠날 때의 기쁨은 완전히 다른 것이었다. 1949년에는 대륙으로 돌아와 중국의 현대화에 참가할 수 있었던 기쁨이었지만 1977년에는 마침내 중국대륙을 떠날 수 있게 되었다는 기쁨이었다. 덩웨이롄은 중국을 떠나기 전에 작별 인사를 하러 왔다.

우리는 시국이 어떻게 돌아갈지에 대해 이야기했다. 그는 비관적인 입장을 가지고 있었으며, 자신이 이민 갈 생각을 확고히 한 것은 중국의 장래가 암담하기 때문이라고 했다. 그는 중국에 희망을 가질 수 없었던 가장 큰 이유로 덩샤오핑이 다시 권좌에 올랐다는 점을 들었다. 그의 생각은 당시 나를 포함한 대다수 사람들의 생각과는 매우 다른 것이었다. 나는 덩샤오핑 자신도 마오쩌둥에게 숙청을 당한 적이 있었고, 무산계급독재의 맛이 어떤지 모를 리가 없는데 설마 그것을 다시 반복하겠느냐고 생각했다.

그러나 덩웨이롄은 우리 모두가 속임수에 넘어갔다면서 아주 기이하고 황당한 논증을 제시했다. 그는 마오쩌둥이 덩샤오핑을 숙청한 것은 사실상 주유(周瑜)가 황개(黃蓋)를 친 것(《삼국지》에 나오는 이야기이다.)으로, 한 판의 연극이었다고 했다. 그리고 그 목적은 백성들로 하여금 덩샤오핑을 신뢰할 수 있다고 여겨 그를 옹호하도록 함으로써 마오쩌둥 왕조의 존엄이 유지될 수 있도록 하기 위한 것이었다고 했다.

덩샤오핑은 마오쩌둥이 안배한 진정한 후계자이므로 두 사람은 실상 별 차이가 없다고 했다. 그의 논리에 따르면 마오쩌둥은 사람들을 사지에 몰아넣고 숙청하는데 거리낌이 없는 사람이었지만 덩샤오핑에 대해서만큼은 그러지 않았고, 비판투쟁 이후에는 화교의 경제적 역량을 충분히 이용했다는 것이었다. 그러나 이런 이야기는 죽은 자 '마오쩌둥'이 말이 없으니 사실을 밝힐 길이 없었다. 나는 비록 그의 말을 믿지 않았지만 그것이 자기모순 없는 정연한 논리임을 인정하지 않을 수 없었다.

몇몇 친구들은 현대화의 조류가 시작되면서 잇따라 중국을 떠났다.

하지만 나와 같이 대륙에서 태어나 자란 사람들은 이 대륙을 떠날 수 없었으며, 단지 현대화가 잘 진행되기만 바랐다. 어쩌면 마오쩌둥 왕조의 종말이 전환기가 될 지도 몰랐다. 정말 그렇게 되기를 바랄 뿐이었다.

현대화에 대한 나의 첫 번째 반응은 물리 교육과 연구에 온 힘을 다해 몰두하는 것이었다. 나는 물리학이 현대화를 위해 필수적인 것이라고 늘 생각했다. 1976년 이전 나는 매년 평균 4편의 논문을 발표했지만 1977년 이후에는 평균 8편으로 늘렸다.

나의 모든 생활이 거의 천체물리에 의해 메워졌다.

1976년 10월, 나는 베이징 천문대의 싱룽(興隆) 관측소에 갔다. 그 관측소는 베이징 동북쪽 160킬로미터의 싱룽 산간지역에 위치하고 있었는데, 그곳은 원래 청 왕조 귀족들의 수렵 지대였다. 주위에 인적이 드물고, 불빛과 오염도 없으며, 기상조건도 양호해 광학 관측을 하기에는 이상적인 곳이었다. 하지만 장비는 이상적이지 못했다. 슈미트 망원경 한 대와 반사망원경 한 대가 있었을 뿐이다. 1958년부터 직경 2미터의 망원경을 제작하기 시작했으나 멈추지 않는 혁명으로 인해 20년이 지난 후에도 완성되지 못했다.

중국의 천문학은 수천 년의 역사를 가지고 있다. 역대 모든 제왕들은 자신이 하늘의 명령으로 황제권을 얻게 되었다고 자처했으므로 천문학은 줄곧 나라에서 관장하는 학문이었다. 그러나 중국 천문학에 있어서 가장 공헌한 바가 큰 천문학자 곽수경(郭守敬)은 국운이 흥성했던 당나라 송나라, 명나라 시대에 나타난 것이 아니라, 몽고인들이 중국을 침입한 원나라 시대, 즉 중국의 문명이 가장 쇠락했던 시대에 나타났다.

이는 중국 천문학의 흥망성쇠가 중국 문명의 흥망성쇠와 완전히 비례하는 것은 아님을 보여주었다. 천문학은 아마 가장 일찍 민족의 경계를 초월한 학문으로, 전체 인류가 함께 향유한 것이었다.

베이징 천문대는 1279년 원나라의 세조인 쿠빌라이의 명령으로 세워졌는데, 이는 당시 세계에서 가장 큰 제국의 천문대인 동시에 가장 현대화된 천문대 중 하나였다. 그리고 곽수경은 그 천문대의 초대

대장이었다.

하늘은 영원히 멈추지 않으며, 법륜(法輪, 법의 수레바퀴)은 항상 돌아가고 있다. 과거의 위용과 달리 7백 년 후 베이징 천문대의 망원경은 이미 세계의 선진적 수준에 크게 뒤처져 있었다. 그 망원경으로는 단지 기본적인 관측만 가능했을 뿐이다. 그러나 나와 함께 한 동료들은 운이 좋게도 그 망원경으로 식(蝕) 현상에 의해 밝기가 주기적으로 변하는 쌍성(雙星)인 선녀자리 BX(BX Andromeda자리)의 광도가 가장 작은 순간을 관측했다.

이것을 근거로 나는 이 쌍성이 회전하면 할수록 느려진다는 점에 주목했다. 그래서 나는 이러한 변화를 토의하기 위해 〈선녀자리 BX의 주기적 증가〉라는 제목의 논문을 썼다. 이 논문은 나 자신이 관측한 자료를 바탕으로 쓴 유일한 논문이었다.

싱룽산의 천문대에서 내려온 후 공간물리를 연구하는 친구가 다시 내게 두 달 동안 '휘슬러(Whistler) 현상'을 관측하는 일에 참여해 달라고 요청했다. 그것은 천체물리에 속한 것이 아니었지만 매우 흥미로운 자연현상이었다.

휘슬러 현상은 남반구에서 천둥이 칠 때 일어나는 일종의 가청 전자기파(電磁氣波)다. 그것이 지구의 자장(磁場)을 따라서 고공을 통과해 북반구에 전달되면 남반구의 천둥소리는 북반구에 전달되어 미묘한 휘슬러를 만들어 낸다. 매 휘슬러의 거점에서는 겹겹이 '호르르' 하는 소리가 나는데, 바로 이때 남반구의 천둥소리가 쿵쿵거리는 것을 알 수 있다. 휘슬러의 소리의 길고 짧음, 음조의 높고 낮음을 통해 지구 고공의 자기층(磁氣層)을 탐지할 수 있는 것이다.

휘슬러 소리수신소는 베이징 서북쪽 교외의 지구 자기 거점에 설치했다. 지구 자기학은 중국에서 매우 오랜 역사를 가지고 있다. 전해지는 말로는 기원전 2690년에 황제 헌원씨(軒轅氏)가 치우(蚩尤)의 나라를 공격할 때 나침반 수레*를 사용했다는 전설이 전해지고 있다.

그것은 당시 가장 현대화된 전차였다. 헌원씨는 지구 자기장을 이용해 대군이 안개 속에서 움직일 수 있도록 지휘했으며, 치우의 주력부대를 기습해 대승을 거두었다. 그러나 안타깝게도 헌원씨의 후세들은 지구자기학을 더 이상 발전시키지 못했다. 치우를 제압하는데 큰 공헌을 한 나침반은 죽은 사람을 위한 묘지를 찾는 일에 활용될 뿐이었다.

중국 고대에 가장 발달한 지구 자기학은 풍수학이었다. 중국의 관(棺)은 모두 엄격하게 북쪽에서 남쪽을 향해 있어서 관 속의 사자(死者)는 마치 자기장의 자애로움을 누리듯 지구 자기장 위에 편안히 잠들었다. 자(磁)는 곧 자(慈)였다. 따라서 중국에서는 대지의 자성(磁)은 가장 큰 자애로움(慈)의 근원이었다.

우리가 휘슬러 현상을 연구하는 목적은 헌원씨에 더욱 근접하기 위함이었다. 우리들이 본래 예상하기로는 인공위성, 대륙 간 탄도미사일 같은 인공 비행물체가 고공을 통해 날 때 자기층 속에서 항적운을 남길 가능성이 있으므로 우리는 휘슬러 현상의 파(波)가 전파에 영향을 미칠 수도 있다고 생각했다.

---

* 역자 주: 수레 위에 신선의 목상을 얹고 자침을 응용하여 그 손의 손가락이 늘 남쪽을 가리키게 만든 중국 고대의 수레이다.

만약에 이러한 영향을 식별할 수 있다면 그것을 이용해 고공 비행 물체의 행적을 탐지할 수 있다. 그것은 헌원씨의 나침반 수레와 유사한 것으로, 군사적 이용할 수 있는 잠재적인 가치가 매우 컸다. 하지만 우리는 성공하지 못했다.

한 번은 하늘, 한 번은 땅, 이렇게 두 번의 관측을 했지만 그것은 단지 삽입곡에 지나지 않았다. 우리 모두는 천문학과 자연 지리학이 중국의 흥성함보다 더 중요한 가치를 가질 수 없다는 사실에 반박하지 못했다.

나의 관심은 주로 더 깊은 우주에 있었다. 1977년 3월, 나는 다이 원사이 선생의 뜻에 따라 난징대학교로 가서 광의상대론을 강의했다. 다이 선생은 내가 수업할 때마다 반드시 들어 왔고, 천문학계의 선배, 예컨대 쯔진산(紫金山) 천문대의 꿍수모(龔樹模) 교수 등도 수업에 들어왔기 때문에 나는 성실하게 강의를 진행했다. 그때는 이미 '물고기를 낚는 사람'이 없었고, 현대 우주는 지하에서 탈출해 공개적인 학문이 되었다. 나의 강의는 중국에서 현대우주 관련 첫 번째 강의이기도 했다.

그 시기 나는 유성체(類星體)와 관련된 우주학을 중점적으로 연구했고, 우주학은 중국의 현대화 속으로 비집고 들어갔다. 우주 관념은 사회문명의 상징이었고, 나 역시 그렇게 생각한다.

오늘날 현대우주학은 약간의 문제가 있다고 하지만, 현대인류는 결국 우주를 인식하게 되었다. 사회주의 중국은 우주학을 장기간 금지했기 때문에 중국은 줄곧 인류문명의 성과를 나누어 갖지 못했다. 그러므로 먼저 칸트, 라플라스의 천체변화관에 대해 이야기하도록 해야 했다. 왜냐하면 엥겔스의 책은 오직 여기까지만 언급되어야 하기 때문이었다. 70년대 말에도 많은 물리학과의 학생과 교수들이 대폭발 우주론(Big bang theory)에 대해 완전하게 알지 못했다.

문화대혁명으로 중국의 사회교육 수준은 크게 낮아졌고, 일부 사람들의 우주 관념은 풍수학 속의 '하늘은 둥글고 지구는 네모나다'는 천원지방설(天圓地方說)로 퇴화되었으며, 자신이 어떠한 우주 속에서 생활하고 있는지도 전혀 알지 못했다.

우리는 우주학을 보급하기로 결정했다.

역사적으로 볼 때 중국인이 먼저 스스로 현대화될 필요가 있다고 느낀 것은, 그 스스로가 어떤 지구 위에서 살고 있는지 갑자기 알게 됨으로써 시작되었다.

16세기 말, 예수회 선교사 마테오리치가 중국에 와서 선교 활동을 했다. 그가 가지고 온 성경은 중국인들의 호응을 크게 받지는 못했다. 가장 선풍적인 반향을 불러 일으켰던 것은 그가 명나라 신종(神宗) 황제에게 바친 한 폭의 〈세계감여도(世界勘輿圖)〉, 즉 세계지도였다. 그 전에 대명(大明) 왕조가 사용하던 지도는 수평 형태였다. 그때는 지구가 공처럼 둥글다는 것을 알지 못했다. 그 지도는 중국을 수평적인 대지의 중앙에 그려놓았고, 주위의 다른 나라들은 중국과 비교해 아주 작게 그렸다. 중국은 중앙의 대국이었으며 그 면적이 이 세상의 대부분을 차지했다. 또 대서양과 아메리카 대륙은 아예 표기되어 있지 않았다.

마테오리치의 지도는 사람들을 깜짝 놀라게 했다. 지도에 의하면 중국은 대지의 중앙에 있지 않을 뿐더라 전체 지구의 백분의 2도 차지하지 못하는 작은 땅덩어리에 불과했다. 중국 밖에 그렇게도 큰 세계가 있었다. 중국의 지식인들은 그 순간부터 새로운 학문(新學)을 추구하기로 마음먹었으며, 이는 중국 현대화의 시발점이 되었다.

1987년 5월, 나는 교황청의 허가를 받아 바티칸 도서관에 가서 마테오리치가 중국으로 가져왔던 그 〈세계감여도〉(물론 복사본이었다.)를 보았다. 사실 그것은 오늘날의 눈으로 볼 때 상당히 조잡한 지도였다. 지리의 비례에 큰 오차가 있는 부분이 많았고, 대양주의 대부분이 빠져 있었다. 그러나 대명(大明) 왕조의 볼품없는 지도에 비하면 확실히 중국인들이 부끄러워 얼굴을 들 수 없을 정도로 훌륭했다.

나는 명나라 말기의 지식인들에게 크게 탄복했다. 그들은 자신들의 부족함이 부끄럽다고 화를 내지 않았고, 오히려 새로운 지식을 적극적으로 받아들였다. 최초의 중국어판 천문망원경 저서인 《원경설(遠鏡說)》이 이 시기에 출판되었는데, 그것은 갈릴레오의 세계 첫 번째 망원경보다 단지 15년 늦은 것이었다. 이를 통해 당시에 새로운 지식을 도입하는 속도가 얼마나 빨랐는지 알 수 있다.

그러나 70년대 말 중국의 현대우주학은 기껏해야 마테오리치의 지도와 비슷한 수준이다. 조잡하고 누락된 것도 많다. 하지만 칸트, 라플라스의 우주도에 비교하면 하늘과 땅만큼 차이가 크다. 하지만 뭐 어떤가? 칸트, 라플라스는 중국인이 아니니 본래 그들의 우주도에 비교해 우리가 시대에 뒤쳐졌다고 하여 부끄러움을 느낄 필요는 없지 않은가?

그런데 괴이한 일이 있었다.

1977년 7월 문화대혁명 이후 제1차 전국자연변증법강습회가 베이징에서 거행되었다. 참가자 대부분은 전국 각 대학에서 주로 마르크스주의 과목(또는 이와 대등한 과정)을 강의하는 교수들이었다. 회의의 주요 내용은 '자연변증법'이었지만 '대비판' 시기와는 분위기가 달랐다.

회의를 개최한 목적은 마테오리치가 당시 명나라 신종에게 지도를 바친 것과 비슷한 점이 많았으며, 회의 참가자들 역시 견문을 넓힐 좋은 기회라고 여기는 것 같았다. 회의는 중공 베이징시 당교에서 거행되었는데, 정말 우연히도 베이징에서 죽은 마테오리치의 묘지가 이 당교 안에 있었다.

현대우주학 주제는 내가 강연을 맡았다. 그 날 청중은 1천여 명이었으며, 당교의 강당은 빈자리 없이 만원이었다. 물리 기초지식이 없는 사람에게 현대우주학을 소개하는 것은 그때가 처음이었다. 나는 진지하게 준비를 했지만 청중들이 무더운 날씨 속에서 인내심을 가지고 들어 줄지 몹시 걱정스러웠다. 1시간 반 강연을 한 후 15분의 휴식시간을 가졌다.

이때 나는 강의가 성공적이라는 것을 알았다. 그 증거로 회의를 주재하는 의장은 청중들이 연단으로 건네준 메모를 주며 조용히 말했다.

"그들을 상관하지 마세오. 계속해서 강연하십시오. 무엇을 해야 한다고 생각되면 그렇게 하세요."

나는 메모를 펼쳐 보았다. 주로 다음과 같은 내용들이었다.

"연사에게 묻겠는데, 당신은 엥겔스의 논단을 부정하려는 것 입니까?"

"마르크스주의의 우주무한론을 믿고 있는지 여부를 알려주세요."

"의장님, 오늘 왜 이런 연사를 초빙하여 반혁명적 의견으로 가득한 보고를 들어야 합니까? 앞으로는 연사 초빙에 좀 더 신경 써 주십시오."

메모를 읽고 매우 기분이 좋았다. 급소를 명중시킨 것이다. 현대우주학은 일부 사람들 두뇌 속의 우매한 핵심을 타격하여 고통스럽게 했다. 회의를 주재한 의장의 의견을 받아들여 15분 후에 나머지 절반의 강연을 계속했다.

원래 나는 별 흥미 없는 이데올로기 문제를 많이 언급하려고 생각하지 않았다. 왜냐하면 시간이 촉박했고, 우주학 자체만 제대로 소개하기에도 많은 논제들이 있었다. 그러나 청중들의 메모를 본 후 일부러 시간을 할애하여 큰 소리로 아주 분명하게 논증을 시작했다.

"나는 엥겔스의 우주관념이 이미 시대에 뒤쳐진 것이라고 생각합니다."

이는 마르크스의 권위 있는 저서를 향한 나의 첫 번째 공개적인 도전이었다. 강연이 끝난 뒤, 나는 사람들에게 겹겹이 둘러싸여 오랫동안 빠져 나오지 못했다. 나의 도전이 그들의 공감을 불러일으킨 것이었다.

그 후 나는 상하이, 항저우, 충칭, 난닝, 쿤밍, 안칭, 우루무치 등 여러 곳에서 이와 유사한 강연을 계속하면서 비슷한 경험을 했다. 비슷한 내용의 메모를 받았고, 그 후에는 겹겹이 둘러싸였다. 외진 곳일수록 그러한 메모가 더욱 많았다.

1984년에 쓰촨의 난충(南充)사범대학에서 우주학을 강연했을 때의 일이다. 물리학과의 한 학생이 강연을 들은 후 "우주학과 같은 것은 모두 반혁명적 견해다!"라고 소리치는 일이 벌어졌다.

이것이 바로 30년 사회주의 교육의 폐해였다. 나는 슬프고 한탄스러웠다. 그리고 그와 같은 학생들이 불쌍했다.

마오쩌둥 왕조는 30년 간 쇄국정책을 펼쳤으며, 그 효과는 명나라 왕조의 2백 년 쇄국과 같은 것이었다. 단지 과거의 '청조대명(天朝大明)'에 대한 미신이 현재의 '세계혁명의 중심'에 대한 미신으로 바뀌었을 뿐이다. 심지어 후자는 전자에 보다 편협했으며, 명나라 학자가 지녔던 그러한 개방적인 도량조차 없었다.

장기적인 문화의 굶주림으로 인해 정신의 위액(胃液)이 완전히 고갈되었으며, 정상적인 정신의 소화력이 상실되었다. 환상에 사로잡힌 병적 자기중심주의자들은 외래 문물을 흡수하는 것을 거절하도록 만들었으며, 오직 자신들의 배설물만을 흡수하도록 했다.

스스로 깨닫지 못하는 무지함이야말로 70년대 중국의 현대화가 직면한 어려움이었다.

마르크스주의가 시대에 뒤졌다는 것을 공개적으로 인정하지 않은 채로 과학의 현대화를 상상하기란 불가능한 것이다.

사물의 발전은 종종 표면상의 논리에 부합되지 않는다. 1958년 내가 짠황에서 열심히 노동하면서 마르크스주의를 학습하여 나 자신을 개조하려고 노력하고 있을 때 나의 정치상황은 점점 더 악화되었으며, 결국 당적을 박탈당하고 천민이 되었다. 그런데 70년대 말 마르크스주의가 이미 시대에 뒤진 것이라고 공개적으로 의견을 표명한 뒤 나의 상황은 오히려 개선되었으며, 마침내 공산당원 당적도 되찾게 되었다.

이는 이른바 마르크스주의 신앙이 정책결정자의 손이 가리키는 대로 오른쪽으로도 휘날릴 수 있고 왼쪽으로도 휘날릴 수 있는 깃발에 지나지 않는다는 것을 증명하는 것이었다. 나는 이것을 너무나도 늦게 이해했다.

1977년, 그 깃발은 오른쪽을 향해 휘날리기 시작했다. 중공이 마오쩌둥 시대에 있었던 정치운동으로 피해를 입었던 사람들의 억울한 누명을 벗겨주기 위해 준비하고 있다는 말이 전해졌다. 그런 말들이 전해질수록 나의 인생 역정도 한 걸음 한 걸음씩 밑바닥으로부터 '다시 상승하기 시작했다.'

1978년 3월 나는 전국과학대회에 발탁되어 참가했다. 이는 내가 천민의 꼬리표를 단 모자를 벗어버리고 다시 인민이 되었음을 증명해 주었다. 그 대회는 베이징 인민대회당에서 개최되는데 그곳은 인민 밖에 들어갈 수 없기 때문이다.

톈안먼 앞에 위치해 있고 외관은 그리스식으로 지어진 그 의사당은 1959년, 즉 내가 당적에서 제명된 후 1년이 지났을 때 준공되었다. 20년이 지난 1978년에야 나는 그곳에 첫 발을 들여 놓았다. 중국이 사람들을 천민과 인민으로 나누었다는 말은 결코 농담이 아니었다.

1978년 당국은 한 판의 토론을 시작했다. '실천은 진리를 검증하는 기준이다'라는 하나의 철학적 명제를 논증하기 위함이었다. 대회, 소회의, 신문, 잡지 등 모든 매체는 열띤 토론을 전개했다. 나 역시 초청을 받아 참가했다. 물론 나는 그 명제에 찬성했다.

이러한 토론에서는 그것에 찬성하느냐 찬성하지 않느냐는 중요하지 않았다. 그보다는 초청을 받을 수 있는지, 발언 기회를 얻을 수 있는지, 발언이 신문에 날 수 있는지, 그 이름이 5호 글자체를 준용하여 나오는 것인지 등이 더 중요하게 여겨졌다. 이 모든 요건 하나하나가 모두 정치적으로 대우를 받는 등급의 표지였다. 1978년 여름에 이르러 나의 등급은 이름은 비중앙급 신문의 3호 글자체 타이틀로 나올 수 있을 정도로 상승했다.

1978년 9월, 나는 정교수로 승진했다. 이는 내가 20년 만에 얻게 된 첫 번째 기회였다. 그 승진은 주로 동료들의 심의에 근거한 것이긴 했다. 하지만 당시 덩샤오핑이 줄곧 "나는 지식인들을 위해 병참부장이 되려고 한다."라고 말했듯 그것은 당국의 새로운 모습이었다.

1978년 가을, 후야오방(胡耀邦)은 중국공산당중앙 조직부 회의를 주재했으며, 공식적으로 1957년의 '우파분자'를 복권시키기 시작했다. 그는 중발(中發) 55호 문건의 초안을 잡는 것을 주관했다. 이 안건에 따라 나와 같이 '우파적 견해'로 인해 중국공산당 당적에서 제명된 사람은 모두 당적을 되찾았으며, 다시 중국공산당 당원이 되었다.

55호 문건은 아직 정식으로 공포되어 실행되지 않았지만, 그 내용은 이미 지식인들 사이에 널리 전해져 의견이 분분했다. 55호 문건이 나의 당적을 회복시켜줄 예정이었지만 내 마음은 복잡했다. 나는 더 이상 중국공산당이 사회의 선진역량을 대표한다고 생각하지 않았다. 그런 생각은 낙후된 것을 상징했다. 또한 나는 더 이상 마르크스주의가 믿고 받들만한 가치가 있다고 생각하지 않았다. 때문에 자동적으로 복권되는 당적을 받아들여야 할지 고민했다.

그때 나는 천하제일의 풍경을 가진 계림(桂林)으로 가게 되었다.

10월 초 계림에서 '미시물리학사상사 토론회'가 개최되었다. 물리철학을 토론하는 자리였지만 나는 그리 큰 흥미를 가지고 있지 않았다. 그런데 회의를 주관한 허우더펑이 나를 특별히 초청하여 계림을 유람할 수 있게 해주었다. 안 그래도 계림의 아름다운 풍경이 그리웠던 나는 좋은 기회라고 생각해서 참석했다.

그런데 당시 계림의 풍광은 그다지 이상적이지 못했다. 계림의 빼어난 아름다움은 리강(漓江)과 관련이 있는데. 우리들이 갔을 때는 리강의 물이 마른 상태로 강바닥이 드문드문 드러나 있었다. 그곳엔 명성이 자자한 동굴인 롱동(溶洞)과 루디옌(蘆笛岩)도 있었지만 나는 그곳이 싫었다. 세싼탄광에서 많은 굴을 뚫으며 고생한 탓인지 이제 그 어떤 땅굴이나 산도 내게 경이로움을 불러일으키지 않았다. 깜깜한 지하에서 생활하던 때의 안 좋은 기억들만 떠오르게 했을 뿐이었다.

계림에서의 3일 가운데 55호 문건에 대한 이야기는 본래 회의의 주제보다 훨씬 인기가 있었다. 회의 참가자 중 적지 않은 사람들이 '우파분자'이거나 또는 '운 좋게 법망을 빠져나온 우파'였다. 그들은 서로가 알고 있는 소식을 교환했으며, 이 문건이 우파의 앞날에 어떠한 영향을 미칠 것인지를 토론했다.

회의에서 만난 허우더펑, 쉬량잉, 그리고 판다이녠(范岱年)은 내가 잘 아는 우파였지만, 이들은 원래 모두가 공산당원이었다. 거기서 나는 당적 회복에 대한 그들의 생각을 들을 수 있었다.

1957년 허우더펑은 중앙선전부에서 우파로 분류된 후 광시로 하방되었다. 문화대혁명 중에 그 역시 나와 유사한 경험을 했다. 그는 한동안 용장리(甬江里)에서 시체를 건져내는 '노동'을 했다. 1970년 전후 광시에서는 매우 잔혹한 무력투쟁이 있었다.

맞아 죽은 사람들은 대부분 강에 던져졌다. 심지어 산 사람도 마대 속에 담겨 강에 던져졌다. 1천 구가 넘는 시체가 물살에 따라 흘러 내려가다가 홍콩 해역으로 흩어졌다. 이에 홍콩 당국이 중국에 항의하자 그때서야 중국정부는 광시 당국에게 책임지고 시체를 건져 내라고 명령했다.

허우더펑은 그 시체를 건져내는 대원 중 하나였다. 문화대혁명이 끝난 이후 그는 광시대학교에서 양자역학을 가르쳤다. 허우더펑은 무조건 당적 회복을 받아들일 생각이었다.

쉬량잉은 내가 1974년에 알게 된 친구였다. 40년대 저장대학교의 물리학과 조교로 있을 때 그는 저장대학교 중국공산당 지하당조직의 책임자로서 학생운동을 이끌었다. 1949년 이후엔 중국과학원 철학연구소에서 연구를 했다. 1957년에 우파로 분류된 후 직업을 잃었으며, 저장의 고향으로 돌아가 농업에 종사했다.

그는 농사를 짓는 동안 아인슈타인의 논문 등을 부단히 수집하고 번역했다. 마침내 그는 아인슈타인의 논문, 강의록, 담화, 서신 등 410편이 수록된 문집을 만들었다. 글자 수가 13만 자에 이르고 총 3권으로 편성된 《아인슈타인 문집》을 1974년부터 1979년 사이에 출판되었다.

출판년대로 보면 세계에서 열 번째가 되는 아인슈타인 문집이었다. 나와 쉬량잉은 그가 나에게 아인슈타인의 글 속에 있는 천문학 용어의 번역을 물은 것을 계기로 서로 알고 지내다가 깊은 관계가 되었다. 1978년 그는 복직을 했으며, 중국과학원 자연과학사연구소를 기획하고 조직했다.

쉬량잉은 본래 정통적인 마르크스주의자였지만, 내가 알게 된 시기부터 공산당에 대한 그의 비판은 나보다도 훨씬 강경했다. 하지만 그는 당적 회복을 받아들일 준비를 하고 있었다. 그런 선택을 한 이유에 대해 이렇게 말했다.

"당적을 회복한 후 당을 개조시킬 것이다."

펀다이녠은 철학연구소에서 쉬량인과 같이 일하던 동료였다. 그 역시 우파로 분류되어 농촌에 하방된 적이 있었다. 그는 1978년 이후 관리과학연구소 설립을 기획하고 조직했다.

그 역시 입당을 생각하고 있었다. 지금 일을 하려면 당내에서부터 착수할 수밖에 없다는 것이 그 이유였다.

계림을 떠난 후 나의 생각은 당적을 받아들이고 당내에서 당을 개조한다는 쪽으로 기울었다. 4개월 후 내 당적이 정식으로 회복되었으며, 아래의 내용이 그 문건의 전문이다.

팡리즈 동지의 당적 제명 개정 결정에 관해

팡리즈 남 42세, 가정출신, 직원, 본인성분 학생
1955년 6월 베이징대학교 재학 시 입당했다. 1956년 베이징대학교를 졸업 후 본 연구소로 와 실습연구원으로 임명되었고, 당 내에서는 분지위(分支委)로 임명되었다. 1958년 10월 18일 반우파 정풍(整風)

당시 우파적 견해로 인해 과학원 기관당위의 비준을 거쳐 당적이 제명되었으며, 현재는 중국 과기대학교에서 교직을 맡고 있다.

중앙(1978)의 중발(中發) 55호 문건의 정신에 따라 팡리즈 동지가 우파적 견해로 인해 당적이 제명된 문제에 대해 재심사를 진행했다. 팡리즈 동지는 1957년 정풍 기간 중 운동에 적극적으로 참가했고, 〈당중앙에 올리는 글(上黨中央書)〉의 개요 속에서 당과 정부의 방침과 정책 및 관련 문제에 대해 자신의 의견을 제기했으며, 이는 당의 규약에 규정된 조직원칙에 부합되는 것이다. 개요 속의 대부분 의견은 정확한 것이며, 비록 일부 의견에 부적절한 곳이 있지만 그것은 사상 인식의 문제에 속하는 것으로 우파적 견해가 아니기 때문에 당적을 제명한 것은 잘못된 일이다. 따라서 원래의 제명처분을 취소하고 정치적 명예를 회복하며, 그 당적을 회복하도록 개정을 결정한다.

중공중국과학원 고에너지물리연구소 임시당위
1979년 2월 23일

이렇게 하여 나는 다시 공산당원이 되었다. 당적을 회복함으로써 24년이란 오랜 시간 당적을 가진 공산당원이 되었다. 비록 24년 가운데 21년은 당 내에 없었고, 24년 전 내가 처음 입당했을 당시 공산당에 품었던 숭배가 감쪽같이 사라지긴 했지만.

21년이라는 긴 시간이 걸려서야 나는 한 걸음을 내딛게 되었으며, "정부의 방침과 정책에 자신의 의견을 제기할 수 있다"는 것을 알게 되었다.

중국의 현대화 진행은 더디고 어려운 것이었다.

1978년 여름, 나는 처음으로 같은 분야에 종사하는 해외의 동료로부터 초청을 받았다. '제9차 텍사스 상대론천체물리토론회'에 참가해 달라는 것이었다.

이미 30년 간 사용되어온 당시 규정에 따르면, 중국 공민은 공무로 인해 출국할 때 그 일의 크고 작음에 관계없이 반드시 정부 총리의 비준을 얻어야만 했다. 상대론천체물리학토론회에 참석하려면 반드시 국가 최고당국의 결정이 있어야만 했다.

아주 다행스럽게도 나의 텍사스 회의 참가 신청은 그 해 11월 당시 총리인 화궈펑(華國鋒)의 비준을 얻었다. 다른 나라의 상대론천체물리학 동료들 중에도 극소수만이 나와 같이 고위 당국의 '보살핌'을 받았을 것이다.

출국 전날 때마침 중국의 제1차 상대론천체물리학토론회가 광저우에서 개최되었다. 나도 강연을 했으며 제목은 '초창기 우주학'이었다.

회의기간 중 휴식일인 11월 23일 나는 참석자들과 함께 중국 남해 함대의 수뢰(水雷)부설함에 올라 주강(珠江) 입구를 유람했다. 주강 입구는 경치가 그리 유명하지는 않았지만 곳곳마다 역사가 서려 있었다. 1840년 이곳에서 아편전쟁이 이곳에서 발발했고, 청나라의 군대가 영국 포함에 패배했다.

그리하여 조정은 강화 압력을 받았으며, 주권을 잃고 치욕을 당했다. 전국 각지의 모든 계층들은(16~17세기와 같은 소수의 지식인뿐만 아니라) 마침내 중국이 얼마나 낙후되었는지 인식하게 되었다. 더 이상 중국이 견줄 상대가 없는 강대한 나라라고 맹신하지 않았고, 현대화의 필요성을 인정했다. 이렇듯 주강 입구는 근대중국 현대화의 공식적인 출발점이라 할 수 있다.

그 날 일찍 우리들은 광저우에서 출발하여 먼저 황푸 항(黃埔港)에 도착해 군함에 올랐다. 항해의 첫 번째 기착지는 후먼(虎門) 요새였다. 그곳은 주강을 수비하는 대문이자 영국에 의해 중국의 문호가 최초로 개방된 곳이었다. 두 번째 기착지는 타이핑 진(太平鎭)이었다. 그곳은 당시 청나라 관리인 임칙서(林則徐)가 영국 상인의 아편을 불태워 버린 곳으로, 아직도 아편을 불살랐을 때 사용했던 벙커가 있었다.

점심을 먹은 후엔 사각(沙角) 요새에 갔다. 요새 위에는 한 문의 대형 포대가 있었으며, 외관이 위풍당당했다. 포신의 바깥지름은 가장 두꺼운 것이 70센티미터 정도였고, 길이는 약 5미터였다. 들리는 바에 의하면 그 대포는 요새로 옮겨진 뒤 첫발을 쏘았을 때 불발되었다고 한다. 그래서 결국 폐품 처리되었고 관상용 대포로 남게 되었다고 한다.

아편전쟁은 중국인들에게 단순한 논리를 가지도록 했다. 영국인을 비롯한 외국인들을 모조리 중국에서 몰아내기만 하면 중국이 다시 중앙의 강대국으로 되돌아갈 수 있다고 생각하는 것이 그 한 예다. 하지만 중국공산당이 신봉한 마르크스, 엥겔스, 레닌, 스탈린도 모두 중국인이 아니었다.

만약에 의화단의 분류법을 따른다면 마르크스, 레닌 등을 신봉하는 것은 '서양종교에 의지하여 먹고 사는 것'에 속했다. 그러나 중공 지도자들은 위의 단순한 논리를 맹신했다. 그리하여 1949년 이후 당국이 가장 철저하게 추진한 일 중 하나는 외국인을 몰아내고 중국인과 외국인의 정상적인 연계를 단절시키는 것이었다.

그 단절은 너무나도 철저하여 문화대혁명 이후인 1977년까지도 허페이시 중심에 있는 가장 큰 우체국은 외국으로 편지를 부치는 방법을 몰랐다. 만약 외국으로 편지를 부치는 일 따위를 묻는다면 이상한 시선을 받게 마련이었다. 과거 대명 왕조의 지도에 오직 중국만 있고 외국은 존재하지 않았던 것처럼 말이다.

우리가 중국 군함에 올라 주강 입구를 드나들 때 대포를 갖춘 영국의 작은 군함은 홍콩에 움츠리고 있었다. 그렇게 움츠린 지 이미 30년이나 되었다. 사각 요새 위의 대포가 자신의 과업을 달성하지 못하고 관상용으로 남게 된 것처럼 말이다.

폐기처분된 대포는 여전히 남아 있고 현대화는 아직 오지 않았다. 중국 당국은 외국인을 쫓아내는 것만으로는 현대화가 오지 않는다는 사실을 점점 이해하게 되었다. 그리고 서서히 개방의 길을 걷기 시작했다. 그렇게 하나씩 빗장을 여는데 꼬박 20년이 걸렸다.

1977년 10월, 미국 천문학회는 처음으로 10명의 천문학자들을 중국으로 보냈다. 그 후 점점 더 많은 서구의 천문학자들이 중국을 방문했다. 중국과 서구 천문학자들 간의 단절이 비로소 해제되었고, 우리들의 출국 신청도 비준을 받을 수가 있었다.

흥미로운 점은 중국의 천문학자와 서구의 천문학자들은 20여 년 동안 서로 교류할 수 없었고, 또 각기 다른 배경을 가지고 있었음에도 불구하고 무리 없이 실질적인 학술토론을 진행했다는 것이다.

언어 소통상의 어려움이 약간 있었지만 그 어떠한 문화적 장애도 존재하지 않았다. 천구(天球)에 관해 언급할 때 동서양의 언어를 각각 사용했던 것을 제외하면 모든 토론과 논쟁 과정에서 동서양의 차이가 없었고, 각자 다른 개념을 사용할 필요도 없었다.

이는 천문학이 국가와 문화를 초월하는 보편타당한 것임을 재차 증명하는 것이었다.

이렇듯 현대화는 국가와 문화를 초월하는 것이다. 현대화의 성패를 좌우하는 요건은 중국이나 외국에 있지 않다. 또 동양이나 서양에 있는 것도 아니다. 단지 보편타당한 진보적 문화를 받아들이는 데 있었다. 바로 과학과 민주다. 이것 외엔 다른 생각을 품지 말아야 한다.

그렇지 않으면 쓸모없는 대포는 영원히 쓸모없는 대포로 남게 될 것이다.

나는 중국을 걸어 나가기 시작했다.

제3부
중국을 벗어나다

AUTOBIOGRAPHY
FANG
LI-ZHI

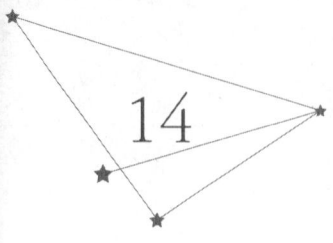

14

중국을 벗어나다

1978년 12월 6일, 나는 태어나서 처음으로 중국을 벗어났다.

베이징천문대에 있는 두 명의 동료와 서독행 비행기에 올랐고, 다음날인 12월 7일에 독일의 본(Bonn)에 도착했다. 그 날은 본 대학의 외계연구소가 창립 20주년을 맞는 날이었다. 그래서 나를 초청한 사람은 기분이 꽤 좋아보였다. 저녁 초대 모임을 끝낸 뒤 그는 특별히 우리들을 그 대학교의 작은 도서관으로 데려갔다. 도서관에는 귀한 소장품들이 많았는데, 그 중에는 케플러(Kepler)의 원저(原著)도 있었다.

우리들은 케플러가 음악의 화음을 가지고 행성의 운동 규칙을 찾아냈다는 것을 익히 알고 있다. 그러나 나는 그때까지 그의 원저를 본 일이 없었다. 그가 우리에게 펼쳐 보여 준 책에는 글자는 없었다. 오선지 악보를 이용해 쓰인 음악적 기호만 있을 뿐이었다.

케플러는 태양계를 하나의 화합을 이룬 체계로 보았다. 그는 다른 음정과 다른 박자를 이용해 각 행성이 운동하는 빠름과 느림, 그리고 나아감과 물러남을 묘사했다. 그는 이로써 천구(天球)의 악장 한 곡(曲)을 구성했으며, 이를 통해 행성의 운동 규칙을 드러냈다.

그는 스스로 이렇게 말한 바 있다.

> "천체의 운동은 한 곡조의 노래에 불과하다. 그것은 한 곡조의 연속적인 노래이고, 소프라노, 알토, 테너 등 여러 개의 성부(聲部)를 가진 노래이다. 그것은 단지 지혜로운 사색에 의해 이해되며, 청각으로 느낄 수 있는 것이 아니다. 이 음악은 일정한 어조와 음률의 높낮이, 멈춤, 바뀜이 있으며, 미리 설계된 6개 성부의 음률에 근거해 진행함으로써 계량할 수 없는 시간을 뚫고 흐르는 과정에서 경계표지를 결정한다."

'케플러의 악보'는 내게 태양계 밖으로 나가야 비로소 지구운동의 궤도를 분명하게 볼 수 있을 것이라고 말해 주었다.

숙소인 트레프헨 호텔로 돌아온 뒤에도 귓가에 케플러의 태양계 조곡(組曲)이 여전히 울리는 것 같았다. 그 변주된 선율은 내게 중국을 벗어나야만 비로소 중국을 분명히 볼 수 있다고 말하고 있었다.

그 이후 나는 계속해서 세계 각지의 물리 및 천체물리연구소를 방문하거나 짧은 기간 머물며 연구했다. 1980년에는 이미 세계 일주를 한 것이나 다름없었다. 나는 미국, 서독, 이탈리아, 프랑스, 루마니아, 스위스, 영국, 아일랜드, 파키스탄 등을 방문했다.

그 시기 중국은 막 개방된 상태였다. 무려 40년 동안 중국은 세계와 거리를 두고 떨어져 있었다. 중국은 외부세계를 낯설어 했고, 그것은 외부세계도 마찬가지였다. 한 명의 물리학자로서 많은 곳을 방문한 나는 언제나 40년 만에 처음 만나는 중국인이었다.

1979년 봄, 나는 처음으로 이탈리아 시칠리의 주도인 팔레르모를 방문했다. 당시 그곳 텔레비전에서 "오늘 첫 번째 중국인 교수가 시칠리아에 도착했다."는 내용이 방송되었다. 방송은 언제부터 계산해서 내가 '첫 번째 사람'인지는 설명하지 않았다. 하지만 나 역시 그곳에서 단 한 명의 중국 교민도 만나지 못했다. 그러므로 아마도 나는 카르타고(Carthage) 시대*에서부터 계산하여 시칠리아를 방문한 첫 번째 중국 물리학자일 수 있을 것이다.

이탈리아의 다른 도시에서도 상황은 비슷했다. 어느 곳에 도착하든 신문, 텔레비전 등 뉴스를 전하는 매체의 기자들이 나를 따라왔다. 화제는 대부분 마르코 폴로와 이탈리아 국수에 관한 것이었다. 마치 마르코 폴로 이후엔 어떤 중국인도 이탈리아에 온 적이 없는 것 같았다. 또 중국의 국수와 이탈리아 국수인 '스파게티' 중 무엇이 먼저 만들어졌는가를 토론하는 것 같기도 했는데, 그런 후에야 비로소 이탈리아 사람들은 중국의 존재를 다시 떠올리는 듯 했다.

1979년 부활절 기간에 나는 모나코에 갔다. 도박장이 개설된 휴양지로 유명한 몬테카를로가 어떤 곳인지를 알고 싶었다. 물론 도박을

---

* 역자 주: 카르타고는 기원전 814년 경에 티레의 페니키아인들이 아프리카 북쪽해안에 전통적인 양식으로 건설했으며, 지금은 튀니스 시의 교외 거주구역이다. 기원전 3세기 전반까지 서(西)지중해에서 최대의 세력을 떨쳤다.

하러간 것은 아니었다. 당시 물리학에서 '몬테카를로 방법'이 점점 중요해지고 있었기 때문이다. 내가 이탈리아-모나코 변계*를 통과할 때 변방경찰은 내 여권을 차마 손에서 놓기 아까운 듯 이리보고 저리보고 했다. 우표수집가가 진귀한 우표를 살펴보는 것처럼 말이다.

그 경찰관은 중화인민공화국 여권을 처음 보았다면서 어떻게 도장을 찍어야 할지를 모르겠다고 했다. 그는 결국 내 여권을 등록하거나 도장을 찍지도 않고 나를 보내 주었다. 당시 중국인을 중국대륙이 아닌 곳에서 만나는 것은 대단히 희귀한 일이었다.

하지만 그 때문에 심한 고립감을 느끼지는 않았다. 나를 초청한 사람들은 모두 물리학자나 천체 물리학자였기 때문이다. 나를 이탈리아로 초청한 로마대학의 교수 루피니(R. Ruffini)는 나와 이전에 어떤 왕래도 없었다. 하지만 그는 우리가 각각 발표한 논문 중 3편의 주제가 매우 비슷하며 결론도 같다는 것을 발견했고, 그것을 계기로 나를 초청했다.

실제로 갈릴레오와 뉴턴이 물리학을 새로 개척한 이후 물리학자들은 어떤 고유한 사회 속에서 살게 되었다. "물리학은 일종의 세계적 성격을 지닌 '종교'이며, 당대의 첫 번째 '교황'은 아인슈타인이다."라고 말하는 사람도 있을 정도다. 그리고 이는 하나도 이상할 것 없는 말이다.

---

* 역자 주: 모나코는 프랑스의 동남쪽 지중해 연안에 있는 공국(公國)으로 면적이 세계에서 두 번째로 작은 국가이며 공설(公設)의 도박장 및 우표 판매가 주요 수입원이며, 관광 휴양지로 유명하다. 하지만 여기서 모나코는 이탈리아와 국경을 맞대고 있지 않아서 모나코로 들어가려면 프랑스를 통하여 들어가야 한다. 그러므로 이탈리아-모나코 변계라고 한 것은 착오가 있는 것 같다.

1979년은 아인슈타인 탄생 100주년이 되는 해다. 세계 각지에서는 아인슈타인을 기념하는 활동을 하며 이 위대한 물리학자를 기렸다.

    내가 로마에 도착했을 때는 아인슈타인의 생일인 3월 14일 무렵이었다. 그의 100번째 생일을 기념해 텔레비전에선 매일같이 아인슈타인이 등장했다. 당시 나는 린체론 과학원에 머물고 있었는데, 그곳은 아인슈타인 기념활동의 센터였다.

    이탈리아의 방송국 기자들은 기회를 잡아서 나를 인터뷰했다.

    첫 질문은 이것이었다. "중국과 아인슈타인은 어떤 관계가 있습니까?"

    또 중국이다. 정말 어려운 질문이었다. 중국과 아인슈타인은 사실 특별한 관계가 없었다. 그는 일생동안 단지 이틀 정도 중국에 머물렀다. 1921년, 일본에서 배를 타고 독일로 돌아 갈 때 중국해에 이틀간 정박했을 뿐이었다. 이렇게 중국과 아인슈타인 사이에는 기자가 흥미를 가질만한 '뉴스'가 없었다.

    물론 나는 아인슈타인이 문화대혁명 중에 비판받은 일이 있었다고 대답할 수 있었다. 아마 그들도 처음 들어보는 뉴스일 것이다. 그러나 이는 스승의 도(道)를 중요하게 여기는 것으로 알려진 중국으로서는 대단히 낯부끄러운 일이었다.

    세계인의 존경을 받는 과학자를 비판할 정도로 타락했음을 만천하에 공개하는 것이나 다름없기 때문이다. 그래서 나는 겨우 "내 친구는 농사를 지을 때 3권의 아인슈타인 문집을 읽었다."고 대답했을 뿐이다. 그러한 대답은 내가 아인슈타인의 그 유명한 상대론도 모르는 사람으로 비춰지게 만들었고, 놀란 그들은 다시 질문했다. "도대체 농사

짓는 일에 상대론이 무슨 필요가 있습니까?"

다행스럽게도 당시 나의 연구과제 중 하나가 '고밀도 별'*이었다. 그래서 나는 모험적으로 대답했다. "20세기의 아인슈타인은 11세기의 중국과 관계가 있습니다. 아인슈타인이 예언했던 일종의 '고밀도 별-중성자별(neutron star)'의 존재는 이미 공인된 것이며, 그 중요한 증거 중 하나가 중국 송(宋) 왕조 시기인 1054년에 사천관(司天官)이 기록한 첫 번째 초신성 폭발입니다."

그 대답은 사실 약간의 억지스러움이 있었지만 기자는 크게 만족했다. 아마도 동양과 서양, 고대와 현대를 가로질러 연관시킨 나의 대답이 옛것을 숭상하는 이탈리아 사람들의 마음에 들었기 때문인 듯하다.

내 경험에 비추어 봐도 이탈리아 사람들은 옛것을 좋아한다. 1983년 나는 베네치아에서 '중국의 7천 년 문명'이라는 전시회를 보았다. 나는 중국이 5천 년의 역사를 가진 나라라고 알고 있는데, 어떻게 이탈리아에서는 7천 년이 된 것일까?

이것은 전람회를 주관한 사람이 관중들의 호기심을 자극하기 위해 중국문명에 2천 년을 덧붙인 것이 분명했다. 이것은 내가 이탈리아 기자들에게 말한 것보다 더 '견강부회(牽强附會)'한 것이었다. 즉, 이치에 맞지 않는 말을 억지로 끌어 붙여 자기에게 유리하도록 한 것이다.

위대한 인물을 기념하는 활동을 할 때 종종 견강부회하는 것을 피

---

* 역자 주: 고밀도 별(密集星, compact star)은 내부 물질의 밀도가 매우 크고 핵융합 반응이 더 이상 일어나지 않는 항성의 최종 진화 형태를 말하는 용어이다. 대표적인 천체가 블랙홀이다.

하기 어렵다. 왜냐하면 사람들은 자신이 기념하려는 사람과 자신을 직접, 혹은 간접적으로 연계시키려고 하기 때문이다. 이를 통해 위대한 사람의 영광을 일부 나누어 향유하려고 한다.

그러나 다른 한편에서 말한다면 과학은 하나의 정체(整體)다. 다른 민족, 다른 지역에서 공헌한 것이 누적되고 응집된 것이다. 때문에 과학 안에는 확실히 서로 다른 지역이 문화적으로 연계된 부분이 있다. 이러한 안목으로 본다면 이들 모든 연계가 견강부회한 것은 아니며 실제로 존재하는 것이다.

특별히 아인슈타인에 있어서 그의 과학적 발견은 보편적인 것이고 그의 활동은 전 세계적인 것이다. 그는 스스로를 '세계 시민'이라고 말했다. 그러므로 중성자의 발견사를 가지고 아인슈타인의 개창적인 학문의 세계성과 전 지구적인 성격을 표현하는데 있어 합당치 않은 방식이란 없다.

뒤에 가서 나는 중성자별에 관한 대사기(大事記)를 마음껏 편집했는데, 논리의 순서에 따라 이 하나의 중요한 발견에서 관건이 되는 최고의 공헌을 도출해 냈다. 무릇 과학은 한 가지 항목의 전 지구적인 사업이라는 것을 말할 필요가 있을 때 나는 바로 그것을 예로 든다.

대사기의 내용은 다음과 같다.

- 아인슈타인이 광의의 상대론 수립(1915년)
- 엔리코 페르미(Enrico Fermi)-디랙(Paul Adrien Maurice Dirac) 통계법 수립(1927년)
- 차드윅(Chadwick Aaron Boseman) 중성자 발견(1933년)

- 란다우(Lev Davidovich Landau)가 중성자별이 존재할 수 있음을 예언(1933년)
- 바데(Wilhelm Heinrich Walter Baade)·츠비키(Fritz Zwicky) 초신성의 폭발이 중성자별을 형성할 가능성을 의심스럽게 추측함(1939년)
- 오펜하이머(Julius Robert Oppenheimer) 인력(引力)이 무너지고 응축하여 중성자별을 형성하는 것에 대한 이론(1939년)
- 휴이시(Antony Hewish)-벨(Jocelyn Bell) 전파를 방출하는 맥충성(脈衝星)을 발견(1967년)
- 중국, 일본, 한국에서 나타난 초신성에 관한 기록(1054~1056)은 맥충성이 중성자 별이라는 추론을 증명함

이를 통해서도 알 수 있듯 하나의 중성자별 속에도 여러 민족과 문화의 공헌이 켜켜이 쌓여 있다.

1979년 4월, 나는 이탈리아 국가 방송국 두 곳의 초청을 받아서 촬영을 했다. 당시 그들이 찍는 방송 중에는 한층 더 깊이 아인슈타인과 관련된 사진을 소개하는 부분이 있었다. 그 가운데 상대론의 관념에 대한 역사적 연원이 포함되어 있었다. 그것은 일반적으로 공인되어 있듯 갈릴레오 이후 이 일단의 상대론 사상의 발전에 관한 지극히 중요한 공헌을 말하는 것이었다.

그대와 몇몇 친구들을 큰 배 갑판 아래 있는 선실 안에 있다. 그리고 그대들은 파리, 나비처럼 날아다니는 작은 벌레들을 선실

안에 있는 큰 대접 안에 놓아둔다. 그 대접 가운데에는 물고기 몇 마리도 있다. 그런 다음 물병을 위에 걸고, 그 아래 주둥이가 넓은 항아리를 두어 한 방울씩 떨어지게 한다.

배가 정지해서 움직이지 않을 때 그것들을 잘 관찰하면 작은 벌레들은 같은 속도로, 그러나 각기 다른 방향으로 날고 있으며, 물고기도 각각의 방향을 향해 제멋대로 헤엄쳐 움직이며 물방울이 떨어지는 항아리 속으로 들어간다.

그대가 어떠한 물건이라도 끌어 당겨 친구에게 줄 때는 단지 거리가 같아야 하며 이쪽 방향을 향하면서 반드시 다른 한 방향을 향하는 것보다 더 힘을 쓸 필요는 없다. 또한 그대의 두 다리가 함께 뛰면 어떠한 방향을 향하였던지 간에 뛴 거리는 같다.

이러한 일을 자세히 관찰한 뒤에는 배가 어떤 방향으로 전진하든 운동이 고른 속도로 진행된다면 그 위에 놓인 것은 멋대로 움직이지 않는다는 것을 발견하게 된다.

위에 서술한 모든 현상은 조금도 변화가 없고, 그대는 그 가운데 어떤 하나의 현상을 확정할 방법이 없다. 배는 운동하고 있지만 여전히 정지해 움직이지 않는다. 설사 배의 운동이 빠르다고 해도 그대는 여전히 배 밑에서는 같은 거리를 뛰게 되며, 그대가 선미를 향해 뛰든 뱃머리를 향해 뛰든 힘의 크기가 달라지지 않는다.

그들의 텔레비전 각본에 비추어 보면 이 유명한 말은 아르노(Arno) 강과 그 물줄기를 따라 이어진 플로렌스(Florence), 피사(Pisa)와 관련이 있다. 이곳들은 모두 갈릴레오가 장기간 살았거나 감금되어 있던 곳이다. 아르노강 위에서 배를 타고 갈릴레오로 하여금 위와 같은 발견을 하게 했을 가능성이 크다.

프로그램이 텔레비전에서 방영되기 전 감독은 내가 린체론 과학원에 있다는 소식을 들었다. 나를 찾아온 감독에게 프로그램에 대한 얘기를 들은 나는 "갈릴레오의 말이 아마도 가장 이른 상대론의 연원이 아닐 수도 있다."라고 말했다. 중국 한나라 시대의 책인 《상서위·고령요(尚書緯·考靈曜)》에는 다음과 같은 말이 있다.

땅은 항상 움직이길 멈추지 않지만 사람은 알지 못하니, 이는 마치 창문을 가린 배 속에 있는 것 같아서 배가 가도 사람은 깨닫지 못한다.

물론 이것이 갈릴레오가 한 말과 완전히 같다고 할 순 없다. 하지만 갈릴레오보다 무려 1천여 년 앞서 한 말이었다. 텔레비전 감독은 내가 한 말을 아무런 편견이 없이 듣고는 즉각 각본을 수정해 《고령요》에 나온 말을 덧붙였다. 또 나를 임시 출연자로 초청하여 피사탑 앞에서 중국어로 한 구절을 외우게 했다.

배가 가지만 사람은 깨닫지 못한다.

난 그 부탁을 거절하기 어려웠다. 그래서 4월 초 연출진을 좇아서 피사로 가서 내 부분을 촬영했다. 척 보기에도 이 그림은 그리 조화롭지 않았다. 피사의 사탑은 본래 이탈리아의 국보인데 중국인이 그 앞에서 배가 가는 이야기를 하다니, 좀 이상하지 않은가.

덕분에 그 프로그램이 사람들에게 깊은 인상을 주었는지도 모른다. 훗날 내가 아드리아 해 연안의 트리에스테에 있는 국제이론물리센터(Abdus Salam International Centre for Theoretical Physics, ICTP)를 방문했을 때 비서들은 단번에 나를 알아보고 "스타 교수님 오셨다!"라고 말했다.

나는 방송을 통해 이탈리아 사람들에게 상대론 관념의 싹은 중국에서, 심지어 갈릴레오보다 앞서 자라났다고 말했지만, 그것 때문에 자랑스러움을 느끼거나 교만한 생각을 하진 않았다. 갈릴레오의 사상은 물리학의 진정한 시조이며, 막을 수 없는 과학의 조류를 만들어 냈다. 그러나 중국의 선구적인 사상은 단지 일순 반짝하다가 지나가는 유성과 같은 것이라 스스로 생겼다가 스스로 사라졌다.

중국문명은 왜 끝내 현대과학을 발전시키지 못했을까? 이와 관련해 역사학자들은 다양한 의견을 내놓았다. 물리학의 입장에서 보면 그 원인은 '전제(專制)'와 '고립된 사회'에 있다. 그런 사회에선 절대로 과학을 발달시킬 수 없다. 또 자유로운 교류 없이는 과학을 가질 수 없다. 아인슈타인은 말했다. "진정으로 위대하고 풍부하며 영성적인 것은 개인이 자유롭게 작업하는 가운데 창조될 수 있다."

국제물리학센터가 바로 그 예다. 이 센터는 유엔(UN) 조직 중 하나이며, 살람(A. Salam) 교수가 주요 창설자다. 그는 그 센터의 책임자이기도 하다. 살람 교수는 나에게 이 조직을 창설하게 된 원래 목적은 고립된 환경에 있는 제3세계의 물리학자를 도와 자유로운 연구 장소를 갖게 하려는데 있었다고 말해준 적이 있다.

중국은 비록 사회주의 국가지만 1972년에 이미 유엔의 구성원이 되었다. 그러나 중국 당국은 중국 물리학자들이 이 센터를 방문하거나 그곳에서 작업하는 것을 허락하지 않았다. 1979년에 이르러서야 약간의 변화가 일어났다.

나는 이 센터를 방문한 첫 번째 중국 물리학자다. 그 후 점점 더 많은 중국인이 오게 되었다. 훗날 나는 이 센터의 국제학술위원회에서 근무한 최초이자 유일한 중국인이 되었다. 나의 임무는 더 많은 중국 물리학자들이 자유로운 분위기에서 연구할 수 있는 권리를 향유할 수 있도록 촉진하는 것이었다.

1989년에 톈안먼 사건이 일어나기 전까지 매년 이 센터를 방문하고 작업한 중국학자와 학생은 200명에 이르렀는데, 그 가운데 많은 사람들이 나의 직접적인 추천을 받았다. 나는 그 일에 대해 이탈리아 방송에 출연해 '스타 교수'가 되었을 때와는 다른 자랑스러움을 느꼈다. 왜냐하면 그것이 바로 중국에 필요한 자유였기 때문이다.

나는 영국에 1979년 10월부터 1980년 4월까지 비교적 긴 시간 머물렀지만 거의 움직이지 않았다. 성탄절 무렵 아일랜드에 한 번 갔을 뿐이다. 영국에서의 반년 동안 나는 캠브리지대학에서 천문연구소의 객원 고급연구원으로 있었다. 당시 천문연구소의 주임은 리스(M. Rees) 교수였다.

캠브리지에서의 생활은 이탈리아에서와 비교하면 조용하고 규칙적이며 큰 변화가 없었다. 매일 아침 9시 무렵 자전거로 연구소에 출근하고 점심은 연구소 부근에 있는 카벤디쉬 실험실의 식당에서 먹었다. 그리고 작업을 하다가 오후에 차를 마시고 다시 작업을 하다 오후 7시를 무렵 퇴근해 숙소로 돌아온다.

그 반년 동안 나는 크랜머 로드(Cranmer Road)에 살았다. 그곳은 그 유명한 '학교 배후'에서 멀지 않은 곳으로, 캠강의 서쪽에 위치한 안정되고 고요하며 우아한 곳이었다.

나는 국왕대학에 속해 있었다. 저녁에는 국왕대학 식당에서 밥을 먹거나 바로 숙소로 돌아와서 국수를 삶아 먹었다. 매일 국수를 먹는 것은 단조롭기는 했지만 영국에서의 이와 같이 단조로운 일상은 매우 정상적인 것이었다.

사교활동도 있었지만 많지는 않았다. 국왕대학 정식 만찬의 분위기는 지나치게 엄숙했다. 특히 상석에 앉는 사람들은 예복을 입었다. 담소를 나눌 때에도 의식과 표현에 주의할 필요가 있었고 늘 옷을 가지런히 하고 꼿꼿하게 앉아 있어야 했다.

캠브리지에는 중국인이나 중국어를 사용하는 사회가 줄곧 존재했다. 그러나 대부분 홍콩과 싱가포르에서 온 사람들이라 내가 연결되는 일은 아주 적었다. 그러다가 1980년 2월 캠브리지의 중국학회(Chinese Society)가 나를 초청해서 중국 고대 천문학에 대한 보고를 한 차례 하게 되었고, 그 뒤부터 왕래를 시작했다. 그 학회에서 대륙에서 온 사람은 손에 꼽을 정도였다. 남경대학 천문학과의 주치성(朱慈盛)이 그나마 익숙한 인물이었다. 나는 우연히 그가 사는 곳에도 한번 가보았다.

나는 일요일에 교회에 가지 않는다. 1979년 성탄절을 준비하는 강림절 저녁에 국왕대학의 교회에 가서 성가 부르는 일에 한 번 참가하고, 1980년 부활절에 성 마태교회에서 예배에 참석한 적이 있을 뿐이다. 나는 교회에 가본 뒤에야 공산당 안에서 이루어지는 몇몇 활동이 형식적으로는 종교와 대단히 흡사하다는 것을 알게 되었다.

그곳에 특별한 경치는 없었다. 내 숙소 창문 너머로 보이는 것은 초원, 숲, 목장, 말, 젖소, 다람쥐 등 영국에서 흔히 볼 수 있는 풍경이었다. 전체적으로 볼 때 캠브리지에서의 생활은 특별하다고 할 것이 없었다. '무소식이 희소식'이라는 말이 딱 들어맞는 잔잔한 일상이었다. 캠브리지에서의 반년 동안 책을 읽는 효율이 가장 높았고, 연구 작업도 빠르게 진전되었다. 캠브리지의 정숙하고 단조로운 일상은 도리어 사람을 학문에 몰두하도록 만들었다.

후에 내 학생 중 하나인 우종차오(吳忠超)도 캠브리지로 왔고, 이론물리학과 응용수학과에서 공부했다. 그는 일요일마다 나를 찾아 왔고, 캠브리지 주위를 함께 걸었다. 우리는 목적 없이 캠강을 따라 걸었고, 해가 지고 컴컴해 져서야 돌아오곤 했다.

때로는 몇 사람이 모여 자전거를 타고 나가서 맥충성을 발견한 물라드 천문대 부근에 있는 식물원에 가거나 미군묘지에 갔다. 미군묘지 주변엔 멋진 초원이 있었다. 그곳엔 2차 대전 중에 사망한 군인들이 매장되어 있었다. 전쟁기간 중 그곳엔 미공군기지가 있었다. 캠브리지 부근의 길은 확실히 기복이 심해 자전거를 탈 때 특히 조심해야 했는데, 이는 나로 하여금 첸린자오(錢臨照) 선생의 못 다한 이야기를 상기시켰다.

중국인이 처음 캠브리지에 온 것은 대략 백 년 전이다. 나의 스승과 스승의 스승들은 모두 이곳에 왔었다. 중국 학계에서 이곳을 모르는 사람은 없다. 20년대의 시인 쉬즈마(徐志摩)는 캠브리지라는 제목의 유명한 산문을 쓰기도 했다. 백 년의 세월 동안 중국이 개방할 때마다 나를 비롯한 사람들이 캠브리지로 갈 기회를 얻었다. 그리고 우리의 스승이 이곳에서 한 일들을 했다. 나 이후의 세대들도 똑같은 길을 걷게 될 것인가?

캠브리지를 떠나기 전 나는 〈캠브리지에서 생각한 중국 과학과 현대화〉라는 글 한 편을 썼고, 1979년 5월 홍콩《대공보》에 발표했다. 다음 세대의 사람들이 캠브리지에 왔을 때에는 나처럼 스승들의 족적을 발견하지 못할 수도 있었다.

12월 14일, 런던에 있는 이탈리아 문인센터에서 1차 보고회를 거행했다. 주제는 여전히 아인슈타인을 기념하고 상대론 천체물리를 소개하는 것이었다. 발표자는 레모 루피니(Remo Ruffini)와 나였고, 리스가 보고회를 주관했다. 이것은 내가 처음으로 가진 문화적 성격의 활동이었다. 그곳에서 발표한 내용을 널리 알리기 위해 센터 측은 이탈리아와 중국의 주런던 대사에게 모두 초대장을 발송했다. 오후 5시쯤 캠브리지에서 그 센터에 도착했을 때 이미 백여 명의 청중들이 도착해 있었다. 이탈리아 대사 듀치(Ducci)도 와 있었다. 그러나 중국대사관에서 온 사람은 아직 없었다.

보고회가 막 시작될 무렵 중국대사인 커화(柯華)가 겨우 도착했다. 그는 센터 관계자들과 이탈리아 대사에게 인사하면서 거듭 말했다. "나는 몰라요. 정말 미안하지만 나는 듣지 않겠습니다." 그리고는 총총히 퇴장했다. 중국대사관의 과학기술 비서 두 명만이 현장에 남아 있었다.

보고를 끝낸 뒤엔 짧은 초대회가 있었다. 나이 많은 여자들이 나를 찾아와 이것저것 물었다. 그녀들은 보고 내용을 전부 알지 못했다. 새로운 학문을 전부 이해하지 못하는 것은 어쩌면 당연한 일이다. 블랙홀, 빨아들임(吸釋), 시간의 동결, 빛…. 이러한 새로운 명사들은 사람을 정신없게 만든다. 그러나 알지 못하고 이해하지 못하기 때문에 더 많이 들어야 하는 것이다. 그것이 인류가 오늘날 창조한 문화이기 때문이다.

그러나 중국대사는 정 반대의 신조를 가지고 있었다. 모르기 때문에 듣지 않겠다는 것이다. 이는 나로 하여금 근대 중국이 첫 번째 개방할 때 양무(洋務)를 처리하던 관료인 리홍장(李鴻章)이 했던 말을 상기시킨다. 그는 "천하에서 가장 쉬운 일은 관직에서 일해 보지 않는 것이다."라고 했다. 그리고 중국의 첫 번째 개방은 실패했다.

오늘날 우리 옆에는 여전히 실패의 어두운 그림자가 있다.

1980년 4월 19일, 나는 캠브리지에서의 생활을 끝냈다. 20일 오후 1시에 런던에서 비행기를 타고 영국을 떠났다. 비행기는 그린란드, 캐나다를 거쳐서 오후 3시 샌프란시스코에 도착했다.

비행기에서 내리자마자 빠듯한 일정이 시작되었다.

원래 나는 미국에서 비교적 여유로운 일정을 가질 수 있었다. 서쪽에서 동쪽으로 가는 동안 천천히 움직이며 많은 곳을 가려고 했다. 그러나 중국과학원에서는 뒤늦게 6월 중순에는 반드시 파키스탄에 도착해서 나티아갈리에 있는 '여름철 물리대학'에 참가해야 하며, 그곳에 이미 강의 과목 몇 개를 배정해두었다는 통지를 했다. 그러므로 내가 미국에 머물 수 있는 시간은 두 달도 채 되지 않았다.

전체 여정에서 미국에 안배된 시간은 50일 남짓이었다. 나의 행선지는 샌프란시스코, 로스앤젤레스, 오스틴, 휴스턴, 보스턴, 워싱턴, 샬러츠빌, 시카고, 뉴욕이었다.

내가 자유롭게 쓸 수 있는 시간은 아주 적었다. 평균 5일마다 한 번씩 학술보고를 하고, 다시 각종 좌담에 참가해 토론도 해야 했다. 여행을 위해 남은 시간이 거의 없었지만 나는 모든 방법을 동원해 신대륙의 풍모를 볼 수 있는 기회를 만들었다. 로스앤젤레스에서 오스틴까지 가는 동안 원래 투손(Tucson)에 있는 키트봉(Kitt Peak) 천문대에 머물려고 했다. 그러나 대협곡의 유혹을 거부할 수 없어서 결국 키트봉의 여정을 줄이고 다음과 같은 일정을 보냈다.

- 4월 25일 저녁 로스앤젤레스에서 버스를 타고 출발했다.
- 26일 아침 5시 피닉스에 도착하고, 9시에 명왕성을 발견한 천문대의 소재지인 플래그스태프(Flagstaff)시에 도착했다.
- 11시에 대협곡에 도착하여 한 바퀴 돌았는데 골짜기 밑까지는 가지를 못했다.
- 17시에 다시 버스를 타고 플래그스태프시에 도착해 22시 30분에 다시 출발했다.
- 27일 5시에 멕시코 최대의 도시 앨버커키(Albuquegue)에 도착했다. 3시간의 관광이 허용되었고, 11시 30분에 다시 버스를 환승했다.
- 19시 45분에 텍사스의 러벅(Lubbock)에 도착해 1시간 반 머물

렀다.
- 28일 4시 55분 댈러스에 도착하여 번개 같은 관광을 하고 다시 승차했다.
- 29일 텍사스대학 물리학과에서 '우주 조기의 변화'를 강연했다.

내 인생에서 시간을 단 1초도 낭비하지 않고 쓴 4일이었다.

5월 24일은 처음으로 시간을 낭비한 날이다. 그날 뉴욕에 있는 친구 T가 나를 데리고 롱아일랜드로 놀러 갔다. 먼저 Old Westburg Gardens라는 유럽식 정원에 갔다. 그런 다음에 Old Bethpage Villege에 갔다. 이는 규모가 그리 크지 않은 박물관인데, 120~150년 전의 미국 농촌을 모방해 놓은 것이다. 마을에는 다양한 수공업지역이 있었다. 백 년 전 복장을 한 사람들이 당시의 대장간, 신발수선, 빗자루 만들기, 염색하기 등을 진지하게 연기하고 있었다. 그 외에 주점과 여관도 한 군데 있었는데 실제 크기와 모양을 모방해 만들었다.

내가 주목한 것은 미국 관광객들이었다. 그들은 아주 재미있게 이 광경을 보고 있었다. 신발을 수선하고 빗자루를 만드는 연기자 주위에는 관광객들이 몰려 있었다. 사람들은 까치발을 하거나 허리 쪽 펴면서 어떻게 신발을 틀에 올려놓고, 어떻게 가죽을 자르며, 또 어떻게 신발 바닥에 가죽을 박는지 자세히 보았다. 그들은 모두 호기심 가득한 눈으로 미국의 옛 기술을 감상하고 있었다.

그러나 나는 T가 왜 이곳에 나를 데려왔는지 이해할 수 없었다. 그는 중국인이지만 미국에 산 지 너무 오래되어 베이징의 큰 거리에서 여전히 이러한 방식으로 신발을 수리하고 있다는 것을 잊어버린 모양이었다. 그래서 중국에서 만 리나 떨어진 곳에서 그러한 장면을 연출한 것을 굳이 볼 필요가 없다는 것을 잊었던 것이다.

만약 Old Bethpage 호텔을 골동품으로 친다면, 짠황현(贊皇縣)에 술손님을 부르는 간판을 내걸은 곳은 모두 국가의 보호를 받아야 할 것이다. 같은 물건도 사회적 배경이 다르면 그처럼 다른 가치를 가진다.

똑같은 말이라도 다른 의식의 배경 아래에서는 아주 다른 뜻을 가질 수 있다. 당시 미국의 일부 지식인들은 중국 지식인들이 문화대혁명을 부정하는 태도를 갖는 것을 이해하지 못했고, 그런 태도에 약간의 의혹을 품었다.

그들은 마오쩌둥파도 아니고 공산주의도 믿지 않았지만 문화대혁명 중에 있는 몇몇 구호는 인류가 최종적으로 추구해야 할 것에 부합한다고 생각했다. "지식인들은 응당 노동자들을 위해 봉사해야 한다."와 같은 것이 그 예이며, 이는 맞는 말이다. 미국에서 유학하고 있는 일부 좌파 중국학생들 가운데는 비슷한 시각을 가진 사람이 많았다. 그러므로 나는 서부지역에서 동부지역으로 오는 동안 그러한 부류의 친구들로부터 끊임없이 '문화대혁명은 결국 무슨 일인가?', '넌 그때 무엇을 했는가?'라는 질문을 받았다.

이러한 경우에는 다른 방법이 없었다. 그래서 나는 어휘 하나하나에 담긴 진실한 의미를 처음부터 분명하게 설명했다. 또 문화대혁명의 구호들이 실제로 무엇을 가리키는지도 알려주었다. 이는 결코 쉬운 일이 아니었다.

왜냐하면 공산주의 의식형태 속에서는 그 뜻이 왜곡된 어휘가 대단히 많았기 때문이다. 예컨대 인민정부란 강권(極權)정치라는 말이고, 해방된 사람이란 천민이란 말이다. 또 문화혁명이란 문화파괴이고, 과학적 우주관이란 과학에 대한 전제정치이며, '지식인은 노동자를 위해 봉사한다'는 '강제로 배치되어 노동을 통한 개조를 한다'는 말이다.

이러한 의미는 Old Bethpage Villege의 역사에 감탄하는 그런 관중들이 받아들일 수 있는 것이 아니다. 롱아일랜드에 다시 중국의 역사와 관련된 문화혁명촌을 만들어 그들에게 그 모형을 보게 해야만 비로소 중국의 상황을 이해할 수 있을 것이다.

미국에는 더 이상 흥미진진하게 볼거리가 없어 바로 다음 정거장으로 넘어갔다.

1980년 6월 14일, 나는 파키스탄의 옛 수도인 라발핀디에 도착했다. 그곳은 그윽하고 고요한 산악지역이자 피서지로 유명한 곳이었다. 도착 다음날인 15일에 여름철 물리대학이 시작되었고, 나는 내 과목을 강의했다.

첫 번째 주말인 6월 22일, 나는 이탈리아, 미국 사람과 함께 파키스탄의 서북부로 갔다. 아직 점심때가 되지 않은 시간인데도 기온은 벌써 45도까지 올라갔다. 정수리에 불같은 뙤약볕을 이고 있는 것 같았다. 우리들은 흙길을 걸었는데 혹독한 더위를 참기 어려웠다. 주변엔 나무가 적었고, 해를 가리는 양산도 없었다. 뜨거운 열기 속에서 호흡하느라 힘을 다 소비한 것 같았다. 이곳은 붓카라(Butkara)와 말람 자바(Malam Jaba)의 중간지점이었다. 우리들은 어느 불교 사원의 흔적을 찾아보려고 했다. 전하는 바에 의하면 7세기에 현장(玄奘)스님이 그 절에서 주지 일을 맡았다고 한다.

이 일대는 인더스강의 계곡 지역인데 서쪽으로는 카라코람산(Mt. Karakoram)이 있고, 동쪽으로는 힌두쿠시산(Mt. Hindu Kush)이 있다. 일찍이 현장스님이 인도에서 경전을 가져 올 때도 이 길을 걸었다.

카라코람 산을 넘어서 인더스강 골짜기를 따라 남쪽으로 가야만 대륙에 다다를 수 있다. 이곳은 여름에만 겨우 설산을 넘을 수 있었기 때문에 현장스님은 가고 오는 길에 산을 넘기에 적당한 계절을 기다리며 부근에 있는 불교 사원에 머물렀고 그곳에 표지를 달아 놓았다. 현장스님의 명성이 대단했기 때문에 손님이 도리어 주인이 되어 그 절에서 잠시 동안 주지가 되었던 것이다.

이 유적을 탐방하는 것은 매우 흥미로운 일이었다. 눈앞의 풍경이 《서유기》 속에 섰던 ××국(國)일 수 있다고 생각하니 경전을 가지러 갔던 일행 4명이 45도의 고온을 견디며 힘들게 걸어가는 한 폭의 그림이 떠올랐다. 우리 셋도 손오공과 저팔계가 되어 여행길의 고달픔을 나누는 듯한 착각이 들 정도였다.

이탈리아 친구가 생각한 것은 다른 그림이었다. 우리가 걷는 길이 쭉 뻗은 도로로 통해 있는 로마시대의 로마제국과 대한(大漢) 왕조가 교차하는 지점이라는 것이다. 북쪽의 옥수스강(Oxus R.) 골짜기는 13세기 마르코 폴로가 파밀 고원을 넘어 중국으로 들어간 길이었다.

이때 가장 고생스러웠던 사람은 아마 미국 친구였을 것이다. 45도의 고온을 몸으로 느끼는 것 말고는 이 풍부한 역사를 체득할 수 없었을 테니, 그의 입장에서 서기 7세기란 우주의 기원 이전처럼 아득했으리라.

11시 반에 우리들은 결국 그 유적을 찾았다. 법당 건축물은 이미 모두 없어졌고, 단지 빈터와 돌로 된 조각 몇 점만이 남아 있었다. 이곳은 무슬림 지역이지만 이 불교 고적을 엄격하게 보호하고 있으며, 현장스님도 높이 칭송하고 있었다.

법당 주위에는 널따란 논이 있는데 파키스탄 농민들이 막 볏짚을 쌓고 있었다. 나는 그런 노동을 해 본 경험이 있어서 그들이 사용하는 발이 셋인 쇠스랑(저팔계가 사용한 아홉 개의 발이 있는 쇠스랑의 원형)이 중국과 같고 볏짚을 쌓는 방식도 같다는 것에 주목했다. 이것은 당시 현장이 전수해 준 것은 아닐까?

이탈리아 친구는 법당에 남아 있는 돌 조각들이 그리스적인 맛을 분명히 드러낸다고 보았다. 나체불상 조각은 전형적인 그리스·로마식의 예술이었다. 이러한 분위기의 불상은 현장스님을 좇아서 중국으로 들어온 것 같지는 않다. 혹은 들어오긴 했지만 중국사회에 받아들여지지 않았을 수도 있다. 어쨌거나 중국은 현장스님과 같은 분들이 '서천(西天)'에서 들여온 문화를 많이 받아들였다.

유적을 참관한 뒤엔 차를 타고 스와트(Swart) 강변을 따라서 북쪽으로 올라갔으며 저녁에 칼람산(Mt. Kalam) 기슭에 도착했다. 하루 밤을 쉬고 둘째 날 이른 아침에 등산을 했다. 만년설이 있는 설선(雪線)까지 100미터쯤 남은 구간에서 나는 심한 피로를 느꼈다. 경치 좋은 산 중턱에 누워 휴식하던 때가 그리워질 정도였다.

하늘은 높고 주위는 고요했다. 조용히 흘러가는 흰 구름, 우뚝 솟은 힌두쿠시 산맥의 여러 봉우리들, 그리고 봉우리 위의 눈, 눈 뒤에 보이는 파란 하늘….

이때 나는 또 당나라 때의 승려와 4명의 제자를 떠올렸다. 애석하게도 《서유기》에는 경전을 가져 온 다음 이야기가 쓰여 있지 않아서 그들이 어떻게 100만 권의 경전을 싣고 높고 큰 산을 넘어서 중국에 왔는지 알지 못한다.

중국으로 돌아온 뒤 현장스님은 황제가 내려 주는 높은 자리를 거절했다. 그는 온 마음을 다해 불경을 번역하는데 뜻을 두었다. 현장스님의 판단은 옳은 것이었다. 중국에 필요한 것은 황제에게 범어로 된 경전 1부를 조공하는 것이 아니라 미혹한 세계에서 중생을 건져 열반에 이르게 하는 '제도(濟度)'였다.

인류는 끊임없이 자신을 제도해 나가고 있으며, 중국은 새로운 제도에 마주하고 있다.

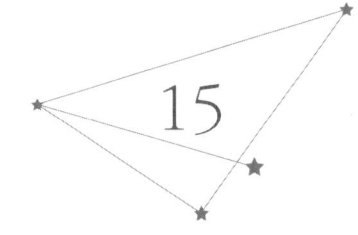

15

개혁의 물결 속에서

80년대 개혁이 시작되자 '개혁'이란 말은 바로 당시 중국에서 가장 유행하는 단어가 되었다.

나는 1980년 7월 파키스탄에서 돌아오자마자 한 회의에 참가했는데, 과학기술대학이 어떻게 개혁을 진행할 것인가를 토론하는 자리였다.

당시 모든 사람들이 개혁을 말했기 때문에 만사에 개혁이란 말이 떨어질 수 없었다. 그러나 무엇이 개혁인지는 그 누구도 분명히 말하지 못했으며, 개혁을 '이끌어 가는' 덩샤오핑조차 단지 "돌을 더듬으며 하천을 건너자."라고 말했을 뿐이었다. 대체 어떤 돌을 만지고, 어떤 하천을 건너자는 것인가.

내가 생각한 개혁의 지표는 하나였다. 바로 마오쩌둥 시대의 금지 구역을 깨뜨리는 것이다. 그것이 일단 시작되면 하나하나 타파될 것이 분명했다.

1980년 8월, 우주과학은 공식적으로 금지구역에서 벗어났다. 그리고 전국적으로 제1차 우주과학 토론회가 소집되었다. 회의는 우리 연구실이 책임지고 조직했다. 4년 전 허페이에서 열렸던 회의와는 많은 부분 달라졌다. 장소도 월남공산당의 훈련 기지가 아니라 자연경관이 빼어난 뤼산(廬山)에서 열렸다. 아름다운 호텔 건물 앞에는 큰 글씨로 '우주과학 토론회'라고 쓰여 있었다.

9월이 되어 개학이 되자 과기대에서는 민주주의를 실행하는 선거가 시작되었다. 이것은 단지 상징적인 의미를 갖고 있었지만 전체적으로 볼 때 큰 발전이었다. 나는 1차적으로 물리교육연구실 주임으로 뽑혔다. 이 교육연구실은 전교의 100여 명 학생들의 기초물리 과정(보통물리, 이론물리와 기초물리실험)을 책임지고 있었다.

10월에는 많은 학생들을 미국에 파견해 공부하도록 했다. 콜롬비아대학교의 리정다오(李政道) 선생이 CUSPEA 시험(China United State Physics Examination Application) 계획을 세웠다. 이 시험을 중국 내에서 치른 뒤 학생을 뽑아 미국의 각 대학에 보내 박사학위를 공부하게 하는 것이다. 나는 CUSPEA 위원회 구성원 중 한 명이었다. 그 달에 제1차 선발회를 소집했고, 1차로 전국에서 102명을 선발했다.

나는 11월 베이징에서 소집된 과학철학토론회의에 초청받아 발언을 하게 되었다. 이때 나는 공개적으로 레닌이 에른스트 마흐(Ernst Mach)를 비롯한 물리학자들을 비판했던 것을 비평했다. 청중들은 조용히 내 말을 경청했다. 1977년에 받았던 '이는 반혁명 언론이다.'라는 종이쪽지 같은 것을 다시는 받지 않았다.

4개월 동안은 모든 것이 순조로웠다.

그달 초 허페이에서 전국적인 성격의 회의가 개최되었다. 주제는 과학학, 인재학, 미래학이었으며, 줄여서 '삼학(三學)회의'라고 불렀다. 어림잡아 400명이 참석했다. 당시 나는 매주 6시간 전자학을 강의했기 때문에 외부 활동에 많은 시간을 할애할 수 없었다. 그런데 회의를 주관하는 사람이 회의에서 짧게 한 마디 해달라고 요청했다. 그는 '미래학'에 대해 연구했든 그렇지 않든 모든 사람들이 미래에 대해 나름대로의 하나의 시각을 갖고 있다고 말했다. 당연히 맞는 말이었다.

나는 그의 요청을 받아들여 12월 7일 삼학회의에 참석해 발표했다. 나는 단지 하나의 평범한 관점을 말했다. 현대과학의 발전은 이미 시대를 크게 변혁시키고 있으며 중국의 미래도 영원히 마르크스주의 시대에 정지해 있을 수 없다는 것이었다. 내 발표의 결론은 다음과 같다.

> 마르크스주의가 조성한 3개 부분은 철학과 정치경제학, 과학 사회주의인데, 그 내용들은 이미 시대에 낙후되어 있으니 마땅히 개조되어야 한다. 인류의 역사는 대단히 다양한 문화, 혹은 문명의 시기를 갖고 있는데, 마르크스주의 문화도 그 한 단계가 될 수 있다. 또한 그 단계의 시기는 이미 지나갔으며, 이것은 나쁜 일이 아니다. 왜냐하면 인류는 구사상을 털어내야만 비로소 미래로 진입할 수 있기 때문이다.

개혁의 조류 아래에서 100여 년 전의 마르크스주의의 시간은 지나가 버렸다. 사실상 오늘날에는 마르크스주의에서 내린 많은 논단(論斷)이 근본적으로 부정확하다는 것이 증명되었다.

이 간단한 발언으로 1955년 베이징대학교 단대회에서 발언했던 상황이 재연된 것 같았다. 즉각 회의장이 혼란스러워졌다. 어떤 사람은 내 의견에 찬성했고, 어떤 사람은 반대했다. 그래서 예정되어 있던 순서에 따라 회의를 진행할 수가 없었다.

그날 오후에 회의에서는 안후이 성(省)위원회 서기인 장징푸(張勁夫)가 발언했다. 그는 직접적으로 나의 발언을 비평하지는 않았지만 비판적인 태도를 취했다. 그래서 회의에서는 더 이상 '때가 지나갔는지 안 지나갔는지'의 문제를 다시 토론할 수 없었다.

이렇듯 암초에 부딪쳤지만 그것은 부드러운 부딪힘이었다. 그 뒤 또 한 번 부드러운 암초에 부딪쳤다.

1981년 초 과기대 수학과의 몇몇 학생들이 머리에 띠를 두르고 선두에 서서 '학우의 소리'라는 학생조직을 하나 만들었다. 그들은 어떠한 정치적 활동도 한 적이 없고, 진행하지도 않았다. 학생들은 나를 초청해 한 말씀 해달라고 했다. 그런데 과기대 당위원회 서기는 특별히 나를 찾아와서 그 조직에서 발언하지 말라고 권고했다. 그러나 그의 반대에는 충분한 이유가 없었기에 나는 학생들의 초청을 받아들였다.

거기서 나는 하나의 규칙을 말했는데 수학과 학생들이라면 충분히 알 수 있는 것이었다. 만약 개혁이 더 이상 고칠 수 없는 범위 안에서만 진행된다면 이것은 개혁의 진행을 허락하지 않는 것과 같다. 왜냐하면 한 줄의 수학의 정리(定理)가 있다고 한다면 범위의 조건이 확정된 즉시 내부적 해석은 존재하게 되고, 그것이 유일한 것이 되기 때문이다.

머지않아 '학우의 소리'는 압박을 받아 해산되었다. '존재유일의 정리(定理)'가 나타난 것이다.

훗날 나는 당국의 내부에 아주 강경한 규정 하나가 있다는 것을 알았다. 각 대학에서는 방법을 강구해 학생들의 자발적인 조직을 모두 해산시켜야 한다는 것이었다. 덩샤오핑이 베이징 시단(西單) 담장에서 민주를 진압한 뒤 학생들의 독립적 조직은 어떠한 것도 절대 허락되지 않았다.

개혁이 시작되면서부터 학생들과 당국은 분열의 조짐을 보이기 시작했다. 학생들은 과학에는 금지구역이 없어야 한다고 주장했고, 당국은 크기가 정해진 새장 안에서의 '개혁'만 인준하려고 했다.

그러나 당시 분열의 흔적은 그다지 깊지 않았다.

1981년 3월 나는 중국과학원의 학부위원으로 선출되었다.

중국과학원의 학부위원제도는 1956년에 만들어졌다. 그것은 외국 과학원의 원사제도를 모방한 것으로, 학부위원은 과학원의 원사에 해당했다. 이는 중국 학술방면에서 최고로 영예로운 호칭이며, 전국에 400명 정도의 원사가 있었다. 과학계의 전통에 의하면 이러한 학술 칭호는 당연히 독립적으로 수여하는 것이고 정치와는 무관했다.

그러나 1957년의 반우파운동이 일어난 뒤로 지식인의 지위가 하락했고, 덩달아 새로운 학부위원을 뽑는 일도 없었다. 또한 정치적인 이유로 몇몇 학부위원이 배제되었으며 문화대혁명 시기에 이르러서는 완전히 없어졌다. 그러다가 1980년에 지식인의 가치가 조금 올라가자 다시 학부위원제가 회복되었다. 그렇지만 여전히 독립적인 것은 아니었다. 당시 과학원 원장은 공산당중앙정치국 위원의 하나였으며, 학자가 아니었다.

내가 삼학회 회의와 학우의 소리에서 발언한 것을 당국은 좋아하지 않았다. 그러므로 설사 표결에 의해 내가 학부위원으로 당선되었다고 하더라도 당국은 정치적인 이유로 내 자격을 취소할 수 있었다. 나의 친구들은 그 일로 많은 걱정을 했다.

걱정하던 일은 일어나지 않았다. 그러나 그것이 당국이 내 발언을 잊었음을 의미하는 것은 아니었다. 4월 29일 안후이성 위원회 서기인 구쥐신(顧卓新)이 나를 찾아왔다. 그 자리에는 안후이성 중공당교 교장도 있었다. 화제는 삼학회 회의였다.

나는 그들이 나의 '반 마르크스주의' 관점을 비판하려 한다고 생각해서 거듭 나의 시각과 관점을 설명했다. 그리고 그들의 비평을 기다렸는데 그들은 별다른 말을 하지 않았다. 결국 그 이야기는 대강 끝나고 말았다. 이것은 처음으로 당국의 특별한 '관심'을 받은 것이다.

두 번째는 5월 12일 베이징에서였다. 그때 학부위원회 대회가 열렸는데, 팡이(方毅)가 나를 찾아왔다. 팡이는 당시에 중공중앙정치국 위원이자 국무원부총리이고, 전국과학계의 사무를 책임지는 최고 위원이었다. 몇 시간 동안 이야기 하는 동안 그도 나의 관점이 잘못되었다고 직접적으로 말하지 않았다. 다만 "아무리 좋은 취지라도 멋대로 말해선 안 되는 것이 있습니다."라고 했다. 그것이 다였다.

전체적으로 볼 때 당국은 나를 편안하게 보듬는 태도를 취했다. 그들은 단지 공개적으로 의견을 발표하지만 않으면 된다고 했다. 개인적인 자리에서는 나의 관점이 훌륭하다고까지 말할 정도였다. 그러나 그들은 내 관점이 맞든 틀리든 멋대로 말해서는 안 된다는 암시를 주었다. 말할 시기와 태도에만 주의한다면 나의 앞길에 큰 문제는 없을 것이다. 만약 관리가 되려는 생각이 있다면 시기를 잘 보아서 말해야 한다는 그들의 말은 분명 일리가 있었다.

그러나 나는 관리가 되고 싶지 않았다. 1980년 3월, 캠브리지에 있을 때 리수센에게 보낸 편지에서 이런 말을 했다.

> "나는 과거와 마찬가지로 중국에서 관리가 될 생각이 없고 우리들의 과학적 힘을 확대해 나가는데 힘쓰려고 하오. 눈앞에 있는 중국의 상황에 비추어 보면, 관리가 된다는 것은 설령 과학관이 된다고 하더라도 내가 발을 담근 물속에서 함께 오염되는 것을 면치 못할 것이오. 때로 이것은 개인의 힘으로는 통제할 방법이 없는 일이오.
> 관리 노릇을 하지 않아야 개인이 할 말을 할 수 있는 지위를 유지할 수 있을 것이오. 나는 몇 년 동안 사람들의 동정을 받기도 했는데, 그것은 내가 감히 할 말을 했다는 것 때문이었소. 내 생각에 그런 일은 중국 사회의 병폐를 고쳐나가는데 꼭 필요한 일이오. 그러므로 나는 민간의 지위에서 '할 말을 하는' 자유로움을 누리도록 하겠소."

당시 나의 열정은 '과학의 힘을 확대시키는' 일에 쏠려 있었다. 분명히 이는 중국의 개혁에 반드시 필요한 일이었으며, 나는 그 방면에서 과학을 위해 더 크고 자유롭게 활동할 수 있는 공간을 쟁취해야 했다.

그 시기에 정상적인 일, 즉 학생들에게 강의하고 연구를 진행하는 것 이외에 내가 가장 많이 했던 일은 나와 같은 일을 하는 사람들을 국제적으로 연결시키려고 노력한 것이었다. 아래는 당시 나의 일정표다.

- 1981년 6월 12일부터 7월 3일까지 파키스탄의 수도 이슬라마바드에 감.
- 1981년 9월 23일에서 10월 7일까지 이탈리아 트리에스테에 감.
- 1981년 11월 3일 일본에 감.

이슬라마바드에는 제3세계 물리학 토론회에 참가하기 위해 갔다. 중국과학원에서 대표단 10인을 파견했으며, 내가 단장이었다.

트리에스테에는 1982년 중국에서 개최하는 제3차 그로스만 회의(Grossmann Meeting)를 준비하기 위해 갔다. 나는 당시 회의를 조직하는 책임을 지고 있었다.

일본에는 교토대학 기초물리연구소에서 반년 동안 객원교수를 하기 위해 갔다.

이렇듯 개혁은 국제사회에 개입해야 하는 것이다.

교토대학의 기초물리연구소는 일본에서 첫 번째로 노벨상을 받은 물리학자 유카와 히데키가 세운 것이다. 유카와는 중국의 고전문학을 좋아하여 연구소에 자신의 서예 한 폭을 걸어 두었다. 그것은 장자와 혜시(惠施)의 '헤엄치는 물고기의 즐거움'이라는 논변에 관한 것이었다. 나를 초청한 사토 후미타카 교수는 그것이 유카와가 가장 좋아하는 중국의 철학이라고 알려주었다.

교토에 있는 기간에 나는 교토대학의 손님방인 북시라카와 기숙사(北白川學舍)에서 지냈다. 대학과 거리가 아주 가까워서 생활하기 편리했다. 나는 일본어를 모르지만 도처에 한자가 쓰여 있어서 어느 정도 뜻을 짐작할 수 있었다. 그래서인지 유럽에서와 달리 일본에서의 생활은 그다지 이국적인 느낌이 들지 않았다.

일본은 내게 유럽에서는 갖지 못했던 느낌을 주었다. 바로 내가 선조(先祖)라는 느낌이었다. 내가 문화적으로나 정신적으로 그들의 선조라는 느낌을 받게 된 것은 일본의 곳곳에서 중국문명의 복제품들을 볼 수 있어서였다. 교토는 전체적으로 중국의 시안(西安)과 매우 닮았다. 이 도시는 당대(唐代)의 시안을 모방해 세운 것인데, 성문의 이름 몇 개는 당시 시안의 것과 똑같았다. 나를 만난 일본 친구들은 매번 나를 데리고 신사(神社)로 갔다. 그런데 해설하는 책임은 늘 거꾸로 내게 돌아왔다. 왜냐하면 신사 안에서 있는 대련(對聯)이나 게송어(偈頌語)들은 대개 모두가 한자로 쓰여 있었기 때문이다.

일본의 전통희곡을 보았을 때는 일본 친구가 일어로 된 자막을 빌려서 도와주었지만 나는 직접 그 위의 한자를 볼 수 있었다. 그것은 뜻이 완전히 통하지 않는 오언고시(五言古詩)였다. 예컨대 '한 번에 푸른 뱀의 꼬리를 잡으니 몇 마디 푸른 봉우리였고, 나는 시골스러운 성질을 가졌으니 단단한 것이 좋고 부드러운 것은 싫더라' 같은 것이었다.

일본에 도착한 지 닷새쯤 지났을 때 나는 친구에게 편지를 보냈다. 나는 편지에 "일본이 중화문화를 들여 올 당시엔 보통 '대당(大唐)의 물건은 좋은 것'이라는 인식이 있었다."라고 썼다. 예를 들어 일본 상점의 글자는 대부분 한자다. 그 가운데는 '대선(大仙)', '왕장(王將)', '도락(道樂)' 등 포상을 받는다는 뜻의 말을 사용한 것도 있지만, '산적(山賊)', '남만(南蠻)'에서부터 '왜월(倭越)' 등 깎아 내리는 말을 사용한 것도 있었다.

이 글자들은 한자의 서체 중 하나인 해서(楷書)를 사용해 반듯하게 썼으며, 점포 전면에 걸려 있었다. 우리 중국인들이 본다면 울 수도 웃을 수도 없는 것이었다. 만약 당나라시대에 한자를 사용해 그들을 욕했다 하더라도 그들은 그것을 눈치 채지 못하고 그들을 즐겁게 가르치는 것이라고 생각했을 것이다! 그들의 이러한 태도는 '정수(精髓)한 것은 받아들이고 찌꺼기는 버린다.'는 학습론에 비추어 볼 때 바르다고 할 순 없었다. 그러나 중국이 서양문명을 흡수할 때에는 아마도 바른 것일 가능성이 크다.

이러한 시각은 일본에 있는 시간이 길어질수록 더욱 확고해졌다. 어린 시절부터 경험한 전쟁으로 말미암아 나는 일본에 대해 일종의 선천적인 경계심을 갖고 있었다. 비록 몇 명의 일본 친구들은 중국 친구들과 다를 바 없이 대했지만 전체 일본에 대해서는 겨자나무의 가시 같은 것이 마음속에 남아 있었다. 설사 그와 같다고 해도 나는 반드시 제거해야 하는 편견이 있다고 느끼기도 했다. 일본의 번영은 우연한 것이 아니었다. 그것은 일본인들의 성공이었다. 대외문화에 대한 그들의 흡수력은 중국보다 강했다.

모든 방면에서의 개방 없이는 성공적인 개혁이 불가능하다.

1981년이 끝나갈 무렵 나는 오키나와에서 휴가를 보냈다. 12월 26일 오사카 남항에서 오키나와로 가는 배에 올랐다. 그것은 7,500톤의 대형 선박이었다. 연말에 가까웠기 때문에 2등석 표를 살 수밖에 없었는데, 50명을 수용할 수 있는 큰 선창에는 일본식 다다미가 깔려 있었고 아주 깨끗했다. 배는 승객으로 가득 찼고 통로에서 자는 사람도 있었다. 마치 중국 연말의 붐비는 모습 같았지만 싸움이 나거나 시끄럽지 않았다.

41시간을 항해하면서 도이곶, 사타곶, 야쿠시마, 아야미시마(龍美島) 등지를 지나쳤다. 동쪽은 태평양이고 서쪽은 동중국해였다. 8세기에 감진화상(鑒眞和尙)이 동쪽으로 일본을 건너갔을 때의 항로가 바로 이곳에서 그다지 멀지 않은 동중국 해상이었다.

감진이 동쪽으로 건너간 이야기는《서유기》같은 소설로 쓰인 적이 없기 때문에 중국에서 감진은 현장법사처럼 유명하지 않다. 그러나 일본 나라에 지금까지 완전하게 보존되고 있는 감진이 경전을 강의했던 당초제사(唐招提寺)는 감진이 일본에서는 아주 유명하다고 전하고 있다. 반면 현장이 경전을 번역한 홍교사(興敎寺)는 이미 파손되어 중국에서도 소수의 사람만이 시안에 아직 그러한 절이 남아 있다는 것을 알고 있다.

12월 28일 이른 아침 배는 나하(那霸)에 도착했다. 둘째 날 나는 나하를 관광했다. 관광버스에서 안내하는 아가씨가 영어로 말하면서 사람들의 국적을 물었다. 그녀는 내 차례가 오자 "중국!"이라고 말했다. 그리고 '중국'의 숨은 뜻을 안다는 듯 덧붙였다. "타이완이지요?"

"아니요. 베이징입니다."

내 대답에 아가씨는 놀란 듯 보였다.

나는 이번에도 이곳에 온 첫 번째 사람일지 몰랐다. 그러나 이탈리아에서와는 달랐다. 왜냐하면 오키나와 섬의 많은 선민(先民)들이 중국대륙에서 왔기 때문이다. 당시에 이 일대의 일본 해적들은 중국인에게 수령 노릇을 해줄 것을 청하기도 했다. 그날 관광의 주요 내용 가운데 하나는 오키나와에 가장 일찍 들어온 문명은 중국문명이었음을 설명하는 것이었다.

당시 오키나와의 수도는 슈리였는데, 오늘날 슈리로 들어가는 입구에는 여전히 중국식 폿말이 있고, 그 위에는 안진경체로 '수레지문(守禮之門)'이라고 쓰여 있다. 일본식 지붕의 기와는 모두 평평하지만 오키나와 지붕의 기와는 전형적인 중국식으로 요철(凹凸) 형식이었다.

관광객들은 파인애플 농원과 제당공장을 참관했다. 그곳 주인은 파인애플 제당기술은 일찍이 중국 이민자들이 가져온 것이라고 설명했다. 내가 묵은 호텔의 주인은 내가 중국 대륙에서 온 것을 알자 반색을 했다. 왜냐하면 그의 선조(몇 세대 전이었는지에 대한 기억은 불분명하다.)도 대륙에서 왔기 때문이었다. 그들은 비록 내가 하는 말을 알아듣지 못했지만 그들의 선조가 쓰던 언어라는 사실 때문인지 편안하게 받아들이는 듯 보였다.

중국인들은 누군가의 선조가 되는 것을 기뻐한다. 나는 초등학생이 되어 글자를 쓸 수 있으면서부터 벽에 '아무개는 나의 손자다.'라고 쓰는 것을 좋아했다. 이는 할아버지, 즉 선조는 반드시 위대하다는 의미다. 아무튼 오키나와에서 이틀간 '선조' 노릇을 하며 깨달은 바가 있다. 원래 선조란 자랑할 만한 특별한 것이 없으며, 조금 일찍 태어났다는 것 외에는 조상은 일반적으로 자손보다 낙후된 사람이다.

오키나와는 원래 불모의 섬이었다. 그런데 이곳의 자손들은 스스로 번영하여 대륙의 선조들을 뛰어 넘었다. 자손이 성공하면 그 선조는 위대하다는 논리를 증명하는 것 같았다. 하지만 그 논리를 자세히 살펴보면 또 꼭 그렇지만은 않다. 만약 오늘날 모든 성공의 공로를 선조에게 돌린다면 우주만물은 도달해 본 적 없는 창조의 근원까지 떠올려야 할 것이다. 한 세대의 사람이 진보한다는 것은 그가 한 번도 가본 적이 없는 것을 창조한 것이다.

1981년의 마지막 날 나는 오키나와에서 비행기를 타고 나가사키로 와서 그곳에서 신년을 보냈다. 과거 범선으로 바다를 건너야 했던 시대에는 적지 않은 수의 중국인들이 나가사키에서 신년을 맞았다. 나가사키는 일본에서 중국과 제일 가까운 큰 항구다. 중국 상인들은 오래전부터 대륙과 나가사키를 왕래했다. 매년 서풍이 부는 계절을 이용해 대륙에서 바다를 건너서 일본에 왔고 동풍이 부는 계절에 고향으로 돌아갔다. 그러므로 이들 상인 중 대다수는 1년의 반은 일본에, 반은 고향에 있었다.

당시 나가사키에는 중국 사람들의 회관이 있었다. 숭복사(崇福寺)는 푸저우(福州)의 회관이고, 흥복사(興福寺)는 장저(江浙)의 회관이었다. 또 성복사(聖福寺), 화월(花月), 당인옥부(唐人屋敷) 등도 중국인들이 모여 드는 곳이었다. 과거 중국 상인들이 이 일대를 얼마나 바삐 돌아다녔는지 상상할 수 있다. 그러나 현재 그 회관은 텅 비어 있고 아무도 조문하러 오지 않는다. 관광객도 아주 드물게 찾아왔다. 그곳은 이제 잊힌 세계가 되었다.

1982년 4월 나는 일본 방문을 끝내고 타이완을 거쳐 홍콩으로 갔다. 홍콩대학에서 3주 동안 머문 다음 귀국했으며, 곧바로 제3차 그로스만 회의를 조직하는 작업에 투입되었다.

그로스만 회의는 3년마다 한 번씩 개최되며, 그 해의 주제는 광의 상대론과 상대론천체물리였다. 국제적인 안목으로 본다면 이는 아주 평범한 회의였다. 규모가 그리 크지 않고, 참가자는 300명 내외였다. 그러나 중국에서 이렇게 큰 규모의 국제적인 물리학 회의를 여는 것은 당시로서 처음 있는 일이었다.

회의 장소는 상하이(上海)였다. 40년 전 상하이는 동아시아에서 가장 큰 도시였다. 나가사키나 도쿄와는 비교도 되지 않았다. 그러나 문호를 폐쇄한 뒤 상하이에서는 단 하나의 국제학술회의도 열리지 않았다.

회의 준비의 마지막 단계는 호텔 선정이었다. 우리는 진장(錦江) 호텔을 선택했다. 그것은 상하이에서 가장 좋은 호텔로, 각국 원수들이 상하이를 방문할 때는 모두 여기에 머물렀다. 그러나 그 호텔은 학술회의가 요구하는 그 어떤 시설도 갖추고 있지 않았다. 심지어 학술보고용 영사기 한 대도 없었다.

회의는 8월 하순에 소집되었다. 나는 6월 중순부터 이 회의를 진행하는 일에 온 힘을 다했다. 나는 학술조직을 책임졌는데 숙식 등 세세한 부분까지 신경 써야 했다. 중국은 중앙 계획경제국가여서 외국의 손님을 맞이할 때는 당국의 규정에 따라 자세한 방문일정표를 만들어야 했다. 밥 한 그릇이라도 어느 곳에서 먹는 지, 식사량은 얼마인지까지 예상하는 것이었다.

모든 계획은 서류의 윗부분이 붉은 홍타오* 문건으로 인쇄하여 관련기관에 통지하여 집행하도록 해야 했다. 그런 문서를 작성할 때는 상상력을 발휘해야 했다. 200여 명의 외국인 한 사람 한 사람이 일주일의 회의 기간 동안 밥을 어느 곳에서 얼마나 먹는 지를 계산해 봐야 했기 때문이다. 이런 작업은 무척 까다롭고 복잡한 것이었다.

교토대학의 사토 후미타카 교수는 중국에 와본 적이 있었다. 중국에서 열리는 회의가 어떻게 진행되는 지 이미 경험한 그는 미리 내게 편지를 보내왔다. 그는 부인과 딸과 함께 참가하겠다고 말하며 '우리 세 사람에겐 2인분의 식사면 충분하다'라고 적었다.

가장 큰 위기는 이스라엘 참가자와 관련된 것이었다. 당시 중국정부의 정책은 이스라엘 사람들의 비자를 허가하지 않았다. 우리들은 미리 중국 외교부에 신청서를 제출하여 국제과학교류의 원칙을 고려하여 이스라엘 참가자가 회의에 참가하기 편리하도록 비자를 발급해 달라고 했다.

그런데 1982년 6월에 이르기까지 당국의 회신이 없었다. 몇몇 미국 물리학자들은 화를 억누르지 못하며 이스라엘 참가자의 문제를

---

* 역자 주: 홍타오(紅頭)는 중화 인민 공화국의 당정 지도부에서 공포한 문건, 즉 정부급 문건이며 국장(國章)급 인장을 사용하는 문건을 말한다.

해결하지 못하면 이 회의를 보이콧 하겠다고 공개적으로 말했다. 이 회의의 국제조직위원회의 책임자도 몹시 조급해 했다. 그는 이 문제를 해결할 수 없다면 회의 장소를 바꾸는 것을 고려해야 한다고 말했다.

우리들은 외교부에 가서 다시 한 번 이스라엘 참가자의 비자를 신청을 했다. 결국 타협이 되어 두 명의 이스라엘 학자(T. Piran과 T. G. Horowtz)의 입국은 허용되었다. 그들이 상하이에 도착하는 날에는 세관에서 의외의 문제가 발생하는 것을 예방하기 위해 전문 인력이 공항에 가서 그들을 맞았다. 그리하여 이스라엘 공민이 최초로 사회주의 중국에 들어오게 되었다.

비록 작은 일들이었지만 중국 사회 안에서 그것은 성취하기 어려운 한바탕의 개혁과 같았다.

결과적으로 회의는 원만히 진행되었다. 모든 것이 순탄했다고 평가할 수 있을 것이다.

순탄했다고 하여 곤란한 일이 아예 없었다는 것은 아니다. 곤란한 문제가 발생하더라도 모두 극복할 수 있었기에 그런 평가를 내린 것이다.

개혁하면서 당면한 곤란함은 두 가지였다. 하나는 마오쩌둥 시대가 남겨 놓은 케케묵은 규정과 고루한 관습인데, 이러한 곤란함은 하나하나 극복되었다. 다른 하나는 새로운 장애와 방해였다. 이러한 곤란은 개혁의 앞날에 한층 더 우려해야 하는 암울한 그림자를 드리웠다.

 1978년 개혁이 시작되자 그것이 조화롭지 못하다는 시끄러운 소리들이 이어졌다. 1979년의 '시끄러운 소리'는 덩샤오핑이 제기한 이른바 4개항 기본원칙이다. 그것은 막 제창된 '실천은 검증된 진리의 표준이다.'라는 것과 서로 모순될 뿐만 아니라 그 내용도 마오쩌둥의 계급투쟁 원칙, 즉 6개 조목의 표준과 완전히 똑같았다.

 4개 항목 원칙을 첫 번째로 적용한 것은 시단(西單)의 '민주의 담장'과 관련된 웨이징성(魏京生) 같은 사람을 진압한 것이고, 뒤이어 1980년 대학생들의 경선활동을 압제한 것이며, 1981년에는 바이화의 영화 '고련(苦戀)'을 비판한 것이었다.

 비록 시끄러운 소리가 끊이지 않았지만 개혁 역시 발전하고 있었다. 사실상 농촌의 많은 개혁은 농민이 먼저 시작하면 공산당이 추후 문건을 내어 인정해 주는 것이었다. 그러므로 강대한 개혁의 조류는 온갖 시끄러운 소리에 희석되었다고 말할 수 있다. 만약에 공산당 최고 지도자가 곧장 이러한 조류에 순응했다면 시끄러운 소리는 줄어들었을 것이고, 각종 개혁을 뒤늦게라도 인정했더라면 아주 좋았을 것이다.

 하지만 공산당 안의 일부 세력 있는 사람들은 입으로는 개혁을 말하지만 실제로는 자기 특권을 도모했다. 그러므로 공산당 사회의 위신은 해가 갈수록 쇠락했다. 대학생들은 대부분 공산당에 가입하기를 원치 않았고, 성적이 좋은 학생은 더욱 당에 들어가기를 원치 않았다. 더 이상 입당이 영광스런 것이 아니었기 때문이다.

 1982년 말 과기대 응용화학과의 당총지(黨總支) 서기는 나를 찾아

와서 학생들에게 공산당의 과업, 즉 당과에 대해 강의해 달라고 했다. 주제는 '왜 입당을 해야 하는가?'였다. 당과를 강의하는 것은 그때가 처음이었다. 나는 다음과 같은 말로 학생들의 입당을 격려했다.

"공산당의 위신이 날로 추락하고 있으니 교육을 많이 받은 사람들이 공산당에 들어가야만 당을 효과적으로 변화시킬 수 있다. 만약 능력 있는 사람들이 아무도 입당하지 않는다면 현대지식을 갖춘 위신 있는 공산당 지도자도 나올 수 없기에 장차 중국 사회는 개혁하거나 진보할 수 없다. 중국에서는 작은 학술회의 하나를 진행할 때도 공산당을 거쳐야 하니 공산당과 우리의 삶은 떼려야 뗄 수 없는 관계다. 그러니 차라리 공산당에 가입해서 잘못된 것을 고치는 편이 나을 것이다."

천체물리연구실의 구성원은 바로 이 시기에 모두 공산당에 가입했다.

1983년 가을에 나와 리수셴은 두 번째로 유럽에 갔다.

우리는 9월 8일에 로마에 도착했고, 로마대학 물리학과에서 3개월간 작업했다.

우리들은 교황의 여름궁전인 카스텔 간돌포(Castel Gandolfo)에 머물렀는데, 그곳엔 바티칸 천문대와 아주 큰 교황의 정원이 있었다. 우리가 막 간돌포에 도착했을 때 교황 바오로 2세도 그곳에서 여름을 보내고 있었으며, 9월 18일에 이르러서야 비로소 성베드로 대성당으로 돌아갔다.

간돌포는 예스럽고 아담한 마을로 로마 남쪽 교외의 작은 산언덕에 위치해 있었다. 언덕 아래엔 화산활동으로 만들어진 타원형의 알바노 호수가 있었다. 탁 트인 이 호수는 수심이 깊지만 잔잔해서 과거 올림픽 보트 경기를 치르기도 했다. 호수 주변은 빽빽한 나무숲으로 둘러 싸여 있고, 호수 주변을 한 바퀴 도는 데는 4시간이 소요되었다. 주말에는 많은 로마 사람들이 이곳으로 나들이를 나왔다.

간돌포에서 로마까지는 기차로 40분 거리였다. 기차 정거장은 바로 알바노 호숫가에 있었다. 우리들은 매일 기차를 타고 로마에 갔다. 우리가 사는 곳에서 정거장까지는 지름길이 하나 있었다. 그것은 산언덕에서 곧바로 내려오는 돌계단으로, 나무 숲 가운데 숨겨져 있었다. 매일 아침 계단을 내려올 때 그곳엔 아무도 없었다. 다만 들개 몇 마리만 있었을 뿐이다. 개들은 곧 우리의 친구가 되었다. 그래서 우리가 그 작은 길에 나타날 때마다 분주하게 따라 나와 정거장까지 호위해 주었다.

간돌포에서 지내는 동안 우리는 중국인 활동센터 하나를 만들었다. 당시 이탈리아에는 중국인이 많았다. 시칠리아와 사르데냐에도 많은 중국학자와 학생들이 있었다. 1979년 처음 이탈리아에 왔을 때와는 상황이 크게 달랐다. 10명 가까이 되는 나의 친구들과 학생들도 이탈리아에 있었다.

아내와 내가 지내던 곳은 매우 커서 종종 중국인들이 모였다. 한 번은 신장(新疆) 과학협회 대표단이 와서 머문 적도 있었다.

외국에 있는 중국인들이 함께 모일 때 늘 화제가 되는 것은 중국의 개혁과 앞날이었다. 언젠가 여러 사람들이 모였을 때 이탈리아 사람들은 게으르고 산만하다는 말이 나왔다. 중국인의 부지런함과는 확실히 대비되는 것이었다.

그 자리엔 이탈리아 사람들도 있었는데, 그런 말에 개의치 않는 듯했다. 웃음이 터질만한 지점에선 그들도 함께 웃었다. 그들은 이탈리아 사람들이 게으르다는 것을 인정했다. 그리고 중국에 대해 한 마디 비평을 했는데, 나는 그것이 오래도록 잊히지 않았다.

"중국인들은 모두 대단히 부지런하다. 그리고 그 부지런함으로 중국이 발달하지 않고 현 상태를 유지하도록 노력한다."

이러한 비평은 중국인들의 체면을 잃게 했지만 정말 맞는 말이 아닌가? 게으르고 산만한 이탈리아조차 이미 모든 면에서 발달한 사회가 되었다. 이제 중국도 올바른 방향으로 노력해야 할 때다.

10월에 중국으로부터 소식이 전해졌다. '중국이 현 상태를 유지하도록 노력하는 운동'이 또 다시 개시된 것이었다.

그것은 바로 '정신적 오염을 깨끗이 지우자'는 것이었다. 그 운동의 목적은 중국에 좋지 않은 영향을 끼친 자본주의 세계를 비판하기 위함이었다. 당연히 이 운동이 이탈리아까지 전해지지는 않았다. 그러나 간돌포의 식탁에서 그것은 뜨거운 화제가 되었다.

한번은 누군지 기억은 안 나지만 강경하게 견해를 발표한 사람이 있었다. 그는 자본주의 세계가 마르크스주의로 중국의 정신세계를 오염시켰다고 말했다. 본래 마르크스주의는 자본주의 사회에서 만들어진 것인데 자본주의 사회가 실행하지 않은 것이 오히려 중국에 전해 들어와서 중국을 오염시켰고, 그 탓에 중국이 오늘날까지 낙후되었다는 것이었다.

1983년 11월에 나와 리수셴은 다시 독일에 갔다. 먼저 뮌헨에 도착했다. 우리들을 맞이한 이는 프랑크(Planck)천체물리연구소의 보르너(Borner) 교수였다. 11월 15일 우리는 연구소에 '암흑물질(dark matter)'이라는 제목의 리포트 하나를 제출했다. 그것은 당시 내가 연구하는 과제 중 하나였다.

그날 오후 공교롭게도 독일 대통령인 카를 카르스텐스(Karl Carstens)가 천체물리연구소에 도착했다. 그는 당시 북쪽에서 남쪽까지 걸어서 전 독일을 가는 1차 '장정(長征)'을 진행하고 있었다. 그는 연구소 건물의 어느 홀에서 비공식적으로 의견을 발표했다. 청중은 20명 정도 밖에 없었다. 그는 마치 그 자리에 중국인이 있는 것을 아는 것처럼 중국의 지도자들은 아직도 장정을 하고 있느냐고 물었다.

그날 저녁 우리는 뮌헨을 떠나 서베를린으로 갔다. 베를린시 중심에 도착했을 때는 매우 늦은 시간이었다. 쿠담 거리(Kurfürstendamm)는 번화하고 깨끗했으며, 대부분의 여관들이 이미 만원이었다. 큰 도로에서 한 바퀴 돈 다음에야 작은 여관 하나를 찾아서 밤을 보냈다.

16일 아침 10시, 아내와 나는 베를린 장벽을 통과해 사회주의 동독으로 들어갔다. 관광객을 위한 버스를 탔지만 풍경을 감상하기 위함은 아니었다. 나는 마르크스의 고향에서 마르크스가 발명한 공산주의에 대해 알고 싶었다.

하지만 모든 것은 예상대로였다. 중국에 없는 것은 여기에도 없고, 중국에 있는 것은 여기에도 모두 있었다.

동베를린에 들어가자 안내하는 아가씨는 동독의 우표를 팔았다. 나와 리수셴의 여권이 이미 우리들도 사회주의 국가에서 왔음을 보여주었지만 그녀는 우리들이 동독의 마르크 대신 강한 통화(강세인 화폐)로 우표를 사주기를 바랐다.

그녀는 소련군의 기념비에 대해서도 아는 것 같았다. 중국은 2차 세계대전의 전승국이면서도 그 전쟁에서 패배한 독일과 유사한 기념비를 가지고 있었다.

차가 서베를린에서 동베를린에 도착할 때는 어떠한 조사도 없었지만 그 차가 다시 동베를린으로 떠나기는 쉽지 않았다. 동독의 경계선에 있는 경찰은 차를 구석구석 수사했다. 몰래 숨어서 도망가는 사람을 막기 위해서다.

서베를린 쪽에서는 꽃바구니들이 듬성듬성 베를린 장벽에 걸려 있는 것을 볼 수 있었다. 그 꽃들은 몰래 경계선을 넘다 사살된 죄 없는 사람들에게 바쳐진 것이었다.

더 많은 것을 볼 필요도 없었다. 경찰과 꽃바구니가 모든 것을 설명해 주었다. 저녁 5시 30분에 우리들은 베를린을 떠나 뮌헨으로 갔다. 이 여행은 꼭 24시간 걸렸다. 1천 마르크의 돈을 썼지만 가치 있는 비용이었다. 왜냐하면 나는 변명하고 반박할 여지가 없는 결론을 보았기 때문이다.

마르크스-레닌-스탈린-마오쩌둥이 발명한 사회주의는 실패했다.

이러한 사회주의는 중…국…을…구…원…할…수…없…다.

16

과기대학의 운영

나를 과기대학의 부총장으로 임명했어야 한다는 말은 전해들은 적이 있다. 1981년 내가 아직 일본의 교토대학에 있을 때 과기대에서 같이 근무하는 친구가 편지를 보내와 그 '비밀'을 알려주었다. 과기대의 당위원회가 중앙에 보고할 때 이미 나를 부총장으로 임명한다고 내용을 적었다는 것이다.

당시는 후야오방(胡耀邦)이 막 공산당 총서기를 맡았을 때다. 그가 추진하는 정책 중 하나는 지도자들을 지식인과 젊은 층으로 바꾸는 것이었다. 그래서 각 단위기관은 모두 이 선발 규칙에 의거해 새로운 지도자를 물색했다.

그러므로 내가 피선된 것도 의외의 일은 아니었다. 당시 나는 전국에서 제일 젊은 정교수이자 학부위원 중의 한 명이었기 때문이다. 또한 나의 공산당 입당 연한은 같은 연령의 사람들 가운데 가장 긴

26년(1958~1981)이었다. 설사 그 가운데 21년은 당에서 쫓겨난 상태였다고 하더라도….

부총장직을 맡을 것인지에 대해 사실 많이 망설였다. 너무 많은 시간을 순전히 공공에 봉사하는 행정사무를 수행하는데 쓰길 원치 않았기 때문이다. 나는 가능한 많은 시간을 흥미 있는 연구를 하는데 쓰고 싶었다. 내 친구들의 의견도 둘로 나뉘었다.

찬성하는 쪽은 내가 부총장 노릇을 하면 더 많은 동료들을 위해 훌륭한 학교의 환경을 창조할 수 있으므로 과기대학 전체의 발전에 공헌하는 바가 커질 것이라고 했다. 반대하는 쪽은 물리가 아닌 부총장으로서의 행정 업무에 많은 시간을 쓰는 것은 정력 낭비라고 보았다. 성질 급한 어느 친구는 내가 부총장을 맡는 것을 반대하는 글 한 편을 써서 《과학학(科學學)》에 발표했다.

사실 그 친구는 그리 급하게 서두를 필요가 없었다. 당국은 내가 부총장을 맡는 것이 적합하지 않다고 여겼기 때문이다. 나에 대한 임명은 3년을 기다려야 했고 1984년 봄에도 중앙의 비준을 얻지 못했다. 비준하지 않는 이유에 대한 분명한 말은 없었다. 다만 내가 1980년에 규정에 맞지 않는 이야기를 한 것을 당국이 잊지 않았을 것이라는 게 가장 쉬운 추측이었다.

1984년 여름, 나의 부총장 임명건이 돌연 정식으로 비준되었다. 왜 갑자기 그러한 변화가 있었는지에 대해서는 누구도 분명하게 말하지 않았다. 중국공산당 치하에서 임명이나 면직 등 인사와 관계된 일은 엄중히 지켜야하는 비밀이며, 최종결과로 그 과정을 살피는 것은 매우 어렵다.

그러나 당시의 배경을 보면 난징대학 학생들이 이미 거리에서 시위를 하며 관련 학문을 배우지도 않고 학문적 업적도 없는 학교 당위원회 서기와 총장을 쫓아내고 새로운 학교의 지도자를 임명하라고 요구한 일이 있었다. 과기대 쪽의 학생들도 이에 자극을 받아 팡리즈가 부총장으로 임명되도록 해야 하며, 만약 당국에서 다시 이를 비준하지 않으면 가만있지 않겠다는 말들이 오고갔다고 한다.

그러자 당국은 신속하게 비공산당원 교수인 취친위에(曲欽岳)를 난징대학 총장으로 임명했다. 묘하게도 그는 나와 같은 학문을 전공했으며, 우리들은 반상중자성(反常中子星)에 관한 논문을 합작해서 발표한 적이 있었다. 취친위에가 난징대학 총장으로 임명되었다는 소식이 알려졌을 때 그와 나, 리수셴은 덩샤오핑의 고향인 스촨의 난충(南充) 사범대학에서 강의를 하고 있었다.

그를 쫓아 리수셴과 나도 배를 타고 충칭(重慶)에서 싼샤(三峽)를 거쳐 우한(武漢)에 이르는 3일 간의 여정(1984년 7월 3일~5일)을 함께 했다. 우리들은 2등 선실에 머물고 있었다. 내가 분명하게 이해한 것은 당국이 그를 난징대학 총장으로 임명한 까닭은 학생들의 소동을 가라앉히를 바랐기 때문이란 것이었다.

배에서 내리자마자 나는 내가 공산당이 임명한 7품 문관을 맡아야 한다는 소식을 전해 들었다.

50년대 초반에는 대학교 총장, 그 중에서도 중점(重點)대학의 총장은 높은 사회적 지위를 갖고 있었다. 그의 관직 위계(位階)는 대략 장관급에 해당했다. 반우파운동 이후에는 지식인의 사회적 지위가 계속 떨어졌고, 대학 총장의 가치도 함께 깎였다. 1984년에 이르러서는 중점대학 총장의 지위가 일개의 국장과 같은 급이 되었다. 덩샤오핑이 한 두 차례 지식인을 중시한다는 말을 했지만 그가 통치하던 시기에 교수의 최고 임금은 오히려 마오쩌둥 때보다 20퍼센트가 적었고 대학 총장의 관직 위계도 그 가치를 올리지 못했다.

중점대학 총장의 임명과정은 부장을 임명하는 것과 비슷하여 중앙서기처의 심사와 비평을 거쳐야 했다. 대학은 전통적으로 옳고 그름을 가리는 곳이니 그 간부의 임명과 면직은 중앙에서 직접 장악해야 한다는 것이 이유였다.

또한 대학 총장은 자율적으로 대학을 관리할 권리도 가지지 못했다. 그래서 학교에서 일어나는 일은 아무리 작은 것이라도 반드시 대학 당위원회의 결정을 거쳐야 했고, 큰 사건은 모두 국가 교육위원회에 귀속되어 관리되었다. 그러므로 대학 총장이란 아무런 권력도 없이 무거운 책임만 지는 낮은 지위에 불과했다.

한 가지 일만 진행하더라도 대학 총장이 어느 정도의 권리를 가지고 있는지 알 수 있다. 상하이 자오퉁(交通)대학을 방문했을 때의 일이다. 관계자들은 내게 그들이 겪은 일을 들려주었다. 어떤 일을 진행할 때 그들은 국가교육위원회가 규정한 방법으로 계산해서 44.4퍼센트라는 숫자를 얻었고, 집행을 편리하게 하려면 44.4퍼센트를 44퍼센트나 45퍼센트로 만들어야 했다. 그런데 대학 총장이 0.4에 0.1를 더해 반올림 하느냐 마느냐의 문제를 결정한 권한이 없어서 국가교육위원회에 재정(裁定)을 요청해야 했다는 것이다.

내가 1984년 9월부터 1987년 1월까지 과기대 부총장을 맡았던 기간은 좀 예외적이었다. 학교에는 당위원회 서기도, 정상적인 당위원회도 없었다. 중앙서기처가 바빠서 과기대의 당위원 임명을 생각하지 못했던 것 같다. 과기대는 당시 전국의 10개의 중점대학 가운데 하나였다. 그러나 전략적으로 중요한 지역이 아닌 곳에 위치하고 있었으므로 중앙당국의 관리가 소홀했던 것도 그리 이상할 것 없었다.

과기대 총장으로 관웨이옌(管惟炎) 교수가 임명되었다. 그의 전공은 저온(低溫) 물리학이며, 그는 소련 물리학자 카피자(Kapitza, Peter Leonidovich)의 제자이기도 했다. 60년대 초, 물리학 연구소에서 고체 물리연구에 참가했을 때 나는 그를 알게 되었다. 같은 학과라는 배경 덕분에 우리들을 긴밀하게 협력할 수 있었다. 비록 그는 당위원회 부서기를 겸직하고 있었지만 그와 나는 물리학자가 익히 알고 있는 관념과 방법으로 문제를 토론하는데 익숙해져 있었다.

이렇듯 음차양착(陰差陽錯, 우연한 인소로 조성된 차이와 잘못)으로 인해 과기대 총장과 부총장은 2년 동안 당위원회의 간섭 없이 학교를 운영하는 작지만 자유로운 실권을 갖게 되었다.

훗날 과기대 학생들이 가두시위를 벌이고, 그 일이 전국 29개 도시의 156개 대학교와 전문대학의 학생들이 가두시위를 촉발했는데, 그때서야 중앙 당국은 과기대에 한 명의 당위원회 서기도 임명해 준 일이 없음을 발견했다. 그러나 때는 이미 늦었다.

중앙당국은 처음으로 과기대의 당위원회 서기를 임명했고, 한바탕 충돌이 일어났다. 왜냐하면 나를 비롯한 많은 과기대 동료들은 공개적으로 국가 교육위원회에서 추진하는 정책에 반대한다고 선언했기 때문이었다.

문화대혁명이 끝난 후 교육계에선 격렬한 논쟁이 일어났다. '문화대혁명 전의 17년 동안(1949~1966)의 교육 작업은 실패한 것인가?'에 관한 것이었다. 나와 많은 동료들은 실패라고 보았지만 교육위원회는 반대였다.

우리들의 입장에서 보면 마오쩌둥의 가장 큰 잘못은 중국의 교육을 파괴한 것이었다. 10년이라는 문화대혁명 기간은 한 세대가 교육의 기회를 잃게 만들었고, 그 이전의 17년 교육은 중국인들을 어리석게 만들었다. 중국 문맹자의 수가 감소하지 않은 것이 그 결정적인 증거다.

80년대 문맹자의 비율은 전체 인구의 약 30퍼센트 정도로 높았다. 또 교육 속에서 노예사상을 주입했는데 이는 현대 교육과 완전히 배치되는 것이었다. 60년대의 대학교는 공개적으로 '당에 충실히 복종하는 도구'를 길러내는 것을 학교 방침으로 삼았다. 사람들이 본보기로 삼는 인물은 노동 영웅인 레이펑(雷鋒)이었다. 그의 '명언'은 "당을 위해 사용되는 영원히 녹슬지 않는 나사못이 되겠다."였고 사람들로 하여금 이를 목표로 삼게 했다.

80년대의 국가교육위원회는 여전히 이러한 우민교육방침을 견지했다. 교육을 보급해도 진흥시킬 수가 없었다. 대학생을 교육하는 데 사용할 하나의 새로운 '본보기'는 막 발굴된 '모범적 노예' 취수(曲嘯, 작곡가)였다. 취수는 1957년에 우파로 분류되었고 가족들과 헤어져 감옥에서 20년을 지냈다.

취수 개인은 동정을 받아 마땅했다. 그러나 1985년 이후 그가 많은 대학에서 행한 연설은 나를 놀라게 했다. 그의 말에 따르면, 그는 비록 불행을 만났지만 '공산당이 나를 때린 것은 어머니가 아들을 때리는 것과 같았다'는 것이었다. 그대를 때린 것은 그대를 사랑했기 때문이니 이제 와서 옳고 그름을 따져선 안 된다는 것이다……. 한 사람 한 사람이 모두 취수와 같아야 하며, 끊임없이 매를 드는 공산당의 아들이 되기를 원해야 한다는 것이다.

대학생은 공산당의 아들인가?

현대사회를 살아가는 사람에게 이는 아주 터무니없는 질문일 것이다. 그러나 80년대 중엽 중국 대학에서는 그러한 일이 실제로 일어났다. 부총장을 맡은 뒤 나는 대학생이 그러한 '아들'이 아니라는 것을 증명하기 위해 노력했다.

학교는 학생들에게 늘 학습에 열중해야 하고 당이 제공한 훌륭한 기회를 소중히 여겨야 한다고 말한다. 그러나 그 기회를 당과 국가가 준 것이라고 한다면 이는 완전히 잘못된 것이다. 왜 완전히 잘못된 것인가? 관념 자체가 잘못된 것이기 때문이다.

그렇다면 우리는 먼저 국가는 어디에서 왔으며, 기회는 어떻게 하여 그대에게 주어지는 것인지를 물어야 한다. 교육을 받는 것은 우리들의 권리이다. 교육을 받을 수 있는 당연한 권리는 누가 그대에게 준 기회가 아님을 알아야 한다. 그러므로 위에서 말한 논법은 일종의 봉건적 시각이며, 우리들은 태어나면서부터 교육받을 권리를 갖는다.

경제적인 시각에서 말한다면 국민은 세금을 낸다. 그리고 세금 속에는 교육을 받을 수 있는 비용이 포함되어 있기에 그 기회는 누가 준 것이 아니다. 그러므로 정부는 우리들에게 학교를 만들어 주어야만 한다.

중국도 마찬가지다. 여기 있는 여러분들 모두 세금을 냈다. 학생들은 직접 돈을 내지 않았다고 하더라도, 부모님이 여러분들을 위해 대신 돈을 냈다. 나는 그 액수가 얼마인지 계산할 수 있다. 우리 과기대학의 경우로 말한다면, 교직원과 학생의 비율은 1대 2 가량이다. 우리 과기대학은 학생이 5년의 공부를 마치면 졸업을 시킨다. 학생 양성 주기가 5년이며, 평균 교직원 한 사람이 5년 동안에 2명 정도의 학생을 배출해 내고 있다

그렇다면 학생 한 명의 값어치는 얼마나 될까? 적어도 2만 위안은 된다. 학생은 문화·지식을 구비하고 있기 때문에 당연히 가치가 있으며, 사회가 인재시장을 인정하지 않더라도 그 가치는 헤아릴 수 있는 것이다.

학생 1인당 가치를 2만 위안으로 치자. 학생 2명은 4만 위안이고, 교직원 1인당 5년 동안의 생산량은 4만 위안이 된다. 그러나 교수의 평균 임금은 모두가 알고 있듯이 1백여 위안이니 5년이면 6천 위안이다.

그러면 나머지 돈은 어디로 갔는가? 물론 남는 돈 중 일부는 기기 등을 사는데 사용되었을 수 있다. 그러나 그 금액을 제외한다 해도 2만 위안에서 1만 위안은 어디론가 사라져 버렸다.

그러므로 과기대에 근무하는 사람은 매년 대략 국가에 3천 위안을 납부하는 셈이 된다. 이것이 바로 소득세이며 평균 세율이 70퍼센

트에 달한다. 그러므로 교육을 받는데 필요한 비용은 정부가 나에게 준 것이 아니라 내가 세금으로 낸 것이다. 공산당 혁명 시기에는 항상 "누가 누구를 먹여 살리는가"에 대한 질문을 던졌다. 이제 이 관념을 고치고 분명히 할 때이다.

전체적으로 볼 때 대학은 아이를 기르는 곳이 아닌 사람을 만드는 곳이다.

1984년 막 부총장으로 임명되었을 때 학생들은 나에게 "과기대를 어떤 대학으로 만들려고 하십니까?"라고 물었다. 내 대답은 "대학은 응당 사상의 센터가 되어야 한다."였다. 확실히 중국에는 독립적이고 창조적인 분위기의 대학이 필요했다. 그리하여 나와 관웨이옌은 국가교육위원회를 향한 도전을 시작했다.

훗날 나는 관웨이옌 총장과 함께 부총장의 자리에서 면직되었다. 당국은 우리들에게 자산계급의 학교 운영 노선을 따르고 과기대를 자유화로 이끌었다는 죄명을 씌웠다. 그러나 내게 그 '죄명'은 더없는 영예였다. 우리들은 확실하게 과기대를 학술적으로 자유로운 환경을 만들고자 했기 때문이다.

아쉬운 점은 우리들이 한 일이 아주 작았고, 통일적인 학교 운영 노선을 만들어내지 못했다는 것이다. 과기대는 우리들이 생각했던 목표점까지 도달하지 못했다.

우리들이 만들어 낸 작은 일들은 다음과 같다.

- 엄격하게 당과 정치를 분리하고 각급 공산당조직이 교육과 연구 등의 정책 결정에 개입할 수 없게 했다.
- 경비의 배분에서 교직원의 초청과 임명, 승진 등은 교수와 학자 등으로 조직된 위원회에서 결정하도록 했다.
- 교직원 대표회와 학생대표회는 학교의 정책을 평가·논의하고 감독할 권한을 가지며, 학과와 학교의 일, 심지어 당과 국가의 일을 비판하기에 이르렀다.
- 학생의 정치보도원제도를 없애고 학술보고회의에 대한 정치적 심사를 없앴다.

과기대학은 크지 않다. 학부생 4천 명, 대학원생 1천여 명 정도다. 교수와 연구 인원은 1,400명이고 직원과 기타 보조인원은 1,500명이다. 학교 부지는 80무이며, 건축물의 크기는 약 20만 제곱미터이다.

전교에 30여 개의 연구 단위가 있으며, 매년 발표되는 논문과 연구 성과는 약 800쪽 분량이다.

학생의 수준은 높은 편이라 전국 규모의 각종 시험에서 3등 이내에 든다. 예를 들어 1980년 이후로 미국 대학들이 약 100명의 중국 대학원학생을 초청하는데 과기대 학생은 매년 선발되었다. 가장 많이 선발되었을 때가 36명이었다.

내 경험에 의하면 대학의 부총장이 되는 것은 물리학자가 되는 것보다 쉬운 편이다. 경제를 계획하는 당국이 학교 인원수, 월급, 추천 학생 수, 교수의 규모처럼 돈과 관련된 일을 모두 결정하므로 총장이나 부총장은 그런 일에 마음을 쓸 필요가 없다.

부총장으로서 나는 학교의 과학연구와 경비를 관리하는 업무를 시작했다. 관웨이옌이 없을 땐 모든 것을 대리해야 했으므로 관리할 일이 더욱 많았다.

업무를 하며 알게 된 것은 내가 그 많은 일들을 일일이 관리할 필요가 없다는 것이었다. 이곳에 있는 이들은 모두 교육받은 사람들이니 스스로가 자유롭게 나아가기만 하면 그 결과는 그들 하나하나를 지도하는 것보다 좋았다.

물론 그러한 방식은 지도자의 권위를 밖으로 드러낼 수 없게 한다. 그러나 자신의 권위를 잃는 것에 개의치만 않는다면 사무의 약 40퍼센트는 감소시킬 수 있는 좋은 방법이다.

그러나 내가 반드시 해야 하는 사무도 있었다. 여러 가지 상황을 고려해 뭔가를 비준할 것인지 말 것인지에 대해 결단을 내리는 것이다. 이것은 물리학 시험에 항상 등장하는 옳고 그름을 선택하는 문제와 비슷하다. 나는 80퍼센트의 행정에 관한 '시비(是非)'는 1분 이내에 결정했고, 15퍼센트는 10분 정도 생각했다. 단지 5퍼센트 정도에 많은 시간을 소비했다. 행정을 처리할 때는 물리학 문제를 푸는 것보다 속도가 빨라야 했다.

조금 복잡한 일은 경비를 분배하는 것이었다. 당시 전교의 1년 경비는 대략 2,000만 위안이었다. 평균적으로 보면 전국 대학 가운데 거의 최고로 칠 수 있을 만큼 많은 비용이었다. 그러나 끊임없이 증가하는 각종 요구를 지탱하기에는 여전히 넉넉지 않았다.

그러므로 1년에 한 번 예산에 대해 토론하고 결정하는 며칠 동안은 신경이 몹시 예민해졌다. 끊임없이 계산하고 말다툼을 벌였다. 그러나 실제로 이것도 그리 어려운 문제는 아니었다. 아무리 팽팽하게 맞서더라도 결국엔 타협해야 했기 때문이다.

시간을 가장 많이 빼앗는 일은 밥 먹는 것이었다. 중국에는 일종의 좋지 않은 습관이 있는데, 어떤 손님이 오든 간에 주인은 언제나 그들을 식사에 초청해야 한다는 것이다. 문제는 많은 식사에 대학 총장이 주인이 되거나 배석하도록 규정하고 있는 것이었다.

당시 과기대학은 대외적인 왕래가 점점 많아져서 매년 약 백 명의 외국인 손님이 잇이 찾아왔다. 내국인 손님은 그보다 훨씬 많았다. 그렇다 보니 식사 자리에 배석해 함께 먹고 마시는 것은 일종의 부담으로 변했다. 물론 어떻게든 참석해 먹는 어려움 정도야 강의와 비교할 수는 없었다.

관직을 맡는다는 것은 사실 그렇게 어렵지 않다. 표면적으로는 늘 뭔가를 개회하고, 말하고, 지시하고, 쉼 없이 크고 작은 일들에 입장을 표시한다는 점에서 바빠 보이긴 한다. 그러나 그대가 주의해서 볼 점은 이러한 사람들이 왕왕 동시에 즉각적으로 복을 받기 시작한다는 것이다. 그리고 관직의 지위가 높을수록 받는 복도 커진다. 이러한 모습은 마치 관직을 맡는 것은 어렵지 않다는 것과 상관된 하나의 정량(定量)적 증거가 된다.

나는 이러한 관직을 오래 감당할 수 없음을 일찍부터 예감했다. 그래서 스스로와 약속하고 다음의 3가지를 굳게 지켰다. 하나는 식사를 초청하는 자리에 참석할 때를 제외하곤 학생식당에서 밥을 먹는다. 둘째는 보통물리 과목은 매주 4시간 학부생에게 강의한다. 셋째는 천체물리학 연구를 끊임없이 진행하고, 매년 10편 내외의 논문을 발표한다.

1985년, 나와 일본 교토대학의 사토 후미타카 교수가 합작해 발표한 논문이 국제인력기금회가 수여하는 논문상을 획득했다. 논문은 유성체의 적색이동(Red shift)이 분포하는 가운데 있는 주기성이 우주와 연결되어 통하는 하나의 증거가 될 수 있는 지 여부에 관한 것이었다. 나는 매일 학교에서 행정사무를 처리하는데 약 4시간을 썼고, 2시간 정도 총장 사무실에서 보냈다.

만약 이렇게 안배 받은 대로 부총장 일을 해간다면 목이 잘리는 일이 있을지라도 몇 년이 지나면 승급할 수 있을 터였다. 공산당의 관직은 보통 승급만 있고 강등되는 일은 없다. 이치에 맞지 않게 일을 처리한다 하더라도 몇 년이 지나면 새롭고도 영광스럽게 승급하는 것이다. 위구르 출신의 어느 관원은 관직으로 가는 길이 무엇인지 내게 몸소 보여 주었다.

1983년 가을, 신장(新疆) 위구르 자치구의 과학협력 책임자인 아××(阿××)이 국제이론물리센터(ICTP)*에 방문했을 때의 일이다. 그 센

---

* 역자 주: 정식 명칭은 압두즈 살람 국제이론물리학센터이다. 1964년 첨단과학의 연구를 목적으로 개발도상국에게 금전적, 학문적 지원을 함으로써, 선진국과의 과학 발전 격차를 해소하기 위해 설립된 센터로 연구소 본부는 이탈리아 트리에스테에 위치해 있다. 개발도상국을 지원한다는 의미에서 파키스탄 출신 이론물리학자이자 노벨물리학상 수상자인 앱더즈 살람(Abdus Salam) 교수의 이름을 따 명명되었다.

터의 주임인 앱더즈 살람(Abdus Salam)은 무슬림이었기 때문에 위구르 무슬림들을 돕고 싶어 했다. 그래서 매년 두 명 신장의 물리학자를 초청해 센터를 방문할 수 있도록 할 것이며, 그 비용도 센터가 전부 지불하겠다고 제안했다.

그런데 그 위구르 출신 책임자는 앱더즈 살람이 내민 계획서에 한 사코 서명하지 않으려고 했다. 나는 그런 태도를 이해할 수 없었다. 마지막에 그는 다소 엄격한 어조로 말했다. "어떤 일도 하지 말라. 또한 어떤 일도 주도해선 안 된다." 과연 그는 후에 또 승급했다.

그와 달리 관웨이엔과 나는 훗날의 결과가 좋지 못했다. 그 원인 중 하나는 관직으로 가는 길에 대한 그의 '진언(眞言)'을 준수하지 않고, 주도적으로 어떤 일을 했기 때문이었다.

사건은 허페이-베이징-로마에서 발생했다.

1983년 바티칸 천문대를 방문했을 때 나는 로마의 밤하늘이 무척 밝아서 천문대 망원경 대부분을 사용하지 않는다는 것을 알게 되었다. 그 가운데 슈미트 망원경은 여전히 성능이 좋아서 관측조건이 좋은 곳에 둔다면 많은 연구를 할 수 있을 것 같았다. 그래서 나는 그 망원경을 중국으로 보내달라고 요청했다. 중국의 많은 지방이 로마와 위도가 같아서 망원경을 놓아 둘 곳을 찾는 것이 어렵지 않았기 때문이었다. 바티칸 천문대장 코인(G. Coyne) 교수도 기쁘게 동의했다.

이것은 과학계의 일종의 교류이며, 숨은 뜻은 없었다. 그러나 바티칸과 중국 양자가 관계되는 것이어서 우리들은 다른 문제가 생기지 않도록 아주 조심스럽게 망원경을 보내는 방안을 강구했다. 그래서 먼저 망원경을 바티칸 천문대로부터 어느 국제 조직에 보내고, 다시 중국으로 보내기로 했다.

  1년여의 상의 끝에 중국과학원은 이 계획을 받아들였다. 그리고 망원경을 신장의 우루무치 천문관측소에 놓기로 결정하고 망원경이 있을 자리도 선정했다. 1985년 봄, 나는 그 일에 직접적으로 연결되어 있진 않았지만 중국과학원은 5명을 바티칸 천문대로 파견하고 망원경을 해체하고 운송하는 기술상의 일을 토의했다. 중국의 로마 주재 대사관 과학기술 참사관의 동의를 거쳐 양자는 비공식적으로 문서에 서명을 했다. 여기까지는 모든 것이 순조로웠다.

  다음 단계는 국제조직을 찾아서 이를 중개하도록 하는 것이었다. 이 국제조직은 마땅히 중국과 바티칸 모두 왕래가 있는 곳이어야 했다. 1985년 여름 나는 다시 로마에 가서 제4차 그로스만 회의에 참석했다. 그때 로마대학 등은 바로 국제상대론천체물리센터(ICRA)를 설립할 준비를 하고 있었다.

  바티칸 천문대, 미국 스탠포드대학 물리학과, 미국 공간망원경 연구소 등이 이 센터에 참가하려고 준비하고 있었다. 나는 ICRA가 망원경을 옮기는 중개기관이 되기에 적합하다고 생각했다. 그리하여 과기대학 천체물리센터를 대신하여 ICRA에 참가하기로 결정했다. 나는 과기대의 부총장이기 때문에 응당 이러한 일을 촉진할 의무가 있다고 생각했던 것이다.

  ICRA에 참가하기로 결정한 또 다른 이유는 과기대에 필요한 재원을 찾기 위해서였다. 1984년 이탈리아 정부는 발전 중인 제3세계 국가를 원조하기 위한 기금을 설립했다. 나는 과기대 이름으로 이탈리아 정부에 기금을 신청하고, 아울러 ICRA의 지지를 받는다면 기금을 얻을 가능성이 높다고 생각했다. 이렇듯 나는 과기대의 돈을 관리하는 부총장으로서의 업무를 소홀히 하지 않았다.

뒤에 일어난 일은 날짜에 따라 적어 보겠다.

1985년 6월 17일, ICRA이 정식으로 성립되어 로마대학 총장 루베르티(Ruberiti), 커인 교수 그리고 내가 각자 소속된 기관을 대표해 ICRA의 장정에 가조인했다.

6월 18일, ICRA의 조직과 연구계획을 토론했다.

6월 19일, 이탈리아 《신사보(信使報, Messagero)》가 ICRA의 소식을 보도하며 특별히 로마대학·중국 과기대학·바티칸 천문대 등이 참가했다고 밝혔다. 《미국의 소리(Voice of America)》도 간단히 이 소식을 보도했다.

그 일에는 중국과 바티칸이 포함되어 있었기에 표면적으로 뉴스가 될 가치가 있었다. 하지만 일찍이 중국과 바티칸 양자는 공동으로 같은 국제학술조직에서 일했던 선례가 있었다. 즉, 중국과 바티칸은 모두 국제천문학회의 회원국이다. 그러므로 내가 과기대학을 대표해 ICRA에 참가한 일에 새로운 의미는 없었다. 그래서 언론의 관심은 빨리 식었다.

6월 20일 이후엔 서방 매체들도 이 작은 일을 다시는 다루지 않았다. 또한 촉발성을 가진 어떤 추측과 평론도 나오지 않았다.

6월 21일, 교황 바오로 2세가 그로스만 회의에 참가한 모든 학자를 접견했다. 나도 그 속에 있었으며 교황과 악수를 하고 사진을 찍었다. 이에 대해 언론매체에는 어떠한 보도도 하지 않았다. 서방 매체는 내가 ICRA에 가입한 것과 중국과 바티칸 양자 간의 정치관계에 대해 어떤 오인도 하지 않았다. ICRA과 관련된 이번 일은 분명히 순수하고 학술적인 성격이었다.

그러나 6월 22일과 23일 이틀 동안 중국 매체인《대참고(大參考)》는 ICRA와 관련된 기사를 정치란에 그대로 옮겨 실었다.《대참고》는 신문의 일종으로 외국 통신사의 소식만 선별해서 실었고, 국장급 이상의 간부만 볼 권리를 가졌다.

《대참고》에 두 번에 걸쳐서 동일한 소식을 실리는 것은 국내에 누군가 ICRA의 소식에 신경을 쓰고 있다는 증거였다. 그래서 나는 긴장하게 되었다.

과연 6월 24일에 중국외교부는 중국과학원에 바티칸 천문대 망원경에 관계된 일과 ICRA의 일을 조사하게 했고, 이 일이 중국의 대(對)바티칸 정책에 저촉되는 것임을 암시했다.

본래 중국과학원은 망원경에 관한 모든 내부사정을 알고 있어서 단지 있는 그대로의 상황을 외교부에 전달하고 이것이 일반적인 학술교류라고 하면 간단히 끝날 일이었다. 그러나 중국의 관방(官方)이 책임을 추궁할 경우에는 누군가에게 책임을 덮어씌우는 것이 본능적인 반응이었다. 그래서 중국과학원은 즉각 과기대학에 책임을 전가했다.

다행히도 과기대의 많은 동료들이 내가 과기대를 위해 재원을 찾아다니는 활동을 크게 지지했다. 그래서 그런 일로 조사를 받게 된 것을 이해하지 못했다. 또 그들은 발 빠르게 베이징과 허페이에 있었던 조사에 대해 알려주었다. 그리고 여전히 나를 모범적인 공산당원으로 평가했다.

6월 27일 중국외교부는 또 이 일로 중국의 로마 주재 대사관을 조사했다. 앞에서 말한 대로 대사관의 과학기술 참사관은 직접 이 일에 관여했기에 이것이 완전히 비정치적인 학술교류라는 것을 잘 알고 있었다. 그러나 중국과학원과 마찬가지로 이 일에서 빠지고 싶어 했다. 그래서 바로 나를 찾았다.

나는 아주 자세한 보고서를 썼다. 그리고 그 일이 중국의 대바티칸 외교원칙을 위반한 것이 아니라고 설명했다. 잘못이 있다면 내가 ICRA의 서류에 서명하기 전에 미리 대사관에 알리지 않았다는 것이다. 나는 이 일을 책임을 지기를 원했다. 만약 사전에 이 사실을 대사관에 알리고 그들이 동의하기를 기다렸다면 적어도 반년 이상 일의 진척이 늦어졌을 것이다. 그러므로 일을 합리적으로 처리하기 위해 먼저 처리하고 후에 보고하려고 했다. 대사관도 내 보고서를 접수한 상태였다.

진상이 분명하게 드러나고 나니 괜히 놀랐다는 생각이 들었다. 또한 아무런 외교문제가 없다는 것도 증명되었다. 일은 그렇게 마무리 지어지는 듯 했다. 나도 로마를 떠나 트리에스테의 이론물리센터에 도착하여 한가하게 아드리아 해변에 있으면서 나와 리수셴의 작은 책인 《우주의 탄생》을 위한 서언을 쓰고 있었다.

그러나 어떤 원인 때문인지는 모르지만 베이징에서는 놀랄만한 일들이 여전히 계속되고 있었다. 6월 29일 중국의 로마 주재 대사관은 다시 조사를 받았는데, 들리는 말에 의하면 중앙상무위원회에서 이 문제를 제기했다는 것이었다.

7월 1일은 중국공산당 성립 64주년이다. 당의 생일을 기념하기 위한 대회가 허페이에서 거행되었다. 그리고 그 자리에서 내가 그 해의 우수한 공산당원으로 평가되었음이 정식으로 선포되었다. 하지만 그 시각 나는 그 일을 전혀 알지 못한 채 아드리아 해변에서 수영을 하고 있었다.

내가 갈릴레이 망루로 돌아와 몸을 적신 바닷물을 닦아내고 있을 때 중국대사관에서 나를 긴급하게 찾고 있다는 말을 들었다. 7월 3일 상오에 반드시 로마에 도착해야 한다고 것이었다. 어떤 긴급한 일이 발생했는지는 알 수 없었다.

나는 그저 명령에 복종하여 7월 2일 깊은 밤에 기차를 타고 로마로 갔고 3일 아침에 대사관에 도착했다. 알고 보니 그 긴급한 일이란 단지 중국과학원 원장 루자시(盧嘉錫) 교수가 곧 베이징에서 로마에 도착할 예정이니 친히 그를 영접하라는 것이었다.

과학원에 속하는 구성원이 원장을 영접하는 것은 마땅히 해야 할 일이지만 600킬로미터 밖에 있는 테리아스테에서 오직 이 일을 위해 달려와야 한다는 것이 좀 우스웠다. 뒤에 가서 알았지만 그를 영접하는 일은 베이징에 있는 관방(官方)에서 정식으로 결정한 것이었다.

당시 외교부는 루자시 교수가 로마에 도착하면 반드시 기자단에게 둘러싸일 것이고 바티칸 망원경에 관한 질문이 있을 것이라고 예상했다. 나는 루자시 교수가 기자들에게 포위되지 않도록 도와야 했다.

나는 비행장의 메인 홀을 자세히 관찰했다. 그러나 원장을 향해 달려오려고 준비하는 기자는 발견하지 못했다. 비행장은 긴장된 분위기였고, 경찰은 경찰견을 데리고 내부를 순찰했다. 그러나 원장을 보호하기 위해 그런 것이 아니었다. 하루 전인 7월 2일에 그 비행장에서 팔레스타인 유격대가 폭탄을 터뜨렸기 때문이었다.

ICRA에 관한 일을 방문취재하려는 기자도 없었다. 그리하여 외교부에서 원장을 위해 열심히 준비한 모범답안은 아무 쓸모도 없게 되었다.

7일 뒤 나는 루자시 교수를 모시고 베니스를 여행했다. 성(聖) 마가 광장의 바닷바람은 그가 기자들에게 둘러싸여 공격을 당할 위험이 없음을 알려 주었고, 그 때문에 그는 마음이 가벼워진 것 같았다. 그는 마치 성 마가 광장에서 노니는 비둘기 같았다.

그때 원장이 말했다. 그가 로마에 도착한 7월 3일 중국 외교부 대변인은 2주에 한 번 하는 뉴스브리핑에서 외국기자가 ICRA에 대해 질문하는 것에 대응하기 위해 정성스러운 답변을 준비했다는 것이었다. 그러나 안타깝게도 외국기자들은 그 문제를 제기하지 않았다. 실제로 외국여론은 ICRA의 약자조차 모르고 있었다.

이는 당국의 인식과 예상이 잘못된 것임을 증명해주었다. 그런 당국은 자신의 권위를 드러내기 위해 망원경을 바티칸으로부터 이전받기로 한 계획을 중단시켰다. 하지만 ICRA에서 기금을 증여받기로 한 것과 관련해서는 어떤 잘못도 찾아내지 못했다. 이렇게 한차례 엎치락뒤치락하는 과정을 거치면서 그 일은 이미 내부적으로 큰 손상을 입었고, 이후 2년 동안의 노력에도 불구하고 끝내 결과를 내지 못했다.

당국에서는 주도적으로 일을 만들어 내는 사람을 결코 좋아하지 않았다. 만약 주도적으로 만든 일이 당국의 심사에 합당하지 않으면 아무런 기쁨도 얻을 수 없고, 주도적으로 한 일이 암암리에 당국의 마음에 들었다면 위험은 더욱 커진다.

왜냐하면 그것은 일부 전제자들이 가장 꺼리고 한스러워하는 '월위(越位)'*이기 때문이다. 중국에는 '가장 지혜로운 것은 어리석은 듯 행동하는 것이다'라는 잘 알려진 성어(成語)가 있다. 그 속에 포함된 뜻은 바로 진정으로 지혜로운 사람은 바보처럼 포장할 수 있는 사람이고, 특별히 황제로 하여금 그가 말하고 싶지 않은 것을 그대가 꿰뚫어 보고 있음을 느낄 수 없게 하는 것이다.

7월 초 중국정부는 바티칸에 의해 중국교구 주교로 임명된, 30년간 투옥되어 있던 사람을 석방했다.

7월 21일 일요일에 교황은 관례대로 성 피터 광장에서 강론을 거행한 가운데 특별히 중국을 향한 인사를 전했다.

7월 31일 외교부의 다시 2주에 한 번 열리는 뉴스브리핑을 진행했고, 대변인은 "교황이 중국에 대해 인사를 전한 것에 주의한다."라고 했다.

그 소식을 듣고 젊은 동료들은 잠시 기뻐하면서 망원경 일이 만회될 수도 있을 것이라고 말했다. 바로 '교황에게 주의했다'는 표현 때문이었다. 중국의 역사에 익숙한 사람이라면 당국의 표면적인 말과 그 진정한 의미는 다를 수도 있다는 걸 알고 있을 것이다.

---

* 역자 주: 외부적으로 공로가 있다고 인정되는 일은 모두 아랫사람이 하는 것이 아니고 윗사람이 해야 하는 것이므로 아랫사람이 그 직위를 뛰어 넘는 일을 했다는 것이다.

그러나 애석하게도 망원경과 ICRA는 모두 '월위'라는 큰 암초에 부딪혀서 요절했다. 우리들이 총명하여 중국 당국을 의심했더라도 황제 앞에서 바보처럼 위장하는 중요한 일을 잊었으니 운수가 사납게 되었다.

ICRA로부터 기금을 증여받는 것도 처리되지 못했고 험난한 운명이 코앞에 닥쳤으니 과연 나 팡리즈는 부총장을 담당하기에 적당하지 않았다.

17

자본계급의 자유화

대학생들은 시끄러운 일을 하지 않을 수가 없다. 대학에서 일해 본 사람이라면 내 말에 동의할 것이다. 대학생들이 시끄러운 일을 하지 않도록 미리 막는다는 것은 사실상 불가능하다. 그러나 당국이 규정한 대학교 총장의 임무 가운데 하나는 학생운동을 엄격하게 제지하는 것이다.

언젠가 나는 서류 한 장을 받게 되었는데 거기에는 최근 어느 학교에서 또 학생운동이 발생했다는 내용이 적혀 있었다. 서류에 열거된 학교의 총장은 그 직책을 잃게 된다. 그러므로 총장들이 서로 만날 때 가장 먼저 하는 말은 "혹시 학교에 일이 있습니까?"였다. 만약 "아무 일 없습니다."라는 대답이 돌아오면 비로소 웃을 수 있었다. 여기서 말하는 '일'이란 바로 학생운동을 가리켰다.

나는 줄곧 학생운동을 일종의 건강한 사회현상이라고 여겼다. 사람이 고통을 느끼면 눈물을 흘리는 것처럼 말이다. 보다 정확히 말하자면 태풍에 빗댈 수 있는데, 태풍은 반드시 어느 정도의 파괴를 가져왔다. 그러나 지구의 온도를 조절한다는 점에서 태풍은 공헌하는 바가 있다.

대학생들의 시끄러운 일, 즉 학생운동도 우리 사회의 온도를 조절하는 것이다. 그러므로 시끄러운 일이 벌어지는 원인을 진지하게 해결한다면 사태는 자연스럽게 식는다. 원인이 드러나지 않았더라도 걱정할 것 없다. 그것이 스스로 생겨났듯 스스로 사라지길 기다리면 되는 것이다. 사람이 다치거나 물건이 부서지지만 않는다면 학생운동은 정상적인 것에 속한다.

관웨이옌의 시각도 나와 별반 다르지 않았다. 관 총장과 내가 학교를 운영하는 자리에 있었던 1년 동안, 즉 1984년 가을부터 1985년 가을까지 전국적으로 10여 개의 대학과 전문대학에서 평균 일주일에 한 번 꼴로 시끄러운 일이 발생했다. 설사 우리들이 '들어주고 맡겨버리는' 부류라고 할지라도 과기대에서는 학생운동이 전혀 일어나지 않았다.

1985년 9월, 개학을 하자마자 베이징대학 학생들의 일로 시끄러웠다. 학생들은 대자보를 붙이고 9·18을 기념하자고 요구했다. 1931년 9월 18일 일본군이 공세를 시작해 중국 동북지방을 점령하자 재야(在野)에 있던 중국공산당은 그제야 9·18을 잊지 말자며 항일(抗日)을 부르짖었다.

그런데 1985년, 학생들이 9·18을 기념하자고 발의했을 때 공산당은 오히려 두려워했다. 현재 중국이 일본인들과 무역을 하는데 만약

9·18을 다시 기념한다면 중국과 일본의 관계가 파괴될 수 있다는 것이 그 이유였다. 또한 당국과 학생 사이의 이러한 마찰은 표면적인 기념활동에만 있지 않았다. 학생들은 권력을 쥔 사람들이 일본 상인과 장사할 때 뇌물을 받는 등 부패행위를 한다는 것을 알았고, 본질적으로는 이것에 반대하고 있는 것이었다.

9월 18일 당국의 엄격한 통제 아래 학생들이 발의하는 활동은 진행되지 못했다. 많은 베이징대학 학생들이 통탄하며 다시 전국 대학생들을 향해 12·9를 기념하자고 공개적으로 말했다. 12·9도 공산당의 기념일 가운데 하나다. 1935년 12월 9일, 공산당은 제1차 전국 학생운동을 성공적으로 조직하고 학생들에게 항일 활동을 요구했다. 그런데 1985년에 이르러서는 그들이 만든 이 학생운동기념일을 매우 두려워했다. 12월 9일이 되기 두 달 전부터 당국은 전국의 각 부서에서 학생운동을 방지하는 일을 개시했다.

10월 21일 안후이성위원회는 과기대에 학생운동을 막으라는 지시를 하달했다. 대학교 총장과 각급간부들은 좌담회를 열어서 학생들에게 관심을 표시하고 학생운동을 부드럽게 진행할 것을 독려하라고 했다.

이 요구는 내게 딱히 어렵지 않았다. 영국 캠브리지대학은 자리가 나뉘어져 있어서 교수와 학생이 같은 식탁에서 밥을 먹을 수 없었지만 나는 이곳에서 매일 학생들과 함께 밥을 먹었다. 과기대 식당의 식탁은 문화대혁명 기간에 파괴되었기 때문에 우리에겐 사실 앉을 자리가 없었다. 그래서 교수와 학생들 모두 서서 밥을 먹었다.

또한 각 대학은 12·9 기념일이 임박했을 때 영화 상영 등 각종 오락 활동을 진행했다. 그 날 학생들이 시끄러운 일에 주의를 기울이지 않도록 하라는 요구가 하달되었기 때문이다. 이외에 기념일 하루나 이틀 전에 일부 학생들을 초대해 함께 차를 마시라는 요구도 있었다.

앞장서서 시끄러운 일을 하는 학생들을 초대해 아예 그 원인을 없애려는 것이었다. 긴장감이 감도는 학교일수록 차 마시는 테이블에 '손님'을 모시는 범위가 커졌다. 중앙이 긴장감을 갖자 학생들은 더욱 긴장했다. 과기대는 중앙에서 걱정하는 대학이 아니어서 백여 명의 학생들만 차 마시는 자리에 초대했다.

베이징대학의 경우 그 일을 전담할 공작조를 파견해 학교 교정에 두고, 시끄러운 일이 벌어지지 않도록 직접 지휘하게 했다. 중앙이 이러한 노력에도 불구하고 긴장된 분위기는 여전했다.

12·9는 끝내 조용히 지나갔지만 나는 도리어 위기에 빠져 들고 말았다.

그 일은 11월 초에 시작되었다. 나는 베이징에 가서 물리학회가 주관하는 닐스 보어(Niels Bohr)의 탄생 100주년 기념회에 참석했다.

회의는 베이징대학 강당에서 열렸고, 나는 11월 2일 발표하기로 되어 있었다. 내용은 보어의 양자론과 양자우주과학 중 하나인 반경전(半經典, semiclassical theory) 방법에 관한 것이었다.

내가 발표할 때 물리학회의 구성원 외에 많은 학생들이 장내로 들어왔다. 그들은 앉을 자리가 없어서 뒤쪽에 서 있었다. 나의 발표는 늘 많은 학생들의 관심을 사로잡는 편이었다. 때문에 내가 학술 발표를 할 때면 관계당국은 항상 사람을 파견해서 듣게 했다. 그의 임무는 '동향에 주의하는 것'이었다. 당의 업무를 보는 친구는 이러한 감시가 계속되자 "오늘 그들이 또 왔다면 이번엔 자네가 무슨 말을 했는지 알아들었는지도 모른다."라고 말했다.

베이징대학에서 발표한 뒤에 나는 많은 학생들에게 둘러 싸였다. 무선전신학과 학생회 책임자는 언제 한 번 학생들에게 이야기해달라고 했고, 나는 승낙했다. 그 시간은 11월 4일 저녁으로 정해졌다. 이 일은 또 곧바로 베이징대학의 공작조에게 탐지되었다. 그날 저녁의 연설 제목은 '지식인의 사회적 책임'이었다. 나는 베이징대학의 분위기가 긴장되어 있다는 것을 알았다. 당국은 미리 사람을 파견해 연설을 감청하고 녹음도 했다.

내 경험에 의하면 이런 상황을 만날 때는 과격한 용어를 쓸 필요가 없다. 대신 유머러스하게 암시하고 조소어린 풍자를 사용하는 것으로 충분했다. 인의를 무시하고 무력으로 사람들을 다스리는 어리석은 패도(覇道)는 한바탕 웃음으로 사람들 마음속에 있는 그들의 지위를 무너지게 할 수 있다. 지혜롭지 못한 감청자는 왕왕 학생들이 왜 크게 웃고 있는지 이해하지 못했다.

그날 저녁 내가 한바탕 조소한 것이 당국을 격노시켰다. 베이징대학의 공작조는 즉각 중앙에 내 연설 기록을 보고했다. 당국 최고의 관리 후차오무(胡喬木)는 당장 내 연설에 대한 책임을 물을 방법을 강구하기 시작했다 하지만 나는 단어를 신중하게 사용했으므로 그들은 내 잘못을 딱 꼬집어 내지 못했다.

실제로 그들을 격노하게 한 것은 내가 베이징 부시장 장바이파(張百發)의 이름을 거론하며 그의 추문(醜聞)을 비판했기 때문이었다. 일전에 장바이파는 자신을 물리학자라고 속이고 미국 롱아일랜드에 가서 싱크로트론 방사(synchrotron radiation)회의에 참가했었다. 기회를 틈타 출국하여 여행을 했던 것이다.

강연을 한 다음 날 나는 허페이로 돌아왔다. 과기대에 도착하니 관 총장은 내가 베이징대학에서 강연한 것이 고위층의 분노를 샀고, 중앙에서 이미 전화를 걸어와 과기대는 내가 장바이파를 비평한 일에 대하여 베이징시 위원회에 사과하라고 요구했다는 말을 전해 주었다.

그러나 그들의 사과 요구를 관 총장은 거절했다. 관 총장 역시 장바이파 등에게 대체되었던 물리학자 중 한 사람이었기 때문이다. 장바이파의 추문은 그 후 물리학회 회의석상에서 공개적으로 까발려졌다. 추문의 증거가 확실하니 과기대는 사과할 필요가 없었다. 이것은 후차오무를 더욱 화나게 했다. 그는 이번엔 서면으로 팡리즈가 응당 당에서 물러나야 한다는 뜻을 전했다. 어느 고위 관원도 후차오무의 말에 동의했다. 사태는 엄중하게 흘러갔다.

12월 6일에서 13일까지 일주일 동안 안후이성위원회는 세 차례나 나를 찾아와 이야기했다. 안후이성의 인구는 4천만 명이고 면적은 잉글랜드와 같은 크기다. 이처럼 큰 성의 최고 관원이 3일이라는 귀한 시간을 나에게 소모한 것이다. 중국당국이 얼마나 많은 시간을 투자해 진실 되게 중국의 건설을 관리해 왔는지를 알 수 있는 부분이었다.

성위원회와의 담화는 '팡리즈에게 퇴당할 것을 권고한다.'는 것의 전주곡이었다. 12월 16일 나는 성위원회의 통지를 접수했다. 중앙기율위원회의 부주석 왕허서우(王鶴壽)가 당일에 나를 접견한다는 것이었다.

중앙기율위원회는 전적으로 당원을 정리하기 위한 목적으로 설치된 것이기에, 그가 나를 접견하는 목적은 나에게 정식으로 당에서 물러나라고 권고하려는 것이 분명했다. 그런데 약속한 시간이 되자 접견이 취소되었다. 나는 당시 그 이유도 알지 못했다. 나는 그 일이 있고 나서 바로 또 베이징으로 올라가야 했다.

베이징에 도착한 나는 이미 86세가 된 옌지츠(嚴濟慈) 교수(11장을 보시오.)에게 불려가서 훈계를 들었다. 그는 내가 한 연설이 시의에 적합하지 않다고 나무랐다. 내 경험으로 어른이 말씀하실 때는 그 자리에서 해명하거나 변명하기 보다는, 말씀하시다가 스스로 지쳐서 끝나기를 기다리는 편이 나았다.

나는 거의 한 시간 동안이나 훈계 말씀을 들었다. 그러다 그는 문득 얼굴 표정을 바꾸더니 아주 기쁜 듯 나를 끌고 함께 술 마시기를 청했다. 조금 전의 훈계는 아예 없었던 것 같았다. 나는 술을 마시지 못해서 그분의 흥을 돋워 드리기만 했다.

두 번째 날 나는 또 중국과학원 원장에게 불려가서 한 말씀 들었다. 루자시 원장은 지난 번 로마에서 만났을 때처럼 얼굴의 주름살이 모두 깊게 패여 있었다. 나는 부득불 입술을 꼭 깨물고 엄숙하고 긴장된 태도를 유지했다.

그는 나의 미국행이 무기한 취소되고 징계도 있을 것이라고 했다. 본래 계획에 의하면 나는 1986년 1월 2일에 출국해 프린스턴 고등연구원을 반년 간 방문하기로 되어 있었다. 그런데 일이 그렇게 되고 말았다. 정당하지 않은 출국을 비판했던 나는 스스로 정당한 출국의 권리를 잃었으니 말하자면 '자업자득'인 셈이었다.

미국에는 갈 수 없게 되었고, 내 '강연의 풍파'는 결국 지나갔다. 아무튼 나는 그날 밤 편하게 잤다. 다음 날인 12월 21일 나와 리수셴은 그간의 일로 생긴 피로를 풀 요량으로 친구 집에 놀러갔다. 점심 무렵 베이징대학으로 돌아오자 리수셴에게 급한 메모가 전달되었다. 중앙에서 팡리즈를 찾고 있으니 가능한 빨리 그에게 알리라는 내용이었다. 중공중앙사무실은 아침 일찍부터 과학원과 베이징대학을 재촉해 나를 찾았던 것이다.

나를 찾는 이는 후치리였다. 나는 그를 대학 시절에 알았고(5장을 보시오.) 현재 그는 최소한 중앙의 5호 인물인데 나를 찾는 까닭을 알 수 없었다. 훈계를 하려고 찾는 것일까? 아니면 욕을 하려고?

오후 3시, 나는 중공당권과 정권의 최고 중추인 중난하이(中南海)에 도착했다. 그곳을 호위하는 경위는 이미 이 일을 아는지 내가 이름을 말하자 바로 들어가게 했다.

후치리는 웃는 얼굴로 나를 맞이했다. 전날 루자시 원장 같은 엄숙한 모습은 없었다. 나는 이것이 그가 장차 '흰 얼굴'로 나를 대하겠다는 암시인 줄 알았다. 중국의 통치술 중 첫째 조목은 온화한 '붉은 얼굴'과 교활한 '흰 얼굴'을 바꾸어 가며 사용하는 것이다. 그래서 붉은 얼굴을 만난 뒤엔 항상 흰 얼굴을 만나게 될 것을 염려했다.

과연 후치리의 말은 전부 해석해야 할 성질의 것이었다. 그가 나에 대해 한 말 가운데 비평은 없었다. 단지 중앙에서 '이 문제'를 예의주시하고 있고, 빠르게 해결되기 어려우니 조급하게 굴지 말고 인내심을 가지라고 말했다. 그의 태도는 차분했다.

후치리가 그런 태도로 나오게 된 근원은 총서기 후야오방에게 있었다. 바로 앞에서 말한 중앙기율위원회에서 나를 찾으려고 준비한 그날 후야오방은 지시를 내렸는데, 대강의 뜻은 권고하는 사람에게 세 차례 권고하게 하고 그래도 동의하지 않으면 즉각 팡리즈를 쫓아 내라는 것이었다. 그러므로 이에 따라서 중앙기율위원회에서는 돌연 면담하기로 한 약속을 취소했고 훈화를 한 다음에 또 술을 먹자고 청하는 등 이상한 현상에 이른 것이다.

마지막에 후치리는 특별히 말했다. "중앙은 자네를 신임하니 자네는 언제든 출국할 수 있어. 내 직통 전화는 397007이니 곤란한 일이 있으면 바로 나에게 전화하길 바라네."

무기한 늦춰질 것 같았던 미국 프린스턴행은 후치리의 말 한 마디에 과학원의 의결을 받았고, 나는 3월에 출국할 수 있게 되었다. 루자시 원장이 친히 내게 선포한 징계가 24시간 만에 해제된 것이다. 과학원은 소식이 지나치게 늦었다.

하루 전 날 중앙이 내린 '퇴당 지시' 이후 곧바로 '권고 퇴당해서는 안 된다'는 새로운 지시가 내려온 걸 뒤늦게 알았던 것이다. 이렇게 한 박자 늦은 조치로 과학원의 입장은 하루 사이 180도로 변화했다. 늙은 원장에게 동정심을 갖지 않을 수 없는 일이었다. 나이가 70세에 가까워져도 신속하게 움직여야 했으니 피곤하고 괴로운 일 아닌가.

1985년에 닥친 내 위기는 끝내 지나갔다.

후치리는 한 가지 요구를 했다. 그는 내가 학생들에게 보내는 글 한 편을 써주길 바랐다. 그러면 그것을 《인민일보》에 추천해 1986년 첫 날 발표하겠다고 했다. 나는 그가 원하는 주제가 학생들에게 시끄러운 일을 하지 말라고 당부하라는 내용이었음을 알았다. 나는 일주일 후 글을 써서 후치리에게 보냈다. 그런데 새해 첫날의 《인민일보》에는 내 글이 실리지 않았다. 내 글은 분명히, 그리고 여전히 당의 성스러운 뜻에 맞지 않았다.

내 글의 제목은 '위기감 속의 책임'이었는데, 그 일부를 보자.

> 어떤 사람이 절반은 농담조로 나에게 '예언'을 해 주었다. "당신은 천문학자이니 올해가 핼리혜성의 회귀년인 것을 알 것입니다. 그러니 앞으로 보다 많은 위기가 당신들을 기다리고 있을 것입니다."
> 그렇다. 나는 점성술을 믿지 않지만 세상일에 우연의 일치가 없는 것도 아니었다. 핼리혜성의 회귀는 항상 사회가 전환하는 년대와 매우 가까웠다. 이번 회귀 역시 중국이 미래의 번영을 향해 달려가는 개혁과정에서 일어나는 전환과 우연하게 일치하지 않을까?

이렇듯 생각지도 못하게 '점성술'이 효험을 발휘했으니, 1986년은 확실히 사회에 또 한 번의 대위기가 시작되는 해였다. 그리고 그 위기가 바로 나를 기다리고 있었다.

3월의 프린스턴은 여전히 추웠다.

나와 리수셴은 고등연구소 부근에 있는 하딩로 23호에 집을 임시로 마련했다. 모든 것을 간소하게 꾸렸다. 미국에 오래 머물 예정이 아니었기 때문이다.

그러나 생활이 안정되자 몇몇 친구들은 우리들에게 장기적으로 미국에 머물 방법을 강구하라고 조언했다. 분명 미국에 머물 수 있는 방법이 있었다. 이는 당시 하나의 조류였다. 많은 젊은 중국유학생이 장기적으로 미국에 머무르며 작업을 하려고 했다. 아내와 내 연령대의 사람들 가운데 일부 사람은 이미 미국에 정착해 있었다. 나와 같은 고등연구소 안에 있는 중국인 동료도 방법을 찾아서 미국에 오래 머물고 있었다.

나는 외국으로 나가 사는 것을 반대하지는 않는다. 이는 정상적인 현상이다. 사람에게는 자기가 좋아하는 주거환경을 선택할 권리가 있다. 나 역시 발전된 사회에 머무르면서 작업하는 것이 스스로의 연구와 생활에 유리하다고 느끼고 있었다.

특히 매번 정치적 간섭을 받을 때에는 학술적 자유와 언론의 자유가 결핍된 중국 사회를 즉시 떠나고 싶은 생각이 굴뚝같았다. 1986년에 나는 이미 10여 차례나 출국을 한 상태였다. 장기간 외국에 머무르겠다고 결심한다면 그럴 수도 있었다. 하지만 나는 예외 없이 중국으로 돌아오는 것을 선택했다.

나는 중국이란 땅을 연모하는 사람은 아니다. '대지(大地), 나의 어머니!' 그것은 시인이 말한 것이다. 그러나 중국에 있는 것과 외국에 있는 것은 확실히 전혀 다른 느낌이다. 중국에서의 곤경과 방해는 나로 하여금 번뇌와 혐오를 끄집어내게 했다. 그러나 외국에서 평탄하게 생활하고 있으면 곤경이 삶에 가져다주던 어떤 밀도가 결핍되었다는 느낌이 들었다. 마치 곤경에 중독된 것 같았다.

곤경 속에서 오래 생활한 사람은 일단 그것을 벗어나면 뭔가 잃어버린 느낌이 들어 다시 그 속으로 들어가려고 하고, 곤경을 극복하면서 성취감을 느낀다. 1985년 말, 훈계를 들었을 때 나는 강렬하게 첫 번째 느낌에 사로잡혔다. 그런데 일단 프린스턴에 도착하자 곤경을 즐기는 '곤경병'이 다시 싹트기 시작했다.

나는 당연히 프린스턴을 좋아했다. 여기에는 붉은 얼굴과 흰 얼굴이 없고, 훈계도 없고, 훈계를 들은 다음 술을 마시는 것도 없으며, 중난하이도 없고, 중난하이 안의 여우같은 웃음도 없었다. 여기에 있는 것은 아인슈타인의 자유로운 영혼이었다.

내가 지내던 집에서 멀지 않은 곳에 삼림이 있었다. 자유로운 영혼은 오늘도 그곳을 천천히 노닐 것이다. 저녁 무렵 작은 사슴새끼가 어미 사슴을 따라 나와 삼림을 누비는 모습을 보면 마치 그들도 이곳에 한가롭게 머무는 위대한 정령이 있다는 것을 아는 듯 했다.

그러나 나는 그때에도 미국에 오래 머물기 위한 준비를 하지 않았다. 7월에 시간을 맞추어 중국으로 돌아가기로 결정했다.

나의 '곤경병'을 다시 도지게 한 사건은 국제천문학회(IAU) 제124차 토론회였다. 선진 국가에서 이러한 회의를 조직하는 것은 특별한 일이 아니다. 그러나 중국에서는 특별한 일이 되었다. 이번 IAU 토론회의 주제는 '관측우주과학'이었다. 10여 년 전 중국에서 현대우주과학은 금기시 되는 영역이었다. 그러므로 중국에서 열리는 IAU 제124차 토론회는 현대우주과학이 금기를 깨고 정식으로 중국에 들어온다는 표지였다.

이는 결코 허튼 소리가 아니다. 토론회를 조직할 때에도 현대우주과학은 중국에서 아직 안전하지 않은 영역이었다. 1985년 5월, 나는 《과학》이라는 매체에 양자우주과학을 소개하는 글 한 편을 발표했고, 그 가운데 '우주는 무(無)에서 생겼다.'라는 생각을 언급했다.

11월에 후차오무는 나에게 당에서 물러나라고 지시함과 동시에 《과학》 편집부에 편지 한통을 보냈다. 편지에서 그는 팡리즈가 토론한 양자우주학은 마르크스주의가 아닌 주관적 유심주의이니《과학》은 응당 '팡리즈와 다른 관점의 글'을 발표해야 한다고 말했다. '팡리즈와 다른 관점'이라는 것 자체가 나를 비판하는 것이었다.

과학은 비판받을 수 있지만 정치적인 간섭은 용납할 수 없었다. 당시 나는《과학》의 부편집장이었는데, 편집부는 끝내 후차오무의 간섭에 부딪쳤다. 1985년의 중국은 아직도 최고 지도자가 우주과학을 주재할 권한이 있다고 믿고 있었다.

프린스턴에서 나는 같은 분야에서 일하는 사람들에게 이 얘기를 한 적이 있었다. 농담을 좋아하는 한 친구가 말했다.

"후차오무와 같은 의식을 가진 '대사(大師)'를 초청해 124회의에 참가하게 하고 그에게 오늘의 우주과학을 주재해 달라고 청하는 것이 어떤가?"

그의 의견은 채택될 수 없었다. '대사'는 회의에 참가할 최소한의 자격도 갖추고 있지 않았기 때문이다. 그는 현대우주과학의 ABC도 이해하지 못했다.

중국에는 아주 기이한 현상이 있다. 중국은 현대화가 필요하다는 사실에 반대하는 사람은 거의 없다. 현대화를 쟁취한 중국의 역사도 이미 백 년이 되었다. 그런데도 '현대'라는 단어를 만나면 본능적으로 두려워하고 배척하는 일종의 '현대 공포증'이 유행하고 있었다.

무릇 현대우주과학은 객관적 유심주의이고, 현대 물리학의 양자론은 주관적 유심주의이며, 현대예술은 대표적인 공허와 퇴폐고, 현대

음악은 방종과 심령의 해악이라는 것이다. 또 현대화된 서양 국가는 자산계급 죄악의 집합소이며, 현대 기술은 좋기는 하지만 많은 것이 이미 중국고대에 발명되었던 것들이라고 보았다. 그런 논리라면 결론은 이렇게 난다. '그대에게는 현대화가 과연 꼭 필요한 것인가? 그렇다면 중국의 전통으로 돌아가서 노력하라.'

그러므로 오늘날에도 중국에서 여전히 완결되지 않은 하나의 역사 과정은 현대화·현대과학을 중국에 주입하는 것이다. 운 좋게도 나는 현대우주과학을 중국에 주입하는 여정에 참여할 수 있는 기회를 얻었다.

300여 년 전 베이징 천문대의 천문학자 다섯 명은 현대적인 방법으로 달력을 만들었다가 사형되었다. 그들은 현대 천문학을 중국에 주입하기 위해 헌신한 분들이다. 그 시대와 비교하면 우리들의 사정은 훨씬 나았다. 현대우주과학을 반대하는 후차오무 같은 사람도 IAU 토론회를 어찌할 수 없었으니 말이다.

IAU 토론회는 아주 순조롭게 베이징에서 거행되었다. 회의 규정도 상정되어 참가국들은 군소리를 하지 않았다. 클라이맥스는 8월 29일 저녁 만찬 연회였다. 연회는 다른 나라와 대등한 수준으로, 인민대회당의 궈옌팅(國宴廳)에서 거행되었다.

당시 베이징에는 '돈만 있으면 당이 내게 매달리게 할 수 있다'라는 말이 유행하고 있었다. 그러므로 설사 국빈이 아니더라도 돈만 내면 국가연회에서 밥을 먹을 수 있었다. 연회는 아주 성공적이었다.

연회가 끝난 뒤 천문학자들은 마치 국빈이라도 된 듯 환한 얼굴로 인민대회당을 걸어 나왔고, 부드러운 가을바람을 맞으며 톈안먼 광장까지 갔다. 기분 좋게 취기가 오른 샌디지(A. Sandage)는 갑자기 "이번 토론회는 진정한 관측우주과학이 개시되었음을 상징한다."라고 말했다. 그는 그 분야에 40년이나 종사한 천문학자였다. 다음날 롱기어(Longair)가 토론회의 전체적인 결론을 썼다. 그는 샌디지의 말을 그 첫 구절에 인용했다.

이 구절은 정식으로 출판회의록을 인쇄할 때도 주목받았고, 하나의 명언이 되었다. 그리고 톈안먼 광장은 또 한 줄의 영광스런 말을 덧붙이게 되었는데, 바로 관측우주과학의 정식 탄생지라는 것이었다.

지금 회상하여 보면 샌디지가 톈안먼에서 취기에 그 찰나의 말을 내뱉은 것이 전체 토론회의 클라이맥스였을 뿐만 아니라 80년대 중국의 가장 좋은 시절을 상징했다. 그런 뒤엔 다시 한 걸음씩 위기를 향해 걸어가기 시작했다.

바람은 풀끝에서 일어났다.

1986년 여름에만 해도 나는 몇 개월 뒤 위기가 폭발할 것이라는 것을 예감하지 못했다. 나는 미국에서 베이징으로 돌아오기 전에 인적이 드문 북극권을 거닐었다. 바로 스웨덴 스톡홀름에서 열린 제11차 광의상대론 및 인력대회에 참가한 뒤 스웨덴 북부의 작은 도시인 키루나로 가서 백야를 본 것이다.

검지 않으면 흰 것이고, 뜨겁지 않으면 차다는 중국 철학에 익숙해 있었던 나는 북극을 보고 혼란스러움을 느꼈다. 하루를 낮과 밤으로 나눌 수 없고, 1년도 춘하추동을 나눌 수 없었다. 봄의 꽃과 여름의 지지 않는 태양, 가을의 층운(層雲), 겨울의 찬바람이 한꺼번에 나타났다. 세상의 일반적인 법칙과 한계는 여기에서 모두 소멸되었다.

나는 이때 친구가 편지에서 한 말이 생각났다. 베이징에서 문화의 열기가 일어났는데, 쟁론의 초점은 중국의 개혁은 결국 중국문화를 몸통으로 삼아야 하지만 '서양문화화(化)'해야 한다는 것이었다. 변론하는 철학의 대체(大體)도 베이징의 지리철학이며 중국이 아니면 서양이고 서양이 아니면 중국이어서 이 두 가지는 반드시 그 하나에 있어야 했다. 친구는 나에게 의견을 발표하라고 했다. 하지만 나는 이러한 논쟁에 큰 흥미가 없었다.

첫째로 나는 문화 문제의 전문가가 아니어서 감히 논설을 할 수 없었다. 두 번째로 논쟁에 관련된 많은 개념들이 기본적으로 엄격하게 정의되지 않았다. 예컨대 '중국에서 37년간 실행한 사회주의는 결국 중국 문화인가, 아니면 서양 문화인가?' 같은 것이 그렇다.

때문에 습관적으로 실증적 방법을 응용하는 물리학자 입장에서는 논쟁을 벌이는 양자가 어떤 것을 논쟁하는 지 정확히 알지 못하는 것처럼 보인다. 물리학자가 관심을 가지는 것은 항상 그것이 정확한 것인가, 아니면 잘못된 것인가이다. 선진적인 것이냐 낙후한 것이냐, 동양인가 서양인가에는 별로 관심을 두지 않는다.

북극에서는 동서남북이라는 개념조차 쓸모없는 것이 되었다. 그런데 반드시 '중체(中體, 중국문화를 몸통으로 삼는다.)'를 견지할 필요가 있겠는가? 키루나를 돌아다니며 지지 않는 태양을 고요히 보고 있을 때 문득 친구에게 답장을 해야겠다는 생각이 들었다. 내가 보기에 중국이 개혁하려면 '동'이나 '서'와 같은 좁은 지역적 관점을 포기하는 것이 필요하며 응당 '전면적으로 개방해야 한다.' 근본적으로 그것이 동이냐 서냐를 신경 쓸 필요가 없다.

나의 이런 생각은 훗날 몇 차례의 비판을 받았다. 설명을 들어보면 그것이 중국에 혼란을 야기한 '자산계급의 자유화' 사상의 기원이라는 것이 이유였다.

IAU 토론회를 거행하기 전 나는 몇몇 젊은 학자들에게 이끌려 기자들 앞에 섰다. 그 자리에서 나는 키루나에서 했던 생각을 말했다. 토론회 기간 동안 많은 기자들이 찾아와 취재했다. 그리고 나는 중국의 개혁에 대한 질문을 몇 번 받았다. '전면적인 개방'이라는 논리에 맞게 나는 중국은 학술적인 자유와 언론의 자유, 그리고 뉴스의 자유를 실현해야 한다고 주장했다.

1985년 보통의 궤도를 벗어난 나의 언행, 즉 전면적인 개방에 대한 이야기는 또 아주 빠르게 당국의 귀에 들어갔다. 그러나 실제로 내가 강조한 몇 개 항의 자유는 중국 헌법에 모두 명문으로 규정된 것이었다. 내가 발명한 것이 아니니 범죄도 아니었다. 내 생각에서 나온 말은 오직 한 가지였는데, 그것은 바로 헌법에 적힌 공민의 권리를 이용해 진정한 권리를 쟁취하자는 것이었다.

뒤에 가서 학생들은 헌법에 쓰인 공민의 시위권과 집회권을 이용해 톈안먼에서 집회를 했다. 그러한 권리들이 모두 헌법에 기록되어 있으며 우리들이 누릴 수 있는 것임을 알게 된 것이다. 이에 덩샤오핑은 크게 화를 내며 "우리의 헌법이 다른 사람들에 의해 이용되고 있다."라고 말하기에 이르렀다. 중국식 민주(民主)의 첫 번째 특색은 공민은 헌법을 인용할 권한이 없다는 것이었다.

결론적으로 전면적인 개방이라는 논설이 세상에 나오자 그것은 덩샤오핑의 4개항 기본원칙(4項基本原則)*과 충돌을 일으켰다. 이 4개항은 굳게 지키며 바꿀 수 없다는 것이었다. 그리고《인민일보》에 동시에 등재된 하나의 소식이 불에 기름을 부은 격이 되고 말았다.

과기대가 과학·민주·창조·독립의 원칙을 제창했음이 공개적으로 보도된 것이다. 이것은 분명 사람들에게 보다 쉽게 의심을 품게 했다. 우리는 이 4가지 원칙으로 덩샤오핑의 4개항 기본원칙을 대신했기 때문이었다.

나는 다시 과기대로 돌아가서 강의했다. 그 학기에 매주 4시간 원자물리를 강의했다. 나는 시간을 내어 다른 학교에 가서 강의 할 수 없었고, 각종 초청들도 완곡하게 사양했다. 중국 최초의 자연철학자인 방이지(方以智)의 기념회에 참석하기 위해 안후이성에 이틀 동안 다니러간 게 다였다.

이 300년 전의 학자는 중국에 처음으로 물리라는 명칭을 사용한 책인《물리소식(物理小識)》을 저술했다. 그의 성은 나와 같고 이름의 발음도 비슷했다. 그래서 그의 기념회에 참석하지 않을 수 없었다. 나

---

* 역자 주: 4개항 기본원칙이란 마르크스를 견지할 것, 사회주의를 견지할 것, 공산당의 지도를 견지할 것, 인민민주의 전제정치를 견지할 것을 말한다.

의 이러한 활동은 정치와 아무런 연관이 없었다.

9월과 10월은 편안하게 넘어갔다. 그러나 그 시간동안 개혁이 나아가지 못하고 정체됨에 따라 사회가 탐욕으로 오염되고 썩어가는 현상들이 일어났고, 특별히 학생들 사이에서 그러한 현상에 대한 거부반응이 급속하게 일어났다.

11월에 변고가 있었다. 그 달 중순에 나는 또 로마에 가서 핼리혜성의 공간관측 결과에 대한 회의에 참석했다. 귀국 후 나는 바로 과기대로 돌아가지 않고 며칠 시간을 내어 상하이와 닝보(寧波)에 갔다. 상하이 교통대학과 닝보대학을 방문하기 위함이었다. 나는 1984년부터 상하이 교통대학에서 겸직교수로 일하고 있었고, 닝보대학의 총장은 과기대학에서의 오랜 동료였다.

상하이에 도착하자 바로 상하이시위원회 선전부장을 대신해 누군가 말을 전하러 왔다. 그는 내게 많은 말을 하지 않도록 주의하라고 했다. 말을 전하는 사람의 의도에 선의가 있었느냐 없었느냐에 상관없이 이는 내가 당국의 환영을 받지 않는 사람이자 당국에서는 경계심을 갖는 사람이라는 의미였다.

그래도 나는 이것을 지나치게 마음에 두지 않았다. 왜냐하면 환영받지 못하는 상황을 이미 여러 번 경험해 보았기 때문이다. 학생들은 상하이 당국이 나를 환영하지 않는 것을 아주 잘 알았다. 그러나 당시엔 당국이 환영하지 않을수록 학생들은 더욱 환영하는 일종의 사회 풍조가 있었다.

때문에 나는 말을 적게 할 수 없었으며, 원래 계획했던 것보다 더 많은 말을 했다. 나는 물리학과 동료들을 위해 '입자천체물리'를 이야기했고, 대학원학생들을 위해 '지식인은 책임과 힘을 가져야 한다'는 말을 했다. 강연이 끝난 다음에 학생들은 현실에 아주 강렬한 불만을 품고 이러한 문제들을 제기했다.

"교수님은 당의 지도자에게는 비집고 들어갈 구멍이 없다는 것에 대하여 어떤 시각을 갖고 계십니까?"

"중국의 전체 관리 중에서 탐관오리의 비율이 어느 정도라고 생각하십니까?"

"교수님의 견지는 중국사회의 진보에 장애가 된다고 생각하십니까?"

11월 18일에는 상하이 퉁지(同濟)대학에서 '민주·개혁·현대화'라는 제목의 강연을 했다. 분위기는 더욱 긴장되었다. 강연 당일 1천 명이 넘는 학생들이 회장으로 밀려 들어왔다. 학생들은 커다란 포스터를 밖에 내걸었다. 거기엔 '팡리즈, 공화국은 그대를 필요로 한다.'라는 글귀가 적혀 있었다. 학생들의 시위는 이미 활시위에 오른 화살과 같은 상태였다. 다행스럽게 강연회를 마친 뒤 학생들은 포스터를 들고 큰 길로 나가지는 않았다. 그러나 이 새로운 풍조는 이미 걷잡을 수 없이 커지고 있었다.

이때 나를 직접 감시하러 온 인물은 국무원 제1부총리 완리(萬里)였다. 내가 상하이에 도착하는 것에 맞추어 완리도 상하이로 왔다. 내가 닝보로 이동했을 땐 그도 닝보로 왔다. 나의 강연을 녹음한 것은 모두 그의 손으로 들어갔다.

닝보대학에는 내 친구들이 많았는데, 그들은 완리가 내 강연 녹음본을 거두어 가려고 하자 완곡하게 거절했다. 그러자 완리는 그것을 내놓지 않으면 그의 전용기가 떠나지 않을 것이라고 했다. 닝보대학은 어쩔 수 없이 완전한 내용을 담지 않은 녹음본을 그에게 주었다.

11월 22일 나는 허페이로 돌아갔다. 29일 완리도 허페이에 도착했으며, 30일 고등교육좌담회를 소집한다고 즉각 통보했다.

좌담회는 허페이의 다오샹로우(稻香樓)에서 열렸다. 이는 안후이성에서 가장 큰 규모의 회의 장소이다. 회의는 오전 9시 무렵 개회되었다. 참석자는 완리 일행과 안후이성의 최고관원과 안후이성 각 대학의 당위원회 서기, 총장과 교수들 등을 합해 총 백 명 정도였다. 방송국을 비롯한 여러 매체의 기자들도 왔다. 그들은 완리의 논리를 듣고 보도하려고 준비하고 있었다.

인사말을 마친 완리는 즉시 냉랭한 태도로 칼날 같은 말을 던졌다. "어떤 사람이 '교육위원회는 돈을 대학에 나눠주는 것 말고는 다른 일에 관여할 필요가 없다'라고 한다는데 이게 대체 무슨 뜻인가?" 그 말에 내 마음은 동요했다. 그는 내가 상하이에서 한 말을 지적하고 있었다. 오늘 회의의 주제는 의심할 것 없이 나를 비판하는 것이었다. 나와 비슷한 연령대의 사람들은 이러한 비판을 항상 받아왔다. 그러니 이번에는 나를 비판하라지. 나는 그렇게 마음먹고 변명하지 않기로 했다.

11시가 되자 완리는 돌연 내 이름을 부르면서 나를 그의 옆 자리로 오라고 한 뒤 공개적으로 그의 비판에 대답하라고 했다. 나는 자리를 옮겨서 그의 오른쪽으로 갔다. 카메라를 든 TV 기자들이 한 걸음 앞으로 다가왔고 나와 완리에 초점을 맞췄다. 어떤 재미있는 희극이 발생할지 알 수 없었다.

일단 앉고 나서 나는 바로 완리의 손에 작은 책자가 들려 있는 것을 발견했다. 그것은 내가 상하이와 닝보에서 차례로 강연한 기록이었다. 완리는 이 자리를 준비하고 있었던 것이 분명했다. 그는 나를 면전에서 엄정하게 비판해 내가 황공한 태도로 잘못을 인정함으로써 자산계급의 자유화 사상을 묻어버리게 할 생각이었을 것이다.

만약에 완리가 중난하이에 있는 사무실에서 나를 비판했다면 나는 정면으로 그에게 맞서는데 흥미가 없었을 것이다. 그러나 다오샹로우의 관중들을 마주하자 한 명의 교수로서 내가 추구하는 진리를 천명하겠다는 욕구에 사로잡혔다. 미안하지만 부총리 어른, 오늘 제겐 다른 길이 없습니다. 나는 그대와 옳고 그른 것, 혹은 높고 낮은 것을 변론하려함이 아닙니다. 패를 보여주십시오.

한바탕 설전이 1시간 15분가량 지속되었다. 여기에 완리와 했던 이야기를 모두 쓸 순 없다. 시간이 지날수록 두 사람의 말은 빨라졌고, 소리도 커졌다. 이런 격렬한 장면은 글로 묘사하기 어렵다. 카메라로 녹화한 것을 보아야만 알 수 있을 것이다.

우리 둘 사이의 긴장감이 절정에 치달았을 때 완리가 마지막 일격을 했다.

"그대가 공산당에 입당한지 얼마나 되었는가?"

"30년입니다."

"나는 50년이다."

완리는 끝내 50대 30으로 절대적인 승리를 얻었다.

중국 문인(文人)을 잘 모르는 사람은 아마 완리의 말에 담긴 뜻을 전부 이해하지 못할지도 모른다. 그러나 중국에서 나고 자란 아이라면 모두 안다. 설전을 벌이다 이길 수 없을 것 같을 때 상대에게 가할 수 있는 마지막 일격이 "네 아버지는 몇 살이냐?"라는 것임을.

질문을 받은 아이가 대답한다. "우리 아버지는 30살이다." 그럼 질문을 한 아이는 의기양양하게 말한다. "쳇, 우리 아버지는 50살이다." 그 말 한 마디로 대승을 거두는 것이다.

완 총리가 마지막에 대승을 거두었는데도 방송국은 이 뉴스를 내보내지 않았다. 그리고 그 자리에서 녹화하고 녹음한 것은 모두 중앙에 의해 즉각 거두어지고 봉인되었다. 그리고 밖으로 새 나가는 것을 엄격하게 막았다.

좌담회가 끝난 뒤 나와 악수를 한 이들 중에는 내 친구도 있었고, 안후이성의 고관도 있었다.

그러나 이미 늦었다. 학생들의 형세로 보아 시위는 반드시 일어나게 되어 있었다.

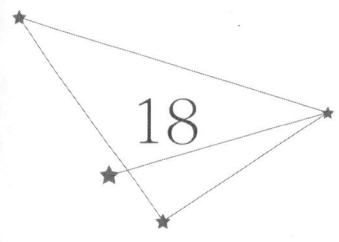

18

다른 정치적 견해를
가진 사람

완리와의 설전 이후 닷새째 되는 1986년 12월 5일, 과기대의 1천여 명의 학생들이 거리에서 시위를 했다.

학생들의 시위를 이끌어 낸 직접적인 원인은 그 날의 좌담회가 아니었다. 그러나 내가 변론하는 가운데 견지했던 하나의 관점이 각지에서 시위하는 학생들에게 점차 인용되기 시작했다. 바로 '민주주의는 위에서 내려준 것이 아니다'라는 것이었다.

과기대 학생들의 시위는 구(區) 인민대표의 선거로부터 촉발되었다. 중국의 헌법에 의하면 3년마다 한 차례 구급(區級) 인민대표의 선거를 시행하며 공민들이 직접 투표한다. 이것은 우리가 그나마 가지고 있는 직접 선거권이다. 선거법의 규정상 10명 이상의 유권자의 추천을 받은 사람이면 누구나 정식 후보가 될 수 있다. 그러나 실제로 몇 십 년 동안의 선거는 그에 따라 진행되지 않았고, 후보자의 명단은 모두 당국이 한꺼번에 정했다. 공민은 그저 정해진 후보자에 투표할 수 있을 뿐이었다.

12월에는 과기대의 구 인민대표 선거가 있었다. 선거관리위원회는 예전처럼 일을 처리했다. 11월 28일에 그들이 정한 명단이 공포되었고, 투표일은 12월 5일로 정해졌다. 11월 30일, 내가 완리와 설전을 벌이고 있던 시각 과기대 교정에는 첫 번째 대자보가 출현했다. 선관위가 정한 후보자가 유권자들의 질문에 대답해주기를 요구하는 내용이었다.

그날 이후 대자보의 숫자는 빠르게 증가했다. 학생들은 선관위가 정한 후보자를 받아들이지 않았고, 헌법에 기재된 선거법에 따라 일을 처리하라고 요구했다. 학생들은 그 자신이 직접 후보자를 뽑을 것이고, 만약 이를 받아들이지 않으면 선거를 막겠다고 했다. 학생들은 강경하게 선관위에 맞섰다.

학생들의 주장은 합리적이고 합법적이었다. 그래서 선관위는 어쩔 수 없이 원래 예정되어 있던 투표를 취소하고 다시 후보자 명단 제출을 진행했다. 아울러 경선대회를 소집하기로 하고 후보자가 유권자를 향해 연설하도록 했다.

12월 4일 저녁, 몇 천 명의 과기대 학생들로 강당이 가득 찼다. 중국에서는 극히 드문 자유경선대회가 개시된 것이다. 설사 이 모임은 당국이 승인한 것이라고 할지라도 나는 당국이 이것을 학생들이 시끄럽게 구는 일로 보고 있음을 분명히 알았다.

이러한 상황에서 대학 총장은 두 가지 어려움에 직면했다. 하나는 가능한 빨리 학생의 시위를 저지하라는 당국의 요구였고, 다른 하나는 이성적으로 볼 때 잘못이 없는 학생들을 보호하는 것이었다. 그러므로 경선회의가 시작된 뒤에도 나는 참가하지 않았다. 그리고 이 두 가지 어려움을 돌파할 수 있는 다른 길을 찾는데 골몰했다. 나는 숙소에 머물면서 사태를 관심 있게 지켜보았다.

10시가 가까워졌는데도 회의는 해산될 기미를 보이지 않았다. 어떤 이유 때문인지 알 수 없었기에 결국 대회장을 찾았다. 강당에 들어선 나는 역사적인 선택을 피할 수 없음을 직감했다. 회의장 분위기는 열렬을 넘어서 폭발할 지경이었다. 학생들은 나를 보자 손을 흔들며 발언할 것을 요구했다.

나는 강연을 거절해선 안 되고, 거절할 수도 없었다. 또한 양심에 위배되는 강연을 할 수도 없었다. 이것이 바로 훗날 '민주주의란 위에서 아래로 내려 준 것이 아니다'라는 제목의 연설이 나오게 된 유래이다.

> 그러므로 민주주의는 오직 여러분들의 대오각성(大悟覺醒)에 의존하여 쟁취할 때 가장 견고하고 믿음직한 것이 될 것이며, 그렇지 않으면 이미 주어진 것 마저 회수 당하게 될 수 있다.(긴 시간 박수가 이어졌다.) …… 여러분들은 6년 전 베이징대학에서 먼저 자유경선을 실시했다는 것을 아마 모르고 있을 것이다.
> 그때 두 명의 학생이 '대표'가 되었다는 것을 나는 간접적으로 들었다. 그러나 후일 업무를 배분할 때 그들은 결국 앙갚음을 당하고 말았다.(내 말에 장내가 시끄러워졌다.) 현재도 여전히 유사한 방법을 동원해 민주화의 진행을 방해하려는 이들이 있으며, 오늘 이

자리에서도 그런 방해가 있을지 모른다.

…… 과기대학이 오늘과 같은 경선을 실시하고 이렇게 많은 사람들이 서로 다른 의견을 발표하도록 허용한 것은 매우 민주적이고 좋은 일이다. 때문에 나는 부총장 중 한 사람이자 교내 1급 지도자로서, 모든 선거인과 피선거인, 그리고 자신의 의견을 발표하는 모든 사람들을 보호할 것을 약속한다.(장시간 열렬한 환호가 계속되었다.)

이 회의는 과기대학이 민주화를 향해 전진하는 시발점이 되어야 한다. 나는 학교의 민주화된 환경을 보호하는데 앞장설 것을 다시 한 번 다짐한다. 만약에 그 누구라도 자신의 의견을 개진하는 이들을 6년 전 베이징대학의 그 두 명의 학생들처럼 괴롭히려 한다면 먼저 우리 총장들을 해직시키지 않으면 안 될 것이다.(다시 환호가 이어졌다.)

학생들의 움직임은 성공적이었다. 결국 선거법상의 규정된 후보자를 추천할 권리를 쟁취했다. 그러나 그들은 여기에 만족하지 않았다. 열정에 가득 찬 학생들은 과기대에서 얻은 성공을 전체 사회로 넓혀 가려고 했다. 학생들은 12월 5일 오후 시가행진을 계획하고 그들의 선거에 관한 주장을 선전하기로 결정했다.

나는 시가행진을 찬성하지 않았다. 교문을 나가면 사태가 반드시 복잡해질 것이었기 때문이다. 충분한 준비를 하지 않으면 시가행진은 잠깐 화제가 될 뿐 실제적인 효과는 가질 수 없다. 또 부총장을 맡고 있는 나는 학생을 안전하게 보호할 책임을 지고 있었다. 그러나 일단 학생들이 교정을 벗어나면 나는 그들을 보호할 방법이 없었다.

12월 5일 오전 내내 나는 6~7명의 학생 대표를 찾아가 시가행진을 하지 말라고 설득했다. 그러나 효과가 없었다. 12시 30분 시가행진을 하려는 학생들이 도서관 앞에 집결했다. 13시 정각 나는 부리나케 도서관 앞으로 달려갔다. 나는 내가 가진 약간의 명망과 위엄을 이용해 학생들에게 거리로 나가지 말라고 요청했다. 내 말은 약간의 효과가 있어서 약 5분의 2의 학생들이 학교에 남았다. 나머지 1천여 명은 피켓을 들고 거리로 나갔다.

그 중에는 내가 한 말인 '민주주의란 위에서 아래로 내려 준 것이 아니다'라는 글귀도 있었다. 시위에 참가한 학생들은 확실히 나이가 어렸다. 개중에는 단지 한 번도 시가행진을 해본 적이 없다는 이유로 참가한 학생들도 있었다. 그런 학생들은 시가행진을 어린아이 놀이 정도로 생각했다. 그것이 중국의 현행 제도 아래에서 얼마나 위험한 결과를 가져올 수 있는지 몰랐던 것이다.

다행스럽게도 시가행진에서는 아무런 사고도 일어나지 않았다. 사전에 시가행진의 노선을 공안당국에 알렸기 때문이었다. 학생들은 아주 평화로웠고, 당국도 평화롭게 대처했다. 시가행진 인파가 지나가는 곳에서 경찰은 교통질서를 유지시켰고, 학생들과 경찰은 손을 들어 서로에게 인사했다. 안후이 당국은 지혜롭게도 "시가행진은 헌법상 규정된 공민의 권리이므로 학생들의 시가행진은 합법적이다."라고 공개적으로 말했다. 그 덕분에 시가행진 뒤 학생들의 정서는 편안하게 회복되었다.

과기대의 시가행진이 전국적으로 첫 번째는 아니다. 그러나 과기대의 시가행진은 정치적 개혁(선거개혁)을 호소하는 첫 번째 시위였고, 이는 보편성을 갖는 것이었다. 그리하여 빠르게 전국 29개 도시의 156개 대학 및 전문대학 학생들의 호응을 이끌어 냈다. 각지의 시가행진 구호는 과기대의 것과 비슷했다. 만약 각지의 당국이 안후이 당국과 같이 밝은 지혜를 가졌더라면, 모든 시가행진은 12월 5일처럼 평화롭게 끝났을 것이다.

사태를 악화시킨 것은 상하이 당국이었다. 상하이 학생들은 12월 17일에 거리로 나갔고, 시가행진을 합법적인 것으로 승인해 주기를 요구했다. 그러나 당국은 학생들의 요구를 거절했으며, 12월 19일 아침 경찰을 동원해 무력으로 학생들을 해산시켰다. 이 일은 전국의 학생들은 분노하게 했다.

12월 23일 과기대 학생들은 두 번째로 거리로 나가 상하이 학생들을 성원했다. 분노에 찬 학생들은 더 이상 평화롭지 않았다. 학생들은 오후 3시부터 산발적으로 허페이 시정부의 문 앞에 있는 광장을 향해 뛰쳐나갔다.

학생들은 상하이 경찰이 폭력을 행사한 일에 대해 안후이 당국이 책임을 물으라고 요구했다. 당국은 그것을 받아들일 수가 없었다. 결국 학생과 당국 간의 대화는 중단되었다. 학생들은 해산하지 않고 시정부 문 앞에 조용히 앉아 있었다. 학생들을 둘러싼 인원은 점점 많아졌다. 밤이 되자 안후이 당국도 무력으로 학생들을 해산시킬 것을 고려하는 등 상황이 아주 긴박해졌다.

관웨이옌과 나는 직접 학생들을 만나야겠다고 판단했다. 그래서 10시 무렵 시정부 앞으로 밀치고 들어갔다. 일부 학생들이 시청 건물의 오른쪽을 점거하고 있어서 시정부의 책임자는 여전히 서쪽에 선 채 들어가지 못하고 있었다. 양쪽은 말없이 대치하고 있었다.

관 총장과 나는 동서 양쪽을 왔다 갔다 하며 대치 상황을 중재하고 해결하려고 노력했다. 2시간 뒤 학생 지도자와 당국은 타협에 도달했다. 시정부는 학생들의 요구를 상하이 당국에 전달하기로 하고 학생들은 학교로 돌아가기로 한 것이다.

그러나 광장에 있는 많은 학생들이 여전히 격양된 상태였고, 구호를 외치는 소리도 그치지 않았다. 타협안이 전체 학생들에게 받아들여질지는 여전히 의문이었다. 나중에 안 사실이지만 이 타협안을 받아들이지 않은 학생들은 사실상 소수에 불과했다. 단지 조용히 시위를 거두어들일 수 없었던 것이다.

학생 지도부는 관웨이옌과 나에게 함께 타협안을 선포하자고 요청했다. 그리하여 전체 학생들이 타협을 받아들일 확률을 높이려고 했다. 물론 그것은 아주 어려운 일이었다. 나는 분노에 찬 수천 명의 얼굴과 마주했던 일을 분명히 기억하고 있다.

학생들이 내 말을 듣고 조용히 해산할 리 없었지만 만약 내 말을 듣지 않는다면 폭력 상황을 면할 수 없을 터였다. 시간이 많지 않았다. 새벽녘에는 당국이 행동할 것이 분명했다. 나는 학생들이 내 말을 들어주리란 믿음은 없었지만 무엇이라도 해야 했다.

발언 순서는 학생 지도자, 관웨이옌, 그리고 나였다. 나는 그날 내가 무슨 말을 했는지 완전하게 기억할 수 없다. 항의하는 소리, 구호를 외치는 소리, 함성 소리 등이 교차되면서 나의 논리는 왕왕 힘을 잃었다. 그들의 마음을 한 곳으로 쏠리게 해야 했다.

그래서 나는 최후의 한 마디를 했다.

"…… 그러므로 나는 오늘의 활동을 끝내고 함께 학교로 돌아갈 것을 건의한다."

내 말이 끝나자 정좌해 있던 학생들이 동시에 일어나 천천히 뒤로 물러났다. 예상치 못한 일이 일어나자 나는 잠시 놀란 바보가 되었다. 내 최후의 말을 학생들이 받아들인 것은 하나의 기적이었다. 그것은 절대로 재현되지 않을 기적이었다.

과기대로 돌아오니 이미 새벽 2시였다. 피로가 심했지만 악화일로의 사건을 막 잘 마무리 지은 터라 흥분되어 잠을 이룰 수가 없었다. 다음 날 안후이 당국은 관웨이옌과 내가 취했던 방법을 공개적으로 칭찬했다.

그러나 중앙의 태도는 그와 상반되었다. 리수셴은 베이징에서 끊임없이 전화를 걸어왔다. 그녀가 믿을만한 소식통에게 들은 바에 의하면 중앙에서는 나를 어떻게 처치할까를 연구하고 있다고 했다. 제기된 방법 중 하나는 자동차 사고이고, 그렇게 나를 끝장내면 백 가지가 끝난다는 것이었다.

그녀는 가능한 빨리 베이징으로 돌아와서 안전하게 지낼 방법을 찾고 다시는 과기대 일에 관여하지 말라고 했다. 믿을 수가 없었다. 관 총장과 나는 사건의 제1선에서 학생운동이 잦아들도록 노력했고, 그것이 확실히 식었는데 중앙에서는 그것을 모른단 말인가? 또 아직 가르칠 것이 많은 교수를 학생들에게서 빼앗겠단 말인가? 나는 차일피일 시간을 끌다가 12월 30일 겨우 베이징으로 돌아왔다.

12월 29일 18시부터 30일 18시까지 나는 과기대에서 업무를 보았다. 그 24시간은 내가 과기대에서 일한 28년의 세월 중 마지막 날이었다. 그 하루에 발생한 일은 다음과 같다.

- 29일 19시에서 21시까지 나는 최후의 강의를 했다. 내용은 인력과 양자였다.
- 21시에서 23시까지는 홍콩 기자 정후이옌(曾慧燕)을 만났다. 그녀는 과기대를 방문했던 유일한 외부세계 사람이었다. 그녀는 당시 내 사진을 몇 장 찍었고, 이는 훗날 매체용으로 가장 많이 사용한 '표준 사진'이 되었다.
- 23시에 과기대 선거결과를 게시되었는데 나는 구 인민대표에 최고 득표수로 당선되었다.
- 30일 8시 30분에서 10시 10분에 AP 통신사 기자를 접견했다. 그녀는 중앙당국이 정식으로 승인한 유일한 외국기자였지만 과기대에 들어오는 것은 허락되지 않아 인터뷰는 루양(盧陽) 호텔에서 진행되었다.
- 오후 2시에서 5시까지 교수의 직무평정회를 주관했다. 일단의 교수들이 승진했다.
- 6시 30분 기차를 타고 베이징으로 북상했다.

개괄적으로 말한다면 당시 내가 일하는 원칙은 학생들의 관점과 요구를 지지하는 것이었다. 동시에 공산당의 변화된 모습을 힘써 요구하는 것이었다. 학생 운동을 처리하거나 기자와 문답할 때 나는 가능한 한 당국을 도와 당면한 곤경을 풀려고 노력했다.

그러나 같은 날 덩샤오핑은 최고위층 회의에서 화난 어조로 "권고

퇴당이 아닌 팡리즈의 당적을 박탈하라."라고 말했다.

31일, 나는 베이징 집으로 돌아왔다. 베이징대학에는 신년의 분위기가 없었다. 다음날이 새해인데 학생들은 눈을 밟으며 시가행진을 했다. 새해에 시끄러운 일은 좋은 징조가 아니었다. 덩샤오핑 시대의 운명도 끝나가고 있었다.

나의 당적을 제명하라는 덩샤오핑의 말이 나오자 중공 중앙은 그것을 1987년 제1호 문건으로 하달했다. 이것은 새로운 1년, 즉 1987년의 첫 번째 전국적인 뉴스였다. 나는 두 번째로 당적을 빼앗겼다. 1958년 첫 번째로 당적을 빼앗겼을 때와는 29년의 차이가 있었고, 느낌도 크게 달랐다. 나는 마르크스의 말을 인용해 두 경우의 다른 점을 인용할 수 있었다. 그의 말에 따르면 '역사는 항상 두 번에 걸쳐서 나타나는데, 첫 번째는 비극이고, 두 번째는 희극이나 익살극 혹은 추악한 극'이었다.

정확하게 맞는 말이다. 첫 번째로 당에서 쫓겨났을 땐 친구들도 나를 찾지 않았으니 의심할 여지없이 비극이었다. 그러나 두 번째로 쫓겨났을 땐 마치 복권 1등에 당첨된 것처럼 이름을 크게 떨치게 되었다. 실제로 내 당적을 박탈한다는 문건이 다른 것들을 제치고 그해 첫 번째 문건이 되는 것은 복권 1등에 당첨되는 것보다 어려운 것이었다.

그러므로 그것의 선전의 효과는 그 어떤 광고에 비교할 바가 아니었다. 나중에 어느 학생이 내게 "오랜 적수인 덩샤오핑에 대해 어떤 인상을 갖고 있습니까?"라고 물었을 때 나는 이렇게 대답했다. "나는 응당 덩샤오핑 선생에게 감사해야 한다. 왜냐하면 그는 최선을 다해서 나를 광고하는 의무를 맡았기 때문이다."

1987년 1월 12일 저녁 TV를 통한 '광고'가 있었다. 황금시간 대에 방영된 톱뉴스는 관웨이옌 과기대 총장을 면직시키고 팡리즈도 부총장직에서 면직시킨 뒤 베이징 천문대에서 일하도록 조치한다는 것이었다.

그날 밤 우리들은 저녁 식사가 늦었고 TV 켜는 것을 잊고 잊었다. 7시가 지났을 때 전화벨이 울렸다. 한 친구는 흥분한 목소리로 "축하한다."라고 말했다. 나는 TV를 보지 못했기 때문에 무엇을 축하하는지 몰랐다. 친구는 연이어 "아직도 TV를 켜지 않았나? 자네는 면직되었고, 두 곳의 문제가 해결되었으니 기쁘지 아니한가!"라고 말했다.

나는 면직된 일로 축하를 받았다. 확실히 축하할 만한 가치가 있었다. 1969년부터 리수셴은 장시(江西)에 있었으므로(9장을 보시오.) 그녀와 나는 한 사람은 남쪽에 한 사람은 북쪽에서 살았다. 1971년 리수셴이 베이징대학에서 학생을 가르치게 되었을 때도 나는 허페이에 체류하면서 과기대 학생들을 가르치라는 압박을 받았다. 그래서 여전히 한 사람은 남쪽에 한 사람은 북쪽에 머물며 모여 살 수가 없었다. 나는 10년 동안 여러 차례 베이징으로 돌아가서 일하게 해달라고 요구했지만 당국의 허가를 받을 수가 없었다. 때문에 1970년에 내가 허페이로 온 이후에는 단지 휴가 기간에만 편안히 베이징대학에 있는 집에 돌아가서 잠시 가족이 모일 수 있었다. 그런데 학생들의 시위로 인해 내게 떨어졌던 불똥은 생각지도 못하게 내 해묵은 소원을 들어주는 계기가 되었다. 결국 나는 베이징으로 돌아오게 되었고, 우리 가정의 18년 만에 두 집 살림을 끝내고 하나로 뭉쳐졌다.

1987년 1월 19일 전국 TV 뉴스의 톱기사는 또 나였는데 정식으로 전국에 공고하여 팡리즈의 당적을 제명한다는 것이었다. 당의 규약에 의하면 당원을 제명할 때는 먼저 기초지부의 토론을 거치고, 다시 상급 당위원회의 비준을 거치도록 되어 있어서 상당한 시간이 걸린다. 하지만 긴급한 상황, 예를 들어 전쟁이나 지진 등으로 정상적인 수속을 밟을 수 없을 때는 상급기관에서 직접 당원을 제명할 수 있다고 규정하고 있다. 내가 제명당한 1987년에는 전쟁이 없었고, 지진도 없었다. 그러나 나는 중앙 최고 지도자가 내 이름을 직접 호명해 제명하는 대우를 누리게 되었다.

바로 이 때문에 나의 지명도는 크게 상승했다. 한 명의 과학자가 이처럼 당국에게 중요한 취급을 받는 것도 드문 일이었다. 당국은 아직 충분하지 않다는 듯 내 명의로 된 10만자에 이르는 언론집을 편집했다. 그 안엔 내가 대학에서 강연한 것이 포함되어 있었다. 당국은 그것을 50만 권 인쇄하여 모든 당지부에 배포했다. 이는 원래 나를 비판하기 위함이었다. 하지만 그 효과는 반대가 되었다. 이 50만권의 언론집은 오히려 나의 관점을 크게 보급했다. 많은 사람들이 비판용으로 제공된 언론집을 통해 나를 알게 되고 점점 나에게 친밀감을 가졌다. 뒤에 가서 중앙은 상황이 반전되었음을 깨닫고 이 비판용 언론집을 회수하려고 했지만 또 한발 늦었다. 책 암시장에서 이 언론집의 복제품을 벌려 놓고 팔 정도였으니 말이다.

연초부터 TV를 통해 내가 당에서 제명되었음이 방송되면서 각지에서 편지들이 날아오기 시작했다. 중앙 당국이 내 언론집을 비판용으로 발행한 다음에도 또 편지가 쇄도했다. 발신인은 대학생, 중학생,

군인, 지식인을 비롯해 중앙에서 일하는 간부도 있었다. 그들은 편지 속에서 나를 지지하거나 위로하고 당국이 바보 같은 짓을 했다며 욕하기도 했다. 어떤 사람은 시를 베껴서 적어주기도 했다.

> 검은 관모 없어지니 내 한 몸 가벼워지고(烏紗免去一身輕)
> 그대를 짝하는 것은 해와 달과 별이요.(伴君自有日月星)
> 천고의 영웅이 같은 병을 앓지만(千古英雄同一病)
> 어쨌든 기대하는 것은 잊지 못하는 마음일세.(總是期及未忘情)

'가벼워진 몸'과 '해와 달과 별'은 훌륭한 것이지만 '아직 잊지 못하는 마음'이 혹시 있는지 스스로 헤아려 보았으나 더 이상 없었다. 소년시절에 만들어진 공산당을 향한 마음은 1987년 이전에 대부분 사라졌고, 1987년 이후에는 완전히 사라졌다. 많은 친구들이 중앙 당국의 처사에 불만을 품고 나의 당적을 회복해 달라고 요청했다.

나는 친구들의 마음이 무척 고마웠지만 적극적으로 호응하지는 않았다. 왜냐하면 나를 제명시킨다고 결정한 것이 옳든 그르든, 잘못이 바로 잡히든 잡히지 않던 상관없이 나는 다시는 공산당원이 될 생각이 없었다. 나는 그렇게 위대하고 영광스러운 중국공산당과 작별했다.

그리하여 나는 공개적으로 다른 정견(政見)을 가진 첫 번째 사람이 되었다.

'다른 정치적 견해를 가진 사람'이란 중국의 입장에서 본다면 외래문화의 일종이다. 마치 '이교도'에서 흘러나온 것처럼 말이다. 중국에는 서양 같은 종교생활의 전통이 없었으니, 중국어 속에는 근본적으로 '다른 정치적 견해를 가진 사람'이라는 의미의 말이 없었다.

최근 40년간 중국인들은 당국이 존경하는 것을 함께 떠받들지 않았다. 하지만 그 사람들은 왕왕 반혁명분자, 계급이 다른 분자, 자산계급 우파분자 등으로 불렸다. 1979년 덩샤오핑의 정치적 업적 중 하나는 '다른 정치적 견해를 가진 사람'이라는 단어를 중국 내에 유입시킨 것이다. 덕분에 나는 다른 정치적 견해를 가진 사람 노릇을 할 수 있게 되었다.

당국의 입장에서 본다면 다른 정치적 견해를 가진 사람이라는 것은 자못 신선한 일이었다. 중공은 대량으로 반혁명분자, 계급이 다른 분자와 우파분자를 징계하고 진압한 경험을 가지고 있다. 하지만 다른 정치적 견해를 가진 사람에 대해선 어떻게 대응해야 할까? 짓밟거나 폭력을 행사할까? 아니면 부드러운 태도로 대해야 할까? 공산당은 이렇듯 다른 정치적 견해를 가진 사람을 어떻게 처리해야할지 몰랐다.

그래서 1987년 봄부터 1988년 여름까지 우리들은 때로는 당국의 비판을 받아야할 1호 대상이었고, 때로는 당국이 '정성껏 대우할 최고의 손님'이 되었다.

가장 전형적인 일은 광저우(廣州)에서 있었다.

1987년 8월 예정대로 광저우에서 1차 국제회의를 거행했다. 주제는 인력 물리의 실험이었다. 나는 당시 '중국 인력 및 상대론천체물리학회' 이사장이었으므로 당연히 회의에 참가해야 했다.

이처럼 전문적인 성격의 회의는 일반적으로 보통 사람들의 주목을 받지 않는다. 그러나 광동성위원회는 큰 적을 만난 듯 불안해 보였다. 마치 내가 이 기회를 틈 타 '다른 정치적 견해를 가진 사람'의 병균을 광저우에 전염시킬까봐 걱정했던 것이다. 그들은 회의를 광저우 시내에서 여는 것을 허락하지 않고, 회의 장소를 광저우에서 먼 현(縣)이나 시(市)로 옮기라고 요구했다.

이러한 요구는 회의 조직위원회의 강렬한 항의에 부딪혔다. 일부 학자들은 공개적으로 만약 임의로 회의 장소를 변경한다면 장차 이 회의에 참가하지 않겠다고 말했다. 이러한 압박에 당국은 타협점을 찾을 수밖에 없었다. 그래서 회의는 광저우에서 열 되 그 장소는 외곽에 있는 호텔을 선택했다.

8월 2일 리수셴과 나는 광저우로 갔다. 그리고 우리가 선택한 호텔에서 묵었는데 모든 것이 편안했다. 다음 날 회의가 개막되었고, 만사가 순조로웠다. 셋째날인 8월 4일, 나는 호텔에서 홍콩 기자를 만났다. 그날 나는 호텔 방 안에서 오후에 발표할 논문인 〈인력파와 우주과학〉을 준비하고 있었는데, 홍콩 기자는 끊임없이 내게 전화를 걸어와 취재를 요청했다. 이후 점점 더 많은 홍콩 기자들이 호텔에 출현했다. 몇 대의 TV 촬영차도 밖에 대기 중이었다. 그들의 취재 목표는 다른 정치적 견해를 가진 사람, 바로 나였다.

그 회의의 중국 측의 조직을 맡은 사람은 나와 같은 전공의 후은커(胡恩科) 교수였다. 다른 정치적 견해를 가진 나로 인해 그가 복잡한 상황에 처하게 되리라곤 나는 생각지 못했다. 그래서 나는 그에게 취재를 받아들일 것인지 말 것인지를 결정해 달라고 요청했다.

실제로 이 '작은' 일은 후은커가 결정할 수 있는 것이 아니었다. 그 일은 하나의 긴급한 사안이 되어 차례로 상급으로 올라가서 성위원회에 이르렀다. 결론은 당연히 어떠한 취재도 허락하지 않는다는 것이었다.

그러나 기자들은 흩어지지 않았고, 소문을 듣고 더 많은 기자들이 찾아왔다. 일정에 따르면 그날 저녁은 만찬연회가 있어서 내가 반드시 방에서 나올 테니, 그 기회를 잡아 나를 카메라에 담을 수 있을 것이라고 예상했던 것이다. 오후가 되자 내 방은 이미 기자들로 포위되었다. 미리 설치되어 내 방 창문을 찍고 있는 카메라도 있었다. 내가 일단 문을 열고 나오면 바로 촬영에 들어갈 수 있도록 말이다.

상황이 이렇게 되자 소식은 다시 성위원회로 올라갔다. 당국은 내가 있는 방의 창문 커튼을 내리고 전화선을 뽑도록 했다. 그리고 사람을 파견해 저녁밥도 방으로 배달했다. 밖으로 나가지 않아도 의복과 식사를 해결할 수 있도록 조치한 것이다. 내가 결국 연회에 참석할 수 없게 되자 기자들은 붕 떠버렸다.

그럼에도 기자들은 여전히 해산하지 않았다. 그들은 이미 모든 일정을 꿰고 있었다. 8월 5일 오전 나의 학술발표가 예정되어 있었던 것이다. 기자들은 아예 호텔 밖 숲 속에 편안하게 야영하며 밤을 지새웠다. 당국은 나를 방 밖으로 나오게 하여 학술 발표를 하게 할 것인지 말 것인지를 고민할 수밖에 없었다.

이것은 당국으로서는 확실히 어려운 문제였다. 뒤에 가서 들으니 성위원회와 중산대학의 당위원회 등은 8월 4일 밤에 철야 회의를 열고 대책을 연구했다고 한다. 결국 어쩔 수 없이 TV 방송국과 라디오 방송국 기자들의 취재를 허락했으며, 취재 시간은 내가 있는 호텔에서 회의장소로 가는 길 동안으로 한정했다.

모든 것이 계획에 따라서 진행되었다. 회의장소로 가는 10분은 아주 빨리 지나갔다. 몇몇 기자들은 조금이라도 더 취재하려고 회의 참가자들 속에 섞여 회의장 안으로 들어가려고 했다. 그러나 모두 실패했다. 당국이 경험 많은 70여 명의 안전요원을 회의장 주변에 배치했기 때문이다. 그들은 사람들 속에 있는 숨어 있는 기자들을 빠짐없이 찾아내 모두 쫓아냈다.

후은커는 내게 발표를 마친 뒤 즉각 회의장을 떠나라고 했다. 그는 광둥성위원회와 중산대학이 리수셴과 나를 귀빈자격으로 주장(珠江) 삼각주를 관광하도록 초청했다고 알려주었다. 우리는 이렇게 '귀빈'으로 모셔지는 자리는 거절할 수 없다는 것을 알았다. 후은커의 안내를 받은 우리들은 회의장의 비밀통로를 통해 인근에 있는 어느 건물에 도착했다.

회의장은 지하도와 연결되어 있었다. 이는 위험한 상황이 닥쳐 피신할 필요가 있을 때 사용하도록 만들어진 것이었다.* 자동차 한 대가 비밀통로 입구에서 우릴 기다리고 있었다. 차에 오르자 즉시 지하도로 진입해 어두컴컴한 곳을 내달렸다. 지하도는 두 대의 차가 마주보고 달릴 수 있을 만큼 컸다. 어디선가 또 다른 불빛이 나타났다 빠르게 사라졌다. 비밀통로 속에 또 다른 비밀통로가 있다더니 정말이었다. 그곳은 엄연한 하나의 지하세계였다.

---

* 역자 주: 외국에는 학술회의장에 화재 등 긴급출구로 제공 되는 경우가 있지만, 피신의 목적으로 지어진 지하도는 순전히 중국만의 특색이다.

대략 10분 정도가 지나자 차는 신기하게도 지상으로 올라와 달렸다. 그곳은 숲이 있는 정원이었다. 그곳에 숨겨진 건물 도처에는 경비원들이 있었다. 누군가 우리에게 그곳을 소개하기를, 중앙 최고층 지도자가 광저우에 왔을 때 머무는 곳 중 하나라고 했다. 우리들은 과연 '귀빈'이었다.

그곳에 근무하는 사람은 또한 우리들의 진짜 신분을 몰랐을 것이다. 아마 우리들을 어느 지방의 유지이나 중앙의 새로운 귀빈으로 여기고 그곳을 유람하러 온 줄 알았을 것이다. 그러므로 그들은 우리에게 은근한 말투로 국가 부주석인 ××도 바로 전에 왔었고, 중국인민정치협상회의 주석인 ×××는 매년 이곳으로 와서 겨울을 보낸다는 등의 이야기를 했다.

여기에서 착실하게 한 바퀴 유람을 하긴 했다. 자칭 고생스럽고 가난한 무산자(無産者)들을 대표하는 생활방식을 실제로 본 것이었다. 우리들은 스위트룸을 안배 받았다. 이는 또한 중앙의 큰 인물이 투숙하는 곳이었다.

그 가운데에는 침실이 하나 있었는데 면적은 100제곱미터(30평) 크기였다. 보통 사람으로서 이해하기 어려운 것은 침실과 붙어 있는 목욕탕이 60제곱미터(18평)이라는 것이었다. 국가적인 일과 개인적인 일로 규합 때 이 목욕탕에서 당중앙위원회의 전체회의라도 개최하는 모양이었다. 사방 벽의 높이는 3미터이상에서 그것을 타고 오르기란 불가능해 보였다. 벽의 두께도 1미터를 넘어서 일반적인 구경의 포탄으로는 흠집도 낼 수 없었다.

3일 간 주장 삼각주를 '귀빈 유람'을 하며 우리들은 중산(中山), 신후이(新會), 장먼(江門) 등 몇 개의 시와 현에 갔다. 그리고 '운이 좋게도' 수장(首長)이 여행 중 머물도록 되어 있는 행궁에서 휴식했다. 행궁들 중에는 프랑스식도 있었고, 미국식도 있었다. 또 골프장과 시종들이 거주하는 집도 딸려 있었다.

우리들이 어느 한 곳에 도착하게 되면 그때마다 그 지방의 고급 관리가 나와서 영접했다. 중산시에서는 시장이 친히 유람에 동반했으며, 매번 식사도 함께 했다. 장먼에서 광저우로 돌아오는 길엔 강을 가로질러야 했는데, 그곳엔 다리가 없고 차를 실어 나르는 연락선만 있었다.

우리가 탄 차가 강 입구에 도착했을 때는 이미 크고 작은 자동차 180여대가 강을 건너려고 대기하고 있었다. 만약 순서를 따른다면 적어도 1시간은 기다려야 했다. 이때 돌연히 경찰차 한 대가 나타나 우리 차를 위해 길을 열었다. 그래서 모든 차들을 앞질러 연락선을 탈 수 있었다.

나는 당시 당국에서 왜 이렇게 높은 격식을 이용해 나와 리수셴을 초대했는지 알 수 없었다. 아마도 나를 시험해본 것이리라. 과거에 그러한 방법으로 몇몇 사람들의 마음을 돌려놓았듯 나를 귀빈으로 대우함으로써 다른 정치적 견해를 가진 사람을 개조할 수 있을지 살펴본 것이다. 강 입구에서 우리 앞에 있던 수많은 차들을 앞질러 연락선에 오를 때 강렬한 암시가 있었다. 권력에 의지하면, 그 중에서도 특별히 큰 권력에 의지하면 이처럼 '미묘한' 일들이 앞으로도 있을 것이란 암시 말이다.

그러나 당국의 계산은 시작부터 잘못된 것이었다. 설사 이러한 방법이 정말로 효력이 있다고 하더라도 매번 이렇게 많은 예산을 들여서 다른 정견을 가진 사람을 귀빈으로 초대할 수는 없다.

1987년 봄 이후에는 다른 정치적 견해를 가진 사람과 자신을 동일시하는 유행병이 '급성 전염병'처럼 전 사회에 만연했고, 당국은 이를 막을 수 없었다.

수고롭게 '귀빈 유람'을 준비했지만 얻은 것이 없었으니 덩샤오핑은 아마 수치스러웠을 것이다. 얼마 지나지 않아 그는 또 '기이한' 패를 내놓았는데, 내가 그를 비방했다며 법원에 나를 고소한 것이었다.

그 일의 근원은 1988년 여름, 나와 리수셴이 오스트레일리아에 갔을 때 일어났다. 8월 초 우리들은 퍼스에서 거행되는 제5차 그로스만 회의에 참가했고, 그 뒤 캔버라, 시드니 등을 방문했다. 돌아오는 도중에도 싱가포르, 홍콩 그리고 마카오 등을 방문했다.

캔버라와 멜버른에서 만난 학생들은 베이징대학의 대자보에 관해 물었다. 나는 사실대로 소개했고, 일부 대자보에서는 몇몇 중앙의 지도자 혹은 그들의 자녀들이 외국에 은행 계좌를 갖고 있다는 지적도 있었다고 말했다. 이 소식을 전해들은 덩샤오핑은 그것은 비방이며 그들은 계좌를 갖고 있지 않다고 말했다.

우리들이 중국으로 돌아올 때 당국은 이미 나를 기소할 준비를 하고 있었다. 귀국하기 하루 전 돌연히 두 명의 홍콩 신화사 기자가 나를 찾아왔다. 그들은 내게 한 가지만 묻겠다고 하면서 지도자가 외국에 계좌가 있다는 이야기를 한 적이 있냐고 물었다. 당시 나는 그들의 속셈을 알지 못했다. 귀국 후에야 전모가 분명히 드러났다. 그 '취재'의 목적은 단지 내 말을 녹음해 나를 기소하는데 물증으로 사용하기 위함이었다.

9월, 법조계에 있는 한 친구는 덩샤오핑이 변호사에게 이 비방사건을 미리 자문했다고 알려 주었다. 비방 소식이 당 내 고위층에게 전달되었고, 법률적인 해결을 위한 방안을 모색한 것이었다. 전국적으로 발행된 《참고소식》에도 글이 등재 되었고, 내 이름을 거론하며 내 말이 비방에 해당된다고 비난했다.

상황이 좋지 않았다. 많은 친구들이 나를 위해 백방으로 뛰었다. '외국 계좌'에 대한 말은 당시 많은 사람들이 논의한 바가 있는 문제이며, 호주에서의 내 발언은 조금도 특별한 것이 아니었다. 그러나 덩샤오핑은 나에 대한 적대감을 이런 식으로 표출했고, 이 구실을 내세워 내 입을 막으려고 했다.

많은 사람들이 사태가 악화되는 것을 막기 위해 나를 도왔다. 변호사를 초빙한 사람, 법정에서 변론할 논거를 제공한 사람, 지도자와 그 자녀들의 외국 계좌에 대한 증거를 진지하게 수집해 반격을 준비한 사람도 있었다.

긴장감이 계속되던 며칠 동안은 베이징 중급인민법원에서 내게 소환장을 발부했으며 법정에서 재판을 받게 될 것이라는 말이 무성하게 떠돌았다. 그런 일이 벌어지는 동안 내 마음은 몹시 불안정했다. 그러나 돌이켜 생각해 보면 만약에 정말로 덩샤오핑 선생과 법정에서 한판 붙고, 결국 패소했다 하더라도 내 인생에서 커다랗게 기념할 만한 일 하나는 얻는 것이었다. '비방'한 대가로 덩샤오핑에게 돈을 배상하라는 판결을 받고, 정말로 배상을 하게 되더라도 나는 이름을 남기게 될 것이었다.

그러나 한 달, 두 달이 지나도 소환장은 끝내 도착하지 않았다. 덩샤오핑 혹은 그 대리인이 법정에 서는 일은 끝내 실현되지 못했다. 나는 그 일에 대응하기 위해 많은 준비를 했지만 아무 쓸모도 없는 것이 되었다. 왠지 서글퍼지는 것은 어쩔 수 없었다.

애석하게도 덩샤오핑 선생은 나를 법정에 세우려고 한 일을 기억하지 못하는 듯 했다. 대체 무엇이 그로 하여금 기소를 거두어들이라고 명령하게 했는지 나는 알 수 없다. 어쩌면 그는 더 이상 팡 아무개를 광고하는 일 따윈 하지 않으려고 마음먹었는지도 모르겠다.

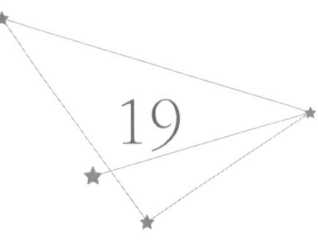

19

1989년의 봄과 여름

1989년이 되었다.

새해가 시작되고 베이징엔 눈이 내리기 시작했다. 희고, 차갑고, 깨끗한 눈이었다. 4개월 뒤 이곳에서 한바탕 사회적인 대폭발이 일어나리라고 누구도 생각하지 못했을 것이다.

정말로 하늘이 안배한 것인지 1989년 내가 쓴 첫 번째 글은 폭발에 관한 것이었다. 바로 〈초신성의 폭발〉이었다. 물론 내 연구의 중점은 초신성이 아니었다. 그러나 1987년 A폭발 이후 초신성은 여론계의 뜨거운 화제가 되었다. 천문학계뿐만 아니라 비천문학계와 비과학계도 초신성에 큰 흥미를 가졌다. 많은 지역에서 천체 물리학자를 초청하여 초신성을 소개해달라고 요청했고, 나도 여러 차례 초청을 받았다. 그래서 어쩔 수 없이 이 과제에 대해 얼마간 공부를 해야 했다.

초신성의 폭발은 순수한 천문학의 과제였지만 중국의 역사에서 초신성의 폭발은 천문적인 일인 동시에 인문의 일이었다. 1천 년 전, 초신성은 중국의 생활 속으로 들어왔다. 2천 년 전의 문헌 가운데에 초신성이 폭발한 기록도 있었다. 중국은 고대부터 초신성을 아주 중시했는데, 점성(占星)의 측면에서 특히 그랬다.

고대 점성술에 의하면 초신성의 폭발은 일반적으로 좋은 징조가 아니었다. 한(漢) 왕조 이래로 2천 년 동안 사람들의 이목을 끈 초신성 폭발은 8~9차례 있었다. 역사책에서 말하기를 서기 1006년에 폭발한 초신성은 가장 밝을 때에는 마치 반달과 같아서 그 빛 아래에서 책을 읽을 수 있을 정도였다. 그러나 이러한 천문현상은 모두 큰 전쟁과 천재지변, 또는 황제의 죽음을 암시하는 것이었다.

그리고 기록에 의하면 나쁜 징조는 언제나 '효험'이 있었다. 예컨대 1054년에 나타난 초신성의 점괘는 '황제의 죽음'이었는데 과연 1년 뒤 요나라의 흥종(興宗)이 죽었다. 이것은 당연히 우연의 일치일 뿐이다.

그러나 이러한 기록은 중국에서 초신성이 얼마나 중요한 위치에 있는가를 설명하는 것이었다. 그 뒤 매번 초신성의 폭발을 보게 되면 점복(占卜)을 책임진 관원은 황제에게 '대대적인 사면'을 반포하라고 아뢰었다. 하늘을 감동시켜 재앙을 소멸시키고 나라에 복을 가져오기 위해서였다.

내가 있는 베이징의 천문대의 전신이 바로 측후(測候)와 역수(易數)를 책임지는 사천감(司天監)이었다. 오늘날의 베이징 천문대는 과거처럼 통치자를 위해 그들의 정치적인 미래를 예고할 의무를 갖고 있지는 않다. 그러나 오늘날 천문학자는 여전히 사회의 미래에 대해 관심을 가질 의무와 권리를 가지고 있다.

초신성에 관한 글을 쓸 때 나는 '대대적인 사면'을 했다는 옛 일을 다시 한 번 상기하게 되었다. 오늘날 중국 사회는 과거처럼 '대대적인 사면'을 반포할 필요가 있지 않을까? 새해의 분위기는 나의 이러한 생각을 더욱 깊어지게 만들었다.

왜 중국 사회에서는 모든 사람들의 새해가 똑같을 수 없을까? 왜 더 많은 화해와 관용, 사면을 할 수 없을까?

왜 극소수의 기념일에는 모든 차이를 뛰어 넘어 서로를 축복하면서 그 외의 날들엔 투쟁, 투쟁, 투쟁뿐인 것일까?

왜 그깟 권위를 위해 아무런 힘도 없고 사회에 조금도 위협적이지 않은 사람을 장기간 감옥 속에 집어넣는 것일까?

왜 스스로 가장 선진적인 인도주의를 지향한다고 하면서 1천 년 전의 황제의 도량을 가지고 천하를 사면하여 태평성대임을 밝히지도 못하는가?

그러므로 초신성에 대한 글을 쓴 이후 나는 편지 한 통을 덩샤오핑에게 보내 대대적인 사면을 건의했다.

중앙군사위원회
덩샤오핑 주석님 귀하

금년은 건국 제 40주년이자 5·4운동의 70주년이 되는 해입니다. 이러한 국가적 기념일엔 보통 많은 기념활동을 하게 됩니다. 그러나 과거에 비해 오늘날의 사람들은 미래에 보다 큰 관심을 가질 것입니다.

건국 40주년이라는 이 좋은 기념일의 정신을 실현하기 위해 나는 그대가 대대적인 사면을 실행하기를 진실로 간절하게 건의합니다. 특별히 웨이징성과 같은 정치범을 사면하시는 겁니다. 웨이징성에 대해 어떻게 평론하든 그는 이미 10년이나 복역했고, 그런 사람을 사면하는 것이 전체적으로 인도적인 정신에 부합합니다.

금년은 또한 프랑스 혁명 200주년이 되는 해입니다. 프랑스 혁명의 구호는 자유·평등·박애이며 이로 말미암아 프랑스는 더욱 광범위한 존중을 얻었습니다. 나는 재차 진실로 간절하게 그대가 나의 건의를 고려해주시길 희망합니다.

삼가 칭송하며 안녕히 계십시오.

팡리즈
1989년 정월 6일

편지는 당일 점심 때 베이징 천문대 문 밖에 있는 공공 우체통에 집어넣어 중공 중앙으로 부쳤다. 당국은 훗날 이 편지가 베이징 폭란(暴亂)을 이끈 기원이라고 지적했다. 나는 이 편지가 어떤 작용을 하리라고 전혀 기대하지 않았다.

최고 당국으로 발송되는 편지가 하루 얼마나 많겠는가? 그 대부분이 소리도 없이 사라지고 말 것이었다. 중국의 지도자는 선전에 쓰일

만한 것을 제외하고 일반 국민들에게 회신을 하는 일이 없었다. 또 편지를 받았다는 배달증명서 조차 없었다. 중국과학원의 학부위원인 내가 과학원 원장에게 붙인 편지에 대해서도 배달증명을 받아본 일이 없는데 하물며 덩샤오핑 선생에게 보낸 것에서야!

그러면서도 나는 한편으론 덩샤오핑이 나의 편지에 주의를 기울였으리라고 생각했다. 어쨌든 간에 나는 그가 늘 관심을 갖고 주시하는 사람이었기 때문이다.

편지를 부친 다음 날, 그러니까 정월 7일, 두 분의 손님이 우리집에 왔다. 이는 내가 보낸 편지가 관심을 불러일으켰음을 증명하는 것이었다. 첫 번째 손님은 류다(劉達)였다. 그는 개명한 노인 간부 가운데 한 명으로 과기대학의 당위 서기직을 오래 맡았었다.

그는 편지를 보고 내 의견에 적극 찬성한다는 표시로 계속해서 "사람들을 풀어 주어야지!"라고 했다. 그는 나를 도와서 편지를 중앙에 송달하기를 원했다. 그는 일찍이 중공 중앙고문위원회의 위원이었으므로 효과적으로 편지를 보낼 길을 알고 있었다.

두 번째 손님은 나의 새로운 친구인 린페이루이(林培瑞) 교수였다. 미·중 학술교류위원회 주베이징대표를 맡고 있는 그는 1988년 추석 전날 겨우 중국에 도착했다. 그는 중국문학을 연구하며, 중국어 간행물인《동방기사(東方紀事)》의 편집인 가운데 하나였다. 그는 원고청탁을 목적으로 나를 찾아왔다.

편한 대로 나는 그에게 덩샤오핑에게 보낸 편지의 부본(副本)을 주었다. 그날 저녁에 그는 편지의 영문 부본을 몇몇 기자들에게 주었다. 그리하여 그것은 하나의 공개된 편지가 되었고 덩샤오핑의 관심을 받을 확률을 증가시켰다.

뒤에 가서 이해했지만 덩샤오핑은 확실히 내 편지를 보았다. 하지만 다른 경우처럼 그는 짐짓 모르는 척 했고, 답장도 없었다.

설 기간에 중국과학원의 몇몇 동료들 사이에도 공개적으로 중앙에 편지를 쓰자는 분위기가 무르익었다. 그들은 함께 사상문제로 투옥된 사람들을 사면해달라고 호소했다. 가장 먼저 편지를 쓴 이는 내 오래된 친구이자 자연과학사연구소의 쉬량잉(許良英) 교수였다. 그 편지가 발표될 때 40여 명의 자연과학계와 사회과학계의 학자들이 서명했다.

시인인 베이다오(北島), 라오무(老木) 등 문예계의 몇몇 젊은이들은 우리집에 와서 대사면을 호소하는 것과 관련된 상황에 대해 물었고, 나는 그들에게 내가 쓴 '공개서한' 한 부를 주었다. 2월 2에 그들은 인민대회에 편지 한 통을 보내서 정치범을 특사하자고 호소했다. 3일 후에 베이다오 등의 편지가 공개적으로 발표되고 그 위에 문화계 인사 33명이 서명했다.

과연 세 통의 편지가 공개되자 최고 당국은 좌불안석이 되었다. 사법부라는 첫 번째 보루에서 반격이 시작되었다. 그들은 그러한 종류의 편지는 중국 사법의 독립에 대한 간섭이라고 했다. 인민공화국이라고 불리는 나라 안에서는 공민이 호소하는 편지를 쓸 권리도 없다는 것이었다.

이어서 당국에서는 편지에 서명한 사람 하나하나에 대해 '교육' 혹은 '재교육'을 진행했는데, 어떤 사람은 '아름다운 말'로 타이르고, 어떤 사람에겐 경고했으며, 또 어떤 사람은 공개적으로 감시했다. 하지만 당국은 이상하게도 그 일의 시발점인 나를 찾아오지 않았다.

편지로 대대적인 사면을 호소한 일은 모두 성공하지 못했다. 하지만 당국은 그 일들로 크게 당황했다. 또한 다른 정치적 견해를 가진다는 일종의 막기 어려운 사회의 '전염병'을 만들었다. 공산주의의 권위는 갈수록 하락했다.

바로 이러한 '전염병'이 유행하고 있을 때 막 취임한 미국 대통령 부시(George H. W. Bush)가 중국에 왔다.

미국정부는 소련의 인권문제와 다른 정치적 견해를 가진 사람에 대한 문제에 나름의 경험을 가지고 있었다. 그러나 중국에 대해서는 아직 특별한 조치가 없었다. 미국 대통령이 당면한 선택은 중국정부의 반감에도 불구하고 소련과 중국의 인권문제를 똑같이 취급할 것인가, 아니면 일시적으로 중국의 인권문제를 회피하고 정부 간의 친선을 유지할 목적으로 다른 기준을 채택할 것인가 였다. 미국정부로선 선택하기 어려운 문제였다.

그러나 부시 대통령의 브레인들은 이 양단의 문제를 멋지게 해결할 방법을 생각해 냈다. 바로 다른 정치적 견해를 가진 몇몇 사람들을 고별 만찬 자리에 초대하는 것이었다. 서양의 문화에 의거하면 만찬은 하나의 공개적인 자리이자 어려운 문제에 대해 논하지 않아도 되는 자리였다. 그러므로 중국의 영도자와 정견이 다른 사람들이 함께 만찬에 참석한다면 부시 대통령이 중국의 인권 문제에 깊은 관심을 갖고 있음을 드러내면서 중국 영도자의 정통적 권위에도 손상을 주지 않을 수 있었다. 이는 아주 수준 높은 균형이었다.

바로 이러한 상황 아래에서 나와 리수셴은 미국대사관으로부터 초청장을 받았다. 미국 대통령이 우리들을 2월 26일의 고별 만찬에 초청한 것이다.

고별 만찬에 초대된 사람은 500명이었다. 나와 리수셴이 정말로 그 장소에 온다고 해도 500분의 2에 지나지 않는 숫자였다. 중국 당국으로선 승인하지 않을 도리가 없었다. 미국 대통령의 브레인의 계산은 이렇듯 치밀했다.

그러나 그 계산이 완벽한 것은 아니었다. 그들은 중국의 연회 정치 문화에 대해 알지 못했다. 중국 역사에는 유명한 정치 연회가 많았다. 그리고 많은 중요한 사건들이 연회와 이어져 있었다. 셰익스피어의 희극(戲劇)에 비교되는 경극(京劇)에서 연회는 매우 중요한 의미를 가진다. 노래를 부르다가 '술을 마련하고 연회를 여는' 장면으로 이어지면 바로 사건과 갈등이 최고조에 도달했다는 의미가 된다.

그러므로 이 크고 위대한 중국이 어찌 미국 대통령이 술자리를 마련해 놓고 정치 연극을 하려는 것을 용납할 수 있겠는가? 미국 대통령의 텍사스 소고기 연회는 지역을 잘못 선정했고, 대상도 잘못 골랐다. 중공의 지도자는 그것을 받아들일 수 없었다. 손님의 입장이 있다 하더라도 다른 정치적 견해를 가지고 있는 사람은 500분의 2도 용납할 수 없었다.

나는 이 속에 담긴 지독함을 안다. 그래서 초청장을 받은 다음 날인 2월 23일에 바로 중국과학원 외사국(外事局)에 전화를 걸어서 연회의 초청장을 받았다고 알렸다. 내가 그것을 알린 것은 만약 당국에서 내가 초청장을 받은 것에 동의하지 않는다면 미리 나에게 알려주어서 내가 즉시 초청을 완곡하게 거절할 수 있도록 해 달라는 뜻이 담겨 있었다. 하지만 표면적으로 그 자리는 단지 술과 고기를 먹는 장소일 뿐이었다. 그리고 텍사스 소고기는 이미 먹어본 적이 있으니 새로운 맛도 아니다.

상식적으로 판단할 때 성숙한 정치가라면 설사 기쁘지 않다하더라도 얼굴에 속내를 드러내지 않는다. 또 그가 총명하다면 이번 연회를 이용해 관용적 자태를 보여줄 것이다. 그러므로 내 생각에 만약 당국이 내가 손님 노릇하는 것을 허용하지 않는다면 천문대 혹은 과학원을 통해 나에게 통지하는 것이 가장 가능성 높은 방법이었다. 출국이 허락되지 않았을 때, 허페이에 가서 회의에 참가하는 일 등이 허락되지 않았을 때도 당국은 그런 방식으로 내게 통지했다.

그로부터 3일이 지나고 내가 당장 모임을 가야하기 직전에도 초청을 거절해야 한다는 어떤 분명한 말이나 암시가 없었다. 베이징 천문대는 나를 회의장에 데려다 주기 위해 자동차를 보내왔다.

당국이 수수께끼 속에서 내놓은 수는 과연 무엇일까? 나는 전혀 짐작할 수 없었다.

정상적인 사고를 하는 사람이라면 당국이 다음과 같은 5대 대책을 강구하여 아주 간단한 하나의 목표, 즉 우리들이 연회에 가는 것을 저지하려 한다는 것을 짐작하지 못했을 것이다.

첫 번째 대책 : 엄격하게 경계하며 차를 처리한다.

2월 26일 오후 5시 30분, 린페이루이 부부와 우리 부부 등 일행

4명은 같은 자동차를 타고 중관춘 바오푸스(中關村保福寺)를 출발해 동쪽의 창청(長城)호텔을 향해 달렸다. 시간이 좀 흐른 뒤 운전기사는 우리 차가 길을 나서자 바로 차 한 대가 뒤따라왔다고 말했다. 그러나 당시 우리들은 그것을 알지 못했다.

6시 전후 우리들의 차가 창청호텔 부근인 싼환루(三環路) 입구에 이르렀을 때 경계가 엄격해졌다. 경찰들은 도로를 막아서고 차량의 통행을 허가하지 않았다. 우리들은 부시 대통령 일행의 안전을 위해 그러는 것이라고 생각했다. 그런데 경찰은 우리 차가 도착한 것을 발견하자마자 즉각 계엄을 해제했다. 계엄의 목적은 애초부터 우리가 탄 차량을 확인하기 위해서였다.

두 번째 대책 : 최고의 비밀 정보원이 현장을 지휘한다.

도로가 꽉 막히자 우리들은 차에서 내려서 창청호텔까지 걸어가려고 했다. 그러나 평상복을 입은 한 무리의 남자들이 우리를 에워쌌다. 그들의 우두머리는 척 보기에도 최고의 훈련을 받은 정보원이 분명했다. 그가 말했다. "나는 이번에 방문한 부시 대통령의 안전을 담당하는 최고 책임자다. 미국 쪽 정보요원이 초청 명단에 팡리즈와 리수셴이 없다고 알려 왔으니 그대들은 만찬에 참가할 수 없다."

대통령의 안전을 책임진 중국 최고의 정보요원이 우릴 기다리고 있었단 말인가? 그는 그 귀한 손님을 보위한 일이 없었다.

세 번째 대책 : 공공교통을 정지시킨다.

우리들은 미국대사관으로 가서 '특수 정보원 명단'을 찾아보기로 했다. 하지만 우리들이 타고 온 차와 운전기사는 이미 온데간데없이 사라졌다. 그래서 지나가던 택시에 탑승했다. 택시를 타고 수 백 미터쯤 달리자 다시 경찰이 뒤쫓아 와 차를 세우라고 명령했다. 어쩔 수 없이 우리들은 전차나 버스와 같은 대중교통을 이용하려고 정거장에서 기다렸다. 그러나 경찰은 또 우리들보다 빨리 움직여서 우리가 기다리는 정거장엔 어떤 차도 설 수 없도록 했다. 차를 타는 것도, 내리는 것도 허락되지 않았다. 정거장에서 차를 기다리던 다른 승객들은 무슨 일이 벌어졌는지도 모른 채 우리들과 함께 낭패를 보았다.

네 번째 대책 : 수행하며 '산보한다.'

　우리들은 차를 타는 걸 포기하고 대사관이 있는 쪽으로 걸어갔다. 이미 7시가 되어 하늘이 어두워지고 기온은 내려갔다. 우리 네 사람의 앞뒤, 좌우는 정보요원들이 '수행'했다. 제복을 입은 사람과 평상복을 입은 사람이 뒤섞여 있었고, 경찰차 한 대도 가깝게 뒤따랐다. 거리 모퉁이마다 무장한 차 한 대와 삼륜 모터차가 명령을 기다리며 대기하고 있었다. 우리가 본 정보요원과 경찰만 해도 최소 백 명이었다. 보지 못한 이들은 아마 더 많았을 것이다.

　다른 정치적 견해를 가진 한 명의 자유로운 사람은 이렇듯 무장한 경찰들의 관심을 한 몸에 받았다.

　8시 30분, 우리는 대사관들이 있는 지역에 도착했다. 그리고 길에서 우연히 캐나다 외교관인 호레이(Horley) 부부를 만났다. 그는 우리들이 겪은 곤경을 이해하고 즉각 그들의 집으로 데려가 쉬게 했다. 경찰은 부득이하게 다시는 우리들을 '모실' 수가 없었다. 외교관의 집에 물불 가리지 않고 들어 갈 수는 없었기 때문이다. 경찰은 캐나다 외교관의 집 대문에 차를 바짝 대놓고 1급의 명령을 기다릴 수밖에 없었다.

가장 이해할 수 없는 것은 마지막 행동이었다.

다섯 번째 : 다른 정치적 견해를 가진 이를 기자회견장으로 '호송'한다.

호레이 선생의 집에서 머문 1시간 동안 우리들은 많은 기자들과 연락할 수 있었다. 기자들은 만찬장에 나와 리수셴이 오지 않았음을 발견하고 상황이 변했음을 눈치 챘다. 우리들은 샹그리라 호텔로 가기로 결정했다. 그곳에는 부시를 취재하기 위해 중국에 온 외신기자들이 묵고 있었다. 우리가 그곳으로 가면 더욱 많은 매체들이 오늘 무슨 일이 발생했는지 알게 될 것이었다.

당국은 샹그리라 호텔과 연결한 전화를 분명 도청했을 것이다. 그래서 우리들은 걱정이 많았다. 호레이 선생의 집을 벗어나 샹그리라 호텔로 갈 때 경찰이 우리를 저지할 수도 있었기 때문이다. 일단 밖으로 나오자 경찰차가 바짝 따라붙었다. 하지만 우리를 막지는 않았다.

결국 안전하게 샹그리라 호텔에 도착했다. 왜 갑자기 그들의 행동이 바뀐 것일까? 나의 예측은 이렇다. 애초 당국의 계획에 기자에 관한 항목은 없었던 것이다. 중국은 중앙에서 경제를 계획하는 나라이므로 계획에 없는 일은 경찰도 하지 않는다.

중국 경찰이 정확하게 계획경제의 원칙에 따라 일을 처리한다는 것을 설명할 수 있는 작은 예가 하나 있다. 1987년 10월, 베이징 천문대의 한 연구원이 불행하게도 자동차에 치어 죽었다. 그런데 당시 교통경찰은 이것을 교통사고로 사망한 것으로 치지 않았다. 해당 연도의 자동차 사고로 사망한 사람의 숫자에 관한 계획지표가 있었는데, 그 수가 이미 다 채워졌기 때문이다.

만약 자동차 사고로 사망한 사람의 수가 계획지표를 초과할 경우 그 경찰은 상을 받을 수가 없게 된다. 죽은 연구원의 가족들이 사인을 자동차 사고로 남겨달라고 고집했기 때문에 그는 결국 상을 받을 수 없었다. 1988년 초 교통경찰은 베이징 천문대 길에 커다란 표어 하나를 써 놓았는데, 내용은 '교통사망자수의 계획을 완성하도록 분투하자!'였다.

저녁 11시 30분, 나는 임시 기자회견을 열고 '만찬'의 경과를 발표했다. 베이징 경찰 수백 명의 노력 덕분에 나는 부시 대통령으로 향해 있던 렌즈를 빼앗아 다음날의 뉴스가 되었다.

만찬사건 이후 나에 대한 당국의 '돌봄'은 30퍼센트 정도 증가했다.

1989년 3월 6일 저녁, 나는 징후(京滬, 베이징~강소성) 특급열차를 타고 베이징에서 남쪽으로 내려왔다. 수저우(蘇州)로 가서 중국천문학대회에 참가하기 위해서였다.

나는 다른 세 명의 베이징 천문대 동료와 과기대 대학원 학생이자 내가 부총장을 맡았던 때 조교였던 구(顧) 군과 같은 차를 타고 갔다. 하룻밤을 순탄하게 보내고서 7일 오전 10시에 새로 지은 상하이 정거장에 진입했다.

차에서 내리자 오직 나를 맞이하기 위해 사람들이 나와 있었다. 쯔진산(紫金山) 천문대의 부(副)대장인 양이촨(楊縊泉) 일행이었다. 당국은 양이촨에게 특별히 나를 돌보라는 지시를 내렸다. 나는 그들을 어렵게 한 것이 불편했다. 그래서 빠르게 돌봄을 받아들이고 그들이 준비한 세단에 올랐다. 차는 즉시 시비(是非)가 있었던 땅 상하이를 떠나 수저우로 갔다.

양이촨은 유쾌하게 행동했다. 세단이 상하이를 벗어나자 그가 한 첫 마디는 "팡 형, 수저우에서 원자탄이 터져선 안 되겠지요. 우리들은 친구니까 한 마디로 정합시다."였다.

나는 당연히 '원자탄'에 숨겨진 뜻을 눈치 채고 대답했다.

"이번엔 단지 우주 대폭발이 있을 뿐 '원자탄'이 폭발하는 일은 없을 거요."

정확하게 그와 같았다. 1987년 그때 광저우 회의 이후부터 나는 동료들에게 골치 아픈 일을 던져주지 않기 위해 노력했다. 그래서 천체물리학술회의에서도 단지 논문만을 읽고 국시(國是)에 대해선 결코 말하지 않았다. 수저우 회의에서도 마찬가지였다. 우주대폭발 논문을 읽는 것 외에는 수저우의 번화가 관첸제(觀前街)에서 말린 두부(豆腐干)를 사려고 했을 뿐이었다.

광저우에서와 달리 수저우에서 열린 5일간의 대회에서는 나 스스로 모든 돌봄을 받아들였다. 덩달아 주변 사람들도 '돌봄'을 받았다.(관첸제로 가서 거리를 돌아다닐 때두 차와 사람이 따라 붙었다.) 회의 기간 동안 우리들이 지낸 호텔에는 다른 손님이 없었다.

당국은 호텔 지배인에게 5일 동안 다른 손님을 받지 말라고 명령했고, 어떤 외부인사도 호텔로 들어오지 못하게 했다. 대외적으로는 회의에 참가한 천문학자들이 연구하는 별과 우주는 고도로 첨단적인 것이라 반드시 비밀을 엄수해야 한다고 했다. 회의에 참여한 천문학자들은 자신의 몸값이 치솟았다고 농담을 하기도 했다. 그런데 누군가는 나 때문에 재수가 없었다.

당시 두 곳의 상하이 출판사 편집자들이 수저우에서 일을 하고 있었다. 그들은 수저우 대학을 빌려서 묵었다. 그 가운데 한 사람은 나의 《천체물리학 진지의 최전방 조감(鳥瞰)》이라는 책의 출판을 책임졌었다.

그들은 내가 수저우에 있다는 사실을 알고 3월 8일 저녁에 함께 식사를 하길 청했다. 나는 그러자고 했다. 이것은 간단한 약속이어서 다른 사람에겐 말하지 않았다. 그런데 즉각 수저우 대학 측은 그들에게 도대체 왜 팡리즈와 연락을 하고, 왜 오직 팡리즈와만 식사를 하기로 했는지 캐물었다.

두 친구는 모두 사실대로 말했다. 그래도 다행스러운 것은 대학 측이 일을 비교적 가볍게 처리했다는 것이었다. 대학 측은 그들에게 즉각 수저우 대학을 떠나라고 했고, 그곳에서 밥을 먹는 것도 허락하지 않았다.

시간이 흐른 뒤 이 사건은 천문회의에 전해졌다. 당국은 도대체 어떤 방법을 써서 내가 수저우 대학에 저녁을 먹으러 간다는 것을 알아냈을까? 몇몇 이론천체물리학자들은 엄격한 논리를 적용해 가능한 해석을 내놓았다. 바로 호텔에서 일하는 사람들이 당국 안전부에서 파견된 '매복한 비밀 공작원'이라는 것이었다.

하늘에 감사하게도 작은 에피소드는 있었지만 5일 간의 회의는 전체적으로 원만하게 끝났다. 회의를 모두 끝마쳤을 때 양이촨은 기쁜 얼굴로 나와 작별 인사를 했다. 그는 나를 오랜 친구처럼 대하며 감사한 어조로 말했다.

"원자탄은 터지지 않았군요."

그러나 그 시기 중국에는 이미 '원자탄'이 폭발했다.

원자탄에 비교해 말하자면, 1989년 봄의 중국 사회의 형세는 폭발 직전이었다.

원자탄이 폭발하려면 몇 가지 조건이 필요하다.

1. 충분한 핵분열을 할 수 있는 원소(元素).
2. 핵분열을 할 수 있는 원소를 함께 모아서 임계질량에 이르게 할 것.
3. 때맞추어 발사되는 중성자가 폭발을 이끌도록 할 것.

1989년의 중국은 흡사 이 3가지 조건이 모두 갖추어진 것 같았다.

먼저 부패가 날이 갈수록 늘어났고 정치개혁은 지지부진했으며, 언론의 자유를 보장하는 폭이 좁아졌다. 점점 더 많은 학생과 지식인, 노동자, 개인 사업자, 심지어 당 간부들까지 분개했고, 핵분열을 일으킬 수 있는 수를 형성했다. 폭발 에너지는 곳곳에 잠재되어 있었다.

다음으로 1989년에는 몇 개의 기념일이 있었다. 5·4운동 70주년, 건국 40주년, 베이징 민주 설립 10주년 등 분산되고 잠재되어 있던 불만과 울분은 이런 날을 기점으로 한꺼번에 집중되고, 핵분열 원소는 임계질량에 도달한다.

폭발을 이끌어 낼 '중성자'는 거의 모든 곳에 있었다. 예컨대 당국은 '정치범을 사면하라'는 편지들을 졸렬하게 처리했고, 이것 역시 폭발을 이끌어 낼 '중성자' 중 하나로 작용했다.

4월 15일 후야오방의 죽음 이후 핵분열을 할 수 있는 원소가 급속도로 모였고 끝내 임계질량을 초과했다. 그리고 마침내 폭발이 있었다.

학생들의 청원과 시위가 시작되었다. 그 시기 나의 하루는 보통 오전에는 천문대에서 일하고 오후에는 방문객들을 맞이하는 것이었다. 방문객 중에는 친구도 있었고 학생이나 기자도 있었다. 그리고 저녁에는 글을 썼다. 학생운동은 4월 16일부터 개시되었고, 5월 20일에 계엄이 내려졌다. 그 1개월여 동안 나는 한편의 논문 〈우주 현(弦)과 고온 암흑물질(Hot dark matter)의 우주 속 편단(偏袒) 덩어리〉를 완성했고, 57차례의 기자 회견을 했다.

기자회견 도중 나는 학생들을 지지하고 있음을 밝혔다. 그러나 나는 시위에 나가지 않았고, 톈안먼 광장으로 가서 지켜보지도 않았다. 시위를 시작된 지 3일째 되던 날 베이징 당국은 이번 학생운동이 팡리즈 부부의 손으로 만들어졌고, 그들이 지휘하고 있다는 내용의 내부 문건을 만들었다. 이번 일을 기회로 삼아 나를 박살내려는 움직임이었다.

나는 베이징 천문대에서 같이 일하는 동료들에게 감사했다. 나는 가는 곳마다 그들의 보호를 받았고, 덕분에 당국이 나를 엿볼 수 없었다.

4월 27일 새벽, 전에 없던 긴장감이 조성되었다. 그날 학생들은 대대적인 시위를 조직했다. 과학원의 연구생 몇몇도 참여했다. 시위의 목적은 하루 전에 나온 《인민일보》의 사설에 항의하기 위함이었다. 《인민일보》는 학생운동을 동란(動亂)이라고 지적하고 '하나의 작은 위험분자'가 만들어 낸 것이라고 했다.

당국은 하나의 '위험분자'를 잡는 방식으로 운동을 진압하려고 했다. 이는 중국공산당이 불만에 찬 목소리를 진압할 때 관용적으로 사용했던 방법이다. 나는 다음에 일어날 일을 미리 짐작할 수 있었다. 아니나 다를까. 시위에 참여한 사람들이 팡리즈가 현장에서 시위대 앞뒤를 왔다 갔다 하며 지휘를 하는 것을 보았다는 이야기가 만들어졌다. 이것은 분명 나쁜 신호였다.

그날 오전 천문대에선 발표회가 한 건이 예정되어 있었다. 프랑스인 보네-비두(Bonnet-Bidaud)가 '밀리센컨즈(milliseconds, 1,000분의 1초) 위성'에 대해 이야기 하는 자리였다. 이 발표회는 내가 주관한 것으로, 다행히 시위 활동으로 인해 취소되지 않았다. 이 자리에 참석한 나의 동료들은 좋은 예감을 가졌다. 그들은 회의장에 도착하자마자 "우리들은 오늘 팡리즈가 시위를 지휘하지 않았다는 것을 증명할 수 있다."라고 말했다.

4월 28일, 나는 몇 명의 젊은 동료들로부터 집을 떠나 숨으라는 권고를 받았다. 그들은 고위층과 연결되어 있었고, 관계기관이 '팡리즈를 어떻게 다룰까'에 대해 구체적으로 연구하고 있다고 알려주었다.

나의 일거수일투족은 이미 매순간 감시를 받고 있었다.(하나의 증거로, 훗날 당국이 제작한 내가 '동란을 지휘했다'고 지적하는 동영상 속에는 내가 천문대에 출근했던 TV 기록 사진이 있었다.) 동료들은 미리 미행을 따돌리면서 운전하는 방법을 알려주었고, 숨을 곳과 연락을 하는 방식에 대해서도 알려주었다. 약속된 연락 방법 중 하나는 전화벨이 여덟 번 울리고 난 뒤 받는 것이었다.

하지만 나는 동료들의 이러한 안배를 받아들이지 않았다. 그 이유는 첫째, 형세가 숨어야 할 지경에 이르지는 않았기 때문이었고, 둘째, 천문대의 동료들을 떠나고 싶지 않았다. 하지만 그들의 충고를 받아들인 부분도 있었다. 자전거를 탈 땐 뒤를 주의하고, 가능한 밤길을 다니지 않으면서 위험을 막고자 했다.

5월 12일 학생들은 단식을 시작했다. 시위는 불길 같기도 하고 귀신같기도 했다. 베이징의 학생과 시민들은 전 세계를 감동시켰다. 그 무렵 고르바초프(Mikhail Gorbachev)가 베이징을 방문했다. 일시적으로나마 사람들은 중국 앞에 밝은 빛이 비추고 있다고 느꼈다.

며칠 뒤 나도 톈안먼 앞으로 가보려고 생각했다. 몇몇 학생과 해외에 있는 친구들은 나에게 빨리 톈안먼에 가보라고 권했다. 그들은 "때가 왔다. 그대는 가야한다."라고 말했다. 그러나 내 주위 동료들은 내가 얼굴을 내밀고 어떤 활동에 참가하는 것 자체를 찬성하지 않았다. 왜냐하면 눈앞에 펼쳐진 것은 광명이 아닐뿐더러 '기회를 보아서 박살내려는' 위기도 아직 지나가지 않았기 때문이었다. 몇몇 동료들은 시위에 나가기 전 내 사무실 부근에 모여서 "팡 형은 부디 가지 마시오. 우리가 그대를 대신할 것입니다."라고 말했다.

5월 18일, 홍콩 대학의 장우창(張五常) 교수가 내게 전화를 걸어 와서 톈안먼 광장으로 가서 학생이 단식을 중지할 것을 설득해달라고 간절하게 말했다. 나 역시 단식을 중지해야 한다고 생각하는 사람인 만큼 그의 말대로 톈안먼 광장에 갈까도 생각했다. 그러나 끝내 그 충동을 억제하고 경솔하게 출발하지 않았다. 1986년 12월 23일, 과기대 학생들이 허페이 시정부 광장에서의 연좌시위를 끝내도록 설득했을 때가 내 능력의 상한선이었다. 나는 결코 톈안먼 광장의 학생들을 설득하여 단식을 끝내게 할 힘을 가지고 있지 않았다.

베이징에 계엄이 내려진 뒤 당국의 블랙리스트들이 흘러 다녔다. 그 모든 명단에는 내 이름이 있었다. 천문대 동료들도 회의가 열리는 기회를 틈타 베이징을 떠나라고 건의했다.

5월 하순 사람들의 마음은 들떴다. 교통은 이미 통제 불능 수준이었고, 많은 학술회의가 취소되었다. 그러나 천문학계 만큼은 원래의 계획을 굳게 지켰다. 5월 24일에서 29일까지 산시성 다퉁(山西 大同)에서 고에너지 항성 천문학 회의가 소집되었다. 사회가 흔들릴 때일수록 천문학자들은 더욱 열심히 작업했는데, 아마도 이는 중국 고대천문학이 남겨 놓은 전통일 것이다. 그런 때야말로 사회는 더욱 점성(占星)을 필요로 하기 때문이었다.

5월 24일 저녁, 나와 동료 한 명은 기차를 타고 베이징을 떠났다. 창핑(昌平)을 지날 때 모든 기차역에는 군용열차가 정지해 있었다. 그래서 다른 열차는 오직 하나의 선로를 이용할 수밖에 없었다. 그 군용열차들은 얼마 뒤 동북면에서 베이징으로 세차게 몰려든 부대의 것이었다.

번득이는 살기가 사방에 있었지만 회의는 여전히 일사불란하게 진행되었다. 내가 발표한 것은 '초신성 1987A의 고에너지 과정'이었다. 회의 중간에 틈이 난 5월 26일 우리들은 하늘에 걸려 있는 사찰이란 뜻의 쉬앤콩스(懸空寺)에 가서 한 바퀴 돌았다.

이곳의 건축은 확실히 대단했다. 모든 사원은 10개의 크고 작은 전당(殿堂)으로 이루어졌으며 땅이 아닌 수직으로 된 커다란 절벽에 걸려 있었다. 그것은 마치 수련하여 올바른 열매를 얻으려면 반드시 대지(大地)와 세속을 떠나서 홍진(紅塵) 세상의 분규와 간격을 두고 끊어야 한다는 철학을 암시하는 것 같았다.

쉬앤콩스 아래에서도 나는 사복경찰을 보았다.

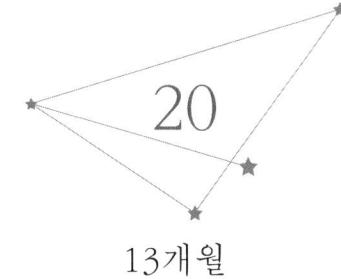

20
13개월

쉬앤콩스에서 내려 온 뒤 꼭 10일만에 나는 바로 베이징 미국대사관으로 피신했다. 그 사이 상상조차 하지 못한 사건이 일어났다. 중국 사람들, 그리고 세계 각지의 사람들도 중국에서 그런 일이 일어나리라곤 상상하지 못했을 것이다. 중앙 당국은 20만 명의 정규 군대를 동원해 수도를 점거했다. 탱크, 자동소총 등 전쟁에서 사용하는 무기를 갖춘 그야말로 전쟁 태세였다.

군대가 학생과 평화를 사살한 '톈안먼 사건'은 1989년 6월 3일 오후 9시 전후로 시작되었다. 9시 30분 우리들은 군대가 학생들을 처음으로 사살한 현장인 무시(木樨) 지역에서 걸려온 전화를 받았는데, 통화하는 도중에도 총소리가 들려왔다.

그리고 갑자기 상황이 위급해졌다.

5월 말, 정부는 돈을 써서 사람을 샀다. 1인당 15위엔의 인민폐를 주고, 여름에 일할 때 쓰는 농립모도 얹어 주었다. 그들의 임무는 '팡리즈 타도'였다. 그들은 당국의 지휘 아래 조직적으로 시위하며 종이로 만든 팡리즈를 불태웠다.

해외에 있는 동료들은 이 소식을 듣고 나의 안전을 매우 걱정했다. 이탈리아의 레모 루피니(Remo Ruffini)는 아침저녁으로 전화를 걸어왔다. 내 목소리를 들어야만 내가 아직 체포되지 않고 불행한 일을 만나지도 않았다는 것을 확인할 수 있다는 듯 말이다. 하지만 태풍의 눈 한가운데 있었던 나는 도리어 상황이 대단히 위험하다는 것을 느끼지 못했다. 사실 종이 인형을 불태우는 것은 웃음거리가 되는 일일뿐 위험한 것은 아니었다.

어느 기자가 '타도 팡리즈'를 외치는 사람에게 "그대는 팡리즈를 아는가?"라고 묻자 그는 모른다고 대답했다. 기자는 다시 물었다. "그러면 왜 그를 타도해야 하는가?" 돌아온 대답은 다음과 같았다. "어떤 사람이 말하기를 그가 우리들이 시내에서 수박을 팔지 못하게 한다고 했다."

많은 사람들이 내게 전화를 걸어 왔다. 그들은 한결같이 한 마디만 했다. "빨리 도망치세요." 나는 잠시 동안 미적거렸다. 이 평화로운 시기에 다시 도망쳐야 하는가? 무언가 잘못된 것 같았다. 오전 11시 무렵 오랜 친구에게서 또 전화가 왔다. 그는 도청하는 사람이 자신의 목소리를 식별할까 두려워서 베이징 발음 대신 고향의 방언으로 바꾸어 말했다. "나는 공중전화에서 전화를 걸고 있네. 자네 부부는 대체 무엇을 기다리고 있는 것인가? 어서 안전한 곳을 찾아 떠나게나." 이 친구는 일찍이 최고위층 기관에서 일한 적이 있으며, 그 소식은 항상 정확한 것이었다.

친구의 전화를 받고 리수셴과 나는 도망가는 것을 진지하게 고려하지 않을 수 없었다.

4가지 도피 방안이 있었다. 첫 번째와 두 번째 방안은 근처 친구 집에 숨는 것이다. 세 번째 방안은 비교적 먼 곳에 사는 교수의 집으로 가는 것이다. 네 번째 방안은 미국대사관으로 가는 것인데, 린페이루이 교수가 자신이 도울 수 있다고 말했다.

리수셴과 나는 친구들이 우리와 연결되었다가 낭패를 볼 것이 염려되어 앞의 세 가지 방안은 배제했다. 그렇지만 바로 미국대사관으로 가는 것도 고려하지 않았다. 이 소식이 새어 나간다면 반드시 중국공산당에게 이용될 위험이 있었기 때문이다. 그날 저녁 우리는 하나의 대안을 선택했는데, 바로 CBS TV의 도움을 받아서 샹그리라 호텔에서 잠시 머무는 것이었다.

당시 우리들은 여전히 사정을 지나치게 가볍게 보고 있었다. 총성이 울리는 곳을 피해 며칠 숨어 있기만 하면 안전하게 집으로 돌아오게 되리라고 계산했던 것이다. 그래서 집을 떠날 때 나는 작은 가방 하나만 챙겼다. 그 안에는 몇 가지 일상용품과 반쯤 쓴 논문 두 편이 있었다. 떠나기 30분 전 나는 동료 한 명에게 우리집에 와서 내 연구 초고와 편지 몇 통을 천문대로 가져다 달라고 요청했다. 며칠 뒤 출근해서 쓸 요량이었다.

그러나 샹그리라 호텔에서 머문 지 이틀째 되던 6월 5일에도 상황은 나아지지 않고 악화되었다. 총소리가 끊임없이 들려왔다. 그곳에도 오래 머물 수가 없었다. 점심때 린페이루이 교수와 응급무선전화를 가진 CBS TV 관계자가 우리들을 미국대사관으로 데려갔다. 우리들은 첫째, 3~5일 가량 있을 곳을 빌려줄 것, 둘째, 소식이 새어나가지 않게 해줄 것을 요청했다. 그런데 대사관을 주관하는 이는 두 번째 요구를 처리하기 어려운지 난색을 보였다. 우리는 어쩔 수 없이 오후 5시 무렵 대사관을 떠났다.

그날 밤 우린 젠궈(建國) 호텔에서 묵었다. 그 시각 베이징은 여전히 어지러웠고, 먼 곳에서 포성이 들려 왔다. 자정에 다 되어서도 잠을 이루지 못했다. 한 통의 전화가 걸려왔고 누군가 문을 두드렸다. 안으로 들어온 사람은 아까 낮에 대사관에서 만난 사람이었다. 그는 직원 한 명을 대동한 채였다.

그는 자신을 외교관 레이먼드 부르크하르트(Raymond F. Burghardt)라고 소개했다. 그들은 편한 복장을 하고 있었다. 다소 긴장된 기색은 무거운 공무 탓이었을까, 계엄지역이 너무 어두운 탓이었을까. 어쨌거나 그는 낮은 목소리로 말했다. "우리와 함께 가시죠. 부시 대통령의 손님으로 미국대사관에 머물고 싶은 만큼 머물 수 있습니다." 사정이 급변했다. 우리에겐 선택의 여지가 없었으므로 그의 제안을 즉시 받아들였다.

몇 분 뒤 우리들은 호텔 뒤뜰에 세워져 있던 차에 올랐다. 그 차는 우리들을 마치 예정된 손님처럼 대사관저로 데려 갔다. 대사관에 진입했던 때가 1989년 6월 6일 새벽이었다. 바로 그곳에서 우리는 13개월, 정확하게 말하면 384일 10시간 30분의 피난 생활을 시작했다.

6일 당일, 백악관 대변인은 우리들이 미국대사관으로 피신했다고 발표했다. 그로인해 우리의 행방이 알려졌다.

그 발표로 인해 좋은 점도 있었고, 위험한 점도 있었다.

좋은 점이란 내 친구들이 내가 어디 있는지 알게 된 것이었다. 다음 날 나는 우리들을 위문하는 전보와 팩스를 국내와 해외로부터 받기 시작했다.

위험한 점은 당국이 대사관으로 진입해 우리들을 잡아갈 가능성이 있다는 것이었다. 일반적으로 대사관에 진입해 사람을 잡아 가는 것은 외교상 허가되지 않는 일이었다. 그러나 중국 당국은 이미 이성을 잃었다. 그러므로 일반적인 규정이 절대 안전을 보장하진 않았다. 1967년에 홍위병이 베이징에 있는 영국대사관에 불을 지른 적도 있었으니 말이다. 마치 그때처럼 1989년의 이성을 잃은 당국이 대사관으로 쳐 들어와 팡리즈를 체포할 것인가? 한마디로 속단하기 어려웠다.

처음 3주간은 무척 긴장한 상태였다. 당시 새로 부임한 대사 릴리(James Lilley)는 아직 대사관저에 오지 않은 상태라 그곳은 텅 비어 있었다. 낮에는 위험이 크지 않았다. 그러나 저녁이 되면 리수셴과 나를 제외하고 한 명의 관원만이 건물 당직실에 있었다. 달도 없는 깊은 밤 대사관저에 숨어들어 사람 한두 명을 잡아가는 건 사실 일도 아니었다. 만약에 성공한다면 당국은 모든 외교적 책임을 뒤로 한 채 '군중의 분노'가 어떻다는 선전을 할 것이었다.

우리들이 위험에 대비하는 방법은 단 한 가지, 철저한 공성계(空城計)를 쓰는 것이었다. 즉 아군이 열세일 때 방어하지 않는 것처럼 꾸며 적을 혼란에 빠뜨리는 전략이었다. 우리는 외부 사람들이 대사관 깃발을 단 건물에 사람이 있다는 것을 탐지하지 못하도록 했다. 그러기 위해 먼저 사람들과의 접촉을 최소화했다.

우리들은 대사를 비롯한 몇 명의 사람들 하고만 접촉하고 전화는 걸지도 받지도 않았다. 저녁에는 실내에 있는 등의 조도를 밖의 가로등 불빛보다 낮게 만들고, 세면실에서 물을 버리거나 쏟을 때에도 소리가 나지 않게 했으며, 잠을 잘 때는 꿈속에서라도 말하거나 노래하지 않았다. 마지막 것이 가장 어려웠지만 우리는 실행했다.

그렇게 조심했지만 한 순간도 마음 편히 지낼 수 없었다. 6월 12일 당국은 우리들을 소환하는 명령을 발표했다. 긴장이 고조되었고 야간에 당직하는 관리들의 안색이 어두워졌다. 과거 영국영사관에 불을 지르던 장면이 재연되는 것을 걱정했기 때문이다.

우리들도 이에 상응하는 준비를 하면서 사태를 지켜보았다. 그러나 2주가 지난 뒤부턴 별다른 움직임이 없었다. 대사관의 문 앞에서 조직적으로 항의하던 시위 행렬과 모의 사진을 불태우는 일도 사라졌다. 보아하니 위험한 시기는 지나간 것 같았다.

당국이 대사관까지 손을 뻗지 않은 까닭은 우리들을 잡을 생각이 없어서가 아니라 자신들의 이익을 고려했기 때문이었다. 하나의 증거로 베이징 당국이 많은 사람을 사살한 이후에도 미국비자를 신청하는 고급 간부의 자제는 여전히 많았고, 심지어 전보다 늘어났다.

7월의 어느 날 국가교육위원회 부주임 텅텅(藤騰)은 미국대사를 불러 엄한 말투로 미국정부가 중국 유학생들을 미국에 체류할 수 있도록 허용한 것에 대해 항의했다. 항의를 받은 대사는 관저로 돌아갔다.

그로부터 한 시간도 지나지 않아 대사는 텅팅의 비서로부터 전화를 받았다. 그 목적은 한 시간 전과는 반대였다. 텅팅의 부인이 미국의 비자를 받도록 도와주고, 미국에 체류하는 것을 허락해 달라는 것이었다. 텅팅의 네 자녀는 이미 미국에서 '체류 허용'을 누리고 있었다. 그러므로 가족을 모두 미국으로 보내 체류하게 한 관리들은 2명의 수배자를 잡기 위해 미국대사관에 쳐들어가는 바보짓을 강행할 수 없었다. 역사 속에는 별의별 일들이 다 있지만, 이렇게 부끄러움을 모르는 관료들로 인해 우리는 안전한 1차 방어선을 칠 수 있었다.

하지만 이렇게 기본적인 도덕마저 결핍된 사람으로부터 친 '방어선'을 완전히 믿을 수는 없었다. 그러므로 13개월의 피난 생활 동안 리수셴과 나는 우리가 지내는 집을 마치 아무도 살지 않는 것처럼 꾸몄다. 그 집 창문은 널빤지를 대고 못질을 했고, 두꺼운 커튼을 쳤다. 문 위에는 경보장치를 달아 놓았다. 우리들과 직접 접촉한 사람은 릴리 대사 등 몇 명에 한정되었다. 당연히 정원에 나가서 산보도 하지 못했다.

가장 사람을 걱정스럽게 한 것은 지하도였다. 70년대 문화대혁명 시기에 베이징 시내에 대량의 지하도를 팠다. 지하도의 깊이는 2~3미터였고, 도처에 출입구가 있었다. 대사관저 안에서도 출구가 발견되어서 막아 버렸다. 제대로 잘 막혔을까? 지하도는 어디로 연결되어 있는가? 그러나 그것을 조사할 수 있는 완전한 지도는 없었다.

고요한 밤 지하도에서 사람이 움직이는 소리를 듣기도 했다. 그 소리는 나를 공포에 휩싸이게 했다. 그러나 냉정히 판단해 보면 이렇게 움직이는 소리가 잘 들리니 만약 그들이 지하도를 뚫고 올라온다 해도 도망칠 시간은 벌 수 있을 것이었다.

우리들은 하늘과 지하를 모두 막았다. 베이징 당국도 우리들이 도망갈 수 있는 구멍을 모두 막았다.

8~9월 사이에 베이징엔 이상한 소문이 돌았다. 팡리즈와 리수셴은 대사관을 벗어나 이미 외국에 있다는 소문이었다. 이는 중국 당국까지 의심받게 했다. 당국은 여러 차례 외교부를 거쳐서 비밀 경로를 이용해 팡리즈 부부를 중국 밖으로 보내지 않겠다는 약속을 요구했지만 미국대사는 정식으로 대답하지 않았다. 덕분에 팡리즈와 그의 아내가 사라졌다는 소문은 그것이 미국이 한 일인지, 아니면 중국이 한 일인지에 대한 의혹을 불러 일으켰다.

1989년 10월 28일은 미국의 할로윈데이였다. 대사관은 사람들을 초청했다. 풍속에 따라 참가자는 가면을 가지고 갈 수 있었다. 어떤 참가자는 팡리즈의 가면을 가지고 가겠다는 말을 하기도 했다. 그저 말뿐이었는데도 중국 당국은 말을 전해들은 즉시 외교부에 연락을 넣어 할로윈데이 가면무도회에 팡리즈를 보내지 말라고 요구했다. 미국 대사는 할로윈데이에 자신들의 '손님'을 내보내지 않겠다고 약속했다.

실제로 우리들은 도망갈 생각을 하지 않았다. 우리는 손님이니 옆문으로 도망치듯 작별해서는 안 되었다. 다만 비밀을 지키는 것은 꼭 필요했다.

우리는 비밀 보장이 잘 되는 지 확인하기 위해 과학적인 검증을 진행했다. 우리는 훈련용 신호의 일종인 허신호법(虛信號法)을 이용했다. 대사관 안에는 많은 수의 중국인 직원이 있었다. 모두 중국 외교부를 거쳐서 고용되었지만 신분이 분명하지 않은 사람도 있었다. 한번은 대사관에 피난과 관련된 훈련용 신호가 발령되었다.

나는 그때 중국인 직원들의 반응을 관찰했다. 신분이 분명치 않은 사람들의 행동은 확실히 달랐다. 그러나 베이징 당국은 그런 사람들이 얼마나 많은지도 파악하지 못하고 있었다.

우리가 아는 바에 의하면 톈안먼 사건 이후 적어도 3개의 대사관으로 사람들이 피신했다. 리수셴과 나는 대중이 잘 알고 있는 사람이었다. 그러나 만약 TV나 뉴스 같은 매체를 타지 않고 대중이 모르는 피난자라면 그 일은 비교적 쉽게 해결될 수 있다. 쌍방 정부는 변통할 수 있는 여지를 가질 수 있기 때문이다.

하지만 일단 신분이 공개되고 나면 중국정부도 체면을 생각해야 하고 미국정부도 원칙을 지켜야 하니 변통의 여지가 줄어든다. 대중매체가 알지 못하는 몇몇 피난 사건은 3개월 뒤부터 하나하나 해결되었지만 우리들의 피난은 그 시작부터 양쪽 정부를 교착상태에 이르게 했다.

전례를 보면 이러한 피난은 5년 혹은 10년 간 계속될 수 있었다. 아내와 나도 애초에 3~5년을 기다려야 한다고 예상했다. 우리들을 지명 수배하도록 명령한 사람이 자리에서 물러나거나 죽을 때까지 기다려야 비로소 교착상태를 벗어날 수 있다고 보았다. 그래서 우린 대사관에 장기체류할 작정을 했다.

다행스러운 것은 내 연구가 장기적인 유폐생활에도 쉽게 적응할 수 있다는 점이었다. 어느 날 나와 한담을 나누던 릴리 대사가 말했다. "정말 미안합니다. 그대는 천체물리학자인데 우리가 제공하는 거처에선 하늘조차 보지 못하는군요." 나는 대답했다. "개의치 마십시오. 나는 이론천체물리학자라 꼭 하늘을 보아야만 하늘에서 무슨 일이 일어나는지 알 수 있는 것은 아닙니다."

내게 필요한 것은 계산기였다. 그런데 운이 좋게도 수학을 공부한 외교관 한 명이 미국으로 돌아가면서 1세대 애플컴퓨터를 남겨 두고 갔다. 그 컴퓨터의 성능은 우리집에 있는 것만 못했다.(그 컴퓨터는 집을 뒤진 경찰이 가져갔다.) 마음에 쏙 들진 않았지만 덕분에 우주를 계속 연구할 수 있었다. 최초의 원자탄을 연구할 때는 계산기조차 없었는데 그 정도면 아주 훌륭한 장비였다.

나는 몇 가지 방법을 발전시켜 컴퓨터가 밤새 쉬지 않고 돌아가도록 했다. 당국의 무선 감청기가 애플컴퓨터가 발신하는 고주파를 수신했을 수도 있지만 무엇을 위한 것이었는지 식별해 낼 수는 없을 것이라고 생각했다.

대사관에 들어온 이후 나는 동료들이 부쳐오는 글과 서적들을 받기 시작했다. 그 중에는 천체물리 간행물도 있었다. 내가 받는 우편물의 양이 많아서인지 배달을 책임진 관리는 어느 날 "당신에게 오는 우편이 너무 많으니 물리학계가 비용을 더 지불하도록 해야 할 겁니다."라고 원망 섞인 소릴 하기도 했다. 미국 물리학자 한 명도 내게 편지를 보내왔다. 그는 "금년에 나는 기쁘게 세금을 냈습니다. 미국정부가 그대를 미국대사관에 살게 하는 좋은 일을 했기 때문입니다."라고 썼다.

대사관에 들어온 뒤 낸 첫 번째 논문은 〈유성체(類星體)가 가진 고유한 속도의 상한(上限)〉이었다. 나는 그것을 9월에 완성해 발표했다.

이후 나의 모든 논문은 미국 페르미실험실(Fermi National Accelerator Laboratory)에서 발행되었다. 많은 국내 동료들은 이러한 경로를 통해 나의 글을 받았다.

대사관으로 피신한 뒤 지척에 있는 베이징 친구들과 연락이 완전히 끊겼었는데, 그 논문이 나의 첫 번째 소식이 되었다. 한 동료가 대사관에 편지를 보내왔다. 그 편지는 사람들의 도움으로 돌고 돌아 내게 전달되었다. 내용은 이러했다.

"당신의 논문을 보았습니다. 우리들은 그대가 그 사람들이 죽을 때까지 굳게 자신을 지킬 것이라고 믿고 있겠소."

그의 말대로 리수셴과 나는 우리 자신을 굳게 지켰다. 정신적인 면에서도 아무 문제가 없었다. 약간 곤란함을 느낀 것은 몸이었다. 우리들의 활동 범위는 너무나 좁았다. 13개월 동안의 활동공간은 직선으로 최대 42.3 걸음이었다.

현재 삶의 조건이 어떠하든지 우리들은 인내심을 가지고 기다렸다. 1년? 2년? 아니면 3년? 몇 년이든 괜찮았다.

그런데 중국공산당의 인내심은 4개월 만에 바닥났다.

우리가 막 대사관으로 들어왔을 때만 해도 중국공산당은 득의양양했다. 외교와 내정에 있어서 칼자루를 쥐었다고 생각한 것이었다. 그런 상황을 이용해 대외적으로는 미국이 중국의 내정에 간섭한다고 하고, 대내적으로는 미국이 팡리즈를 통해 학생운동이 일어나도록 했다고 할 수 있었다.

그리고 그 유리한 입장을 오래 유지할 수 있다고 생각한 것 같았다. 그래서 중국정부는 미국이 제기한 해결방안, 즉 우리들을 제3국으로 보내자는 제안을 단칼에 거절했다. 부시 대통령이 파견한 특사 브렌트 스카우크로프트(Brent Scowcroft)는 완전히 무안을 당했다. 당국은 우리가 대사관 안에 숨어서 미국에게 팡리즈라는 보따리를 짊어지게 하고 있다고 말했다.

이와 함께 신문에는 우리들을 비난하는 많은 글들이 발표되었다. 내용은 한 가지였다. 외국 대사관으로 피신한 이가 바로 '나라를 팔아먹는 도적'이라는 것이었다. 당국은 끊임없이 팡리즈가 도적이고, 그것도 엄청난 도적이라고 고함을 질렀다. 그러면 미국은 점점 더 보따리가 무겁다는 것을 느낄 것이고, 결국 팡리즈와 리수셴을 순순히 중국 당국에 넘겨 죄를 다스리게 할 것이라고 생각했던 것이다.

그러나 도적이라고 고함을 질러서 도적을 잡는 계책은 중국 국민들에게만 신통할 뿐 그 밖의 사람들에겐 별 효력이 없었다. 중국 당국이 우리를 도적이라고 외치는 소리가 커질수록 미국 국민으로부터 많은 편지가 도착했다. 그들은 중국이 압제와 박해를 가하고 있는 상황에서 우리들을 대사관의 손님으로 모시게 된 것이 자랑스럽다고 말했다. 국민들의 투표와 지지가 절대적으로 필요한 미국정부는 그럴수록 이 보따리가 정말로 짊어질 가치가 있다고 느꼈다.

그러므로 도적이라는 소리가 들려올 때마다 미국대사관은 우리들을 더욱 세심하게 보살폈다. 리수셴이 치통을 앓았을 때는 바로 도쿄의 대학 치과의사를 초청해서 전문적인 치료를 받게 했다.

9월 이후부터는 '나라를 팔아먹은 도적'이라는 욕설이 줄어들기 시작하더니 점차 사라졌다. 그 달에 중국공산당의 주요 창시자인 리다자오(李大釗)의 탄신 100주년을 기념해야 했던 것이 하나의 원인으로 작용했다.

    리다자오를 기념하고 선전하는 주요 내용은 그가 북양군벌 정부에 의해 처형된 영웅이란 것이었다. 이는 중국공산당의 영광스러운 역사적 업적 중 하나이다. 그러나 불행하게도 1927년의 리다자오에 관한 일단의 역사는 도리어 1989년의 팡리즈의 현실을 쉽게 연상하도록 했다.

    리다자오가 북양군벌에 의해 처형되기 전에 당시 베이징에 있던 소련 대사관으로 피신했기 때문이다. 북양군은 리다자오를 '나라를 팔아먹은 도적'으로 만든 후 소련 대사관으로 쳐들어가서 수사를 강행했고 결국 그를 체포했다.

    그리하여 1989년의 중국공산당 선전부는 미국대사관으로 피신한 사람은 '나라를 팔아먹은 도적'으로 만드는 한편 과거 소련 대사관으로 뛰어 들어간 사람은 중국공산당의 위대한 선구자라고 칭찬해야 했다. 상당히 모순적인 행태였다. 그래서인지 리다자오를 기념하는 글에는 그가 소련대사관으로 피신했다는 내용을 찾아볼 수 없었고, '피신은 매국이다'라는 글도 점차 줄어들었다. 나는 하늘에 있는 그의 영혼에게 인사하며 감사의 마음을 전했다.

    그 무렵에 이르러 팡리즈는 중국공산당이 짊어져야 할 보따리로 변하기 시작했다. 1989년 10월 1일 중국공산당은 미국정부를 향해 처음으로 먼저 팡리즈 문제를 해결하자는 신호를 보냈다.

    10월 1일, 1949년 중국정부 수립을 기념하는 국경절에 상하이 푸단(復旦)대학의 총장 시에시더(謝希德)는 미국의 상하이 주재 총영사에게 "어떻게 해야 팡리즈 문제를 해결할 수 있겠는가?"라고 물었다. 시에시더는 물리학 교수였으며 리수셴의 스승이기도 해서 우리 부부의 상황을 잘 알았다. 그의 정치적 신분은 중공 중앙위원이었다. 이외에 그는 일찍이 미국에서 유학했고, 최근 몇 년 동안에도 일 년에 한 번씩은 미국에 다녀왔다.

이어서 중국과학원 원장은 미국을 방문했을 때 미국 과학원에 '개인 신분'으로 팡리즈의 문제를 해결할 수 있다고 토로하기도 했다. 그의 정치적 신분은 중공 중앙위원이었다.

마지막으로 전 중공 정치국 위원인 후차오무(胡喬木)는 미국 닉슨(Richard Nixon) 대통령과 아주 가까운 관계인 케네스 리버설(Kenneth Lieberthal) 교수에게 비공식적인 신분으로 팡리즈 문제를 알선하기를 원한다고 말했다.

중국정부는 이 세 번의 '비정치적인 방식'이 문제를 해결하려는 미국정부의 신속한 반응을 이끌어 낼 것이라고 짐작했다.

11월에 미국이 반응을 보였다.

그 달 덩샤오핑은 두 명의 중요한 인물을 만났는데, 한 사람은 닉슨이고 다른 한 사람은 키신저(Henry A. Kissinger)였다. 전자는 미국정부를 도와 이 사건을 정식 문제로 만들겠다고 했고, 후자는 이 문제에 개입하길 원치 않았다.

11월 2일과 14일에 덩샤오핑은 그의 '오랜 친구'인 닉슨과 키신저를 각각 만났다. 두 번의 만남 모두에서 팡리즈의 문제에 대해 이야기했다. 비록 키신저가 이 문제에 개입하길 원치 않는다고 했지만 덩샤오핑은 문제를 제기했다. 덩샤오핑의 재촉에 키신저는 어쩔 수 없이 이 문제에 개입하게 되었다.

두 차례의 만남에서 덩샤오핑의 요점은 두 가지였다. 첫째, 팡리즈는 중국을 떠난다. 둘째, 팡리즈는 죄를 인정하고 앞으로 다시는 정부에 반대하지 않을 것을 보증한다. 덩샤오핑의 목적은 아주 분명했다.

그는 중국과 미국 간의 '오랜 친구'의 관계를 회복하면서 '눈엣가시'도 없애려고 했다. 또한 아주 분명한 책략을 펼쳤는데, 그것은 '보따리'를 다시 미국 쪽으로 넘겨서 미국 대사로 하여금 팡리즈가 죄를 인정하도록 만들려는 것이었다.

11월 15일, 릴리 대사는 나의 자수를 촉구하는 편지를 전달해 주었다.

> 중국의 관계부서의 대변인이 발표한 담화는 팡리즈·리수셴이 자수하여 관대한 처리를 얻도록 정중하게 촉구한다.
>
> 대변인이 말하기를 인민들의 적극적인 지지 아래 중국은 이미 동란을 제지하고 반혁명폭란을 평정하는 데 성공했다. 사회는 이미 정상적인 질서를 회복했고, 국내의 정세도 안정되었다. 동란과 폭란 중에 죄를 범한 많은 사람들이 공안기관에 자수하여 관대한 처리를 받았다.
>
> 반혁명폭란이 평정된 뒤 몇몇 중국인들이 외국 대사관에 숨어 들어갔다. 그러나 현재 팡리즈와 리수셴 두 사람만 여전히 미국 대사관에 숨어있을 뿐 다른 사람들은 모두 자수하여 관대한 처분을 받고 인민들의 양해를 얻었다.

대변인은 팡리즈와 리수셴도 하루 빨리 미국대사관을 벗어나 관대한 처리를 받게 되기를 정중하게 촉구한다.

자수하기를 이 촉구하는 편지는 1989년 1월 6일 대대적인 사면을 요구한 나의 편지에 대한 덩샤오핑의 회신이라 할 수 있었다.

팡리즈 문제에 대한 중·미 간의 첫 번째 정식 담판은 11월 18일에 있었다. 그리고 뒤이어 몇 차례 더 진행되었다. 12월 초, 부시는 다시 특사 브렌트 스카우크로프트를 베이징에 파견했다. 협상이 무르익었고, 성탄절 전에 원만하게 해결될 것처럼 분위기가 낙관적이었다.

그러나 상황은 다시 빠르게 냉랭해져서 대치국면이 되었다. 덩샤오핑이 두 가지 목적을 이루지 못했기 때문이었다. 나는 미국 대사에게 죄를 인정하도록 촉구 받지 않았고, 미국정부도 이 일로 압박을 가할 생각이 없었기 때문이다.

덩샤오핑은 계산에 실패했다. 그는 줄곧 중국이 이 세상의 중심이 아니라는 사실을 깨닫지 못했다. 그의 통치 아래 있는 대륙에서는 한 사람이 죄가 있는지 없는지 여부는 법률이 아닌 그의 말 한마디로 결정되었다. 그러나 그 방식이 세상 모든 곳에서 통용되지는 않았다.

중국과 미국이 담판 중일 때 나는 릴리 대사에게 대체 우리가 어떤 죄를 지었는지 중국 당국에 물어봐 달라고 했다. 정말 죄를 인정하는 글을 써야 한다면 어떤 잘못이 있는지 정확히 아는 편이 나았기 때문이다. 릴리 대사는 내 부탁대로 당국에 내 잘못이 무엇인지 물었고,

중국 외교부 부부장은 '많은 사람이 두루 알게 한 죄'라고 한 마디 했다고 한다.

검찰은 우리 부부에 대한 지명수배 명령을 내리고 반년이 지난 후에도 제대로 된 기소장 한 장 준비하지 않았다. 지명수배가 내려지고 한 달 뒤 외교부 부부장은 릴리 대사에게 우리 부부의 죄에 대한 자료를 읽어주었는데 그것은 얼핏 기소장 같지만 기소장의 형식을 갖추지 못한 것이었다.

왜냐하면 나와 리수셴이 어떤 죄를 지었고, 어떤 법률에 저촉되는지에 대한 내용이 없었기 때문이었다. 또 단지 그것을 듣는 것만 허용되고 정식으로 서류를 교부하지도 않았다. 부부장 역시 그 서류가 충실하지 못함을 알고 있었으므로 감히 외교문서로 만들어 대사에게 전달할 수 없었던 것이다. 대사가 알려주기를 부부장은 그 자리에서 14조목의 '죄상'을 읽었다고 한다.

그 부부장은 자신이 똑똑하게도 '14조목'을 한 통의 외교문건을 만들지 않은 것을 다행이라고 여겼을 것이다. 14조목 중 2가지의 예를 들어 그 죄질과 무거움을 따져 보겠다. 14조목의 죄상에서 언급된 리수셴의 죄 가운데 하나는 '1989년 4월 18일 베이징대학 학생 자치연합회에 특정한 지시를 했다'는 것이다. 그러나 《인민일보》에 근거한다면 학생자치연합회는 1989년 4월 19일에야 비로소 성립되었다. 그러므로 이 죄는 오늘 죽었는데 내일 다시 태어난 사람처럼 앞뒤가 맞지 않는 것이었다.

14조목은 또 설명했다. 팡리즈의 죄 중 하나는 그가 베이징대학의 민주 살롱의 강연자를 조종해 반혁명을 진행하고, 그 의식형태가 선전되도록 한 것이었다. 《인민일보》에 의하면 그 살롱의 주요 강연자 2명은 전 미국 대사인 윈스턴 로드(Winston Lord) 부부였다. 거기에서부터 추론하면 팡리즈가 미국 대사부부를 조종하는 죄를 범했다는 것이다. 이것은 미국의 죄인가, 중국의 죄인가?

이에 대해 우리들은 '14조목에 대한 답변'이란 글을 썼다. 그 중에는 15조목이 있었다. 15조목은 '팡리즈의 표시(表示)'라고 할 수 있다. 나는 상술한 14개의 죄에 대해 TV나 신문을 통해 공개적으로 증거를 대면서 즐겁게 대답한다고 썼다.

유감스럽게도 1988년의 '외국계좌 비방 사건'과 마찬가지로 당국은 공개된 법정에서 그 문제를 논하길 원치 않았다. 담판은 그렇게 또 미뤄졌다.

설 연휴가 긴 2월과 3월은 바쁘게 지나갔다. 4월, 봄이 되자 다시 당국의 시험적인 탐색이 진행되었다. 그들은 새로운 책략을 구사했다. 팡리즈 부부의 일로 두 나라의 합작관계가 영향을 받지 않기를 바라며, 팡리즈 문제는 잠시 미뤄 놓자는 것이었다. 그 전에 나는 미국의 유명한 TV 뉴스캐스터에게 편지를 썼다. "나는 현재 미국과 중국이라는 두 초특급 정부 사이에 놓여 있다. 만약 이 초특급 정부들 사이에 매달려 있어야 한다면 '매달려 있을 것'이다."

그러나 미국 국회의 관심도 중국의 인권문제가 전면에 드러나도록 만들진 못했다. 이 길 역시 통하지 않았다.

몇 차례 벽에 부딪친 중국 당국은 나의 죄를 인정하게 하는 쪽으로 방향으로 바꿨다. 팡리즈에게 한 통의 진술서를 쓰게 하고, 그 안에 '나는 죄를 인정한다.'는 말을 포함시키라는 것이다. 1989년 11월 처음 담판을 시작할 때 나는 이미 간단한 서면 진술서를 하나 썼다. 그런 뒤 몇 번 고쳐 썼지만 그 안엔 '나는 죄를 인정한다'라는 말이 없었다.

4월과 5월 사이에 중공 최고지도자는 1차 선전공세를 시작했다. 그들은 대중매체를 통해 "팡리즈가 죄를 인정하기만 하면 그를 출국시킬 수 있다."라고 말했다. 이러한 공세는 얼마간 효과가 있어서 나의 몇몇 외국 친구들은 이 조건을 받아들이라고 권했다.

일단 죄를 인정한다는 거짓말을 쓰고 나와서 다른 일을 하는 것이 보다 가치 있다는 것이었다. 한 친구는 내게 서양에는 하나의 문화가 있는데, 거짓말을 할 때 검지와 중지를 교차시키면 하느님도 거짓말을 용서해주신다는 것이었다. 한 로마의 친구는 편지로 강권 아래에서 '나는 죄를 인정한다.'라고 쓰는 것은 허물이나 잘못이 아니라고 했다. 그리고 갈릴레오 같은 대물리학자도 권력 앞에서 거짓을 말했는데 대체 얼마나 더 좋은 상황을 기대하느냐고 반문했다.

내게 당시 갈릴레오가 죄를 인정했던 편지를 보내 준 사람도 있었다. 성질이 급한 친구는 나를 대신하여 '죄를 인정하는 진술서'의 초안을 보내왔다. 나는 이렇게 나 대신 쓴 진술서의 초안을 모두 3장이나 받았다. 만약 사태가 더 늘어졌다면 나는 그 가운데 하나의 초안을 받아들였을지도 모른다.

그러나 중공은 더 이상 질질 끌기를 포기했다. 내가 진술서 초안 중 하나를 고심하며 고르고 있을 때 중공은 이 일을 끝내기로 결정했.

완전히 마무리 짓는 데는 모두 10일이 걸렸다.

6월 16일, 중국과 미국은 다시 담판을 벌였다. 중국 외교부는 팡리즈와 리수셴의 출국을 비준하겠다는 뜻을 밝혔다. 그 조건은 죄를 인정하는 글을 쓰는 것이 아닌 병을 치료하기 위해 출국한다는 청구서를 한 장을 쓰라는 것이었다. 글 가운데는 반드시 '관대한'이란 단어를 포함시켜야 했다. 그리고 중국정부를 반대하는 활동에 참여하지 않겠다는 것을 보증해야 한다고 덧붙였다.

우리는 병을 치료하기 위해 출국한다는 부분은 받아들였지만 관대한 용서를 구한다는 글은 절대로 쓸 수 없었다. 또한 중국에 반대하는 활동에 참여하지 않는다는 것은 승낙했지만 중국정부에 반대하지 않는 것을 보증하는 것은 거절했다.

6월 17일, 릴리 대사가 다시 알려오길 중국 쪽에서 '관대한 용서를 구한다'는 글을 쓰는 것, '중국정부에 반대하지 않는 것을 보증하는 것'을 더 이상 요구하지 않는다고 했다. 당국은 대신 '중국정부의 인도로 출국한다'는 내용을 포함시키길 원했다. 그리고 첫 번째로 도착하는 곳은 미국이 아닌 곳, 가능하면 고립된 작은 섬을 선정하길 원한다고 했다.

우리들은 '인도'라는 단어는 받아들였다. 첫 번째 도착지가 작은 섬이라는 것도 받아들였다. 그리고 아내와 내가 선택한 작은 섬은 잉글랜드였다.

6월 18일, 나는 진술서를 썼다.

6월 19일, 중국과 미국은 다시 협상 테이블에 앉았다. 외교부는 재차 나의 진술서 가운데 죄를 인정한다가 아닌 '잘못을 인정한다'는 내용이 들어가야 한다고 고집했다.

나는 거절했다.

6월 20일, 다시 시작된 중·미의 협상. 중국 당국은 더 이상 고집을 부리지 않았다. 마침내 담판을 지은 것이었다. 중·미 양국은 국빈관에서 축하자리를 가졌다.

축배를 들기 전 중국 당국은 갑자기 한 가지 새로운 요구를 했다. 바로 리수셴도 진술서에 서명하라는 것이었다.

리수셴은 반은 받아들이겠다고 결정했다.

6월 21일, 진술서의 최종본이 준비되었고, 전문은 다음과 같다.

1. 나는 중국 헌법 서문에 쓰인 4개항의 기본원칙을 반대한다. 그것이 '계급투쟁'의 정치체제를 유지하는 작용을 하기 때문이다. 이러한 정치적 주장은 헌법 서문에서 말하고 있는 바를 위반한 것이다.
2. 특히 필요한 치료를 하기 위해 출국을 신청한다. 중국정부가 인도적인 고려를 해주기 바란다.
3. 출국의 목적은 장차 학술교류와 합작연구에 집중하기 위함이다. 우리들은 중국 사회의 진보와 이익에 부합하는 활동을 환영하며 이와 반대되는 일, 즉 중국을 반대하는 활동에 참여하는 것을 거절한다.

1990년 6월 22일 베이징

나와 리수셴은 서명했다. 주목할 것은 1조의 주어는 단수의 '나'를 사용했고, 2조는 주어가 없으며, 3조는 복수를 의미하는 주어 '우리들'을 사용했다는 점이다. 그리고 리수셴은 2조와 3조에만 서명했다.

6월 22일, 중·미가 다시 모였다. 우리들이 중국을 벗어나는 절차를 논의하기 위해서였다.

6월 23일, 릴리 대사가 아침에 찾아왔기에 우리들의 사진을 주었다. 여권을 만들 때 사용하도록 하기 위해서였다. 동시에 영국 비자 문제도 처리했다.

6월 24일, 짐을 꾸렸다. 그리고 저녁엔 미국대사관에서 고별파티를 열었다. 보안이 유지되도록 우리 부부를 제외하고 단지 6명만이 참가한 자리였다.

이 날 오후 전국 각지의 당위원회는 중국공산당중앙에서 보낸 '팡리즈 부부가 병을 치료하기 위해 출국한다'는 내용의 긴급서류를 당원들에게 발송했다.

6월 25일, 하지(夏至)가 지났는데도 날씨가 서늘했다. 오전 8시 정각 100명의 경찰과 사복경찰이 미국대사관 앞에 집결했다. 경비가 삼엄했다.

10시 30분, 나와 리수셴은 대사관저를 빠져 나왔다. 그리고 1년 전 우리들이 타고 왔던 차에 릴리 대사와 함께 탔다. 차는 난위안(南苑) 비행장으로 향했다.

우리들이 탄 차가 지나는 길은 다른 차량의 운행이 허가되지 않았다. 우리의 차 앞에는 공안 경찰차가 길을 열면서 갔고, 뒤에는 두 대의 차가 따라왔다. 줄곧 엄한 경계를 펼치던 경찰이었지만, 차 한대가 다가오자 0001호 찻길을 열어 주었다. 분명 중요한 인물이 타고 있었던 것이다. 경찰들은 부지불식간에 바로 경례를 붙였다.

11시 5분, 난위안 군용비행장에 도착했다. 미국 전용기가 이미 도착해 있었다.

11시 30분, 중국 공안요원은 좌우 2명의 호위를 받으며 중국 여권을 우리들에게 교부해 주었다. 관원의 얼굴은 땀이 가득했다. 아마도 그에겐 그 여권이 너무 무거웠을 것이다.

12시 40분, 우리는 순조롭게 비행기에 올랐다. 활주로를 달리던 비행기가 곧 이륙했다.

이렇게 하여 중국정부는 미국 전용기에 2명의 중국인을 태워 보냈는데, 그 2명은 중국 최대의 '범죄자'였다.

황당한 일이라고?

세상은 본래 황당한 것이다.

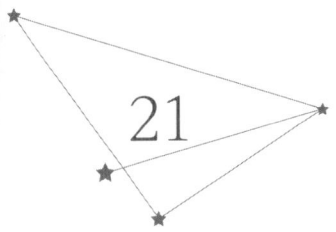

21

내가 겪은 그 1년간의 중·미 교섭*

    2010년 성탄절 전에 리인위안(李蔭遠) 선생으로부터 짧은 편지를 받았다. '여러 해 소식이 없었습니다. …… 그대는 정말로 붓을 들어 자서전을 쓰고 싶겠군요. 20~30년 뒤 역사를 연구하는 학자들이 평론하는데 좋은 자료가 될 것입니다.'

    리인위안 선생은 일찍이 중국과학원 물리연구소부소장을 지냈다. 1962년에서 1965년 사이 나는 과기대학에서 학생을 가르치는 한편 리 선생님 문하에서 연구를 했다.

---

* 편집자 주: 팡리즈는 2011년 5월 29일 웹사이트 〈화하문적(華夏文摘)〉에 '내가 경험한 1989년~1990년까지 중·미의 교섭'을 3편으로 나누어 발표했다. 1990년 이후 중·미 쌍방이 연이어 공개한 비밀자료를 가지고 내용을 보충해 서술한 것이다. 이 3편의 글이 쓰인 시기는 자서전이 쓰인 시기로부터 20년의 시간차가 있다. 편집부는 3편의 글을 하나의 글로 합쳤으며, 작자의 의도를 해치지 않는 선에서 앞의 내용과 중복된 부분은 삭제하고 간행했다.

매일 강의와 연구에 바빠서 내겐 자서전을 쓸 에너지가 없었다. 또한 현재 '자서전'이라는 종류의 '책'은 1달러짜리 미국 지폐처럼 큰 가치가 없다. 그러나 리 선생님이 말씀대로 '20~30년 후에 역사를 연구하는 학자'의 흥미는 당시 일을 회고하는 사람의 진술의 '정확성 여부'에 있지 않고, 그것을 '채택하고 평론'할 수 있는 역사 사실의 사료에 있는 것이다. 그러므로 중요한 것은 확실한 사료를 제공하는 것이다. 이 글에서 다룰 주요 역사는 내가 미국대사관에 피신해 있을 시기에 중·미 양국 정부 간에 외교적 교섭에 관한 내용이다.

관계자료

팡리즈와 리수셴이 미국대사관으로 피신한 기간은 1989년 6월 5일에서 1990년 6월 25일까지다. 이 기간 동안 '팡·리의 피난'은 중·미 외교의 핵심문제 가운데 하나였다. 중국 당국이 공개한 사료는 첸치천(錢其琛)의 책 속에 기록되어 있으며 아주 간략하다. 미국의 기록은 부시와 브렌트 스카우크로프트가 함께 일한 가운데 있으며 역시 간략하다.

기자 제임스 만(James Mann)은 미국 국무원의 서류를 조사했고, 이 안건이 비교적 자세히 쓰여 있음을 확인했다. 미국 대사인 제임스 릴리는 의심할 여지없이 '팡·리의 피난' 사건에 대해 가장 많은 것을 알고 있었다. 그는 이 부분의 역사에 대해 상당히 길게 서술했다.

당시 중국과 담판을 짓는 미국의 입장은 "우리는 이 문제에 대해 미국정부를 대신하여 어떤 약속도 할 수 없지만 팡리즈와 중국 사이의 '우체부'로서 봉사할 준비가 되어 있다.(We are prepared to serve as the 'mailman' between Dr. Fang and Chinese government in this regard without offering commitments on behalf of the US government.)"였다.

13개월 동안 제임스 릴리 전 미국 대사와 중국 외교부 부부장 류화츄(劉華秋) 등의 협상은 대체적으로 3단계를 거쳤다. 1단계는 1989년 7·8월로 우리들이 미국대사관으로 들어 간 초기이고, 2단계는 10·11월로 닉슨과 키신저가 중국을 방문한 전후였으며, 3단계는 1990년 5월 이후부터 우리들이 대사관을 떠날 때까지였다.

"빌어먹을, 대체 무슨 짓을 한 거야?"

6월 5일 저녁 리수셴과 나는 젠궈 호텔에 묵고 있었다. 밤중에 전화벨이 울려 받았더니 미국의 외교관 부르크하르트였다. 그는 빠른 어조로 우리가 있는 호텔로 오겠다고 했다. 그리고 곧 직원을 대동해서 나타났다.

"나는 오늘 오후에 만났던 레이먼드 부르크하르트입니다. 만약 우리와 함께 가시길 원한다면 부시 대통령의 손님으로 미국대사관에 머물고 싶은 만큼 머물 수 있습니다."

부르크하르트의 태도는 그날 오후와 180도 달라져 있었다.

그날(6월 5일) 오후 우리들은 린페이루이와 동반해 대사관으로 향했다. 그곳에서 며칠 머물며 혼란스러운 시기가 안정되길 기다리려고 했다. 당시 제임스 릴리 대사와 그의 부인은 베이징에 막 도착해서 아직 대사관저로 이사 오지 않은 상태였다. 그래서 대사관 일은 부르크하르트가 대신 주관했다.

우리는 부르크하르트와 2시간 동안 이야기했다. 그는 처음엔 우리 부부가 여기 머무는 것을 환영하지 않았다. 그래서 우리들은 오후 5시 무렵 대사관을 떠나 호텔로 갔고, 린페이루이는 집으로 돌아갔다. 그런데 몇 시간 뒤 그의 태도는 완전히 변했고, 우리들을 대통령의 손님으로 환영한다는 것이었다.

훗날 알게 되었지만 그의 태도가 바뀐 것은 워싱턴으로부터 한 통의 전화를 받았기 때문이었다. 미국 동부시간으로 그날 오후 국무부의 제프리 베이더(Jeffrey Bader)가 미국대사관이 우리들을 '환영하지 않은 조치를 한 것'을 알게 되었다.

그는 즉시 미국대사관에 전화를 걸었다. 그날은 마침 일요일이었기 때문에 비밀을 보장할 수 있는 전화도 없었다. 하지만 시간을 지체할 수 없었던 그는 중국이 감청할 가능성이 큰 전화를 이용해 대사관 정치처에 직접 전화를 걸었다. 그 한 통의 전화는 그가 감청되는 것을 두려워하지 않았음을 보여준다. 그는 대뜸 이렇게 말했다.

"What the fuck are you doing?(빌어먹을, 대체 무슨 짓을 한 거야?)"

'fuck(빌어먹을)'란 말을 듣자 부르크하르트는 사태의 심각성을 즉시 알아차렸다. 그래서 바로 우리들에게 전화를 걸었다.

처음의 환영하지 않는 태도는 부르크하르트 자신의 입장은 아니었다. 그것이 당시 미국의 일반적인 정책이었으므로 그 역시 그렇게 행동했던 것이다. 이것은 부시와 브렌트 스카우크로프트의 회고가 일치하는 부분이다.

우리와 통화한 뒤 부르크하르트와 과학기술 참사관, 경호원은 방

탄유리를 장착한 차를 타고 젠궈 호텔 후문에 도착했다. 그리고 우리들을 만나 미국대사관으로 데려갔던 것이다. 차를 타고 가는 도중에도 그는 재차 말했다. "그대들은 부시 대통령의 손님이니 오래 머물고 싶으면 그렇게 하십시오."

그날은 6월 6일 새벽이었다. 그로부터 약 13개월의 피난생활이 시작되었다.

릴리 대사는 우리와 처음 만난 자리에서 그들이 할 수 있는 한계선에 대해 설명했다. 만약 중국 당국이 대사관으로 쳐들어온다면 미국은 단교 외에는 별다른 선택을 할 수 없었다. '단교'는 일반적인 반응이다. 과거 장쥐린(張作霖)이 소련 대사관에 함부로 발을 들여 놓자 소련은 바로 중국과 단교했다. 그보다 이전에 의화권(義和拳)이 베이징 대사관 구역을 공격했을 때는 공격을 받은 대사관의 국가들 모두 청(淸) 조정과 단교했다.

이후 제임스 릴리는 약 열흘에 한 번 우릴 찾아왔다. 의사 한 사람과 간호사 한 사람은 거의 매일 찾아왔고, 우리들의 일상생활을 책임졌다.

릴리 대사와 빌(Bill)을 통해 6·4 이후 서독, 오스트레일리아 대사관 등에 많은 사람들이 피신했다는 것을 알게 되었다. 공개되지 않은 피난사건은 양국 정부가 교섭하며 빠르게 해결했다. 그들은 안전하게 대사관을 떠나거나 출국했다. 하지만 우리가 미국대사관에 있다는 사실은 미국정부에 의해 공개되었고, 덕분에 상황이 어려워졌다.

3주가 지나자 모든 것이 정상화되었다. 미국대사관 문 앞도 평온하고 고요해졌다. 시위하는 사람도, 팡리즈 모형에 불을 지르는 일도 없었다. 빌은 '수박을 파는' 숨은 초소가 있는 것 같다고 말했다.

빌의 부인은 영사부의 비자를 책임지고 있었는데, 빌은 6월 하순에 중국 고위층 인사 예컨대 양상쿤(楊尙昆) 같은 사람의 친척이 미국에 가는 비자를 신청했다고 알려주었다. 곧 위안무(袁木)의 가족도 비자를 신청했다. 미국영사관 직원은 비자 발급을 위한 인터뷰를 할 때 일부러 큰소리로, 그것도 중국어로 그의 이름을 부르며 말했다. 그리하여 위안무의 가족들이 미국으로 간다는 소식은 발 없는 말이 되어 베이징에 퍼졌다.

그들이 비자를 발급받는 일 때문에 '대사관을 불태우는' 위험한 시기는 지나갔다. 그리고 담판이 시작되었다.

'중국인 6·4 긴급보호법'과 비자

9월, '중국인 6·4 긴급보호법' 안건이 미국국회를 통과했고, 부시 대통령이 서명하여 효력이 발생했다.

9월 18일, 미국 케네디재단은 1989년 케네디 인권상을 팡리즈에게 수여한다고 선포했다.

소식이 전해지자마자 제임스 릴리 대사는 류화츄에게 불려갔다. 류화츄는 미국 당국이 케네디재단의 반중국 활동을 제지해 줄 것을 요구했다. 하지만 케네디재단은 NGO단체였다. 미국 헌법에 의하면 행정당국은 그들의 활동을 제한할 권한이 없었다.

대사관으로 돌아 온 릴리는 내게 케네디 가문은 미국 정계에서 아주 강한 세력을 가지고 있다고 알려 주었다. 행정당국은 그들을 제지할 순 없지만 만약 케네디재단이 행정당국에 어떤 일을 철회해달라고 하면 행정당국은 거절할 수 없다는 것이었다.

과연 케네디재단은 사람을 파견해 베이징에서 팡리즈 부부를 만나 상을 받게 된 일을 통지할 수 있도록 해달라고 릴리 대사에게 요청했다.

우리들이 대사관에 들어온 후 미국정부는 뜻밖의 상황이 생기는 것을 방지하기 위해 대사관 직원이 아닌 사람이 우리를 만나는 것을 막아왔다. 미국의 크고 작은 매체들이 방문을 허락해달라고 요청했지만 모두 완곡하게 거절했다. 그런데 케네디재단의 요구만큼은 거절하지 못했다.

케네디재단의 대표인 쉘(Orvilllle Schell)과 그의 부인 류바이팡(劉白方)은 대사가 친히 안내하는 가운데 우리들이 있는 비밀숙소에 도착했다. 대사관에서 13개월을 지내는 동안 우리들이 만난 사람들의 수는 매우 적었는데, 쉘과 류가 그 중에 포함되었다.

덩샤오핑과 두 명의 친구

미국 당국은 닉슨과 키신저가 중국을 방문할 것을 알고 일찍이 닉슨과 키신저에게 덩샤오핑을 만날 때 '팡리즈 문제'를 알선해줄 것을 부탁했다.

두 알선자는 덩샤오핑의 '팡리즈 문제' 해결안을 전해 왔다.

그들은 팡리즈의 전 가족을 출국하게 하는 조건으로 A-팡리즈가 그의 활동을 설명하는 진술서를 쓰고, B-중국을 반대하는 정치 활동에 종사하지 않겠다는 보증을 해야 하며, C-출국하는 나라는 미국으로 할 것을 제시했다. 그러나 얼마 후 키신저는 조건 C를 미국이 아닌 '제3국으로 간다'로 고쳤다.

이 해결안의 노선에는 관건이 되는 한 마디가 있었다. 바로 "the best solution is 'simple one.'"이었다. 'simple one'이라니? 닉슨과 키신저는 아마도 이것에 주의하지 못했을 것이다. 혹은 덩샤오핑도 뜻을 가지고 분명하게 말하지 않았을 것이다.

A와 C는 처리하기 어렵지 않다. 하지만 B에 포함된 뜻은 협상을 통해 분명히 해야 했다. 미국은 행정당국이 팡리즈의 언행을 통제할 수 없다는 입장이었다. 미국은 헌법에 의거해 미국에서 생활하는 사람에 대한 보증을 제공할 수 없기 때문이다.

이는 중국의 정치체제와 완전히 달랐다.

대변인은 정중하게 팡리즈와 리수셴은 하루 속히 미국대사관을 나와 관대한 처분을 받으라고 촉구했다. 그들의 조건 A는 진술서를 쓰라는 요구였지만 내게 보내온 독촉장에서는 '자수', '관대한 처분' 등 전형적인 문화대혁명적인 말투를 사용했다.

독촉장의 논조에서 덩샤오핑의 원래 뜻이 드러났지만 '친구'인 알선자들은 그의 말을 모두 받아들이지 않았다. 그래서 중간 정도의 '진술서'가 된 것이다. 키신저의 회고록에는 이 알선이 다음과 같이 서술되어 있다.

> 독촉장은 증명한다. '외국대사관으로 피신한' 사건은 팡과 리를 제외하고도 또 있다. 그리고 그 사건들은 이미 해결되었다. 이는

우리들이 알고 있는 자료와 일치한다. 중요한 것은 독촉장에서 그 몇몇 중국인들의 문제가 자술서를 씀으로써 해결되었다고 말하지 않았다는 점이다. 중공의 문서를 볼 때는 먼저 무엇을 썼는지 보고, 그 다음엔 무엇이 쓰여 있지 않은 지 살펴봐야 한다.

그러므로 독촉장에 신경 쓰지 않을 수 없었다. 나는 두 알선자의 해결안 중 A에 따라 내 '과거와 미래'에 관한 진술을 썼으며 전문은 아래와 같다.

과거와 미래

과거에 대해

1. 나는 중공이 응당 사회개혁을 진행해야 한다고 주장했다. 나는 1988년 이전 여러 차례의 강연을 통해 공개적으로 중국의 개혁에 대한 나의 관점을 표현했다.
2. 나의 가장 중요한 관점은
    a. 마르크스주의가 조성한 3개 부분인 철학, 정치경제학, 사회주의 이론은 모두 낙후된 것이다. 그 몇 가지 기본원칙은 이미 과학에 의해 정확하지 않은 것으로 증명되었다.
    b. 사회주의 국가들이 사회주의 체제 아래에서 했던 일은 전체적인 관점에서 볼 때 대부분 실패한 것이다. 레닌-스탈린-마오쩌둥 식의 사회주의는 이미 그 흡인력을 대부분 상실했다.
    c. 중국공산당 통치 아래 사회주의 중국의 40년은 사람들에게

실망감을 주었다. 해마다 일어나는 대규모의 '계급투쟁'은 중국의 경제를 줄곧 세계에서 100위 이하의 가난한 나라에 머물게 했다. 또 중공 자체의 부패는 날이 갈수록 심해지고 있다.

    d. 민주·인권 없이는 현대화를 이룰 수 없다. 그러므로 응당 '계급투쟁'과 관련된 내용을 취소해야 한다. 덩샤오핑의 '4개항 기본 원칙'은 마오쩌둥의 '6조목의 정치 표준'과 비슷하며 계급투쟁의 정치체제를 유지한다. 이렇게 중국이 경직되어 변하지 않는 한 민주와 현대화는 모두 희망이 없다.

3. 1989년 4월 톈안먼에서 발생한 학생운동은 중국정부가 하루 속히 개혁하기를 요청하기 위해 실행되었으며 그 방법은 평화적이었다. 그래서 나는 그것을 찬성하고 지지한다. 또한 나는 헌법 제63조에 근거하여 인민대회를 통해 리펑(李鵬) 총리를 파면한 것을 찬성한다.
4. 나는 1989년 6월부터 중국정부가 위에 상술한 내 정치적 주장이 '반혁명적'이고, 행위가 '반혁명적인 선전과 선동죄를 범했다'고 말한 것에 주목한다.

미래에 대해

1. 이번 출국의 목적은 북아메리카와 서유럽의 20여 개 대학과 연구소의 초청에 응하고 학술교류와 연구에 집중하기 위함이다.
2. 한낱 중국의 공민으로서 내가 관심을 갖는 것은 오직 중국의 평화와 번영과 현대화다.

3. 그러므로 중국 사회의 진보에 부합하는 전 세계의 모든 활동에 찬성하지만, 중국의 진보와 이익에 반하는 조직을 지원하는 일은 거절할 것이다.
4. 나는 상황이 허락하는 대로 귀국하여 중국의 과학과 교육 사업을 발전시키는 일을 위해 봉사할 것이다.

18일 담판에서는 제임스 릴리 대사가 미국 쪽 대표로 참석했다. 24일 담판에는 공사(公使)인 파스코(B. L. Pascoe)가 대표로 참석했다. 릴리 대사가 보고 등의 일로 본국에 갔기 때문이었다. 파스코는 연합국 부비서장으로 정치 업무를 책임지고 있었다.

18일 담판 때 릴리는 내가 쓴 진술서의 존재를 알렸고, 24일 파스코가 '과거와 미래'라는 내 진술서를 중국 측에 교부했다. 이렇게 하여 조건 A가 충족되었다.

조건 C는 문제가 되지 않았다. 나는 미국이든 제3국이든 어느 쪽으로 가도 상관없었다. 서유럽과 북아메리카 등 나와 왕래했던 많은 동료들이 초청장을 보내오기도 했다. 내게 영구직위를 내리겠다는 곳도 있었다. 첫 번째로 영구직위를 제안한 곳은 노르웨이 오슬로대학의 물리학과였다. 정식 제안을 담은 편지가 도착한 것은 우리들이 미국 대사관에 들어간 지 17일째 되는 날이었다.(그로부터 21년 뒤인 2010년, 나는 겨우 기회를 잡아서 오슬로 대학을 방문했고 감사의 마음을 전했다.)

담판의 초점은 조건 B였다. 앞에서 서술한 바와 같이 미국은 미국 헌법에 의거해 행정당국이 개인의 언행을 통제할 수 없었다. 또 팡리즈가 정치적 활동에 참여하지 않도록 하는 일도 보증할 수 없었다. 팡리즈가 중국 당국에 쓴 진술서는 중국과 팡리즈 사이의 일로 미국이 책임질 수 있는 일이 아니라는 것이었다.

미 행정당국이 확실히 승낙할 수 있는 것은 부시 대통령 등이 팡리즈를 만나지 않는다는 것이었다. 그 일로 덩샤오핑은 체면을 구겼다. 이 문제의 협상은 종종 댜오위타이(釣魚台) 빈관(賓館)에서 열렸는데, CIA의 활동에 대해 좀 알고 있던 릴리 대사는 덩샤오핑이 2층에서 모든 협상을 감청했을 것이라고 추측했다.

조건 B의 대치상황을 해결하기 위해 양국은 서로의 체면을 좀 세워주었다. 큰 그림에서 팡리즈가 미국정부를 향해 충분히 보증하는 것이었다. 중국을 떠난 후 얼마의 시간 동안은 전심으로 과학연구에 뜻을 둔다는 말로써. 관건은 '얼마의 시간 동안(for a period of time)'이었다. 도대체 얼마나 오래란 말인가? 하루? 한 달? 1년? 아니면 10년? 확실한 건 아무것도 없었다. 그러므로 이 약속은 쓸모없는 것이었다.

나는 '정치활동에 종사하지 않는다'와 같은 보증은 덩샤오핑의 '핵심조건'이 아님을 확실히 느꼈다. 왜냐하면 덩샤오핑 스스로가 비슷한 경험을 가지고 있었다. 그 역시 마오 주석에게 영원히 뒤집히지 않는 보증을 한 바 있다. 이를 통해 미루어 보아도 '보증'이란 체면 말고는 실제적 가치가 없었다.

덩샤오핑의 '핵심조건'은 A도, B도, C도 아니었다.

브렌트 스카우크로프트의 중국 방문

12월 9일, 빌이 흥분한 얼굴로 뛰어와 좋은 소식을 알려 주었다.

"빨리 준비해요. 아마 내일은 떠날 수 있을 거예요!" 그 배경은 부시가 다시 특사 브렌트 스카우크로프트를 파견했고, 그가 오늘 베이징에 도착했다는 것이었다. 릴리 대사의 계산으로는 ABC 문제가 그날 모두 타협될 터였다. 그래서 스카우크로프트가 부시를 대신해 덩샤오핑과 기념사진을 찍고, 팡과 리는 그를 따라 출국하면 되었다. 대사관 분위기는 낙관적이었다. 성탄절 전에 '사건'이 원만히 끝날 것 같았다.

짐을 꾸리는 건 간단했다. 1시간이면 충분했다. 12월 10일 아침 우리들은 짐을 모두 챙기고 명령을 기다렸다……. 그러나 밤늦게까지 기다려도 명령은 없었고, 우리들은 잠자리에 들었다.

이 이야기의 이면은 스카우크로프트의 회고록에 상세히 묘사되어 있었다. 그가 베이징에 도착한 날 밤 외교부장 첸치천은 환영 연회를 열었다. 당시 미국의 중국에 대한 경제원조 중단 및 고급 관원의 상호 방문 중단이란 제재는 아직 끝나지 않은 상태였다.

스카우크로프트는 연회에서 사진을 찍지 않으려고 했다. 그래서 카메라를 회피했다. '주인'도 그의 의견에 동의해 연회 전에 사진을 찍는 것으로 합의했다. 그래서 연회장 문을 닫고 카메라가 들어오지 못하도록 했다.

연회가 진행되고 마지막에 스카우크로프트가 답사를 하는 차례가 되었을 때 그는 주인을 향해 축배를 제의했다. 그때 돌연히 한 무더기의 TV 기자들이 들어와 스카우크로프트에게 카메라를 들이댔고, 곳곳에서 플래시가 터졌다. 이것은 명백히 주인의 안배였다. 스카우크로프트의 축배로 중·미 관계가 정상화되었음을 만천하에 증명하고자 했던 것이다.

이 돌발적인 습격에 스카우크로프트는 당혹감을 느꼈다. 그에겐 두 가지 선택이 남아 있었다. 첫째는 축배를 거두고 이번 일은 실패했다고 미국정부에 보고하는 것이었다. 둘째는 축배를 하고 다음 날 미국 신문에 '브렌트 스카우크로프트가 톈안먼의 살인자와 축배를 들었다'는 제목의 기사가 실리는 것이었다. 이익과 폐단을 저울질하며 스카우크로프트는 체면을 세워 축배를 드는 쪽을 선택했다. 그의 '도박'은 옳았다. 덕분에 그 행차에서 중요한 성과를 올릴 수 있었다. 그는 더 이상 언론매체의 축배 보도를 두려워하지 않았다.

스카우크로프트의 축사는 언뜻 평상시와 같지만 실제로는 다른 것이어서 제대로 살펴볼 가치가 있다. 보통의 축사는 중국의 인권과 탱크 등을 제기하지 않고 오직 톈안먼 사건만 드러낸다. 후에 중공이 사용하는 언어도 스카우크로프트처럼 톈안먼 반혁명 폭란에서 시작해 점차 톈안먼 동란, 톈안먼 풍파에 이르더니 마지막엔 톈안먼 사건으로 바뀌었다. 축사의 마지막에서 스카우크로프트는 술잔을 들고 말했다.

"May I propose a toast to People's Republic China
-- to the health of President Yang
-- to greate Chinese people
-- and to U.S. - Chinese friendship"
(중화인민공화국과 양상곤 주석의 건강, 그리고 중국 인민과 미·중의 우호관계를 위해 축배를 제의합니다.)

스카우크로프트는 주인의 체면을 세워 주었다.

다음날, 우리들이 '명령을 기다리던' 바로 그날 스카우크로프트는 외교부장 첸치천, 총리 리펑, 총서기 장쩌민(江澤民), 마지막으로 덩샤오핑까지 중국의 모든 수뇌부들을 만났다. 덩샤오핑은 이때 비장의 카드를 내놓았다. 즉 돈을 받고 우리 부부를 풀어주는 것이었다. 위에서 말한 대로 그의 핵심조건은 A도, B도, C도 아니었다. 그는 조건 D를 가지고 있었다. 바로 미국이 중국에 대한 경제제재를 해제해 차관(借款)을 회복시키는 것이었다. 조건 E도 있었다. 장쩌민을 초청해 미국을 방문하도록 하라는 것이었다.

이렇게 비로소 덩샤오핑의 '간단한 한 가지'는 중·미간의 문제들을 '한 바구니에 담아 해결'하려는 것임이 분명해졌다. 이 일을 알선한 닉슨과 키신저는 모두 덩샤오핑의 'simple one'에 포함된 뜻을 듣지 못한 것이었나? 혹은 덩샤오핑이 일부러 자신의 오랜 친구에게 그 함의(含意)를 설명하지 않은 것일까? 키신저의 회고록을 보면 그 답은 후자에 가까웠다.

이것이야 말로 진정한 대못이었다.

스카우크로프트는 덩샤요핑의 요구에 대답했다. 그는 '팡리즈 문제'를 해결하기 위해 '중국에 대한 제재 해제'를 교환조건으로 내건 것을 미국은 받아들일 수 없다고 했다. '팡리즈 문제'를 해결하는 것이 '경제제재'를 해결하는데 도움이 될 수는 있지만 이 두 가지를 한데 묶거나 '한 바구니'에 넣을 수는 없다는 것이었다.

이에 덩샤오핑을 비롯한 중국 수뇌부들은 원하는 것을 얻을 기미가 보이지 않으면 가볍게 표를 주지 않는다는 전통적인 규칙을 따랐다.

양국은 타협의 여지가 없었고, 담판은 깨졌다.

1989년 말, 세계의 눈은 서쪽으로 옮겨졌다. 11월에 베를린 장벽이 무너졌고 12월 26일에는 루마니아의 니콜라에 차우셰스쿠(Nicolae Ceauşescu)가 처단되었다. 이때 소련학계에 있던 나의 친구는 밖으로 흘러 나와 서유럽과 북아메리카에 가서 일했다.

부시 행정당국의 주의력은 소련과 동유럽으로 옮겨 갔다. 중국문제는 잠시 선반 위에 얹어 두었다.

나는 덩샤오핑이 오래된 규칙에 따라 일을 처리한다는 것을 알고 있었다. 그리고 당분간은 별다른 일이 없을 테니 안심하고 연구에 집중할 수 있다는 것도 알았다.

제재를 반대하다

1990년 1월에서 4월까지 '팡리즈 문제'는 아무런 진전이 없었다. 쌍방은 숨은 조건에 대해 알게 되었지만 해결할 수 없는 이익의 충돌은 없었다. 그러나 일시적으로 돌파구를 찾을 수 없었다. 부시 당국은 여론의 압력을 받아서 중국에 대한 경제제재 해제를 선포할 수 없었고, 베이징 당국도 명확한 답을 듣기 전엔 사람을 풀어줄 수 없었다.

4월, 중국 당국이 사람을 파견해 미국을 방문하게 하려 했지만 미국 측에서 거절했다. 중국에 대한 제재에 변함이 없었으므로 상호 방문할 수 없었다.

우리들은 쌍방의 힘겨루기를 조용히 보고 있었다. 지켜볼만한 또 다른 힘겨루기는 중·미의 군사적 합작이었다.

2차 대전 기간 동안에 미국과 ROC(Republic of China, 중화민국)는 연맹하여 충칭에 중·미합작소를 세워서 일본과 기타 축(軸)에 있는 군사정보를 수집했다. 미국과 PRC(People's Republic of China, 중화인민공화국)가 국교를 맺은 뒤에도 군사정보 수집은 주요 합작 주제였다.

두 나라는 합작하여 중국 서북지방에 정보사무소를 세우고, 소련과 동유럽 진영의 정보를 감청하고 수집했다. 기술적인 장비는 미국쪽에서 제공했고, 얻어진 정보는 두 나라가 공용했다. 주중 미국대사와 경호원은 정기적으로 정보사무소에 가서 작업을 감독했다.

미국의 중국에 대한 경제제재 후 중국의 반제재 조치는 서북 정보사무소의 합작을 중단하는 것이었다. 나는 1989년 여름과 가을, 제임스 릴리가 정부사무소에 대해 말할 때 초조해 보였던 것을 기억하고 있다. 그런데 1990년 초 대사의 초조감은 사라졌다.

소련과 동유럽 진영의 정권에 변화가 있었고, 중·미 정보사무소는 그 가치를 잃었다. 스카우크로프트가 12월에 베이징을 방문했을 때 그는 동유럽의 사건을 크게 이야기했는데, 이는 중국을 향한 은밀한 언질이었다. 닉슨의 중국 방문으로 시작된 외교정책은 조정되어야 했다. 중공의 반제재도 그 힘을 잃었다.

가벼워진 경제제재

중국에 대한 경제제재는 북아메리카, 서유럽, 일본 등 선진국가가 함께 개입했다. 그때 극소수의 외자(外資)가 중국으로 들어왔다. 단지 타이완으로부터 중소규모의 자본만이 그치지 않고 들어 왔다. 타이완의 중소기업은 6·4 이후 대거 대륙으로 들어갔다.

1990년 봄, 나는 대사가 사람들과 나누는 이야기를 들었다. 그의 말에 따르면 일본은 일찍부터 중국에 대한 경제제재를 해제하길 희망했는데, 그것을 추진하는 힘은 일본의 재벌이었다. 일본의 정치는 재벌에 의해 좌지우지 되었다.

1991년 6월, 나는 일본을 방문하여 교토에서 열린 광의상대회의에 참가했다. 그때는 '팡리즈 문제'가 이미 해결되고 1년이 지난 뒤였다. 하지만 나는 여전히 일본이 '팡리즈 문제'에 개입하고 있다고 느꼈다.

교토에 있는 5일 동안 4명의 일본 경찰은 내 앞뒤좌우에서 나와 '동행'했다. 그들은 내게서 반발자국도 떨어지지 않았다. 내가 머무르는 여관방도 보안이 유지되었다. 화장실에 갈 때도 4명의 경찰들은 뒤에 서 있었다. 하지만 그들은 모두 부드럽고 상냥했다. 작별의 시간이 되자 그들은 종이와 먹, 벼루를 꺼내더니 '묵보(墨寶)'를 남겨 달라고 했고, 나는 간단히 몇 자 썼다.

2007년, 일본의《산케이신문》은 1990년 봄의 막후활동에 대한 자세한 내용을 폭로했다. 이는 내가 아는 단편적인 사실과 맞아 떨어졌는데 그 기록을 보자.

"제임스 릴리는 1989년 가을부터 당시 주중 일본대사 하시모토 히로시(橋本恕)와 빈번하게 접촉했다. …… 미국총통의 보좌역(브렌트 스카우크로프트)이 두 번 중국에 와서 담판이 개진한 다음 하시모토 히로시와 리펑의 회담이 정식으로 개시되었다. 중국은 일본이 제3차 일본 엔화의 차관을 승낙해 줄 것을 요구했다.
1988년 일본의 전 수상인 다케시타 노보루(竹下登)가 중국을 방문했을 때 1990년부터 5년 동안 중국에 8100억 엔(56억 달러에 해당)의 차관을 제공할 것을 허락했는데, 이는 당시 중국이 보유하고 있는 외화 재고량과 맞먹는 액수였다."

"그러나 G7회의에서 중국에 대한 제재 결의안이 통과되었고 일본의 차관 역시 동결되었다……."

"이후 일본 재계는 압력을 받았고 가이후 도시키(海部俊樹) 전 수상은 1990년 초 방법을 찾아내서 중국에 대한 제재 문제를 해결했다. 당시 외무성 중국과장이자 현 주중 일본대사인 미야모토 유지(宮本雄二)는 미국으로 가서 미국 쪽의 의향을 물었다. 그리고 '팡리즈 문제'가 미국에서 아주 크게 반등하고 있음을 발견했다. 팡리즈 문제를 먼저 해결하지 않으면 대중국제재를 해제하기 어려워 보였다."

"그 사실을 알게 된 뒤 하시모토 히로시 대사는 중공 대외연락부 부장 저우량(朱良)과 여러 차례 밀담을 나눴다. 일본은 휴스턴 정상회담에서 장차 대중국제재를 해제하는 일이 성사되도록 노력하겠다는 뜻을 밝혔다. 하시모토 히로시와 중국 쪽이 접촉하고 일주일 뒤에 중국은 1990년 6월 중순에 팡리즈가 병 치료를 목적으로 출국하는데 동의했다……."

"팡리즈가 출국하고 2주 뒤 미국과 일본은 휴스턴 G7 정상회의에서 세계은행의 23억 달러와 일본의 56억 달러의 대 중국 차관 동결을 나누어 해제했다."

이것이 내가 알고 있는 마지막 이야기다.

최후의 담판

'1990년 6월 중순 중국당국의 동의 아래 팡리즈는 병을 치료하기 위해 출국했다.'

6월 16일 일요일 중·미의 두 번째 담판 때 중국 외교부는 팡리즈와 리수셴의 출국을 허가하겠다는 뜻을 밝혔다. 조건은 죄를 인정하는 글을 쓰는 것이 아니라 출국해서 병을 치료할 수 있게 해달라는 청구서 한 통을 반드시 '관대한'이란 단어를 포함시켜 써야한다는 것이었다. 또 중국정부를 반대하는 활동에 참여하지 않는다는 것을 보증해야 했다.

릴리 대사는 "중국 쪽에서 아주 조급해져서 빨리 팡리즈 부부를 출국시키려고 한다는 것을 느낄 수 있었다."라고 말했다.

상대가 조급하다면 이쪽에선 조급할 필요가 없다. 그래서 그날은 출국하여 병을 치료하겠다는 청구서를 쓰지 않았다.

6월 17일, 릴리 대사는 중국 쪽에서 다시는 관용을 청한다는 글을 쓰라거나, 중국정부에 반대하지 않는다는 보증을 하라는 요구를 하지 않을 것이라고 했다. 대신 '인도(人道)'라는 단어를 사용해 진술서를 쓰고, 첫 번째 기착지를 미국이 아닌 고립된 작은 섬으로 가기를 요구했다.

과연 미국 달러가 '관대한'이란 단어보다 더욱 가치 있었다.

우리는 '인도'라는 단어를 받아들였다. 첫 번째 기착지를 작은 섬으로 한다는 것도 받아들였다. 우리들은 선택한 작은 섬은 잉글랜드였다.

당시 나는 영국황실학회의 초청을 받은 상태였고, 그들은 내가 캠브리지대학 천문연구소의 객좌교수직을 반년 동안 맡아주길 희망했다. 나는 앞서 1979년에서 1980년까지 그 연구소에서 반년 간 연구한 일이 있었다.

축배를 들기 직전 중국 당국은 갑자기 새로운 요구를 했다. 리수셴도 진술서에 서명하라는 것이다. 축배를 들기 전 새로운 요구를 할 수 있는 사람은 덩샤오핑뿐이었다. 릴리 대사는 그가 협상이 이루어지는 장소 2층에서 모든 것을 감청했을 것이라고 했다.

리수셴은 1조를 제외하고 2조와 3조에만 서명했다. 중국 측도 이것을 받아들였다.

이번엔 리수셴이 우리의 둘째 아들 팡저(方哲)의 출국을 보증하라고 요구했다. 아니면 그녀도 가지 않겠다고 했다. 중국 쪽에서는 쉽게 그것을 받아들였다. 보아하니 중공은 우리들이 한시라도 빨리 중국을 떠나기를 원하는 것 같았다.

6월 21일 진술서의 최종본이 완성되었다.

출국과정

6월 22일 금요일 중·미의 재 담판 주제는 우리들이 출국하는 기술적인 안배였다. 비록 여전히 수배중인 범죄자이긴 했지만 출국할 때는 정식으로 수속을 밟아야 했다.

6월 23일 토요일, 베이징 주재 영국대사관은 업무를 보지 않았다. 그래서 우리들의 비자를 받을 방법이 없었다. 중·미 양국은 베이징 주재 영국대사관에 이 일을 알리려고 하지 않았는데, 베이징에 뉴스가 누설될 수 있었기 때문이다. 마침 영국 수상 마가렛 대처(Margaret Thatcher)가 워싱턴을 방문해 있었고, 미국 국무원에서는 직접 대처 여사를 찾아가서 영국 비자 건을 처리했다.

6월 25일, 난위안 군용 비행장에서 공안원은 팡저와 전화통화를 했다.(당시에 그는 공안부의 한 호텔에 구금되어 있었다.) 협의에 따라서(리수셴의 요구) 중국은 팡저의 출국을 허락했다. 그런데 우리는 팡저가 출국하길 원치 않을 것이라고는 꿈에도 생각하지 못했다. 팡저는 공안원에게 "나는 중국을 떠나지 않을 것입니다. 나는 입당을 생각하고 있습니다."라고 말했다. 공안원은 어찌할 바를 몰랐고 우리들에게 팡저를 설득하라고 했다. 그 일로 30분 정도 시간을 허비했다.

제임스 릴리는 회고록에서 그 30분 동안 극도의 긴장감을 느꼈다고 했다. 미국 국무원의 지시에 의해 그는 우리 부부가 출국하는 모든 과정에 동행하고, 한시라도 눈을 떼지 말아야 했다. 그런데 중국 측에선 우리의 여권을 발급할 때 미국 측 인원을 현장에 들어오지 못하게 했는데, 이는 중화인민공화국의 주권을 드러낸 것이 분명했다.

중국은 이러한 안배를 사전에 미국 측에 알리지도 않았다. 릴리 대사는 예상치 못한 상황을 만나자 몹시 긴장했다. 혹시라도 중국이 갑작스레 마음을 바꾸어 팡리즈 부부를 잡아가지 않을까 전전긍긍했다. 만약 그런 일이 생긴다면 어떻게 대응할 지에 대한 방안은 준비되어 있지 않았다.

그 시각 중국 측 공안원도 심하게 긴장한 상태였다. 그의 얼굴에선 끊임없이 땀이 흘렀고 말투도 딱딱하게 경직되었다. 만약 팡저가 계속 출국하길 거절해서 협의한대로 일을 처리할 수 없다면 어떻게 해야 할까? 중국 측도 준비된 방안이 없긴 마찬가지였다.

공안원은 리수셴에게 전화를 걸도록 했다. 나와 공안원은 리수셴의 얼굴만 바라보았다. 그녀는 당황하거나 긴장하지 않고 부드러운 태도로 팡저를 설득시켰다. 다행히 예상 밖의 일은 일어나지 않았다.

팡저는 1주일 뒤에 런던에 도착했다. 앞에서 말한 대로 '팡리즈의 출국 2주 후'(팡저가 런던에 도착하고 1주일 후) 일본은 중국에 대한 경제 제재를 해제했다.

12시 20분 중국 세관원이 비행기 옆에 걸린 사다리 근처에 임시 세관을 세우고 우리들의 중화인민공화국 여권에 출국 도장을 찍었다. 나와 아내는 릴리 대사와 마지막 인사를 나누고 비행기에 올랐다.

비행기가 이륙한 뒤에도 중·미 양국은 긴장을 풀지 않은 듯 했다. 양국은 상호 협의한 대로 비행기가 뜨고 6시간 뒤 동시에 팡리즈 부부의 출국 소식을 발표했다.

우리를 실은 비행기는 제3국에 서지 않고 알래스카 앵커리지에 착륙했다. 햇볕이 참 좋은 날이었다. 미국 TV 기자들이 비행장으로 들어왔다. 카메라는 우리들이 미국 부통령 제임스 퀘일(James Danforth

Quayle)의 공군 2호기로 갈아타는 모습을 촬영했다. 비행기는 계속해서 영국의 어퍼 헤이포드(Upper Heyford)로 날아갔다. 그곳은 영국의 황실 공군기지였지만 미국이 운영하는 구역이었으니 법적으로 제3국은 아니었다. 어쨌거나 사건은 이렇게 막을 내렸다.

2011년 5월 29일
미국 투손(Tucson)에서

제2권

자서전 이후를 쓰다
(1991~2012)

제4부
과학적 인생

AUTOBIOGRAPHY
FANG
LI-ZHI

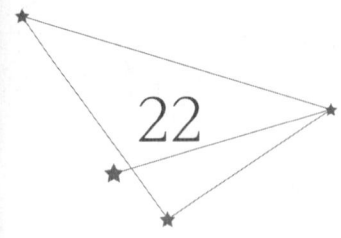

22

나의 첫 번째 '전면적인 서구화'
— 돌아가신 모친의 신해년 백년제사에서

내가 3살 전후에 있었던 이야기를 해보려고 한다. 나는 이 이야기의 일부분만 기억하고 있을 뿐 대부분은 어머니가 말씀해주신 것이다.

나의 부모는 항저우 사람이다. 그러나 1934년 봄, 온 가족이 베이징으로 이사했다. 내 조부가 돌아가시고 아버지가 베이징 철도부서에 일거리를 찾았기 때문이다. 조모도 함께 북쪽으로 왔다. 1920~30년대에는 장저(江浙) 지방에서 북쪽으로 이사 오는 경우가 드물었다. 베이징은 문화와 교육, 정치의 중심이었지만 남쪽보단 덜 부유했고, 인구수도 적었다. 당시 내 위로는 니엔즈(念之)와 푸즈(復之) 두 명의 형님이 있었다.

나는 베이징에 정착하고 2년째 되던 해인 1936년 태어났다. 그러므로 나는 우리집에서 첫 번째 PBH(베이징 출신의 항저우 사람)였다. 내 이름은 리즈(勵之)라고 지어졌다. 훗날 글자 풀이를 즐기는 사람들은 말하기를, 청나라 시대 출판된 자전(字典)에 의하면 리(勵)는 '정치를 범하여 악이 된다'는 의미의 '厲'자에 '力'자를 덧붙인 것이고, 거기에 '之'까지 더하니 내 이름 리즈(勵之)는 '정치를 힘써 범한다'는 뜻이 된다고 했다.

1934~1936년은 중화민국의 거짓 평안 시대.

1937년에는 나라에 큰 어려움인 '7·7사변'이 일어나 일본군이 침입했고 베이징이 함락되었다.

1938년에는 집안에도 큰 어려움이 있었다. 니엔즈 형님이 병에 걸렸지만 제대로 치료하지 못해 세상을 떠났다. 당시 그의 나이 6살이었다.

1939년에 내게도 어려움이 닥쳤다. 나는 중병을 앓았다. 어머니는 "니엔즈보다 상태가 심각해 회복이 어려울 것 같았다."라고 말씀하셨다.

그 절체절명의 순간 나의 어머니는 자식의 병을 치료함에 있어서 전반적인 서구화를 감행했다. 어머니는 한의사가 종종 진단을 잘못 내리고 치료도 잘못한다는 것을 알고 계셨다. 니엔즈 형님은 위장 계통의 병을 앓았는데 원래 치료가 불가능한 것이 아니었기 때문이다.

안타깝게 형님을 떠나보낸 뒤 그녀는 큰 한의원이 지척에 있었음에도 아이들이 아프면 반드시 서양의학의 아동병원에 데려갔다. 10년 동안 유치원 교육에 종사했던 어머니는 무엇이 자식에게 더 좋을지 현명하게 판단했고, 그 결과 나는 서양의학의 혜택을 받게 되었다.

1930년대 베이징에서는 양의학과 한의학이 여전히 첨예하게 대립하고 있었다. 양쪽은 물과 불처럼 서로를 받아들이지 못했다. 당시 대부분의 사람들은 병에 걸렸을 때 현호제세(懸壺濟世)*하는 한의사에게 가거나, 약방의 한의사를 찾아갔다. 루쉰(魯迅)을 비롯해 서양학문을 배운 많은 사회 명사들은 일찍부터 한의학을 물어뜯는 말을 했다. 마치 한의학을 헐뜯지 않으면 백성들의 지혜가 열릴 수 없다는 듯이. 1934년에는 이렇게 말했다.

"차라리 죽을지언정 한의사에게 가진 않을 것이다. 그렇게 한다면 지금껏 내가 받은 교육에 미안해지기 때문이다."

한의학과 양의학의 경계를 분명히 하기 위해 내가 치료받았던 베이징 시에허병원(協和醫院)은 이 병원에서 진료를 받은 사람이 동시에 한의사에게 진료를 받는 것을 허락하지 않았고, 그 결과에 대해서도 책임지지 않는다고 규정했다.

서양의학에 반대하는 이들도 강경하긴 마찬가지였다. 상하이에서는 '중국의학과 중국 한약운동을 제창하자'는 일이 있었다. 그 기본적인 구호는 '중국 의학을 제창하여 문화침략을 막자', '중국 의학이 삼민주의(三民主義)에 부합한다'였다. 또 '제국주의자가 침략의 한 방법으로써 의약을 선택했다'라고도 했다.

시에허병원은 순중산(孫中山) 선생을 제대로 치료하지 못했다. 이어서 량치차오(梁啓超)도 잘 치료하지 못했으니 이는 모두 의약 침략의

---

* 역자 주: 현호세제는 단지를 걸어 놓고 세상을 구한다는 말이며, 이는 한의학에서 의사가 간판을 내걸고 개업하여 세상 사람들을 구제한다는 뜻이다.

나쁜 결과였다. 내 부모님 친구 분 중에도 아마추어 한의사가 있었는데 그분 역시 문화 침략론을 지지했다.

그러나 어머니는 삼민주의에 부합하는 한의사를 찾아가지 않고 나를 시에허병원에 데려갔다.

시에허의학당(協和醫學堂)은 1906년 서태후(西太后)의 암묵적 허가 아래 창건되었다. 신해혁명 이후 미국 록펠러(Rockefeller) 재단에서 출자해 청나라 시기 예왕부(豫王府)의 옛터를 사들였고, 그곳에 시에허병원이 세워졌다. 그것은 베이징 최초의 서양식 종합병원이었다. 병원이 세워지기 전부터 선교사들이 서양의학으로 의술활동을 했지만 전문적인 것은 아니었다. 1909년엔 다시 또 미국 자본으로 칭화(清華)대학이 창건되었다. 시에허병원은 '서양의 바람이 동쪽으로 스며드는 것'들 중 하나가 되었다.

예친왕 다탁(多鐸)은 1645년 청나라 군대가 산해관을 넘어 들어 왔을 때 '양주(揚州)의 10일' 동안 사람들을 도륙했다. 그처럼 잔혹했던 왕의 저택이 서양 문화침략의 상징 중 하나인 서양병원으로 바뀐 것이다. 이것이 바로 베이징 역사의 일단이다.

'양주의 10일'은 내가 가장 먼저 알게 된 역사였다. 명나라 말기 양주에서 청에 대항했던 장수는 사가법(史可法)인데, 어머니 가족의 성이 사(史)였다. 어머니와 항저우의 외조부에게서 사가법이 호방한 사람이었다는 얘기를 종종 들었다. '양주의 10일'은 이후 '난징(南京)의 40일'로 변했다.

항전이 개시되자 베이징의과대학은 다른 대학을 따라서 옮겨갔고, 베이징대학 병원은 완전히 문을 닫았다. 다행히 당시는 태평양전쟁이 아직 발발하지 않아서 미국과 일본은 정식으로 선전포고를 한 적 국이 아니었다. 시에허병원은 정상적으로 가동되었다. 또 시에허에는 독일 국적의 의사가 있어서 일본군이 쉽게 간섭하지 않았다.

당시 우리집은 시쓰리루(西四禮路)의 뒷골목에 있었다. 나는 1년여 동안 서성(西城)에서 동성(東城)으로 이동해서 진료를 받았다. 초반엔 가격이 비싼 인력거를 탔다. 그러다 나중엔 값싼 궤도전차를 이용했다. 그 시기 베이징의 인력거꾼들은 라오서(老舍)의 소설《낙타샹즈(駱駝祥子)》에 등장하는 비참한 운명의 인력거꾼 샹쯔와 같았다. 그들은 궤도전차가 그들의 몫을 빼앗은 것에 보복하기 위해 전차를 훼손하고 공장 직원들을 폭행함으로써 전차 운행을 중단하라고 압박했다. 인력거는 일본으로부터 전해진 것이고 동양차(東洋車)라고 불렸다. 반면 궤도전차는 서양에서 전해진 것으로, '서양의 바람이 동쪽으로 스며드는 것'이었다.

베이징 궤도전차의 노선은 10줄이 되지 못했다. 나의 희미한 기억에 의하면 어머니는 나를 안고 궤도전차를 타고 시에허까지 갔다. 시쓰(西四)에서 뚱단(東單)까지 가는 전차는 첸먼(前門)을 우회해야 했다. 톈안먼 앞에는 궤도전차길이 없었기 때문이다. 들리는 말에 의하면 그 앞에 철도 궤도를 놓으면 용맥(龍脈)이 끊길 수도 있다고 했다. 1920~1930년대 톈안먼에는 그것이 살았든 죽었든 용이란 것이 없었음에도 말이다.

나는 호흡기계통의 병을 앓았다. 백일해, 폐결핵, 늑막염이 번갈아 나타났다. 물을 빼는 수술도 여러 번 해야 했다. 당시엔 아직 항생제가 없어서 쉽게 병을 치료할 수 없었다. 어머니의 말씀에 따르면 나의 이 병례(病例)는 시에허병원 의사들이 강의 시범용으로 뽑혔다. 의과대학 학생들은 나의 전체 치료과정을 관찰했다.

내가 대학에 진학한 후에도 시에허병원의 나이 많은 의사와 간호사들은 어머니께 나에 대해 묻곤 했다. 나처럼 두터운 병력기록부를 가진 사람은 거의 없었기 때문이다. 1970년대 시에허병원의 병력 부분에서 일하던 사람은 내 어린 시절의 병력기록부를 찾았다고 알려주기도 했다.

또 다른 일도 있었다. 나의 정수리 왼쪽 뒷부분에는 태어날 때부터 반구 모양의 돌출된 곳이 있었다. 직경은 2센티미터, 높이는 1센티미터 정도였다. 겉 부분은 부드럽고 안쪽에 단단한 핵이 있었다. 어머니는 그것이 보기 싫다고 의사에게 절개해 달라고 했다. 당시 북경원인(北京猿人)의 두개골이 시에허병원에 소장되어 있었는데, 어머니는 나의 머리뼈가 북경원인보다 보기 싫어선 안 된다는 생각에 치료를 결심하신 것 같았다. 물론 증거는 없지만.

시에허의 의사는 나를 진찰했고, 돌출된 부분이 양성(良性)이지만 두뇌와 아주 가까이 있어서 잘라버릴 수 없다는 결론을 내렸다. 어떤 사람은 이것이 바로 '머리에서 반골(反骨)이 자라난 것'이라고 했다. 의사는 사람 몸에는 모두 206개의 뼈가 있고, 각각엔 라틴어 명칭이 있다고 했다. 하지만 반골이라는 뼈의 라틴어 이름은 알 수 없었다. 반골을 치료하려면 역시 한의사를 찾아가야 할 것 같다.

1940년 말이 되자 내 병은 대체적으로 안정되었다. 하지만 워낙 몸이 약해서 종종 다시 병원에 가서 검사를 받아야 했다. 1941년에 나는 5살이 되었다. 아직 한참 겨울이던 때 어머니는 나를 집에서 키우는 대신 베이징사범부속 초등학교에 입학시키기로 결정했다. 손을 써서 초등학교에 끼워 넣은 것이었다.

가장 큰 목적은 내 건강을 빠르게 회복시키는 것이었다. 학업을 따라갈 수 있을지 없을지는 차후의 문제였다. 학교는 집에서 지척인 바오즈(報子) 골목에 있었다. 병치레를 한 다음 건강회복의 수단으로 초등학교에 집어넣는 것은 대개 서양 의사들의 생각에서 영향을 받은 것이었다.

어머니는 화(華)씨 성을 가진 나의 1학년 담임선생님을 알고 있었고, 그녀에게 몸이 약한 나를 돌봐 달라고 부탁했다. 그 선생님에게 무엇을 배웠는지는 기억나지 않는다. 다만 그녀가 항상 나의 바지 끈을 매준 것은 기억한다. 그해 겨울은 아주 추웠다. 학교 화장실은 바깥에 있었고, 그곳까지 가는 데만 몇 분이 걸렸다. 그동안 손이 뻣뻣하게 얼어서 허리띠를 매지 못할 정도였다.

나는 어쩔 수 없이 선생님이 바지를 입는 것을 도와주기만 기다렸다. 친절한 선생님 덕분에 그럭저럭 학교생활을 해나갈 수 있었지만 진지하게 공부를 하진 않았다. 덕분에 나는 타이완의 중국어 발음기호인 주음부호(ㄅㄆㄇㄈ)와 병음(拼音), 자모(字母)를 완전히 익히지 못했고, 오늘날까지도 그 영향을 받고 있다.

1941년 여름, 내 병은 완치되었다. 어머니는 나를 항저우로 데려가셨다. 나는 그곳에서 외조부와 외조모, 그리고 많은 친척들을 만났다. 사실 누가 누군지 분명히 기억하지 못했다. 내가 베이징으로 돌아오고 얼마 지나지 않아 태평양 전쟁이 발발했다.

학생들은 매주 운동장에 서서 '우러러 하늘이 돕고 만세를 이어받아…'로 시작하는 일본 일왕의 '영·미에 대한 선전 조서(宣戰詔書)'를 듣고 읽어야 했다.(이해 못했지만 외울 수는 있었다. 뒤에 가서는 학동(學童)들이 '어록(語錄)'을 외우는 것과 같았다.) 베이징 시에허병원은 일본 당국이 관리했는데 이내 문을 닫고 폐업했다. 북경원인의 두개골도 혼란 속에서 잃어버렸으며 지금까지도 그 행방을 모른다. 그 이후 나도 다시는 시에허병원에 가지 않았다.

어머니는 항상 내가 '좋은' 시기에 병을 얻었다고 말씀하셨다. 니엔즈 형님이 병을 앓던 때처럼 이르지 않았고, 미·일대전 발발보다 늦지 않았던 것이다. 내가 조금 자란 뒤 어머니는 우리집이 내 병원비 때문에 가난해졌다고 말씀하셨다. 하지만 이것은 사실이 아니다. 이는 내가 '억울한 누명'을 쓴 최초의 사건일 것이다.

1989년 5월 하순 베이징 당국이 나를 잡으려고 했을 때 베이징 천문대 동료는 나를 타이위엔(太原)으로 보내 위험을 피하게 했다. 당시 타이위엔에는 어머니가 계셨다. 그녀는 우리 가족의 아이들을 돌보고 관리했다.

어머니는 사람들에게 나를 기르는데 소모한 에너지가 가장 많다고 하셨다. 억울해할 일은 아니었다. 어머니 덕분에 나는 한의학이 아닌 양의학의 도움을 받았고, 덕분에 건강을 회복했다. 그리고 이후 70년 동안(1940~2009) 동안 나는 병원에 입원하거나 병가를 낸 일이 없었다. 몸이 건강하니 퇴직할 필요도 없고 문화침략을 받으면서 지금까지 잘 지내고 있다.

어머니가 돌아가신 지도 벌써 10년이 되었다. 1983년 어머니를 모시고 다시 장난(江南)에 갔을 때 그녀의 묘소도 미리 골라 두었다. 어머니의 뼈는 재가 되어 반은 시후(西湖)와 첸탕 강에 중간에 있는 남산 능원(南山陵園)에 묻혔고, 나머지 반은 내가 지내고 있는 머나먼 미국 애리조나주의 투손(Tucson)에 있다.

    반은 동쪽에 반은 서쪽에 있으니 그녀는 해가 뜨고 지는 것처럼 영원히 세계의 어두운 면과 빛나는 면을 볼 수 있을 것이다. 어머니는 1911년 신해년에 태어나셨으니 전통에 의하면 2010년 설이 지나면 100세를 맞이하신다. 암흑의 시기이든 광명의 시기이든 상관없이 그녀를 생각하고 그리워하는 내 마음은 영원하다.

2010년 5월 투손에서

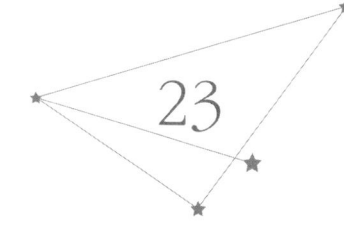

23

안테나 이야기
— 한 가닥 줄이 준 계몽

1949년 가을, 고등중학생으로서의 첫 학기가 시작되었다. 그 무렵에도 내 취미는 여전히 무선전신(無線電信)이었다. 나는 당시 베이징 4중학교(北京4中) 무선전신 그룹의 '대장'이었다. 언젠가 베이징의 작은 신문사가 우리 그룹의 활동을 소개한 적이 있었다. 신문은 우리들이 칭화대학을 찾아가 전문가의 가르침을 받아 지식을 쌓았다고 썼는데, 그런 내용이 보도되자 다시 칭화대학에 가는 것이 꺼려졌고, '무선전신 놀이'에서도 손을 떼게 되었다.

라디오의 선로도를 이해할 수만 있다면 각 부분별 기능, 즉 고음방출·주파수 변환·중간음 방출·검파(檢波)·앰프·전원 정류(整流) 등을 구별하고 각 기능에 대해 거칠게나마 설명할 수 있다. 그리고 그 정도의 이해를 바탕으로 부속품을 갈아 끼우고, 장식을 바꾸고, 재조립 하는 등 다양한 시도들을 해볼 수 있다. 이것이 중학생이 노는 것(그림에

제4부_23 안테나 이야기 **583**

의해 음향을 배치하는 것)과는 다른 고등중학생의 수준에서 무선전신을 가지고 노는 방법이다.

나와 그룹 멤버들이 가장 어려워한 것은 안테나였다. 안테나의 주요 기능은 라디오처럼 전자파 신호를 받아들이거나 전자파 신호를 만들어 발사하는 것이다. 그런데 안테나는 왜 전자파를 받아들이거나 발사하는 것일까? 일반적인 무선전신 관련 책에 설명이 적혀 있었지만 충분히 자세하지 않았다. 자세하지 않은 것은 괜찮았지만 잘못된 정보를 얻는 것이 걱정이었다.

어떤 책은 안테나 위에 곡선 몇 개를 그려 놓았다. 그 나선형의 곡선은 어린아이들이 보는 책에 등장하는 협객이 구름을 타고 가는 형태로 표현되어 있었다. 협객의 움직임으로 전자파를 표현했으니 100퍼센트 잘못된 안내였다.

어떤 책은 다소 진지하게 몇 마디 더 했다. 안테나 막대(aerial mast)에는 전하(電荷, 물체가 띠고 있는 정전기의 양)와 전류(電流)가 있고, 이것은 전기장과 자장(磁場)을 만들 수 있으며, 전자파는 바로 전기장과 자장으로 구성된 것이라고 했다. 일리는 있었다.

좋다. 이제 우리들도 진지해져 보자. 막대기 모양의 안테나에 흐르는 전류는 막대의 방향을 따를 것이니 자력선은 응당 안테나 막대를 둘러싸고 돌 것이다. 즉 자력선은 안테나 막대와 수직 형태가 된다. 이는 많은 책에서 다루고 있는 부분이다. 또 안테나 위에 전하가 있다면 안테나 막대 방향을 따라서 분포될 것이고, 그것들의 전력선은 안테나 막대에 수직하며 지름 방향으로 향할 것이다. 이 역시 많은 책에 나와 있는 내용이다.

이렇게 안테나 막대 밖의 전기장과 자장은 상호 수직 방향으로 발생한다. 아주 훌륭한 말이다. 전자파의 전기장과 자장은 곳곳에서 서로 수직하는 것이다. 책은 또 전자파의 전파방향은 전기장과 자장에 수직한다고 말한다. 그러므로 안테나 밖 전자파의 전파 방향은 안테나 막대와 평행해야 하는 것이다. 바로 막대를 따라서 올라가거나 막대를 따라서 내려온다.

이러한 추론은 다만 네 개의 수직관계에 기초한다. 자장과 안테나 막대의 수직, 전기장과 안테나 막대의 수직, 전기장과 자장의 상호 수직, 전자파의 전파 방향과 전기장·자장의 수직이다. 이러한 지식은 이미 많은 책에 언급되어 있었다.

만약 전자파가 안테나 막대의 방향에 따라 발사된다면 그 방향은 마땅히 받아들이는 자가 있는 쪽을 향해야 할 것이다. 하지만 실상은 그렇지 않았다. 우리 학교 서쪽에 있는 관청정원 안에는 크고 커다란 막대 형상의 안테나가 하늘을 가리키고 있었다. 그 안테나의 전파는 하늘 어딘가에서 그것을 기다리는 사람을 향해 발사되는 것일까? 1949년 당시는 아직 하늘에 사람이 없었고, 비행기도 아주 드물었는데 말이다.

나는 우리 그룹이 칭화대학 전기과에서 가르침을 받는 것도 좋으리라는 결론을 내렸다. 당시 우리 학생들 사이에서 칭화대학 무선전신 학과의 명성은 대단했다. 많은 친구들의 칭화대학 전기과 진학을 목표로 삼았다.

우리들 중 몇몇은 자전거를 가지고 있어서 날씨가 아주 좋은 날 자전거를 나눠 타고 칭화대학으로 갔다. 당시 베이징 성 밖에는 버스가 아주 적었고 제대로 된 아스팔트길도 없었다. 베이징의 학생들이 거리에 나가 기아와 내전에 반대하는 시위를 하고 있을 때 칭화대학 학생은 소수만 참가한 것도 도심으로 들어오는 교통이 불편하기 때문이었다.

전기과에서는 우리의 방문을 특별하게 여기지 않았다. '고등학생들이 뭘 얼마나 이해하겠어?'라고 생각한다 해도 이상할 것 없었다. 우리들을 맞아 준 젊은 사람은 아마도 대학원생이었을 텐데, 전공은 전기회로였다.

그는 전기회로를 가지고 전자파를 설명했으며, 바로 전기장과 자장에 대한 이야기를 끄집어내지도 않았다. 심지어 '수직'에 대해서도 분명하게 말하지 않았으니 잘못된 것이 아닌가? 그는 말을 다소 모호하게 하는 사람이었다. 그의 설명과 안내가 100퍼센트 잘못된 것이라고 할 순 없어도 99.9퍼센트 잘못된 것이었다.

기대를 잔뜩 하고 갔다가 기분만 상해서 돌아왔다.

고등중 1학년 2학기가 되자 무선전신에 대한 흥미가 돌연 사라졌다. 나는 무선전신 그룹을 탈퇴했다.

고등중 2학년 때 물리과목을 배우게 되었고, 수업에 들어 온 이는 4중학교에서 가장 뛰어난 사람으로 평가받는 장즈어(張子諤) 선생님이었다. 장 선생님의 수업은 생동감 넘치고 재밌었다. 천둥과 번개에 대해 말 할 때 장 선생님은 특별히 '굴원(屈原)'을 언급하셨다.

한창 공연하고 있는 궈머러(郭沫若)의 연극 〈굴원〉에는 '천둥과 번

개의 노래(雷電頌)'라는 유명한 장면이 나온다. 굴원은 천둥과 번개가 칠 때 하늘을 가리키며 맹세한다.

"번개여! 너는 이 우주 가운데 가장 날카로운 칼이구나! … 너는 쪼개라, 쪼개라, 쪼개라! 이 쇠보다도 더 견고한 암흑을 쪼개버려, 쪼개버려, 쪼개버려!"

수업을 듣는 많은 학생들이 히스테릭한 어조로 그 대사를 외웠다. 교실 안에는 "쪼개라! 쪼개라!" 하는 소리가 돌림노래처럼 울렸다.

그러나 굴원은 쪼개지지 않았다. 장 선생님은 굴원이 명줄이 길었기 때문에 살아남은 것이라고 말씀하셨다. 그리고 굴원처럼 명줄이 길지 않은 사람은 천둥 번개가 칠 때에 하늘을 가리키며 맹세하는 일을 해선 안 된다고 덧붙이셨다.

천둥 번개는 안테나와 연관성이 있었다. 안테나는 그것들을 전자파 신호로 받아들여서 천둥 번개가 교차하는 날에는 라디오에서 '끄끄' 하는 어지러운 음향이 섞여 나온다. 바로 번개가 발사한 전자파가 안테나를 '쪼개기' 때문이었다.

그렇다면 발사기는? 전파는 누가 쪼개고 누가 쪼개지는 것일까? 만약 굴원이 무선전신 발사기를 가지고 하늘을 향해 맹세했다면, 우레와 같은 비가 퍼부을 때 발사기인 안테나는 얼마나 많은 전자파를 많이 '쪼개'낼 것인가? 나는 감히 이것을 묻지 못했다. 장 선생님은 어른이고, 위엄과 명망이 높은 분이라 그분을 바라보는 것만으로 경외심이 생겼다.

고등중 2학년 때 대수과목은 왕징허(王景鶴) 선생님이 맡았다. 젊고 온유한 성품에 재미있는 분이었지만 외모를 전혀 꾸미지 않았다. 그는 안후이 사람이고 학생들과 섞여 지내는데 익숙했다. 나는 왕 선생님은 서남연대학(西南聯大) 물리학과를 졸업했다는 얘기를 들었다.

그래서 그가 혼자 사는 숙소로 찾아가 안테나가 어떻게 전자파를 발사하는지에 대해 물었고, 고등중 1학년 때 칭화대학에 갔던 일도 말했다. 내 말을 들은 왕 선생님은 크게 웃으며 "너희들은 문을 잘못 두드렸다. 그런 문제는 물리학과로 가서 물었어야지!"라고 말씀하셨다. 그는 칭화대학 물리학과 교수 중 많은 사람이 서남연대학 출신이며, 그들을 잘 알고 있다고 말했다.

왕 선생님은 내가 그토록 궁금해 했던 것들을 알려주셨다.

"네가 말한 대로 네 개의 수직관계는 맞다. 안테나 주위에는 네가 말한 그러한 자장이 있어. 하지만 그것은 전자파가 아니란다. 전자파 속의 전기장은 흔들리는 자장이 생산한 것이고, 자장은 또한 흔들리는 전기장으로부터 생산된 것이다. 수직하는 자장은 고요함에 가까운 상태야. 안테나 막대를 따라 위로 올라가거나 아래로 발사되는 전자파는 존재하지 않아."

그의 설명대로라면 우리 학교 관청정원 안에 있는 안테나의 목표가 우주인이 아니었다. 왕 선생님은 또 말했다. "막대 모양 안테나 주위의 전기장은 네가 말한 안테나 막대에 수직하는 전기장만 있는 것이 아니야. 안테나 막대에 평행하는 전기장도 있지. 만약 전하에 가속도가 붙는다면 전기신호의 전파속도는 유한하니 바로 안테나 막대에 평행하는 전기장을 생산할 수 있어."

처음 듣는 이야기였다. 그런데 왜……? 왜 그런 것일까?

왕 선생님은 종이를 꺼냈다. 그리고 선 하나를 그리셨다.

"네가 이 줄 한쪽 끝을 잡고 다른 끝은 나무에 묶어 놓고 잡아당긴다면 줄은 곧게 펼쳐지고, 이 줄은 너의 수직(豎直)한 몸처럼 수직(垂直)하여 고요한 상태가 된단다."

그는 이번엔 굽은 선을 그렸다.

"'만약에 네가 손을 갑자기 올리거나 아래위로 흔들면 줄은 굽어질 거야. 굽어진 줄은 네 몸과 같이 수직한 것이 아니라 평행한 상태다. 굽어진 것은 고요히 멈춰 있는 것이 아니지. 그것은 네 손의 한 끝을 따라 뛰어 오르고 한 끝이 묶여진 나무에 이른다. 줄을 잡아당기는 움직임이 빠르면 빠를수록 '굽어진 것'은 더욱 빨리 뛰어 오르게 되는 거야."

이것은 이해하기 어렵지 않다. 만약 잘 이해가 안 된다면 긴 줄을 나무에 묶어 실험해 보면 될 것이다. 왕 선생님의 설명은 계속 이어졌다.

"만약 줄이 아주 길면 굽어진 일단의 부분은 밖을 향해 뻗어 나가는데, 이것이 바로 발사야. 만약 다시 줄을 무한히 끌어당기면 줄은 영원히 곧게 펼쳐지고 굽어지지 않는다. 왜냐하면 이러한 줄에서 신호가 전파되는 속도는 무한히 크기 때문이야. 그러나 줄을 무한히 당긴다면 줄은 결국 끊어지고 말 거다. 물리는 이렇게 극단적인 상황을 가정하고 생각해봐야 쉽게 알 수 있는 거지."

일리 있는 말씀이었다.

"줄은 전력선이라고 볼 수 있어. 그리고 손을 갑자기 올리거나 아래위로 흔드는 것은 안테나에 있는 전하의 가속운동에 해당된다. 만약 전기 신호가 전력선을 따라 전파되는 속도가 유한하다면 반드시 일단의 전력선은 굽어질 것이고 다시는 네 몸과 수직하지 않고 평행해지는 부분이 생기는데 이것이 전파다. 그리고 이것이 바로 '가속도의 전하가 전자파를 발사'하는 원리야. 전자파의 발사는 안테나 안에서(혹은 번개 속에서) 가속운동을 하는 전하의 '쪼개짐'이 안테나 주위의 정장(靜場)과 근장(近場)에 이르며, 전자파의 전기장과 자장을 생산해낸다."

훗날 알게 되었지만 줄이 '굽어지는 것(kink)'을 가지고 전자파의 생산과 전파를 설명한 것은 영국 물리학자 톰슨(J. Thomson)이 창안한 것이었다. 그는 전력선의 몇 가지 성질이 팽팽하게 당겨진 줄과 유사하다는 것에 주목했다. 가속운동의 전하는 전하 자체의 정장(靜場)의 굽은 전력선이 전자파를 생산하게 했다. 전하 주위의 정전장(靜電場)은 영원이 전하와 함께 간다. 그러므로 전하는 가속운동을 하기만 하면 바로 깨져서 전기장에 도착하고 전자파를 발사한다.

전자파와 관계있는 몇 단계의 역사

1865년 영국의 물리학자 맥스웰(J. Maxwell)은 전자학의 기본방정식을 세우고 전자파의 존재를 예언했다.

그리고 20년 뒤인 1886년에 독일 물리학자 헤르츠(H. Hertz)가 전자파의 존재를 증명했다. 헤르츠는 사람이 만든 방전(放電) 실험을 통해 번개가 전자파를 만들 수 있다는 것을 증명했다. 사람들은 그가 실험을 위해 실험실 안에서 인공적으로 번개를 만든 것을 보고 "이것을 어디에 쓸 것인가?"라고 물었다고 한다. 그가 그것을 연출할 때 장내의 신사 숙녀가 놀라 고래고래 소리를 지르게 하는 것 외엔 아무짝에도 쓸모가 없다는 것이었다.

다시 10년이 지난 뒤 이탈리아의 전기공학자 마르코니(G. Marconi)가 안테나를 만들기 시작했다. 안테나의 크기가 더 커졌고, 전자파 신호가 미치는 범위도 수십, 수백, 수천 킬로 단위로 점점 커졌다. 그는 최초의 무선전보회사를 만들었다. 마침내 전자파가 실용화된 것이었다. 곤충의 더듬이란 뜻의 단어 안테나(Antenna) 역시 마르코니가 처음 사용했을 것으로 추정된다.

그러나 당시에는 아직 방전(번개 혹은 안테나)이 왜 전자파를 발사하는지에 대한 완전한 이론은 없었다. 마르코니는 단지 '마르코니의 법칙'을 통해 무선 통신에서 안테나의 높이와 전파가 도달할 수 있는 거리 사이의 관계를 설명했다. 그의 법칙에 따르면 전자파의 유효한 전파 거리는 막대 형태의 안테나의 고도의 평방과 정비례했다.

1898년에서 1900년까지 프랑스 물리학자 리에나르(A. Lienard)와 독일 물리학자 비헤르트(E. Wiechart)는 각각 완전한 운동전하의 전자장 해(解)를 독립적으로 얻었다. 이를 '리에나르 비헤르트의 전위'(Liénard – Wiechert potential)라고 하며, 이를 통해 가속도와 무관한 수직장과 가속도가 만들어 내는 전자파를 엄격하게 분리할 수 있게 되었다.

'리에나르 비헤르트의 전위'는 전하와 전류가 전자파를 발사하기 위한 이론적 기초를 닦았다. 마르코니 법칙 등은 그것의 추론일 뿐이었다. 이 공식은 계산과정이 매우 복잡하여 쉽게 보급되지 않았다. 하지만 60년대 파인만(Feynman)은 '보급 수준'의 물리라고 말하는 가운데 '리에나르 비헤르트의 전위'를 처음으로 사용해 전자파를 해석했다.[1]

1903년 톰슨은 예일대학에서 강연할 때 전력선의 굽힘을 예로 들어 전하가 어떻게 전자파를 발사하는지 설명했다. 그가 제시한 그림은 근장(近場)과 복사장(輻射場)을 구분하게 했을 뿐 아니라 근장이 에너지의 전달에 참여하지 않는다는 것과 복사장이 에너지를 가지고 있다는 것을 증명했다. 톰슨의 '굽힘' 그림은 심지어 부분적으로 '리에나르 비헤르트의 전위'에 도달했다.[2]

이렇듯 '굽힘'의 해석은 간결하고 이해가 쉽다. 하지만 엄격하게 말해 그 유효함을 잃었다. 이는 'LC전로(電路)가 생산하는 전자파를 개방한다.'는 설명과는 더욱 비교될 수 없었다.

1949년 칭화대학에서 우리들의 '전로를 개방하는' 설(說)을 오도(誤導)한 것처럼, 몇몇 중국어판 인터넷 백과와 고등중학교 교재에서도 여전히 이 잘못된 설명이 계속되고 있다.

나중에 왕징허 선생님은 양자에 관한 읽을거리 몇 권을 빌려주셨다. 그 책들은 원자는 어떻게 복사를 만들어 내는가, 즉 어떻게 빛을 생성하고 X선을 발사하는가 등을 소개했다. 원자는 안테나도 LC회로도 없지만 안테나가 전자파를 발사하는 이치와 통하는 부분이 있으며, 이는 원자와 안테나의 전하가 가속운동을 하기 때문이라는 내용도 소개되어 있었다.

대학에 진학한 뒤 나는 왕 선생님을 찾아뵈었다. 그는 내가 베이징대학에서 가르침을 받게 된 첫 번째 물리 교수인 황쿤(黃昆) 교수와 대학 동창이었다. 그래서인지 두 분이 물리 얘기를 하는 방식엔 일종의 비슷한 '맛'이 있었다.

서남연대학을 졸업한 뒤 황 교수님은 영국 런던에서 유학하고 1950년에 귀국했다. 왕 선생님은 바다를 건너 타이페이에서 중학교 교사를 하다가 1949년에 대륙으로 돌아왔다.

반혁명 숙청운동 이후에 다시 모교를 방문했지만 왕 선생님을 뵙지는 못했다. 타이페이에서 일한 경험 때문에 반혁명분자로 의심받고 학교를 떠나게 된 것이었다. 또 몇 년 뒤 들리는 말에 의하면 왕 선생님이 베이징사범대학에서 수학을 가르치고 계시다고 했다.

그러나 나는 이후 다시는 그분을 뵙지 못했다. 선생님은 그때의 풍모와 소탈함을 여전히 간직하고 계실까?

베이징4중학교를 졸업한 학생들이 당시의 일에 관해 쓴 글은 많다. 하지만 왕징허 선생님에 대한 이야기를 쓴 이는 드물다. 그러나 나는 그분이 한 가닥의 줄로 나를 깨우쳐주신 은혜를 잊지 못한다. 그래서 이 글로 그 분을 기억하고 싶다.

2012년 2월 투손에서

❖참고문헌
1 R. Feymann, Lecture on Physics, CIT, 1963
2 J. Tessmann, 1967, American Journal of Physics, 35, 523, H. Padmanabhn, ibid, 2009, 77, 151

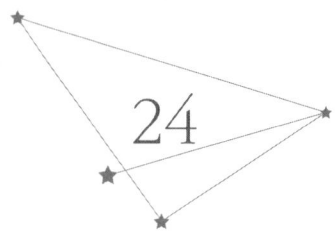

뉴턴의 '물통 실험'

1687년, 과학사에서 가장 영향력 있는 저서로 손꼽히는 뉴턴의 《자연철학의 수학적 원리(프린키피아)》가 발표되었다. 그 책에서 뉴턴이 첫 번째로 언급한 물리 실험은 '물통 실험'이다.

물통 실험의 방법은 이렇다. 먼저 물이 가득 찬 물통을 길고 부드러운 밧줄에 매단다. 그리고 밧줄을 꽈배기 모양으로 꼬이게 만든다. 당신이 밧줄을 붙들고 있는 한 물통 속의 물은 정지한 상태로 표면이 평평하다. 그런데 손을 놓으면 갑자기 밧줄이 풀리면서 반대로 돌아가고 물통도 밧줄을 따라 빙빙 돈다. 처음엔 회전속도가 빠르지 않아 물통 속의 물은 변화가 없을 것이다. 그런데 속도가 빨라지면서 물통 속의 물은 밧줄과 함께 빠르게 회전한다. 이때 물통과 물 사이의 상대운동은 사라지고, 물 표면은 오목해진다.

아이작 뉴턴경은 말했다. "I have experinced.(나는 실험을 했다.)" 그는 친히 이 실험을 했던 것이다.

이것은 아주 간단한 실험이다. 물통과 부드러운 줄만 있다면 누구나 해볼 수 있다. 나도 여러 차례 이 실험을 해 보았다. 1957년 겨울에서 1958년 봄까지 나는 허베이성(河北省) 짠황현(贊皇縣) 난싱궈향(南邢郭鄕)에 하방(下放)되어 노동을 했다. 매일 물통을 약 10미터 깊이의 우물에 넣어 물을 길었다. 물통은 오직 그것을 매단 줄로만 통제할 수 있었다. 나는 보름 정도를 연습하고 나서야 물통을 우물 안에 던져 넣는 방법을 배울 수 있었다.

내가 15차례 물통을 우물 안에 넣어 물을 길어 올렸을 때는 물이 반 정도 밖에 차있지 않았고, 물통은 혼자 빙글빙글 돌았다. 나와 함께 먹고 잤던 늙은 농부는 그런 나를 보며 우스갯소리로 말했다. "허허. 이런 반통 지식인 같으니라고…." 뉴턴의 물통 실험을 나도 손수 해보지 않을 수 없었다. 뉴턴은 아마도 사과나무 근처의 우물에서 물통으로 물을 길어 올렸을 것이다. 그리고 "I have experinced!"라고 외쳤을 것이다.

물통 실험의 포인트는 '물통과 그 안의 물에는 상대운동이 존재하고 정지된 상태를 갖고 있다'는 것을 아는 것이다. 제1상태, 꼬였던 밧줄이 풀리기 전에는 물통과 그 안의 물에는 상대운동이 존재하며 움직임이 정지된 상태로 수면은 평평하다. 제2상태, 꼬였던 밧줄이 풀리기 시작하면 여전히 물통과 그 안의 상대운동이 존재하고 정지된 상태이지만 수면은 가운데가 오목한 형태가 된다. 두 상태에서 물통과 그 안의 물의 상대 운동은 정지되어 있지만 물의 수면은 달라졌다. 제1상태에선 수면이 평평하지만 제2상태에선 오목해진 것이다. 왜 이런 현상이 생기는 것일까?

뉴턴은 어느 '똑똑한 사람'에게 이 현상에 대해 물었다. "왜 물통 안의 물이 때로는 평평하고 때로는 오목한가?"

그 똑똑한 사람이 대답했다. "간단하다. 회전해 움직이면 수면이 오목해지고 움직임이 없을 땐 평평해진다."

뉴턴이 다시 말했다. "그렇지 않다. 물통 안의 물은 움직임이 없지만 수면이 평평해질 수도 있고(제1상태) 오목해질 수도(제2상태) 있다."

똑똑한 사람이 말했다. "비록 제2상태의 물통과 물 사이에 상대운동이 없었다 하더라도 물통과 물이 동시에 회전하고 있는데 진정 아무런 움직임이 없는 상태라 할 수 있을까? 그 탓에 수면이 오목해졌는데 말이다."

그가 정곡을 찌르는 말을 하자 뉴턴이 흥미로운 말투로 말했다. "그렇다면 회전하는 것은 진정으로 움직임이 없는 것과 상대적으로 움직임이 없는 것으로 나뉜다는 말이군. 오직 진정으로 움직임이 없는 경우에만 수면은 평평하다. 상대적으로 움직임이 없을 때는 수면이 오목해질 수 있고."

똑똑한 사람은 그 말을 듣고 "마땅히 그렇지."라고 동의하려는 참이었다. 그때 뉴턴이 다시 물었다.

"그렇다면 대체 무엇이 진정으로 움직임이 없는 상태인가?"

똑똑한 사람은 그것이 어려운 문제임을 인식했다. 그리고 자신의 운을 시험해 볼 요량으로 이렇게 말했다. "우물은 회전하지 않는다. 우물이 진정으로 움직임이 없는 상태다."

하지만 바로 뉴턴에게 뒷덜미를 잡혔다. "똑똑한 친구, 우물은 지구 위에 만들어진 것이네. 만약에 우물이 진정으로 움직임이 없는 상태라면 마땅히 지구도 그런 상태여야 하지. 하지만 이는 코페르니쿠스의 학설과 모순되는 것 아닌가? 지구가 천천히 돈다 할지라도 하루 한번 자전하고, 1년에 한번 공전하지 않던가?"

똑똑한 사람은 말문이 막혔다.

뉴턴은 싱긋 웃었다. "다시 생각해 보게. 대체 무엇이 진정으로 움직임이 없는 상태인가?"

똑똑한 사람은 생각했다. '음, 그건 태양이지. … 아니야. 태양도 회전해. 그렇다면 은하계인가?(뉴턴 시대에는 오히려 은하계의 구조 개념이 없었다.) 아니지. 은하계도 회전해.' 그는 더 이상 뉴턴을 당해낼 재간이 없었다. 그래서 공손하게 말했다.

"뉴턴 선생, 그 답을 우리들에게 알려주시기 바랍니다."

그러나 실제로는 뉴턴 자신도 그 답안을 알지 못했다. 그는 대신 《자연철학의 수학적 원리》에서 물질세계와 무관하게 결코 움직이지 않는 절대공간이 있다고 가정했다. 결코 움직이지 않는 이 공간에선 무엇도 회전할 수 없다. 설사 누구도 '절대공간'을 본 일이 없다 하더라도.

이렇게 하여 물통 실험에 대한 하나의 흡족한 해석은 물통 안의 물이 절대공간 안에서 움직임이 없으면 수면은 평평해지고, 그렇지 않은 경우 오목하게 된다는 것이다.

에른스트 마흐의 해석

100여 년 뒤 오스트리아의 물리학자 마흐(Ernst Mach)는 뉴턴의 해석에 강력히 반대했다. '물통 안의 물이 절대공간에서 움직이지 않을 때만 수면은 비로소 평평하다'는 뉴턴의 가정은 실험으로 검증할 방법이 없고, 그러므로 그것의 진위 여부를 증명할 방법도 없다. 누가, 어떻게 '절대공간'을 관측할 수 있겠는가?

마흐가 제기한 해석은 이렇다. 만약 물통 속의 물이 하늘을 배경으로 하여 움직임이 없다면 수면은 평평한 것이다. 반면 하늘을 배경으로 하여 회전하면 수면은 오목하게 된다. 마흐의 해석에는 절대 공간이 필요치 않았다.

표면적으로 보면 마흐의 '하늘을 배경으로 하여'란 말은 뉴턴의 '절대공간'을 대체한 것 같다. 그러나 두 사람의 해석에는 큰 차이가 있다. 마흐의 해석은 검증하고 경험할 수 있는 것이지만 뉴턴의 해석은 그렇지 않았다. 누구나 '하늘을 배경으로 한 것'을 볼 수 있지만 '절대공간'을 볼 수 없기 때문이다.

인류는 일찍부터 하늘을 중심으로 위치와 방향을 잡았다. 육지에서 여행을 하던 바다에서 항해를 하던 간에 하늘을 중심으로 방향을 잡으면 바른 길을 인도받을 수 있다.(난싱궈(南邢郭)는 고립된 작은 시골 마을이다. 만약 달이 없을 때 그 마을에 간다면 별이 총총한 하늘에 의지해 방향을 구별해낼 줄 알아야 한다. 그렇지 않으면 사방이 캄캄하고 평탄한 들판에서도 쉽게 방향을 잃게 되어 무덤 속으로 달려가게 될지도 모르기 때문이다. 그래서 오래 농사를 지은 사람들은 '흐린 날 밤에는 나가지 말라'라고 경고한다.)

마흐는 그러한 하늘을 배경으로 하는 것에 특별한 운동학의 성질을 부여했다. 그는 수면이 오목하게 변하는 것은 하늘을 배경으로 한 것과 물 사이에 상호작용 때문이라고 말했다. 상호작용이란 바로 동력학이다. 마흐는 이와 관련해 뉴턴의 물통 실험과 비슷한 실험을 설계함으로써 그의 동력학 해석을 증명했다.

당신은 하늘 아래의 넓은 땅에 서 있다. 당신의 두 팔이 몸에 가지런히 붙어 있다면 당신이 보는 먼 하늘은, 즉 당신에게 상대적인 하늘은 움직이지 않을 것이다. 이번엔 몸을 축으로 삼아 빠르게 빙빙 돌아보라. 아래로 자연스럽게 늘어져 있던 두 팔이 바깥으로 당겨질 것이다.

이때 당신은 당신에게 상대적인 먼 하늘이 빠른 속도로 돌고 있는 것을 볼 수 있다. 그러므로 당신이 보고 있는 하늘이 도는 지 돌지 않는 지는 팔이 아래로 늘어져 있는 지, 아니면 바깥으로 당겨져 있는 지로 구분할 수 있다. 팔이 바깥으로 당겨져 떠오른 것은 하늘에 총총 뜬 별들이 당신의 팔에 작용했기 때문이다.

하지만 이 실험은 뉴턴의 물통 실험보다 실행하기 어렵다. 그 누가 자신의 몸을 빠르게 회전시키면서도 중심을 잃지 않을 수 있을까? 균형 감각이 뛰어난 발레리나라도 빙빙 돌 때 중심이 미세하게 흐트러진다.

마흐는 자신의 해석을 정확하게 검증할 방법으로 회전자(rotor)를 이용했다. 전동기나 발전기가 회전하는 부분을 회전자라고 하며, 이것은 '회전하는 관성'이라는 기본적인 동력학적 성질을 갖고 있다. 관성이란 어떤 물체에 작용하는 힘이 없거나, 작용하는 힘들의 합이 0일 때 물체가 운동 상태를 그대로 유지하려는 성질을 말한다. 그래서 움직이는 것은 항상 움직이고 정지한 것은 항상 정지해 있다. 외부적인 간섭이 없을 때 회전자가 돌아가는 방향은 정해져 있으며 변하지 않는다.

마흐의 해석에 의하면 외부의 간섭이 없는 상태의 회전자가 지향하는 것은 별이 총총한 하늘을 배경으로 하여 움직이지 않는 것이고, 회전자의 축이 지향하는 것은 어느 한 방향이며 또 그것을 유지하는 것이다.

하늘을 나는 비행기 등의 관성항법장치는 바로 이러한 회전자의 성질에 근거한 것이다. 비행기가 방향을 돌릴 때 관성항법 기기 회전자의 축이 지향하는 것은 밤하늘에 대해 상대적으로 불변함을 유지하는 것이다. 그러므로 별이 뜬 밤하늘을 볼 필요 없이 회전자만 봐도 비행기가 움직인다는 것을 헤아릴 수 있는 것이다.

다시 뉴턴의 물통 이야기로 돌아가 보자. 만약 뉴턴의 물통과 회전자 두 가지를 함께 놓아두고 회전자 축에 수직하여 줄을 매달아 두게 하면, 마흐에 해석에 의하면 수면이 평평할 때 물은 회전자 축을 상대하여 움직이지 않으며, 수면이 오목하게 들어갈 때는 회전자 축에 대하여 움직인다는 것을 실험으로 증명할 수 있다.

이에 이르러 마흐는 회전자와 물통, 발레리나의 회전과 별이 총총한 하늘 배경의 관계에 대한 만족할 만한 해석을 얻었고, 이는 실험으로 지탱된다.

아인슈타인의 '전복'

만약 '무전동(無轉動)한 상태가 하늘을 배경으로 했느냐 그렇지 않느냐에 달려 있다'면, 논리적으로 볼 때 개별적인 별도 동력학적으로 움직임이 없는 상태에 대해 작용하지 않을 수 없다. 하늘은 수많은 별들로 구성되어 있기 때문이다. 물론 하늘은 개별적인 별들을 모두 포함하고 있으므로 그 작용은 하나의 별보다 훨씬 클 것이다. 그러나 각각의 별들의 작용을 하찮게 볼 수는 없으며, 모두 정량의 이론을 통해 그 작용을 예측해야 한다.

마흐도 그렇게 생각했듯 그의 해석은 반드시 동력학의 지지를 받아야 한다. 그는 동력학 이론을 세우려고 애썼으며, '수면이 오목하게 들어가는 것은 물과 하늘이 상대적인 운동을 함으로써 상호작용을 하는 것이다'라는 정량적인 해석을 하려고 했다. 하지만 성공하지 못했다.

1915년, 아인슈타인(Albert Einstein)은 광의(廣義)의 '상대론'을 건립했다.

1916년부터 1918년 주목받은 그의 상대론의 중요한 추론은, 움직임이 없는 상태는 하늘을 배경으로 한 것에서 영향을 받을 뿐만 아니라 개별적인 별에서도 영향을 받는다는 것이다.

만약 우주선 하나가 하늘을 날고 있다면 별까지의 거리는 아주 멀다. 이때 우주선 속의 항로유도 회전자 축은 하늘을 배경으로 하여 움직임이 없다. 반면 우주선이 별 하나와 아주 가까이 있다면 상대론에 비추어 항로유도 회전자 축은 하늘을 배경으로 하여 상대적으로 움직인다.

결론을 내리면, 외부의 간섭을 받지 않는 회전자가 하늘의 한 방향을 지향한다면, 그것은 계속 그 방향을 유지할 것이다. 하지만 별 근처에선 회전자가 지향하던 방향이 전복되고 만다.

얼마나 크게 전복될지 여부는 별의 크기와 움직임에 의해 결정된다. 만약 우주선이 아주 빨리 움직이는 블랙홀 부근에 도착한다면 회전자 축은 상대적으로 아주 강한 움직임을 갖게 된다. 그리고 원래의 항로대로 움직일 수 없다.

다행히 지구 질량은 크지 않아서 하루에 한 바퀴 도는 자전의 속도가 느리다. 그래서 무언가를 전복시킬 가능성도 낮다. 지구 가까이에서 날거나 떠 있는 비행기와 위성은 여전히 자유롭게 항로를 유도할 수 있다. 다만 다음의 아주 작은 영향을 미친다.

첫 번째 영향은 '드리프트(drift) 현상'이다. 지구의 질량이 일으킨 회전자축은 별에 대해 상대 운동한다.1 두 번째 영향은 '관성에 의한 대비 물체의 끌림'이다. 지구의 회전자축은 별이 총총한 하늘에 상대 운동한다.2

지구의 1천 킬로미터 상공 안의 항로유도 회전자가 땅에 표류하는 정도는 대략 매년 1,000분의 1도(度, 각도)다. 그리고 관성 대비물이 끌리는 것은 대략 매년 10만 분의 1도다.

그대가 탄 비행기가 에어버스380이라면 24시간 비행 시 비행거리는 2만 킬로미터다.(에어버스380은 내부에 레이저 회전자로 구성된 관성항로유도 장치를 갖고 있다.) 이 경우 드리프트 현상과 관성 대상물의 끌림이 목표에 가져 온 편차는 각각 1미터와 1밀리미터보다 크지 않다. 유도탄은 비행시간과 비행거리가 짧아서 광의의 상대론에 미치는 영향이 더욱 작다.

48년을 거친 물통 실험

2011년 5월 말 《물리평론 통신(Physical Review Letters)》에는 짧은 글 한 편이 발표되었다.3 그것은 2004년에 발사된 '중력 측정 위성-B(Gravity Probe B, GP-B)'의 최종 실험 결과에 대한 보고였다. GP-B 실험의 목적은 지구 부근의 드리프트 현상과 관성 대상물의 끌림을 정밀하게 측정하여 지구 질량에 의해 휘어져 있는 시공간을 정량적으로 검증하는 것이었다.

GP-B의 주요 장치는 위성에 놓아 둔 정밀한 회전축 한 대였다. 위성의 궤도는 원형으로 지구의 남북 양극의 상공을 통과하며, 지구와의 고도는 642킬로미터다. 그것은 회전축이 하늘을 배경으로 움직이는 값을 측량한다. 광의의 상대론에 의거하여 계산하면 이 위성에 있는 회전축의 드리프트 현상과 관성대상물의 끌림은 각각 매년 1,000분의 1.8도와 10만분의 1.1도다.

GP-B 실험은 스탠포드대학의 에버리(F. Everitt) 교수가 주관했다. 이 실험은 1963년부터 2011년까지 48년 동안 진행되었고, 45년 동안 미국항공우주국(NASA)의 지원을 받았다. 이 실험은 NASA가 지원한 가장 길고 전문적인 실험이며, 소요된 비용만 7억 5천만 달러였다. 그러나 NASA는 2008년 지원을 중단했다. 2009년부터 2011년까지 3년 동안은 스탠포드대학에서 박사학위를 받은 사우디아라비아 왕국의 한 왕자가 이 실험을 지원했다.

GP-B 실험엔 막대한 시간과 돈이 들었지만 그 결과는 기대에 못 미쳤다. 처음 GP-B 실험을 시작할 때는 정밀도 0.01퍼센트의 드리프트 측량 자료와 정밀도 1퍼센트의 관성 대상물 끌림의 수적 근거를 제공하겠다는 목표를 세웠지만 최종 결과의 정밀도는 각각 0.28퍼센트와 19퍼센트였다. 처음 예상보다 정밀도가 10배 이상 차이가 난 것이다. 들어간 비용 대비 성과가 미미한 이유는 기술적인 한계가 고려되지 않았기 때문이다.

나는 애버리 교수를 알고 있다. 80년대 초 애버리 교수가 중국을 방문했을 때 위성은 이미 공정 단계에 진입해 있었다. 이 실험의 핵심적인 기술은 회전자다. 공정을 진행할 인원이 필요했던 그는 "회전자를 잘 다루는 전문가를 아시면 추천 부탁합니다."라고 말했다. 나는 찾아보겠다고 대답했다.

나는 칠기부(七機部, 우주개발기업)의 어느 사람이 회전자 기술을 연구하고 있다는 걸 알게 되었다. 그 사람을 추천하려고 생각하고 있었는데 미국으로 돌아간 에버리 교수에게서 편지가 왔다. "추천할 사람을 찾아주지 않으셔도 됩니다. 미국 국방부가 중국의 회전자 전문가를 찾는 일에 동의하지 않습니다. 회전자는 군사 기술이라 중국인이 개입할 수 없다고 합니다."

그러나 미국 국방부의 명령은 훗날 폐기된 것 같다. 그의 팀에 중국인 학생이 있었으니 말이다. 또 국방부는 에버리 교수가 만들고자 했던 회전자가 군사용으로 사용되기 어렵다는 사실을 간과했을 것이다. 애버리 교수에게 필요한 회전자는 당시 가장 훌륭한 항로유도 회전자보다 성능이 100만 배 높은 것이었다. 그것은 매년 10만분의 1.1도의 전동을 계측하여야 했다. 또한 회전자의 불온정성은 마땅히 100만 분의 1도보다 작아야 했다.(물리와 천문을 관측하는 최전방 실험용 기구는 그 정밀도가 일반적으로 모든 민간용 군사용 설비에 비해 높다. 현재 쓰이는 고도의 정밀기술은 모두 그러한 실험의 부산물이다.)

나는 애버리의 실험실에서 GP-B 회전자의 원형을 보았다. 그것은 탁구공 모양의 크고 작은 수정구(水晶球) 4개로 구성되어 있었다. 그것은 이상적인 구 형태로, 40개의 원자를 합친 두께 이상의 편차가 없었다. 구 표면은 다시 니오브(niobium)로 칠했다.

4개의 수정구는 액체헬륨(Liquid helium)의 저온(1.8K) 환경 속에 집어넣어져 열잡음(熱雜訊, Thermal Noise)이 거의 없어진다. 이렇게 저온 상태에서 니오브는 초전도체가 되어 니오브를 입힌 수정구가 전동할 때 자장(磁場)을 만들어 낸다. 자장의 방향은 바로 회전자 축의 방향이다. 이렇게 GP-B는 자장의 방향이 배경하는 별의 상대적인 움직임을 측정한다.

GP-B는 불완전한 성공을 거두었다. 하지만 그렇다고 애버리를 비롯한 사람들의 근 반세기에 걸친 노력의 공로가 사라지는 것은 아니다. GP-B는 '외부의 간섭이 없는 회전자는 늘 한 방향을 지향하며 그것은 변하지 않는다'는 해석이 잘못되었음을 증명함으로써 지구 중량에 의해 시공간이 휘어진다는 아인슈타인의 이론을 지지했다.

2011년 이탈리아는 레이저 상대성이론 위성(Laser Relativity Satellite, LARES)을 발사하려는 계획을 세웠다. 비용만 400만 유로인 큰 프로젝트였다. LARES 위성은 오차 1퍼센트 이내의 정밀도를 목표로 했다.4 LARES는 회전자를 사용하지 않는다. 그 자체가 하나의 회전자다.(이탈리아의 국채 문제가 이 일에 영향을 미칠지 여부에 대해 같은 분야의 사람들이 관심을 가지고 지켜보았다.)

400여 년 전 뉴턴의 물통으로 시작된 다양한 논의와 해석은 현대 물리학에 중요한 영향력을 행사했다. 그리고 뉴턴으로부터 시작된 우주와 공간에 대한 탐구는 지금도 현재진행 중이다.

2011년 9월
투손에서

❖참고문헌
1 1916, W. de Sitter, W. de Sitter, Monthly Notices of the Royal Astronmocal Society, 77, 155, 1916
2 J. Lense와 H. Thirring, W. Lense and Thirring, Phys. Zeits, 19, 156, 1918
3 C. F. Everitt et Phys. Rev. Lett. 106, 221101, 2011
4 I. Ciufolini et al. Space Sci. Rev. 148, 71, 2009

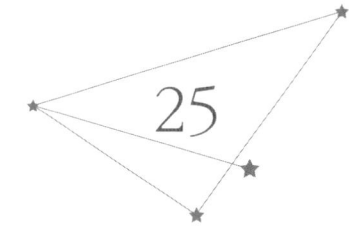

나라의 문호를 여는 시대
— 스티븐 호킹의 첫 번째 중국방문

영국의 물리학자 스티븐 호킹(Stephen Hawking)이 중국을 방문할 때의 대우는 국가 지도자급이었다고 한다. 2006년 호킹의 학술보고는 베이징 인민대회당에서 거행되었다. 중앙 고위급 인사들과 호킹을 흠모하는 많은 사람들이 그 자리에 참석했다. 1985년 그가 처음 중국을 방문했을 때와는 사뭇 다른 대접이었다.

1985년 호킹을 초청한 유일한 기관은 과기대학이었다. 나는 친구인 베이징사범대학 물리학과 류랴오(劉遼) 교수와 그의 그룹에게 호킹이 베이징에 머무는 3일 동안 그를 돌봐달라고 했다.

당시 호킹의 강연은 과기대학의 강당에서 진행했다. 청중은 대략 400명 정도였고, 대부분 20세에 이르지 못한 학생들이었다. 나는 호킹이 우리들이 그를 존중하지 않는 것으로 오인할까봐 걱정을 많이 했다.

그러나 다행히 좌석은 채워졌고, 어린 청중들은 세계적 수준의 발표를 듣게 되었다. 또 내가 일찍이 초청한 난징대학 천문학과의 리우단(陸埮) 교수도 자리를 함께 했다. 당시 그의 정치적 신분은 전국인민대표대회대표였다. 그리하여 나는 호킹에게 "귀국의 하원의원과 같은 신분의 교수도 참석했습니다."라고 말했다. 강연이 끝나고 사진을 찍을 때도 리우단 교수를 불러서 그의 곁에 서게 했다.

호킹의 학술상 중요한 업적들은 대부분 1985년 이전에 일궈낸 것이다. 1980년에 그는 이미 캠브리지대학의 루카스 석좌 교수로 임명되었다.(뉴턴, 디락 등과 같은 이론 물리학의 대 스승들이 루카스 석좌교수(Lucasian Professor of Mathematics)를 역임했다.) 그러나 1985년만 해도 광의 상대론과 우주 과학의 울타리 안에 있는 사람을 제외한 대중들은 호킹이 대체 어떤 사람인지 알지 못했다.

호킹이 대중적 '우상'으로 변한 것은 1988년《시간의 역사》라는 책이 발매된 이후였다. 1985년 허페이의 과기대학을 방문했을 때 그는 그 책을 쓰고 있었다.

5월 2일, 나는 호킹의 일행과 함께 기차를 타고 허페이에서 베이징으로 갔다. 그는 늘 의사와 간호사, 그리고 통역을 데리고 다녀야 해서 지출이 컸다.(당시 그는 말을 할 수 있었지만 보통 사람은 알아듣지 못하므로 반드시 통역이 보통의 영어로 다시 설명해 주어야 했다.) 영국 당국과 캠브리지대학도 그 모든 비용을 지불해줄 순 없었다. 그런데도 그는 담백하게 말하기를, "이 책은 과학의 대중화를 위해 우주의 역사와 시공간 개념을 쉽게 풀어서 쓴 것이며 돈을 벌기 위함이 아니다."라고 했다.

《시간의 역사》는 출판되자마자 대중적인 인기를 얻었고 호킹은 소위 '스타'가 되었다. 그 책의 번역본은 중국 내 과학보급 총서 가운데 하나가 되었다. 그렇더라도 나는 대부분의 대중들이 그의 공헌이 정확히 무엇인지 알지 못한다고 생각했다. 《타임》 역시 《시간의 역사》를 구입한 사람들 중 많은 이가 책의 3페이지 정도만 읽었을 거라고 말했다. 미루어 보건대 2006년 베이징 인민대회당 안에 있었던 수천 명의 청중들 역시 3페이지 이상 읽지 않았을 가능성이 크다.

사실 그것은 당연한 일이다. 사람들이 서로의 전문분야를 이해하기란 어려운 일이다. 호킹 역시 한 분야의 전문가였는데, 그의 일은 시간과 공간이라는 큰 자로 구조(構造)과 기성(奇性)*을 재는 것이었다.

먼저 블랙홀의 연혁을 살펴보자. 60년대 후반, 중국에서 문화대혁명이 한창일 때 미국 프린스턴대학의 휠러(J. A. Wheeler)와 그의 제자들은 상대론천체물리연구를 선도해 나갔다. 휠러는 '블랙홀'이란 명칭을 처음 만들었고, '슈바르츠실트의 특이점'이라고 불리던 개념을 블랙홀이라고 명명했다. 한편 뉴질랜드의 수학자 로이 커(Roy Kerr) 등은 광의 상대론으로 해석한 시계(視界)의 특성을 설명했다.

70년대 초 나라 문은 굳게 닫혀 있었지만 블랙홀 연구는 중국에도 스며들었다. 광의 상대론 연구를 처음 시작할 때는 블랙홀을 직역하여 흑동(黑洞, 검은 구멍)이라고 번역했다. 그러나 첸쉐선(錢學森) 선생은 블랙홀은 광함(光陷, 빛의 함정)으로 번역해야 한다고 주장했다. 그는 그 이유로 블랙홀의 특성을 들었다.

---

* 역자 주: 기성은 우주팽창의 시작을 가리킨다. 이를 통해 시간과 공간이 기형적으로 변화하는데, 그 변화는 또한 아주 작은 곡률 반경을 가지고 있다.

블랙홀의 시계(視界)에 들어간 것은 빛(光)의 입자 하나도 벗어날 수 없으니 빛이 함몰된다는 뜻의 이름이 적절하다는 것이었다. 그러나 '물리학 명사'(전국 자연과학 명사 심정 위원회 반포)는 첸쉐선 선생이 선택한 단어 대신 '흑동'을 블랙홀의 번역어로 채택했다. 이유는 간단했다. 블랙홀도 빛을 낼 수 있기 때문이다. 이것이 바로 호킹의 중요한 공헌 중 하나인 '호킹복사'(Hawking radiation)다.

'호킹복사'의 결과는 1974년 얻어졌다. 그러나 당시 국내외 변두리 지역에선 음의 에너지가 블랙홀에 들어오면 블랙홀의 질량이 줄어들어 결국 블랙홀 자체도 증발하듯 사라지게 된다는 그의 이론이 소개된 책자를 찾아보기 힘들었다. 내가 그를 과기대학에 초청한 것도 호킹복사에 대한 얘기를 듣고 싶어서였다.

블랙홀은 70년대 과기대학 천체물리 그룹의 연구과제 중 하나였다. 70년대 말 나라의 문호가 열렸을 때 내가 첫 번째로 한 생각은 세계 일류의 블랙홀 관련 물리학자를 초청하는 것이었다. 그리고 마침내 1981년 블랙홀 관련 분야의 선구자인 휠러를 초청할 수 있었다.

70세의 외국인이 그 일 때문에 이역만리 중국 허페이로 왔다. 휠러 부인은 그보다 나이가 훨씬 많았다. 두 사람은 아주 작은 가방 하나만 챙겨 왔다. 그들은 프랭크(중국 출신의 미국 물리학자 양전닝(楊振寧))가 허페이는 작은 도시라 교통이 불편하다고 하여 짐을 많이 가져오지 않았다고 말했다.

휠러를 초청한 이후 우리들은 젊은 블랙홀 학자들을 여럿 허페이로 불러 들였다. 1981년부터 호킹을 초청하려고 했지만 영국대사관이 동의하지 않았다. 그들의 반대한 이유는 허페이가 교통이 불편해서 중증 장애인인 호킹이 방문하기 적합하지 않다는 것이었다.

또 호킹은 특별하게 만든 음식만 먹을 수 있었는데 그것을 영국에서 공수해 와야 했다. 하지만 허페이는 교통이 대단히 불편한 곳이라 필요한 물품을 제때 운반할 수 있다고 장담할 수 없었다. 이유는 타당했다. 그런 면에서 허페이는 확실히 부족했다. 그러나 나는 포기하지 않았다.

당시 과기대 부총장인 첸린자오(錢臨照) 선생이 호킹을 초청하는 일을 책임졌다. 첸 선생은 영국에 대하여 정통해서 어떻게 해야 그 일을 주선할 수 있는지 알았다. 그는 내게 조급해 하지 말라고 했다.

영국대사관원의 말에 따르면 호킹은 대영제국의 국보라 할 수 있었다. 그들은 호킹이 허페이를 방문했을 때 무슨 일이 생기면 대사관이 그 책임을 떠맡게 될 것을 염려하고 있었다. 그러므로 영국대사관이 걱정하지 않도록 방법을 찾아내야 했다.

우리들은 호킹 본인은 중국에 무척 오고 싶어 한다는 것을 알았다. 그는 허페이에서 살아남는 것(survive)만 보장된다면 언제라도 방문하겠다고 했다. 그리하여 우리는 1983년에 먼저 버나드 카(Bernard Carr)를 허페이로 초청했다. 그는 일찍이 호킹의 제자였고 블랙홀 학자다. 카와 호킹은 함께 빅뱅 때 생성된 원시 블랙홀로써 질량이 매우 작은 '미니 블랙홀'(mini black hole)에 관한 기초를 만들었다. 초청 당시 카는 런던대학에서 강의하고 있었으며 남는 시간엔 텔레파시를 연구했다.

카는 유순한 성향의 사람이었다. 우리가 카를 초청한 목적은 그에게 이 허페이라는 '작은 도시'가 '대영제국의 국보'가 3~4일 가량 생존할 수 있는 곳인지 아닌지를 확인하도록 하기 위해서였다. 카는 1983년 6월 20일부터 30일까지 허페이에 머물렀다. 그가 행한 학술강연의 제목은 〈인류 원리(anthropic principle)〉였다.(강연의 내용은 '사람은 자신이 생존할 수 있는 우주를 연구할 수 있다.'는 것이다.)

카의 결론은 긍정적이었다. 그는 허페이가 호킹이 생존할 수 있는 우주 가운데 있다고 보았다. 케임브리지와 비교하면 허페이는 매우 크다. 대영제국의 크기와 비교해 봐도 허페이는 작은 도시라고 하기 어렵다. 허페이를 흐르는 페이강(肥江)도 케임브리지의 강보다 크다. 또 케임브리지에는 2차 대전 때 군용으로 사용한 비행장은 있지만 민간항공은 없다.

만약 누군가 허페이와 케임브리지를 교환하자고 제의한다면 '그'는 찬성할 것이다.(휠러가 중국을 방문해 산샤를 유람했을 때 그는 만약 누군가 산샤와 콜로라도 대협곡과 교환하자고 제의한다면 찬성할 것이라고 말했다.)

영국으로 돌아간 카는 호킹에게 허페이에서 느낀 바를 전했다. 그리하여 1984년 우리들이 다시 호킹을 초청했을 때 영국대사관은 더 이상 반대하지 않았다. 1985년 호킹이 중국을 방문했을 때 '대영제국의 국보'는 따오샹(稻香)에 머물렀다. 그곳은 마오쩌둥이 허페이에 오면 머물던 곳이었다.

이리하여 영국 대사관이 걸고 넘어졌던 점이 해결되었다. 그러나 당시 외사활동은 1년을 주기로 하기 때문에 1985년도에 실행할 계획을 1984년에 신청하야 했다. 그러므로 1985년에 가서야 호킹은 처음으로 중국 땅을 밟았다.

이것이 바로 왜 호킹이 허페이에 왔을 때 카가 반드시 함께 하여야 했는지의 이유이다.

시간은 왜 앞으로만 가는가?

호킹 일행은 4월 28일에서 5월 2일까지 4일간 머물렀다. 카는 보고서를 썼고, 호킹은 두 가지의 강연을 준비했다. 하나는 전문적인 것이고, 다른 하나는 대중적인 것이었다.

전자는 블랙홀의 형성 이론이고, 후자는 'Why does time go forwad?(시간은 왜 앞으로만 가는가?)'라는 제목으로 진행되었다. 이 제목을 좀 더 이해하기 쉽게 고치자면 '왜 노인은 어린아이로 돌아갈 수 없는가?' 정도가 될 것이다.

사실 이 문제에 대해 호킹은 새로운 전기를 마련할 정도의 공헌을 하지는 못했다. 그럼에도 이것을 강연 제목으로 정한 이유는 아마 호킹이 루카스 석좌교수로서 일종의 전통을 드러내고자 함이었을 것이다.

1669년 루카스 석좌교수로 임명된 뉴턴은 '사과가 땅에 떨어지듯 달도 땅으로 떨어질 수 있을까?' 하는 질문을 던졌고, 1932년 임명된 디락(Paul Dirac)은 수비학(數秘學, Numerology), 즉 우주와 숫자의 신비로운 관계를 해석하는데 정열을 쏟았다. 간단히 말해 대영제국의 국보들은 17세기의 뉴턴이건, 20세기의 디락이건 혹은 호킹이건 모두 하늘이 무너질까봐 걱정하던 '기(杞)나라 사람'식의 문제를 특히 좋아했다. 그리고 그것이 일종의 전통이었다.

80년대 초 중국에선 번안(飜案)하는 풍조가 유행했다. '억울하고 잘못된 안건(寃假錯案)'은 과거의 것이든 현대의 것이든 하나하나 시정했다. 호킹의 강연 이후 기나라 사람에 대한 평판도 뒤집힐 수밖에 없었다. 기우(杞憂), 즉 기나라 사람이 하늘이 무너질까 걱정하는 것을 깎아 내리는 일이 줄어들었다.

당나라의 시선(詩仙) 이백(李白)이 기나라 사람을 나무란 것을 오늘날 젊은이들 사이에 유행하는 말로 표현하면 이백 본인이 '문과학생'임을 증명하는 것으로, 중국 신화 속의 달에 산다는 여신 항아(嫦娥)*를 떠올리면서 기나라 사람들의 물리학적인 질문, 즉 '달이 떨어질까?'를 타격한 것이다. 이는 그러한 풍조를 묘사한 것일 뿐 그를 깎아내릴 의도는 없다.

지금으로부터 3천 년 전, 하늘이 무너져 내릴지도 모른다는 생각을 한 기나라 사람들은 확실히 보통은 아니었다. 아리스토텔레스는 2천 년 전 하늘이 땅으로 떨어지지 않는다는 해석을 '우주물질(celestial matters)' 이론에서 밝혔다. 그 이론은 오늘날 잘못된 것으로 판명되었지만 여전히 숭배를 받고 있다.

프랑스의 철학자 볼테르(Voltaire)는 뉴턴의 가장 큰 공헌은 아리스토텔레스의 이론을 뒤집은 것이라고 보았다. 아리스토텔레스는 뉴턴이 '우주 물질'과 마주하고 그 중요한 문제에 대해 사고해 보도록 자극했다.(달도 사과와 마찬가지로 떨어진다.)

나와 같은 분야에 있는 사람들은 일찍이 허난성(河南省) 치시엔(杞

---

* 흰 토끼는 불사약을 가을이고 봄이고 찧고 있는데,(白兎搗藥秋復春)
  항아는 외로이 살면서 누구와 이웃하고 있는가?(嫦娥孤棲與誰鄰)

縣)에서 현대우주과학회를 열고 '기나라의 국보'들을 위해 '오류를 바로 잡아' '하늘이 무너질까봐 걱정한' 그들의 학술정신, 즉 가치 있는 문제를 제기한 정신을 선전하고 이끌자고 말했다. 그러나 뒤로 갈수록 '하늘이 무너질까봐 걱정한다.'는 말의 의미는 변했다. 그 말이 더 이상 같은 의미로 사용할 수 없게 되자 회의를 열고 기나라 사람들의 정신을 선전하기로 한 일도 중단되었다.

1985년 대중들을 위한 강의해서 호킹은 시간이란 앞으로 흐르지만 언제나 앞을 향할 수는 없다고 말했다. 만약 지구 위에서 "남쪽으로 가자!" 소리치고 남쪽으로 달린다면 언제나 앞으로 달리는 것이 가능하다. 그러나 남극에 이르면 북쪽으로 갈 수밖에 없으니 이는 명백히 '후퇴'인 것이다.

한 인간의 수명으로 볼 때 시간은 남쪽을 향해 달리는 것과 같다. 그저 앞으로 달려 나간다. 하지만 전체 우주의 변화과정으로 볼 때 남극에 도착하면 오직 북쪽으로 되돌아가는 일만 남는다. 그러므로 '노인이 어린이로 돌아가는 것'은 한 인간의 삶으로 볼 때 불가능하지만, 전체 우주의 관점에서 본다면 방향을 되돌리는 것이 가능하다. 여기까지 말한 호킹은 의기양양하게 웃었다. 당시 통역하는 사람도 잠시 일어나 호킹의 모형이 '법륜(法輪, 법의 수레바퀴 돌리기)'과 비슷하다고 덧붙였다.(《서유기(西遊記)》 속에서 당삼장(唐三藏)이 말했다. "부처님을 뵙고 경전을 찾으면 우리들로 하여금 법륜을 돌리게 할 것이다.")

'시간은 왜 앞으로만 가는가?'에 관한 호킹의 강연을 들은 사람들은 마치 부처를 뵙고 경전을 찾은 것처럼 잠시 자신만의 법륜 모형을 만들었다.

호킹과 함께 베이징에 도착한 뒤 나는 베이징사범대학의 류랴오 교수의 도움을 받았다. 그곳에서 큰 학술활동은 없었다. 그런데 호킹이 만리장성에 오르겠다고 했다. 그 말에 모두 난감해졌다. 그것은 원래 계획에 없었던 일이기 때문이다.

류랴오를 비롯한 사람들은 만리장성은 쉽게 오를 수 있는 길이 없다면서 만류했다. 외세의 침입에 대비하기 위해 증축된 만리장성은 그 자체가 하나의 거대한 장애물이었다. 그곳은 몸이 불편한 사람이 오르기에 적당한 곳이 아니었다. 그러나 호킹은 고집을 꺾지 않았다. 그는 만리장성에 가지 않으면 사내대장부가 아니라는 유혹에 빠져 있었는지도 몰랐다.

그는 심지어 만리장성에 오르지 못하게 하면 자살하겠다는 말까지 했다. 하지만 이 앵글로색슨인을 미군의 공격으로 침몰한 일본 야마토 전함의 군인들처럼 자살로 생을 마감하게 할 순 없지 않은가? 우리는 그를 설득할 여지가 없었다.

류랴오 교수는 체구가 좋은 대학원생에게 호킹을 등에 업고 만리장성에 오르도록 했다. 나는 그들을 따라 가지 않아서 그들이 어떻게 '대영제국의 국보'를 업고 갔는지 모른다. 다만 그 후에도 호킹이 베이징사범대학 물리학과의 '무거운 짐'이 되었다는 것만은 확실히 안다.

1985년 호킹이 방문한 이후 오늘날까지 그들은 줄곧 '호킹복사'에 관한 논문을 발표했다. 내 생각에 이것은 과거 대학원생이 호킹을 업어서 만리장성에 오른 것과 관련이 있다. 블랙홀을 열렬히 사랑했던 젊은이들은 호킹 때문에 정신적으로나 육체적으로 완전히 지쳐서 그가 사라졌으면 좋겠다고 수군거렸다.

안타깝게도 만리장성은 블랙홀의 시계(視界)는 아니었다.

2008년 9월

미국에서

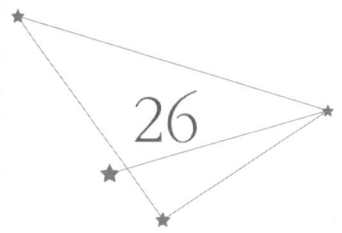

26

하늘은 왜 파란색일까?

'하늘은 왜 파란색일까?'에 관한 물리적 해석은 1910년에 완성되었다. 지금으로부터 꼭 100년 전의 일이다. '파란하늘'을 물리적으로 응용한 것이 바로 광(光)통신이다. 가오쿤(高錕) 선생은 빛의 속도로 정보를 전달할 수 있는 광섬유를 발명했고 이를 통해 광(光)통신이 가능해졌다. 그는 이 공로로 2009년에 단독으로 노벨물리학상을 받았다.

하늘이 파란 이유는 이미 많은 학생들이 책에서 보았듯 그 표준답안이 준비되어 있다.

지구의 대기에는 미세한 먼지, 물방울, 얼음 덩어리들이 있으며, 햇빛이 지구를 통과할 때 그 입자들과 충돌한다. 공기 입자는 햇빛을 받아 진동하고, 그것이 다시 빛을 내보내는데 이를 '빛의 산란'이라고 한다. 그런데 공기 입자는 파장이 짧을수록 산란이 잘 된다. 그 중 파란색이 우리 눈에 잘 보이므로 하늘이 파랗게 보이는 것이다.

중국어를 사용하는 나라는 한결같이 위의 '표준답안'을 채택하고 있다.

하늘이 파란 원인에 대한 해석은 19세기 영국 물리학자 틴들(John Tyndall)이 가장 먼저 내놓았다. 그는 공기 속 물방울, 얼음 덩어리들에 햇빛이 투과되면 그것이 파란색으로 산란한다고 보았고, 이것은 '틴들현상'이라고 불렸다. 하지만 그 해석은 완전히 정확한 것이 아니었다.

만약 하늘이 파란 주요 원인이 물방울, 얼음 알갱이들의 산란이라면, 하늘의 색깔과 심도는 공기 중의 습도에 따라 변화할 것이다. 습도에 따라 공기 중의 물방울 알갱이 숫자에도 큰 차이가 있기 때문이다. 하지만 습도가 높은 지역과 사막에서 보는 하늘은 똑같이 파란색이다. 틴들의 모형으로 설명하자면 뭔가 변화가 있어야 할 것이다. 19세기 말에 이르러서야 사람들은 틴들현상에 대해 의문을 품게 되었다.

1880년대에 영국 물리학자 존 레일리(John Rayleigh)는 공기 중의 작은 알맹이들의 도움을 받을 필요 없이 공기 자체의 산소와 질소가 햇빛에 의해 파란색으로 산란된다고 보았다. 그는 하늘을 파란색으로 보이게 하는 주요 원인으로 공기 분자를 꼽았다.

하지만 대기 전체가 파란 것과 각 분자가 파란색으로 산란하는 것에는 엄연한 차이가 있다. 만약 공기가 완전히 순수하고 고르다면 하늘은 파란색이 없다. 모든 것이 고른 환경 속에선 분자들이 부딪혀 산란할 가능성이 낮아지기 때문이다. 감옥에 수감된 사람들이 엄격한 규율에 의해 흐트러진 행동을 할 수 없듯이 말이다. 파란하늘은 이렇게 분자들의 독립적인 행동에 의지하고 있다.

때문에 레일리는 공기는 분자의 '감옥'이 아니라고 가정했다. 그리고 산소와 질소 등의 분자는 규칙적으로 움직이는 것이 아닌 임의적으로 분포되어 있다고 보았다. 레일리의 모형으로부터 산출해 낸 정량적인 결과는 파란하늘의 성질에 아주 잘 부합하는 것이었다. 그는 1899년 〈파란하늘의 기원을 논하다〉라는 논문을 발표했고, 그것을 통해 외부의 작은 알맹이들이 없다 하더라도 여전히 파란하늘을 볼 수 있다고 설명했다.

'외부의 작은 알맹이'란 틴들의 모형을 가리킨 것이었다. 레일리에 이르러 틴들의 이론은 폐기되었다. 그리고 파란하늘에 관한 그의 모형인 '레일리 산란'이 주류 의견이 되었다.

레일리의 모형은 성공적이었다. 그의 모형대로라면 공기는 이른바 이상적인 기체여야 했다. 그러나 사실 공기는 이상적인 기체가 아니라는 점이 '레일리 산란'의 약점이라 할 수 있었다.

1910년에 아인슈타인은 최종적으로 이 문제를 해결했다. 그는 당시에 발전된 엔트로피(Entropy)의 통계열역학이론을 이용해 가장 순수한 공기라 할지라도 팽창과 축소를 반복하므로 빛이 푸른색으로 쉽게 산란된다는 것을 증명했다.

만약 공기가 이상적인 기체라면 아인슈타인의 결과도 레일리와 같을 것이다. 그러나 공기의 팽창과 수축 덕분에 우리는 파란하늘을 볼 수 있다. 아인슈타인의 이론에 비추어 보면 파란하늘은 다음과 같은 원인으로 일어난다.

'공기 중에는 제거할 수 없는 불순물이 있다. 그래서 공기는 팽창과 수축을 반복하며, 공기 입자는 햇빛에 의해 산란하고 파란하늘을 만들어 낸다.'2

파란하늘에 관한 논의는 아인슈타인이 시작한 것은 아니지만, 1910년 그에 의해 완전한 이론으로 정립되었다.

레일리와 아인슈타인의 '파란하늘 이론'은 보편적으로 적용되는 것이었다. 물론 이것이 적용되지 않는 지점도 있었다. 몇 해 전 어떤 사람이 특별한 감정을 담아 '조국의 푸른 하늘을 사랑한다'라는 노래를 만든 적이 있었다. 그러나 천만에, 나는 조국의 독립을 사랑하며, 규칙 없이 독립적인 분자를 사랑한다.

가오쿤 선생은 광섬유의 기초를 정립한 그의 첫 번째 논문〈광학섬유 통신(通訊)〉3에서 첫 번째 공식으로 아인슈타인과 레일리의 산란을 인용했다.

유리는 응고된 액체다. 아주 작은 기포나 결함이 없는 이상적인 유리라 해도 그 가운데는 여전히 제거할 수 없는 불순물이 있다. 그러한 유리로 만들어진 광섬유는 가운데에는 광파가 흐르고, 그때 내부의 유리가 산란된다. 이것은 광통신으로 인해 신호가 손실되는 원인으로 작용하기도 한다. 그러나 현재로선 그 영향을 낮추는 것 외엔 다른 방법이 없다. 어쨌거나 이렇게 파란하늘의 메커니즘은 빛의 속도로 정보를 전달하는 광통신의 기반이 되었다.

중국어로 쓰인 권위 있는 과학 관련 매체들은 가오쿤 선생은 가리켜 전 세계에 가장 큰 영향을 준 중국인이라고 보도했다. 확실히 그의 발견은 정보통신의 혁명으로, 전 세계를 인터넷으로 연결되는 시발점이 되었다. 한 가지 재미있는 점은 인터넷 그 자체는 마치 가오쿤 선생의 영향을 받지 않은 것처럼 보인다는 점이다. 또 이 글의 첫머리에서 언급한 파란하늘에 관한 해석 역시 그의 영향을 받지 않은 것이었다. 청소년들의 입장에서 본다면 파란하늘에 대한 표준해석은 독이 들은 우유라고 할 수는 없으나 100년이 지난 우유일 것이다.

2010년 전동역학과목에서
존 레일리의 '레일리 산란'을 강의했다
투손에서

❖ 참고문헌
1 J. Rayleigh, Phil. Mag. XLVII, 375, 1899
2 A. Einstein, Ann. Physik, 33, 1275, 1910
3 C. Kao, Proc. IEE, 113, No.7, 1966

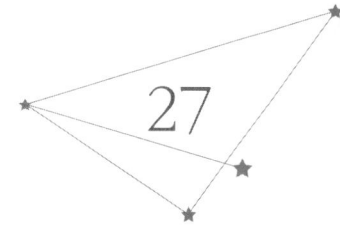

'공자가 본 아이들의 말싸움'과 그 속편

나는 중국 전국시대의 철학자 열자(列子)의 책《열자(列子)》가운데서 '공자가 본 아이들의 말싸움'이라는 편을 아주 좋아한다. 나는 1970년 초부터 과기대학 동료와 함께 우주과학을 연구하기 시작했는데, 첫 번째로 선정한 제목이 이 '말싸움'과 관계가 있었다. 또 오늘날의 연구와도 어느 정도 관계가 있다. '말싸움'이 끄집어 낸 물리와 인식론은 대단히 흥미롭다. '공자가 본 아이들의 말싸움'의 전문은 다음과 같다.

공자가 동부지역을 유람할 때 두 아이가 말싸움 하는 것을 보고 그 이유를 물었다.

아이 A : 나는 해가 뜰 때는 사람과 가깝지만 중천에 있을 때는 멀다고 했습니다.

아이 B : 나는 해가 뜰 때는 멀고 중천에 있을 때가 가깝다고 했습니다.

아이 A : 해가 처음 뜰 때는 수레바퀴만한데 중천에 이르면 그릇만큼 작아지니 이는 멀리 있는 것이 작고 가까이 있는 것이 큰 것 아닙니까?

아이 B : 해가 처음 뜰 때에는 주위가 서늘하지만 중천에 이르면 따뜻해지니 이는 가까이 있는 것은 따뜻하고 멀리 있는 것이 차가운 것 아닙니까?

공자는 그 문제를 해결할 수 없었다.

그러자 두 아이가 웃으면 말했다.

"누가 당신을 아는 것이 많은 지혜로운 사람이라고 했나요?"

이야기 가운데 A와 B는 내가 두 아이를 구별하기 위해 임의로 사용한 것이다. 이제 내가 만든 속편을 소개하겠다.

속편

화가 난 공자가 자리를 뜨고 동방지역을 유람하던 사람이 왔다. 그는 원래 플라톤(Platon) 학교의 지혜로운 사람이었다. 하지만 그리스 경제가 끝내 무너지자 지혜로운 이들은 사방으로 흩어졌고 그 역시 떠돌이가 되어 동쪽으로 왔다.

떠돌이 : 어린이 여러분. 그대들이 공자 선생을 괴롭게 한 말싸움을 나는 모두 들었소. 두 사람은 왜 역설(paradox)의 기술을 사용

하시오? 혹시 우리 플라톤 학교의 초등반에 다니다가 바다를 건너온 것이오?

A와 B : 아닙니다. 플라톤 학교엔 가본 적이 없어요. 그곳에서는 무엇을 가르치나요?

떠돌이 : 말싸움이지. 각종 말싸움 기술을 가르친다오.

A와 B : 어? 그러면 말싸움을 잘 하시겠군요. 우리들과 한번 겨루어 보실래요?

떠돌이 : 그럽시다. 그대들이 공자 선생을 놀려 먹은 '말싸움'부터 시작합시다. 어떻소?

A와 B : 좋아요.

떠돌이 : 그대들의 논법은 매우 훌륭합니다. 플라톤 학교 학생들이 첫 학기에 배우는 아리스토텔레스의 3단 논법과 대체적으로 비슷하군요. 하지만 그 가운데 논리적인 구멍이 있어요.

A와 B : 네? 구멍이 있다고요?'

떠돌이 : A군이 사용한 3단 논법의 대전제는 '멀리 있는 것은 작고 가까이 있는 것은 크다'이고, B군이 사용한 것은 '가까운 것은 뜨겁고 멀리 있는 것은 차갑다'입니다. 그러나 그대들은 이 두 개의 논단을 증명하지 못했소. 증명을 거치지 않은 논단을 사용했으니 구멍이 아닙니까?

A : 이것을 꼭 증명해야 합니까? 모두 상식인데.

B : 논리의 지렛대를 사용하고 계시군요. 하지만 그것들은 증명하지 않아도 자명한 것인데요?

떠돌이 : 여러분! '증명하지 않아도 자명하다'는 말은 그렇게 마음대로 사용할 수 있는 것이 아니라오. 증명하지 않아도 자명하

다는 건 무슨 뜻입니까? 지나가는 개도 안다는 의미입니다. 예를 들어 유클리드 기하학의 5가지 공리(公理) 중 첫 번째는 '두 개의 다른 점을 지나는 직선은 하나만 존재한다'는 것입니다. 만약 그대가 뼈다귀 하나를 던진다면 개는 그 뼈를 향해 직선으로 달려갈 뿐 어지럽게 빙빙 돌지 않는다오. 이것은 개도 알 듯 두 개의 점 사이에는 하나의 직선만 그릴 수 있기 때문입니다. 그러므로 유클리드 기하학 첫 번째 공리는 '증명하지 않아도 자명한 것'이지.

그러나 개는 유클리드의 평행선 공리는 알지 못합니다. 두 각(角)의 합은 두 직각보다 작다는 것에 대해서도 알 리가 없소. 그러므로 유클리드의 5가지 공리는 '증명하지 않아도 자명한 것'이 아닙니다. 대전제는 그것을 증명하지 않는 한 하나의 가설일 뿐이라오.

이론적으로 여러분들이 자신의 논단을 증명하는 것은 어렵지 않습니다. 장차 그대들이 대학교에 진학하면 바로 할 수 있소.

A와 B : 우리들은 대학 수업을 도강한 적이 있어요. 수석 교수님은 실천은 진리를 검증하는 유일한 표준이며, '가까운 것은 뜨겁고, 먼 것은 차다'와 '먼 것은 작고 가까운 것은 크다'는 이미 수천 년 동안 실천을 통해 검증된 것이라고 했습니다. 그런데도 진리가 아니라고요? 또 다시 이론적으로 증명을 하란 말입니까?

떠돌이 : '먼 것은 작고 가까운 것은 크다'는 확실히 실험으로 검증되었지. 그러나… 실험으로 검증된 것이 이론적으로 증명된 것과 같은 것은 아니라오. 다시 "왜?"라는 질문을 던져야 합니다.

A와 B : 무슨 뜻이지요?

떠돌이 : '먼 것은 작고 가까운 것은 크다'는 1812년부터 1825년까지 5년 동안 가우스(C. F. Gauss)가 1차적으로 증명했어요. '먼 것은 작고 가까운 것은 크다'는 보편적인 진리여서 우리가 살고 있는 세상은 물론 태양계에도 적용됩니다. 하지만 그것이 보편적인 것이라고 하여 모든 것에 적용되는 것은 아니라오. '먼 것은 작고 가까운 것은 크다'를 이론적으로 증명하려면 그 안에 조건들을 살펴봐야 합니다. 어린이 여러분이 적용하는 조건이 분명하지 않다면 어떻게 그것을 3단 논법의 대전제로 삼을 수 있겠소? 3단 논법의 증명에서 대전제의 적용범위는 반드시 소전제를 포괄해야 합니다.

A와 B : '먼 것은 작고 가까운 것은 크다'는 보편적인 것이지만 보편적으로 적용되지 않는다는 것이 정말입니까? 또 조건을 적용해야 하나요? 대체 어떤 조건이죠? 빨리 말해 보세요.

떠돌이 : 멀고 가까운 것, 크고 작은 것은 모두 기하학적 감각(geometric sense)이라오. 여러분이 이것을 이론적으로 증명할 때 유클리드의 공리와 정리를 사용하게 될 것입니다. 그러므로 유클리드의 공리와 정리는 우리가 적용할 수 있는 하나의 조건일 뿐입니다.

A와 B : 그렇다면 유클리드의 세계가 아닌 곳에선 '먼 것이 크고 가까운 것이 작다'가 될 수도 있다는 말인가요?

떠돌이 : 정확합니다. 바로 그거예요. 똑똑한 두 동생은 총명함이 이미 그 수석 교수를 뛰어 넘었군요. 혹시 플라톤 학교 박사과정을 밟을 생각이 있다면 나는 여러분이 소크라테스 장학금을 받

을 수 있도록 강력히 추천할 것이오.

A와 B : 와우! 그렇다면 우리들은 여자 친구도 데려갈 거예요.

떠돌이 : 당연히 환영할 것입니다. 옛말에 남자와 여자가 있어야 비로소 진리(자식)을 낳는다고 하였소. 진리를 발견하는 것(발견과정에는 당연히 검증과정이 포함되어 있다.)은 반드시 이론과 실험이 함께 해야 하고, 둘 중 하나라도 부족해서는 안 되지요. 자식을 낳는 최후의 한 걸음은 어느 한쪽만으로 완성할 수 있는 것이 아니니 이것이야 말로 실천을 통해 검증된 진리입니다.

두 동생에겐 속이지 않고 말하고 싶소. 나는 미국에서 몰래 건너왔다오. 실험과 이론에 대한 태도는 미국과 유럽 사이에 약간의 차이가 있어요. 유럽에는 고대 그리스적 유풍이 남아 있어서 사변(思辨)을 좋아하고, 어떤 문제가 있어도 조급하게 해결하려고 하지 않습니다.

반면 미국은 듀이의 '실천 속에서 배운다'는 철학의 영향을 받아서 무조건 실천하고 본다오. 그러다 안 되면 다른 방법을 찾아 실천하고, 안 되면 또 다시 시작하고…. 미국인이 이론 분석의 중요성을 몰라서 이러는 건 아닙니다. 미국이 유럽에 비해 돈이 많기 때문입니다. 미국에서 실패할 가능성이 있는 실험을 하기 위한 돈을 구하기가 어렵지 않아요.

듣건대 두 동생이 살고 있는 공자의 나라는 돈도 많고 땅도 많아서 '실패할 가능성이 있는 실험'을 위한 돈을 찾기가 쉽다고 들었소. 그래서 방향을 틀어 이곳에 온 것이라오.

A와 B : 아! 떠돌이 형님은 원래 큰 방향을 떠돌던 사람이군요. 동방의 학문이 서방으로 스며들 문이 열린 것 같습니다. 어쩌면

우리들의 공자 학교가 플라톤 학교를 사서 새로운 가치관을 수출하려는 것인지도 모르겠어요.

떠돌이 : 어떤 새로운 가치관?'

A와 B : 공자의 가르침을 전한 《논어(論語)》에는 '예가 아니면 보지 말고, 예가 아니면 듣지 말며, 예가 아니면 말하지 말고, 예가 아니면 움직이지 않는다'라는 말이 있습니다. 그런데 방금 '논어의 새로운 해석'이란 과목에서 이것을 '사례금이 보이지 않으면 듣지 말고, 말하지 말며, 움직이지도 말라'라는 새로운 해석을 했다고 들었어요.

떠돌이 : 그렇다면 동생 분들이 사는 곳에서는 이미 '과학인용색인(Science Citation Index, SCI)'이 '재물을 찾는 지표(索財指標)'로 쓰이는 것이 이상할 것도 없겠군요? SCI에 실린 글로 은행인수어음을 찾을 수 있다는데 확실한가요?'

A와 B : 네. SCI에 실린 것은 정찰 가격으로 삽니다. 떠돌이 형님. 당신은 아직 무엇이 '유클리드 기하학의 시간과 공간'이 아니라는 것인지 분명하게 말하지 않았어요.

떠돌이 : 그것은 아주 쉽소. '유클리드 기하학이 아니다'라는 것은 바로 유클리드 기하학이 아닌 것이지요. 덴마크의 시인이자 수학자인 피에트 헤인(Piet Hein)의 시 한 수를 살펴봅시다. 언젠가 수학자가 아닌 헤인의 애인이 예리하게 물었어요. "유클리드의 시간과 공간이 아닌 것이 대체 어디에 있다는 말인가요?" 헤인은 그것을 설명할 방법을 찾다가 시를 썼어요. 나는 덴마크 해적들의 말은 모르지만 여차저차 번역해 보면 다음의 10줄 정도라오.

'두 줄의 직선이 만약 평행한다면 서로 만날 길은 요원하고

유클리드 옹의 일생은 제5 공리에 이르러서 끝나겠지.

죽은 다음 하늘에 올라 무한에 이르면 이상한 일들이 분분히 출현할 거야.

어떤 것은 눈앞에서 만나고 어떤 것은 아직도 영원히 나뉘어 있겠지.

그대가 무엇을 견지할지 보면… 아마도 옛날 노선이겠지?'

똑똑한 동생 분들, 이 시를 이해할 수 있겠소?

A와 B : 그 시는 유클리드 영감이 제5 공리를 견지하면서 죽은 것을 비판한 것은 아니지요. 그가 죽을 때를 기다려서 유클리드를 반대하는 '노선'과 '이상한 일'이 모두… 어떤 것은 눈앞에서 만나고, 영원히 나뉘어 있던 어떤 것은 다가오기도 했어요. 맞나요? 이러한 대 비판 격식의 '애정시'라면 이곳의 수학자들은 시인이 아니라도 모두 쓸 수 있어요.

떠돌이 : …….

A와 B : 떠돌이 형님. 여기 영감님들은 오래전부터 4가지를 견지하며 가고 있고, 능히 그 두 눈으로 아직도 나뉘어 있는 기하학을 볼 수 있습니다.

떠돌이 : 정말인가? 아직 임종에도 이르지 못했는데 그럴 수 있다니….

속편의 배경

1970년대 초, 나는 과기대학 동료들과 우주과학을 연구하기 시작했다. 첫 번째 과제는 우주의 척도에서 여전히 '먼 것은 작고 가까운

것은 큰가?'였다. 당시는 '비림비공(批林批孔)'의 시대로, 이것은 부주석이었던 린뱌오(林彪)와 그가 즐겨 인용한 공자를 함께 비판한 운동이다. 우리는 공자가 통과하기 어려운 문제를 찾아내 연구했는데, 이는 정치적인 복잡함을 피하기 위해서였다.

우주가 팽창할 때의 공간은 유클리드의 기하학이 적용되는 공간이 아니다. 척도가 되는 것에서 지나치게 크지 않은 범위 안에서, 혹은 적색 이동(Redshift)이 너무 크지 않은 범위 안에서 '먼 것은 작고 가까운 것은 크다'는 것은 '상식'에 부합한다. 적색이동이 클 때는 먼 것이 다시 한 걸음 더 나아가도 작아지지 않고 도리어 크게 변할 수 있다.

우리들은 전자 발사(射電)의 자료를 이용해 이 관계를 연구했다. 결과적으로 확실한 것은 적색이동이 충분히 크기만 하면 '먼 것이 크고 가까운 것이 작다'는 것이었다. 과기대학의 이러한 연구 결과는 1977년 《네이처(Nature)》에 게재되었다. 미국 국가 전자발사천문대장 켈러만(K. Kellerman)은 우리의 연구에 흥미를 가지고 있다는 말을 전해 왔다. 그는 많은 전자파를 발사해 적색이동을 관측 및 검증하고 있었다.

1993년 켈러만은 새롭게 얻은 81개의 전자파의 기원을 한 장의 그림으로 보여주었는데, 적색이동은 1에 도달한 다음에 멀리 있는 것이 점점 커졌다.

1998년에도 그는 새로운 관측을 했고, 여전히 적색이동을 할 때는 먼 것이 크고 가까운 것이 작았다. 그러나 그 적색이동의 범위는 1보다 커야 했다. 이 결과에 대한 하나의 해석이 크게 유행했는데, 바로 우주는 대량의 '암(暗) 에너지'를 갖고 있다는 것이다. 암 에너지는 오늘날 우주과학에서도 뜨거운 과제 중 하나다.

한 가지 변하지 않는 것은 암 에너지를 연구하는 하나의 중요한 수단은 여전히 멀고 가까움, 크고 작음의 문제를 확정하거나, 이것들과 적색이동과의 관계를 확정하는 것이라는 점이다.

2010년 5월
투손에서

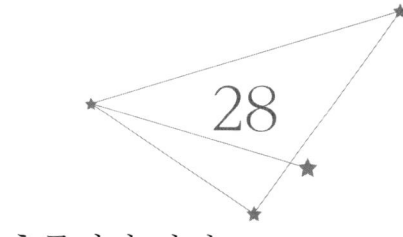

후쿠시마 사건으로
핵 반응을 논함

2011년 3월 17일 자유 아시아 텔레비전 방송국의 인터넷 뉴스란에는 '일본 대지진이 원자력발전의 안전성에 대한 우려를 일으켰다'라는 기사가 실렸다. 그 기사엔 내 말이 인용되었다.

미국 애리조나대학의 물리학과 교수 팡리즈는 "중국은 마땅히 일본의 교훈을 받아 들여 원자력 발전 전략을 세우는 일을 조정해야 하며, 특히 원자력 발전소의 장소 선정에 관해서는 다방면의 평가를 진행해야 한다."라고 말했다.

장소의 선정은 매우 중요하다. 원자로에 문제가 생기면 그 영향이 상당히 크기 때문이다. 그러므로 처음부터 문제가 생기지 않도록 만전을 기해야 하고, 문제가 생기더라도 통제할 수 있는 시스템을 갖춰야 한다.

나를 인터뷰한 기자는 내가 일찍이 원자로 이론(nuclear reactor theory)을 연구했다는 것을 알았고, 지금도 그 분야의 전문가라고 생각했을 것이다. 대학을 졸업한 뒤 내가 첫 번째로 한 일은 핵원자로 이론 연구였다. 1956년 가을부터 1957년 여름 반우파운동이 시작될 때까지 나는 그 일에 매달렸다. 당시 중국은 첫 번째 핵원자로를 세우려고 준비 중이었다.

그로부터 반세기 가량의 시간이 흘렀다. 나는 더 이상 원자로 전문가가 아니다. 그래서 기자와 인터뷰할 때는 물리학적인 관점에서 내가 통제할 수 있는 단어들을 사용해 말했다.

대략 다음과 같은 내용이었다.

원자로의 물리적인 과정은 핵반응, 즉 그 반응의 강약과 대소를 통제하는 것이다. 하지만 사람이 통제할 수 있는 범위는 95퍼센트뿐이고 나머지 5퍼센트는 통제할 수 없다. 그래서 위험한 상황이 발생하면 우리는 단지 95퍼센트의 출력만 잠글 수 있고, 5퍼센트는 일시적으로 잠글 수 없다. 이것은 고속으로 달리던 차 한 대가 어떤 상황을 만날 때 기름 없이도 여전히 5퍼센트의 출력을 내는 것과 같다.

이 '통제할 수 없는' 5퍼센트의 출력은 이른바 '붕괴 에너지'다. 원자로 에너지원의 95퍼센트는 U235(우라늄)가 분열하면서 나온 것이다. 자유 중성자가 U235를 때리면 핵분열이 시작되고, 핵에너지는 열에너지로 바뀐다. 자유 중성자가 없다면 U235의 핵분열은 일어나지 않을 것이다.

원자로의 통제 봉(棒)은 카드뮴(cadmium) 등으로 구성되어 있는데, 그것은 자유 중성자를 전문적으로 소멸시킨다. 그러므로 카드뮴 스틱(cadmium stick)을 삽입하면 95퍼센트의 출력은 정지(shut down)된다.

그러나 U235가 핵분열을 할 때는 일반적으로 여전히 방사적(放射的) 성격을 갖는 것이다. 끊임없이 β·α의 붕괴가 나타나고, γ선을 방사한다. 붕괴는 자유 중성자가 있느냐 없느냐 여부에 달려 있지 않다. 또 카드뮴 스틱 역시 붕괴에 대해서는 효과가 없으니, 단지 붕괴한 것이 점점 방사되어 일이 끝날 때까지 기다려야 한다.

이 5퍼센트의 출력은 천천히 감소한다. 5퍼센트는 전체 출력의 작은 부분이지만 그 에너지는 핵원자로 하나를 부수고도 남을만한 것이다. 그러므로 사고로 원자로가 멈춘 뒤에도 '핵분열 에너지'를 생산하는 높은 온도가 효과적으로 흩어질 수 있도록 시스템을 잘 진행해야 한다. 일본의 후쿠시마 핵발전소는 이 역할을 효과적으로 해내지 못한 것 같다.

열전도 설계는 원자로를 만드는 데 관건이 되는 것이었다. 때문에 나는 1957년 초 칭화(淸華)대학에 등록해 열전도학을 수강했다. 하지만 두 번 듣고 포기했다. 이미 알고 있는 내용이 많았고, 핵원자로와 연결시킬 수 있는 부분도 많지 않았기 때문이다. 당시 사용한 교재는 종전에 소련의 것을 번역한 것이었다.

하지만 그 교재는 소련이 중공업을 발전시키던 때 만들어진 터라 붕괴 에너지에 대한 부분이 없었다. 과연 1986년 우크라이나의 체르노빌 원자력 발전소에서 일어난 사고는 반응로의 열전도계통에 큰 문제가 발생했기 때문이었다.

1956년 창건된 핵원자로 이론을 연구하는 그룹은 중국의 핵 항목 가운데 한 부분인 중국과학원과 이기부(二機部, 핵공업부)에 속했다. 핵이론 그룹은 베이징대학 핵물리빌딩의 꼭대기 층인 6층에 자리를 잡았다. 그래서 스스로를 '6층 거사'라고 일컫는 사람도 있었다. 이 그룹에는 12명이 포함되어 있었다. 황주치아(黃祖洽)라는 사람만 30세가 넘었을 뿐 다른 인원은 베이징대학교 물리학과 출신이나 다른 대학의 물리학과 졸업자였다.

핵원자로의 물리 이론은 40년대 원자 물리학자 페르미(Fermi)를 비롯한 사람들이 기초를 닦았으며, 50년대에 이미 성숙한 단계로 달려가고 있었다. 1955년 제네바에서 처음으로 국제원자력평화이용대회가 열렸고, 미·소 두 나라는 적지 않은 핵 비밀을 공개했다. 때문에 이론적으로 우리들의 연구에 크게 곤란한 것은 없었다.

문제는 수치를 정확하게 계산하는 것이었다. 당시에는 컴퓨터가 없었다. 가장 좋은 도구는 전동계산기였는데 그것도 1인당 1대씩 돌아가지 못했다. 우리들은 각자에게 보급된 중국식 주판을 가장 일상적으로 사용했다.

내가 계산한 내용 중 하나는 경수(輕水) 가운데의 중성자의 동역학(kinetics)이었다. 후쿠시마 핵발전소가 사용한 것이 바로 경수 원자로다. 경수로 완화시킨 원자로는 저온으로 농축한 우라늄을 사용해야 한다. 농축도는 얼마여야 적합할까? 경수 가운데에서 중성자의 동역학에 의거해 계산해 보면……

나는 지금까지도 계산을 끝내지 못해서 그 5퍼센트를 '통제할 수 없는' 것으로 만들었고, 결국 해당 그룹에서 배제되었다.

2011년 3월 17일
투손에서

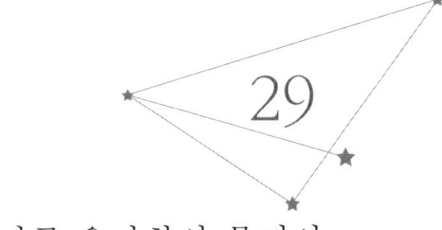

29

지구 온난화의 물리와 비물리

우리가 사는 지구는 점점 뜨거워지고 있는가? 인류가 배출해 낸 이산화탄소는 결국 지구 온난화를 가져올 것인가? 이는 본래 지구 생물권(biosphere) 속에 있는 물리문제다. 그런데 최근엔 언론매체와 좌파, 우파, 정치가, 여당, 야당, 문필가, 해커, NGO 등이 모두 지구 온난화 문제의 권위자가 된 듯하다. 책임을 분명히 하려면 이 주제를 물리문제와 비 물리문제로 나누는 것이 좋다.

미국물리학회는 물리학과 관계가 있는 사회의 공공문제에 대해 항상 성명을 발표하여 입장을 표명해 왔다. 2007년 11월에는 '기후의 변천'과 관련된 정책적 성명을 발표했다. 그 가운데 관건이 되는 구절은 '반박의 여지없이(incontrovertible) 현재 지구는 점점 뜨거워지고 있다'라는 부분이다. 그러나 2009년 초, 학회의 한 회원은 이에 대해 이의를 제기하며 반박의 여지는 여전히 남아 있다고 말했다.

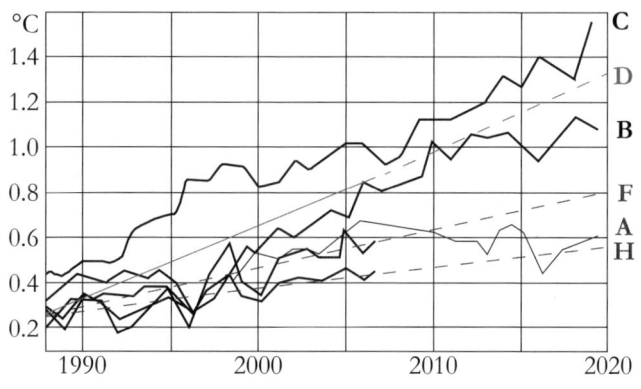
▶각파가 찾아 낸 지구평균 온도의 변화(1990~2020)

의견이 분분하게 나뉘고 있음은 위의 도표를 통해 알 수 있다. A선의 예측에 의거하면 1990년부터 이산화탄소 배출감소 계획을 실행하면 전 지구의 평균 온도는 2005년을 전후로 안정되며 통제할 수 있게 된다. 그렇지 않으면 온도는 C선 혹은 B선처럼 상승한다.

유엔이 지원하는 기후조직 IPCC(Intergovernmental Panel on Climate Change)의 입장은 D선이다. D선에 의거하면 이산화탄소 배출감소를 실행하지 않을 경우 2020년 무렵 전 지구의 평균온도는 1988년과 비교해 섭씨 1.5도 상승한다.

반대자들은 F선 혹은 H선에 의거한다. 그들은 1990년부터 지금까지 각국이 실질적인 이산화탄소 배출감소를 진행하지 않았지만 C선, B선 혹은 D선을 통해서도 알 수 있듯 온도가 상승하지 않았다는 것을 논거로 삼았다. 그러므로 이산화탄소가 지구 온난화의 주범이라는 결론은 성립되지 않는다는 것이다.

논쟁을 지켜본 미국물리학회의 책임자는 특별위원회를 임명했다. 그리고 새로운 '기후변천' 정책 성명을 발표했다. 성명서 초안은 2009년 10월 학회 내부에 공포해 의견을 구함으로써 만들어 졌다. 성명서는 반대파의 의견을 대폭 받아들인 것이었다. 그 내용을 살펴보면 이런 부분이 있다. '현재 사용되는 기후의 모형은 기후변천에 대해 충분히 믿을만한 설명을 하지 못했다. 과거를 제대로 설명할 수 없으니 장래를 계획하는데도 사용할 수 없다.'

이후 미국물리학회는 새로운 기후변천 정책 성명서를 평론하는 이메일을 많이 받았다. 찬성하는 이도 있고 반대하는 이도 있었는데, 그 비율은 대략 2:1이었다. 이러한 의견들이 모두 회원들로부터 온 것인지도 분명하지 않았다. 새로운 성명서는 일시적으로 받아들여지지 않았다. 그것을 받아들일지 말지에 대한 결정을 기다리고 있는 중이다.

문제는 그것을 결정하는 방식이었다. 전체 5만여 명의 학회 회원을 대상으로 투표를 할 것인가, 아니면 학과 동행위원회가 결정할 것인가? 어떤 사람은 투표에 부칠 경우 비과학적인 결과에 도달할 수 있다고 걱정했다. 학회 이사인 브라쇠르(J. Brasseur)는 공개적으로 "I'm totally against the idea of a democratic poll of the membership.(그것이 민주적인 방식일지라도 나는 회원을 대상으로 투표하자는 생각에 완전히 반대한다.)"

과학과 민주가 대결해야 하는 순간인가?

투표를 하지 않는다면 이 학술상의 쟁의(爭議)를 어떻게 결정할 것인가? 대체할 다른 방도가 없다. 미국물리학회의 규정 위원회는 지금 이 일을 걱정하고 있다.

나도 전체 투표에 찬성하지 않는다. 성명서를 내지 못하게 되더라도 이 일은 투표로 결정할 사안이 아니다.

우주과학 안에서도 이와 비슷한 일이 있었다. 우주의 팽창속도에 관해 1960년부터 1990년대까지 30년 동안 다른 의견을 가진 2개 그룹이 팽팽히 대립했다. 캘리포니아 이공대학이 대표가 된 그룹은 우주팽창 속도를 50(표준단위)이라고 보았고, 텍사스대학의 그룹은 100이라고 보았다. 똑같은 데이터를 두 그룹에 준다고 해도 한쪽은 분명히 50이란 결과를 얻을 것이고, 다른 한쪽은 100을 얻을 것이란 말이 나올 정도였다.

만약 미국천문학회가 이 쟁의를 해결하기 위해 투표를 한다면 50에 찬성하는 사람과 100에 찬성 하는 사람의 비율은 2:1일 것이다. 그러나 다행스럽게도 미국천문학회는 이 문제로 투표를 진행하지 않았다. 1990년에 이르러 허블 우주망원경은 더 좋은 자료들을 전송했고, 비로소 통일된 결과를 얻게 되었다. 우주의 팽창속도는 75였다.

여기서 볼 수 있듯 50과 100은 모두 맞지 않았지만 완전히 틀린 것도 아니다. 이러한 과정은 아주 정상적인 것이다. 각종 오차를 예측하며 믿을만한 것을 가려내고, 마침내 데이터에 따라 결론에 도달한다. 원래의 데이터가 정밀하지 않다면 결과도 완전히 달라질 것이다. 그러므로 이런 문제는 투표로 결론지을 수 없다.

미국은 '우주의 팽창속도'라는 주제로 30년간 쟁론했다. '전 지구의 온난화 여부'는 이제 22년을 논쟁했을 뿐이다. 그러니 아직 논쟁의 여지가 남아 있다는 의견은 어쩌면 아주 당연한 것이다.

한 언론매체는 해커가 영국의 기후 연구 기관의 해킹하여 얻은 이메일을 근거로 기후 연구자가 불리한 데이터를 없애거나 감췄다고 지적했다. 이를 기후 게이트(climate gate), 혹은 기후 추문(醜聞)이라고 한다. 지구 온난화를 연구하는 많은 사람들이 이 사건에 연계되어 있었다.

그러나 그 매체가 발표한 자료는 내가 기후 게이트를 믿게 하기에는 부족한 부분이 있었다.

나는 그 문제의 진위 여부를 가리는 위원회에 참석했다. 위원회는 모두 9명의 애리조나대학 교수들로 구성되었고, 3개월 간 100여 시간을 할애해 모든 데이터들을 심사해야 했다. 그리고 최종적으로 확실한 데이터 조작 증거가 나오면 그것은 '바르지 않은 학술행위'가 되어 해당 교수는 즉각 해직된다.(한 과학 잡지가 이 안건을 보도했고, 잡지는 이 사건에 관련된 이들로 인해 조금 유명해졌다.)

해커가 훔친 이메일에서 전 지구적이고 대규모적인 '데이터 훼손과 숨김'이 있었다는 사실을 발견하다니, '기후 게이트'라는 주제로 세상을 달군 언론매체의 안목은 참으로 뛰어나지 않은가!

그러나 지금까지도 그 매체는 사건 관련자들이 데이터를 어떻게 훼손하고 숨겼는지에 대한 정확한 내용을 보도하지 못했다. 또 무엇이 그러한 판단의 근거였는지도 말하지 못했다.

물론 개별적인 사람은 데이터를 조작할 가능성이 있을 수 있다. 하지만 그것이 전 지구적이고 대규모적으로 이루어진 부당한 조작이라면 사건을 터트린 매체는 증거를 대야 한다. 관련 분야의 모든 사람들이 이 일을 주시하고 있다. 어느새 관심의 초점은 기후 모형에서 데이터 조작 문제로 맞춰졌다.

만약 누군가 대규모로 자료를 조작했다면 그것을 발견하기 어렵지 않다. 같은 분야의 사람들은 그것을 쉽게 알 수 있다. 굳이 해커라는 제3의 손이 도울 필요가 없는 것이다. 내 사무실 바로 윗층은 대기과학(大氣科學科)이고, 그 가운데 '전 지구의 온난화'를 연구하는 사람이 있다. 해커가 훔친 이메일 중 많은 부분이 내 위층에서 나온 것이다. 그러나 그 중 누구도 학술 부정을 저지른 사람으로 지목되거나 조사를 받은 사람은 없다. 세계 최대의 인공 생태계 실험장 바이오스피어2(Biosphere2)는 투손에 있으며, 우리집에서 자동차로 40분 정도 걸린다. 나는 이곳에 친구가 오면 바이오스피어2에 데리고 가서 온난화를 체험하게 한다. 지구의 상태와 비슷한 환경을 갖추도록 인공적으로 만든 이 시설은 점유 면적이 3.14에이커(1ac=4,046.85642m^2), 체적은 700만 세제곱피트(1ft^3=28.316847ℓ)에 달한다. 이곳엔 농지뿐만 아니라 사막, 열대우림, 바다도 있다. 이 시설은 처음엔 어느 석유 재벌이 3억 달러를 투자했고, 그 뒤엔 미국 국가과학기금회 등의 지원을 받아 운영되고 있다.

바이오스피어2는 사람이 다양한 환경 속에서 얼마나 오래 생존할 수 있는지를 연구하기 위해 지어졌다. 물론 이곳에선 이산화탄소가 지구 온난화에 미치는 영향도 함께 연구하게 되었다. 많은 대학이 이 연구에 참여했지만 아쉽게도 실패했다. 관계 데이터는 학술적 가치가 없으므로 모두 폐기되거나 숨겨졌다.

바이오스피어2에서 연구하던 기구들은 대부분 떠났고, 애리조나대학만이 남아 관리를 책임지고 있다. 이곳은 이미 관광지역으로 변해서 과학 보급, 특히 '지구 온난화' 문제를 알리기 위한 목적으로 사용되고 있다. 바이오스피어2에는 회의실이 그대로 남아 있지만 이산화탄소 배출 감소에 대해 논의하는 국제정치회의는 더 이상 열리지 않는다.

2007년, 미국의 전 부통령 앨 고어(Al Gore)가 지구 온난화와 환경파괴의 위험성을 알린 공로로 노벨평화상을 받았다. 그는 수상 연설을 할 때 프로스트의 명시 〈세계의 종말〉을 읊었다. 그리고 고어는 큰 소리로 호소했다.

"seven years from now.(지금으로부터 7년입니다.)"

그는 7년 남았다고 했다. 우리가 이산화탄소 배출을 줄이지 않으면 북극의 얼음은 모두 녹아서 사라질 것이고, 결국 세계는 뜨거움 속에서 멸망하고 말 것이라고. 생각만 해도 두렵다.

이산화탄소 배출 감소는 환경을 지키기 위해 반드시 추진해야할 일이다. 이산화탄소가 감소하면 환경오염을 막을 수 있고 공기도 맑아질 것이다. 하지만 나는 기후변화를 들어 세계 종말에 대한 공포를 일으키는 것은 비물리적인 행위라고 생각한다.

물리적인 논증을 들어 세계 종말의 공포를 선동하는 것은 사실 그리 신선한 일도 아니다. 가장 먼저 있었던 일인 열역학 제2법칙의 '열사론(熱死論)', 즉 세계가 엔트로피가 최대가 된 열평형 상태인 열적(熱寂, 열역학 법칙에 따라 이루어지는 열평형의 최종 상태)으로 종말에 이를 것이라고 예언한 것이었다. 열사의 공포는 일찍이 19세기 말 유럽을 휩쓸었고, 열사가 시작되기도 전에 공포로 목숨을 끊은 이도 있었다.

이산화탄소 배출 감소가 7년 후 다가올 세계의 종말을 면할 수 있게 한다면, 우리는 당장 다른 에너지원을 찾아야 할 것이다. 다행히 물리학은 즉각적으로 사용할 수 있는 에너지원을 이미 제공했다. 바로 원자 에너지다. 미국물리학회는 일찍이 1993년, 정책 성명을 발표하고 핵에너지의 선택적 개방과 발전을 주장한 바 있다.

그러나 유럽과 미국 대중에게는 이산화탄소로 인한 종말보다 핵으로 인한 종말에 대한 공포가 더 크다. 만약 핵 에너지원을 개방하는 것, 즉 원자력 발전소를 건설하는 것에 대한 찬반 투표를 한다면 80퍼센트가 반대할 것이다. 고어 선생은 이런 대중의 마음을 잘 알고 있다. 그래서 핵 에너지원을 하나의 대안(alternative)이라고 말하는 대신 "seven years from now."라고 했다. 설사 5만여 명의 물리학회 회원들이 그를 지지하는 일이 일어났더라도 그는 같은 선택을 했을 것이다.

'핵 종말' 공포도 사실은 오도된 것이다. 각종 언론매체는 강력하게 핵발전소 건설을 반대했다. 그러는 사이에도 각 항구엔 수백 개의 핵잠수함이 정박되었다. 핵잠수함은 원자력발전소와 비교하면 안전하단 말인가? 오직 일본의 항구에서만 핵잠수함의 정박이 허락되지 않는다.

이런 부분은 물리학회도 어쩔 수가 없다. 단지 대중들에게 정확한 정보를 제공하고 효율적인 교육을 할 수 있도록 힘쓸 뿐이다. 세계 종말에 대한 공포는 물리학의 문제가 아닌 여론의 선동에 속한 것이기 때문이다.

제5부

몸은 비록
미국에 있지만

AUTOBIOGRAPHY
FANG
LI-ZHI

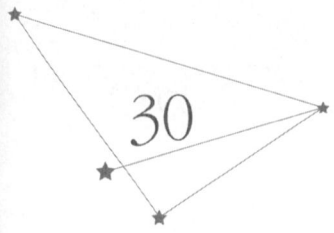

30

타이완 을미년의 '제1공화국'과 외조부의 일화

2011년 우리집에는 2번의 100년을 기념하는 제사가 있다. 돌아가신 아버지는 중국식 나이 계산법(허수)에 의해, 어머니는 서양식 나이 계산법(주년)에 의해 100세가 되신 것이다. 팡씨 일가의 일을 돌보는 어른은 1년 전 내게 이 사실을 알려주고, 성대한 예식을 준비했다.

예식은 항저우와 후이저우 일대의 종친과 친구 분들을 모시고 선조의 영전에서 거행되었다. 이러한 때에 맞추어 나는 일가의 역사를 돌아보는 글을 썼다. 이를 통해 나의 가족은 물론 비명(非命)에 죽은 분들도 함께 기리고자 한다.

1894년 갑오년 청일전쟁이 있었고, 청이 패했다.
1895년 을미년 4월 17일, 청·일 시모노세키 조약이 체결되었고,

청 조정은 타이완과 펑후(澎湖)를 떼어내 일본에 주었다. 하지만 타이완 백성들은 이를 받아들이지 않았다. 각지를 돌며 민정을 감찰하던 순무(巡撫)인 당경송(唐景崧)을 비롯한 관리들 역시 조정에 편지를 올려 조약을 폐기하라고 요구했다.1

5월 8일, 청 조정은 타이완 백성들과 관리들의 요구를 묵살하고 마관 조약을 정식으로 비준했다.

5월 10일, 일본 해군대장 가바야마 스케노리(樺山資紀)는 첫 번째 타이완 총독에 임명되어 타이완을 접수하는 일에 착수했다.

5월 15일, 순무인 당경송과 지방 신사(紳士)들은 '대민포고(台民布告)'를 통해 '타이완의 자립을 인정하고, 백성들이 자주적으로 현명한 이를 추대해 정치를 관장하도록 할 것'을 요구했다.

5월 23일, 당경송과 타이완 신사들은 '타이완 민주국 독립선언'을 함으로써 타이완의 독립과 건국을 정식으로 선포했다. 국가 명칭은 '타이완민주국'이었다. 영어 명칭은 'Republic of Taiwan'이고, 타이완공화국, 타이완 등으로도 부를 수 있었다. 국기는 이마에 흰색털이 난 '백액호(白額虎)', 연호는 '영청(永淸)'이며 공채와 우표도 발행했다. 신사들은 공적으로 당경송을 추천하여 그는 타이완민주국의 첫 번째 총통이 되었다. 또 타이베이 판차오의 부유한 상인 임유원(林維源)이 국회의장이 되었다.

5월 31일, 일본군이 타이베이 현에 상륙했다.

6월 2일, 청 조종의 대표 이경방(李經方)과 일본 대표 가바야마는 공문을 교환하고 타이완 할양 수속을 마쳤다.

6월 3일, 일본군이 지룽(基隆)을 함락시켰고, 타이완민주국 군대는 패하여 흩어졌다.

6월 4일, 총통 당경송은 타이베이에서 탈출해 단수이(淡水)항에서 독일 상선 아서(Arthur)호에 숨어들어 샤먼(廈門)으로 달아났으며, 1903년 계림에서 생을 마감했다.

이렇게 타이완민주국은 13일 만에 무너졌다.

6월 26일, 제2공화국 또는 타이난공화국(台南共和, Tainan Republic)이 성립되었다. 유영복(劉永福)이 총통으로 추대되었으나 같은 해 10월 21일 사망했다.

제2공화국이 성립되기 직전, 20세를 갓 넘긴 젊은이가 타이완에 있었다. 그는 직접 타이완민주국의 흥망을 경험했다. 그는 난리 통의 혹독함을 피하기 위해 6월 18일 타이난(台南) 안핑(安平)항에서 배를 타고 대륙의 고향으로 돌아갔다.

그로부터 1년이 채 지나지 않은 1896년 4월, 그는 2권으로 구성된 회고록《추억의 타이완 기록(憶台雜記)》을 출판했다. 그는 책머리에서 책을 쓰게 된 동기에 대해 이렇게 말했다.

'약관의 나이에…… 내 발길이 닿는 곳은 1만 리가량 되었다. …… 나는 다행히 고생을 면해 고향으로 돌아왔다. 그 풍토와 인정, 언어, 정치적 상황을 기억해 내며 때로 조급하게 움직였다.'[2]

그의 이름은 사구룡(史久龍), 바로 나의 외조부다.《추억의 타이완 기록》은 오늘날에도 종종 타이완의 '풍토와 인정, 언어와 정사'를 연구하는 사람에게 인용되고 있다.[3]

책 제목을 지은 사람은 소주(蘇州) 출신의 청대 진사 오울생(吳鬱生)으로, 그는 외조부의 스승 뻘 되는 사람이었다. 강유위(康有爲) 역시 오

(吳)씨 문하에서 나왔다.

외조부는 1951년에 돌아가셨다. 그는 평생 난징, 상하이, 항저우 등지에서 사셨다. 그곳들은 내가 어릴 적 여름방학에 갔던 휴가지이기도 하다. 외조부와 외조모 사이엔 아들이 없어서 나와 내 형제들을 마치 친손자처럼 대해주셨다. 외조모의 이름은 주우경(朱梧卿)이며, 외조모가 만년에 사용한 도장은 내가 그녀를 위해 파준 것이었다. 하지만 외조부는 '발길이 닿는 곳은 1만 리가량 되었다'는 이야기나 '다행히 고생을 면했던' 때의 험한 이야기를 하지 않으셨다.

가장 인상이 깊었던 것은 외조부의 눈동자가 짙은 남색이었다는 것이다. 《삼국지연의》를 보면 손권이 푸른 눈이라는 일설이 있다. 아마 과거 한대(漢代)의 오월(吳越) 일대에는 벽안(碧眼)의 유전자가 있었을 것이다. 그리고 외조부는 오월의 어느 지파의 '정통' 후예일 것이다.

외조부의 일생은 후에 문헌적인 고증을 거치면서 점차 정확하게 밝혀졌다.

사구룽(史久龍)은 저장(浙江) 위야오(餘姚) 출신으로 자(字)는 련손(蓮蓀)이고 별호는 요강 우중인(姚江 藕中人)이다. 그는 청말 민국 초에 벼슬을 한 사람이다.

위야오는 항저우(杭州), 사오싱(紹興), 닝보(寧波)와 한 선으로 이어져 있다. 그곳은 관청에서 주로 소송문건을 쓰는 관리인 도필리(刀筆吏)와 막료(幕僚)가 많이 나온 지역이다.

외조부는 아직 어린 15세 무렵 돌아가신 대부(大夫)를 따라 장강의 남북에서 벼슬자리를 얻기 위해 떠났다. 그리고 약관의 나이 20세에 타이완으로 파견되었다. 1892년 11월 18일 타이완에 도착해서 1895년 6월 18일에 떠났으니 타이완에 있었던 기간은 총 2년 7개월이었다. 외조부는 비공식 재무담당기구인 지응국(支應局)에서 근무했다. 해당 국(局)은 순무에 직속되었으며 재무와 세수(稅收), 자금조달 등의 사무를 책임졌다. 이는 미국 행정당국의 재정부에 해당한다. 당시 지응국 사무소 자리는 오늘날 타이난 치칸러우(赤崁樓) 뜰이다.

타이완을 성(省)으로 만든 뒤 첫 번째 순무는 이홍장(李鴻章)의 부하인 유명전(劉銘傳, 1885~1891)이 맡았고, 제3대 순무 역시 이홍장의 인척인 소우렴(邵友濂, 1891~1894)이 맡았다. 소우렴은 저장 위야오 사람이다. 1890년대 일본에 점거 당하기 전만 해도 타이완성과 각 현(縣) 정부에 있는 막료 혹은 사무를 보는 사람은 안후이와 저장 출신이 많았다. 중국의 사상가이자 교육가인 후스(胡適)의 아버지 호전(胡傳)은 당시 타이동현(台東縣)의 지주(知州)였다.(호전은 그의 책《臺灣日記與稟啓》에서 그가 일찍이 여러 차례 타이난 지응국에 가서 돈을 가져 왔다는 일을 서술했다.)

외조부는 대륙으로 돌아간 뒤 벼슬길을 걸으려 노력했다. 청말에 과거는 점점 폐지되었지만 벼슬길은 여전히 반드시 책론(策論)을 거쳐야 했다. 당시 외조모의 결혼 조건은 그가 고시를 통과하는 것이었다. 1900년대 초 마침내 외조부는 고시를 통과했고 결혼도 하게 되었다. 그리고 그는 쓰촨(四川) 남부현(南部縣)의 지현(知縣)에 임명되었다.

청나라 조정은 20세기 초에 새로운 정치를 추진했고, 외조부도 그 일에 참여했다. 2007년부터 2009년 사이《법학연구》등 정기간행물에 올라온 글4 또한 외조부가 그 시기에 일 했음을 드러내고 있다.

"광서 34년(1908년) 신정(新政)을 열었을 때 남부지현을 맡고 있던 사구룽은 서리(書吏)와 재철차역(裁撤差役) 그리고 소송비용에 대한 한 뭉치의 개혁방안을 제출했으며, 독헌(督憲)의 비준을 거쳐서 그것을 실행했다. 그 가운데 소송비용에 대한 한 규정은 '소송비용은 이치에 굽어진 사람에게서 나온다'라고 되어 있다."5

민국 후 외조부는 장시(江西)에서 지현(知縣)을 맡았다. 민국 당국 가운데 저장, 사오싱, 위야오에는 하나의 '방(幇)'이 있었고, 소력자(邵力子)는 그곳의 수령 중 한 명이다. 외조부와 소력자는 서로 친밀하게 지내는 사이였다. 친족들의 말에 의하면 어머니는 결혼 전에 외조부의 신사(信使)를 맡았으며, 항상 소부(邵府)에 가서 편지와 말을 전했다고 한다.

항전이 개시되자 외조부는 망명자가 되어 닝보, 상하이, 항저우 일대에서 하릴 없이 지냈다. 비록 '타이완민주국'의 역사는 짧지만, 그 시대를 친히 경험한 이의 가족에게 미친 영향은 실로 대단했다. 후스는 《40자술(自述)》에서 그의 아버지를 '동아시아 최초의 민주국가의 첫 번째 희생자6'라고 했으니 그를 숭앙하는 마음을 짐작하고도 남음이다.

진인각(陳寅恪)은 일찍이 타이완민주국에서 내무대신을 맡았던 그의 외삼촌 유명전(俞明震)에 대해 그가 실제로 한 일에 갑절을 더해 칭송했다.7

그러나 나는 그러한 영향을 받지 못했다. 부모님은 마땅히 외조부의 타이완에서의 경력을 알고 있어야 했다. 《추억의 타이완 기록》라는 책은 1924년 상하이에서 2쇄를 찍었다. 어머니가 중학교에 진학했을 무렵의 일이었다.

이후 수십 년간 나의 부모님은 외조부가 타이완에서 겪은 일과 그 책에 대해 알려주지 않았다. 아마도 40년대 이후로 독립, 자주, 타이완 건국 등의 단어는 타이완에서건 대륙에서건 민감한 것이어서 부모님은 우리를 보호하기 위해 시종일관 입을 굳게 다물었는지도 모른다.

1948년 말에는 국공 내전이 치열했다. 아버지는 어떤 정당에도 참가하는 것을 허락하지 않겠다고 엄하게 말씀하셨다. 하지만 나는 그때 이미 공산당의 지하 조직인 민주청년연맹에 가입했다. 비밀을 지키기 위해 아버지에게 알릴 수는 없었다. 어머니는 정당에 대해선 말하지 않고 보통의 원칙을 강조하셨다. "수학, 과학, 화학을 잘 배우고 천하를 두루 다녀도 두려워하지 말거라." 나는 어머니 말씀의 이로움을 지금도 누리고 있다.

외조모의 입은 더욱 무거웠다. 그녀는 나랏일은 입에 올리지도 않았다. 나는 단지 우연히 외조모가 말하는 '여자의 계율'에 대해 들었을 뿐이다. 여자는 중복된 글자로 이름을 지어선 안 된다는 것이다. 리스스, 수샤오샤오, 천위앤위앤 같은 이름은 기생이나 창녀가 쓰는 이름이었다.

외조모는 했던 말을 반복하곤 하셨는데 사실 별 뜻 없이 한 말씀이고 대부분 금방 잊으셨다. 나 역시 그것을 잊고 있다가 1966년에 이르러 매질하는 것을 직업으로 삼고 중복된 글자의 이름을 가진 한 여자가 톈안먼 꼭대기에서 이름을 바꿨는데,(중복된 글자를 사용한 이름이라고 하기에는 모자라지만.) 그때 비로소 외조모의 말씀이 생각났다.

  1991년, 나는 처음으로 타이완에 갔고 그곳에서 셋째 이모를 만났다. 그것은 우리의 첫 만남이었다. 1948년 이후 그녀는 타이베이에서 과부로 혼자 살고 있었다. 이미 돌아가신 셋째 이모부는 일찍이 군법 부문에서 일을 했으며, 2차 대전이 끝난 뒤 일본의 전범(戰犯)을 심판하는 일에 참여했다. 셋째 이모 역시 국시(國是)에 대해선 일언반구도 없었고, 외조부의 타이완에서의 지난 일도 알려주지 않았다. 《추억의 타이완 기록》을 입에 올리지 않았음은 물론이다.

  그리하여 나는 줄곧 외조부의 일에 대해 알지 못했으며, 《추억의 타이완 기록》이라는 책도 알지 못했다. 아니, 잃어버렸다.

  언젠가 우연히 10여 년 간 만나지 못했던 나의 일곱째 이모의 딸(내 어머니는 그녀의 넷째 이모이다.)을 만났는데, 그녀는 외조부가 《추억의 타이완 기록》라는 책을 썼다는 것을 알고 있었다. 스씨 일가의 족보가 일곱째 이모의 집에 보관된 적이 있었기 때문이다.

  그녀는 내게 외조부의 유품은 전장(鎭江)에 있는 여섯째 이모의 집에 있고, 그 가운데 《추억의 타이완 기록》 원본이 있다고 알려주었다. 여섯째 이모부는 해외에서 귀국한 양의(洋醫)였다. 60년대 이전에 해외에서 귀국한 집은 확실히 '사구(四舊, 구사상·구문화·구풍속·구습관)'의 유물을 감춰 두기에 상대적으로 적합한 곳이었다.

  나의 어머니와 이모들은 모두 돌아가셨다. 어머니와 셋째, 일곱째 이모는 현재 항저우의 같은 묘원(墓園)에 묻혀 있다. 스씨 일가의 족보는 이미 문화대혁명 때 훼손되었다. 전장에 있던 유품의 일부만이 다행히도 아직 남아 있다.

최근 나는 옛날 책을 검색할 수 있는 사이트에서 외조부의 다른 책이 있는 지 찾아보았다. 그리고 놀랍게도 1952년 재발행된《억태잡기(憶台雜記)》란 책을 발견했다. 나는 당장 대륙에 있는 친구에게 부탁해서 책 한 권을 복사했다.

다시 탐색을 하던 중 현재 타이완국립도서관에도 이 책이 있다는 것을 발견했다. 게다가 그것은 손수 쓴 초본이었다. 그것은 타이완대학의 팡하호(方豪)가 1965년 타이베이에 있는 책방에서 발견한 원본을 베껴 쓰고 교정을 마친 뒤 인쇄한 것이었다. 팡하호는 "타이완에는 재발행 된 책조차 없다."라고 탄식했다.

이 책은 갑오년(甲午, 1894년) 전후에 쓰인 것이니 타이완 근대사를 살펴볼 수 있는 중요한 문헌이다.8 이 책을 발견한 나는 대단히 기뻤다. 나는 타이완사범대학 물리학과의 동료에게 부탁해서 책을 전자책(e-book)으로 만들었다.

115년 전 외조부가 청년 시절에 쓴 글을 읽는 것은 진실로 즐거운 일이었다.

《추억의 타이완 기록》은 일지(日誌) 형식으로 보고 들은 것을 쓴 것이었다. 외조부는 당시 지응국의 하급 직원인데다 나이도 젊어서 밖으로 뛰어 다녀야 하는 일이 많았다. 그래서 이런 말이 자주 등장했다. "이틀 쉬고 동쪽으로 20리를 갔고 동안링(東安嶺)을 넘어 다시 20리를 가서 난터우(南投)에서 묵었다. 그리고 다음날 다시 20리를 갔다…." 타이완은 그 시기 네덜란드, 프랑스 등 서양인들과 장사를 했고, 미터법을 사용했으니 외조부가 리(里)라고 말한 것은 사실 킬로미터였다.

《추억의 타이완 기록》의 저자는 무척 부지런히 돌아다녔다. 하루 80킬로미터를 가고 다음 날 또 어딘가로 이동했으니 말이다. 그의 발자취는 타이완의 외떨어진 부락에까지 두루 남겨졌다. 타이베이에서부터 지룽(基隆), 타거우(打狗), 헝춘(恒春)에 이르렀을 정도다. 게다가 외조부는 일 만들기를 좋아하는 사람이었다. 그래서 아주 많은 사건을 친히 목도(目睹)했다.

《추억의 타이완 기록》 가운데 많은 부분이 당시 느꼈던 분개함을 기록하는데 할애되었다. '타이완민주국'의 총통 당경송과 의용군 지휘관 구봉갑(丘逢甲) 등의 고관에 대해서도 그는 완곡하게나마 비평했다. 책 가운데는 역사에 대한 '특별한 종류'의 기록을 볼 수 있다. 그 중 타이완민주국과 관련된 견문(見聞)을 끄집어내 보면 다음과 같다.(아래의 인용문은 《추억의 타이완 기록》 중인본(重印本)에서 뽑은 것이고 원 괄호 가운데 있는 것은 주(注)이다.)

타이완 전쟁은 펑후(澎湖)에서 시작한다. 《추억의 타이완 기록》의 기록을 보자.

> 2월 27일(양력 1895년 3월 23일), 서남쪽에서 뇌성이 들려왔다. 적들이 펑후를 공격한 것이었다. …… 타이베이로부터 전보를 받아보니 '적의 선박이 공격을 받고 잠시 물러갔다'라고 했다. 이날 쿵쿵하는 소리가 쉼 없이 들려 왔고 밤이 되자 더욱 심해졌다. 그러다 새벽 2시 무렵에야 비로소 끊어졌다.

이날 사람들은 적들이 우리 포대의 공격을 받고 달아났다며 즐거워했다. 29일 타이베이로부터 다시 전보를 받았다. 우리 군사들은 어제의 적들을 앞에 두고 헛 공격을 했고, 앞뒤로 적을 맞게 되니 어제 사람들이 떠들던 것과는 달리 결국 무너지고 말았다…….

이것으로 보건대 '적의 선박이 공격을 받고 잠시 물러갔다'는 타이베이 관방의 전보는 일본인들의 빈틈을 공격하는 계책이 맞아 떨어졌음을 보여주지만 결국 가슴 철렁한 결과를 맞고 말았다.
타이완에서는 군사를 모집하기 시작했다.

……당시 불어 닥치는 태풍을 막는 사람은…… 심한 공허함을 느꼈다. 그는 다시 명령을 내려서 군대를 모집할 수 있는 사람이면 누구에게나 관직을 주었다. 그리하여 광인(廣人, 광동 사람), 상인(湘, 호남 사람), 절인(浙人, 절강 사람), 민인(閩人, 복건 사람)들이 오합지졸을 모집했다. 타이베이는 그 오합지졸들로 가득 찼다. 아! 한신(韓信)은 군사는 많이 거느릴수록 좋다고 했는데, 과연 그러할까?

타이완은 당시 대륙의 각 성에서 온 이민자들이 매우 많아서 그들을 병사로 충당했다.
이후 타이완에는 민주국이 세워졌다.

28일(1895년 5월 22일) 나는 관부(官府)에 있었다. 관부에서는 타이

베이의 전문을 높이 두고 보여주었다. '사신공(士紳公)들이 당경송을 총통으로 추대하고 유영복(劉永福)을 대장군(참모장연석회의의 의장)으로 삼으며 타이완성을 타이완민주국으로 고친다.' 5월 3일(1895년 5월 26일)엔 총통의 인장을 공상(恭上)하기로 결정했다. 만국공법에 의거해 타이완은 자립국이 되어 일본과 맞선다……. 관서(官署)의 문에는 황색 깃발을 내걸고 크게 '민주국'이라고 썼다.

당시 황색은 황제가 전용(專用)했다. 같은 시기 서울에 있는 이씨 왕조의 궁 지붕은 일률적으로 남록색이었으며 황색 기와를 사용할 수 없었다. 그러므로 관서의 문에 걸린 황색 깃발은 타이완이 독립적인 주권을 가지고 있다는 뜻을 분명히 한 것이었다.

당경송 총통의 인장을 받은 '고계(告誡)'가 두루 발표되었고, 그것은 민심을 헤아리고 격려하는 것이었다. 이것을 읽고 있노라면 자못 의(義)로움이 높아서 구름 속으로 들어가는 느낌이었다.

외조부는 '민심을 헤아리고 격려하며 그 의로움이 높아서 구름 속으로 들어가는 듯한' 고계를 적어 두진 않았다. 기록들은 북원(北垣)에 있는 관(官), 상(商), 민(民)으로 분분히 옮겨졌으나 결국 모두 사라지고 말았다. 관장(官場, 관리사회)의 뜻을 살펴보면 모두가 도망간다는 글자를 비결로 가지고 있을 뿐이었다…….

일본군의 상륙전

5월 8일(1895년 5월 31일) 일본군이 지룽 진바오리(基隆金包里)에 상륙했다. 5월 9일(6월 1일) 상군(湘軍, 광서성 군대)은 일본과 접전을 벌였고 작은 승리를 거두었다. 반면 광군(廣軍)은 계속 나아갔으나 패배했다. 후방부대의 패배는 곧 군의 동요로 이어졌다. 결국 군대는 붕괴되었고 많은 병사들이 이탈했다.

당경숭(唐景崧)은 당시 지룽에서 진(陣)을 감독했는데 형세를 보아하니 가망이 없었다. 그래서 5월 10일(6월 2일) 북부서(北部署)로 돌아와 짐을 챙겼고, 5월 12일(6월 4일) 밤엔 평복으로 갈아입고 관에 불을 지른 뒤 도주했다. 다른 관리들 역시 혈혈단신으로 숨거나 달아났다. 이때 타이완에 상륙한 일본군은 200~300명에 불과했다.

《추억의 타이완 기록》은 당시 '상(湘)·회(淮)·토(土)·광(廣)의 병사들의 총계가 100영(營)을 넘었다'라고 기록했다. '상·회·토·광'이란 상군(湘軍)·회군(淮軍)·타이완토착군·양광(兩廣, 광동과 광서)군을 의미한다. 군영 하나는 그 병력을 세세히 계산하지 않더라도 200~300명가량 되었을 것이다. 하지만 타이완의 1개 군영과 같은 숫자의 일본군을 대적하지 못했다. 책에서 외조부는 다음의 내용을 그 원인으로 꼽았다.

린(林) 관찰이 지난달 사람을 파견해 타이중(台中) 창화(彰化) 일대에서 몇 개 군영의 군사를 모았다. 그러나 신주(新竹)에 이르러 군대를 해산하고 말았는데, 대부분 이미 땅을 나눈다는 편지의 내용을 알고 있었던 것이다. 이에 흩어진 병사들은 거리에서 비적(匪賊)질을 했는데 그 모습이 마치 들판의 불꽃같았다.

적을 만나 싸우기도 전에 군대가 곳곳에서 해산되었고, 병사들은 비적이 된 것이다.

…… 다음날(6월 5일) 광군과 회군은 무너졌다. 흩어진 병사들이 타이베이에서 사람들을 죽이고 불을 지르는 일이 곳곳에서 벌어졌다. 창고에 있던 20여만의 돈은 모두 약탈당했다. 토비(土匪) 역시 이에 편승해 일어났다. 사방에서 난리가 일어나니 감당이 되지 않았다…….
밖으로는 모욕을 당하고 안으로는 싸움이 일어났으며, 관리는 패주하고 백성들은 도망했으니, 경황없는 가운데 흩어지고 혼란스러웠다.

난리와 토비의 화(禍)를 피하기 위해 외조부는 남쪽으로 갔고, 1895년 6월 15일에 타이난 안핑항의 양행구(洋行區)에 도착했다.

…… 각 양행 안은 서양군인 수십 명이 주둔하며 지켰다. 해구에는 영국, 프랑스 군함 몇 척이 정박해 있으면서 그 나라의 관리와 상인을 보호했다.

위 내용으로 보아 양행구란 마카오나 홍콩 등의 외국인 조계지(租界地)와 비슷한 곳인 듯 했다. 그곳은 안정되고 평화로워 휴식을 취할 수 있었다. 외조부는 그곳에서 3일 간 쉬고 6월 18일 배를 탔다.

> 정오쯤에 바지선에 올랐는데 바다는 잔잔했다. …… 술시(戌時, 오후 10시)에 배는 기적을 울리며 떠났고, 나는 안핑을 향해 3번 읍(揖)하고 작별했다. 때는 을미년 5월 26일(6월 18일)이었다.

이에 이르러 나는 왜 외조부가 고생을 요행히도 면했던 위험한 시기의 일을 말하지 않았는지 분명히 알게 되었다. 그는 일본군을 직접 본 일이 없고, 드러내어 말할 만한 '항일' 경험도 없었다. 반대로 그가 몸소 경험한 것은 상(湘)·회(淮)·토(土)·광(廣) 군대와 비적이 뒤섞여 조직된 씁쓰름한 일뿐이었다.

그는 결론에서 이렇게 말했다.

> 타이완 백성들은 적의 공격을 받기도 전에 혼란에 빠진 병사들의 칼날을 먼저 받았다.

'타이완민주국'은 훗날 후스에게 '동아시아 최초의 민주국가'라는 칭찬을 받았다. 대청(大淸)의 판도에서 본다면 그것이 첫 번째 공화국이라 할 수 있다. '건국선언'을 보면 '관리는 백성에 의해 선출된다'9라고 쓰여 있다. 또한 '공민(公民)'이라는 단어가 '백성(百姓)'을 대신했으니 이것이 민주의식이 아니라고 말할 수 없다.

그러나 후스의 칭찬을 진정으로 받아들인 사람은 많지 않다. '타이완민주국'은 헌법을 만들지 않았고, 의회도 없었으며, 공민이 선거를 하는데 이르지도 못했다. 단지 신사(紳士)들의 '공적 추천', '공적인 천거'가 있었을 뿐이다.

타이완민주국의 독립도 진정한 독립으로 칠 수 없다. 국호인 '영청(永淸)'는 '영원하고 위대한 청나라'라는 의미다. 그것의 단지 일본을 향해 독립을 말하는 것일 뿐이었다.

타이완민주국은 채권과 우표를 발행했지만 주권국가라고 보기는 어렵다. 타이베이의 각국 영사관에 '건국선언'을 보내고 '만국공법에 의거해 자립국'이 되기를 바랐지만 어떤 국가의 정식 승인도 받지 못했다.

어떤 것은 성공하고 어떤 것은 실패했다. 어떤 것은 칭찬받았고 어떤 것은 깎아 내려졌다. 또 어떤 것은 옳다고 보거나 그르다고 보고, 어떤 것은 억눌려졌다. 이렇게 100여 년 간의 냉각과 응고를 거치며 역사라는 침전물이 남았다. 천인커(陳寅恪)는 한탄하며 '예로부터 지금까지 많은 흥망성쇠의 한이 있지만 모두 부여국의 잘려진 꿈속에 붙어 있는 것이다.(부여국은 기원전 2세기에 중국 동북에 세워졌다 서기 5세기에 망했다.)'라고 말했다. 후대 사람들은 단지 슬픔으로 조문할 뿐이다.

'타이완민주국'의 건국 사건이 근 40년이 된 시점인 1931년에 후스는 그 감회를 시로 썼다.

    남쪽 하늘 아래 민주국
    머리를 돌려 보니 정신을 상하게 하누나.

검은 호랑이는 지금 어디에 있는가?
황룡 역시 이미 늙어서 있구나.
몇 자루의 쓸데없는 붓은
마음 가진 사람을 반쯤 치는구나.
필경 하늘은 메울 수 없으니
도도하게 40년 흘렀다.

 2008년 타이완에서 '1895년'라는 영화가 만들어졌다. 영화는 당시 '왜노'에 저항한 역사를 담았다. 그러나 불행히도 바다 서쪽에 있는 '최고 진리부(대륙에 있는 정부)'는 '1895년'을 CCPX 등급으로 분류했다. 대륙에서 상영하기에 적합하지 않은 영화라는 것이다.
 1895년에 있었던 일은 지금까지도 권력을 쥔 사람들을 두려워하게 한다. 아! 후스가 만약 이 사실을 지하에서 안다면 다시 '도도한 을미년의 제사에 머리를 돌려보니 또 마음이 상하는구나!'라고 했을 것이다.
 2004년 성탄절에 타이완 사범대학물리학과의 친구가 리수셴과 나를 초청해서 타이난을 유람했다. 우리는 적감루(赤崁樓)와 안핑항에 있는 두 개의 커다란 물고기 같은 '억재금성(億載金城)'의 옛날 포대(砲臺)를 올려다보았다. 그 당시엔 아직 돌아가신 외조부가 타이완의 비상시국에 이곳에서 비상한 족적을 남겼다는 사실을 알지 못했다. 만약 알았더라면 마땅히 3번 절을 올렸을 것이며, 혼란스러운 시대에 비명에 죽어간 사람들을 위해 3번 술잔을 돌렸을 것이다.
 한 순간에 있었던 반쯤은 진짜이고 반쯤은 환상이었던 타이완의 민주독립은 오래 전 외로운 영혼들이 숨은 듯 드러난 듯하다.
외조부의 묘지에도 이제 다시는 푸른 풀이 자라지 않는다.

음력 신묘년(2011년) 정월
투손에서

❖ 참고문헌
1 連雅堂, 《臺灣通史》卷4, 獨立紀
2 史久龍, 《憶台雜記》, 自序, 1924, 重印版
3 陳維君, 《淸代筆記中的台灣故事硏究》, 臺灣中正大學 碩士論文, 2006
4 趙娓妮, 〈晚淸知縣對婚姻訟案之審斷〉, 中國法學, 2007, 第6期, p92
   裡贊, 〈晚淸州縣審斷中的社會:基於南部縣檔案的考察〉, 《社會科學硏究》, 2008, 第5期
   裡贊, 〈司法或政務:淸代州縣訴訟中的審斷問題〉, 法學硏究, 2009, 第5期, p195
5 趙娓妮, 《晚淸知縣對婚姻訟案之審斷》, 中國法學, 2007, 第6期, p92
6 胡適, 《40自述》, 1932
7 曹曦·殷開, 〈飽濡鉛淚記桑田〉, 安徽史學, 2006, 第3期, p115
8 方豪, 《台灣史論文選集》, 1999, 台灣捷幼出版
9 楊碧川, 《台灣歷史詞典》, 台北, 前衛, 1997, p265

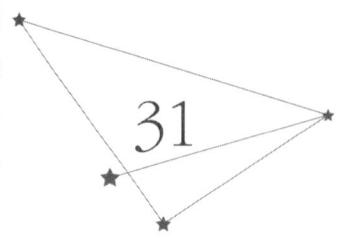

민주주의는 어느 때 실현될 수 있을까?
— '5·4' 90주년을 기념하며

내가 베이징에서 마지막으로 공개 강연을 한 것은 1989년 4월 25일로, 차오양문(朝陽門) 안의 '구야부(九爺府)'에 있는 중국과학원 자연과학사연구소에서였다. 그 연구소의 소장 시쩌쭝(席澤宗)이 내가 그곳에 가도록 안배했다. 당시 시 소장과 나는 중국과학기술사학회의 상무 이사였다.

시 소장은 정통 자연과학사 학자여서 중국천문학사에 해박한 지식을 가지고 있었다. 반면 나는 그저 과학사를 애호하는 사람으로 칠 수 있을 정도였다. 내가 그 학회에 가입한 것은 부분적으로는 우주과학 때문이고, 넓은 의미로는 우주의 기원과 변천에 대한 한 부문의 '사학'에 깊은 관심이 있었기 때문이다. 그 학회는 바로 이 광의의 사학을 물리학적인 방법으로 연구했다.

당시 강연은 자연과학사연구소에서 주관하는 5·4운동의 70주년을 기념하는 대중 활동 중 하나였다. 1989년 4월 초 베이징은 대체로 안정적인 분위기였다. 많은 대학생들이 토플(TOEFL)에 머리를 파묻고 있거나 마작을 했다. 그러나 사회는 이미 움직이고 있었다. 정치범의 사면을 호소하는 공개적인 편지가 줄을 이었다. 많은 사람들이 어떤 일이 벌어질 것이라 예감했지만 어느 때 어느 곳에서 어떤 일이 있을지는 분명히 알지 못했다. 5·4운동 70주년은 역사와 사회 현상을 토론하는 좋은 기회를 제공했다.

내가 강연을 약속했을 때 시쩌쭝은 다소 진지하게 "그대들 광의의 사학자들은 열심히 연구한 끝에 지구가 약 50억년 뒤 태양에 의해 사라질 것이라고 결론을 내렸습니다. 그렇다면 중국의 민주주의가 어느 때 실현될 수 있는지도 계산할 수 있습니까?"라고 물었다. 나는 대답했다.

"허허, 시형은 '대장'이시니 명령을 받들어야 하겠지요."

포전인옥(抛磚引玉)이라는 말이 있다. 벽돌을 내버리고나서 구슬을 얻었다는 말이 있듯이 성숙하지 않은 의견이지만 내가 먼저 꺼내면 혹 구슬 같은 좋은 결과를 낼 수도 있을지도 모른다고 생각한 나머지, 일단 벽돌을 던지듯 내 의견을 냈다.

내가 제시한 것은 다음과 같은 하나의 정량적인 답이었다.

(1913-1629)-(1989-1919)=214

이것은 중국의 민주화 과정이다. 5·4운동이 일어난 1919년부터 계산하면 284년이 필요하다. 1989년부터 계산해도 214년이 필요하다.

이는 이른바 운동법칙이 변화 속에서도 변화하지 않는다는 것에 기초한다. 먼저 법칙의 불변성에 대한 관념을 언급한 사람은 갈릴레오다. 지구의 자전과 공전은 이처럼 빠른데 왜 사람들은 그것을 조금도 느끼지 못하는가?

갈릴레오의 해석은 정확했다. 바로 역학운동의 법칙은 시간과 공간의 변환 아래에서 불변하는데, 이는 시간 평행이동의 변환은 불변한다는 성질을 포괄한다. 사회역사도 시간과 공간 속에 있는 하나의 운동이다. 만약 보편적인 문화의 성장법칙이 비슷한 불변성에 만족한다면, 현대의 엄격하고 근엄한 과학은 중국사회 속에서 성장하는 것이며, 마땅히 인권 가치관과 정치적 민주 제도가 중국사회에서 성장하는 것과 같을 터이니 바로 내가 계산한 것과 같은 시간적 척도를 가진다.

그리하여 4개의 역사 연대(1629년, 1913년, 1919년, 1989년)*를 바탕으로 계산해 보면 214라는 숫자가 나온다. 이것은 바로 1989년 4월 4일 내가 5·4운동 70주년을 기념하기 위해 쓴 '베이징 천문대에서 본 중국의 민주화 진행과정'이라는 글의 주제다.

4월 25일 내가 강연을 했을 때는 학생들이 거리로 나간 지 이미 일주일이 넘었을 때다. 《인민일보》는 '4·26 동란'이라는 사설을 4월 25일 밤에 퍼뜨렸다. 강연이 있던 날 과학사연구소는 베이징 천문대

---

* 역자 주: 1629년 후금이 완전한 만주 지배권을 확보한 해이고, 1913년은 위안스카이가 신해혁명 발발로 군사의 전권을 장악하고 청나라 황제를 퇴위시키고 정식으로 중국 초대 대총통에 취임한 후 1916년 1월 스스로 황제라고 칭한다. 1919년은 5·4운동이 있었고, 1989년은 팡리즈가 이 강영을 한 해이다.

로 차를 보냈다. 운전기사는 일부러 차를 돌려 민감한 지역, 예를 들면 대학교 교문 입구 같은 곳을 지나쳐 갔다. 나는 가만히 마음속으로 생각했다. 그 '불변성'이란 가설이 머지않아 거짓으로 증명될 것이라고.

역사가는 한 시기의 한 가지 일을 비교하지만 시 소장은 역사의 추론을 더욱 중요하게 여기는 사람이었다. 그는 내게 '광의 사학'에 비추어 논증하길 요구했다. 만약 거짓이 증명된다하여도 그 또한 의미 있는 일이었다.

과학사연구소는 학술을 연구하는 전당이고 '구야부' 안에는 사회의 말단 등급인 '라오쥬(老九, 즉 지식인)'들이 많았으므로 대담하게 가설을 세우고 조심스럽게 증거를 찾는 것은 누구나 수용할 만한 연구방법이었다. 그리하여 나는 '베이징 천문대에서 본 중국의 민주화 진행 과정'라는 강연 제목과 내용을 고치지 않고 그대로 발표했다.

강연 후 한 친구는 즉각 "팡형, 이 계산은 단지 일급에 가까운 것이군요."라고 말했다. 나는 대답했다.

"당연하지요. 일급에 가까이 이르지도 못하면 영(零)급일 테니 오차 또한 쓸 수 없지요."

그로부터 20년이 지난 2008년 말, 시 소장은 돌아가셨다. 그리고 5·4운동은 90주년을 맞았다. 한 친구는 최근 "1989년에 비해 중국은 아주 크게 변화했다네. 인민대회당 안에서 당나라 시기의 복장을 한 이가 거의 없고 양복이 주류를 이루고 있어."라고 말해주었다.

설사 이와 같다고 하여도 영급에 가까운 계산은 아직도 거짓이라고 증명된 일이 없다. 반대로 20년이 지났음에도 불변성의 가설은 여전히 얼마간의 합리성을 드러낸다. '베이징 천문대에서 본 중국의 민주화 진행 과정'이라는 글 속에서 나는 '삼물론(三勿論)'을 언급했다. '서양법을 스승으로 하지 말라', '경(經)을 떠나고 도(道)를 배반하지 말라', '위아래의 자리를 바꾸지 말라'가 바로 그것이다.

그것들은 1629년부터 1913년까지 근 300년간 유행했으며 일찍이 근엄한 과학이 중국에서 성장하는 것을 제한하고 막았다. 시간이 흘러 삼물론은 이 시기에 다시 인민대회당 안에서 유행하며 보편적 가치를 막고 제한하고 있다.

'서양법을 스승으로 삼지 말라'
　-결코 서양과 같은 식으로 비추어 보지 말라.
'경을 떠나거나 도를 배반하지 말라.'
　-정확한 정치 방향을 견지하라.
'위아래의 자리를 바꾸지 말라'
　-핵심인 당의 지도자를 꺾거나 올라타지 말라.

주의할 것은 변환불변성은 운동법칙 자체가 변하지 않는다는 것이지 운동이 변하지 않는다는 것은 아니란 점이다. 지구의 움직임은 불변하는 것이 아니고, 강산도 영구적이지 않다. 아무리 강성한 왕조라도 영원히 쇠퇴하지 않을 순 없다.

17~18세기 삼물론을 선도한 사람들을 보면 오히려 완원(阮元)과 같은 학식이 높은 선비(大儒, 대유)나 이름난 유학자(巨儒, 거유)가 대부분이었다. 이제 왕조가 바뀌고 시대도 달라졌지만 가짜인 것, 혹은 반

은 진짜고 반은 가짜인 것을 제외하면 대유와 거유는 쇠락해 버린 듯하다.

　대관(大官) 혹은 거관(巨官), 그리고 대탐(大貪)과 거탐(巨貪)은 300년간 변함없이 존재하며 이어져 내려오고 있다. 대륙 안에 살고 있는 한 친구는 '배가 불렀던 박사'라는 새로운 부류가 출현했다는 소식을 전해 주었다. 정말 듣도 보도 못한 부류다. 혹시 내가 잘못 들은 것이 아닐까?

　이 시대의 대유와 거유들이 할 수 있는 일이란 '구차하게 경의(經義)를 끌어 들여 의론(義論)을 허망하게 만드는'* 것뿐이다. 오늘날의 이 오래되고도 새로운 부류들은 마치 '경의(經義)'에 연결하여 '구견(苟牽, 구차하게 이끈다.)'은 움직이지 않으면서 단지 시정(市井)의 맛인 '의론(義論)'을 '허망하게 만들어낼 수 있다.' 이것은 사실 '말할(혹은 맛볼) 필요도 없는'** 일이다.

　불변성에 대한 예측은 하나의 거짓을 증명하는 가설에 지나지 않는다. 그러나 역사는 오늘의 사건을 정확하게 판단하는 것이며, 사건을 미리 논평하는 자의 거울이다.

2009년
투손에서

---

* 　청대의 수학자 이선란(李善蘭)의 말.

** 　이선란(李善蘭)의 말.

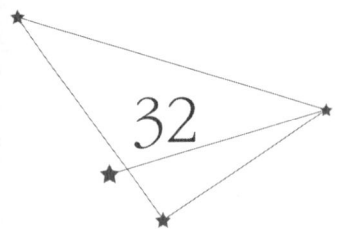

32

대성당과 '폭도에 대한 공포'

나는 여러 차례 파리에 다녀왔지만 대성당(Basilica of the Sacred Heart of Paris)에는 오직 한 번만 갔다. 나는 그곳을 그다지 좋아하지 않았다. 성당 안에는 종교와 예술 대신 세속적인 가치만 있었기 때문이다.

대성당은 파리의 고지를 통제하는 몽마르트 언덕에 위치한다. 그 고지의 주위에 베이징의 구름다리(天橋)와 유사하게 구류(九流, 제자백가)와 삼교(三敎, 유불도)가 모여 있었다.

소란스러운 거리에는 노래 부르는 사람, 그림 그리는 사람, 재주를 부리는 사람, 술주정꾼, 그리고 물랑루즈(Moulin Rouge) 등이 있었다. 너비와 높이가 각각 80미터인 대성당은 주변 풍경들과 어울리지 않게 홀로 우뚝 솟아 있었다. 햇빛 아래 대성당은 햇빛 사이로 하나의 큰 상사(喪事)를 치를 때처럼 창백했다. 저녁에는 아주 새하얀 색이 되어 보는 사람을 당황스럽게 했다.

그 건물은 파리의 밝은 색채와 조화를 이루지 못했다. 대성당 문 앞에는 말을 타고 검을 든 잔 다르크의 동상이 서 있었는데 이 또한 적막함을 느끼게 했다. 이 큰 성당 입구를 어찌 여장부 한 명이 지킨단 말인가. 미륵불사 문 입구에 2명의 장수 문지기 대신 말 위에서 칼을 비껴 든 목란(木蘭, 남장을 한 여자)을 세워 놓은 것처럼 어울리지 않는 광경이었다.

이 성당의 설계자는 일부러 조화롭지 못한 느낌을 의도한 것일까? 사크레쾨르 대성당은 보통 천주교 성당과는 다른 면이 있다. 이곳은 미사, 참회, 세례, 성찬, 혼례, 상례, 대관식 등과 같은 일반적인 성당의 일보다는 악령과 같은 사악한 기운을 쫓아내는데 더 큰 목적이 있다.

그 사악한 기운이란 1871년 두 달 동안 벌어졌던 '파리 코뮌(Commune de Paris)'을 의미한다.

파리 코뮌에 대한 평가는 극단적으로 엇갈린다. 내가 대학에 진학했을 때 학생들은 파리 코뮌이 위대한 거사라고 배웠다. 그러나 대성당에서는 그것을 한 떼의 악한과 무뢰배들의 '히스테리적인 열광'으로 바라본다.

이것은 50년대 '태평천국'에 관한 양극의 평가와 아주 비슷하다. 1951년 태평천국이 일어난 지 100년이 된 것을 기념하는 활동이 있었고, 태평천국은 '위대한 농민혁명'으로 평가되었다. 그러나 어릴 적 할머니를 비롯한 어른들에게 들은 바에 의하면 '머리가 긴 사내(예수)'는 저지르지 않은 악이 없는 강도였다. 그래서 태평천국 이후 항자후(杭嘉湖, 저장성에서 가장 큰 평원) 일대에서는 어린아이들에게 겁먹게 하기 위해 "시끄럽게 굴지마라. 머리 긴 사내가 온다!"라고 했을 정도다.

파리 코뮌이 실패로 끝난 뒤 프랑스 군은 대대적인 학살을 개시했다. 3만 명 이상의 파리 시민이 학살된 이 사건은 그 규모 면에서 19세기 문명국가에서 벌어졌다고는 믿을 수 없는 불가사의한 사건이었다.1 학살된 사람의 대부분은 파리 코뮌의 구성원이었다. 파리 코뮌의 마지막 저항지는 훗날 대성당이 지어진 자리였다. 그들은 극단적이고 조직적으로 폭도들을 열광시켰고, 스스로를 파멸의 길로 이끌었다.

다시 비슷한 사건이 발생하는 것을 막기 위해 1872년 제3공화국의 국민회의는 극단적인 조직 활동을 금지하는 의안을 통과시켰다. 극단적인 조직이란 바로 무정부주의와 공산주의, 즉 재산 사유제도의 폐지를 주장하는 정치 유파들을 의미했다.

2010년 제5공화국의 국민회의가 다시금 파리 코뮌을 언급했다. 프랑스는 파리 코뮌 구성원들을 사면했지만 '폭도 정치'에 대한 두려움은 여전히 가지고 있었다.

서양의 '폭도에 대한 공포'는 고대 그리스의 아리스토텔레스에게까지 거슬러 올라간다.

아리스토텔레스의 저서 가운데 8권으로 된 《물리론(物理論)》이 있는데 현재는 아무도 인용하지 않는다. 이미 시기가 지난 얘기라서 그런 것이 아니라 그의 논단이 잘못된 것으로 증명되었기 때문이다.

8권으로 구성된 그의 또 다른 저서로는 《정치론》이 있는데 이것은 아직 완전히 잊히지 않았다. 그 내용 중에 '폭도정치'라는 부분이 있다.

아리스토텔레스는 '우수한 사람이 이끄는 정부가 가장 좋은 정부'라고 생각했다.2 아리스토텔레스는 고대 그리스 도시국가의 3가지 정치체제인 '군주정체', '귀족정체', '공화정체'를 고찰했다. 그리고 그는 그 중 어느 하나가 좋다고 할 수 없으며, 모두 부패하고 변질될 수 있다는 결론을 내렸다.

하지만 아리스토텔레스는 '공화정체' 만큼은 그리 나쁘게 보지 않았다. 공화정체는 헌법과 의회에 기초하므로 '자유와 평등' 관념을 서로 용납할 수 있어서 '사람들은 서로 다스리고 다스림을 받는 기회를 가진다.' 오직 공화체제만이 이러한 원칙을 실현할 수 있다. 아리스토텔레스는 "출신이 고귀한 사람에게는 훌륭한 피리를 주어야할 이유가 없고, 피리를 아주 잘 부는 사람에게는 주지 않을 이유는 없으니 전자는 그것을 얼마나 잘 부는 지 확인할 수가 없다."라고 말했다. 이 말 속에서 '사람들'과 '피리 부는 사람'은 당연히 자유민을 가리키는 것이며 노예는 포함하지 않았다.

세상일이란 변화무쌍한 것이라 아리스토텔레스는 "가장 좋은 것의 반면(反面)은 바로 가장 나쁜 것이다."라고 말했다. 군주제도의 반면은 '폭군정치'이고, 귀족정체의 반면은 '과두(寡頭)정치'다. 그리고 공화정체의 반면은 바로 '데마고기(demagogy, 민중선동)'*, 즉 선동에 휩쓸려

---

* 역자 주: 데마고기는 대중을 선동하기 위한 목적으로 정치적인 허위 선전이나 인신공격을 하는 것을 의미한다.

일어난 폭도들의 통치다.

　가난한데다 식견이 좁고 교양이 부족하다면 가치판단을 내리는 일에 서투르다. 만약 선거권을 가난한 사람들에게까지 확대하면 정권은 선동된 사람에 의해 주도될 것이다. 불구덩이로 들어가지 않으면 악마에게로 달려 갈 것이니 그것이 바로 '데마고기'다.

　폭도정치는 폭군정치, 과두정치와 똑같은 의미다. 한 마디로 '폭(暴)', 즉 사납고 난폭한 것이다. 폭군과 과두는 모두 폭력을 휘두르는 우두머리다. 데마고기 안에는 사회가 이성과 질서를 잃고 혼란에 빠져 들어 서로 충돌하고 피를 흘리는 '폭(暴)'이 포함되어 있다. 이것이 아리스토텔레스가 말한 데마고기의 공포다.

　후세 사람들도 아리스토텔레스의 우려에서 자유로울 수 없었다. 현대 헌법과 의회는 민주정체가 타락하고 보통선거제가 다시 데마고기를 향해 가지 않는다는 걸 보장할 수 없다.

　칸트와 루소부터 처칠에 이르기까지 아리스토텔레스의 영향을 받은 인사들은 모두 '민주'에 대해 부정적인 말을 했다. "민주와 자유는 모순된 것이다.", "민주는 비교적 저급한 형태의 정치다.", "민주체제는 대중정치의 위선(僞善)을 만들고 있다.", "대중의 의견은 아주 쉽게 악령의 부르짖음으로 변할 수 있다."

　가장 날카로운 비판은 아마 니체의 입에서 나왔을 것이다. 그는 선거제와 의회제에 대해 '지각없는 가축으로 하여금 주인을 선택하도록 하는 것'이라고 말했다.

　1871년의 파리 코뮌의 1인 1표의 선거제는 마르크스로부터 고도로 발전된 민주사회의 모형이라는 칭찬을 받았다. 그러나 대성당은 그것이 민주가 아니라 데마고기이며, 사회의 삐뚤어진 모습이라고 보았다.

현재 중국에는 데마고기의 번역어가 없다. 그와 관련된 중국어를 찾아보았지만 쉽지 않았다. 중국에는 그런 단어가 없는 것일까? 물론 그렇지 않다. 그것은 새로운 단어가 아니다. 돌이켜 보면 그와 같은 논단은 일찍부터 있었고, 여전히 교실에서 배우고 있는 것이다.

50년대 초 '연공당사(聯共黨史)'는 베이징대학교 물리학과 학생들의 필수 과목이었다. 당시 소련은 몇몇 '연공당사' 전문가와 교수들(대부분 역사학과 혹은 기타 인문계 학과 출신이었다.)을 파견해서 중국의 교사들을 도왔다. 사용한 교재는 〈연공당사 간명 교육과정〉이었다. 소련에서 출판한 그 책은 왕푸징 큰 거리 외국어 서점에서 아이스크림 2개 값으로 살 수 있을 만큼 쌌다. 나는 중국어, 러시아어, 영어로 된 책을 각각 샀다. 시험도 매우 쉬웠다. 답은 창조성이 전혀 필요 없었다. 그저 한 자도 틀리지 않고 외우면 만점을 받을 수 있었다. 그래서 지금도 나는 '연공당사 간명 교육과정'의 내용을 기억하고 있다.

'연공당사'의 첫 번째 비판대상은 러시아의 '민수주의(民粹主義, 나로드니키주의, 포퓰리즘)'였다. 민수파는 소련의 진보와 개혁에 있어 '농민공사(農民公社)'에 의지했다. '연공당사'는 이에 대해 "비록 농민은 그 수가 많지만 가장 낙후한 경제형식을 가지고 있으므로 그들을 의지해서는 원대한 전망을 가질 수 없다."3라고 비판했다.

정통 마르크스주의인 '연공당사'는 이렇듯 농민을 대중 가운데서 가장 낙후했으며 미래가 없는 사람들이라고 단언한 것이다. 어떻게 이런 사람들에 의지해 혁명을 할 수 있단 말인가?

민수주의를 비판하는 많은 과목들은 마오쩌둥의 군중 노선을 민수주의라고 말한다. 이는 소련에서 온 연공당사 전문가들의 평가다. 그들은 '농민'에 의지하는 마오쩌둥의 노선은 러시아의 민수주의와 같은 것이고, 마오쩌둥은 민수파라고 보았다.

물론 중국의 교사들은 이런 이야기를 강의실에서 할 수 없었다. 실제 정책에서 마오쩌둥은 농민에 의지하지 않았고, 그것은 별개의 문제였다. 연공당사 전문가들은 이러한 사실을 알지도, 이해하지도 못했다. 학생들은 연공당사 시험을 볼 때 신중하게 답을 적어야 했다.

노동자는 선진계급인가? 답은 '아니다'일 것이다. 정통 마르크스주의는 '노동자 계급은 본래 사회민주주의 의식을 가질 수 없으며 이러한 의식은 밖에서 불어 넣어 줄 수밖에 없다'고 보았다. 그러므로 노동자들은 맹인이나 다름없고 스스로 선진의식을 가질 수 없으므로 반드시 외부의 도움을 필요로 했다.

전체적으로 볼 때 정통 마르크스주의는 노동자와 농민이 공련(工聯)주의·농회(農會)주의를 향해 가장 많이 달려가고 자동생산이 사회주의의 사상을 추구할 수 없으며 더욱이 공산주의의 이상이라고 말해서는 안 된다고 생각했다.

이것이 데마고기의 1차적인 의미다. 비록 노동자와 농민의 숫자는 많지만 그들은 지식이 부족하고 안목이 짧다. 그들은 사유재산제도가 있는 사회를 세우는데 아무런 위협이 되지 못한다.

이 1차적 의미는 프로이센의 철혈재상 비스마르크가 농민에 대해 내린 평가와 다르지 않다. 비스마르크는 민주 보통선거제가 그의 통치에 커다란 장애가 되지 않는다고 보았다. 농민들은 나라에 큰 일이 있을 때마다 줄곧 교회, 국왕 혹은 황제를 지지했다. 보통선거는 우파를 강하게 할지언정 좌파는 아니었다.

데마고기의 2차적인 의미는 가난한 대중은 쉽게 이성을 잃고(본래 이성이 없다.), 쉽게 선동되어 '삐뚤어진 길'로 나아간다는 것이다. 그리고 어느 날 두려워할 만한 힘을 가지게 된다. 파리 코뮌 시기 가장 강력한 영향력을 행사했던 사람은 무정부주의자인 프루동(Proudhon)이며, 그는 '모든 사유재산은 도둑질한 것'이라고 말했다.

그것은 가난한 대중을 선동하는 힘을 가지고 있었다. 프루동의 말에 선동된 가난한 대중이 도둑질을 하여 사유재산을 쌓은 사람들의 것을 다시 훔친다면, 사유재산권이 있는 사회는 온전해질 수 있을까?

마르크스는 《프랑스 내전》이라는 책을 썼다. 이것은 1871년 파리 코뮌에 대한 반성을 담고 있다. 마르크스는 파리 코뮌 당국의 중대한 실수는 때맞추어 은행을 몰수하지 못한 것이라고 보았다. 그 탓에 재산이 있는 사람들은 그것을 가지고 파리를 떠났던 것이다. 확실히 파리 코뮌은 프루동의 말을 신속하고 철저하게 집행하는데 부족함이 있었다.

연공당사는 공산주의자의 임무는 바로 사유제를 금지하는 공산주의 사상을 노동자와 농민 대중 속에 집어넣는 것이라고 보았다. '선동'이란 바로 뭔가를 '집어넣는 것'이며, '밖에서 집어넣는다'라는 말은 공산주의를 힘써 실행하는 사람과 노동자·농민의 관계를 설명하는 것이다.

이는 또한 마르크스 본인이 제일 먼저 사용한 말이다. 노동자와 농민은 밖에서부터 뭔가 집어넣어져야 하는 사람이다. '집어넣는다.'는 마르크스 논리의 정수 가운데 하나이며, 공산당 선전부는 그 논리의 선전을 맡은 사령탑이다.

레닌은 더욱 직설적으로 말했다.4 그는 러시아 혁명은 단지 1백 명의 뜻과 길이 같은 직업혁명가로도 충분하다고 보았다. 만약 1백 명의 직업혁명가가 노동자와 농민 속으로 들어가서 공산주의 사상을 집어넣기 위해 움직인다면 그것은 곧 거대한 힘이 되어 러시아를 뒤집어 놓을 거라는 것이다.

연공당사 제6장과 제7장에서 10월 혁명은 대체로 레닌 노선에 의거해 진행된 것이라고 묘사된다. 하지만 레닌과 그의 '1백 명'의 볼셰비키(Bolsheviki) 동지들은 차르(황제)의 제도 아래에선 공개적으로 활동할 수 없었다.

차르는 레닌을 외국에서 17년 간 머물게 했다. KGB가 공개한 서류에 의하면 그 시기 레닌을 비롯한 직업혁명가들은 재정적인 지원을 받으며 베를린, 파리, 이탈리아 카프리섬 등지에서 살았다.5

1917년 2월, 러시아 민주혁명이 성공했고 차르는 자리에서 물러났다. 그리고 대의제(두마) 임시정부가 권력을 장악했다. 레닌은 4월에 귀국했다. 민주체제 아래에서 직업혁명가들은 공개적으로 혹은 은밀하게 대중들을 선동했다. 그 결과 '모든 정권은 소비에트로 돌아간다'는 구호가 노동자들의 인정을 얻었다. 결국 소비에트는 대의제를 넘어뜨렸고, 볼셰비키에 정권을 빼앗긴 러시아는 무너졌다.

동궁(冬宮)*을 공격한 것이 '10월 혁명' 성공의 원인은 아니었다. 연공당사에 의거하면 10월 25일 밤 러시아의 순양함(巡洋艦)인 아브로라호(Aurora號)가 동궁을 향해 대포를 쏘고 공격을 개시했고, 저녁 10시 45분 승리를 선언했다. 영화 한 편이 상영되는 시간 동안 일어난 일이었다. 10월 혁명이 성공할 수 있었던 것은 볼셰비키가 노동자와 일부 병사들을 선동하는데 상당한 성공을 거뒀기 때문이다.

볼셰비키 직업혁명가들은 농민을 선동하는 데는 성공하지 못했다.(비스마르크는 이것을 예상하고 있었다.) 그래서 내전이 폭발할 때 많은 농민들이 백군(사관생이 그 주축이었다.)을 지지했다. 소비에트는 반혁명을 진압하면서 그들이 가장 낙후한 한 부류라고 평가했던 농민을 두려워했다. 이렇게 민주정체는 러시아에서 다시금 소실되었다.

19세기 유럽 사회혁명을 배경으로 '연공당사 간명 교과과정'을 다시 한 번 보면, 데마고기가 러시아 '무산계급혁명'에 어떻게 작용했는지를 묘사하고 있음을 알 수 있다. 영화 '10월의 레닌'과 '1918년의 레닌' 속에서도 실마리를 찾아볼 수 있다.

정치하는 사람들은 대부분 민주를 확대하는 것을 좋아하지 않으며 민주를 확대한 이후 생성되는 데마고기를 두려워한다. 이것은 이상할

---

* 역자 주: 러시아 바로크 최대의 건축물로, 러시아 상트페테르부르크에 있는 궁전이다. 혁명 전까지는 역대 러시아 황제가 살았으며, 현재는 국립 박물관의 일부로 쓰이고 있다.

것 없는 자연스러운 반응이다.

한 가지 '이상한 점'은 데마고기라는 유령이 줄곧 유럽을 돌아다니고, 민주제에 대한 우려와 비판이 계속 되었으며, 민주정체의 부정적 측면을 역사를 통해 경험했음에도 불구하고 1871년 파리 코뮌 이후 서유럽 각국의 민주정체는 정체되거나 위축됨이 없이 여전히 발전하고 확대되었다는 것이다.

1880년 프랑스 당국은 파리 코뮌의 정치범과 도망자들을 사면했고, 가장 극단적인 혁명가였던 블랑키(Louis-Auguste Blanqu, 파리 코뮌의 명예 주석)도 석방했다.

이후 선거권을 행사하는 서유럽인의 숫자는 계속적으로 증가했다. 선거권의 보급정도는 민주정체의 발전을 평가하는 하나의 정량적 척도가 되었다.

- **영국** : 1883년 20세 이상 남자 선거민 수 8퍼센트에서 29퍼센트로 증가.
- **벨기에** : 1894년 성인 남자 선거민 수 3.9퍼센트에서 37.3퍼센트로 증가.
- **노르웨이** : 1898년 선거민 수 16.6퍼센트에서 34.8퍼센트로 증가.
- **프랑스** : 19세기 말 성인 인구의 30~40퍼센트가 선거민.
- **핀란드** : 1905년 선거민 비율이 76퍼센트에 도달함. 부녀에게 선거권을 부여.
- **오스트리아** : 1907년 보통선거 실시.

- **이탈리아** : 1913년 보통선거를 실시. 19세기 말 이탈리아 인구의 67퍼센트가 문맹이었음.

1914년, 제1차 세계대전 발발 전야 서유럽 국가 남자들 대부분은 선거권을 가졌다. 이로써 그들은 모두 '주인'이 되었다.

1919년, 제1차 세계대전이 끝나고 러시아와 터키 서부지역에 위치한 유럽은 패전국이든 전승국이든 대부분 민주제(헌법·보통선거제·의회가 있는 제도)로 국가를 다시 조직했다.

1971년 파리 코뮌으로 수만 명이 비명이 사라진 이후 수십 년 동안 서유럽의 민주정체는 크게 발전했다. 이것을 어떻게 해석해야 할까?

민주체제는 '폭도에 대한 두려움'에서 출발하는 것은 아닐까?

2012년 3월 18일
투손에서

❖ 참고문헌
1 본문 가운데 몇몇 자료는 에릭 홉스본(Eric Hobsbawn)의 《자본주의 시대》 1848~1875, 1975와 《제국의 연대》 1875~1914, 1987에서 가져왔다.
2 본 절에서 인용하는 글은 대부분 아리스토텔레스의 《정치론》에서 인용한 것이므로 이후 하나하나 표시해 밝히지 않는다.
3 본 절에서 인용문은 대부분 연공당사 간명 교육과정에서 가져왔다.
4 출처를 잊었다.
5 D. Volkognov, Lenin 《Free Press, New York, 1994》

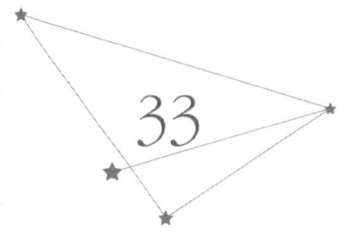

이화원 치경각에서
더위를 식힌 날

 1970년 중반은 딱히 할 일이 없던 시기여서 무더운 여름 오후마다 우리 가족은 이화원 치경각(治鏡閣)로 가서 더위를 식혔다. 치경각은 이화원의 버려진 섬으로 시후(西湖) 가운데 위치하고 있으며, 크기는 직경 100미터 가량이다. 섬 주변의 물은 아주 깨끗하고 깊어서 수영하기에 좋았다.
 치경각이 있는 작은 섬은 모든 유람객에게 개방되었다. 다만 치경고각(治鏡高閣)는 일찍이 무너져서 부서진 벽돌과 담장만이 남아 있다. 유람객들에겐 그다지 매력적이지 않은 곳이었다. 게다가 이 작은 섬은 호수 중앙에 고립되었는데, 시후에는 유람선이 없었다. 섬에 유람객이 없는 것도 어쩌면 당연하다. 겨울에 호수가 얼면 꽁꽁 얼어붙은 얼음 위를 건너 치경각으로 갈 수 있었다.
 그러나 치경각이 가장 사람을 유혹하는 계절은 여름이다. 그곳엔 여름이 아니면 감상할 수 없는 독특한 풍경이 존재한다. 여름의 치경각은 수영 애호가들만의 공간이 되었다. 우리 가족이 바로 그러한 애호가였다.

매일 오후 2시 반 무렵 우리는 자동차를 타고 베이징대학의 웨이슈위안(蔚秀園)을 출발해 이화원으로 갔다. 입장권을 따로 사진 않았다. 이화원 동쪽 담을 따라 가면 운하가 연결되는 담장에 갈라진 틈이 있는데 그곳으로 자유롭게 드나들 수 있었다. 사람은 물론 자전거도 다녔다. 그 틈은 이화원의 직원이 출퇴근을 편리하게 하기 위해 만든 것이었다. 이화원 당국도 따로 제재하지 않았다.

틈으로 들어가서 서쪽 제방을 따라 북쪽으로 곧장 올라가면 옥대교(玉帶橋)에 도달하는데, 그곳이 바로 시후다. 우리 가족의 '치경각 여름 휴가단'에는 이웃들도 늘 합류했다. 휴가단은 옥대교 부근에서 물에 들어가 헤엄을 친다. 대략 200미터를 수영해서 가면 치경각에 닿을 수 있었다. 시후에는 수상구조원이 없어서 우리들은 만약의 상황에 대비해 구명조끼를 챙겨 갔다.

작은 섬 둘레에는 커다란 나무들이 서 있었고, 나뭇가지들이 수면으로 늘어졌다. 치경각엔 동서남북에 각각 하나씩 부두가 있었는데, 남, 서, 북의 부두는 이미 파괴되었다. 그래서 동쪽 부두에서 수면 아래로 몇 칸 이어진 계단을 따라 돌이 깔린 호수 기슭으로 올라왔다. 수영하는 사람이 섬으로 들어오는 길이었다.

치경각의 탑은 오래전에 불에 탔다. 화재 뒤 주민들이 남은 벽돌과 목석을 모두 훔쳐가서 이곳에 남아 있는 것은 흙 담장뿐이었다. 그나마 그것도 1924년 큰 소리를 내면서 무너졌다. 하지만 이후 담장은 보수되었고, 그때 고쳐진 치경각의 흙 담장은 지금까지도 완전히 무너지지는 않았다. 이제 그것을 또 다시 보수할 필요는 없을 것이다.

치경각은 건륭(乾隆)황제 때 진(秦), 한(漢) 시기의 황실 정원 중 '물 하나와 세 개의 산'이라는 형식을 본 따 만들어졌다. 넓은 정원 숲과 호수 가운데 3개의 섬을 만들었는데, 그것은 동해에 떠 있는 '신선의 산'을 상징했다. 황실의 정원은 '인간이 선경(仙境)'이라는 경지를 추구하고 그것을 체현하려는 목적이 있다.

18세기에 이르러서도 다시 진·한 시기의 형식을 이어받으려고 하다니, 애신각라홍력(愛新覺羅弘曆, 청나라 황제 건륭)의 안목과 식견은 여전히 '하늘은 둥글고 땅은 네모다'라는 경지 안에 머물고 있었다.

치경각의 원래 한자는 '制鏡閣'였다. 이곳은 18세기에 거울을 만드는 업종인 제경업(制鏡業)이 크게 발전했다. 망원경, 현미경 등 특수한 기능의 거울에 대한 요구가 점점 늘어났다. 항해, 군사, 관측과 같은 용도에서부터 책을 읽을 때 사용하는 돋보기 등 건륭황제는 거울의 다양한 쓰임새를 익히 알고 있었다. 왜냐하면 서양 선교사가 보내온 예물 가운데 각양각색의 거울이 포함되어 있었기 때문이다.

기록에 의하면 건륭황제가 제일 좋아하는 예물은 거울이었다고 한다. 고궁 안에는 여전히 당시의 서양식 거울이 남아 있다. 건륭황제의 치경각은 신민을 다스리는 '통치의 거울(治鏡)'이지 거울을 만드는 곳이 아니었다. 황제는 많은 서양 거울들을 가지고 있었음에도 불구하고 외부세계의 '경상(鏡像, 모습)'을 볼 수 없었다. 사실 보려고 하지도 않았다.

건륭황제가 우선시 한 것은 기효남(紀曉嵐)이 주관하는 《사고전서

(四庫全書)였다. 그것은 백과전서로, 인류문명의 거대한 업적으로 불린다. 그 안에는 거울을 제작하고 응용하는 방법들이 많이 담겨 있다. 그러나 '인류에게 그 전엔 없었던…'이라고 운운하는 것은 모두 허풍이었다.

디드로(Denis Diderot)와 달랑베르(Jean le Rond d'Alembert) 등이 편찬한《백과전서》는 1772년 완성되었으니, 이는《사고전서》에 비해 최소 10년 빠른 것이었다. 디드로와 달랑베르 등 계몽학자들은《백과전서》에 18세기에 발전된 과학과 공예에 대한 내용을 실었다. 반면《사고전서》에는 그런 내용이 없으며 많은 부분이 '군자의 길', '세상을 방어하는 술책' 등에 할애되었다.

무너져 버린 치경각은 건륭황제의 '성대한 시대'를 상징하는 아름다운 그림이었다. '그는 눈으로 붉은 건물이 세워지는 것을 보고, 손님들에게 연회를 베푸는 것을 보았다. 또 그 건물이 무너진 것을 보았다. 푸른 이끼와 푸른 기와 더미들…. 50년간의 흥망을 배부르도록 보았다.'*

그리고 폐허가 된 작은 섬은 무더위를 식힐 수 있는 우리들만의 공간이 되었다.

우리들 '치경각 여름 휴가단'은 왕왕 이 섬을 독점했다. 두어 명의 사람들만이 시후에 와서 수영을 했다. 사람들이 여기서 수영을 하지 않은 이유는 옥대교 호숫가에 남겨둔 옷을 잃어버릴까봐 염려했기

---

* 공상임(孔尙任, 1648~1718)의 말이다. 그는 공자의 64대손으로 국자감박사를 지냈고, 호부주사, 원외랑을 거친 청대의 희곡작가이다. 그의 작품 가운데는《도화선》,《장생전》이 있다.

때문이었다. 하지만 우리들은 물건을 잃어버릴까 걱정을 하지 않았다. 이 일대는 실제로 상당히 안전했다.

시후의 서안(西岸)에는 베이징시 정부의 정상급 요원들의 별장과 그곳을 지키는 이들이 있었다. 서안 근처에서 수영을 하거나 가까이 가면 누군가 뛰어나와 총을 겨누며 "가까이 오지 마라!" 하고 크게 소리를 지를 지도 모를 일이었다.

치경각 섬은 면적이 작고 사방이 호수로 둘러싸여 있었다. 그래서 자급자족할 수 있는 생활권을 구성할 수 없다. 이 섬에는 새를 제외하곤 뱀, 쥐 같은 다른 동물들이 살 수 없었다. 다시 말해 안전한 섬이었다.

시후와 섬 사이의 200미터 너비의 물은 소리를 효과적으로 차단시켰다. 육지에서는 목소리가 전파되지만, 이곳에선 대부분 물에 흡수되었다. 그래서 호수 너머의 배운전(排雲殿) 위 아래로 왕래하는 유람객들이 보이긴 하지만 소리는 들리지 않았다. 섬은 고요했고 우리 휴가단이 수영하는 소리만 들렸다. 어쩐지 세상으로부터 외떨어진 듯한 느낌이었다.

우리들은 시후가 고요해지는 시간까지 작은 섬에서 한가로운 시간을 누렸다. 그곳엔 정자와 누각이 없고, 건륭황제가 쓴 비석도 없다. 사람이 만든 물건은 이미 사라지고 없다. 단지 햇빛과 여름의 공기, 푸른 하늘이 이 작은 섬에서 뒤섞이고 있을 뿐이었다. 서쪽 하늘의 태양이 옥천산(玉泉山) 위에 머물다가 게으름을 피우며 사라질 때 이 작은 섬 둘레를 천천히 둘러쌌다. 마치 세상이 이 주위를 천천히 여유롭게 돌고 있는 듯 했다. 치경각 섬에서 명상을 하면 자연스레 괴테와 같은 심상을 가지고 될 지도 몰랐다.

나, 신성(神性)의 그림자이고 우주의 중심이네.
스스로 진리의 거울과 이미 아주 가까이 있네.
하늘빛을 향하여 구름을 영접하노라면 한 조각 맑고 깨끗함이여
일찍이 이미 멀리 멀리 보통의 세속을 벗어났구나!

석가모니는 세상과 떨어져 보리수 아래에서 7일 밤낮을 명상했고, 끝내 돈오(頓悟)하여 세상 홍진(紅塵)을 초탈했다. 어느 날 오후 나도 돌연히 작은 돈오를 얻었다. 치경각 섬에서 7일 밤낮으로 명상하면 석가모니처럼 새로운 진리를 발견할 수도 있을 것이다. 그러나 돈오하는 것보다 사악함에 빠져들 가능성이 더 클지도 모르겠다.

사악함에 빠져 들지 않기 위해선 수영을 해야 한다. 물에 들어가면 사악함이 깨끗이 씻겨나가지만 물 밖으로 나오면 다시 홍진 세상 속으로 돌아오게 된다.

떨어지는 햇빛이 길어진 6시 정각의 정원은 고요하다.

돌아갈 때는 곤명(昆明) 호수 북쪽으로 가서 이화원 정문으로 나왔다. 우리 여름 휴가단 일행은 휘파람을 불며 갔다가 휘파람을 불며 돌아왔다. 베이징대학의 홍진 지역에 도착하면 사위는 이미 황혼으로 물들었고 더위도 가셨다.

내일 다시가야지. 만약 비가 오지 않는다면.

2012년 5월
발표 예정시간에 투손에서

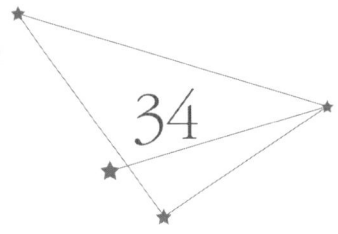

중국의 더 선생과
싸이 선생이신 쉬량잉

쉬량잉(許良英) 선생은 올해 90세다. 나와 선생이 벗으로 지낸지도 36년이 흘렀다. 내가 중국에서 생활할 때 쉬 선생과 자주 왕래했다. 돌아보면 우리들의 만남은 대부분 두 사건을 둘러싸고 이루어졌다고 할 수 있다. 그것은 바로 1957년의 반우파운동과 아인슈타인의 물리와 인생이었다.

1974년 문화대혁명은 이미 그 끝에 와 있었다. 대학은 다시 문을 열었고 나는 보통물리 강의를 시작했다. 갈릴레오와 뉴턴, 그리고 아인슈타인의 시공(時空) 관념 등에 대한 것이었다.1 당시는 아직 아인슈타인에 대한 비판이 아직 끝나지 않은 상태였다.

아인슈타인에게는 정치적인 '모자'가 씌워져 있었는데, 바로 그가 '금세기 자연과학 영역에서 가장 거대한 반동의 자본주의 권위'를 가지고 있다는 것이었다. 아인슈타인에게 모자를 씌운 이들은 그가 '일생 동안 국적은 3번, 주인은 4번 바꾸고, 먹을 것만 주면 누구나 그의 어머니가 되었으며, 돈 앞에서 무릎을 꿇었다'2라는 말로 간단히 그의 삶을 요약했다.

비판을 주도한 세력은 상하이의 학자이자 정당의 권세를 등에 업고 몹쓸 짓을 하는 '당곤(黨棍)'이었다. 《원후이빠오(文匯報)》는 당곤이 아인슈타인을 비판하는 글을 실었다. 아인슈타인이 저 세상 사람이 아니었다면 상하이로 압송하기라도 할 기세였다.

그러나 베이징의 학자들은 대부분 상하이의 비판을 받아들이지 않았다. '기세등등한 군악대가 거리를 행진하지만 나는 거리낌 없이 갈 길을 갈 수 있다'3라는 아인슈타인의 말처럼, 우리들은 상하이에서 벌어지는 일에 동요하지 않았다. 설사 '기세등등한 군악대'의 소요가 있었다고 해도 나와 과기대 동료들은 허페이에서 우주과학 연구에 매진했을 뿐이다. 광의 상대론의 인력파(引力波)에 대한 연구도 베이징에서 전개되고 있었다.

쉬량잉 선생은 아인슈타인의 문헌을 번역하고 편집했다. 물리, 철학, 사회정치 등을 모두 포함하는 것이었다. 쉬 선생을 만나기 전부터 나는 그가 같은 물리학 종사자라는 것, 중국과학원에서 일하고 있다는 것을 알았다. 하지만 줄곧 얼굴을 맞댈 기회가 없었다.

첫 번째 이유는 그가 나보다 16살이 많아서 친구의 범위에서 교제하는데 어려움이 있었고, 또 다른 이유는 그가 1957년 우파로 분류되어 과학원과 학술계를 떠나 고향 땅에서 농사를 지었기 때문이었다. 나와 쉬 선생이 서로 알게 된 것은 나의 과기대 동료 덕분이었다.

하루는 과기대 동료인 제쥔민(解俊民) 교수가 'Binary(2원체)'를 어떻게 번역해야 하는지를 물었다. 그는 이것을 쉬 선생이 엮은《아인슈타인 문집》제1권에서 보았는데, 선생은 '쌍보선(雙譜線)'이라고 번역해 놓았다. 하지만 나는 'Binary'가 아인슈타인의 글 속에 실렸다면 '쌍성(雙星)'을 가리키는 것이라고 생각했다.

원문을 찾아보니 내 생각이 맞았다. 쌍성은 스펙트럼의 변화로 증명할 수 있으며, 다른 색깔의 빛이 우주 공간에서 전파되는 속도와 같다. 이것은 좁은 의미의 상대론을 지지하는 하나의 유명한 관측이다. 한 가지 짚고 넘어갈 것은 이 관측이 전 베이징 천문대의 대장 청마오란(程茂蘭) 선생이 프랑스 리옹 천문대에 있던 기간에 이루어졌다는 점이다.4

제2차 세계대전이 벌어지자 많은 프랑스 사람들이 고국을 떠났고, 청 선생이 그 자리를 메워 리옹 천문대의 전시대장을 맡게 되었다. 덕분에 그렇게 유명한 관측을 하게 되었으니, 쉬량잉 선생이 곤란한 때《아인슈타인 문집》을 엮은 것과 통하는 바가 있다.

뒤에 가서 나는 쉬량잉 선생에게 편지를 써서 'Binary'의 번역을 어떻게 해야 하는지 알려 주었다. 그는 내 편지를 받고 무척 기뻤으며 나를 초청하고 싶다는 내용의 답장을 보냈다. 그 일을 계기로 나는 그와 만나게 되었다.

이후 나는 기회가 있을 때마다 베이징으로 가서 쉬 선생을 만났다. 당시 그는 여전히 과학원으로 돌아가지 못하고 농사를 짓고 있었다. 그는 혼자 빠미엔차오(八面槽)에 위치한 상무인서관(1897년 상하이에서 창립된 중국의 서적출판사)에 살고 있었다. 그곳에 있는 그의 작은 사무실은 아인슈타인 문집 번역과 관련된 자료가 가득 쌓여 있었다. 쉬 선생은

1962년부터 아인슈타인의 문헌 번역을 시작했다. 그때는 그가 저장에서 농사를 짓고 있던 기간이다.

나는 빠미엔차오에서 《아인슈타인 문집》이 출판되는 과정을 지켜보았다. 이 책은 총 3권으로 아인슈타인의 논문, 강의록, 담화, 서신 등 410편 130만 자를 수록했다. 나는 쉬 선생이 아인슈타인 문집을 어떻게 작업했는지 가까이서 본 사람 중 한 명이다.

그는 1978년에야 복직되었고, 중국과학원 자연과학사연구소의 근현대과학연구실을 조직하는 일을 맡았다. 《아인슈타인 문집》은 큰 성공을 거두었다. 그리하여 상하이에서 아인슈타인을 비판하며 그에게 씌웠던 모자를 단숨에 벗겨냈다. 또 잘못된 것을 바로잡는 '평반(平反)'이 추진되도록 했다.

1978년 가을 만들어진 '55호 문건'은 1957년의 우파분자를 '평반'하는 서류다. 정식 공포가 되기도 전에 이미 지식인들 사이에서 큰 화제가 되었다. 문건에 의하면 우파적 견해로 당적에서 제명된 사람들은 모두 당적을 되찾아 다시 중국공산당원이 된다는 것이었다.

10월 초 계림(桂林)에서 '미시물리학사상사 토론회'가 열렸다. 그러나 토론회가 열린 3일간 화제의 중심은 물리학이나 토론 주제가 아닌 55호 문건이었다. 명성이 자자한 동굴 롱동(溶洞)과 루디옌(蘆笛岩)을 유람할 기회가 있었지만 많은 사람들이 가지 않았다. 탄광에서 굴을 뚫으며 고생한 기억을 상기시켰기 때문이다.

회의 참가자 중 적지 않은 사람들이 '우파분자'이거나 '운 좋게 법망을 빠져나온 우파'였다. 우리는 대체로 비슷한 생각을 가지고 있었다. 중국공산당이 사회를 대표하는 힘을 갖는다거나, 마르크스주의를 인생의 신앙으로 삼을 가치가 있다고 보지 않았다. 문제는 55호 문건이었다. 우리들은 이것을 통해 회복되는 당적을 받아들여야 하는가 말아야 하는가. 이것이 계림 토론회에서 실질적으로 중요하게 다뤄졌던 주제다.

어떤 사람은 무조건 당적 회복을 받아들이겠다는 입장이었다.

또 어떤 사람은 일단 당적 회복을 받아들이고 당에 들어가서 당을 개조하자고 주장했다.

쉬량잉 선생은 의심의 여지없이 그 토론의 중심에 있었다. 그는 우리들 중 가장 눈에 띄는 우파의 모자를 쓰고 있었기 때문이다. 그는 일찍이 40년 대 저장대학교 물리학과 조교였을 때 지하당을 이끌었고, 이후 10년을 하층 농민으로 살았다. 쉬 선생의 결정은 모두가 참고할만한 가치가 있었다. 선생은 "당적을 회복한 후 당을 개조시킬 것이다."라고 말했다.

나도 쉬 선생의 시각을 받아들였다. 그러나 훗날 증명되었듯 당에 들어가서 당을 개조한다는 것은 당시 중국에서는 통하지 않았다. 그것은 현재도 마찬가지다. 다만 제2차 세계대전 이후 각 공산당 정권의 붕괴방식을 고찰해 보면 쉬 선생의 주장은 역사적 경험 확률을 가질 수 있고, '영(零)이 아니다(non-zero)'라는 결론을 내릴 수 있다.

80년대 자유화라는 큰 조류가 있을 때 쉬 선생은 더욱 많은 이야기를 했다. 단지 '비밀'로 말했을 뿐이었다. 1985년 말 나는 두 번째로 당적을 빼앗길 위기에 있었다. 안후이성위원회는 내게 중앙기율위원회 서기인 왕쉐서우(王學壽)가 허페이에 와서 공개적으로 선포하길 기다리고 있는 상황이라고 말했다. 자유화와 관련해서 내가 지은 가장 큰 죄는 저장대학에서 한 강의와 관련이 있었다. 그 내막은 이렇다.

1985년은 아인슈타인 서거 30주년이 되는 해였다. 그 해 3월 저장대학교는 학술토론회를 개최했다. 자연과학사연구소의 근현대과학연구실이 주관한 행사였다. 쉬 선생은 소위 나이든 저장 사람이라 일을 처리하기가 쉬웠다. 나는 학술보고를 하도록 초청되었고, 발표 제목은 '원자의 붕괴에서 우주의 붕괴까지'였다.

회의 밖에서 저장대학교 학생들은 '개방과 개혁'에 대해 좀 이야기 해달라고 했다. 학생들의 초청으로 진행된 강연은 과기대 대학원생들에 의해 작은 책자로 인쇄되었고, 전국으로 흩어졌다. 중공중앙의 당교 교장 양셴전(楊獻珍)이 이것을 발견해 중앙에 보고했다.(양셴전은 '합이이일론(合二而一論)', 즉 '둘을 합하여 하나가 된다는 이론'의 발명자이다.)

끝내 일이 발생한 것이다. 결국 중앙기율위원회는 내 당적을 제명하기로 결정했다. 그러나 후야오방(胡耀邦)으로 인해 일의 추진이 1년 늦어졌다. 1987년 당에서 쫓겨날 때 그 책자는 내 죄목 가운데 하나였다. 당시 내 강연 내용은 중공 중앙의 1987년 1호 공문 부속서류를 펼쳐보면 알 수 있으리라.

앞에서 말한 '비밀'이란 저장대학교에서 행한 개혁과 개방에 대한 강연 가운데 많은 관점이 쉬 선생의 것이란 점이다. 당시 저장대학교 학생들은 먼저 쉬 선생을 찾아가 강연을 해달라고 요청했다. 그런데 선생은 내가 강연을 하는 편이 낫다고 생각했던 모양이다. 자신의 저장식 말투를 학생들이 알아듣지 못할까봐 염려한 것이었다. 내 말씨는 아나운서 수준은 못 되어도 샤리파런(下里巴人, 대중들이 좋아하는 말투를 쓰는 사람)이었기에 내가 강연을 하게 되었다.

내가 당적에서 제명된 뒤 쉬 선생은 나만 당에서 쫓아내고 자신은 쫓아내지 않는 상황을 이해할 수 없다고 했다. 중앙에서는 따로 조사를 하지 않고 저장대학이 보고한 팡리즈가 '흑수(黑手, 검은 손)'란 내용을 그대로 받아들였다. 그런데 따지고 보면 영락없는 '흑수'는 쉬량잉 자신이라는 것이다.

쉬 선생의 다른 이야기는 그가 95세, 100세가 될 때까지 기다렸다가 이어서 쓸 것이다.

이 글은 선생의 축수(祝壽)를 기원하기 위함이다. 나는 아직까지 축하의 말을 전하지 않았다. 그래서 다음 두 구절로 쉬 선생의 구순(九旬)을 축하하고자 한다.

하늘땅만큼 무궁하시기를 기원하며
사람이 나서 오래도록 근면하심에 송사(頌辭)를 보냅니다.

2010년 7월
이탈리아 페스카라에서

❖참고문헌
1 문화혁명 이후 물리교재, 예컨대 《力學槪論》을 보라. 1986.
2 쉬량잉, 미국과학협진회(AAAS)에서 서면으로 발표함. 1994.
3 A Eienstein, Ideas and Opinions, p10, 1954
4 Tcheng Mao-Lin, Annales d'Astrophysiquue, 4, 97, 1941

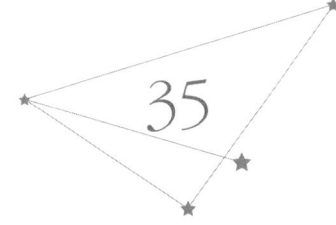

35

쉬량잉, 류빈옌, 그리고 내가 공동으로 서명한 편지

최근 어떤 사람이 갑자기 1989년 말 쉬량잉, 류빈옌(劉賓雁)과 내가 서명했던 한 통의 '반우(反右)' 편지에 대해 물었다. 그는 그 편지가 비밀리에 고발된 것인지에 대해서도 물었다. 그 편지와 관련된 역사는 이미 10여 년 전 글로 자세히 썼다. 어쨌거나 나는 누군가 밀고했다고 말할 수 없었다. 왜냐하면 내가 그것을 승낙했기 때문이었다.

1987년 여름 첸린자오(錢臨照) 교수는 내게 '비밀을 알리게 된 일'을 다시 제기하지 말라고 당부했다. 그의 동료인 학술연구자들이 '그 사건'을 다시 제기하지 말라고 간청했기 때문이었다. 나는 즉시 '그 일'을 입에 올리지 않겠다고 약속했다. 내가 첸 선생의 당부를 바로 받아들인 것은 과거 그의 은혜를 입은 적이 있었기 때문이다.

1960년 봄과 여름 나는 《물리학보》에 논문을 투고했다. 초가을, 중국 과기대학 교육빌딩의 서쪽에 위치한 사람이 없는 계단 입구에서 나를 마주한 첸 선생의 얼굴엔 기쁨과 걱정이 반반씩 어려 있었다.

첸 선생도 당시 과기대에서 강의를 하고 있었다. 또한 그는 베이징 대학의 왕주시(王竹溪) 교수와 함께 《물리학보》의 총편집인을 맡고 있었다. 선생은 기쁜 어조로 말했다.

"그대의 논문이 심사를 통과했으니 곧 발표될 것이네."

그가 말한 내 논문의 제목은 〈변형적인 전파함수를 이용해 핵전하의 반경을 계산하다〉였다. 선생은 이어서 말했다.

"하지만 자네의 진짜 이름으로는 발표할 수 없는데, 이름을 바꾸지 않겠는가?"

이상한 말이었다. 전통적으로 논문에는 이름과 소속된 기관, 주소를 정확하게 써야 했다. 그런데 이름을 바꾸라니? 이내 나는 선생의 의중을 알아차렸다. 당시 내 정치적 상황으로 볼 때 논문을 발표하는 것은 원칙을 위반하는 일에 속했다.(우파들은 모두 학술논문을 발표할 자격을 상실했다.) 그러므로 선생이 내게 필명을 말한 것은 나를 도와 이 혼란한 관문을 지나가기 위함이었다. 나는 시원스럽게 그러겠다고 하고 그에게 필명을 만들어 달라고 부탁했다. 첸 선생은 내 부탁을 들어주었다.

1961년 제1기 《물리학보》에 내 첫 번째 논문이 실렸다. 57쪽에 등재된 논문의 작자 이름은 '왕윈란(王允然)'이었다. 이 논문은 지금도 찾아볼 수 있다.

나는 새삼 그러한 필명을 만든 첸 선생의 솜씨에 감탄했다. 중국에서는 '왕(王)'의 '윤허(允然)'가 있어야만 논문을 발표할 수 있다는 의미를 이름에 담은 것이다. 그러나 문화혁명에서 계급대오 청산이 고조되던 시기 첸 선생은 '왕원란'이란 이름에 대해 '왕주시 선생이 허락한 것'이라는 뜻을 담고 있다고 말함으로써 다시 한 번 혼란한 관문을 넘어 섰다. 이렇게 내 학술 인생은 바로 첸 선생과 왕 선생의 보호 속에서 시작되었다.

첸린자오 선생과 왕주시 선생이 돌아가신 지도 벌써 몇 년이 되었다. 그러나 나는 여전히 당시 그들이 승낙했던 것을 고칠 수 없다. 그리하여 옛 글을 다시 발표하면서도 '밀고 된 것'이라는 말을 덧붙이지 않았다. 단지 사진 한 장을 추가했을 뿐이다.

****

1986년 11월 14일 금요일, 전날 막 이탈리아에서 베이징으로 돌아온 나는 그날 저녁 다시 허페이로 돌아가 강의할 준비를 했다. 베이징에 있던 반나절 동안 나는 리수셴과 쉬량잉 선생 집으로 가서 회의를 했다. 참석자는 나와 쉬량잉, 류빈옌, 리수셴 이렇게 넷이었다.

논제는 '반우운동이 곧 30년을 맞는데 우리들은 무엇을 할 수 있는가?'였다. 우리들은 1987년 봄에 1차 '반우운동의 역사학술토론회'를 거행하자는데 의견을 모았다. 그리고 회의의 의제와 관계 조직을 구성하는 방법에 대해서도 토론했다. 우리들의 의견을 취합해 글을 쓰는 일은 내가 맡기로 했다.

나는 남쪽으로 내려가면서 초고를 만들었다. 그리고 허페이에 도착한 뒤 신속하게 쉬 선생에게 편지를 부쳤다. 그들은 내 초고를 다시 수정해서 토론회에 참석할 만한 사람들에게 발송했다. 이것이 바로 뒤에 가서 '자산계급의 자유화'를 비판하는 운동 가운데 중공 중앙에 수집되어 류빈옌을 비판하는 자료로 쓰인 '어둠의 통지'였다. 그 전문은 다음과 같다.

'반우운동의 역사학술토론회'를 위한 통지

×××선생 귀하

1957년 일어난 반우운동이 곧 30주년을 맞이합니다. 반우운동은 마땅히 연구할 가치가 있습니다. 반우운동을 제대로 알지 못하면 30년 동안의 역사를 전면적으로 이해할 수 없고, 중공 31계(屆, 차) 3중 전회 이래로 중앙의 발란반정(撥亂反正)과 개혁을 추진한 역사적 의의를 이해하기 어려우며, 또 우리 목전에 당면한 문제와 우리 사회 속에 온장(蘊藏)된 것이 싹트는 문제 등을 심각하게 인식하기 어렵습니다. 반우운동의 많은 당사자자들이 이미 환갑을 넘겼으니 마땅히 관계 사료를 수집하고 보존해야 할 것입니다. 역사를 잊지 않는 것은 미래를 위해서도 중요한 일이니 이 일단의 역사를 청년 세대를 위한 유용한 지식으로 남겨야 합니다. 이를 위해 우리들은 학술토론회를 발기하고 거행함으로써 반우운동에 관한 역사 연구를 시작하려고 합니다. 그 주제에 포괄되는 내용은 다음과 같습니다.

• 사료의 수집과 당사자의 경험 혹은 견문과 통계자료

- 반우운동의 국내와 국제적 배경
- 반우와 대약진·반우경·문화대혁명 운동 등의 관계
- 반우가 정치 및 도덕에 미친 영향
- 반우 후의 '좌'파와 우파의 운동 궤적
- 반우와 오늘날의 개방·개혁·현대화

우리는 귀하를 토론회에 초청합니다. 또 자신의 발표문을 제출해 주시는 것을 환영합니다. 각각의 발표는 약 1시간씩 진행할 수 있으며, 회의 후 선별하여 문집으로 출판할 예정입니다.

회의 시간 : 1987년 2월 3~5일
회의 장소 : 베이징(추후 정확한 장소 공지 예정)
비용 : 기본적으로 자비 부담입니다. 그러나 사정이 곤란하신 분은 편지로 알려주시면 따로 조치하겠습니다. 1986년 12월 31일까지 귀하가 참가할 수 있는지 여부를 알려주시기 바라며 아울러 발표문이 있을 경우 제목도 함께 알려주십시오.

연락처 : 베이징시 중관춘 812층 704호, 쉬량잉
발기인 : 쉬량잉, 류빈옌, 팡리즈

1986년 11월

쉬량잉의 집에서 준비 회의를 하며 우리들을 몇 명을 발기인으로 할 것인지, 또 무엇을 발표할 것인지에 대해선 토론하지 못했다. 쉬 선생과 류 선생 두 분은 모두 이름난 우파였으므로 발표 제목으로 삼을 것이 많았다.

당국이 규정한 등급에 의하면 우파분자(학생 제외)는 모두 6종류이다. 1류의 죄가 가장 크고 6류가 가장 작았다. 학생 우파분자는 4종류로 나뉘어 있었다. 쉬 선생과 류 선생은 2류에 해당되었고, 리수셴은 6류였다. 나는 우파라는 이름을 받은 적이 없으므로 내공으로 따지자면 세 사람을 따라가지 못했다. 그렇다 해도 토론회 개최까진 2달의 시간이 있으니 천천히 어떤 내용을 발표할 것인지 생각할 수 있었다.

그런데 상황이 갑자기 빠르게 전개되었다. '통지서'가 발송되고 일주일쯤 흐른 1986년 11월 30일, 과기대학 학생이 '인민대표 후보자를 누구로 정할 것인가?'라는 제목의 대자보를 붙였다. 그리고 12월 5일 학생들은 거리에서 시위를 했다. 그 일은 전국 29개 도시의 156개 대학 학생들의 시가행진을 촉발시켰다. 그러나 과기대의 분위기는 빠르게 진정되었고, 3일 뒤 학생들은 수업에 들어왔다. 12월 9일 관웨이옌 총장은 내게 과기대를 안정화하고, 후치리(당시 중앙 서기처 서기의 한 사람)와 통화해 과기대와 관련된 부실 보도가 중단되도록 해달라고 요청했다. 통화를 할 때 후치리는 특별한 말이 없었다. 내 기억으론 중요한 '지시'가 없었는데, 이는 좋은 징조가 아니었다.

과연 이틀 후 리수셴이 베이징에서 전화를 걸어 왔다. 쉬량잉이 그녀에게 말하기를 《인민일보》사의 지도자가 류빈옌에게 '반우운동의 역사학술토론회'를 그만 두라고 요구했다는 것이다. 그런 뒤 리수셴은 내게 계속 전화를 걸어 빨리 베이징으로 돌아오라고 했다. 12월 31일 근대물리 과목 수업이 끝나자마자 나는 즉각 베이징으로 갔다. 베이징에 도착했을 땐 1987년 첫날이었다. 다음날은 중공 중앙은 1987년 제1호 문건을 통해 자산계급 자유화의 정식 개막을 반대했다. 2주일 뒤 신문과 뉴스는 모두 이 사건을 다루었다.

  1월 12일, 중공중앙과 국무원은 과기대 조직을 개편하기로 결정하고 과기대 관웨이옌 총장을 면직시키고 나 팡리즈의 부총장직도 박탈했다.

  1월 14일, 중공의 상하이 시위원회는 왕로왕(王若望)의 당적을 제명했다.

  1월 16일, 중공 중앙정치국 공보는 후야오방이 총서기로서의 직무를 시작한다는 청구를 받아들였다.

  1월 19일, 중공 안후이성 기율위원회는 팡리즈의 당적을 거두어들였다.

  1월 25일, 중공《인민일보》는 류빈옌의 당적도 제명되었다는 기사를 실었다. 쉬량잉의 이름은 빠져 있었는데, 들리는 말에 의하면 덩샤오핑이 잠시 깜빡했는지 그의 이름을 거론하지 않았다고 했다.

  그리하여 '반우운동 역사학술토론회'를 위해 우리들이 만든 통지서는 '자산계급의 자유화'와 관련된 하나의 표준 문건이 되어 중공 중앙의 손에 들어갔다.

2010년 8월 7일
투손에서

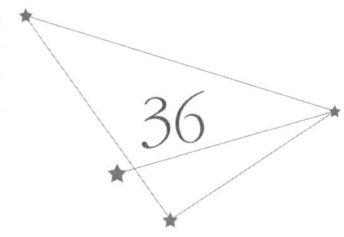

옌지츠 선생을 그리워하다

옌 선생이 돌아가셨을 때 나는 그를 추모하는 예를 올릴 수도, 꽃 한 송이를 바칠 수도 없었다. 하지만 그는 나를 기억할 것이고, 예를 다하지 못한 것을 용서해주시리라 믿는다. 그와 함께 하며 겪은 일들이 내게 그러한 마음을 갖게 한다. 옌 선생을 향한 그리움은 나로 하여금 그동안 공개적으로 발표할 기회가 없었던 몇 가지 일들을 꺼내 놓도록 만들었다.

내가 옌 선생을 안 것은 1958년부터 1996년까지 36년 동안이다. 하지만 난 그의 이름을 망령되게 부를 수 없다. 선생은 나보다 36년 위이시니 스승 뻘이다. 나는 선생을 자주 뵙진 못했다. 매년 평균 2차례 만났으니 그를 만난 총 횟수는 72회를 넘지 않는다. 나는 멋대로 옌 선생의 제자라고도 할 수 없다. 그를 좇아 광학(光學)과 분광학(分光學)연구를 한 일이 없었기 때문이다. 잘 봐줘야 조교라고 할 수 있으리라. 나는 과거 2시간 동안 옌 선생의 조교 노릇을 한 적 있으니 완전히 거짓말은 아니다.

1958년 가을 중국과학기술대학이 막 문을 열었을 때의 일이다. 교수부터 조교들까지 모두 중국과학원에서 왔으므로 대부분 교육경험이 없었다. 단지 옌 선생만이 20년대 몇 군데 대학에서 학생들을 가르친 경험이 있었다. 그는 언젠가 한 번 전자감응(電磁感應)을 주제로 시범 강의를 한 적이 있었다. 학생과 교수들을 포함해 청중은 500명 이상이었다. 당시 나는 과기대 물리학과 조교였지만 옌 선생의 조교는 아니었다. 그런데 선생이 내게 그의 시범 강의를 위해 한 번만 '서비스' 해달라고 했다. 나는 얼떨결에 그의 조교가 되었다.

그가 나에게 준 임무는 20년대 프랑스식이었던 것 같다. 옌 선생은 칠판에 글씨를 쓰거나 움직이지 않았으며 오로지 말만 했다. 그래서 나는 그를 돕기 위해 교단 위를 이리저리 뛰어 다녔고, 칠판에 공식을 쓰거나 닦고 패러데이 효과(Faraday effect)가 반응하는 의기(儀器)를 조작해 보여주었다. 2시간의 조교 노릇을 끝낸 뒤엔 완전히 지쳐버렸다.

옌 선생은 곧 중국과학원부원장과 과기대 부총장직을 맡게 되었다. 나는 여전히 조교였다. 그러니 그가 나를 기억해주길 바랄 수 없었다. 신기한 점은 매번 도움이 필요했을 때마다 그의 도움이 있었다는 것이다. 마치 그가 나를 주목하고 있는 것 같았다.

첫 번째 도움은 1965년에 있었다. 당시는 문화대혁명 전야였다. 아직 폭풍이 불어 닥치진 않았지만 예행연습은 이미 시작되었다. 당시 베이징 시장 펑전(彭眞)과 중앙의 공안부장 뤄루이칭(羅瑞卿)은 베이징을 '수정의 도시(水晶城)'로 만들 계획을 세웠다. 계급상의 적(敵)을 모두 없애고 훌륭한 계급성분을 가진 사람들로만 구성된 도시를 만들려는 것이었다. 그리하여 각종 무산계급 독재의 대상들은 모두 베이징 밖으로 내보냈다. 과기대에서는 모두 1백여 명이 전출 대상이 되었다. 나는 공식적인 독재의 대상은 아니었지만 수정의 도시에는 적합하지 않은 '잡질(雜質)'이라고 할 수 있었기에 축출 대상 중 하나가 되었다.

4월, 나는 랴오닝성(遼寧省) 잉커우(營口)시의 한 전자공장으로 옮겨 가라는 통지를 받았다. 이번에 가면 영원히 물리학을 떠나게 될 것이 분명했다. 나와 함께 지내던 사람들은 명령을 받고 하나둘 베이징을 떠나갔다. 나도 떠날 준비를 했다. 그 시대에 명령을 위반하는 것은 절대로 불가능한 일이었다. 잡질들은 특히 그러했다.

하지만 나는 랴오닝성으로 가지 않게 되었다.

그 '기적'은 옌 선생으로부터 왔다. 내가 옮겨간다는 소식을 전해 들은 옌 선생은 서둘러 내가 발표한 13개의 논문 추인본(抽印本)을 들고 과기대 당위원회 서기인 류다(劉達)를 찾아갔다. 그리고 이렇게 수준 높은 연구를 하는 젊은이를 전근시키는 것을 이해할 수 없다고 말했다. 당시 과기대 인사에 대한 권한은 전적으로 당위원회에 있었다. 그런데 당원도 아닌 부총장이 '잡질' 물리학 조교의 이동을 가지고 당위원회에 찾아와 왈가왈부하는 것은 수정의 도시에는 어울리지 않는 일이었다.

옌 선생이 이치에 의거해 말하자 류다는 명령을 거두어 들였다. 덕분에 베이징의 수정도시 정책으로 재앙을 맞을 뻔했던 나와 같은 사람들의 이동명령은 집행되지 않았다. 그 일은 내 일생일대의 사건이었다. 옌 선생이 아니었다면 오늘날의 팡리즈는 없었을 것이다. 일이 끝난 뒤 옌 선생은 추인본을 돌려주며 말했다. "여기에 두는 것은 낭비이니 가져가게. 훗날 또 쓸 데가 있을 거야."

수정은 옌 선생이 가장 많이 연구하는 광학 재료 중 하나였다. 훗날 1차로 레이저에 사용하는 홍보석을 언급할 때 옌 선생은 전혀 아랑곳하지 않는 말투로 말했다. "잡질을 가지고 있어야 수정은 비로소 보석으로 변할 수 있다." 이것은 바로 1960년대의 과기대 모습이다.

다시 13년이 흐른 1978년의 일이다. 폭풍우가 지나갔지만 여전히 하늘은 맑지 않았다. 당시 나는 이미 천체물리로 방향을 돌린 상태였다. 논문의 추인본은 점점 늘어났고, 과기대의 분위기도 안정되었다. 하지만 더 큰 발전은 구할 수 없었다. '내부적 통제'의 그림자가 여전히 남아 있었기 때문이다. 나와 동료들의 논문은 이미 외국 연구자들의 평론을 받거나 인용되기도 했지만 우리는 '외국과 연락하지 말라'는 명령을 받았다.

우리들 사이에는 한 구절의 자조 섞인 유행어가 있었는데 바로 '재수 있기를 생각하지 말자'였다. 그러나 그 해 여름휴가가 끝났을 때 재수 좋은 일 하나가 나를 찾아왔다. 독일의 같은 전공자로부터 뮌헨에서 개최되는 상대론 천체물리회의에 참가해 달라는 초청을 받은 것이다. 동시에 중국과학원도 통지를 보내와서 나와 베이징 천문대의 두 동료도 이 회의에 참가하라고 하면서 내게 일행을 책임지라고 했다. 그것은 중국 천문학계로선 1949년 이후 처음으로 출국해 국제회의에 참가하는 것이었다.

나는 곧 이 일의 배후에 옌 선생이 계셨음을 알게 되었다. 그 해 여름 옌 선생은 과학원 대표단으로 서독을 방문했다.(이는 문화대혁명 후 첫 번째로 서독 과학원을 방문한 대표단이다.) 뮌헨에 머물 때 옌 선생은 상대론 천체물리회의가 1978년 말에 열린다는 것을 알게 되었다. 그래서 독일 쪽과 당시 대표단을 이끌던 팡이(方毅) 원장의 도움으로 나를 회의에 참가하도록 만든 것이다. 오늘날은 국제학술회의에 참가하는 것은 보통의 일이지만 1987년에는 반드시 국가 주석 화궈펑(華國鋒)의 승인이 있어야 했다.

나를 놀라 자빠지게 한 것은 화궈펑이 그것을 승인하는 문서에 동그라미를 친 것 때문이 아니라, 옌 선생이 내 연구에 대해 그토록 자세히 알고 있었다는 점이었다. 문화대혁명 기간에 나는 옌 선생을 거의 뵙지 못했다. 더욱이 그에게 상대론 천체물리에 대해 이야기한 적도 없었다.

70년대 중국에서 상대론의 명성은 무너졌고, 나와 과기대 천체물리 동료들은 연구를 함에 있어 정치적으로 많은 골칫거리들을 만났다. 우리들은 이러한 골칫거리들로 옌 선생을 찾아뵙길 원하지 않았다. 그러나 옌 선생은 줄곧 우리들의 연구를 암암리에 보호해 주셨다. 그는 내가《중국과학》,《과학통보》등에 발표한 글들도 모두 읽어보셨으리라.

훗날 중국에서 상대론 천체물리 연구에 종사하는 사람들은 대부분 막스 플랑크(Max Planck) 천체물리연구소를 방문했다. 중국(중국과학원)

과 독일(막스 플랑크)은 80년대부터 매년 2차례 중국과 독일에서 번갈아 가며 천체물리 토론회를 개최했는데, 그것이 올해(2000년)까지 이어지고 있다. 이 또한 당시 옌 선생이 일을 추진한 덕분에 진행될 수 있었다.

내가 다시 한 번 옌 선생의 보호를 받은 것은 1985년이었다. 그것은 한 차례 커다란 말썽이었다.

그 일은 11월에 시작되었다. 나는 베이징에 가서 물리학회가 주관하는 닐스 보어(Niels Bohr)의 탄생 100주년 기념회에 참석했다. 회의는 베이징대학에서 열렸다. 보어의 양자론과 양자우주과학에 대한 발표를 끝낸 후 나는 많은 학생들에게 둘러 싸였다.

그들은 내게 '지식인의 사회적 책임'에 대한 이야기를 해달라고 요청했다. 나는 학생들을 위한 강연에서 물리학회에서는 공개적인 일, 베이징 부시장 장바이파(張百發)가 물리학자가 아님에도 불구하고 미국에 가서 동보가속복사 회의에 참가했던 일을 이야기했다. 덕분에 장바이파는 학생들의 비웃음을 샀다. 이 일은 중앙의 제4호 영도자인 후차오무(胡喬木)를 비위를 건드렸다. 후차오무의 아내가 그 일과 관련 있었기 때문이다.

다음날 과기대로 돌아 왔을 때 관웨이옌 총장은 내게 중앙에서 전화가 왔으며 징계를 면하기 어려울 것 같다고 말했다. 아니나 다를까, 12월 6일부터 13일까지 안후이성위원회는 3번이나 나를 찾아와서 훈계를 늘어놓았다.

12월 19일에는 옌 선생의 부름을 받았다. 그래서 그가 있는 베이징으로 가서 훈계를 들었다. 옌 선생의 집은 동단(東單) 뒷골목에 있었고, 나는 이미 여러 차례 가 보았다. 그런데 그날 분위기는 평소와 달랐다. 옌 선생 말고도 과학원 비서 한 명이 자리를 함께 하며 뭔가를 기록했다. 옌 선생은 얼굴에 노기를 띠고 한 시간 가량 훈계했다. 그 동안 이런 일은 없었기에 나는 잠자코 그의 말을 들었다. 훈계의 요점은 다음과 같았다.

1. 왜 학생들에게 그런 시의에 맞지 않는 말을 했는가? 누가 그런 일들에 관여하라고 했는가?
2. 자오즈양(趙紫陽)과 《인민일보》가 지동설(地動說)과 지원설(地圓說)을 구별하지 못한 것을 발견하고 스스로 똑똑하다고 생각했을지 모르지만 이제 누구나 그것이 잘못된 것임을 안다. 그런데도 굳이 잘못을 언급하며 중국을 웃음거리로 만들었다.
3. 그대는 물리 연구에나 신경 쓰고 쓸데없는 말을 삼가라.

그날 나는 우리가 처음 만난 1958년 이후 처음으로 선생의 성난 얼굴과 마주했다. 그의 훈계가 끝나자 과학원 비서가 자리를 떴다. 옌 선생의 꾸지람에 마음이 편치 않았지만 그 말의 의미를 곱씹어 해석하거나 변명할 생각은 없었다. 그래서 선생에게 인사를 드리고 나도 집으로 돌아갈 참이었다. 그때 선생은 돌연 내게 술 한 잔 하자고 했다.

뜻밖의 말에 나는 허를 찔린 사람처럼 잠시 멍해졌다. 그 전에는 한 번도 선생의 집에서 식사를 해본 적이 없다. 게다가 나는 근본적으로 술을 마실 줄 모른다. 그러나 설명할 사이도 없이 옌 선생에게 이끌려 식탁 앞으로 갔다.

식탁 위엔 이미 술과 안주가 놓여 있었고, 나와 선생을 위한 두 개의 의자만이 있었다. 선생과 마주 앉아 있자니 마치 한 시간 전의 일은 아예 없었던 것 같았다. 그것은 내 인생에서 가장 잊기 어려운 점심 자리였다. 나는 그때야 비로소 왜 옌 선생이 과학원 사무실이 아닌 집에서 나를 불러 훈계했는지 알 것 같았다.

이틀 뒤인 12월 21일, 중앙의 제5호 영도자 후치리가 중난하이(中南海)로 나를 불렀다. 후치리는 그 자리에서 나에 대한 경보는 해제 되었다고 말했다. 또 옌 선생과 내가 나눈 말에 대해서도 이야기했다.(자리를 함께 한 과학원 비서가 기록한 것이며, 당연히 비서가 간 다음에 나눈 이야기는 포함되지 않았다.)

언젠가 한 번 옌 선생님은 그의 집에서 반쯤은 진지하게 물었다. 당시 그는 인민대표회의 부위원장을 거친 뒤였다. "자네 눈에 부위원장은 어찌 보이는가?" 나는 대답하지 않았다. 대답할 수가 없었다. 옌 선생 역시 대답을 요구하지 않았다. 그저 자문을 구해본 것뿐이었다.

나는 선생이 진정으로 중요하게 여겼던 것이 무엇인지 안다. 그는 늘 내게 연구에나 힘쓰라고 했다. 그러므로 이제 다른 우주의 한 끝에 있는 옌 선생은 그 앞에 꽃 한 송이 놓아주지 못한 일로 나를 꾸짖진 않으리라.

대신 이렇게 물을 것이다.

"요 근래 얼마나 많은 추인본을 썼는지 좀 보세."

그럼 나는 오늘날 물리학계는 더 이상 추인본은 쓰지 않으며, 인터넷 페이지에 올린다고 대답할 것이다. 그러면 그는 인터넷 페이지를 확인한 뒤 "자네같이 어린 사람들도 학생들을 가르치는군."이라고 말할 것이다. 그리고 다시 한 마디 덧붙일 것이다.

"나와 술 한 잔 하세."

2000년 11월 5일
애리조나주 투손에서
(2012년 9월 10일 발표)

12년 뒤에야 열어 본 제문(祭文)

리수셴

  이것은 팡리즈가 12년 전에 쓴 글이다. 그는 멀리서나마 평생 마음에 담았던 옌지츠 선생의 제사를 드리고 싶어 했다.
  사물의 근원을 찾아가는 물리에 대한 열렬한 애정은 팡리즈의 중·고등학교 시절에 길러진 것이다. 그는 베이징대학을 졸업한 후에도 견실한 기초를 닦았다. 그러다 뜻하지 않게 반우 문제로 말미암아 핵물리 연구실에서 축출되었고, 과학연구기관에서 과기대로 쫓겨 가서 학생들을 가르쳤다. 하지만 그 어떤 시련도 그를 물리로부터 떼어낼 수 없었다.
  1965년 인사이동으로 그는 옌지츠 선생을 뵙게 되었다. 이후 36년간 두 사람은 스승과 제자보다 더 깊은 관계, 즉 두 세대의 물리학자로서 순수하고 아름다운 관계를 맺었다. 두 사람은 자주 만나지 못하더라도 늘 서로를 마음에 품고 살았다. 우리 부부는 어쩔 수 없이 중국을 떠나게 되었고, 이후 옌 선생을 뵙기가 더욱 어려워졌다. 때로 TV에 옌 선생의 모습이 나오면 팡리즈는 그분을 주의 깊게 보며 여전히 건강하고 왕성하신 지를 가늠해 보았다.

옌 선생의 다섯째 아들인 옌우광(嚴武光)은 우리와 같은 베이징대학교를 졸업했다. 그 친구는 2000년에 특별히 뜻을 가지고 투손에 있는 우리집을 찾아왔다. 우리는 그를 데리고 투손을 관광했으며 옌 선생에 대한 추억도 풀어 놓았다.

옌 선생은 농가 출신이었다. 그는 10살 무렵 한 권의 해제(解題)적인 책《기하증명법》을 썼고 상무인서관에서 출판했다. 그리고 그 원고료로 고등학부에 진학했다. 이후 그는 기회가 있을 때마다 출국하며 연구에 깊이 매달렸고, 프랑스에서 놀랍도록 빠르게 자리를 잡았다.

옌 선생은 순박한 성품에 다른 사람을 도우려는 기질을 가지고 계셨다. 1978년 무렵 어느 봄, 팡리즈와 내가 인사를 드리러 선생의 집에 찾아갔을 때 그는 인부와 함께 옥상을 수리하고 있었다. 그는 큰 소리로 우리를 불렀다. 그렇게 크게 말하는데도 목소리와 안색은 평상시처럼 평온했다. 잠시 후 그가 능숙하게 사다리를 타고 아래로 내려왔다. 사다리를 한두 번 타본 솜씨가 아니었다.

또 한 번은 옌 선생의 집에서 쉬베이홍(徐悲鴻)*의 그림 한 폭을 보

---

* 역자 주: 쉬베이홍은 5·4운동의 정신인 과학과 민주사상을 바탕으로 1920년《중국화 개량론》을 저술하여 "옛 화법 가운데 우수한 것은 계승하지만 좋지 못한 것은 고치고 부족한 것은 보충하며 서양화에서 취할 만한 것은 받아들여야 한다."라고 주장했다. 어려서부터 아버지 쉬다장에게 그림을 배웠으며, 1927년 난징 중앙대학교 예술과와 상하이 난궈 예술대학에서 교편을 잡았다. 동시에 현실주의운동을 주창하고 프랑스·벨기에·독일·이탈리아·소련 등지를 돌아다니며 중국 미술전람회를 개최했다. 1930년대 민족의 수난이 더욱 심해지자,《사기》전담열전에서 고사를 취하여 무력에 굴복할 수 없음을 나타낸 유화〈전횡오백사〉를 창작했다. 1946년 베이징 예술전문학교의 교장이 되었다.

왔다. 이야기를 들어 보니 그가 유명해지기 전 프랑스에서 곤란한 일을 당했을 때 옌 선생의 도움을 받았고, 이후 감사의 뜻으로 친히 작품 하나를 보내왔다고 했다.

옌 선생님이 돌아가셨을 때 팡리즈는 그의 영전 앞에 한 다발의 꽃을 올리며 애도할 수 없음에 가슴 아파 했다. 마침 옛 친구인 옌우광이 우리를 찾아오자 팡리즈는 옌 선생을 기념하는 글 한 편을 쓰길 원했다. 그는 "옌 선생을 기념하는 책에 내 글을 싣는 것이 허락될 수 있을지 모르겠다. 그러니 잘 보관해 두었다가 언젠가 공개할 수 있을 때 발표하겠다."라고 말했다.

이제 팡리즈는 갔고 나는 지금이야말로 제문을 열 때라고 생각한다. 그는 옌 선생에게 평생 감사하는 마음을 품었다. 선생은 팡리즈가 가장 좋아하는 일인 물리에 평생의 지혜와 정력을 쏟으며 자연의 근본 이치를 연구할 수 있게 해주셨다.

그는 옌 선생의 앞에서는 줄곧 후배였고, 학생이었다. 그러니 혹시라도 선생을 뵙는다면 반드시 "선생님, 제 성적표를 보아 주십시오."라고 말할 것이다. 옌 선생님은 "그래, 좋군. 하지만 그대는 너무 일찍 왔네. 자네는 아직도 할 일이 많은데."라고 웃으면서 말씀 하실 것이다.

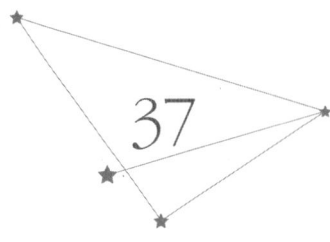

37

진실의 덩샤오핑*
— 에즈라 보겔의 《덩샤오핑이 고친 중국》을 평론하다

만약 실험을 통해 새로운 현상을 발견하면 과학자들은 기쁨을 느낄 것이다. 예상한 결과가 나오지 않더라도 그것을 가치 있는 분석의 결과라고 여긴다. 미국의 사회학자인 에즈라 보겔(Ezra F. Vogel, 중국명은 傅高義)의 《덩샤오핑이 고친 중국》이란 책을 읽은 뒤 나는 내가 예상했던 것과는 다른 느낌을 받았다. 그 책에선 '인권'이라는 단어가 아예 출현하지 않았다. 그 책은 인권문제를 전혀 고려하지 않았다는 점에서 특색 있었다.

마오쩌둥은 1976년 9월에 죽었다. 덩샤오핑은 1979년부터 그가 죽기 몇 년 전인 1997년까지 줄곧 중국공산당과 중국인민해방군, 중

---

* 이 글은 원래 미국의 《뉴욕서평》에 2011년 11월 10일 실렸으며, '미국의 소리' 중국어부가 번역한 것이다.

국정부 최고의 영도자였다. 명의상은 그렇지 않았지만 그는 이미 중국 밖에서도 유명했다. 그가 1989년 야전군을 파견해 탱크로 베이징 시의 중심으로 진입해 '톈안먼 사건'으로 불리는 일을 일으켰고, 평화적으로 항의하는 학생과 시민을 피로 진압했기 때문이었다.

전 세계 사람들은 덩샤오핑이 저지른 일을 곱지 않은 눈으로 바라보았다. 2011년 2월 22일, '아랍의 봄' 운동이 불꽃처럼 퍼질 때 리비아의 독재자 카다피가 말했다.

"톈안먼 사건이 발생했을 때 탱크는 톈안먼 광장에 모인 사람들을 무참히 깔고 지나갔다. 농담이 아니라 나는 필요한 모든 조치를 취해 중국에서 벌어졌던 일이 우리나라에서 벌어지지 않도록 힘쓸 것이다."

덩샤오핑이 수립한 학살 계획은 카다피에겐 교훈을 주는 유용한 견본이 되었다.

두 개의 표준을 가져서는 안 되는 민주주의

하버드대학에서 퇴직한 보겔 교수는 그의 저서 《덩샤오핑이 고친 중국》에서 톈안먼 사건의 속사정을 거듭 서술했다. 그는 한 장의 제목을 '톈아먼의 비극'이라고 했다. 보겔은 그 장의 마지막 부분에서 자못 고뇌하는 듯 조심스럽고 신중하게 하나의 비극은 그것을 평가하는 다양한 시각이 있을 수도 있다고 했다. 그는 다음과 같은 결론을 내렸다.

'확실한 한 가지는 톈안먼 사건이 발생하고 20년 동안 중국은 상대적으로 온정(穩定)을 향유했고, 심지어 경이로운 경제 성장을 이루었다. …… 1989년과 비교해 보면 현재 중국인의 생활은 아주 많이 편안해졌다.

중국 역사상 어떤 시기와도 비교할 수 없이 자유롭게 세계 각지의 뉴스와 사상을 획득할 수 있게 되었다. 교육수준과 수명도 꾸준히 빠른 속도로 늘어났다. 중국인들은 과거 세대와 비교할 수 없이 많은 성과를 얻고 있으며, 이것은 스스로 자랑스러워할만 하다.'

이렇듯 보겔은 기본적으로 중국공산당 선전부가 과거 20년 동안 줄곧 선전해 온 논점에 찬성한다는 견해를 드러냈다. 장기적인 관점에서 본다면 톈안먼 진압이 합리적이며, '온정'과 '경제발전'이 그것을 증명한다는 것이다.

외국 귀빈이나 기자들이 톈안먼 학살에 대한 문제를 제기할 때마다 중공 영도자의 대답은 한결같았다. "만약 덩샤오핑이 '용기 있는 결정'을 내려 조치를 취하지 않았더라면 중국 사회는 현재의 온정을 얻을 수 없었음은 물론 경제도 번영할 수 없었을 것이다."

그러나 중국정부의 이러한 선전을 사람들은 그다지 믿지 않았다. 만약 덩샤오핑의 '용기 있는 결정'이 진짜로 경제성장을 이끌었고, 중국 인민들도 이러한 인과관계를 알고 있다면 응당 중공 선전부문은 큰 소리로 톈안먼 사건에 대해 말해야 할 것이다. 하지만 현실은 그와 정반대다.

과거 몇 년 동안 중국 관방(官方)이 당시 학살 사건을 형용하는 방법은 끊임없이 축소되었다. 처음 시작할 땐 '반혁명 폭란'이라고 했다가 그런 뒤엔 '동란'이었다가 다시 '풍파'가 되었다. 마지막은 '절등(折騰)'이었다. 중공 영도자들은 당시 발생한 사건이 역사에 있어 하나의 극단적이고 추악한 오점이라는 사실을 분명히 알았다. 그리하여 사람들로 하여금 빨리 그 일을 잊도록 만드는데 급급했다.

중국이 '온정'을 향유했다는 논법은 또 어떻게 보아야 하는가? 당시의 진압은 정말로 온정을 가져온 것일까? 그 일이 보겔의 말한 것처럼 그러한 것일 수 있을까? 중국 사람들은 과거와 비교해 중국이 얻은 다양한 성과들을 더 자랑스러워하는가? 확실히 그러하다면 왜 중국정부는 그처럼 많은 돈을 '온정 유지'에 사용하고 있는 것일까? (보도된 것에 의하면 그 액수는 중국의 전 군사비용을 초과했다.) 왜 여전히 항의와 시위, 그 밖의 '집단사건'을 통제하고 진압하는가?

잠시 톈안먼 진압이 이후의 온정과 경제증진의 원인이 되었다고 가정해 보자. 이렇게 가정을 해봐도 여전히 하나의 의문이 남는다. 온정과 경제증진을 위해서라면 톈안먼 학살 같은 파괴적인 행동이 용납되는가? 그렇게 같은 인간의 생명을 박탈해도 되는 것인가?

1984년 4월 27일, 미국 레이건 대통령은 베이징 인민대회당에서 연설을 하며 다음과 같은 말을 했다.

"자유를 향한 갈망이 미국 혁명을 이끌었다. 미국은 식민통치에 반항하는 첫 번째 의로운 궐기로 인권과 독립을 쟁취했다. 우리가 이미 알고 있듯 만약 모든 사람이 평등한 법적 보호를 받을 수 없다면 우리들의 자유는 진정으로 안전한 것이 아니다."

당시 중국의 언론 매체들은 레이건 대통령의 연설의 일부분만 번역했다. 그러나 많은 사람들이 레이건 대통령의 연설은 우리가 첫 번째로 접촉한 현대의 인권개념이라고 말했다. 보겔의 책은 사람들로 하여금 두 가지의 해석을 하게 한다. 바로 저자가 이러한 인권관을 인정하지 않는다는 것과 그가 중국과 미국에 대해 두 개의 다른 표준을 갖고 있다는 것이다.

이른바 개혁개방

보겔은 덩샤오핑의 '사명'이 중국을 '부강'하게 하려는 것이라고 말했다. 하지만 중국이 부강함을 이루는 방식은 미국과 비슷한가? 영국과 비슷한가? 아니면 일본, 싱가포르인가? 혹은 새로운 부강의 모델을 창조해야 하는가? 보겔은 다음과 같이 썼다.

'1978년의 덩샤오핑은 사람들을 부강하게 할 청사진을 가지고 있지 못했다. 국가가 강성해질 수 있는 방법에 대해서도 마찬가지였다.'

이 두 구절은 나누어 이해해야 한다. 첫 번째 구절은 정확하다. 덩샤오핑은 1980년 중기까지 어떤 청사진도 가지고 있었다고 보기 어렵다. 문제는 두 번째 구절이다. 현재 보겔과 마찬가지로 당국은 중국인들은 중국이 강성한 국가가 될 수 있다고 믿길 원했으며, 억지로라도 그것을 믿길 바랐다. 하지만 실상은 그와 달랐다.

1987년 중국 제13차 대표대회에서 덩샤오핑의 '부강 청사진'이 존재를 드러냈다. 보겔은 4쪽에 걸쳐 중공 13대를 서술했는데 한 가지 관건이 되는 정책을 누락시켰다. 이른바 '한 개의 중심과 두 개의 기본 점' 정책이다. 여기서 중심이란 경제를 발전시키는 것이고, 두 개의 기본 점은 '개혁개방'과 '4개항 기본원칙'을 말한다.

경제 발전과 개혁·개방 정책은 마오쩌둥의 '계급투쟁' 정책을 돌려놓은 것이다. 덕분에 진보적이라는 평가와 함께 중국 국내외의 환영을 받았다. 그러나 문제는 덩샤오핑의 '4항 기본원칙'을 굳게 지켜야 한다는 것이었다.

이것은 '사회주의의 길', '무산계급의 독재정치', '공산당의 지도', '마르크스레닌주의의 마오쩌둥 사상'을 견지하는 것을 말한다. 이 4개의 기본원칙 중 가장 중요한 것은 세 번째 항목인 '공산당의 지도'이다. 그러므로 보겔이 말한 덩샤오핑이 중국에 가져온 '변혁'은 이미 다른 변혁으로 인해 아무 의미도 없게 되었다. 세 번째 항목으로 우리는 덩샤오핑이 구상한 부강한 중국이 무엇인지 이해할 수 있다. 또 중국의 '개혁'과 '개방'이 얼마나 멀리 달려 나갈 수 있을지도 알 수 있다.

'개방'에 대해 말하자면 보겔은 오늘날의 중국에 대해 '중국 역사상 어떤 시기와도 비교할 수 없이 자유롭게 세계 각지의 뉴스와 사상을 획득할 수 있게 되었다'라고 말했다.

이 논리에는 허점이 없는가? 일단 당나라 시기의 중국(서기 618~907)을 생각해 보자. 당시 불교가 인도에서 중국으로 전파되었으며 결국 중국의 중요한 종교가 되었다. 그러나 오늘날의 중국은 어떠한가? 최근 미국 국무원은 발표한 '국제 종교자유 보고서'를 보면 중국은 세계에서 종교적 자유가 가장 열악한 8개 나라 중 하나로 기록되었다.

보겔은 덩샤오핑이 '개방' 정책으로 중국을 외부세계와 연결했다고 했다. 그러나 그것은 대부분 상업과 수출상의 연결이다. 신문과 TV에서 중국은 여전히 서양국가와 타이완, 홍콩과 연결되지 않았다. 연결은 여전히 가로막혀 있고, 그것을 막는 방식도 마오쩌둥 시대와 같다. 중국에서 인터넷은 하나의 중요하고 새로운 뉴스의 원천이다. 그러나 덩샤오핑이 중국을 관장하고 있을 때 중국정부는 가장 먼저 인터넷을 관장하고 제한하는 조치를 추진했다.

중국은 인터넷상에서 민감한 단어는 모두 가리고 지역 전체에 대해 몇 주 혹은 몇 개월 동안 인터넷망을 끊어버리는 조치를 취하기도 한다. 2008년에 베이징에서 거행된 제29차 하계 올림픽 기간에는 국제적인 여론에 신경 쓰느라 잠시 인터넷망의 관리와 통제를 느슨하게 했다. 그러나 올림픽경기가 끝난 뒤엔 다시 통제를 시작했다. 분명한 것은 덩샤오핑 마음속의 '접속'이란 국제사회가 인권이라고 부르는 부분의 뉴스를 볼 자유는 포함시키지 않는 것이었다.

덩샤오핑 정책 중 '개혁'은 또 어떠한가? 많은 사람들이 지적했듯 덩샤오핑 시대부터 지금까지 '정치개혁은 필요하지 않다'는 것이 중국 당국의 움직일 수 없는 원칙이다.(보겔은 그의 저서에서 이 점을 곧바로 말하지 않았다. 대신 마지막 한 장에서 덩샤오핑 통치 아래에서 발생했던 변혁을 열거했다. 하지만 그 가운데 정치체제의 민주화에 관계된 것은 하나도 없었다.) 당이 여전히 독재적인 지위를 견지하고 있기에 덩샤오핑의 '개혁'은 각 방면에서 본래의 의미가 희미해졌다.

보겔의 책엔 군사 방면에 대해 다룬 '군대, 현대화를 준비하다'라는 장도 있었지만, 책에서 다룬 '현대화'란 단지 무기와 장비와 효율에 관계된 것일 뿐 군대의 통제와 관련된 내용은 없었다. 중국 밖에 있는 사람들은 중국인민해방군이 국가의 군대가 아닌 중국공산당의 군대라는 사실을 이해하지 못한다.

중국인민해방군은 중국인민이 납부하는 세금에 의지하지만 오직 중공의 기관 중 하나인 중앙군사위원회의 명령만 듣는다. 1989년 같은 경우에도 중국인민해방군이 보위한 것은 중공의 이익이지 국민의 이익이 아니었다.

덩샤오핑은 줄곧 중국 국가 주석직을 맡지 않았다. 그러나 그는 1980년대 중앙군사위원회 주석의 지위에 올랐다. 군대에서 최고 직위를 갖는 것은 곧 중국을 통치하는 것과 다름없다는 사실을 그는 아주 잘 알고 있었다.

교육방면에서 덩샤오핑 시대의 이루어진 최초의 개혁은 바로 중국의 대학을 개방한 것이었다. 중국의 대학은 마오쩌둥의 문화혁명 기간 중 외부와 단절되어 있었다. 보겔은 세계은행이 덩샤오핑 통치 시절 빌려준 돈은 고등교육을 지원하는데 쓰였다고 해설했지만 그것은 잘못된 인식이다.

덩샤오핑은 교육을 하나의 수단으로 삼았을 뿐이다. 그는 돈을 중국사회에서 꼭 필요한 곳에 공급하지 않고 오직 그의 마음속에 있는 현대화를 실현하는데 사용했다. 그는 전문적인 경제, 기술 관련 지식을 중국의 싼 인건비와 효과적으로 조합하는 일이 필요하다는 것은 알고 있었지만 교육에 대해선 전혀 알지 못했다.

1980년대 시작된 농촌 인구의 유출은 계속되었고, 결국 1,100만 명이란 숫자가 도시로 몰려들었다. 농촌에서 온 사람들은 건축 등 체력이 필요한 업종에 노동력을 팔았다. 그들은 덩샤오핑이 '경제기적'

을 성취할 수 있는 잠재력이 되어 주었다.

그러나 중국정부의 호구등록제도 아래에서 그들은 여전히 농촌에서 온 사람이었으므로 현지인이 누릴 수 있는 각종 권리를 누릴 수 없었다. 그들의 자녀가 설사 새로운 도시에서 태어났다 하더라도 그곳 거주민으로 등록할 수 없었고, 그로 인해 학교도 갈 수 없었다.

이러한 호구등록제도는 제2차 대전 기간 중에 일본인이 중국에 들여 온 것이었다. 당시 일본인은 중국 인구의 유동을 막아서 민간으로 항일활동이 확산되는 것을 수월하게 막기 위한 제도를 만들었다.(중국어 속에 '전문적으로 호구를 관리하는 기관'이란 단어는 일본어에서 나온 것이다.)

그러나 덩샤오핑은 그가 죽을 때까지 이러한 호구등록제도를 유지하면서 교육개혁을 진행했다. 그는 그러한 제도가 교육에 어떠한 결과를 가져올 것인지 신경 쓰지 않았으며 그의 후계자들도 마찬가지였다.

보겔은 책 속에서 이러한 호구등록제도를 거론했다. 그는 도시로 온 농민들이 '몰래 친한 친구와 함께 살기를 시도한다'면서 중국의 지도자들은 '도시의 서비스 시설은 수많은 농촌민들을 감당할 수 없으므로 그들을 위한 주거와 취업, 그리고 자녀교육도 제공하기 어렵다'라고 썼다.

개인 자유의 확대라는 측면에서 덩샤오핑의 시대는 마오쩌둥의 시대와 여러 방면에서 크게 달랐다. 마오쩌둥의 통치 아래 잔혹한 박해를 받은 사람들은 그가 죽은 뒤에야 비로소 숨을 쉴 수 있었다.

마오쩌둥 사후 일상생활 속에서 개인의 공간은 크게 확장되었다. 내가 종사하는 과학 영역에서도 과거의 의식이 조금은 느슨해졌다.

그리하여 마르크스의 《수학수고(數學手稿)》를 반드시 교과서로 사용할 필요가 없어졌다. 소련에서 출판된 그 작은 책은 설사 19세기의 표준에 의거했다고 해도 시대에 뒤떨어져 있었다.

또 사람들이 일률적으로 남색 옷을 입는 빈도도 줄고 다양한 색깔과 모양의 옷들이 나타나기 시작했다. 로맹 롤랑(Romain Rolland)의 《장 크리스토프》와 숄로호프(Mikhail Sholokhov)의 《고요한 돈강》 같은 책도 읽을 수 있게 되었다. 그리고 한 번씩(예컨대 1979년의 '민주의 담장' 기간 같은 것) 공개적으로 정부를 비판할 수도 있었다.

덩샤오핑은 왜 마오쩌둥 식의 독재통치를 하지 않았는가? 그가 인도(人道)정신을 가지고 고난 받는 중국의 인민을 동정했기 때문인가? 아니면 그는 각성하고 있는 중국 사회가 더 많은 변혁을 요구하게 될 것을 알고 실용적 책략을 채택해 중공이 계속하여 중국사회를 통제하도록 하기 위함인가?

나는 이 문제에 대해 누구보다 편안하게 대답할 수 있다. 자유에 대한 외침이 가장 먼저 나온 곳은 대학이고 나는 그곳에서 강의를 했기 때문이다. 나는 자유의 진보는 학생과 교수가 분투하여 쟁취한 것이지 중국 당국이 위에서부터 아래로 하사한 것이 아니라고 생각한다.

덩샤오핑은 단지 얼굴만 내밀었다. 그는 자유의 확산을 제한하는 역할을 했을 뿐이다. 1979년 '민주의 담장' 진압은 그의 정치적 저변을 명확하게 보여주었다. 그는 자신의 권력에 맞서는 것을 결코 허락하지 않았다. 1983년 그가 발동한 '정신적 오염을 깨끗이 지우자'는 운동은 여학생이 옷 입는 것까지 간섭했다.

중국이 가난에서 벗어났다는 것은 과장된 정치 선전

보겔은 경제적 측면은 덩샤오핑의 정책적 성과가 분명히 드러난 영역이라며 이에 대해 많은 말을 했다. 중국의 국내총생산(GDP)은 현재 세계의 2위이며, 중국은 11,700억 달러의 미국 채권 등을 보유하고 있다. 서양 국가들은 최근 금융위기의 그늘 아래에 있다.

그래서인지 중국의 성공을 과대평가하는 경향이 있다. 평균수준을 가지고 말한다면 중국의 GDP는 여전히 타이완의 4분의 1, 한국의 5분의 1, 일본의 10분의 1 수준이다. 또 중국 경제성장의 주요 원동력은 저렴한 인건비로 만든 저가의 상품들이다.

역사적으로 본다면 중국은 GDP 면에서 높은 수준을 가진 적이 있다. 1820년 청 왕조 시기의 중국은 농업경제국으로 당시 GDP는 공업화된 영국의 6배였다. 그러나 영국에는 대포와 함정이 있었다. 아편전쟁이 일어나자 중국은 영국에 패했다.

중국정부는 경제발전에 대해 자화자찬하기 좋아한다. 그들은 억(億)이 넘는 사람들을 빈곤에서 벗어나게 했으며 이렇게 급속도로 경제가 발전한 것은 역사적으로 전례가 없다고 말한다. 중국정부의 이와 같은 견해에 동의하는 서양인들도 있다.

보겔은 중화제국은 한나라가 형성되고 2천 년 만에 발생한 가장 근본적인 변혁이며, 1989년에 비해 현재 중국인의 생활은 대단히 편해졌다고 이야기한다. 이러한 논리 가운데 빈곤이나 기근 같은 단어는 원래의 정확한 정의를 충족시키지 못한다. 이를 정확하게 하기 위해 연구자들은 역사의 각 시기에 대한 정량적인 평가를 진행하게 할 수 있을 것이다.

이러한 정황들은 역사를 잘 알지 못하는 사람들로 하여금 과거 중국이 오늘날 소말리아와 같았다는 생각을 갖게 한다. 하지만 실상은 그와 다르다. 중국 역사를 보면 확실히 많은 빈곤과 기근의 기록이 있다. 그러나 정량화된 각도에서 보면 중국의 빈곤과 기근이 세계의 다른 나라들보다 더 심했다고 말하기는 어렵다.

중국이 2천 년이라는 역사 동안 장기적인 빈곤 상태였다는 시각은 우리가 알고 있는 중국 인구의 증가 및 감소와 맞지 않는다. 전쟁과 외부의 침략은 늘 인구 감소를 초래하지만 평화로운 시기에는 인구가 빠르게 증가했다. 마오쩌둥 시대인 1959년부터 1962년까지의 기간은 대기근으로 3~4천만 명이 죽었다. 대기근 시기엔 임신률이 대폭 떨어지므로 인구 증가폭도 완만하다. 때로 증가량이 정지하기도 한다.

이렇듯 빈곤과 기근은 드물게 일어나는 현상이었다. 중국정부는 덩샤오핑이 세계 역사상 가장 극심한 빈곤과 기근을 없애는 일을 추진했다고 설명하지만, 이러한 논리는 일종의 과장된 정치적 선전에 지나지 않는 것이다. 그러므로 덩샤오핑이 억 만 명을 '빈곤을 벗어나게 했다'는 논리도 맞지 않다.

마오쩌둥 이후 중국 경제 성장의 원동력은 억 만 중국인의 고생스러운 노동이었다. 중국 노동자에겐 노조도, 자유로운 신문 매체도, 중립적인 사법부도 없었다. 미국인들처럼 법적인 보호를 받을 수 없었다. 그럼에도 억 만 중국의 노동자들은 온 힘을 다했다. 그들은 그들의 상황을 개선시켰을 뿐 아니라 공산당의 상황도 개선시켰다.

덕분에 공산당은 더욱 큰 권력을 쥐고 몹시 사치스러운 귀족생활을 했다. 소득불평등 지수를 계산하는 '지니계수(Gini coefficient)'를 보면 덩샤오핑이 개혁을 추진하기 전에는 그 수치가 0.16이었는데, 현재는 최고점에 접근한 0.47에 이르렀다. 이는 세계은행이 발표한 자료다.

중국의 거대한 변화는 '억 만' 중국인과는 별 관계가 없었다. 오히려 덩샤오핑이 개혁을 개시한 시기 '일부의 사람들을 먼저 부유하게 만들자'라고 말한 것과 깊은 관련이 있었다. 그러나 덩샤오핑은 어떤 사람을 먼저 부유하게 할 것인지를 명확히 하지 않았다. 그것은 중국인들 스스로 짐작해볼 일이었다. 나 개인의 경험을 말한다면 1980년대 후반 나는 한 사건을 통해 덩샤오핑의 꿍꿍이가 무엇인지 분명히 알았다.

1987년 1월 나는 허페이의 중국 과기대학에서 부총장직을 맡고 있었다. 당시 덩샤오핑 정권은 내가 머리에 띠를 두르고 '자산계급의 자유화'를 제창한다고 평가하고 나를 중국공산당에서 쫓아냈다. 그리고 나를 엄밀한 감시 아래 두었다. 감시의 눈은 내가 어딜 가든지 따라왔다.

출국하여 외국 학술회의에 참가할 때도 마찬가지였다. 1988년 8월 8일부터 29일까지 나는 오스트레일리아 퍼스로 가서 제5차 그로스만 회의에 참가했다. 그런 다음에 캔버라, 시드니, 멜버른 등 다른 지방의 대학들을 방문했다. 내가 그곳에서 말한 것은 모두 물리학에 관한 것이었다.

그러나 그곳에서 만난 중국 유학생들은 내게 중국의 사정을 알려달라고 했다. 그들은 중국 대학생들의 붙인 대자보엔 어떤 내용이 적혀 있었는지도 궁금해 했다. 나는 사실을 있는 그대로 전하고, 어떤 대자보에 몇몇 중앙의 지도자 혹은 그들의 자녀들이 외국에 은행 계좌를 갖고 있다는 지적도 있었다고 말했다.

내가 아직 오스트레일리아를 떠나기 전에 베이징에 있는 친구들이 전화를 걸어왔다. 그들은 내게 놀라운 소식을 알려주었다. 덩샤오핑이 중공 관계자를 통해 "팡리즈가 외국은행의 계좌에 대해 말했다는데 그것은 명백한 비난이다."라고 말했다는 것이다. 또 친구들은 덩샤오핑이 나를 기소할 준비를 하고 있다고 말했다. 처음엔 그 말을 믿기 어려웠다.

외국에서 유학하는 많은 이들이 외국 계좌를 가지고 있으며, 이러한 사정은 대부분의 사람이 아는 것이었다. 그런데 그것이 어떻게 비방이 될 수 있단 말인가? 만약 덩샤오핑이 정말 나를 무너뜨릴 생각이었다면 법률적인 절차를 밟을 필요가 없었다. 모두 알고 있듯 중국에서 당의 권력은 법률 위에 있으며 덩샤오핑은 당의 우두머리다. 그런데 굳이 법률적으로 움직일 필요가 있었을까? 나 하나쯤 해치우는 것은 그것보다 간단한 방법으로도 얼마든지 가능했다.

9월에 정부 내부 사정을 잘 아는 친구가 덩샤오핑이 지금 나와 재판할 준비를 하고 있다고 알려주었다. 중공 내부에 통지가 있었고 팡리즈의 비방을 '법률로써 해결한다.'고 했다는 것이다. 하지만 나는 그것도 믿지 않았다. 곧《참고소식》에도 나의 이름을 거론한 글 한 편이 게재되었다. 그 글은 나의 어떤 말이 죄가 되는 지에 대해 상세히 설명했다.

긴장감 있는 분위기가 조성되었다. 베이징시 중급 인민법원이 곧

나에 대한 출석요청서를 발부할 것이라는 뜬소문도 돌기 시작했다. 변호사인 내 몇몇 친구들은 나를 위해 변호인단을 조직하려고도 했다. 《참고소식》을 읽은 독자들 중에는 내가 법정에서 자신을 어떻게 변호해야 하는 지 알려주기도 했다.

또 고급관원과 그 자녀들의 외국은행 계좌에 대한 증거를 직접 수집해준 사람도 있었다. 외국 기자들도 이 소문을 듣고 덩샤오핑과 팡리즈가 공개된 장소에서 만나게 될 여부를 흥미롭게 지켜보았다. 신문의 표제로 쓰기에 좋은 사건이었다.

그러나 법원 소환장은 끝내 내게 전달되지 않았다. 그해 11월 상순 중공 중앙 통전부의 한 고급관리는 내게 재판은 없을 것이라 말했다. 중국 주재의 유엔사절단에 속한 한 변호사가 팡리즈가 특정 사람의 이름을 언급하지 않았기 때문에 법률적으로 구속할 방법이 없다고 덩샤오핑에게 말했기 때문이었다.

덩샤오핑이 '먼저 부유하게 만들' 일부 사람들로 선택한 이들은 바로 베이징의 학생들이 대자보에 써서 비난한 '중앙 지도자와 그 자녀들'이다. 그래서 그는 누군가 그 일을 공개적으로 이야기한 것에 민감했던 것이다. 중국 인민들은 그런 생각을 가져선 안 되었다. 만약 그런 생각을 갖게 되더라도 절대 입 밖에 낼 수 없었다.

덩샤오핑은 왜 그 일을 모든 사람들이 알도록 만들었을까? 그가 나를 처리하기로 마음먹었다면 법률적인 절차도 필요 없었다. 확실히 그는 나를 재판에 넘긴다는 소식을 전국적으로 확산시켜 일종의 강력한 공포를 만들어 내려고 했다. 덩샤오핑은 상당히 똑똑한 사람이다. 그는 풍부한 경험을 바탕으로 명확한 계산을 했다. 보겔은 745쪽의 책을 써서 덩샤오핑에 대해 말했지만 그가 그러한 면모를 가지고 있다는 사실은 모르는 것 같았다.

서양의 몇몇 관찰자들은 덩샤오핑 정책에 있어서 모순을 발견했다. 덩샤오핑은 한편으로는 적극적으로 경제개혁을 추진하면서 다른 한편으로는 완고하게 정치개혁을 금지했다. 하지만 그것은 근본적으로는 어떠한 모순도 없었다.

덩샤오핑의 정책은 한편으로는 중공과 관련 있는 엘리트 권력자들이 재부를 획득하게 하면서 다른 한편으로는 중공의 권력을 보호하는 것이었다. 그는 실제로 당의 군대를 동원해 중공의 권력자들의 재부를 보호하고 권력 앞에 항의하는 학생들을 진압했으니 이는 덩샤오핑의 기본 원칙과 완전히 일치하는 것이다.

보겔 책의 장점은 많은 자료를 수집하고 조직해 몇 십 년 동안 내려온 중국 상층부의 권력투쟁을 보여 준 것이다. 우리들은 그것을 통해 덩샤오핑이 어떻게 계획을 운용해 그와 같은 무리를 보호하고, 어떻게 적들을 와해시키며, 그가 어떻게 세력을 잃거나 얻으면서 결국 중공왕조의 제2대 권력의 정점에 올랐는지를 알 수 있다. 보겔이 수집한 자료는 중국 고위층의 권력투쟁을 연구하는 사람에게는 큰 도움이 될 것이다.

그러나 중공 체제 안에서 내부의 이익집단이 어떤 경쟁과정을 거쳐 고위층 지도자를 선택했는지는 이익집단 밖에 있는 인민들과는 아무 관계가 없었다. 그러므로 중국 인민들은 중공의 고위 지도자는 오로지 그들의 정치와 경제적 이익에만 혈안이 되어 있다는 것도 알지 못했다.

우리들은 이렇게 인민의 선출을 받은 지도자가 보통의 인민에 관심을 가지기를 바랄 수 없고, 무엇이 중국을 위한 가장 좋은 선택인지도 말할 수 없다.

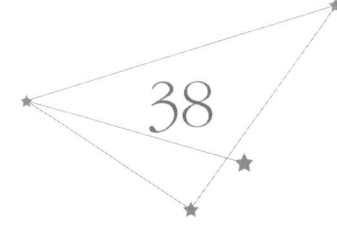

38

노벨물리학상으로 본 천체물리학

　세 명의 미국 천체물리학자인 펄머터(Sual Perlmutter)와 리스(Adam Riess), 슈미트(Brian Schmidt)는 2011년 노벨물리학상 수상자들이다. 그들의 연구를 통해 우주가 가속적으로 팽창한다는 명확한 증거를 얻었다. '미국의 소리'는 이 세 명의 물리학자들의 연구와 천체물리학의 흥미로운 몇 가지 기본 개념을 국제적으로 이름이 알려진 미국 국적의 중국 천체물리학자이자 애리조나대학의 물리학과 교수인 팡리즈의 인터뷰를 통해 소개했다.

　팡리즈 교수와 그의 부인 리수셴은 그들이 공저한《우주의 탄생》영문판에 우주팽창 문제에 대한 해설을 담았는데 미국의 저명한 물리학자 다이슨(Freeman Dyson)은 그들이 책을 훌륭한 과학 보급서라며 칭찬을 아끼지 않았다.

Q 팡 교수님, 노벨상위원회는 올해 물리학상 수상자로 미국의 천체물리학자 세 명을 선정했습니다. 먼저 그들의 주요 연구 성과를 간략히 살펴봐야할 텐데요.

A 우주과학 연구에서 가장 중요한 발견은 우주의 팽창입니다. 이것은 1929년 미국의 천문학자 허블(Edwin Powell Hubble)이 발견한 것입니다. 그리고 오늘날 세 명의 노벨상 수상자에 의해 아주 멀리 있는 초신성이 발견되었습니다. 또한 우주가 팽창하고 있으며 점점 그 속도가 빨라진다는 것도 알게 되었습니다. 이는 중요한 발견입니다.

Q 저는 1980년대 말 교수님께서 베이징의 후난(湖南)과기출판사에서 출판한 과학보급서적《제1추동총서》를 편집하시면서 우주팽창에 가속이 붙을 것인지 감속할 것인지에 대해선 아직 정론이 없다고 하신 것을 기억합니다. 이 미국 물리학자들의 연구가 돌파한 것은 마치 모두 과거 20년 간 얻었던 것처럼 보이는데 정말 그러합니까?

A 그들이 얻은 관측 데이터는 90년대 초부터 시작된 것으로 따지고 보면 20년이 되지 않습니다.

Q 그들은 우주가 가속 확장한다는 증거를 얻기 위해 왜 'Ia형 초신성(type Ia supernova)'을 선택했을까요?

A 초신성이 두 가지 특징이 있기 때문입니다. 첫 번째 특징은 '밝기'입니다. 초신성은 아주 밝아서 멀리서도 볼 수 있습니다. 두 번째 특징은 '광도(光度)'입니다. 초신성은 여러 종류가 있는데 그 중 Ia형의 초신성은 광도가 기본적으로 거의 똑같다고 볼 수 있습니다.

이것은 연구하기에 좋은 특성이므로 초신성을 통해 쉽게 우주의 팽창을 연구할 수 있습니다.

Q 우주가 가속 팽창하면 하늘 또한 커져야 할 것입니다. 그렇다면 왜 과학자와 천문학자들은 이것을 직접 확인하지 못하고 있습니까?

A 그것은 과학의 문제가 확실합니다. 어쨌거나 그들 세 사람은 중요한 증거들을 찾아냈습니다. 방금 우리들은 초신성에 대해 말했는데 초신성 연구는 사실 많이 늦어진 것입니다. 이러한 유형의 초신성을 발견한 것도 아주 최근의 일입니다.

Q 왜 그렇습니까? 관측이 제한되었기 때문인가요?

A 맞습니다. 실제로 초신성은 많지 않습니다. 우리 은하는 하나의 성계(星系)이며, 그 성계 안에서 초신성은 1천 년에 한 개 꼴로 출현합니다. 게다가 그것도 우리가 방금 말한 Ia형이라고 확신할 수 없지요. 다른 유형일 가능성이 큽니다. 그러니 유한한 인생 안에서 연구자는 기다림을 배워야 할 것입니다.

그렇더라도 1천 년을 기다릴 순 없는 노릇이니 세 명의 물리학자들은 5만 개의 성계를 매일 감시했습니다. 만약 하나의 성계에서 평균 1천 년에 한 개의 초신성이 출현한다고 하면 그 1년 안에 50개의 초신성의 폭발을 볼 수 있습니다. 평균적으로 말해서 그렇습니다.

그런 다음에 다시 이 폭발하는 초신성들을 선별하여 Ia형을 찾아내는 것입니다. 그들은 그렇게 1990년대부터 누적된 자료들을 바탕으로 단지 10여 개의 유용한 초신성들을 찾아냈습니다.

Q 방금 말씀하신 초신성들은 모두 광학으로 관측된 것입니까?

A 모두 광학으로 관측한 것입니다.

Q 우주가 가속 확장하도록 작용하는 이른바 암흑에너지(暗能量)란 대체 무엇입니까? 천체물리학 연구자는 이와 관련해 연구에 어떤 진전이 있습니까?

A 현재는 답이 없다고 볼 수 있습니다. 이는 아인슈타인이 그의 광의상대론 방정식에서 최초로 언급한 항목(우주상수)입니다. 이 항목은 진공의 에너지 밀도를 나타내는 기본 물리 상수로써 아인슈타인이 팽창하지 않는 우주 모형을 얻기 위해 일반 상대성 이론의 아인슈타인 방정식에 우주 상수항을 추가하면서 도입되었습니다.

하지만 이후 아인슈타인은 이 항의 도입을 철회했습니다. 그러므로 만약 그대가 워싱턴 미국과학원 앞에 있는 아인슈타인의 조각상을 보러 간다면 그의 손에 3개의 공식이 들려있는 것을 보게 될 것입니다. 하지만 그 안엔 광의 상대론 공식이 없습니다. 그는 그것을 가장 먼저 써넣었지만 결국 철회했습니다. 이렇듯 광의 상대론 방정식 속에는 우주상수라는 항목이 없습니다.

Q 그렇다면 우주가 가속 팽창하도록 밀어 움직이는 암흑에너지란 초신성 관측을 통해 간접적으로 그 존재를 증명했다고 볼 수 있습니까?

A 그대가 사용하는 '증명'이라는 단어는 물리학의 영역에서는 너무 강한 표현입니다. '초신성 관찰을 통해 우주가 가속적으로 팽창한다는 것을 증명했는데, 이는 아마도 암흑에너지가 존재하기 때문이란 것이 하나의 해석이 될 수 있다.' 이렇게 말하는 것이 비교적 타당할 것입니다.

Q 오늘날 천체물리학자들은 우주의 대부분은 암흑물질과 암흑에너지로 인해 만들어진 것이라고 합니다. 암흑물질은 우주의 팽창과 확장과 어떤 관계가 있습니까?

A 암흑물질은 비교적 일찍 발견되었습니다. 사람들은 1930년대에 이미 암흑물질의 존재를 감지했지만 회의를 품었지요. 그것의 존재가 확실해진 것은 1970~80년대입니다. 성계의 형성은 인력에 의해 물질을 수축시킵니다. 만약 암흑물질이 없다면 보통의 물질이 되고, 인력이 작으면 성계를 형성하는데 부족함이 있습니다. 그러므로 암흑물질은 반드시 있어야 합니다.

또한 암흑에너지는 암흑물질과 달리 수축이 아닌 팽창을 이끕니다. 이렇게 두 종류는 상반된 작용을 합니다. 암흑물질은 보통 물질처럼 압력을 갖습니다. 자동차 타이어에 공기를 집어넣으면 타이어의 압력이 커지는 것처럼 말입니다. 하지만 암흑에너지는 그와 반대입니다. 만약 자동차 타이어 속에 암흑에너지가 있다면 그것을 모두 제거해야만 타이어 내부의 압력을 상승시킬 수 있을 것입니다.

Q 신(神)이 천지를 창조했다고 기록된 성서의 말씀을 믿는 바티칸도 우주는 대폭발에서 기원한다는 것을 부인하지 않습니다. 이것은 팡 교수님도 알고 계시듯 신학의 문제이자 철학의 문제이며 현재는 과학의 문제로 변했습니다. 이와 관련한 팡 교수님의 논법은 아직도 중국의 권위 있는 공산당 철학가들의 비판을 받고 있지요.

그것에 대해 이야기한다면 아주 재밌겠지만 오늘은 시간이 없군요. 제가 묻고 싶은 것은 우주는 대폭발에서 시작되었다고 하는데, 만약 제가 폭탄 하나를 터트리는 것에 비유하자면 그 파편은 여전히 가속적으로 확산되고 있는 것인가요?

A 거칠게 본다면 그렇게 얘기할 수도 있겠군요. 그 파편은 지금도 흩어지고 있습니다.

Q 방금 '거칠게'라고 말씀하셨는데, 저의 표현에 무슨 문제가 있는 건가요?

A 그 폭발은 시간과 공간의 폭발이지 파편이 흩어지는 것이 아니기 때문에 그렇게 표현했습니다.

Q 왜 파편이 흩어진다고 말할 수 없나요?

A 그대는 그렇게 이야기 할 수 있을 것입니다. 그림으로 그려본다면 성계는 파편처럼 밖을 향해 날아가는 것 같습니다. 하지만 실

제는 공간이 팽창하고 있는 것입니다.

Q 우주의 폭발은 어느 때가 되어야 멈출까요? 또 그것을 다시 한 번 폭탄이 터져서 파편이 날아가는 것에 비유한다면 어느 때가 되어야 파편이 확산되는 속도가 줄어들까요?

A 최후의 순간에 이를 때까지 파편은 날아가고 속도도 빨라질 것입니다. 또한 2개의 성계 사이의 거리는 점점 더 멀어질 것입니다. 결국 2개의 성계에 살고 있는 이들은 서로를 보지 못할 것입니다. 너무 멀리 떨어져 있기 때문입니다. 암흑에너지 개념이 나온 이후 누군가 계산한 것에 의하면 현재의 확산 속도에 비추어 볼 때 몇 십 억 년 이후엔 하늘에서 아무것도 볼 수 없게 될 것입니다.

Q 그럼 한 가지 질문을 드리겠습니다. 만약 그것이 영원히 가속적으로 확산된다면 그 에너지는 어디서부터 오는 것인가요?

A 에너지는 진공에서부터 옵니다.

Q 교수님은 에너지가 무한한 것이라고 하셨는데, 그대가 말하는 것은 이러한 뜻입니까?

A 무한하다고 말할 필요는 없습니다. 우주과학에서 에너지는 항(恒)정률을 지키고 있으니 그대는 잠시 한 쪽에 놓아두고 상관하지 않아도 됩니다.

Q 아! 이해하기도 상상하기도 어려운데요. 사람의 본능을 뛰어 넘는 직관의 영역인가요?
A (웃음) 그렇지요.

Q 논리를 뛰어 넘고 우리들이 알고 있는 물리학의 법칙도 뛰어 넘는다는 의미인가요?
A 그렇다고 우리들이 아는 물리학의 법칙을 벗어나는 것은 아닌데, '에너지 불변의 법칙'도 벌써 300~400년 전의 일이지요. 사람들은 원래 그것을 믿지 않았어요. 사람들은 에너지는 무한히 사용할 수 있을 것이라고 믿고 영구동력기(永動機)를 만들려는 시도를 한 적도 있습니다.

Q 팡 교수님, 만약 오늘 여러 학생들이 앞으로 물리학 연구에 종사하기로 마음먹는다면 천체물리를 연구하는 사람으로서 그들에게 천체물리학을 어떻게 소개하기 원하십니까? 다시 말해 그들이 이 분야에 흥미를 느낄 수 있도록 어떤 연구가 재미있지 등에 대해 말씀해주실 수 있습니까?
A 천체물리와 물리는 나누어지는 것이 아닙니다. 물리학은 그 시작부터 아주 많은 증거들을 천체물리에서 가져왔다고 할 수 있지요. 한 예로 뉴턴을 들어 볼 수 있는데, 그는 어떻게 뉴턴의 역학과 만유인력의 법칙을 세운 것일까요? 바로 태양계의 행성운동, 즉 천체물리에 의거한 것입니다.

또한 우리들은 여전히 양자론에 대해 말하고 있습니다. 양자론의 첫 번째 중요한 발견은 스펙트럼입니다. 여기에서부터 시작해 에너지준위(能級)와 양자화(量子化) 등을 발견하게 되었지요. 스펙트럼은 어떤 법칙을 갖고 있을까요? 태양의 스펙트럼에 의거하면 우리는 태양광을 통해서만 세상을 볼 수 있습니다.

　아인슈타인의 상대이론은 다시 말할 것도 없습니다. 수성(水星)이 근일점(近日點) 운동에 의거한다는 것 등의 발견도 모두 천문학의 관측을 통해 얻어진 것입니다. 현재 물리학은 입자(粒子)를 연구하고, 미시적으로 최전방의 것들을 연구하고 있지만 천체물리를 완전히 떠날 수는 없습니다. 둘은 아주 밀접한 관계가 있기 때문입니다. 천체 연구는 하나의 특징을 갖고 있는데, 바로 그것의 척도가 특별히 크다는 것입니다. 척도가 크면 아주 작은 차이라도 크게 확대해 쉽게 알아볼 수 있습니다.

2011년 10월 5일

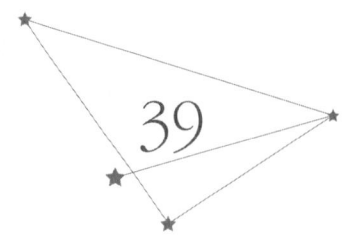

39

오슬로에서의
4일간의 기록

2010년 12월 8일부터 12일까지 리수셴과 나는 노르웨이 오슬로에 있었다. 우리는 12월 9일 오슬로대학의 이론천체물리연구소에서 암흑물질에 대해 강연했다. 그리고 다음날에는 오슬로 시청으로 가서 노벨평화상을 수상한 '그'를 응원했다.

우리는 역사 전문가가 아니어서 노르웨이의 과거에 대해 아는 바가 매우 적다. 단지 이 나라는 일찍이 바이킹의 나라, 남의 것을 강탈한 야만적인 나라라고 알고 있었다. 명나라 때 연해에 출몰한 왜구나 오늘날의 소말리아 등과 비교할 수 있을 것이다. 덴마크의 해적도 노르웨이보다 덜하진 않았지만 그래도 덴마크엔 닐스 보어라는 양자물리학자가 있었기에 그 인상은 사뭇 달랐다.

이 때문에 우리들은 오슬로에 있는 해적박물관을 참관했다. 입장료는 60크로네(약 10달러)였다. 전시장은 텅텅 비어 있었고 단지 3척의 해적선 잔해와 잔류 파편들만 남아 있었다. 평균적으로 배 한 척의 잔해를 보는데 3달러를 낸 것이니 해적에게 푼돈을 빼앗기는 느낌이었다.(애리조나 역사박물관은 입장료를 받지 않는다.)

10세기와 11세기 노르웨이는 해적 강국이었다. 중국으로 보면 북송의 시대였다. 당당한 위용의 유람선 〈청명상하도(淸明上河圖)〉*와 비교한다면 해적박물관의 전시품은 영락없는 해적선이었다.

해적박물관의 전시품 가운데 문자가 남아 있는 파편들은 없었다. 1천 년 전 오슬로의 문화로 보건대 해적들은 글자를 읽고 쓸 줄 몰랐다. 동시대의 유학자 정호(程顥)와 정이(程頤)는 그때 이미 우주의 모형을 세웠다.

물론 이것은 지난 일이다.

오슬로대학은 1811년에 설립되었으니 다음해(2011년)에 200주년을 맞는다. 그러나 베이징대학의 역사는 해적의 나라 대학의 역사보다 훨씬 짧다. 오슬로대학의 이론천체물리연구소는 1935년에 설립되었다. 베이징대학에서 이론천체물리를 주전공으로 하는 연구소는 2006년에 설립되었으니 그 역사는 이제 겨우 5년이다. 역사의 길이로 보면 중국은 비교의 대상도 되지 못한다.

역사보다 더욱 중요한 것은 대학의 정신이다.

노르웨이의 노벨평화상 위원회의 위원장인 투르뵤른 야글란트

---

* 북송시대 화가 장택단(張擇端)의 그린 것으로 현재 베이징고궁박물원에 소장되어 있다.

(Thorbjørn Jagland)는 2010년 노벨평화상 시상식에서 3가지의 자유에 대해 말했다. 그것은 바로 연구의 자유, 사상의 자유, 변론의 자유다. 이것은 대학의 핵심적 가치이기도 하다. 연구의 자유와 사상의 자유만으로는 아직 부족하고 반드시 변론의 자유를 가져야 한다는 것이다. 베이징대학도 일찍이 그 모든 자유를 누린 적이 있다. 하지만 현재는 어떠한가?

80년대 류사오보(劉曉波)*는 사람들에게 '검은 말' 혹은 '검은 당나귀'라고 불렸다. 그를 아는 사람이건 모르는 사람이건 상관없이 모두 그를 비판했다.

한 번은 노르웨이 방송국 기자가 내가 머물고 있는 호텔로 찾아왔다. 다음은 우리가 나누었던 대화의 일부이다.

    문 : 그대는 류사오보를 압니까?
    답 : 그렇습니다.
    문 : 어떤 관계입니까?
    답 : 그는 나를 비판한 적이 있습니다.

오슬로 시청에서 2010년 노벨평화상 시상식에 참가한 사람을 둘러보니 그해의 수상자인 류사오보가 직접 이름을 거론하며 비판한 사람은 나 하나뿐인 것 같았다. 대학 안에서 류씨의 비판 혹은 '욕설'

---

* 역자 주: 류샤오보(1955~)는 중화인민공화국작가이자 문학평론가, 인권활동가로 2010년 노벨평화상을 받았다. 그가 노벨평화상을 받을 때 팡리즈는 시상식에 갔다.

(개인적인 것을 숨길 필요는 없을 것이다.)은 일종의 변론의 자유였다. 보통 대학에서 그것은 아주 정상적인 일이며, '노마(驢馬)'*라고 할 수도 없었다.

1988년 여름, 두 젊은이 CCQ와 류사오보는 나와 리수셴이 사는 베이징대학의 집으로 쳐들어 왔다. C와 류는 문학을 전공했으므로 리수셴과 나와 같은 물리 전공자들과는 교류가 없었다. C와 류는 모두 동북지역 사람으로, 우리들과 동향도 아니었다. 공통의 화제는 많지 않았다.

다행히도 당시 나의《철학은 물리학의 도구》라는 책이 막 출판되었고 류가 그 책을 집어 읽기 시작했다. 그의 박사논문 주제는 미학이었는데 그것은 철학의 영역에 속하기 때문이었다. 그러나 그는 '행성운동의 음악'(케플러, Kepler), '아름답지 않은 방정식은 반드시 잘못된 것이다'(디랙, P. A. M. Dirac) 등의 미학을 충분히 알지 못한 상태였으리라. 그는 그저 말없이 열심히 책만 읽었고, 나는 C와 대화를 나눴다.

그래서 류가 심한 말더듬이인 것도 몰랐다. 집을 나서며 류는 내뱉듯 한 마디 했다.

"아! 철학의 아주 많은 부분이 단지 그대들의 도구가 될 뿐이니 쓸모가 있으면 가져오고 필요 없으면 내다 버리는군요."

비판인가? 말을 마친 그는 한 권의 '도구'를 챙겨 나갔고 지금껏 돌려주지 않고 있다.

---

* 역자 주: 당나귀와 말이라는 뜻이다. 둘은 비슷하지만 완전히 다른 동물이다. '노마(驢馬)'는 어떤 때는 이렇게 말하고, 또 어떤 때는 다르게 말하는 경우를 의미한다.

늦가을에 이르러서 그는 다시 한 번 나를 비판했다.

"나는 그가 청년들의 지도교수가 아니라고 생각한다. 스스로 그것을 자임한다고 하면 좋게 보아줄 수 없다. 그는 대체 어떤 자격이 있는가?"1

그래 좋다. 하지만 그의 말엔 온전하지 않은 진술이 있다. '스스로 교수직을 자임한다고 하면……' 내 이력서나 자서전에서는 '자임한 청년지도교수'란 항목을 찾을 수 없을 것이다. 그곳엔 물리학과 대학원생의 지도교수라고 쓰여 있을 뿐이다. 아쉽게도 류사오보는 당시 그가 '도구'라고 말한 책을 비판한 적이 없다. 그렇다면 나도 나의 변론의 자유를 행사해야 할 것이다.

나는 80년대 류사오보가 대담하게 행사한 변론의 자유를 감상했다. 그것이 바로 내가 오슬로 시청에 와서 류사오보를 축하하는 이유 중 하나이다.

중공당국은 노벨평화상이 이미 서양의 정치도구로 전락했다고 말했다. 가볍게 말한다면 노벨평화상은 '전락한 것'이 아니라 줄곧 정치의 도구였다.

내가 노벨평화상에 대해 처음 안 것은 60년대이다. 1965년 5월 톈안먼에서 50만 명이 모이는 큰 대회가 열렸다. 주제는 '미국 흑인들이 폭력에 항의하는 투쟁을 지원하자'였다. 주제는 뜻밖에도 중국의 내정과 직접적인 관계가 없는 외국의 사안이었다. 그리고 대회는 마오쩌둥이 주관했다.

1949년과 이후 나는 톈안먼에서 벌어지는 큰 활동들을 대부분 목격했는데, '외국 사안'을 위한 대회는 처음이었다. 나는 나중에 그런

대회가 열린 이유를 알게 되었다. 1964년 인권운동가 마틴 루터 킹이 노벨평화상을 받았기 때문이었다. 인권과 평화는 노벨평화상의 일관된 주제였다. 다시 말해 그것은 그러한 가치관을 추진하는 정치도구라 할 수 있다.

'하나의 민족국가 혹은 민족국가 중 많은 집단 모두 무한한 권력을 갖고 있는 것은 아니다. 인권은 민족국가와 집단들의 행위를 제약한다. 이러한 원칙은 세계인권선언에 가입한 연합국의 모든 구성원에게 적용된다.'

국가 경제 상황은 GDP로 헤아린다. 국가의 인권 상황은 'NPP(정치범 숫자)'의 숫자로 헤아릴 수 있다. 중국에서 정치범의 명단을 파악하는 것은 쉽지 않은 일이다. 90년대 명단 하나가 있었는데 정치범, 사상범, 양심범, 신앙범을 포함해 모두 700명이었다. 몇몇 인권조직의 최근 통계에 의하면 현재 최소한 1,400명의 정치범과 양심범이 존재한다.

NPP를 감소시키는 것은 인권상황을 개선시키는 확실한 지름길이다. 1989년 초 나는 덩샤오핑에게 편지를 써서 건국 40주년을 맞아 웨이징성(魏京生) 등 정치범을 사면하라고 건의했다. 노벨평화상은 인권을 중요하게 여기므로 정치범에 많은 관심을 갖는다. 2010년 노벨평화상은 이 기대에 부합했다. 나 또한 오슬로로 가서 그것을 지지했다.

영국 BBC에 준하는 노르웨이 NRK와 인터뷰를 끝냈을 때 기자는 개인적인 질문을 했다. "중국의 GDP가 증가하면 NPP는 감소할 것이라고 예상되었습니다. 그런데 중국의 GDP가 세계 두 번째로 높아졌음에도 NPP가 함께 증가했으니 어찌된 일인가요?"

나는 대답하지 않았다. 처음엔 그것이 '중국의 특색'이라고 말하려고 했다. 하지만 생각해 보니 맞지 않았다. 유럽도 GDP와 NPP가 반드시 반대의 관계를 갖는 것은 아니었다. 하지만 장기적인 척도에서 볼 때 그것은 반드시 반대의 관계에 있어야 한다.

내가 오슬로대학 이론천체물리연구소에서 한 강연의 제목은 〈중입자물질과 암물질 사이의 동력학의 분리(dynamical decoupling between IGM and dark matter)〉이다. 통속적으로 말해서 우주 가운데는 두 종류의 물질이 있다. 첫 번째는 암흑물질로 빛을 내지 않지만 주도하는 성분이다. 우주 가운데 있는 성체(星體)의 형성은 인력에 의거한다. 두 번째는 중입자 물질인데 이는 소수로 5퍼센트도 채 되지 않는다. 하지만 그들은 빛을 낼 수 있어서 별빛은 모두 중입자물질에 근거한다. 인체 역시 중입자 물질로 구성된다. 중입자 물질 모두가 암흑물질의 통제를 받는 것은 아니다. 중입물자 스스로 동력학을 가지고 있기 때문이다.

이렇듯 우주는 소수의 중입자 물질의 다른 동력학으로 인해 빛을 가질 수 있게 되었고, 인류도 창조할 수 있었다. 이것이 내가 이해하고 있는 바이다. 왜 닐스 보어는 자신의 말을 끝맺으며 뉴턴의 말을 인용한 것일까?

뉴턴은 일찍이 이렇게 말했다.
"내가 좀 더 멀리 볼 수 있다면 그것은 거대한 사람의 어깨 위에 서 있기 때문이다."

마찬가지로 오늘날 우리들이 좀 더 멀리 볼 수 있다면 그것은 우리가 선조들의 어깨 위에 서 있기 때문이다. 그들은 사사로움도, 두려움도 없이 자신의 신앙을 견지하며 우리들을 위해 싸워 자유를 얻었다.

'자신의 신앙을 굳게 지키는 것'은 바로 자기의 동력학을 굳게 지키는 것이다.

2010년 12월 12일
오슬로에서 투손으로 가는 비행기에서

❖참고문헌
1   香港 《解放月報》 1988年 12月號

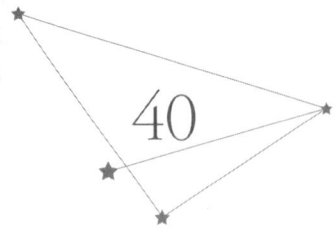

류샤오보,
노벨평화상에 도전하다

나는 노벨위원회가 중국에서 비폭력적으로 인권을 쟁취하기 위해 장기간 투쟁한 일 때문에 현재 옥중에 있는 류샤오보에게 노벨평화상을 수여한 것을 찬양한다.

이 항목이 결정되었을 때에 해당 위원회는 이미 서양을 향해 도전해야 했는데, 1989년 톈안먼 대도살 이후 이미 유행한 위험한 개념, 즉 경제발전이 장차 중국에서 민주 실현을 이끌어 가는 것을 피하기 어렵다는 개념을 다시금 새롭게 살펴보아야 한다.

90년대 말 새로운 세기로 진입하면서 이러한 논점은 점점 더 큰 영향력과 통제력을 갖게 되었다. 몇몇 사람들은 이러한 논점을 조금의 의심도 없이 믿었다. 최고위층은 외국 투자자들을 설복시키려고 시도했다. 만약 외국 투자자들이 그렇게 난처하게 '연결'된 인권원칙을 고려하지 않은 채 투자를 계속하고, 모든 것이 중국의 걸음걸이에 맞추어 변한다면 그보다 좋은 일은 없을 것이기 때문이었다.

톈안먼 사건은 벌써 20년이 지났다. 중국은 세계 2위의 경제대국을 이룩했다. 그러나 한 가지 분명한 사실은 비폭력적으로 인권을 쟁취하려 노력한 류사오보와 기타 정치적 견해를 달리하는 많은 사람들은 여전히 감옥에서 압박을 받고 있다는 것이다. 그들은 유엔이 규정한 바를 요구했을 뿐이다. 이는 외국 투자자들의 나라에선 너무도 당연한, 기본적인 권리이다. 이렇듯 중국의 경제가 하늘을 찌를 듯 발전했더라도 인권의 개선은 없었다.

류사오보는 과거 20년의 경험을 활용해 민주주의가 지속적으로 번영할 수 있도록 하고, 그것이 스스로 사회에 융합해 들어 갈 수 있는 방법을 만들어야 했다.

나는 20세기 80년대에 류 선생을 알았다. 그는 솔직담백한 젊은이였다. 그는 1989년 톈안먼 광장의 평화적인 항의 활동에 참가했다가 그가 한 '표현' 때문에 2년 형에 처해졌다. 그것이 시작이었다. 그는 다시 1999년까지 감옥에 갇히거나 연금되었다.

2008년에 그는 '80헌장' 청원서를 발기하여 중국이 유엔의 세계인권선언을 준수하기를 호소했다. 그 일로 그는 또 체포되었고 '국가의 정권을 전복시키려고 선동한 죄' 하나로 11년형을 받았다. 그것은 매우 무거운 처벌이었다. 중국이 이미 유엔 선언에 서명한 나라였음에도 불구하고 말이다.

인권조직에 의하면 중국 교도소에는 대략 1,400명의 정치, 종교와 관련된 '양심범'들이 있다고 한다. 그들은 지하정치, 종교단체, 독립노동조합, 비정부조직의 구성원이거나 시위 참여, 정치적 이견의 공개적 표명 등의 '죄'를 지었다.

중국의 전제 정치가들은 그들이 국가를 부유하게 만들었으므로 인권을 경시하는 것과 같은 부인할 수 없는 현실을 외면하는 것을 정당화했다. 중국의 지도자들은 외부세계를 개방했음에도 불구하고 고압정치 신조를 철회할 생각이 눈꼽만큼도 없었다.

중국 독재자는 인권의 가치를 멸시하고 있다. 톈안먼 사건이 벌어지고 10년 후 중공 정부는 100명의 정치범을 석방하며 뭔가 변화를 보이는 듯 했다. 하지만 2000년 이후 중국의 경제가 날로 부강해지면서 국제 사회로부터 받는 압력이 감소하자 다시 강경진압 태세로 돌아갔다.

국제사회는 마땅히 중국이 국제협정을 위반한 것에 주목해야 한다. 중국은 이미 유엔인권선언 외에도 '가혹행위를 금지하는 조약'에도 서명한 바 있다. 그러나 사람을 학대하고 정신을 조종하는 일이 중국 교도소에서는 여전히 비일비재하게 일어나고 있다. 그 학대에는 구타와 독방 투옥, 음식 제한, 치료 거부 등 온갖 비인간적인 처사가 포함되어 있다.

국가가 번영하고 정권의 힘이 강해진 공산당은 그 스스로가 헌법을 위반하는 일에는 너무도 관대하게 면제권을 준다. 예컨대 헌법 제35조를 보면 '중화인민공화국 공민은 언론·집회·결사·유행·시위의 자유를 가진다'라고 쓰여 있다. 하지만 이러한 조항이 지켜지고 있다고 그 누가 말할 수 있단 말인가?

20세기 초 일본의 불행한 역사는 우리에게 시사하는 바가 크다. 경제성장 속에서도 인권이 침범되는 것은 평화에 대한 위협이다.

노벨위원회는 류사오보에게 노벨상을 수여함으로써 번영하고 있는 중국 사회 속에서 여전히 인권 탄압이 일어나고 있음을 폭로했다. 인권 존중과 세계 평화는 깊은 연관이 있다고 보는 노벨위원회의 시각은 절대적으로 정확한 것이다. 노벨 선생이 크게 깨달은 것과 같이 인권은 '국가들이 형제의 우의'를 맺는 선결 조건이다.

2010년 10월 11일

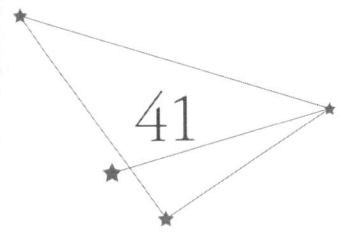

41

몸소 겪은
애리조나의 계곡열

지난 해(2010년)에 나는 〈나의 첫 번째 '전면적인 서구화'〉라는 한 편의 글을 써서 어머니를 기념했다. 그리고 70여 년 동안 병원에 입원한 적이 없을 만큼 튼튼한 몸을 갖게 해주신 것에 대해 감사했다. 아, 하느님께도 감사해야 했는데 잊고 말았다! 아무튼 올해 나는 번거롭게도 병원에 입원하고 말았다.

6월 나는 계곡열(Valley fever)*에 걸렸다. 이 병은 미국 서남부지역에서만 유행하며, 내가 사는 애리조나 투손 지역이 가장 심했다. 미국에서 유일하게 계곡열병연구센터가 설치된 곳도 이곳 애리조나 의과대학이다. 계곡열을 두려워해 이곳으로 오지 않으려는 사람도 있다. 투

---

* 역자 주: 약학에서는 콕시디오이데스 진균증(Coccidioidomycosis)이라고 하며 다른 이름으로 진균감염증 혹은 파라콕시디오이데스진균증이라고 한다.

손을 찾는 여행객들도 이 병에 감염될 수 있다. 때로 집으로 돌아간 뒤 발병하기도 한다.

이 병은 일종의 병균으로 인해 발생한다. 이 병균은 원래 미국의 서남부의 깊은 지하에 있었다. 카우보이 시대의 사람들은 단지 땅 위에서만 활동했다. 덕분에 사람은 땅 위에서, 병균은 지하에서 각각 평화롭게 살았다. 하지만 공업화가 시작되자 사람들은 땅을 깊이 파고 들어갔고, 병균이 있던 지역까지 침범했다. 그리하여 병균은 깊은 지하에서 솟아올라 왔고, 땅 위의 생물들에게 '복수'했다. 동물과 인류가 그 대상이 되었으니, 그것이 바로 계곡열이다.

투손에서 일하는 사람은 대부분 계곡열에 감염되었다. 그것은 보통 일반적인 감기와 같다. 나는 투손에 20년을 살았지만 계곡열에 감염된 적이 없었다. 그래서 스스로 중국에서 50년 간 단련되어 어떤 독이나 병균도 침입하지 못하는 철갑을 두르고 있다고 생각했다. 과거 청나라 말기의 비밀결사 조직 '의화단'은 그들이 칼에도 부상을 입지 않는다고 믿었다. 내가 품고 있던 의화단 정신도 생각지도 못한 계곡열 병균에 의해 무너지고 말았다.

의사의 말에 의하면 나는 가장 전형적인 계곡열에 걸렸다. 계곡열의 모든 증상이 나타난 것이다. 왼쪽 폐는 병균에게 반쯤 점령 당했고, 투손의 뜨거운 날씨 속에서도 온몸이 덜덜 떨릴 만큼 추웠다. 39도까지 열이 올랐다가 37.2~37.8도의 미열이 지속되었다. 기침이 심하게 나서 음식을 먹기 어려웠고 때로 토했다.

덕분에 체중이 급격하게 줄어들었다. 하루 2파운드씩 체중이 줄었고, 한 달 만에 28파운드나 빠졌다. 체중 감량에 아주 좋았다! 혈압도 떨어져서 수축기 때 80수은주밀리미터(mmHg), 이완기 때 40수은주밀리미터였다. 몸에 힘이 없고, 심할 때는 서거나 걸을 수도 없었으며, 관절이 퉁퉁 부었다. 온 몸의 피부에는 수두 모양의 붉은 반점이 나타났는데, 큰 것은 직경이 5밀리미터 작은 것은 0.5밀리미터이었다. 사람의 피부가 아니라 귀신 피부 같았다.

의약회사는 계곡열 특효약을 만드는데 별 관심이 없었다. 매년 발병 환자가 5만 명뿐이라 시장이 대단히 작기 때문이다. 당뇨병 같은 경우 약을 판매할 수 있는 대상이 1천만 명을 상회하니 계곡열은 시장성이 떨어졌다. 계곡열이 지역 풍토병이라 연방정부도 중요하게 보지 않았다. 애리조나주 당국이 약 개발에 20만 달러를 투자하긴 했지만 이는 적어도 100만 달러 이상이 필요한 연구였다. 물 한 컵으로 짚더미의 불을 끄려는 것처럼 터무니없이 적은 액수였다.

계곡열의 가장 좋은 치료방법은 여전히 옛날부터 사용된 방법이다. 침대에 누워 쉬면서 항균 성분의 약을 먹는 것이다. 그러면 보통은 치료되고 다른 병으로 전이되지 않는다.

이 병엔 특효약이 없지만 특효의 치료법은 있다. 7월 4일 미국 독립기념일이 지나고 나는 성 요셉 병원에 실려 갔다. 당시 나의 상태는 처참했다. 사지의 관절이 제 기능을 잃어서 걷거나 설 수 없었고 침대에서 몸을 돌리는 일도 할 수 없었다. 나는 '이것이야말로 붕괴(collapse)로구나!' 하는 생각도 했다. 병원에서는 미리 기저귀를 준비해 두었다. 나의 몸은 모든 움직임의 자유를 잃었고, 단지 방출의 자유만이 허락되었다.

7월 6일 야간 당직 간호사는 몸이 왜소한 백발의 노부인이었다. 직접적으로 환자를 간호하는 일은 예의상 사양해야 할 것 같은 늙은 수간호였지만 그녀의 동작은 매우 민첩했다.

저녁 9시 내 체온은 39도였다. 백발의 노부인은 내게 3알의 약을 삼키게 한 뒤 2시간 뒤 다시 오겠다고 말했다. 나는 잠이 들었다. 과연 2시간 쯤 지났을 때 잠에서 깼고, 온 몸이 땀으로 젖어 있었다. 나는 살면서 그렇게 많은 땀을 흘려 본 적이 없었다. 베갯잇과 몇 겹의 침대보, 이불이 모두 축축해졌다.

바로 사람을 부르려고 했는데 노부인이 젊은이 한 명을 데리고 제시간에 나타났다. 그들은 아무런 설명도 하지 않고 나를 병상에서 밀어냈다. 내가 당황해서 "내복을 안 입었어요."라고 말했더니 노부인은 "속바지를 안 입는 것이 제일 좋습니다."라고 대답했다.

노부인과 젊은이는 아주 신속하게 땀에 젖은 침구를 신속하게 갈고 나를 도와 몸의 땀을 닦아냈다. 내 손에는 링거가 꽂혀 있어서 스스로 닦을 수가 없었다.

나는 그곳에서 기적을 경험했다. 모든 관절이 기능이 크게 회복된 것이다. 나는 설 수도 있었고, 천천히 걸을 수도 있었으며, 침대에서 몸을 뒤집을 수도 있었다. 그때부터 침대 위에서 방출하는 자유를 사용할 수 없게 되었다. 치료에는 무거운 추(錘)가 사용되었는데, 2시간 만에 관절의 기본적인 기능이 회복되었다. 체온도 정상 수준으로 떨어졌다. 모두 노간호사의 경험 덕분이었다.

둘째 날과 셋째 날의 야간 당직도 노부인이었다. 그때부턴 무거운 추를 사용하지 않고 가벼운 추를 이용해 관절의 회복을 촉진시켰다. 계곡열이 회복되려면 아직 멀었지만 노부인의 치료 덕분에 나의 운동기능은 크게 개선되었다.

　제2차 세계대전 시기 애리조나주에는 이탈리아 전쟁포로들이 있었다. 전쟁 후에 전쟁포로의 자유선택 원칙에 근거해 이탈리아 포로들은 자신의 거취를 결정할 수 있었다. 그들 대부분은 귀국 대신 미국에 머물기를 선택했다.

　그리하여 애리조나주에는 아주 커다란 이탈리아 지역사회가 있다. 매년 6월 4일은 이탈리아의 국경일에는 피닉스(Phoenix)시 등에서 축하행사가 열린다. 이때 많은 이탈리아 사람들이 애리조나를 찾는다. 그런데 귀국한 뒤 계곡열을 앓는 사람들도 있었다. 이탈리아 친구가 말하기를 그들은 이 병을 치료하는 간단한 방법이 있는데, 바로 바닷바람을 쐬고 파인애플을 먹는 것이라고 했다. 하지만 투손에는 파인애플은 있지만 바닷바람을 쐴 수 있는 곳은 없다.

　최근 10년 동안 리수셴과 나는 여름이면 이탈리아 아드리아의 바닷바람을 쐬며 미국에는 없는 이탈리아 국수를 먹었다. 국제상대론천체물리센터(ICRAnet) 본부는 페스카라(Pescara)에 있는데 나는 그 센터의 구성원이라 매년 여름 그곳을 찾는다.

　올해도 우린 그곳으로 갈 준비를 했다. 7월 3일 출발하는 비행기표를 미리 사두었으며, 7월 4일엔 페스카라에 가고, 5일에는 이탈리아 국수를 먹을 계획이었다. 그러나 안타깝게도 나는 7월 5일 병원에 입원하고 말았다. ICRAnet 대표는 이 사실을 알게 된 뒤 "왜 한 달 먼저 오지 않았는가? 신선한 파인애플을 먹고 바닷바람을 쐬면 일찍감치 좋아졌을 텐데."라고 말했다.

　내년에는 반드시 좀 일찍 갈 것이다.

투손에는 한약방 한 군데 있는데 장사가 꽤 잘 된다. 두 명의 의사가 그 한약방에 있는데, 한 사람은 난징대학 한의과를 졸업했고, 다른 한 사람은 백인이지만 중국에서 한의학을 포함하여 여러 해 공부했다. 그들은 모두 미국에서 의사면허를 가지고 있으며, 서양의학에도 능통하다.

리수셴과 나는 그 의사들에게 진찰을 받았다. 그들이 병을 볼 때는 전통적인 한의학의 방법으로 증상을 확인하고 서양의학의 진단에 의거해 약품을 사용한다. 그런 뒤 한약을 보조로 사용한다. 그러므로 그들은 서양의학화한 한의사라고 불러야할 것이다.

서양의학에는 아직 계곡열을 치료할 약이 없다. 그러나 투손의 한약방에는 이미 전문적으로 계곡열병을 치료하는 한약이 판매된다. 물론 나는 아직 그 약을 써보지 않았다.

중국에는 애리조나와 같은 계곡열이 없으므로 그 약은 중국에서 시장성이 없다. 하지만 여행이나 공부를 목적으로 애리조나를 방문하는 중국인의 숫자는 증가하고 있다. 이탈리아 방문객이 귀국 후 계곡열을 앓게 되는 사례가 있듯 조만간 중국에서도 계곡열이 발생할지 모른다. 그러면 그 약은 중국에서 시장성을 갖추게 될 것이다.

내가 입원한 성 요셉 병원과 요양원은 사회적 서비스(Social Service)를 갖추고 있다. 사회적 서비스에 종사하는 이들은 마치 의료보험의 한쪽 이익을 대표하는 것 같다. 그들의 손에는 항상 한 권의 두터운 기록부(observation)가 들려 있었다. 그것에는 환자가 언제 어떤 치료를 받고 어떻게 회복되었는지에 대한 정보들이 기록되어 있으며, 그것의 목적은 병원과 환자들을 재촉해 때맞춰 퇴원하여 보험의 지출을 감소시키는 것이다.(성 요셉 병원에서 매일 환자에게 쓰여지는 돈은 5천 달러다.)

60년대 말의 상황에서 사회적 서비스의 임무 중 하나는 '꾀병'을 부리는 사람을 '감시'하는 것이었다. 60년대의 가난했던 시기에는 꾀병을 부림으로써 매일 몇 그램의 고기와 기름이라도 더 얻을 수 있었다.

친구들은 나의 상황을 끊임없이 물어오고 있다. 그래서 이렇게나마 간단한 보고서를 쓴다. 나는 이제 계곡열의 가장 어두운 밑바닥을 지났다.(간단하게나마 보고서를 쓰는 것이 이것을 증명한다.) 하지만 계곡열은 여전히 이 땅에 있으니 애리조나로 내려와 일을 하거나 여행을 하려는 사람은 이 열병의 계곡을 여행할 생각을 하고 준비를 단단히 해야 할 것이다.

2011년 8월 24일
투손에서

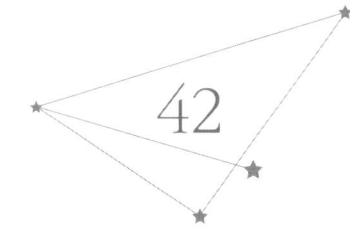

애리조나의 100년[*]

지금으로부터 100년 전인 1912년, 애리조나는 정식으로 USA에 편입되어 아메리카 합중국의 48번째 주가 되었다. 애리조나는 미대륙 본토 가운데 가장 뒤에 미국 주로 편입되었다. 실제로 애리조나는 1863년부터 미국의 속령(屬領)이 되었으며 49년의 '시험'을 거쳐서 비로소 정식으로 한 개의 주(州)가 되었다.

내가 이곳에 와서 산지도 20년이 되었으며, 그것은 애리조나 역사의 5분의 1에 해당하는 긴 기간이다. 물론 중국이었다면 '역사의 5분의 1에 해당하는 긴 기간을 산 사람'이라면, 최소 500살은 먹어야 할

---

[*] 팡리즈가 총총히 세상을 떠난 뒤 나는 그의 유품을 정리하며 그가 이미 완성했으나 발표하지 못한 글, 혹은 아직 사람들에게 보이지 않은 글, 계획, 구상들을 아주 많이 발견했다. 이 글은 애리조나주가 연방에 가입한지 100년을 기념해 쓴 것으로 그는 글 말미에 2012년 4월이라고 써두었다. 나는 팡리즈가 미리 계획했던 대로 이 글을 발표하기로 결정했다.

것이다. 중국의 역사가 그만큼 길기 때문이다. 어쨌거나 이러한 역사의 길이는 상대적인 것이다.

애리조나주는 타이완 6개를 합친 크기지만 인구는 오히려 타이완의 4분의 1 수준인 600만 명이다. 애리조나주는 미국 정식 주가 된 뒤 공업 발전에 반대했다. 일찍부터 금, 은, 동 등의 광물 산업이 존재했지만 모든 생산을 중단시켰다. 현재는 카우보이와 농업 등을 제외하고는 광학, IT 부문의 직업만 존재한다. 미국 경제 속에서 사막으로 된 가난한 애리조나는 아주 작은 무게를 가지고 있을 뿐이다.

사막이라는 것이 물 없음을 의미하진 않는다. 애리조나는 물이 많이 남는 편이며 주로 캘리포니아에 그것을 판다. 남 애리조나 사막 지역의 개인주택 절반 이상이 수영장을 갖추고 있다. 투손의 날씨는 1년 중 절반 이상을 바깥에서 수영을 할 수 있다.

애리조나는 콜로라도 강을 이용해 후버 댐, 루즈벨트 댐과 같은 거대한 수리(水利) 시설을 만들었다. 이것으로 전기를 만들고, 물을 끌어올려 남 애리조나 평원 농토에 물을 댔다. 만약 댐이 없었다면 애리조나는 불모지가 되었을 것이다. 후버 댐을 건축하는 과정에서 112명의 목숨이 희생되었다. 이들 댐은 '서부로 가자. 서부로 가자!'하는 미국 개발 정신의 표지라고 할 수 있다.

늙은 루즈벨트 대통령과 그의 막료들은 총을 멘 카우보이를 미국 정신의 상징으로 삼았다. 이후 대통령들도 '카우보이 정신'을 팔았다. 카우보이의 옷과 모자는 일종의 패션이 되었다.

1993년의 아태(亞太) 정상회의에서 클린턴은 회원국 수뇌부들에게 카우보이 옷과 모자를 선물했다. 카우보이 정신과 문화는 일종의 생활방식이니 그 안에는 좋은 것도, 나쁜 것도 있다. 애리조나는 전형적인 카우보이 문화권에 속한다. 자연 경관과 인문 경관 모두 동부 지역처럼 카우보이 문화가 아닌 지역과 분명하게 구분된다.

애리조나 사람들은 신사 넥타이를 싫어하며, 카우보이식의 나비넥타이를 사용한다. 또한 서머타임 제도도 마땅치 않아 했다. 그것은 원래 서구 문화인데 계산을 해보면 애리조나주의 에너지 절약 면에선 쓸모없는 것이었다. 결국 주 의회는 그것을 폐지했다.

애리조나에는 크고 작은 선인장과 식물이 널려 있다. 그 중 가장 큰 것은 사구아로(Saguaro)라고 불리는데 전 세계에서 소노란 사막(Sonoran Desert)에만 산다. 사구아로는 인디언의 단어다. 미국 국무원에 있는 사람이 알려주기를 외국 주재의 미국대사관과 영사관은 모두 사구아로 사진을 걸어둔다고 한다. 최근 새롭게 사용하기 시작한 미국 전자여권은 미국의 역사와 지리를 배경 그림으로 사용하는데, 그 첫 번째 그림이 바로 사구아로다.

마치 세상 사람들을 향해 '선인장은 온몸에 뾰족한 가시가 있으니 괜히 부딪히지 말라!' 하고 말하는 것 같다. 선인장 가시에 찔리면 그것이 거꾸로 된 갈고리 모양이라 빼기가 무척 어렵다. 이곳의 돼지들은 선인장을 먹기도 하는데, 먹은 후 가시를 토해낸다. 토끼 등도 가시가 길게 자란 선인장에 올라가서 열매를 먹는다. 들에 사는 돼지, 토끼, 코요테, 뱀은 애리조나에서 집 밖에만 나가도 흔하게 볼 수 있다. 그러다 보니 담력이 크지 않은 사람이 투손에 오면 놀라서 달아나기 바쁘다.

놀라서 달아난 사람이 많다 하여도 오늘날 투손은 인구 100만 명의 대도시이다. 원주민 인디언을 제외하면 일찍이 애리조나에 들어온 사람들은 스페인 식민시대의 선교사, 멕시코인들이다. 오래된 교회는 모두 천주교인을 위한 것이고, 스페인어는 애리조나의 정식 언어 중 하나다.

후에 애리조나에는 홍콩인, 광둥인이 들어왔다. 그 이민자들은 벌써 6~7대(代)를 이루었다. 뒤늦게 정착한 화교들은 2~3대(代)만 되어도 중국어를 말할 줄 모르지만, 처음 이곳에 들어온 화교의 후손들은 7대에 이르러서도 여전히 광둥어를 사용할 줄 안다.

투손의 남쪽에는 작은 마을 툼스톤(Tombstone)이 있다. 이곳은 19세기 화교 노동자들이 모여 사는 곳이었다. 이곳을 주관하는 사람(화교 인력을 수출하는 회사의 CEO)은 홍콩 여자였다. 그녀는 중국식 이름이 없고 그저 메리라고 불렸으며, 그녀가 살던 집은 여전히 툼스톤에 있다.

힘든 일을 할 인력이 필요한 사람들은 모두 메리를 찾아와 '화교 노동자'를 주문했다.

1993년 애리조나에서 '툼스톤'이란 제목의 할리우드 영화 한 편이 촬영되었다. 이는 1880년 전 미국을 흔들었던 사건을 배경으로 한다. 당시 경찰 4명과 도둑 4명은 30초의 총격전을 벌였으며, 도둑 3명이 총에 맞아 죽고 경찰 2명이 부상을 당했다.

이 사건은 법정으로 넘겨졌지만 목격자의 진술이 엇갈려 쉽사리 결론이 나지 않았다. 어떤 이는 경찰이 먼저 쏘았다고 하고, 어떤 이는 도둑이 먼저 쏘았다고 증언했기 때문이다. 그리하여 배심원들은 어떤 결론도 내지 못하고 교착상태에 빠졌다. 툼스톤은 당시 총격전이 일어난 현장 부근에 전시실을 만들어 그 사건을 자세히 기록했다.

나는 협의의 상대론을 강의할 때마다 학생들의 기지를 시험해 보기 위해 퀴즈를 내곤 했다.

"툼스톤의 총격사건이 교착상태에 빠진 것은 협의의 상대론으로 해석할 수 있을까? 협의의 상대론에 의거하면 일정한 조건 아래에서 목격자 1이 본 것은 A가 먼저 일어난 것이고 B가 뒤에 일어난 일일 수 있다. 또 목격자 2가 본 것은 B가 먼저 일어난 것이고 A가 뒤에 일어난 일일 수 있다. 그러므로 목격자 1·2의 말은 모두 맞다. 이것을 툼스톤에서 일어난 총격사건에 적용할 수 있을까? Yes 또는 No로 대답해보기 바란다."

경찰과 도둑의 총격전은 과거 애리조나에서는 흔한 일이었다. 그 중에는 화교도 있었을 것이다. 한 예로 투손 등지에는 중국어로 쓴 '먼저 내려놓는 사람이 강하다.'라는 글을 볼 수 있었다.(현재는 '먼저 발사해 다른 사람을 제압한다'라는 것이 미연방의 국방정책 중 하나다.) 또 툼스톤에서는 묘비로 죽은 이의 이름과 나이를 쉽게 확인할 수 있는데 젊은 나이에 죽은 화교들이 많았다는 것도 그들이 총격전에 가담했을 가능성을 높인다. 물론 진지하게 조사해본 적이 없으니 그들이 반드시 비명에 죽은 것이라고 확신하긴 어렵다.

많은 화교들은 여전히 특정한 직업에 종사한다. 세탁소, 음식점 등을 비롯한 고된 일이 대부분이다. 그리고 투손에는 200여 개의 중국 음식점이 있다. 음식의 질이 그다지 높지 않아서 별 5개 만점에 3개 정도 되는 수준이다. 어쨌거나 이곳에 오래전 정착한 화교의 수입은 이미 애리조나주민의 평균 수준을 웃돈다.

총기는 애리조나에서는 많이 보급되었다. 카우보이가 총을 휴대한 것은 보통 사람이 자동차를 모는 것처럼 당연한 일로 여겨진다. 대학에 총기 휴대를 인정할 것인가 말 것인가는 지금도 주 의회의 주요 안건으로 올라가 있다.

1992년 내가 막 애리조나에 도착했을 때 총기를 파는 사람을 본 적 있다. 그는 총과 실탄을 땅에다 벌려 놓고 있었다. 리볼버 권총 한 자루가 350달러였다. 현금만 주면 누구나 총을 가져갈 수 있었다. 정신이 온전한 사람인지, 미국 여권이 있는지도 묻지 않으며, 총기 등록을 할 필요도 없었다.

미국에는 유일하게 도둑의 이름으로 지어진 형사법규가 있다. 애리조나에서 납치 사건을 일으킨 에르네스토 미란다로부터 '미란다 원칙(Miranda right)'이란 법규가 탄생했다.

애리조나주는 사건 직후 미란다에 유죄를 선고했다. 하지만 그는 연방고등법원에 이를 상소했다. 결국 이 사건은 미란다 대 애리조나주의 사건이 되었다. 연방고등법원은 마지막에 미란다의 승소를 판결했다. 애리조나주 경찰이 미란다를 심문하기 전 침묵할 수 있는 권리가 있다는 사실을 알려주지 않았다는 것이 이유였다. 이 사건 근거해 미 연방은 1966년 '미란다 원칙'을 반포했다. 그래서 경찰은 심문하기 전 반드시 큰소리로 침묵할 권리, 변호사를 선임할 권리를 포함한 미란다 원칙을, 혐의를 받는 사람이 이해할 수 있는 언어로 낭독해 주어야 한다. 이후 미란다는 재심을 통해 다시 유죄를 선고받았다.

투손에서는 마치 권총을 벌려 놓고 팔 듯 비행기를 판다. 중고 비행기 시장에는 퇴역한 군용기들이 전시되어 있다. 만약 누군가 전투기 2대만 사서 귀국한다면 그는 자신의 나라에서 정변을 일으킬 수 있을 것이다. 애리조나대학의 어느 동아시아계 교수는 타이완에서 왔는데, 과거 타이완 당국을 도와 중고 비행기 몇 대를 사려다 결국 일을 성사시키지 못한 적이 있다. 타이완 군의 관련 부서가 동의하지 않았기 때문이었다.

애리조나는 맑은 날이 많고 시야도 깨끗하여 비행하기에 적당한 기후다. 맑은 날에는 우리집 창문에서 직선으로 50마일 거리의 키트봉(Kitt Peak)의 천체망원경의 둥근 지붕을 볼 수 있었다.

애리조나에는 크고 작은 비행장이 93개 있다. 2차 세계대전 시기에는 국민정부의 공군비행기 조종사들이 투손에서 훈련했다. 내가 애리조나에 온 지 얼마 안 되었을 때는 아주 많은 개인 항공학교가 있었다. 마치 자동차 운전학원처럼 흔했다.

비행학교의 학비는 1,500달러이며 최초 등급의 비행면허증 발급을 보증했다. 개인 경비행기 값은 15달러부터 시작한다. 물론 살 필요 없이 빌려 쓸 수도 있다. 항공학교들은 항상 애리조나대학에 가서 학생들을 모집했다. 우리 물리학과 교수들 중에도 비행할 수 있는 사람이 있었다. 나도 한 번 해볼까 생각은 했었는데 결국 실행하지 못했.

비행을 배우지 못한 것은 지금도 유감으로 남아 있다. 2001년 뉴욕에서 911테러가 일어난 후 개인 항공학교들은 다시는 멋대로 학생을 모집하지 않았다. 911테러 사건을 일으킨 범인의 면허가 애리조나의 항공학교에서 발행한 것이기 때문이었다.

애리조나주는 공화당을 지지한다. 1960년대 공화당의 정신적 영수이자 '교부(敎父)'인 배리 골드워터(Barry Goldwater)는 애리조나 출신이다. 그의 명언 가운데 하나는 이것이다. '만약 하나의 정부가 당신에게 필요한 모든 것을 충족시켜줄 수 있다면 당신이 가진 모든 것을 다시 가져갈 수도 있다.' 작은 정부는 현재도 여전히 공화당의 기본 교의(敎義)가운데 하나이다.

대통령 후보자들은 애리조나에서 경선활동을 하는 일이 무척 드물다. 공화당의 코끼리를 이길 자신이 없기 때문이다. 최근 민주당이 바람을 일으키고 있지만 애리조나에선 아직 역부족이었다.

1990년대 초 골드워터의 런닝메이트인 짐 콜브(Jim Kolbe)는 연방 중의원을 지낸 바 있다. 콜브는 당시 경선 상대와 변론을 진행했다. 그때 그는 공개적으로 팡리즈와 같이 변론하겠다고 선언했다. 당시 나는 미국의 녹색카드조차 없었고 민주당과 광화당 중 어느 곳을 지지해야 할지도 몰랐으며 그럴 의무도 없었다.

뒤에 가서 알게 된 사실은 변론이 지명도를 높이는 방식의 하나란 것이다. 그러므로 중요한 것은 변론 내용이 아니며 청중을 많이 끌어모으는 것이었다. 1990년대 초 애리조나에 막 도착한 나는 신문에 자주 이름을 올렸다. 콜브가 나를 끌어내어 변론하자 나도 그를 위해 무대에 섰다.

변론의 수확도 있었다. 나는 콜브에게 그의 아버지인 부시 대통령이 중국과 전 소련을 다르게 대하는데, 이는 과거 중국에서 행했던 인권정책, 최혜국 정책 등에 만족하지 않았기 때문인지 물어 보았다. 콜브의 대답은 아주 명확했다.

"I don't care inconsistence. No one politicaian in United State care about inconsistence.(나는 일관성이 없음에 대해 별로 신경 쓰지 않는다. 그것을 염려하는 미국 정치인은 없다.)"

의외의 답변은 아니었고, 무척 솔직담백했다. 미국 정계는 국가의 이익을 가장 중요하게 여겼다. 정책이 만족스러울지 여부는 고려 대상이 아니었다. 처칠의 말처럼 "영원한 친구도, 영원한 적도 없다." 정치가는 오늘 자신이 말한 것을 내일이면 어기기도 하니 대중도 어리석게 모두 믿을 필요는 없을 것이다. 결국 콜브는 당선되었다.

당시의 이른바 '정치는 올바르고 확실하게'라는 의제 자체는 이중적 표준의 문제가 있었다. 애리조나대학교에 부임하고 1년이 지났을 때 주 당국과 의회의 몇몇 '올바르고 확실한' 정치가는 내가 해당 대학의 물리학과 교수가 된 것에 대해 비평했다. 당시 학과장 피터 카루터스(Peter Carruthers)는 NBA 농구선수들을 올바른 기준으로 뽑았다면 그가 흑인이냐 백인이냐 여부는 아무 문제가 되지 않는 것 아니냐고 강하게 반문했다.

그리고 나를 교수로 뽑은 일에는 어떤 편견도 작용하지 않았음을 강조했다. 애리조나대학 물리학과는 그곳 출신이 아닌 교수를 뽑은 적이 없었다. 이것을 카우보이 정신이라고 보아야 할까? 이러한 정신은 좋은 것인가, 나쁜 것인가?

나는 카루터스가 학과장을 맡고 있을 때 물리학과 교수로 부임했다. 카루터스는 1967년 노벨물리학상을 수상한 베테(H. Bethe)의 제자이며, 그의 뒤를 이어 로스 앨러모스(Los Alamos)의 이론부 주임을 맡기도 했다.

카루터스는 카우보이는 아니지만 때로 카우보이 분장을 했다. 그는 카우보이처럼 술을 대단히 좋아했으며, 기타와 시, 그림도 좋아했다. 내가 부임한 지 얼마 되지 않았을 때 그는 내게 만수대사(曼殊大師)

가 영역한 중국고시선의 복사본을 주었다.

> My host insists on making me as drunk as any sot.
> Until I'm quite oblivious of the exile's wretched lot
> 다만 주인이 손님을 취하게 할 수 있다면 어느 곳이 타향인지 모르겠더라.
> -이백(李白)

술은 카우보이와 비 카우보이를 구분하지 않았다. 카루터스는 결국 알코올 중독으로 세상을 떠났다.

애리조나 당국은 미국의 48번째 주가 된 지 100주년 되는 해에도 특별한 기념활동을 조직하지 않았다. 각지에서 자유롭게 행사를 진행했다. 투손의 애리조나 역사학회는 '백 년 동안 백 개의 이불(100 Years 100 Quilts)'라는 전시회를 열었다.

천을 조그맣게 잘라 두꺼운 면포에 이어 붙인 형태로 이불을 만들어야 했는데 언뜻 보면 누더기 같았다. 초등학교 여학생부터 나이 많은 부녀자까지 모두 이 이불 만들기에 동참했다. 도안이나 그림을 이어붙인 이불들은 아름다웠다.

이것은 일종의 지방예술로 변했다. 카우보이의 '서부로, 서부로!' 시대에는 난방설비가 없어서 마차 안이 몹시 추웠다. 그래서 어린아이의 포대기를 이어 붙인 이불을 덮어 조금이나마 추위를 덜었다. 어린아이 강보로 만들었던 이불을 현대에 다시 만들어 봄으로써 애리조나주 사람들은 카우보이를 기념했다.

2012년 4월 투손

후기1

중국 우주과학의 선구자 팡리즈

천 피 센(陳丕桑)*

과거 여러 해 동안 팡리즈 교수에 대한 언론매체의 보도와 인터뷰는 대부분 그의 정치적 주장과 영향력에 집중되었다. 그의 연구와 학술상의 성과에 대해선 비교적 덜 소개된 것이 사실이다. 1992년 종웨이광(仲維光) 선생이 유일하게 상세한 평가를 했다. 나는 팡 교수 가까이에서 활동했으므로 특별히 우주물리학에 있어서 그의 공헌에 관한 회고 하나를 쓰고자 한다.

세상에 이름이 널리 알려진 물리학자 팡리즈 교수는 2012년 4월 6일 미국 애리조나 투손에서 향년 76세의 나이로 별세했다. 팡리즈 교수의 우주과학(cosmology) 연구는 1972년부터 시작되어 그가 세상을 떠날 때까지 40년 동안 계속되었다. 그의 연구는 국제 우주과학의 발전과 중국에서 벌어진 큰 사건들과 묘하게 맞물렸으며, 그의 연구활동은 전후 두 시기로 나눌 수 있다.

---

* 타이완 대학 물리학과 및 천문물리연구소 교수이다.

전기(1972~1991)

팡리즈 교수의 20년간의 학술성과를 소개하기 전에 중국의 첫 번째 우주과학자가 된 사람이 처했을 특수한 환경을 돌아보도록 하자. 1972년은 문화대혁명(1966~1976) 기간으로 인민들이 신음하는 어두운 시기였다. 당시 우주과학이란 손을 뻗어선 안 되는 금지구역이었다. 우주과학은 유심주의의 거짓 과학이라는 비판을 받았기 때문이다.

그 무렵 국제물리학계의 상황은 중국과 완전히 상반되는 것이었다. 물리학은 1960년대 공전의 활약을 했다. 1965년에는 우주의 극초단파의 배경복사의 존재가 발견되었고, 우주가 대폭발, 즉 빅뱅에 기원한다는 가설이 증명되었다. 이 역사적인 발견은 우주과학계를 크게 자극했고, 물리학은 한 걸음 크게 발전했다.

팡리즈 교수도 그와 같은 분위기에 고무되어 1972년 천체물리연구 그룹을 조직했다. 금지된 구역에 발을 디딘 것이었다. 그 해 그의 첫 번째 우주과학 논문인 〈스칼라(scalar)에 관해서: 장량(tensor) 이론 속에 함유된 물질 및 흑체가 방사하는 우주해(關於標量:張量理論中含物質及黑體輻射的宇宙解)〉가 발표되었다. 이것은 문화대혁명 시기에 천지가 뒤집히는 일이었으며, 과연 4인방의 강력한 비판을 받았다.

1963년에는 첫 번째 유성체(quasar)가 발견되었다. 이는 당시 천체물리학에서는 새롭고 중대한 발견이었다. 대다수의 천체물리학자들은 유성체의 개별 성질에 주목했지만 팡리즈는 유성체의 우주 대척도(大尺度) 구조에 관한 뉴스에 지속적으로 관심을 가졌다.

1985년 팡리즈와 일본 교토대학의 사토(Humitaka Sato) 교수는 공동으로 유성체와 대척도 분포의 규칙성에 관한 논문을 발표함으로써 우주가 3차원 공간 속의 원환체(Torus, 環面) 구조일 가능성이 있다고 주장했다. 아울러 이 원환체의 반경이 약 1,800만 광년이라고 계산했다. 이 논문은 경쟁을 통해 국제인력기금회가 수여하는 1등상 받았고 국제 우주과학계의 주목을 받았다. 이것은 팡 교수의 주요한 연구 성과 중 하나다.

후기(1992~2012)

1989년 6월 4일 톈안먼 사태로 말미암아 팡리즈는 중공의 지명수배 대상자가 되었다. 그는 부인 리수셴 여사와 베이징에 있는 미국대사관으로 피신했으며 13개월 뒤 중국대륙을 떠났다. 1992년 그는 미국 애리조나대학 물리학과 교수로 부임했다. 그의 삶은 다시 물리학적 발견과 묘하게 합치되었다. 1992년 과학자들은 우주의 극초단파 배경복사와 극미소(極微小, 10만분의 1)의 비등방성(anisotropy)을 발견했다. 그가 애리조나에 머문 20년의 시간은 우주과학이 성숙하여 빛난 시기였다.

우주의 마이크로웨이브 배경복사의 비등방성은 극히 적은 양이지만 덕분에 우주가 끝없이 넓은 공간으로 확장될 수 있었다. 이러한 사실은 빅뱅의 우주모형에 설득력을 더해주었다. 팡 교수는 1993년 신속하게 마이크로웨이브의 배경복사의 비등방성에 관한 논문을 발표했다.

이외에도 그는 지속적으로 우주 대척도의 구조를 탐구했다. 또한 암흑물질(dark matter), 팽창(inflation) 등 우주의 새롭고도 중요한 의제를 탐색했다. 최근 그는 우주의 깊은 곳의 스펙트럼 라인(Spectral Lines)에 대한 대대적인 작업을 진행했으며, 그것을 이용해 관측 자료를 만들어서 우주의 초기 구조의 변화를 탐색하고 검토했다.

사람들이 깊은 인상을 받은 것은 그가 중국대륙을 떠난 후에도 20년 동안 일관되게 연구 활동을 했다는 점이다. 세상을 떠나기 전까지 그는 모두 173편의 논문을 발표했다. 그는 우주과학 방면에서 걸출한 공헌을 했으며, 2010년에는 미국물리학회 원사(會士, Fellow)로 임명되었다.

팡리즈가 타이완 우주과학에 미친 영향

중국의 첫 번째 우주 과학자인 팡리즈는 타이완 제1대 양성소 출신의 몇몇 우주과학자들을 교육했다. 국립 타이완 사범대학 물리학과 리워룽(李沃龍) 교수는 그가 박사과정을 지도한 제자이다. 국립 뚱화(東華)대학 물리학과 리다싱(李大興) 교수도 과거 10년 간 그와 합작 연구를 진행했다. 이렇듯 그는 타이완에 우주과학의 씨앗을 뿌렸다.

나 역시 그와 우주과학 연구 작업을 진행한 일을 대단한 행운으로 여기고 있다. 나는 최근 팡리즈 교수와 가까이 왕래했다. 2007년 나는 미국의 스탠포드대학에서 모교인 타이완대학으로 돌아왔으며, 타이완대학의 량츠전(梁次震) 센터를 주관했다.

2009년 6월, 우주과학과 입자천문물리학을 연구하는 량츠전 센터에서 제1차 우주과학 여름학교가 열렸다. 나는 정말 운 좋게도 팡리즈 교수를 주요 강사로 초청할 수 있었다. 전국 각지 대학에서 온 200여 명의 학생들은 팡 교수의 위트 넘치고 명석한 강연에 열렬한 반응을 보였다.

부인 리수셴 교수도 타이완에 왔으며, 나는 팡 교수 부부의 친구가 되었다. 진실하고 겸손한 가운데 자신감 넘치는 그만의 개성은 내게 깊은 인상을 남겼다. 그 후 나는 애리조나로 가서 팡리즈를 만났고, 우주과학의 각종 문제들에 대해 토론했다. 그는 내 연구 하나에 흥미를 가졌으며 함께 연구해보자는 제의를 했다.

이후로도 우리들도 종종 학술회의장에서 마주쳤다. 우리는 공동 학술활동을 계획했다. 그 계획 안에는 타이완대학 량츠전 센터와 자매 센터를 만드는 일도 포함되어 있었다. ICRAnet과 공동으로 주관하여 국가를 뛰어 넘는 우주과학연구 기구를 설립하는 것이 우리의 목표였다. 팡 교수는 오랫동안 ICRAnet의 학술위원회의 위원장을 맡고 있었다. 계획을 실행에 옮기기 위해 팡리즈와 ICRAnet를 주관하는 로마의 루피니(Ruffini) 교수, 나 이렇게 세 사람은 적극적으로 교류해 나갔다.

우리가 목표했던 센터가 설립된 이후 그는 장기간 동안 타이완대학으로 와서 이 국경을 넘는 센터의 연구수준을 촉진시키려고 계획하고 있었다. 하지만 애석하게도 그는 세상과 이별했고 그 구상은 실현되지 못했다.

또한 원래 팡리즈 교수는 2012년 2월 량츠전 센터에서 주관하는 제1차 국제 학술연구토론회에 중요 강연자 참석하기로 되어 있었다. 그러나 지난 해 가을 병으로 입원한 뒤 장기여행이 불가능하다는 의사의 진단을 받았다. 돌이켜 보면 생전에 그를 볼 수 있는 마지막 기회를 놓친 것이다. 그런 생각을 하면 마음속에 슬픔이 차오른다.

그는 중국이라는 특별한 역사적 조건 속에서 대담하게 금기를 깨고 우주과학을 탐색한 부끄럽지 않은 첫 번째 인물이었다. 또한 그는 물리학 과제를 선택함에 있어 높은 수준의 민감도를 가지고 있었다. 그리고 그를 겹겹이 둘러싼 제한 속에서도 적시에 국제적으로 우주학의 최신 발견을 연구의 방향으로 잡고 있었다. 그는 조국을 떠나서 20년 동안 연구 작업을 놓지 않았는데, 세상을 떠나는 날까지 그것을 지속했다. 그가 일생 동안 최고의 신앙으로 추구한 것은 다름 아닌 과학적 진리였다.

후기2

선인장이 자라는 곳

천지엔(晨劍)

　미국에는 많은 주가 'A'로 시작한다. 그 중 2개 주는 기후 면에서 대비되는 특징이 있다. 알래스카(Alaska)주는 매우 추운 곳이고, 애리조나(Arizona)주는 매우 더운 곳이다. 나의 스승 팡리즈는 중국을 떠나던 날 베이징 난위안 비행장에서 날아오른 비행기를 타고 잠시 알래스카에 들렀다. 그리고 다시 애리조나로 날아가 그곳에서 영구 거주했다. 그는 그를 낳고 길러준 땅으로 다시는 돌아갈 수 없었다. 하지만 줄곧 고향을 생각하고 염려했다.

　애리조나에서 아주 더운 곳은 남부 애리조나 구역에 한정된다. 팡 선생님은 바로 남 애리조나의 카우보이 마을 투손에 사셨다. 이곳은 확실히 매우 더웠다. 1년 중 38도에 육박하는 더위가 백일 이상 계속된다. 이곳은 지리상으로 소노란 사막에 속한다. 이 사막에서는 특별하게 큰 식물이 자라나는데, 현지 사람들은 그것을 사구아로라고 부른다. 중국식 발음으로는 '사와로(沙娃羅)' 혹은 '사구아루오(傻瓜嘍)'이다. 그것은 선인장이라고 불러도 좋을 것이다. 그것은 내 고향의 선인장과 같은 종류의 식물에 속하기 때문이다.

애리조나의 선인장은 사람 둘을 합친 것만큼 키가 크다. 처음 투손 비행장에 도착했을 때 그것을 보고 매우 놀랐다. 그리고 설마 저것이 진짜일까, 인공적으로 만든 장식품이 아닐까 하는 생각을 했다. 나는 궁금함을 참을 수 없어서 나를 마중 나온 헨리 힐(Henry Hill) 교수에게 물었다. "저것이 정말 식물입니까?" 힐 교수는 웃으면서 대답했다. "물론이죠. 살아 있는 식물입니다. 이 사막에서 생존하려면 저 선인장과 같은 인내심을 가져야 합니다."

선인장은 전체적으로 기둥형태이지만 그 모양이 천차만별이다. 대부분의 선인장은 '팔'을 가지고 있다. 팔의 위치는 높기도 하고 낮기도 하며, 길이는 길기도 하고 짧기도 하다. 이것의 조화는 사람들에게 다른 무언가를 연상시킨다. 오른쪽 팔을 높이 든 것은 마치 손님을 영접하는 것 같고, 왼쪽 팔을 낮게 든 것은 손님을 배웅하는 것 같다. 어떤 것은 마치 베이징에 있는 망부석처럼 보였다.

산비탈에는 이미 다 자라서 군대처럼 대열을 이룬 선인장이 있다. 한번은 팡 선생님이 선인장 하나를 가리키며 "이것을 거꾸로 보면 '팡(方)'자처럼 보인다."라고 말씀하셨다. 팡 선생님은 도장을 새길 줄 아니 '팡'자도 새겨 보았을 것이다. 나는 그가 가리킨 사구아로를 보며 말했다.

"이 팡자는 상당히 크군요."

이 '팡'자는 적지 않은 사람에게 죄를 지었다. 중국공산당의 지도자에게 여러 차례 죄를 지었다. 뒤에 가서 '이중 인권 기준'이라는 구절은 미국 대통령 아버지 부시를 죄 짓게 했다.

팡 선생님이 처음 타이완을 방문했을 때 어떤 사람이 물었다. "어떻게 해야 대륙에 있는 인민들로 하여금 국민당을 이해하게 할 수 있을까요?" 그는 대답했다. "국민당은 부패했고, 대륙도 잃었으니 마땅히 중국 인민을 향해 사과해야할 것입니다."

그 자리에 모인 1천여 명의 사람들은 박수를 쳤다.

국민당 당국이 그 소식을 기뻐하지 않았음은 물론이다. 20년이 지난 뒤 국민당은 대범하게도 대륙으로 돌아갔다. 그러나 대륙의 인민들은 국민당을 인정하지 않았다. 국민당은 '2·28 사건'에 대해 사죄하며 몇 번이나 무릎을 꿇었다. 현재의 눈으로 본다면 인민들을 향해 사과해야 할 이들은 국민당 하나 뿐만은 아니다.

최혜국대우(most-favored-nation treatment, 最惠國待遇)를 받는 한 가지 일 때문에 팡 선생님은 양쪽에서 적을 만나 홀로 외로운 군사작전을 펼쳤다. 정치가의 결정은 왕왕 이익의 균형에 근거한다.

반면 과학자가 근거하는 것은 도덕률이다. 어느 날 오후, 팡 선생님은 내 사무실로 찾아와 빌 클린턴(Bill Clinton) 대통령에게 'I will no longer support you.(나는 더 이상 그대를 지지하지 않을 것이다.)'라는 내용의 이메일을 썼다고 말씀하셨다. 나는 그 말에 웃고 말았다. 그가 과거 덩샤오핑에게 쓴 편지가 쓰레기가 되어 없어졌듯 클린턴에게 보낸 편지도 마찬가지였을 것이다. 물론 이메일은 편지보다 간단하게 클릭 한 번으로 처리할 수 있다.

나는 과거 팡 선생님이 덩샤오핑에게 편지를 썼던 때를 회상했다.

그는 편지를 베껴 써서 모두 3부로 만들었다. 그리고 한 통은 류다(劉達)에게, 한 통은 린페이루이(林培瑞)에게 보냈다. 팡 선생님은 참 재밌는 분이다. 그는 덩샤오핑이 자신의 편지를 읽지 못할 것을 염려해 나머지 한 통은 우표를 붙여서 직접 덩샤오핑에게 보냈다.

그는 언젠가 자신이 류다에게 보낸 편지를 덩샤오핑이 읽었다는 얘기를 해주었다. 내 추측이지만 덩샤오핑에게 직접 보낸 편지는 아마 쓰레기통으로 던져졌을 것이다. 팡 선생님은 삶 속에서 유머를 발휘할 줄 아는 분이었다. 그 점은 때로 사람들에게 특별한 인상을 준다.

투손에는 동서로 뻗은 강이 있다. 그런데 그 강에는 물이 없다. 그 강에 물이 찬 것을 보기만 해도 돈을 번다는 전설이 전해진다. 한 번은 강이 크게 불어 교통이 통제되었고 팡 선생님은 학교에도 출근할 수 없었다. 하지만 그는 돈을 벌지 못했으니 전설은 역시 믿을 것이 못되나 보다. 사실 팡 선생님은 재물에 별 관심이 없었다. 그러나 다른 사람이 돈을 버는 것은 반대하지 않았다. 그는 자신의 제자가 월가에 있다는 소식을 듣고 호기롭게 "그는 큰돈을 벌 수 있을 거야."라고 말했다.

팡 선생님은 다른 사람을 귀찮게 하길 원치 않았다. 또 체면치레를 중요하게 여기지도 않았다. 내가 투손 시내로 이사했을 때는 많은 친구들의 도움을 받았다. 하지만 팡 교수님은 자신의 일로 많은 사람들을 수고롭게 만들지 않으려고 했다. 처음 투손에 도착했을 때 팡 선생님 부부는 아파트에 월세를 들었다.

1992년 5월 30일, 선생님은 투손 강 남쪽 언덕에서 북쪽으로 집을 사서 이사했다. 북쪽 언덕 앞에는 강이 흘렀고, 투손 시내를 조망할 수 있었다. 투손은 아주 편안하고 조용한 곳이지만 북쪽 언덕은 더욱 안정적인 느낌이었다. 또한 주변에 선인장도 아주 많았다. 팡 선생님의 방 앞에도 커다란 선인장 한 그루가 서있었다.

당시 나와 나의 처는 선생님의 이사를 도와드리러 갔다. 부피가 큰 것은 책상과 가구 몇 개, 책뿐이었으며 차로 몇 번 왕래하며 짐을 옮겼다. 팡 선생님이 돌아가실 때까지 사용하신 책상은 내가 그와 함께 이층으로 들고 가 조립한 것이었다.

투손에서의 이사는 마땅히 한 번으로 끝나야 했다. 그는 과기대학에 있을 때 여러 차례 이사를 다녔다. 팡 선생님이 리어카를 끌고 이사하던 장면은 지금도 기억이 난다. 그를 쫓아오던 사람이 물었다. "깨지고 부서진 것들을 거두시는 겁니까?" 나뿐만 아니라 다른 학생들도 그 장면을 기억하고 있을 것이다.

내가 처음 팡 선생님을 뵈었을 때 그는 교육루(教學樓) 3층의 복도 안에 살고 있었다. 이후 쳰린자오(錢臨照) 총장 집으로 이사를 갔다. 그것은 단칸방이었는데, 나는 그 방에 가본 적이 있었다. 팡 선생님의 과기대에서의 마지막 이사는 허페이를 떠나 베이징으로 돌아가는 것이었다.

투손의 팡 선생님의 집에서 멀지 않은 동북 방향에 사비노 캐니언(Sabino Canyon)이라고 불리는 작은 협곡이 있다. 평소엔 시냇물이 흐르다가 때로 물이 많이 불면 강이 되었다. 물은 아주 맑아서 밑바닥까지 보였다. 신발을 벗고 바닥의 돌들을 들여다보며 강을 건널 수 있었다. 물에 들어가 헤엄쳐 가면 작은 폭포를 만날 수 있다. 그것은 '7층

폭포'라고 불렀다. 하지만 나는 6개의 폭포만 헤아릴 수 있었다.

주변의 메마른 사막 풍경 속에서 폭포는 사람들의 몸과 마음을 한층 밝고 기쁘게 만들기에 충분했다. 위에서 떨어지는 물을 맛보고 물이 내뿜는 차가운 공기를 가슴 깊이 호흡한다. 그리고 천천히 고개를 돌려 폭포 주변의 경치를 바라보는 것이다. 아, 그 경치란…….

그 경치는 나로 하여금 고향을 회상하게 했다. 70년대 말, 과학에는 봄날이 왔지만 대지에는 아직 차가운 겨울바람이 불고 있었다. 도처에 두 줄의 글이 새겨져 있었다. '우리의 사업을 영도하는 핵심적인 힘…….', '우리들의 사상을 지도하는 이론의 기초…….' 그러나 중국 과학기술대학의 교정에는 한 줄기의 따뜻한 봄바람이 불었다. 그 봄바람은 학생들에게 '당에 들어가서 당을 바꿔야 하며', '마르크스주의가 과학을 지도하는 시기는 이미 지나갔다'라고 분명하게 말했다. 봄기운이 무르익은 교정은 생기발랄했다.

전통에 도전하려면 용기를 가져야 한다. 사람은 신의 통치로부터 해방되어야만 비로소 자유로운 힘을 가지고 전통을 향해 도전할 수 있다. 서양의 몇몇 사회는 이 한 걸음을 내딛었다. 공산당은 줄곧 그 자신이 투쟁철학에서 화해의 사회로 나아가고 있으며, 잘못을 고치고 있다고 말한다. 그러나 사람들이 지적하는 잘못은 고치려고 하지 않았다. 한줄기 봄바람은 얼어붙은 대지를 완전히 녹일 수 없었다. 그러다 갑자기 여름이 왔고 천둥 번개가 쳤다.

투손의 천둥과 번개는 선인장의 주요 저격수다. 투손의 번개는 일단 내리치면 그 불빛이 하늘을 반쯤 덮을 정도로 강력하다. 때로 그것은 땅에 내리꽂히기도 한다. 만약 번개가 선인장에 떨어지면 주변의 선인장 몇 그루가 타버린다. 그럴 때면 하늘 위에 검은 구름이 나타나는데 이상할 정도로 빠르게 흐르고 대지 위에 낮게 깔린다.

나는 천둥 번개를 무서워한다. 하늘 위에 뭉게뭉게 피어오르는 검은 구름도 무섭긴 마찬가지이다. 하지만 그것은 내 고향의 기괴한 느낌을 주던 '검은 구름'과는 감히 비교할 수 없다. '자산계급의 자유화'는 무엇인가? 무산계급의 자유화는 존재하는가? 자산을 가지고 있으면서 자유도 가지고 있는 것은 어떠한 경지일까? 왜 그것을 비판해야 하는가? '전반적인 서구화'는 귀에 거슬리는 말이다.

오래된 조종(祖宗)은 동양의 것이지만 '소강(小康)의 집안'은 지나치게 속된 것이다. '작다(小)'는 것은 온전함을 의미하지 않는다. 그래서 '소강' 뒤에는 마땅히 '큰 부자'가 있어야 한다. 이것은 사회를 이끄는 것인가, 아니면 봉건주의를 향해 달려가는 것인가?

1987년에 고향을 내리쳤던 그 천둥 번개를 떠올려 보면, 소리는 컸으나 비는 많이 내리지 않았다는 걸 알게 된다. 팡 선생님은 그것을 두려워하지 않았다. 그는 학창시절 '뇌우(雷雨)'라는 연극에서 특수효과와 음향을 맡은 적이 있었다. 그는 번개, 우렛소리, 바람소리 등을 만들었다.

천둥이 지나가고 팡 선생님은 부총장직을 잃었다. 직위를 잃었다는 것보다 과기대를 떠나야 한다는 사실이 그의 마음을 아프게 했다. 그는 과기대를 진정 열렬히 사랑했기 때문이다. 팡 선생님은 정이 깊은 분이었다.

시냇물은 사막을 향해서 흐르며 사막 속에서 사라진다. 내년 봄이 되기를 기다려야 협곡의 폭포와 그곳에서 자란 식물들을 볼 수 있다.

또한 맑은 시냇물이 흐르는 것도 볼 수 있다.

2009년에 중국 남방에 어느 대학 총장이 제시한 학교운영 방침은 20여 년 전 팡 선생님이 제시한 것과 같았다. 이것은 기쁘기도 하고 슬프기도 한 일이다. 역사는 2차원의 평면좌표로 분석할 수 있다. X축은 기쁨, Y축은 슬픔이다. 이러한 좌표에 묘사된 한 줄 한 줄의 선은 슬픔과 기쁨으로 교차한다.

그러나 80년대 고향의 교정은 기쁨으로 가득했다. 그 교정은 한 시대의 학생들은 길러냈다. 팡 선생님의 강의는 세계 일류 수준이었다. 그는 기초물리 강의에서 시작해 인류 역사상 가장 위대하고 유명한 방정식 'E=mc²'가 어떻게 탄생했는지 가르쳤다.

그는 과학 방법론도 강의했다. 그리고 피타고라스에서 아인슈타인에 이르기까지 현대인의 철학 관념은 무엇이며, 시간은 왜 1차원적이고 공간은 3차원적인지를 비롯해 물리학의 실재론 증명, 인간원리와 대수정리 등을 가르쳤다.

그는 우리들을 고취시켜 전통과 권위에 맞서 도전하게 했다. 30년 전에는 인터넷도 구글(Google)도 없었다. 우리들의 많은 지식은 모두 팡 선생님이 전해준 것이다. 그는 끊임없이 새로운 것을 배웠다. 게다가 매우 빠르게 배웠다. 덕분에 그의 작업 효율은 높았다. 팡 선생님께 편지를 보내면 즉시 답장이 왔고, 질문을 하면 반드시 충분한 대답을 들을 수 있었다.

팡 선생님의 1대 제자들은 교정을 떠나 세계로 향했다.

나는 팡 선생님보다 몇 년 일찍 투손의 소노란 사막으로 왔다.

팡 선생님은 투손에 정착하기 전 프린스턴대학에서 강의를 했으며, 나는 그곳에서 그를 만났다. 그는 내게 자신의 사무실 두 곳을 보여주었다. 한 곳은 고등연구원에 있었는데, 아인슈타인이 죽을 때까지 일했던 곳이었다.

다른 한 곳은 그가 물리학을 강의하는 프린스턴대학 안에 있었다. 프린스턴은 기후적인 면에선 투손보다 나았지만 많은 정치적 소용돌이가 있는 곳이었다. 투손은 보다 안정적인 곳이었다. 천문연구관측센터가 있는 투손의 하늘은 아주 파랗고 맑으며, 애리조나대학은 친근하고 귀여운 느낌을 주었다.

선인장도 귀엽다. 그것은 애리조나주의 상징이며 법률로 보호받고 있다. 선인장은 다른 식물들처럼 생존을 위한 자원이 필요하지 않다. 잎이 없으므로 다른 식물들처럼 광합성도 많이 하지 않는다. 선인장의 꽃은 소박한 모양이며 대부분 흰색이다.

선인장과 장미 둘 다 가시를 가지고 있지만 이렇듯 둘의 느낌은 사뭇 다르다. 선인장은 뿌리가 얕아서 땅 속의 양분을 많이 빼앗지 않는다. 또 도로를 닦거나 집을 지을 때 뿌리가 하수도까지 뻗쳐서 사람들을 골치 아프게 하지도 않는다. 이렇게 선인장은 애리조나주 사람들과 평화롭게 공존한다.

나는 팡 선생님이 상 받는 일에 욕심을 내는 것을 본 적이 없다. 어디서 상을 주면 그저 기쁜 마음으로 받았을 뿐이다. 사실 팡 선생님은 명망 높은 분이라 다른 사람과 이름을 다툴 필요도 없었을 것이다.

나는 그가 이익을 도모하는 것도 본 일이 없다. 처음 미국에 왔을 때부터 유명했으므로 원한다면 이익을 도모할 수도 있었을 것이다. 자신의 강연에 아주 높은 가격을 매길 수도 있었다. 하지만 그는 그렇게 하지 않았다. 또한 결코 증거 없이 다른 사람을 의심하지도 않았다. 모든 일은 증거가 있어야 했다. 다른 사람을 곤경에 빠뜨리는 일도 하지 않았다.

나는 그가 공개적으로 발표한 글에서 다른 사람의 이름을 거론하며 비판하는 것을 딱 한 번 보았을 뿐이다. 2009년 과기대 영상과 인쇄 홍보물에는 첸쉐선(錢學森)이 등장했다. 팡 선생님은 바로 그를 가리켜 화난 어조로 말했다. "첸쉐선은 과기대에 어떤 공헌을 했는가? 그는 과기대에 가본 적이라도 있는가?"

녹색카드를 처리하는 일에도 줄을 서다

사막의 기후는 건조하다. 투손은 낮에 무척 덥지만 태양이 지고나면 기온이 아주 빠르게 낮아진다. 추석날 저녁 사막의 달은 매우 밝았다. 나는 팡 선생님과 함께 선인장숲 속에서 달을 감상하곤 했다.

동양문화권에선 달에 관한 많은 전설과 시가 있다. 달빛은 우리의 추억을 일깨우며, 그 추억 속엔 가까운 사람과 친구들이 살고 있다. 오늘날의 통신과 교통은 공간을 단축시켰다. 그러므로 우리의 고향도 그리 멀지 않았다. 하지만 중국의 정치는 팡 선생님의 고향을 닿을 수 없는 곳으로 갈라놓았다. 달빛 아래 선인장들은 이러한 사실을 알지 못한다.

선인장의 그림자는 달빛을 따라 움직인다. 달이 구름 속에 숨었다가 모습을 드러내고 잔잔한 바람이 선인장숲 속에 불었다. 주변에 움직이는 것이 없었다. 이 얼마나 고요한 풍경인가! 그러나 또한 모든 것이 움직이고 있음을 느꼈다.

　호남에는 이러한 말이 있다. "보라. 구름이 달 뒤로 달려간다." 이 말에 팡 선생님은 큰 소리로 하하 웃었다. 그 웃음소리는 그가 평소 강의할 때처럼 쩌렁쩌렁했다. 그의 목소리와 음성엔 특별한 매력이 담겨 있어서 사람들의 마음에 공명을 일으키곤 했다. 미풍이 달빛 아래로 흘러 선인장숲 전체로 퍼져나갔다. 마치 피아노 소나타 14번을 연주하는 것 같은 솜씨였다.

　음악은 신이 인류에게 내려준 선물이다. 그것은 전 세계 사람들과 마음으로 소통하며, 굳이 번역하거나 해석할 필요가 없다. 그것은 악기의 진동으로부터 만들어지지만 이러한 진동의 조합은 천만가지의 심상을 마음으로 전할 수 있다. 그것은 총체적이고 원대한 조화로움이다.

　투손에서의 20년 동안 팡 선생님은 많은 어려움을 겪었다. 이와 관련된 많은 이야기가 있다.

　프린스턴에 있을 때 나는 팡 선생님이 한 무더기와 책과 논문을 복사하는 것을 본 적 있다. 무엇을 하고 계시냐고 묻자 변호사가 그의 녹색카드를 처리할 수 있도록 자료를 준비한다는 대답이 돌아왔다. 이해가 되지 않았다. 팡 선생님이 스스로 녹색카드까지 처리해야 한단 말인가? 미국 이민국은 팡리즈가 어떤 사람인지 전혀 모른단 말인가? 간단히 신문만 살펴봐도 알 수 있었을 텐데.

　미국 대통령은 베이징에서 그에게 정치적 피난처를 주었다. 하지만 미국에 도착했을 때는 그것을 제공하지 않았다. 하지만 돌아보면 그것은 어쩔 수 없는 일이었다는 생각도 들었다. 그는 한 자녀 갖기에 반대했는가? 그는 그것과 아무 관련이 없다. 종교적인 박해를 받았는 가? 그는 어떤 신앙을 갖고 있지 않다. 반동조직에 참여했는가? 그것 과 접촉한 일도 없다. 1989년 6월 4일 톈안먼에서 정부 발포에 반대 하는 시위에도 참여하지 않았다. 그러므로 그의 미국행은 정치적 피 난이라고 보기에는 어려움이 있었다.

국내에 있는 내 동료 한 명은 "팡리즈 선생은 미국에서 일을 찾는 데 아무런 문제가 없다. 미국 대통령이 그의 친구다."라고 말했다. 나 는 내 속마음을 그에게 말할 순 없었다. 팡 선생님이 애리조나대학에 서 일을 하게 된 것도 규정에 따라 차근차근 일을 처리했기 때문이었 다.

그는 원래 어떤 '관계'로 일을 진행하기를 원치 않았다. 팡 선생님 이 애리조나대학 물리학과에 오기 전에는 교수를 초빙하는 일은 주 임 선에서 끝났지만, 그 해엔 학과 내에서 토론을 하고 투표에 부쳐서 결정하는 것으로 바뀌었다. 결과적으로 팡 교수님은 투표를 통해 교 수로 초빙되었다.

사정이 이러한데 대체 누가 대통령의 친구란 말인가? 고향의 신문 에선 항상 몇몇 외국 대통령을 '중국인민의 친구'라고 쓴다. 그렇게 치면 미국 대통령도 마오쩌둥과 덩샤오핑의 친구일 것이다. 하지만 팡 선생님이 미국 대통령의 친구가 될 차례는 대체 언제 돌아온단 말 인가?

1992년 12월 나는 로스앤젤레스에 갈 일이 있었다. 그때 팡 선생님이 물으셨다. "내 일을 하나 처리해줄 수 있겠는가?" 무슨 일이냐고 문자 그는 "여권의 빈 칸을 다 써버려서 장 수를 늘려야 해."라고 하셨다. 중국정부에게 여권을 몇 장 늘려달라고 요구하는 게 무슨 큰일일까. 비록 팡 선생님은 지명 수배범이었지만 중국정부가 그의 출국에 동의했다. 그러므로 그를 돕는 것이 죄를 짓는 일은 아니리라.

사실 여권의 장 수를 늘리는 일 때문에 사람이 직접 갈 필요는 없었다. 많은 사람들이 이런 일은 우편으로 처리한다. 로스앤젤레스의 중국 영사관은 주차도 쉽지 않은 곳이었다. 그러나 팡 선생님이 굳이 내게 일을 부탁한 것은 그만큼 나를 믿고 계신다는 의미였다. 그는 자신의 여권을 처리하는 일의 권한을 내게 위임한다는 글을 썼다.

나는 아내와 함께 그의 여권과 위임장을 가지고 중국 영사관으로 갔다. 우리를 맞이한 젊은 청년은 모든 서류를 자세히 검토하더니 "됐습니다. 문제없군요. 처리한 다음에 그에게 부치겠습니다."라고 말했다. 모든 것이 순조로웠다.

마음속으로 생각해 보니 그 청년은 아마도 팡리즈가 누구라는 것을 모르는 듯 했다. 그러나 얼마 지나지 않아 내 생각이 잘못이었음이 증명되었다. 영사관으로부터 팡 선생님의 여권이 도착했는데, 장 수가 그대로였다. 처리하지 못했다는 말도, 앞으로 처리해준다는 말도 없었다. 우리들은 영사관에 헛걸음을 했던 것이다.

팡 선생님은 중국대륙으로는 갈 수 없었다. 일국양제의 홍콩도 마찬가지였다. 대신 타이완에는 갈 수 있었다. '하나의 중국'이든 양쪽에 각각 하나의 국가가 존재하는 '일변일국(一邊一國)'이든 간에 그는 타이완만큼은 자유롭게 드나들 수 있었다. 그는 중국어로 진행되는 타이완의 학술교류에서 역시 중국어로 물리학을 강의했다. 그렇게 고향에 대한 향수를 약간 해소할 수 있었다.

고향에서 그는 '서구화'를 통해 보수적인 관념에 충격을 주자고 말했다. 하지만 그가 서양에 온 뒤로 그는 서양문화의 도전에 직면했다. 그러나 그는 여전히 행복한 마음으로 매사 충실함과 자유로움을 잃지 않았다. 또한 자신의 일에서 성과를 거두었다.

그는 연구, 강의 등 교수가 해야 할 일들을 했다. 그는 자신에게 주어진 모든 일에 최선을 다했다. 또 애리조나에서 베이징과 타이완과 함께 하는 합작연구를 진행했다. 그는 그 일의 총본부를 이탈리아 ICRAnet를 설립해 연구 활동을 주관했다. 그는 비록 중국대륙으로 돌아갈 수 없었지만 줄곧 대륙의 학생, 학자들과 교류를 유지했다. 그리고 중국대륙을 위해 학생들을 길러냈다.

그는 2011년에 처음이자 마지막으로 중국대륙 관청으로부터 돈을 받은 적이 있다. 인민폐로 400위안이었는지 800위안이었는지 정확히는 모르겠다. 그것은 그가 국내 학생들을 양성한 일에 대한 보수였다. 많은 돈은 아니었지만 그는 무척 기뻐했고 큰 위로를 받았다. 중국대륙이 그의 공헌을 인정했다는 의미였기 때문이다.

어쩌면 이곳 애리조나는 팡 선생님에게 선인장으로 가득한 타향이었을 뿐인지도 모른다. 그는 고향을 생각하는 깊은 마음을 가지고 있었지만 슬픔만을 간직하진 않았다. 애리조나에는 그의 학생과 동료, 친구가 있었고, 자녀들과 손자들, 온종일 함께 지내는 아내 리수셴도 있었다.

생의 마지막 단계에서 그는 지난 일을 돌이켜 보고 1989년 베이징의 미국대사관에서 밖으로 나가려던 의지를 꺾고 그곳에 머물 수밖에 없었음을 인정했다. 그는 이후 애리조나에서 20년 간 안정된 생활을 하며 고요한 마음으로 그가 가장 사랑하는 과학과 강의에 매진했다.

생명의 최후 단계

팡 선생님 생의 마지막 단계는 2011년 5월은 그가 타계하기 직전이라고 할 수 있다.

2011년 4월에서 5월 초까지 팡 선생님은 남 캘리포니아에 가서 미국물리학회 회의에 참가했다. 그것은 그가 애리조나를 떠나 마지막으로 참석한 공개 활동이었다. 미국물리학회는 그에게 원사의 자격을 부여했다. 팡 선생님의 동료와 오랜 친구들은 그를 축하하는 작은 연회를 마련했다. 애리조나대학 물리학과 시에커창(謝克强) 교수가 그 연회를 주관했다. 팡 선생님은 나도 그 자리에 데려갔다. 연회는 성황을 이뤘다. 물리학자들은 과학연구에 대한 담론을 나누었다.

팡 선생님이 이 최후의 단계에서 쓴 글 속에선 이런 내용이 있다. '일상적인 강의와 연구만으로도 벅차서 자서전을 쓸 에너지가 없다.' 그 글을 읽고 나는 팡 선생님 몸이 더 이상 마음을 좇을 수 없게 되었음을 느꼈다.

그는 세 차례에 나누어서 '내가 겪은 1989년부터 1990년까지 중미의 상호역할'이라는 중요한 글을 썼다. 그리고 그것을 5월 28일, 6월 2일, 6월 5일에 나누어서 인터넷(fanglizhi.info)에 올렸다. CND인터넷 화하문적(華夏文摘)도 때맞추어 그의 글을 게시했다. 늘 그래왔든 팡 선생님은 그해 여름에도 이탈리아에서 학술활동을 하려고 했다.

나는 그가 이탈라에서 투손으로 돌아오면 연락을 할 참이었다. 그때 그가 병에 걸렸다는 소식을 들었다. 그의 글은 과거와 마찬가지로 유머와 해학이 넘쳤다. 그러나 나는 글의 행간에서 상황이 심상치 않음을 직감했다. 그래서 9월 초 아내와 함께 차를 몰아 투손으로 달려갔다.

투손은 그때도 여전히 더웠다. 팡 선생님 집 앞 선인장은 좀 더 자란 것 같았다. 하지만 그는 많이 약해져 있었다. 다행히 그의 정신은 4개월 전 마지막으로 보았을 때처럼 민첩했다. 책을 읽는 속도도 여느 때처럼 빨랐다. 내 아내가 책 2권을 가져갔는데 이틀 만에 모두 읽어버렸다.

그는 평소처럼 아침에 일찍 일어났다. 몸이 약해진 주요 원인은 체력과 심장기능이 떨어졌기 때문이었다. 팡 선생님 집 앞에는 차도가 하나 있다. 우편물은 그 길을 건너 비탈길을 걸어가면 나오는 우편함에서 가져와야 했다. 나는 팡 선생님이 우편물을 가지러 가는 모습을 여러 번 보았다.

그는 주로 아침 일찍 집을 나섰으며 머리를 곧게 세우고 가슴을 앞으로 내밀면서 걸었다. 언젠가 과기대 학생이 작은 작품을 연출하면서 팡 선생님이 걷는 법을 흉내 낸 적이 있는데, 연습을 하고 나니 제법 비슷하게 따라할 수 있었다. 그만큼 그의 걸음걸이는 특징적인 면이 있었다. 하지만 그 날 팡 선생님의 걸음걸이는 평소 같지 않았다.

비탈길을 걷는 속도가 매우 느렸다. 우편함 앞에서 그는 허리를 굽혔다. 우편물을 집어낸 뒤엔 중력을 극복하고 몸을 곧게 일으켰다. 그리고 다시 천천히 집으로 돌아왔다. 그 모습은 나로 하여금 30년 전 그가 우리들에게 물리학을 강의하던 시절을 떠올리게 했다. 그는 큰 걸음으로 교육루 301호 강의식 강단에 올라왔다. 그 날 강의 주제는 '협의상대론'이었다. 그는 칠판에 '시간과 공간'이라고 썼다. 나는 울고 싶지 않았지만 두 눈 가득 뜨거운 눈물이 차오르는 것은 어찌할 수 없었다.

나는 줄곧 팡 선생님이 아주 건강하다고 생각했다. 그는 나이 든 사람들이 흔히 겪는 병을 가지고 있지 않았다. 또 약으로 몸을 다스릴 필요도 없었다. 그는 술, 담배도 멀리했다. 한쪽 귀는 아주 어릴 때 먹어서 한 쪽 귀로만 들었다. 그 날 팡 선생님을 만났을 때 그는 보청기를 끼고 있었다. 들을 수 있는 한 쪽 귀의 청력이 많이 약해져서 고주파는 이미 들을 수 없었다.

병을 앓기 전만 해도 그는 다른 사람의 부축이 전혀 필요하지 않았다. 하지만 우리와 함께 식당을 찾았을 때 내 아내는 팡 선생님을 부축했고, 그도 거절하지 않았다. 우리가 투손에서 머문 시간은 짧았다. 그래서 그를 돕지 못했다. 아마도 그는 도움이 필요했을 것이다. 헤어질 때는 손을 흔들어 인사했다. 그때만큼은 서양식으로 포옹을 하고 작별했어야 했다. 이 안타까운 마음은 쉬이 가라앉질 않는다.

팡 선생님이 최근 몇 년 동안 쓴 산문의 첫 번째 독자는 언제나 나였다. 나도 팡 선생님과 관계된 간단한 글을 썼고, 그 역시 내 첫 번째 독자가 되어 주었다. 나는 그가 쓴 금혼(金婚) 기념문을 읽고 감상을 썼다. 시간이 촉박한 탓에 글의 느낌이 팡 선생님의 글과 맞아 떨어지지 않았다. 나는 그것을 남겨 두었다가 후에 공개할 생각이었다. 하지만 팡 선생님은 그 짧은 감상문을 공개하라고 나를 몇 번이나 격려해 주었다. 마치 시간이 얼마 남지 않은 것을 느낀 것처럼……

2012년 1월 3일에 팡 선생님은 심장 기능이 대부분 회복되었다는 소식을 편지로 알려 주었다. 의사도 그가 강의실로 돌아가는 것에 동의했다고 한다. 그의 가족과 친구, 동료들은 기뻐하는 한편 걱정했다. 그의 몸 상태가 호전되었다는 것은 분명 기쁜 소식이었다. 하지만 만약 검진 결과가 잘못된 것이라면? 더욱이 팡 선생님은 엄격한 물리학자라 자신의 감각이 아닌 자료를 믿었다.

그가 타계하기 전 며칠 동안 그의 몸은 편치 않은 상태였다. 도리어 병색이 짙어졌는데 그는 오로지 새로운 검진 결과가 나왔는지에 대해서만 물었다. 몸이란 총체적인 것이어서 국부적인 것의 합과는 다르다. 체력이 전체적으로 회복되려면 긴 시간이 필요했다. 하지만 팡 선생님은 몸이 불편한 것은 잠시이며 곧 건강을 회복할 것이라고 생각했다.

젊어서 겪은 불편하고 고생스러운 일들도 모두 그렇게 통과해왔으니 말이다. 그리고 그는 자신의 불편함으로 다른 사람을 귀찮게 하지도 않았다. 만약 몸이 편치 않은 느낌을 주변에 털어 놓았다면 그의 가족과 친구들이 그의 몸 상태를 보다 잘 이해할 수 있었을 것이다. 하지만 팡 선생님은 그렇게 하지 않았고 그의 옆엔 그를 도울 사람이 없었다.

학교로 돌아간 팡 선생님은 바로 강의를 시작했다. 그것은 그의 생명의 한 부분이었다. 나는 그에게 당분간 몸 상태에 주의해주시길 희망하는 편지를 썼다. 물론 나는 내 권고는 어떤 작용도 하지 못한다는 것을 알고 있었다.

나는 팡 선생님에게 퇴직을 권했지만 그는 거부했다. "퇴직은 하지 않을 거야. 퇴직하면 죽는 것이나 다름없어." '퇴직을 안 하면 안 죽는답니까?' 하는 말이 목구멍까지 올라왔지만 나는 감히 그 말을 꺼내놓지 못했다. 퇴직을 하든 안 하든 어차피 죽을 테니 팡 선생님은 퇴직을 하지 않는 쪽을 선택했다. 나라도 그런 선택을 했을 테니까. 죽음을 생각하면 마음이 쓸쓸해진다. 사람은 언젠가는 죽고 모든 인연은 결국 헤어진다 하더라도.

투손 주위에는 산이 하나 있다. 우리는 그것을 레몬산(Mt. Lemon)이라고 불렀다. 산 위의 많은 구역이 해발 8천 피트 이상이다. 차를 타고 가면 1시간 만에 8천 피트 높이에 도착한다. 고도가 높은 곳이라 그곳의 식물들은 산 아래와 많이 다르다. 그곳엔 선인장이 없다. 선인장은 산자락 아래에서만 자란다.

산 위에는 키가 큰 소나무와 내가 일했던 천문대가 있다. 여름의 투손은 아무리 더워도 산 위는 시원하다. 산 위에서 남쪽을 바라보면 투손 시내가 내려다보인다. 경치가 대단히 훌륭해서 팡 선생님은 손님이 오실 때면 그들을 데리고 이곳을 한 바퀴 돌았다.

산 위의 하늘은 산 아래보다 푸르렀다. 빨간 태양이 서쪽 지평선으로 내려가면 하늘의 풍경이 돌연 달라진다. 동쪽 하늘에서 반짝이는 별들이 떠올랐다. 나는 언젠가 팡 선생님에게 망원경으로 4개의 목성

위성을 관측했다고 말했다. 그러자 그는 갈릴레오가 이 4개의 위성을 관측하기 위해 필생의 노력을 한 이야기를 들려주었다. 그렇다. 우리들은 행운아다.

팡 선생님과 나는 산의 가장 높은 정상에 서 있었다. 다시 머리를 들어 하늘을 올려다보았다. 깊은 남색. 하늘은 깊은 남색이었다. 그것을 응시하고 있자니 호흡이 안정되고 눈을 깜박이고 싶지 않았다. 어떤 물감으로 이토록 신비로운 하늘을 그려낼 수 있을까. 인류 문명은 자연에 대한 경외심으로부터 시작되었다.

그 경외심과 신비로움은 신의 존재를 떠올리게 한다. 신을 알고 나면 신앙을 갖게 되고 종교도 갖게 된다. 그리고 그 종교는 사람들로 하여금 전쟁을 하게 한다. 하지만 전쟁의 잔혹함은 사람들이 다시 평화를 추구하도록 만들었다. 평화를 가진 사람들은 민주주의를 추구하게 된다. 민주를 이루고 나서야 비로소 자유와 인권, 평등을 생각기에 이른다.

"팡 선생님, 선생님도 그러셨습니까?" 하지만 그는 대답이 없다. 나는 그에게 묻고 싶은 것이 많았다. 시간이 없어서 다음에 물으려고 미뤄둔 것들이다. 나는 팡 선생님에게 이메일을 보냈다. 늘 즉시 답장을 해주셨는데 이번엔 그러지 않으셨다. 스카이프에도 로그인하지 않았다. 영혼을 담을 수 있는 컴퓨터는 아직 만들어지지 않은 것이다.

내가 그를 만날 수 있는 것은 단지 꿈속이었다. 꿈에서 나는 팡 선생님의 마지막 과목 '광의상대론과 우주과학'을 이수했다. 내가 꿈에서 그를 보았을 때 그는 칠판에 길고 긴 방정식을 쓰며 말했다. "r이 0으로 달려가면 이것이 특이점이다. 방정식이 풀리면 그것은 바로 블랙홀이다."

블랙홀은 사람들을 놀라게 한다. 만물이 모두 그것에 빨려 들어간다. 속도는 점점 빨라지고 빛도 함께 빨려 들어간다. 나는 놀라서 깨어났다. 침대 머리맡에 있는 시계는 평소와 다름없는 속도로 째깍 째깍 움직였다. 나는 다시 잠들 수 없었다. 팡 선생님은 언제 다시 내 꿈에 나타나 못 다한 강의를 해주실까?

2012년 4월 14일, 우리들은 팡 선생님과 작별해야 했다. 그는 깨끗한 꽃 속에 누워있었다. 그의 옆에 서서 그가 잠든 모습을 보았는데 낯설지가 않았다. 그 해 그는 우리집의 소파에서 책을 읽은 적이 있었다.

그는 책을 읽다가 피곤하면 바로 누워서 잤다. 내 아내는 그가 추울까봐 담요를 가져다 덮어 주었다. 하지만 이번에는 그를 위한 담요를 덮어줄 수 없었다. 그의 마지막을 애도하러 많은 사람들이 찾아왔다가 떠났다. 하늘이 완전히 컴컴해진 저녁 8시 무렵, 팡 선생님의 관이 덮였다. 그는 퇴직도 하지 않은 채 갑자기 바람처럼 가버렸다.

그는 1936년 2월 12일 중국에서 태어났다. 그리고 1992년 1월 2일 오후 아내 리수셴 선생님과 투손에 도착했다. 비행장으로 가서 두 분을 맞이한 사람은 나와 내 아내뿐이었다. 팡 선생님의 이름 앞에는 많은 수식어가 붙었다. 그러나 내게는 그저 한 분의 스승이었다.

그는 일찍이 한 대학의 부총장을 지냈고, 중국과학원의 가장 젊은 학부위원 가운데 한 분이었다. 그는 내 고향 허페이에서 나의 첫 번째 물리과목을 강의하셨다. 그리고 이곳 선인장의 고장에서 내 박사논문에 서명했으며, 내 논문 답변위원회의 5명의 교수들 가운데 한 분이었다.

선인장은 별들이 총총 뜬 밤하늘을 주시하며 낮과 밤의 온도차가 심한 이곳 공기 속에서 수분을 빨아들이고 있다. 그리고 이곳을 다녀갔던 이들의 이름을 하나하나 회상하고 있다.

이 선인장들은 언제 지구에 온 것일까? 2백 년? 그보단 훨씬 길 것이다. 2천 년? 5천 년? 아니면 50만 년? 나는 때로 이 선인장들을 내 고향땅으로 가져가 심으면 어떨까 하는 생각을 한다. 그것은 그저 내 멋대로 한 생각이다.

선인장들은 아마 허페이에서 살 수 없을 것이다. 그곳의 토양이 대단히 습하기 때문이다. 중국 서부의 고비 사막 물가에선 살 수 있을지도 모르겠다. 만약 선인장을 고비 사막에 심는다면 몇 년 뒤 사람들이 그것을 보고 마치 세쿼이아(紅衫樹, Sequoia sempervirens)를 본 것처럼 한 곡조의 노래를 부를 것이다.

그러면 먼 곳의 사막에서 마치 노래하듯 낮은 목소리가 들려올 것이다. "To be by your side.(항상 당신 곁에 있겠어요.)" 조용히 귀 기울여 보자.

> 오늘 저녁에 그대와 함께 있네요.
> 내일은 떠나야 하지요.
> 눈물을 머금고
> 펼쳤던 사람의 날개.
> 울퉁불퉁한 사막을 날아 건너고, 뜨거운 산등성이를 뛰어 넘어서
> 찬바람 부는 속에서도 흩날리는 빗속에서도 영원히 쉬지 않네요.

해석하려 하지 마. 그것이 무엇 때문이냐고.

오해와 틈새는 끝내 소실 될 것이니.

오늘 밤 그대와 함께 있네요.

내일은 떠나지만…….

나는 선인장과 작별하고 애리조나를 떠나서 알래스카를 거쳐 고향 베이징으로 돌아왔다.

2012년 12월 10일

부록

팡리즈의 일대기

1936년 팡리즈는 2월 12일(음력 병자년 정월 20일) 베이징에서 출생했다. 위로 형 둘, 아래로 여동생 셋이 있으며, 형제들 가운데 셋째였다.

1937년 항일전쟁 발발.

1941년 베이징사범학교 부속소학교 진학.

1945년 8월 15일 일본 항복.

1946년 소학교를 졸업하고 베이징평민중학교에 입학했다가 반년 뒤 베이징4중학교로 전학하여 고등학교까지 마치고 1952년 졸업했다.

1948년 국공내전, 연말에 베이징4중은 강제로 약 1개월 휴교.

1949년 4중의 휴교기간에 비밀리에 공산당 외곽조직인 민주청년연맹에 가입했다.

10월 1일 중화인민공화국 성립.

1950년 한국전쟁 발발.

1952년 베이징대학에 진학.

1955년 6월 1일 공산당 가입을 승인받았다.

가을, 고도의 기밀을 요하는 원자핵물리 전공으로 뽑혀 들어갔다. 같은 해 중국당국은 국제원자클럽에 가입하기 위해 원자과학을 발전시키고 핵폭탄을 제조하기로 결정했다.

1956년 8월 말 베이징대학 졸업했고, 중국과학원 근대물리연구소에서 작업하도록 배치 받았다.

1957년 3월, 중국과학원 당위원회는 베이징 각 연구소의 당원에게 마오쩌둥의 두 개의 새로운 담화를 전달했다. 담화 속에서 마오쩌둥은 '백화쟁명, 백화제방'을 제기해 당 외 인사들이 공산당의 각종 과오를 비판하도록 청했으며 이를 '명방'이라고 한다.

12월 반응로 연구팀에서 축출되어 당적을 빼앗기고 개조를 위해 농촌으로 하방(下放)되었다.

여자 친구 리수셴이 먼저 '우파'가 되었다.

1958년 1월 2일 리수셴의 편지를 받고 그녀가 1957년 정식으로 당적을 빼앗겼음을 알게 되었다.

1월 4일 난싱궈향(南邢郭鄕)에서 베이징으로 돌아와 리수셴을 만났고, 그 후 다시 농촌으로 복귀했다.

가장 추운 시기 우물을 파기 시작했다.

리수셴도 베이징에서 멀리 떨어진 교외인 먼터우거우(門頭溝)로 하방 되었다.

8월 말 과기대에 돌아가서 물리학과 조교를 맡았다.

1959년 과기대에서 물리학 강의를 시작했다. 1학년의 일반물리부터 고학년의 근대물리까지, 그리고 기초 실험물리부터 각 과의 이론물리까지 가르쳤다.

가을, 중화인민공화국 수립 10주년을 맞아 마오쩌둥이 특사령을 발표했다. 리수셴은 특사의 대열에 포함되어 우파의 모자를 정식으로 벗고 농촌에서 베이징대학으로 돌아왔다.

팡리즈와 과기대물리학 선생들은 농업노동에 안배되어 징쟈오산(京郊山)에서 나무를 심었다.

1961년 10월 6일 리수셴과 결혼했다. 결혼식은 베이징대학 물리학과 회의실에서 올렸다.

팡리즈는 제1기《물리학보》에 논문〈변형적인 전파함수를 이용해 핵전하의 반경을 계산하다〉를 발표했는데, 당시 총편집인인 첸린자오 교수는 팡리즈에게 왕원란이라는 가명을 사용하라고 권했다.

1964년 6편의 논문을 완성했고, 그 가운데 4편을《물리학보》에 발표했다. 그 해 팡리즈는《물리학보》에 논문을 가장 많이 발표한 두 명 가운데 한 명이었다.

1965년 4월, 랴오닝성 잉커우의 전자공장으로 전근가라는 통지를 받았으나 당시 과기대 부총장이자 중국 물리학계의 원로 선배인 옌지츠(嚴濟慈) 선생이 과기대 당위서기인 류다(劉達)에게 팡리즈는 학교에 남겨 두어야할 인재라고 말함으로써 최종적으로 류다가 명령을 취소했다.

가을, 개학한 뒤 창양 농장에서 과기대로 돌아왔고, 조교에서 강사가 되어 '전자역학'을 강의했다.

1966년 6월 1일 무산계급 문화대혁명이 시작되자 전국 대학은 강의를 중단하고 도서관과 실험실도 모두 문을 닫았다.

1967년 겨울, 베이징 동쪽 교외의 뉴란산에 있는 당시 중국에 막 수입된 최신 설비의 인조섬유공장인 비닐론에서 막노동을 했으나 새로운 기술을 배우지는 못했다.

1968년 다시 한 번 심사를 받고 '반동언론'으로 조사 되었다.

여름, 문화대혁명투쟁으로 인해 학교에서 갇혔고 '운 좋게 법망을 벗어난 우파'로 분류되었다. 그에 따라서 집안은 비참한 노략질을 당했고 리수셴은 급하게 1958년부터 1959년 사이에 서로 주고받은 100통이 넘는 서신을 불태웠다.

6월 12일 둘째 아들 팡저(方哲)가 태어났다.

1969년 3월에 과기대 전교생들은 철로 수리를 위한 작업에 동원되었고 5월에 끝났다.

5월에 농장과 공장에서 과기대로 돌아 온 뒤에 집에 가는 것을 허락받았다.

마오쩌둥은 땅굴을 파서 전쟁에 대비하기 위해 "굴을 깊게 파라"고 호소했고, 수차례 지하도 건설 노동에 참가했다.

여름이 끝날 무렵 당국은 베이징대학교를 장시의 리위저우로 이전할 것이라고 공포했다.

8월 29일 리수셴이 남쪽으로 내려갔고 한 가족이 모여 사는 생활이 끝났다.

1970년 1월, 과기대 물리학과 교수와 학생들이 안후이성 화이난 탄광지역으로 가서 광부 재교육을 받았다.

8월, 셰싼 광산에서의 일을 끝내고 허페이로 돌아갔다.

허페이 도착 후 벽돌을 만드는 노동에 참여했다.

1971년 8월, 처음으로 리수셴과 신혼 밀월여행을 떠나 황산을 여행했다.

9월 13일에 린뱌오(林彪)가 갑자기 죽고 문화대혁명이 후반기로 접어들었다.

베이징 소재 사진기 공장으로 파견됨. 노동이 끝난 뒤 논문을 썼다. 〈물질 및 흑체 복사를 포함하는 표준 장량이론 중의 우주해에 관해서〉라는 제목의 논문은 사회주의 중국의 첫 번째 우주과학 논문이자 문화대혁명 이래 첫 번째 논문이다. 이 논문은 '우주해', '배경흑체복사' 등과 같은 우주학 속의 중요한 개념들을 제목에서 분명히 알 수 있도록 했다.

1972년 가을, 《물리》잡지가 재간행되었다. 1966년 여름 이후 중국의 모든 과학 잡지는 완전히 정간되었다. 《물리》는 그 중 첫 번째로 복간된 과학잡지로, 덕분에 다시 물리 논문을 발표할 기회가 생겼다.

1976년 7월 28일 탕산 대지진이 있었고, 24만 명이 죽었다.

가을 개학 후 천체물리학연구실은 첫 번째로 경비를 들여 컴퓨터 장비 한 대를 구입했다.

9월 9일에 마오쩌둥이 죽고 1개월 후에 장칭(江靑) 등 '4인방'이 체포되었으며 문화대혁명은 끝났다.

1977년 1977년 이후 매년 평균 8편의 논문을 발표했다. 1976년 이전에는 매년 평균 4편의 논문을 발표했고, 천체물리 연구가 생활의 전부가 되었다.

3월, 다이원사이(戴文賽) 교수의 초청을 받아 난징대학에서 광의상대론을 강의했다. 그 시기에 연구의 중점은 유성체와 관계된 우주과학이었다.

7월, 베이징에서 문화대혁명 이후 첫 번째 전국자연변증법강습회가 거행되었다. 참가자 대부분은 전국 각 대학에서 주로 마르크스주의 과목(또는 이와 대등한 과정)을 강의하는 교수들이었다. 1천여 명의 청중이 당교를 가득 메웠다. 팡리즈는 이 자리에서 현대우주과학을 강의했다. 이는 공개적으로 마르크스주의 경전을 향해 도전한 첫 번째 사건이고, 그것은 많은 사람들의 공명을 일으켰다.

1978년 3월, 전국과학대회에 선발되었다. 이는 팡리즈가 정식으로 우파의 모자를 벗고 다시 인민이 되었음을 상징한다.

여름, '제9차 텍사스 상대론천체물리토론회'에 초청받아 참가했다. 회의 참가 신청은 1978년 11월에 했으며, 당시의 총리인 화궈펑(華國鋒)의 허락을 얻었다.

9월에 정교수로 승진했다. 이는 그가 20년 동안 정지된 뒤에 얻게 된 첫 번째 기회였다. 또한 후야오방(胡耀邦)은 중국공산당중앙 조직부 회의를 주재했으며, 공식적으로 1957년의 '우파분자'를 복권시키기 시작했다.

12월 6일 처음으로 중국을 벗어나 베이징천문대의 동료와 함께 서독에 갔다.

1979년 봄, 이탈리아 로마대학 루피니(Remo Ruffini) 교수의 초청을 받고 시칠리아의 수도 팔레르모를 방문했다. 당일 저녁 그곳 텔레비전에서 "오늘 첫 번째 중국인 교수가 시칠리아에 도착했다."는 내용이 방송되었다.

3월 14일 로마의 링컨과학원에 갔다.

10월부터 다음해 4월까지 영국 캠브리지대학 천문연구소에서 객원 고급연구원으로 있었다. 당시 천문연구소의 주임은 리스(M. Rees) 교수였다.

1980년 4월 19일 캠브리지에서의 생활을 끝냈다.

20일 오후 1시 런던에서 비행기를 타고 미국 샌프란시스코로 갔다. 그곳에서 평균 5일마다 한 번씩 학술보고를 하고, 다시 각종 좌담에 참가해 토론도 해야 했다. 또한 여행도 해야 했으므로 여유시간이 거의 없었다.

6월 14일 파키스탄에 도착했다. 다음 날부터 물리 여름학교에서 강의를 시작했다.

7월 파키스탄에서 중국으로 돌아와 과기대학이 어떻게 개혁을 진행할 것인가에 대해 토론했다.

8월 우주과학은 공식적으로 금지구역에서 벗어났다. 전국적으로 제1차 우주과학 토론회가 소집되었다.

12월 7일 오전 허페이에서 열린 삼학(三學)회의에 참석했다. 팡리즈는 현대과학의 발전은 이미 시대를 크게 변혁시키고 있으며 중국의 미래도 영원히 마르크스주의 시대에 정지해 있을 수 없다는 내용의 발표를 했다.

1981년 연초에 과기대 수학과에서 '학우의 소리'라는 학생조직을 하나 만들었다. 학생들은 팡리즈를 초청했다. 그런데 과기대 당위원회 서기가 특별히 그를 찾아가 그 조직에서 발언하지 말라고 권고했다. 그러나 그의 반대에는 충분한 이유가 없었기에 팡리즈는 학생들의 초청을 받아들였고 대화를 나눴다. 하지만 머지않아 '학우의 소리'는 압박을 받아 해산되었다.

3월에 중국과학원의 학부위원으로 선출되었다.

4월 29일 당국의 '특별한 관심'을 받았다. 안후이성위원회의 서기 구줘신(顧卓新)이 팡리즈를 찾아왔으며, 그 자리에는 안후이성 중공당교 교장도 있었다. 화제는 삼학회의였다. 하지만 그들은 팡리즈의 '반 마르크스주의' 관점에 대해 별다른 비평을 하지 않았으며, 결국 그 일은 어영부영 끝나고 말았다.

6월 12일에서 7월 3일까지 파키스탄의 수도 이슬라마바드에서 열린 제3세계 물리학 토론회에 참가했다. 중국과학원은 대표단 10인을 파견했으며, 팡리즈가 단장이었다.

9월 23일에서 10월 7일까지 이탈리아 트리에스테에 머물며 1982년 중국에서 개최하는 '제3차 그로스만 회의'를 준비했다.

11월 3일 일본 교토대학기초물리연구소로 가서 반년 동안 객원교수직을 맡았다.

1982년 4월 4일 일본 방문을 마치고 타이완을 거쳐 홍콩으로 갔다. 홍콩대학에서 3주 간 머문 뒤 귀국했으며, 곧바로 제3차 그로스만 회의를 조직하는 작업에 투입되었다. 중국에서 300명 가량이 참석하는 큰 규모의 물리학 회의를 여는 것은 당시로서는 처음 있는 일이었다. 회의는 8월 하순으로 예정되었다.

연말에 과기대 응용화학과 당 총지서기의 부탁으로 '왜 입당을 해야 하는가?'라는 주제의 강의를 함으로써 학생들의 입당을 격려했다. 공산당의 위신이 날로 추락하고 있으니 교육을 많이 받은 사람들이 공산당에 들어가야만 당을 효과적으로 고칠 수 있다는 것이 주요 내용이었다.

1983년 아버지 팡청푸(方承樸)가 돌아가셨다.

가을에 리수셴과 다시 유럽에 갔고, 9월 8일 로마에 도착했다. 그리고 로마대학 물리학과에서 3개월간 작업했다.

11월에 독일 뮌헨으로 갔다. 프랑크(Planck)천체물리연구소의 보르너(Borner) 교수의 초청을 받았기 때문이다. 팡리즈는 11월 5일 오전 연구소에서 그의 연구 과제 중 하나인 '암흑물질'에 대해 발표했다.

1984년 7월 3일에서 5일까지 싼샤(三峽)를 여행했고, 배에서 내린 직후 과기대 부총장에 임명되었음을 알게 되었다. 과기대 총장에는 관웨이옌(管惟炎) 교수가 임명되었다. 그의 전공은 저온(低溫) 물리학이며, 그는 소련 물리학자 카피자(Kapitza, Peter Leonidovich)의 제자이기도 했다.

10월에 책임을 맡은 뒤 처음으로 연설을 했고, 학생들은 팡리즈에게 "과기대를 어떤 대학으로 만들려고 하십니까?"라고 물었다. 이에 팡리즈는 "대학은 응당 사상의 센터가 되어야 한다."라고 대답했다.

1985년 일본의 교토대학의 사토 후미타카 교수와 합작해 발표한 논문이 국제인력기금회가 수여하는 논문상을 획득했다. 논문은 유성체의 적색이동(Red shift)이 분포하는 가운데 있는 주기성이 우주와 연결되어 통하는 하나의 증거가 될 수 있는 지 여부에 관한 것이었다.

여름에 로마에 가서 제4차 그로스만 회의에 참석했다. 그때 로마대학 등은 바로 국제상대론천체물리센터(ICRAnet)를 설립할 준비를 하고 있었다. 바티칸 천문대, 미국 스탠포드대학 물리학과, 미국 공간망원경 연구소 등이 이 센터에 참가하려고 준비하고 있었다.

스티븐 호킹을 초청했다. 호킹 일행은 4월 28일부터 5월 2일까지 허페이 과기대에 머물렀다.

6월 17일에 ICRAnet가 정식으로 성립되어 로마대학 총장 루베르티(Ruberiti), 커인 교수 그리고 팡리즈가 소속 기관을 대표해 ICRAnet의 장정을 가조인했다. 이와 관련해 베이징 당국은 권위를 드러내며 망원경을 옮기는 계획을 중단하라는 명령을 내렸지만 최종적으로 허락했다. 그러나 일이 엎치락뒤치락 하는 과정에서 그 일은 내부적으로 큰 손상을 입었고 2년간의 노력이 허사가 되고 말았다.

9월, 베이징대학 학생들은 대자보를 붙이고 9·18을 기념하자고 요구한 일로 과기대가 시끄러워졌다.

11월 초 물리학회가 주관하는 물리학자 닐스 보어(Niels Bohr)

의 탄생 100주년 기념회에 참석했다. 회의는 베이징대학에서 열렸으며, 팡리즈는 발표 후 많은 학생들에게 둘러 싸였다. 무선전신학과 학생회 책임자는 기회를 잡아 강연을 요청했고, 팡리즈는 '지식인의 사회적 책임'이란 제목으로 강연을 했다.

강연을 한 다음 날 팡리즈가 과기대로 돌아왔을 때 관 총장은 그가 베이징대학에서 강연한 것이 고위층의 분노를 샀고, 중앙에서 이미 전화를 걸어와 과기대는 팡리즈가 장바이파를 비평한 일에 대해 베이징시 위원회에 사과하라고 요구했다는 말을 전해 주었다. 관 총장은 사과를 거절했고, 장바이파 추문은 물리학회에서 공개적으로 드러났다. 이 일은 후차오무를 골치 아프게 했고, 그는 팡리즈를 당에서 퇴출시켜야 한다고 말했다.

1986년 3월에 미국 프린스턴 대학으로 갔으며, 리수셴과 함께 프린스턴 고등연구소 부근의 하딩로 23호에 거주했다.

국제천문학회(IAU) 회의기간에 많은 기자들이 팡리즈에게 중국의 개혁에 대한 의견을 물었고, 그는 중국은 먼저 학술의 자유와 언론의 자유, 뉴스의 자유를 실현해야 한다고 주장했다. 그리고《인민일보》는 과기대의 운영원칙이 과학·민주·창조·독립이라고 보도했다.

11월에 쉬량잉(許良英), 류빈옌(劉賓雁)과 함께 '반우운동의 역사학술토론회'를 개최하기로 하고 중국 민주의 진전을 추진했다.

11월 18일 퉁지대학에서 '민주·개혁·현대화'라는 제목의 강연을 진행했다. 당시 1천 명이 넘는 학생들이 회장으로 밀려들어왔다. 학생들은 커다란 포스터를 밖에 내걸고, 그곳엔 '팡리즈, 공화국은 그대를 필요로 한다.'라는 글귀도 적혀 있었다.

11월 22일에 허페이로 돌아왔고, 부총리 완리(萬里)와 공개적으로 변론했다.

12월 5일에 과기대 1천여 명의 학생들이 가두행진에 나섰다. 그리고 팡리즈가 완리와 변론하는 가운데 견지했던 '민주주의는 위에서 내려준 것이 아니다'라는 관점이 각지에서 시위하는 학생들에게 점차 인용되기 시작했다. 과기대 학생들의 시위는 구(區)인민대표 선거로부터 촉발된 것이었다.

12월 4일 저녁, 수천 명의 과기대 학생들이 강당에 가득 찼고, 중국에선 보기 드문 자유경선대회가 개시되었다. 팡리즈는 학생들의 요구에 의해 발언했고, 그것은 훗날 '민주주의란 위에서 아래로 내려 준 것이 아니다'라는 연설의 유래가 되었다.

12월 17일 상하이 학생들이 거리로 나왔다. 그들은 당국을 향해 시가행진을 합법적으로 승인해 달라고 요구했다. 그러나 상하이 당국은 학생들의 요구를 거절했으며, 12월 19일 아침 경찰을 동원해 무력으로 학생들을 해산시켰다. 이 일은 전국의 학생들을 분노케 했다.

12월 23일, 과기대 학생들은 두 번째로 거리로 나가 상하이 학생들을 성원했다. 분노에 찬 학생들은 더 이상 평화롭지 않았다.

12월 31일에 미국 UPI 기자를 접견했다. 그는 중앙당국의 정식 허가를 거쳐서 팡리즈를 인터뷰한 유일한 외국기자였다. 같은 날 덩샤오핑은 최고위층 회의에서 화난 어조로 "권고퇴당이 아닌 팡리즈의 당적을 박탈하라."라고 말했다. 덩샤오핑의 말을 중공 중앙은 1987년 제1호 문건으로 하달했다. 그렇게 팡리즈는 두 번째로 당적을 빼앗겼다.

1987년 1월 19일 전국 TV 뉴스의 톱뉴스로 팡리즈의 당적이 박탈되었다는 내용이 보도되었다.

5월, 교황청의 허가를 받아 바티칸 도서관에 가서 마테오 리치가 중국으로 가져왔던 〈세계감여도〉(복사본)를 보았다.

8월에 광저우에서 열린 '중국 인력 및 상대론천체물리학회'에 이사장으로서 참석했다.

1988년 8월 초, 오스트레일리아 퍼스에서 거행되는 제5차 그로스만 회의에 참가했다. 그곳에서 만난 유학생들이 베이징대학의 대자보에 관해 물었고, 팡리즈는 대자보에 몇몇 중앙의 지도자 혹은 그들의 자녀들이 외국 은행 계좌를 갖고 있다는 지적이 적혀 있었다는 말을 했다. 소식을 전해들은 덩샤오핑은 그를 법적으로 기소할 준비를 했다.

1989년 정월 6일 팡리즈는 초신성에 대한 글을 썼다. 그리고 덩샤오핑에게 사상문제로 투옥된 사람들의 대대적인 사면을 건의하는 편지를 썼다. 쉬량잉 등도 그를 좇아 중앙에 사면을 호소하는 편지를 썼다.

2월 12일에 인민대회 상임위원회에 정치범 사면을 호소하는 편지를 보냈다.

2월 26일에 부시 대통령의 방중 고별 만찬에 참석해 달라는 미국대사관의 초청을 받았다.

3월 6일 저녁, 수저우로 가서 중국천문학 대회에 참가하기 위해 징후(京滬, 베이징~강소성) 특급열차를 타고 베이징에서 남쪽으로 내려갔다.

4월 15일 후야오방이 사망함.

4월 16일 학생운동이 개시되었고, 5월 20일에 계엄이 내려졌다. 1개월여 동안 팡리즈는 한 편의 논문 〈우주 현(弦)과 고온 암흑물질(Hot dark matter)의 우주 속 편단(偏袒) 덩어리〉를 완성했고, 57차례의 기자 회견을 했다.

4월 20일 베이징 당국은 이번 학생운동이 팡리즈 부부의 손으로 만들어졌고, 그들이 지휘하고 있다는 내용의 내부 문건을 만들었다. 그것을 빌미로 팡리즈를 박살내려는 움직임이었다.

5월 12일 학생들은 단식을 시작했고 시위의 불꽃은 뜨거웠다. 같은 날 고르바초프가 베이징을 방문하고 베이징의 학생과 시민들은 전 세계를 감동시켰다는 소식을 전했다.

5월 18일 홍콩대학의 장우창(張五常) 교수가 팡리즈에게 전화를 걸어서 톈안먼 광장으로 가서 학생이 단식을 중지할 것을 설득해달라고 요청했다. 그는 잠시 톈안먼으로 가려고 했지만 끝내 충동을 억제하고 경솔하게 출발하지 않았다.

5월 24일에서 29일까지 산시성 다퉁에서 고에너지 항성 천문학 회의가 소집되었고, 팡리즈는 '초신성 1987A의 고에너지 과정'을 발표했다.

6월 5일 미중문화교류위원회의 책임자인 페리(Perry Link)는 팡리즈 부부를 데리고 처음 미국대사관에 진입했고, 5시 전후 대사관을 떠났다. 그날 밤 팡리즈 부부는 젠궈호텔에서 묵었다. 그 시각 베이징은 여전히 어지러웠고, 먼 곳에서 포성이 들려 왔다.

6월 5일 자정 미국 대리공사 부르크하르트(Raymond F. Burghardt)와 참사관 한 명이 찾아와 말했다. "우리와 함께 가시죠. 부시 대통령의 손님으로 미국대사관에 머물고 싶은 만큼 머물 수 있습니다."

6월 12일 중국 관부에서 '체포령'을 내렸다.

10월 1일 중국공산당은 처음으로 먼저 미국정부를 향해 팡리즈문제를 해결하자는 신호를 보냈다.

11월 2일과 14일에 덩샤오핑은 각각 두 번에 걸쳐 닉슨과 키신저를 만났고, 모두 팡리즈의 문제에 대해 이야기했다. 덩샤오핑의 요점은 두 가지였다. 첫째, 팡리즈는 중국을 떠난다. 둘째, 팡리즈는 반드시 죄를 인정하고 앞으로 다시는 정부에 반대하지 않을 것을 보증한다.

11월 15일 제임스 릴리(James R. Lilley) 대사는 자수를 촉구하는 덩샤오핑의 편지를 팡리즈에게 전달했다.

12월 상순 부시 대통령은 다시 특사 브렌트 스카우크로프트 (Brent Scowcroft)를 베이징으로 파견했고 일을 원만하게 담판 짓는 듯 했으나 다시 빠르게 대치국면으로 변했다. 덩샤오핑이 두 가지 목적을 이루지 못했기 때문이었다. 팡리즈는 미국대사에게 죄를 인정하라는 촉구를 받지 않았고, 미국정부도 이 일로 압박을 가할 생각이 없었다.

1990년 4월과 5월 사이에 중공 최고지도자는 1차 선전공세를 시작했다. 그들은 대중매체를 통해 "팡리즈가 단지 죄를 인정하기만 하면 그를 출국시킬 수 있다."라고 말했다.

6월 16일 중국과 미국은 다시 담판을 벌였다. 중국 외교부는 팡리즈와 리수셴의 출국을 비준하겠다는 뜻을 밝혔다. 그 조건은 죄를 인정하는 글을 쓰는 것이 아닌 병을 치료하기 위해 출국한다는 청구서를 한 장을 쓰라는 것이었다. 글 가운데는 반드시 '관대한(lenient)'이란 단어를 포함시켜야 했다. 그리고 중국정부를 반대하는 활동에 참여하지 않겠다는 것을 보증해야 한다고 덧붙였다.

6월 17일 중국 당국은 '관대한 용서를 구한다'는 글을 쓰는 것, '중국정부에 반대하지 않는 것을 보증하는 것'을 더 이상 요구하지 않았다. 대신 '중국정부의 인도(人道)로 출국한다'는 내용을 포함시키길 원했다. 그리고 첫 번째로 도착하는 곳은 미국이 아니어야 한다는 것이었다. 가능하면 고립된 작은 섬을 선정하길 요구했다.

6월 19일 중·미 간에 다시 협상 테이블에 앉았다. 중국 당국은 더 이상 '잘못을 인정한다.'는 글을 요구하지 않았다. 담판은 성공했고, 쌍방은 국빈관에서 축하 자리를 가졌다.

6월 25일 오전 10시 무렵 팡리즈 부부는 384일을 머물었던 대사관저를 떠났다. 차는 곧바로 베이징 난위안 비행장으로 향했다.

1991년 1월 1일 케임브리지를 떠나 독일로 가서 자신을 초청해 준 친구에게 감사를 전하고 학술보고를 했다.

1월 초 미국 프린스턴으로 갔다. 프린스턴에서 지낸 1년 동안 팡리즈 부부는 대학과 고등연구소에 각각 소속되었다. 강의와 연구 활동이 없을 때는 부부가 곤경에 처했을 때 지지해 준 친구들을 찾아가 감사의 인사를 전했다.

12월 25일 팡리즈 부부는 타이완의 매체 《위안젠(遠見)》의 타이완을 방문해 달라는 초청에 응했다. 거기에서 '우리는 지금 역사를 쓰고 있다'라는 제목의 강연회를 거행하고 타이완 사회의 중요인물들을 회견했다.

1992년 1월 팡리즈는 애리조나대학 종신교수직을 받아들이고 온 가족이 투손으로 이사했다.

2009년 6월 팡리즈 부부는 타이완대학의 량츠전 센터의 제1차 우주과학 여름학교의 초청을 받아서 주요 강사를 담임했다.

2010년 미국물리학회 원사로 임명되었다.

2011년 팡리즈의 부모 두 분이 100세가 되는 해일뿐 아니라 그가 조직한 '쉬광치(徐光啓)-갈릴레오 상대론천체물리국제회의'가 중국에서 개최될 차례였다. 그리하여 그는 회의를 주재하고 양친께 제사를 드리려고 했으나 중공의 방해로 귀국할 수 없었다.

5월 말, 계곡열에 감염되었다. 11월 중환자실에서 생사의 경계선을 넘나들었으나 추수감사절 무렵 병세가 크게 호전되었다.

2012년 3월 하순, 스스로 상태가 좋지 않음을 감지하고 4월 3일 먼저 '가정의'를 방문했다. 그런데 의사가 오진하여 잘못된 약을 처방했고, 약물에 의한 복합적 부작용은 심장기능 정지를 유발했다. 결국 팡리즈는 4월 6일 별세했다.

팡리즈는 일생동안 총 360편의 학술연구 논문을 발표했다. 그 중 173편은 중국을 떠난 20여 년간(1990~2012) 발표한 것이다.

이 도서의 국립중앙도서관 출판시도서목록CIP은 e-CIP홈페이지http://www.nl.go.kr/ecip와
국가자료공동목록시스템http://www.nl.go.kr/kolisnet에서 이용하실 수 있습니다.
CIP제어번호: 2016011883

팡리즈 자서전

2016년 8월 8일 초판 1쇄 찍음
2016년 8월 8일 초판 1쇄 펴냄

지은이 팡리즈
옮긴이 권중달 이건일
펴낸이 정철재
만든이 권희선 문미라 손지혜
디자인 정은정

펴낸곳 도서출판 삼화
등 록 제320-2006-50호
주 소 서울특별시 관악구 남현1길 10, 2층
전 화 02) 874-8830
팩 스 02) 888-8899
홈페이지 www.samhwabook.com

도서출판 삼화, 2016, Printed in Seoul Korea
ISBN 979-11-5826-047-7 (03900)

책값은 표지 뒤쪽에 있습니다.
잘못 만들어진 책은 구입하신 서점에서 바꿔드립니다.